피스메이커

남북관계와 북핵문제 25년

개정증보판

피스 메이커

임동원 회고록

Changbi Publishers

개정증보판 머리말

회고록 『피스메이커』(초판 2008년 6월 간행)는 동서냉전이 종식된 후에도 여전히 진행 중인 한반도에서의 냉전을 종식시키기 위해 20년 동안 남북관계와 북핵문제의 현장에서 노력하고 경험하고 관찰한 것을 기록한 것입니다. 이 책은 그동안 일본(이와나미서점)과 미국(스탠퍼드대학 아태연구소)에서도 번역 출간되어 국내외 독자들로부터 과분한 관심과 사랑을 받았습니다. 이 기회를 빌려 독자들께 감사의 인사를 드립니다.

이 책의 초판이 출간된 시점인 2008년부터 현재까지는 한반도 평화 프로세스가 중단된 안티테제의 시기입니다. 지난 20여 년 동안 계속되어온 남북의 화해와 협력을 위한 노력은 이명박정부 출범 이후 중단되면서 남북관계는 다시 불신과 대결을 일삼던 시대로 회귀했습니다. 또한 북한은 8년 동안 핵활동을 동결해왔으나 '부시 독트린' 이후 미북관계가 악화되면서 핵개발을 본격적으로 추진했습니다. 북한의 핵능력은 향상되고 있으나 6자회담 프로세스는 중단된 지 6년이 넘었습니다.

개정증보판에서는 초판의 큰 틀은 유지하되 전체적으로 문장을 다소 손질하고 내용을 첨삭했습니다. 또한 부시 행정부의 대북정책에 깊이 관여한 미국 고위관리들의 최근 회고록 내용도 소개하여 당시 미국의 입장과 속내를 깊이 들여다볼 수 있도록 했습니다. 대폭 고쳐 쓴 14장에서는 2008년부터 2015년 봄까지의 남북관계와 북핵문제의 전개과정 및 문제점을 보완했습니다. 에필로그도 개고하여 평화통일을 위한 당면과제를 제시했습니다. 그리고 한반도 문제에서 결정적으로 중요한 남북 3대 합의서(남북기본합의서, 6·15남북공동선언, 10·4남북정상선언)와 북핵 및 미북관계 문건들을 부록으로 덧붙였습니다.

이 개정증보판이 한반도의 평화와 통일문제에 관심을 가진 분들에게 다소나마 참고가 된다면 더없는 기쁨이겠습니다.

끝으로 이 책을 출간하는 데 도움을 주신 백낙청 교수님, 창비의 염종선 이사와 박대우 팀장을 비롯한 관계자들께 깊은 감사를 드립니다.

2015년 5월
임동원

한반도의 영원한 평화와 통일을 위하여

동서냉전이 끝난 지 어느덧 20년이 다 돼갑니다. 제2차 세계대전 이후 분단된 나라들도 모두 통일을 이룩했습니다. 그러나 한반도는 여전히 지구상에서 유일한 냉전의 외딴섬으로 남아 있습니다. 1천여 년 동안 통일을 유지해온 한반도가 아직도 분단을 지속하고 있다는 것은 우리 민족의 크나큰 수치가 아닐 수 없습니다.

하지만 우리 민족은 동서냉전이 종식된 새 시대를 맞아 지난 20년 동안의 냉전을 끝내고 남북 평화를 이루기 위해 노력해왔습니다. 남과 북이 유엔에 동시 가입하는 한편 새로운 남북관계를 모색하는 '남북기본합의서'를 채택했습니다. 또한 분단 역사상 처음으로 남북 정상회담을 개최해 '6·15남북공동선언'을 채택하고 화해와 협력의 새 시대를 열었습니다.

남북을 갈라놓은 비무장지대의 지뢰를 제거하고 '평화회랑'을 건설하여 끊어진 민족의 대동맥을 연결했습니다. 이 평화회랑을 통해 반세기 만에 처음으로 사람과 물자가 남북을 왕래하게 되었습니다. 빈번한 왕래와 교류협력을 통해 서서히 긴장이 완화되고 적대의식이 수그러들고 상호 신뢰가 싹트면서 민족공동체의식도 회복되어가고 있습니다. 7천만 우리 겨레는 '법적 통일'에 앞서 남과 북이 서로 오가고 돕고 나누는 '사실상의 통일' 상황부터 실현하기 위해 떨쳐나섰습니다. 이제 통일은 더이상 미래의 일이 아니라 현재진행형입니다.

해방 후 분단-전쟁-휴전-냉전으로 이어진 쓰라린 역사 속에서 우리 민족의 운명은 외세에 의해 좌우되어왔습니다. 불신과 대결의 냉전시대에서 남과 북이 힘을 합쳐 한반도 문제를 풀어간다는 것은 기대하기조차 어려웠던 것이 사실입니다. 하지만 2000년 6월의 역사적인 남북정상회담은 남과 북이 힘을 합하면 주변국의 지지와 협력을 얻어 민족의 장래 문제를 스스로 결정하고 주도적으로 해결해나갈 수 있다는 자신감을 갖게 해주었습니다.

앞으로 교류협력을 더욱 활성화하면서 '남북경제공동체'를 형성·발전시켜나가는 한편 한반도의 비핵화와 군비통제를 실현해나가야 할 것입니다. 그리고 반세기가 넘은 정전체제를 '통일을 지향하는 평화체제'로 전환해나가야 할 것입니다.

저는 동서냉전시대에는 군인으로, 그리고 외교관으로 일하면서 전쟁을 억제하고 평화를 지키는 '피스키퍼'로서의 시대적 사명을 수행한 것을 보람으로 생각합니다. 그리고 동서냉전이 종식되고 난 지난 20년간의 전환기에는 남북관계를 개선하고 한반도 냉전을 종식시키기 위한 협상자로서, 정책 설계자이자 집행자로서, 또한 평화를 만들어나가는 '피스메이커'로서의 역사적 소명을 다한 것을 영광으로 생각하며 이러한 특전을 허락해주신 하나님께 감사드립니다.

저는 제 경험과 생각을 다른 분들과 공유해야 한다는 의무감으로 역사의 중요한 고비 고비마다 저의 경험과 관찰을 기록하고 관련 자료를 챙겨두었습니다. 그 기록과 자료를 정리하여 펴낸 것이 바로 이 책입니다. 내부에서, 그리고 현장에서 본 당시의 상황이 과연 어떤 모습이었는지를 여러분께 전해드리고자 합니다.

이 책은 탈냉전의 새 시대를 맞아 남과 북이 안팎의 많은 시련과 도전을 극복하면서 적대관계를 해소하고 화해와 협력의 새로운 관계로 개선·발전시키기 위해 노력해온 과정에 관한 기록입니다.

노태우정부의 북방정책과 '남북기본합의서'를 탄생시킨 남북고위급회담의 전개과정, 김대중정부의 화해협력정책과 클린턴 행정부와 함께 전개한 한반도 평화 프로세스, 그리고 남북정상회담 내용과 '6·15남북공동선언'으로 물꼬를 튼 남북화해협력의 전개과정이 기록되어 있습니다.

또한 이 책은 미북 적대관계와 북한 핵문제 해결과정에 관한 기록이기도 합니다. 한반도 문제는 민족 내부 문제인 동시에 국제 문제라는 이중적 성격을 띠고 있습니다. 특히 한국과 동맹관계를 유지하고 있는 미국의 한반도에 대한 영향력은 지대합니다.

북핵문제의 발단과 한반도 비핵화 합의과정, 클린턴 행정부의 대북포용정책과 8년간 지속된 '제네바 미북 기본합의' 체제, 그리고 부시 행정부의 강경파인 네오콘의 대북적대시정책 6년과 '고농축우라늄계획 의혹'으로 야기된 제2차 북핵위기의 전개과정 등이 담겨 있습니다.

남북관계나 한미관계 등과 관련해 여전히 밝히지 못하는 일부 예민한 사항이 없지 않습니다. 하지만 대부분의 문제에 대해서 이제는 국가기밀이라 할 수 없고 국민의 알 권리와 역사에 대한 의무감으로 솔직하게 기술했습니다. 또한 저의 국가정보원장 재직기간 동안의 사항에 대해서는 정해진 법에 따라 발간 허가를 받았음을 밝혀둡니다.

지난 시기 맡겨진 사명을 다하는 동안 저는 많은 분들의 지도와 도움, 격려와 조언을 받았습니다. 그동안 제가 기여한 것이 있다면 모두 이분들의 도움이 있었기에 가능한 것이었습니다. 저를 도와주신 분들의 이름을 일일이 기록하지 못함을 너그러운 마음으로 혜량해주시기 바랍니다. 최선을 다했지만 미흡한 점에 대해서는 너그럽게 이해해주시기 바랍니다.

또한 40년이 넘도록 모든 고난을 이겨내며 저를 믿고 묵묵히 같은 길을 걸어준 아내 양창균 권사에게 감사드립니다.

아울러 일견 장황하고 지루할 수도 있는 졸고의 출간을 흔쾌히 허락해주신 중앙북스의 김종수 대표와 이 책이 나오기까지 실무를 묵묵히 감당해주신 장시중 부문장께 감사드립니다.

화해와 협력의 남북관계 발전을 위하여 또한 한반도 평화와 통일을 위하여 헌신해오신 분들에게, 그리고 민족문제 해결에 관심을 가지신 분들에게 경의를 표하며 삼가 이 책을 바칩니다.

2008년 봄
임동원

| 차례 |

개정증보판 머리말 004
초판 머리말 006

제1부 세계가 놀란 남북정상의 극적인 만남

제1장 | 김정일 위원장과의 첫 만남 017

정치를 모르는 국정원장 / 현대, 요시다, 그리고 박지원 / 비밀특사회담 / 미국의 귓속말 /
현대의 무리수 / 평양 168km / 김정일과의 첫 만남 / 유머감각이 풍부한 김정일 위원장

제2장 | 남북정상회담 061

반세기 만의 만남 / 금수산궁전 방문 문제 / 태극기와 인공기 / 김 대통령의 4대 어젠다 /
연합제 대 연방제 / 핫라인 / 전라도 위원장과 경상도 대통령 / 마침내 맞잡은 두 손 /
한송이 꽃 들고

제2부 탈냉전의 새로운 남북관계 모색

제3장 | 피스키퍼에서 피스메이커로 113

평화를 지키는 군인의 길 / 자주국방의 설계사 / 변화의 물결 속에서 /
이제는 '통일 전문가'로 / 왜 피스메이커인가

제4장 | **남북고위급회담** 131

냉전종식의 서막 / "남녀 사람은 처음입네다" / 서울에서 만난 남북 총리 /
하나 된 둘인가, 둘이 된 하나인가 / 평양의 통일 열풍 / 지연전술

제5장 | **화해협력과 비핵화** 161

어떻게 협상할 것인가 / "도장 갖고 왔다" / 남북기본합의서 / 한반도비핵화공동선언 /
'벼랑 끝 전술'과 제네바합의 / 김일성 주석과의 대화

제6장 | **냉기류를 만난 남북관계** 198

'소극론'의 대두 / 장기수 이인모의 송환 / 빈손으로 돌아간 손님 / 원칙협상 /
내부 방해자 / 훈령 조작 / 남북대화의 파탄

제3부 **화해와 협력으로 전개된 남북관계**

제7장 | **김대중과의 만남** 239

삼고초려 / 첫 만남 / 3단계 통일론 / 정치 참여의 유혹

제8장 | **새 역사의 로드맵** 255

화해, 협력, 변화, 그리고 평화 / 붕괴임박론 / NSC 상임위원회 / 문민정부가 남긴 유산 /
판문점을 열어라 / 소떼 방북과 금강산 관광 / 김대중과 클린턴의 첫 만남 /
새로운 한일 협력시대 / 한중관계의 업그레이드

제9장 | **평화 만들기** 300

잘못된 지하핵시설 정보 / 윌리엄 페리를 잡아라 / 포괄적 접근 전략 / 페리의 방한 /
워싱턴 조율 / 토오꾜오·베이징·모스끄바 / 유쾌한 표절 / 한·미·일 3국 공조 /
페리의 방북 / 선으로 악을 이겨라 / 연평해전 / 평화를 위한 결단

제10장 | **새로운 출발** 355

작지만 소중한 시작 / 교류·협력의 물꼬 / 북의 추석선물 / "국정원장을 교체하라!" /
워싱턴의 주명록, 평양의 올브라이트 / 무산된 북미정상회담 / CIA에서의 토론

제4부 네오콘의 방해를 헤치고

제11장 | **역풍을 만난 남북관계** 399

콜린 파월과의 대화 / 부시 행정부의 'ABC 마인드' / 부시의 강풍을 만난 한반도 /
'악당'을 원하는 사람들 / 다시 통일부장관으로 / 네오콘의 함정 / 위기에 처한 금강산 /
평양축전의 '색깔' / 무너지는 'DJP 연합' / 북의 세가지 실수 / 부시 독트린

제12장 | **남북관계의 '원상회복'** 448

김대중의 부시 설득 / 특사가 되어 다시 평양으로 /
김 대통령의 권고에 귀 기울인 김정일 위원장 / 5대 남북협력사업 / '원상회복'을 위하여 /
김정일과의 5시간 / 꽃샘추위 / 활기 되찾은 남북관계 / 다시 움직이는 네오콘

제13장 | **제2차 북핵위기** 504

굴복을 강요하는 '대담한 접근' / 제임스 켈리의 방북 / 고농축우라늄계획의 진실은? /
한·미·일 3국 정상회담 / 제네바합의는 깨지고 / '북핵'은 다시 움직이고 /
평양의 겨울 / 미북 양자 회담은 무산되고 / 가다 서다 6자회담 프로세스

제14장 | **평화와 통일의 길** 555

민족의 희망을 세운 10년(1998~2007) / 역주행한 남북관계(2008년 이후) /
군사적 충돌과 남북관계 경색 / 핵무기 없는 세계의 실현 / 서독의 동방정책에서 배우다

에필로그 '**사실상의 통일**' 상황 실현 588

부록

남북 사이의 화해와 불가침 및 교류·협력에 관한 합의서 (남북기본합의서) 601
한반도의 비핵화에 관한 공동선언 605
북미 기본합의서 607
6·15남북공동선언 612
북미 공동 코뮈니케 614
제4차 6자회담 공동성명 (9·19공동성명) 618
남북관계 발전과 평화번영을 위한 선언 (10·4남북정상선언) 621

찾아보기 626

제1부

세계가 놀란
남북정상의 극적인 만남

제1장

김정일 위원장과의 첫 만남

정치를 모르는 국정원장

한 세기를 마감하는 1999년 크리스마스이브, 나는 국가정보원장으로 취임했다. 전날 밤 내린 눈으로 온 세상이 하얗게 덮여 있었다. 새해, 새천년을 맞이하기 위해 하얀 눈으로 새로운 세상을 열어놓은 것 같았다.

12월 23일 아침 갑작스러운 부름을 받고 청와대 관저에 도착한 통일부장관인 나에게 김대중(金大中) 대통령은 국가정보원장직을 맡아달라며 곧 취임할 준비를 하라는 것이었다. 뜻밖의 말씀에 놀란 나는 내 능력이나 적성이 그 자리의 적임자가 아니라며 단호히 고사했다.

"더구나 저는 정치에 관심이 없고 정치적 식견도 부족한 사람입니다. 그런 사람이 어떻게 그런 막중한 자리를 감당할 수 있겠습니까. 저는 적임자가 아닙니다."

"정치에 관심이 없기 때문에 임 장관(당시 통일부장관이었음—저자)이 야말로 적임자예요."

김 대통령은 집권 초부터 국가정보원을 '정치에 관여하지 않는 정 보기관'으로 발전시키겠다는 의지를 계속 피력해왔다. 바로 그점을 내게 상기시킨 것이었다.

"따지고 보면 나야말로 과거 정보기관의 정치 관여로 인해 희생된 대표적인 정치인이 아닙니까. 국가정보원은 절대로 정치에 관여해서 는 안 됩니다. 21세기는 정보화시대가 될 것입니다. '정보는 국력'이 란 말이 이제는 단순한 구호가 아니라 국가의 절실한 생존조건이 되 었어요. 국정원은 법이 정한 대로 국가안보와 국가이익 증대를 위한 정보기관으로서 본연의 임무만 수행하면 되는 거예요. 그런 의미에 서 임 장관이 바로 적임자라는 것이오. 나를 도와주세요."

나는 재차 삼차 거절했으나 대통령의 결심을 바꿀 수는 없었다. 그 래서 다만 며칠이라도 생각해볼 시간을 달라고 간청했으나 대통령 의 대답은 더욱 뜻밖이었다.

"그럴 시간이 없어요. 오늘 오전 중으로 임명 사실을 발표할 테니 내일 당장 부임하도록 하시오."

김 대통령은 집권 2년 동안 실로 엄청난 일을 해내어 국민들뿐 아 니라 전세계를 놀라게 했다. 국가파산위기의 시기에 대통령직을 맡 아 과감한 개혁조치와 투자유치 등으로 국가경제를 회생시키는 데 마침내 성공한 것이다. 김 대통령은 190억 달러의 IMF 구제금융을 2 년도 채 되지 않아 전액 조기 상환하는 기록을 남겼다. 집권 초기 39

억 달러에 불과하던 외환보유고는 2년 사이 740억 달러 수준이 되었고, 대(對)달러 환율은 2,000원에서 1,200원 수준으로 정상화되었다. 30퍼센트를 넘어갔던 금리도 9퍼센트 수준으로 다시 떨어졌고, −6.7퍼센트였던 경제성장률은 +10.9퍼센트라는 고성장 궤도로 복귀했으며, 180만명에 이르던 실업자는 절반으로 줄어들었다. 북한의 대포동 미사일 발사로 잔뜩 고조되었던 한반도의 안보위기도 해소되고, 햇볕정책을 통한 긴장완화와 남북관계 개선 노력으로 국민들의 높은 평가와 지지를 받았다.

1999년 12월 24일 아침, 김 대통령은 나에게 임명장을 수여하면서 "국정원은 정치활동에 관여해서는 안 되며 법에 따라 본연의 임무에만 충실할 것"을 다시 한번 당부했다. 그리고 "새해는 남북관계에서 대단히 중요한 해가 될 것"이라 하고 "남북대화를 활발하게 추진하여 반드시 남북관계를 개선시켜야 한다"며 이를 위해 최선을 다해달라고 강조했다.

이날 취임식에서, 그리고 그후로도 내가 국정원장으로서 꾸준히 반복하여 강조한 것이 몇가지 있다. 국정원법을 철저히 준수하여 정치활동에는 일절 관여하지 말고 국가안보와 국가이익을 극대화하기 위한 본연의 임무수행에 만전을 기하자는 것, 특히 다가오는 4·13총선을 계기로 국정원이 정치적으로 엄정 중립을 지키는 기관으로 새롭게 태어나자는 것, 그리하여 국민의 신임을 받는 정보기관으로 거듭나자는 것 등이다.

신임 국정원장에 대한 언론의 반응은 '기대 반 우려 반'이라고 할 수 있었다. 보수언론들은 신임 원장의 '정치 불개입' 선언에는 기대를 거는 듯했으나 이른바 '햇볕론자가 방공·방첩 업무를 제대로 해낼 수 있을까' 하는 우려를 제기하기도 했다.

원장으로 취임한 나는 근 2개월 동안 집중적으로 업무파악을 하는 한편 4·13총선을 계기로 '정치활동에 관여하지 않는 새로운 정보기관'으로 거듭나기 위해 전력을 다했다. 부서장회의를 통해, 그리고 내부통신망을 통해 내가 직접 국정원의 전직원들에게 정치개입 엄금을 계속 강조하고 '국민의 사랑을 받는 국가정보기관'으로 거듭날 것을 호소했다. 한편 직원들의 법규위반을 예방하고 철저히 단속하기 위해 감찰활동을 적극 활용했다.

이러한 노력 덕분인지 간부와 직원들이 원장의 확고한 정치활동 불관여 의지를 믿고 지지하는 분위기가 조성되기 시작했고, 국정원과 관련해서는 단 한 건의 사고나 구설수 없이 총선을 치를 수 있게 되었다. 마침내 해낸 것이다. 말 그대로 '정치활동에 관여하지 않는 국정원'으로 거듭나게 된 직원들의 사기는 하늘을 찌를 듯했다.

새로운 국회가 열리고 정보위원회가 소집되었을 때 야당의 안기부 출신 정형근(鄭亨根) 의원의 발언이 우리를 더욱 기쁘게 해주었다.

"야당이 국정원의 선거개입을 적발하기 위해 사설탐정팀까지 운용했으나 단 한 건도 적발하지 못했어요. 국정원의 분위기가 확 달라졌다는 것을 제가 직접 확인했어요. 유사 이래 처음으로 국가정보기관이 선거에 개입하지 않은 것입니다. 이제 국정원이 제 자리를 찾게 되어 직원들도 큰 자부심을 갖게 된 것으로 압니다. 이번에 국정원장이 대단히 어려운 일을 해낸 것에 대해 높이 평가합니다."

현대, 요시다, 그리고 박지원

설연휴를 하루 앞둔 2000년 2월 3일 목요일 오후, 나는 대통령에게 원장 부임 후 다섯번째 주례보고를 올렸다. 김 대통령은 매주 목요일 오후 국정원장으로부터 주요 정보를 대면 보고받는 일정을 빠짐없이 지켜왔다.

이날 보고를 마친 뒤 김 대통령은 나에게 의외의 소식을 전해주었다.

"북한이 정상회담 추진의사를 전해왔어요. 어제 박지원(朴智元) 문화관광부장관이 현대의 이익치(李益治) 회장과 요시다라는 사람을 만나 북측의 정상회담 추진의사를 전달받았는데 이 문제를 협의하기 위해 곧 제3국에서 박지원과 송호경(宋虎景)과의 접촉도 제의받았다는군요. 그런데 이 제의가 신빙성이 있는 것인지, 또 실현가능성이 있는 것인지 잘 모르겠어요"라며 국정원에서 이 문제를 자세히 검토하여 보고하라고 지시하는 것이었다.

나는 놀라움을 금할 수 없었다. 국정원장으로 취임한 지 이제 한달 밖에 되지 않았지만, 이렇듯 중요한 대북관계 정보를 전혀 모르고 있었다는 것은 있을 수 없는 일이었다. 김 대통령은 대통령 취임사에서 남북정상회담 개최를 제의한 이후 기회가 있을 때마다 북측에 호응을 촉구해왔다.

한편 정부는 민간창구, 특히 현대로 하여금 특사교환과 정상회담 개최 의사를 북측에 타진해달라고 수시로 요청했다. 물론 국정원 역시 별도채널을 통해 북측 의사를 줄곧 타진해왔다. 그런데 어째서 북측이 이익치 회장을 통해 박지원 장관을 정상회담 개최를 위한 협상

상대로 지정했는지, 어떤 조건으로 제의했는지, 그리고 어째서 국정원은 이러한 정보를 전혀 모르고 있었는지 등등 내 머릿속에서는 의문이 꼬리를 물고 이어졌다.

설연휴 마지막 날에 박지원 장관을 만났지만 김 대통령이 전해준 것 이상의 새로운 정보는 들을 수 없었다. 그래서 이번에는 이익치 현대증권 회장을 저녁식사에 초청했다. 국정원 대북관계 실무책임자인 김보현(金保鉉)도 자리를 같이했다. 그 자리에서 내가 이익치 회장에게 자세한 내용을 캐물었더니 그제야 대강 윤곽이 잡혔다. 박지원 장관으로부터 5,6월경에 남북정상회담을 할 수 있도록 주선해달라는 극비 요청을 받은 이익치 회장이 요시다 사장에게 부탁하여 본격적으로 추진하기 시작했다는 것이다.

이익치 회장에 따르면 '요시다'라는 사람은 1980년대 말부터 현대와 북한 간의 사업을 주선하고 성사시킨 '신뢰할 수 있는 인물'이었다. 그는 요시다의 신상에 관한 일본 월간지 『문예춘추(文藝春秋)』(1995.12) 기사를 전해주었다.

요시다 타께시(吉田猛)는 1948년생으로 친북 일본인이다. 북한 출신으로 일본에 귀화한 부친이 김일성(金日成)과 가깝게 지내며 1963년에 신일본산업을 창업, 큰아들은 토오꾜오에, 작은아들 타께시는 평양에 상주시켜 대북무역을 전담해왔다.

"타께시는 김일성에게 바친 아들"이라고 공언하던 부친이 1986년 평양에서 병으로 사망한 후 요시다 타께시가 회사를 맡아 운영하면서 일북 간, 남북 간 교량역할을 수행해왔다.

1990년 카네마루 신(金九信) 일행의 방북, 1995년 일본쌀 15만 톤

지원, 최근 일북 대화 막후교섭, 그리고 1989년 및 1998년 정주영 (鄭周永) 회장의 방북, 금강산 관광사업 등을 모두 막후에서 교섭·성사시킨 인물로 알려졌다.

지난해(1999) 서해교전 사건 때 즉각 북한의 '금강산 관광사업 계속 추진 희망' 메시지를 현대를 통해 남측에 전달한 것도 요시다였다. 10여년 동안 관계를 유지해온 그에 대한 현대 측의 신뢰도는 대단히 높았다.

정주영 현대 명예회장과 정몽헌(鄭夢憲) 회장을 도와 줄곧 대북사업을 주도해온 이익치 회장은 현대가 남북정상회담을 적극 주선하고자 하는 이유도 솔직히 밝혔다. 현대로서는 금강산 관광개발사업 이외에도 서해안산업공단 건설, 경의선 철도 연결 및 복선화 사업, 통신 및 전력 사업 등에 큰 관심을 가지고 있는데, 이러한 대규모 프로젝트 추진을 위해서는 남북정상회담이 조속히 성사되어야 한다는 것이다.

이익치 회장의 말을 종합하면, 박지원 장관의 요청에 따라 이익치 회장이 요시다에게 정상회담 주선을 요청했고, 요시다가 지난 1월 하순에 평양을 방문하여 김정일(金正日) 국방위원장을 직접 보좌하는 측근 두 사람에게 이 사실을 전한 것이 확실해 보였다.

북측 수뇌부는 5,6월경에 정상회담을 하자는 남측의 제의에 대해 긍정적인 반응을 보였고 남측의 제의를 확인하기 위해 중국이 아닌 제3국에서 양측 특사의 비밀접촉을 원하는 것이 분명했다. 또한 요시다가 북의 지시에 따라 2월 1일 서울에 와서 이익치 회장과 함께 박지원 장관을 롯데호텔에서 만나 북측 반응을 전달하고 박 장관으로부터 정상회담 추진의사를 직접 확인, 평양에 보고한 후 지시를 기다리고 있다는 사실도 확인되었다. 2월 12일, 나는 이러한 일련의 확인 결과를 김 대통령에게 보고했다.

그로부터 2주 후인 2월 27일 일요일 저녁, 김 대통령의 호출을 받고 청와대 관저로 들어갔다.

"가까운 시일 내에 싱가포르에서 박지원 장관과 비밀접촉을 하자는 제의를 북측이 요시다를 통해 다시 전해왔어요. 박지원 장관을 특사로 임명할 것이니 국정원에서는 대북협상전문가 2명을 박 장관에게 지원해주는 등 협상에 필요한 모든 지원을 제공해주기를 바랍니다. 그리고 원장께서는 나를 보좌해줘야 하겠소."

곧바로 국정원으로 돌아온 나는 사안의 중요성을 감안하여 최고의 대북전문가인 김보현과 서훈(徐薰)에게 박 장관을 보좌하도록 조치했다.

그러던 차에 박지원-송호경의 비밀접촉을 며칠 앞두고 북측은 "이번 사안과 관련하여 국정원의 개입을 일절 용납하지 않을 것"이라고 협박해왔다. 북측은 『노동신문』 논평을 통해 "북남대화가 참다운 대화가 되려면 국정원 패거리들의 개입부터 일절 허용하지 말아야 한다"며 "과거 북남대화의 전과정을 보면 안기부 모략꾼들이 대화에 끼어들어 아무런 결실도 가져오지 못하고 공전했는데 (…) 또다시 국정원이 대화에 끼어드는 것은 북남대화에 대한 우롱이며 대화 상대방에 대한 참을 수 없는 모독이다. 절대로 수수방관하지 않을 것이다"라며 목소리를 높였다.

북측의 이러한 입장은 10여일 후 조국평화통일위원회 서기국 보도문으로 되풀이되었다.

국정원이 뻔뻔스럽게도 북남대화에 낯짝을 들이민다면 계획적인 대화 파탄책동으로 간주할 것이며 그에 상응한 조치를 취할 것이다.

이번 박지원-송호경 회담에서 북측의 제안에 국정원이 제동을 걸 것이라 판단하고 미리 쐐기를 박아두려는 속셈이 분명했다. 그러나 이런 협박은 우리에게 먹혀들지 않았다.

비밀특사회담

2000년 3월 9일 아침, 싱가포르에서 박지원-송호경의 비밀접촉이 이뤄졌다. 우리 측에서는 김보현과 서훈이 배석했다. 그 자리에서 북측은 남측 최고당국자의 정확한 의도를 확인하러 왔다고만 했을 뿐 말을 극도로 아꼈다. 이에 박 장관은 남북관계 개선과 한반도 평화정착 등 민족 현안을 협의하기 위해 5, 6월경 제1차 정상회담을 개최하자고 제의하며 김 대통령이 먼저 평양을 방문할 수도 있음을 밝혔다. 그리고 만약 정상회담이 성사되면 인도적인 물자지원을 제공할 용의가 있으며 남북경협 문제도 더욱 활기를 띠게 될 것이라고 말했다. 이에 북측은 "상부에 보고하겠다"고만 말하고 다음 주에 다시 만나기로 약속하고 헤어졌다.

그 시각 베를린자유대학을 방문한 김대중 대통령은 "우리 정부는 북한이 경제적 어려움을 극복할 수 있도록 도와줄 준비가 되어 있다"는 내용의 '베를린선언'을 발표한다. 그는 '독일 통일의 교훈과 한반도 문제'라는 제목의 연설에서 이렇게 말했다.

북한 당국이 요청한다면, 우리는 민간경협을 정부 간의 협력으로 전환하여 도로, 철도, 항만, 전력, 통신 등 사회간접자본에 적극 투자하고 북한의 농업구조 개혁에도 협력할 용의가 있습니다. 하지만 북한도 이러한 남측의 호의에 어울릴 만한 태도의 전향을 보여주어야 할 것입니다. 우리는 북한의 안전과 경제회복, 국제사회 진출 등을 보장할 것이니 북한도 무력도발과 핵개발을 포기하고 장거리 미사일에 대한 야망을 버려야 합니다. 또한 북한은 냉전종식과 평화정착을 위해 화해협력에 호응하고, 이산가족 문제의 해결을 위해서도 적극 노력해야 할 것입니다. 그리고 무엇보다 남북기본합의서 이행을 위한 당국 간의 대화에 적극 나설 것을 촉구합니다.

김 대통령이 서두에서 언급한 일련의 경제협력 사안은 북측이 현대를 통해 추진하고 있던 사업이었다. 특히 전력난으로 허덕이는 북한이 100만 킬로와트의 전력을 공급해달라며 미국을 통해 우리 정부에 요청하고 있을 때였다.

유럽으로 날아가는 비행기 안에서 김 대통령이 직접 작성한 이 연설문은 발표 하루 전에 서울로 보내져 미국을 비롯한 우방국들에게 사전에 통보되었다. 그리고 판문점을 통해 사전에 북측에도 전달하여 이 연설이 단순한 선전용이 아니라 북측에 진지하게 제의하는 성격임을 분명히 알렸다.

싱가포르에서의 예비접촉 일주일 후에 제1차 특사회담이 상하이에서 개최되었다. 그리고 3월 23일 새벽 베이징에서 제2차 특사회담이 열렸을 때 북측은 '김대중 대통령-김정일 위원장 정상회담'이라는 표현에 반대하며 어려움을 조성했다. 북측을 대표하는 국가수반은 어디까지나 김영남(金永南) 최고인민회의 상임위원장이라는 점을 들어 "남측 희망을 고려하여" "김대중-김영남 사이에 정상회담"을 하고, 이 기회에 "김정일 위원장과도 상봉한다"고 표기해야 한다는 주장이었다.

이날 새벽 박지원 특사의 전화를 받고 나는 북측이 남한의 총선을 앞두고 우리 측 양보를 얻어내려는 협상전술을 구사하는 것이라고 판단했다. 북측이 정상회담을 할 의사가 있는 것은 분명해 보였지만 우리 측이 이런 식의 합의문을 수용할 수는 없는 일이었다. 나는 김 대통령의 지침에 따라 "우리의 기본 입장을 준수하고, 더이상 미련을 갖지 말고 '총선 후에 협의하자'고만 밝히고 일단 귀국하라"고 전달했다. 총선 전에 예민한 사안에 대한 합의는 불가하며, 또한 정상회담 전에 경제원조에 대한 구체적 약속도 불가하다는 김 대통령의 생각은 확고했다.

북측은 일정액의 현금지원까지 요청했다. 그러나 박 특사는 "정상회담 후에 인도적 지원이나 경제협력은 가능하나 현금지원은 불가하다"며 단호히 거절했다. 결국 제2차 특사회담은 결렬되었고 박 특사 일행은 그날 오후 서울로 돌아왔다.

제2차 특사회담이 있고 10여일 후, 북측이 현대를 통해 베이징에서 남북실무접촉을 하자는 제의를 해왔다. 북측이 "타협이 가능하니 귀측 합의문 초안을 보내주기 바란다"는 전갈을 보내옴에 따라 4월 4

일 베이징에서 만난 양측 실무자들은 우리 측 초안을 토대로 한 공동 발표문에 합의할 수 있음을 확인하게 된다.

4월 7일 아침, 김 대통령은 제3차 실무접촉 결과를 보고받고, 박지원 특사에게 이튿날 베이징에 가서 최종 합의할 것을 지시했다. 그 자리에서 김 대통령은 박 특사에게 이렇게 말했다.

"잘사는 형이 가난한 동생네 집에 빈손으로 갈 수는 없지요. 역사적인 남북정상회담이 성사되는 마당에 식량난 등 북한주민들의 어려운 사정을 감안해주는 게 도리 아니겠습니까. 박 특사께서는 이번 정상회담 선물로 우리가 현금 1억 달러를 지원할 수 있다는 입장에서 마지막 협상에 임하도록 하세요."

사실 그동안 우리 측에서는 1억 달러 규모의 식량이나 비료 등 물자를 선물로 제공할 것인지, 아니면 북측이 희망하는 현금을 제공할 것인지가 줄곧 논란이 되어왔다. 그리고 3년 후 '참여정부' 때 특검을 통해 밝혀졌지만, 사실상 이 1억 달러 현금 제공 안은 실현되지 못했다.

4월 7일 저녁, 나는 박재규(朴在圭) 통일부장관, 이정빈(李廷彬) 외교통상부장관, 황원탁(黃源卓) 외교안보수석비서관을 초청하여 그동안 비밀에 부쳐온 남북 특사회담과 이튿날 합의하게 될 내용에 대해 처음으로 알려주고 앞으로 조치할 사항을 준비하도록 했다. 그리고 다음 날 해당부처 국장급 등 핵심실무자들을 소집하여 이틀 후 합의문 발표 직후 배포할 홍보자료와 기타 필요한 사항을 준비하도록 지시했다. 직전까지만 해도 남북 비밀특사회담에 대해 알고 있었던 인사는 박태준(朴泰俊) 국무총리와 스티븐 보즈워스(Stephen W. Bosworth) 주한미국대사를 통한 미국 대통령 및 국무장관 등 미국 최고위층 인사 5, 6명에 한정돼 있었다.

4월 8일 토요일 저녁에 열린 제3차 특사회담에서 양측은 공동발표문에 서명했다. 마침내 싱가포르에서의 첫 만남 후 한달 만에 남북정상회담 개최에 합의하게 된 것이다. 이 엄청난 뉴스는 월요일인 4월 10일 아침에 서울과 평양에서 동시에 발표되었다.

김정일 국방위원장의 초청에 따라 김대중 대통령이 금년 6월 12일부터 14일까지 평양을 방문한다. 평양방문에서는 김대중 대통령과 김정일 국방위원장 사이에 역사적인 상봉이 있게 될 예정이며 남북정상회담이 개최될 것이다.

1개월간에 걸친 이번 협상과정에서 우리가 신경을 쓰지 않을 수 없었던 것은 곧 다가올 4·13총선이었다. 총선을 목전에 두고 남북정상회담 개최를 합의하여 발표하는 것이 과연 어떤 파장을 몰고 올지 예측하기 어려웠기에 부담스러운 것도 사실이었다.

나는 이 문제에 대한 국정원의 판단을 대통령에게 보고했다. 국정원의 분석에 따르면, 총선 승리를 위한 정략적 접근이라는 야당의 비난과 거센 반발, 그리고 이면합의 의혹설이나 노벨평화상 집착설 등의 유포가 예상되는 등 어떤 식으로든 총선에 끼칠 부정적인 영향을 피하기 어려울 것으로 보인다는 것이었다. 그러니 정상회담 개최 합의를 총선 후로 미루는 것이 좋겠다고 건의했다.

실제로 4·13총선 결과 여당은 제1당 확보에 실패했다. 국가정보기관이 개입하지 않은 최초의 선거이기도 했지만, 영남권에서는 여당이 완패하고 수도권에서도 기대에 미치지 못하는 결과가 나왔다. 총선 결과는 야당인 한나라당이 133석, 여당인 민주당이 115석, 자민련 17석 및 기타 8석이라는 분포를 나타냈다.

미국의 귓속말

남북정상회담 개최에 합의한 때로부터 실제로 회담이 이루어지기까지의 2개월 동안 우리로서는 매우 바쁠 수밖에 없었다. 대통령 명에 의하여 나는 정상회담 추진을 총괄하는 중책을 맡았다.

정상회담 준비를 위한 최고의사결정기구로는 국가안전보장회의(NSC) 상임위원회 위원 전원과 대통령 경제수석비서관으로 구성된 추진위원회가 발족되었다. 그리고 양영식(梁榮植) 통일부차관을 단장으로 하여 회담지원업무를 관장할 준비기획단을 편성하여 의전 및 경호, 통신 수송, 물품 준비, 회담 운영, 보도 지원, 회담 전략, 대북 연락, 홍보 등을 총망라하는 제반 절차와 지원책을 마련하고 북측과 협의하는 임무를 수행케 했다.

경제협력 및 경제지원 문제는 주로 현대가 추진해온 사업과 관련돼 있는데다 비공개로 추진해야 할 성격이었으므로 김 대통령은 이 문제를 협상해온 박지원 장관 책임 아래 특별히 이기호(李起浩) 청와대 경제수석비서관이 담당하게 했다. 이기호 경제수석은 북측에 제공하기로 한 1억 달러의 자금 마련 방안과 현대가 추진하고 있는 대북경협사업의 타당성 및 추진 방안 등을 마련하여 대통령께 보고하고 정부 입장을 확정하는 임무도 맡았다.

김 대통령은 정상회담에서 협의할 본질적인 문제와 협상전략은 국정원장인 내가 직접 책임지고 맡아주기를 바랐다. 이에 따라 국정원에는 김보현을 책임자로 하는 지원기구를 설치하여 회담전략과 회담자료를 마련하는 한편 준비기획단을 지원하고 필요한 조정업무를 수행하도록 조치했다.

준비는 순조롭게 진행되었다. 남측의 양영식과 북측의 김영성(金靈成)을 수석대표로 하는 준비접촉이 판문점에서 다섯 차례 진행되어 5월 18일에는 모든 실무절차에 합의할 수 있었다. 회담의제는 '민족의 화해와 단합, 교류와 협력, 평화와 통일 실현 문제'라는 포괄적인 표현으로 합의했다. 우리 측 대표단은 수행원 130명과 취재기자 50명으로 정해졌고 왕래는 항공기 또는 자동차 편으로 하기로 했다. 통신망은 기존 서울-평양 직통전화선과 함께 분단사상 최초로 위성통신망을 구성·운용키로 하고 TV 실황중계에도 합의했다. 또한 30명의 우리 측 선발대를 12일 전에 평양에 파견하여 준비에 만전을 기하도록 했다.

국정원에서도 북한방문 중 생길 수 있는 돌발사태를 85개 유형으로 상정하여 각 대비책을 마련하고 관계요원들을 교육시키는 한편, 서울과 평양에 설치할 상황실과 통신운용의 세칙을 마련하는 등 세심하게 준비해나갔다.

실무협상과정에서 어려웠던 문제 가운데 하나는 취재기자단 인원수와 관련된 것이었다. 우리 측은 취재단 80명을 제의했으나 북측은 『조선일보』와 『월간조선』, KBS의 이른바 '반북 책동'을 비난하며 30~40명 수준을 고집했다. 그동안 북측은 『조선일보』가 사설(1997.6.24)을 통해 "북한을 생지옥으로 만든 책임을 지고 김정일의 퇴진을 촉구"한다고 밝히고, 『월간조선』이 '북한을 붕괴시켜야 한다'

(조갑제)는 내용의 반북 기사를 계속 게재하는 등 북한체제에 대한 정면 도전을 일삼고 있다며 불만을 토로해왔다. KBS의 경우는 몇년 전 탈북한 여배우의 『진달래꽃 필 무렵』이라는 책을 TV드라마로 만들어 김정일 위원장의 이른바 '기쁨조' 문제를 다룬 것을 문제 삼았다. 북측은 두 언론사의 사죄 없이는 해당 취재단의 방북을 일절 허용하지 않겠다는 의사를 재차 밝혔다.

대표단 중 공식수행원과 특별수행원의 인선도 쉬운 일이 아니었다. 나는 김 대통령과 서너 차례 수정과정을 거쳐 5월 하순에야 겨우 인선을 마쳤다. 24명의 특별수행원에는 정당, 사회단체, 경제단체 및 대북경협을 진행하고 있는 기업체 대표, 언론단체, 교육 및 체육계 인사들이 두루 망라되었다. 김 대통령이 이북 출신 기업인들과 남북관계 전문학자들을 포함시키는 것을 허락하여 이북 출신으로는 백낙환(白樂晥) 인제학원 이사장, 강성모(姜聖模) 린나이코리아 회장, 장치혁(張致赫) 고합 사장, 그리고 전문학자로는 문정인(文正仁) 교수(연세대 통일연구소장)와 이종석(李鍾奭) 박사(세종연구소 남북관계연구실장)가 선임되었다. 그러나 한나라당은 참여를 거부했다.

미국정부의 공식 반응은 "남북정상회담을 환영하며 지지한다"는 것이었다. 하지만 일각에서는 남과 북이 미국 몰래 '주한미군 철수'라든가 '평화협정 체결'과 같은 과감한 합의에 이르는 것이 아닌지, 또 북미회담에 부정적인 영향을 주지는 않을지 등 우려와 의혹을 줄곧 제기하고 있었다. 윌리엄 코언(William Cohen) 미국 국방장관의 "주한미군은 계속 주둔한다"는 발표도 이런 분위기 속에서 나오게 된 것이다.

김 대통령은 미국정부가 보낸 웬디 셔먼(Wendy R. Sherman) 대북정책조정관 일행을 접견하여 남북정상회담에 임하는 대통령의 입장을 친절히 설명해주었다. 그리고 나는 이들을 위한 만찬을 베풀고 대통령의 구상을 구체적으로 보충 설명하는 역할을 맡았다. 나는 그들에게 이번 정상회담에서 우리 측은 북한의 핵 및 미사일 문제를 언급할 것이며, 이 문제가 미북 간의 합의대로 해결되어야만 남북관계 개선과 경협도 가능할 것이라고 주장하겠다는 뜻을 밝혔다. 또한 주한미군은 통일 이후에도 동북아의 평화와 안정을 위해 안정자·균형자의 역할을 수행하는 것이 민족이익에 부합한다는 기조로 북측을 설득하겠다고 말했다. 그리고 "한국의 가장 중요한 우방은 미국이며, 굳건한 한미동맹에 기초하여 남북관계를 발전시켜나가겠다는 것이 김 대통령의 확고한 신념"이라는 것을 거듭 강조함으로써 그들을 안심시켰다.

나는 그들에게 남북정상회담의 목표와 협상전략, 기대하는 성과 등도 자세히 설명해주었다. 이에 셔먼 대북조정관은 "대통령과 나의 구체적인 설명을 듣고 우려가 말끔히 해소되었다"며 감사의 뜻을 표했다. 특히 그는 나를 '페리 프로세스(한반도 평화 프로세스)의 설계자'라고 치켜세우며 "그동안의 긴밀한 협조가 남북정상회담을 성사시키고 한반도 냉전종식의 길을 열 수 있게 했다"는 요지의 소감을 피력했다. 그리고 내게 귓속말로 이렇게 말했다.

"임 원장께서 보즈워스 대사를 통해 사전에 모든 것을 솔직하게 미국 측에 알려준 것을 잘 알고 있습니다. 빌 클린턴(Bill Clinton) 대통령과 매들린 올브라이트(Madeleine Albright) 국무장관이 모두 신뢰하고 매우 고마워하고 있습니다. 저 역시 한미관계가 그 어느 때보다 더 긴밀하고 협조적이며 최상의 상태임을 기쁘게 생각합니다."

현대의 무리수

5월 4일 밤 나는 박지원 장관의 전화를 받고 또한번 놀라지 않을 수 없었다. 그날 저녁 박 장관이 현대의 정몽헌, 이익치, 김윤규(金潤圭) 등을 만났는데, 현대가 북측과 이른바 '7대 경협사업'에 대한 독점사업권을 확보하는 합의서를 채택했다며 곧 통일부에 사업승인신청서를 제출하겠다고 말했다는 것이었다. 그런데 놀라운 것은 그 댓가로 현대가 북측에 4억 달러를 지불하기로 이면합의한 것 같다는 박 장관의 추측이었다.

"조금 전에 대통령께 보고 드렸더니 '도대체 무슨 말을 하는 건지 알 수 없다'고 하시면서 다시 한번 자세히 알아보고 보고하라고 하셨습니다. 그러니 임 원장님께서 좀 도와주셔야겠습니다."

나 역시 어떻게 된 영문인지 알 수 없었다. 나는 즉각 김보현에게 사실을 파악해서 검토해 신속히 대책을 보고하라고 지시했다.

5월 6일, 박지원·이기호와 함께 나는 김보현으로부터 현대의 대북 경협사업 합의 내용을 보고받았다. 북측과 현대가 합의했다는 내용은 대략 다음과 같았다.

• 북측은 모든 사회간접자본(SOC)과 기간산업시설에 대한 사업독점권을 현대에 30년간 부여한다.
• 이 중 경의선 철도 연결 및 복선화 사업을 비롯하여 서해안산업공단 건설사업, 통신현대화사업, 발전시설사업 등 7개 사업을 조속히 추진한다.

• 현대는 국내외 기업과 관계기관을 망라한 협력사업단(컨소시엄)을 구성하여 해당 사업을 추진한다.

• 북측은 토지 무상 제공을 비롯하여 경제특구에 적용되는 모든 혜택을 현대에 보장한다.

그리고 현대는 사업독점권에 대한 대가로 4억 달러를 북측에 미리 지불하기로 이면합의하고, 합법적인 대북송금을 위해 즉각 통일부에 사업승인을 신청한 후 자금 확보에 나서려는 것으로 보인다는 내용이었다. 또한 정상회담 성사를 위해 정부도 이에 적극적으로 협조해줄 것으로 기대하고 있다는 것이었다.

하지만 보고를 받은 우리 세 사람의 의견은 모두 부정적이었다. 기업이 큰 사업을 따내기 위해 뒷거래를 하는 것쯤이야 비밀 아닌 비밀이라 하지만 이러한 대규모 SOC 사업을 한 기업이 독점해 추진한다는 것부터가 일단 비현실적이며, 절차상으로도 정상회담 이전에 정부승인을 해준다는 것은 불가능하다는 것이 결론이었다. 그래서 우리는 이기호 수석이 현대 측과 접촉하여 사실관계를 재확인하고 대책을 강구하여 대통령에게 보고하기로 의견을 모았다.

며칠 후 이기호 수석은 현대 측과 협의한 결과를 대통령에게 보고했다. 이 자리에는 박지원과 내가 동석했다. 대통령은 현대와 북측의 처사에 대단히 불쾌하다는 반응을 보였다. 현대가 정상회담 성사에 기여한 공로를 인정하고 남북경제공동체 건설을 위해 정부와 한배를 탄 것도 인정하지만 이렇듯 독단적인 행보는 옳지 않다는 것이었다.

"현대가 정상회담 개최를 이용해서 북측과 미리 합의해놓고 정부를 물고 들어가려는 것 아닙니까. 이런 식으로 하면 우리가 정상회담을 돈 주고 사는 것으로 오해받을 수 있다는 것을 그 사람들은 왜 모른답니까. 현대가 사업을 제대로 추진하려면 경쟁기업들과의 국제적인 협조도 필수적일 텐데 이런 식으로 해서 과연 협조를 얻을 수나 있겠습니까. 게다가 현대 측의 처사는 대통령과 국민에 대한 예의가 아니지 않습니까. 정상회담 후에 순리에 따라 국민과 세계의 축복을 받아가며 당당하게 추진할 수도 있는 일을 가지고 왜 북측에 끌려다니며 굳이 정상회담 전에 합의하려고 서두르는 것입니까."

또한 김 대통령은 북측의 태도도 용인할 수 없다며 불편한 심기를 감추지 않았다. 남북관계의 특수성 때문에 이런 대규모 사업은 당국 간의 협조 없이는 절대 할 수 없는 일임을 잘 알 텐데 어떻게 이런 식으로 하려는 것인지 못마땅하다는 것이었다.

결국 김 대통령은 이기호 수석에게 "책임지고 현대를 설득하여 바로잡도록 하라"고 지시했다. 통일부는 현대의 사업승인 요청을 '서류 미비' 등의 이유로 접수를 거부한 상태였다. 그러나 현대가 이미 저질러놓은 일을 쉽사리 없던 것으로 만들 수는 없는 노릇이었다. 아무리 현대가 우리 정부의 사전승인 없이 일방적으로 추진한 일이라 해도 북한과 이왕 합의한 이상 정부가 나서서 취소시킬 수 있는 성질이 아니었다. 3년 후 집권한 노무현(盧武鉉) 대통령이 특별검사를 임명하여 조사하도록 했던 이른바 '대북송금사건'은 이렇게 잉태되었던 것이다.

이 무렵 언론매체들은 악화일로에 있는 현대그룹의 경영 상황을 앞다투어 보도하고 있었다. IMF 체제를 하루빨리 벗어나려는 정부의 재벌기업 구조조정과 경영합리화 압력이 갈수록 거세지던 상황이었다.

한편 정주영 현대 명예회장은 노환으로 병석에 누워 있었고, 세 아들의 계승권을 둘러싼 쟁탈전이 날이 갈수록 치열하게 전개되고 있었다. 이른바 '왕자의 난'이었다. 아울러 현대건설의 유동성 위기로 정부와 채권단은 정주영 명예회장 및 이익치 회장 등 가신(家臣) 경영인들의 일선 퇴진과 성의있는 자구책을 요구했고, 이는 현대그룹 전체의 시장 신뢰성 회복 문제와도 직결되어 있었다.

이런 상황에서 이익치, 정몽헌 등이 대북경협사업으로 위기를 돌파하려고 무리수를 두는 것이라는 시각도 있었다. 북한은 북한대로 위기에 처한 현대로부터 약속된 '리베이트'를 확실히 받아내기 위해서라도 이 문제를 남북정상회담과 연계하려는 것이 분명해 보였다.

평양 168km

5월 중순까지 국정원은 정상회담과 관련하여 대통령이 필요로 하는 각종 정보를 제공했다. 북한의 정치·경제·사회·군사·대외관계·대남전략 등은 물론 북한이 원하는 경협사업들에 관해서도 서면과 비디오로 편집하여 제공했다. 또한 정상회담에서 논의할 말씀자료와 우리 측 합의문 초안도 제시했다.

김정일 위원장의 신상정보는 서면보고서 이외에도 영상자료를 편집한 비디오와 국내에서 출판된 10여권의 서적 중 일부를 요약하여 제공했다. 그러나 김 대통령은 김정일 위원장에 관한 자료에 대해서는 만족해 하지 않았다. 김정일 위원장에 관한 신상정보가 대부분 부정적인 것들이라 김 대통령은 "이런 정보가 모두 사실이라면 과연 이런 사람과 마주 앉아 회담할 수 있겠는가" 하고 걱정하며 좀더 객관적이고 정확하고 구체적인 정보를 요구했다.

또한 김 대통령은 정상회담에 임하는 북측의 의도가 무엇인지를 자세히 알고 싶어했다. 진행 중인 판문점 남북차관급 실무접촉으로는 그런 욕구가 충족될 수 없음이 분명해지자 김 대통령은 서둘러 특사 방북을 추진하기로 했다.

"아무래도 임 원장께서 대통령 특사로 평양에 다녀와야겠어요. 평양에 가서 직접 김정일 위원장을 만나 세가지 임무를 수행해야겠습니다. 첫째, 김정일 위원장이 과연 어떤 인물인지를 알아오시오. 둘째, 정상회담에서 협의할 사안들을 사전에 충분히 설명하고 북측 입장을 파악해오시오. 셋째, 정상회담 후 발표할 공동선언 초안을 사전에 합의해오시오. 임 원장의 임무는 말하자면 '정상회담을 위한 예비회담'을 하는 것이오."

이 무렵 국정원은 북측과 베이징에서 비공개리에 실무접촉을 유지하면서 남북차관급 판문점 실무접촉을 막후에서 지원하는 한편 정상회담 준비를 위한 실무협의를 해왔다. 나는 이 창구를 이용하여 특사 방북을 제의하고 합의를 이루어냈다.

5월 27일 토요일 새벽 6시, 밤새 내리던 빗발이 가늘어지기 시작했으나 검은 먹구름이 하늘을 가려 어둠은 채 가시지 않았다. 나는 수행원 4명과 함께 판문점을 통해 군사분계선을 넘어 북측 통일각으로 향했다. 임진강 근처에서부터는 유엔군사령부(유엔사) 소속 미군 영관 장교의 호송을 받았다. 불신과 대결을 일삼았던 반세기를 넘어 화해와 협력의 '희망의 새천년'을 열기 위해 '평화 만들기의 사명'을 띠고 분단의 경계선을 넘은 것이다.

8년 만에 다시 통일각에 오니 '남북 사이의 화해와 불가침 및 교류·협력에 관한 합의서'(남북기본합의서)와 그 부속합의서, 그리고 '한반도의 비핵화에 관한 공동선언'(한반도비핵화공동선언) 등을 협상하면서 수십 차례 드나들던 남북고위급회담 대표 시절의 기억들이 주마등처럼 머리를 스쳐 지나갔다. 낯익은 임동옥(林東玉, 임춘길) 노동당 통일전선부 제1부부장이 최승철(崔承哲, 후에 부부장으로 승진)과 권호웅(權浩雄, 후에 남북장관급회담 단장 역임) 등 4명의 수행원을 대동하고 우리 일행을 맞아주었다. 우리는 자동차를 타고 '평양 168km'라는 이정표를 지나 개성 북방 4킬로미터 지점에 이르러 다시 헬리콥터로 옮겨 탔다. 50분간의 비행 후 지난날 우리 대표단이 묵었던 북한 최고급 영빈관인 백화원에 도착한 것은 아침 7시 40분이었다.

김용순(金容淳) 비서와의 회담에 앞서 나는 대남관계를 실질적으로 관장하는 임동옥과 마주 앉았다. 나는 먼저 방문 목적을 설명했다. 대통령 특사로서 김정일 위원장을 만나 김 대통령의 뜻을 친서와 함께 직접 설명하고, 김 위원장의 뜻을 청취하여 김 대통령에게 보고하는 한편 회담의제와 본질 문제를 협의하여 공동선언 초안에 합의하고자 한다는 것이었다. 내 설명을 다 듣고 난 임동옥은 김 대통령의 평양방문 주요일정에 대해 설명하면서 우려했던 금수산기념궁전 문제를 제기했다.

"김일성 주석님의 유해가 안치된 금수산궁전을 방문하여 예의를 표하는 일정이 반드시 포함돼야 합니다. 그것이 공화국을 방문한 국빈들의 국제관례이자 의전절차입니다."

나는 난색을 표하며 거부의사를 피력했다.

"그건 실무접촉 단계에서도 전혀 언급되지 않았던 문제 아닙니까. 여론 등 여러가지 면에서 문제가 될 소지가 많아요. 그것은 수용할 수 없습니다."

그러나 임동옥의 태도는 강경했다.

"관례이고 의전이고를 떠나서 그건 일종의 도덕적 문제 아니겠소? 이런 역사적인 방문에 그 정도 예의도 보여주지 않는다면 곤란하지요. 김 대통령께서 하노이를 방문했을 때도 호찌민(胡志明) 주석 묘소를 참배했는데, 하물며 우리 민족끼리인데 안 된다는 것은 말이 안됩니다."

남북관계의 특수성 때문에 그것만은 수용할 수 없다며 그 이유를 설명했으나 전혀 먹혀들지 않았다.

"최근 남측 일부 언론이 '금수산궁전 방문불가'를 주장하고 있는 것을 우리도 잘 알고 있습니다. 하지만 그 때문에 우리 측 강경파들의 반발도 거세졌다는 사실을 알아주셔야지요. 무조건 반대만 하지 마시고 일단 임 원장께서 돌아가 김 대통령에게 잘 보고드려 동의를 얻어주셔야 할 문제입니다."

남북대화에서 늘 그래왔듯이 한번 분위기가 틀어지자 임동옥의 태도는 갈수록 강경해졌다. 그날 임동옥은 나에게도 금수산궁전부터 참배할 것을 요구했으나 나는 거절했다. 결국 나의 이런 태도를 불쾌하게 여긴 북측은 김정일 위원장의 면담이 불가하다고 통보하고 김용순 비서와의 회담도 일방적으로 취소해버렸다. 그리고 "대통령이 금수산궁전 방문을 안 할 경우 김영남 최고인민회의 상임위원장과의 정상회담은 가능하겠으나 김정일 위원장과의 상봉은 불가하다는 것이 북측의 입장"이라는 사전에 준비한 서면 통보문을 읽어내려갔다.

나는 서울에서 가지고 온 위성통신 수단인 인마샛(inmarsat, 국제해상위성기구) 전화기를 이용하여 김 대통령에게 상황을 보고하고 일단 서울로 돌아가기로 했다. 비록 긍정적인 메시지를 담지는 못했지만 이것이 평양과 서울 사이에 이루어진 역사적인 최초의 위성통신이었다. 통신 감도는 서울에서 시내전화를 하는 것처럼 양호했다. 그날 밤 나는 헬리콥터 편으로 불빛 하나 보이지 않는 '어둠의 공화국'의 비 내리는 밤하늘을 평양-개성 고속도로를 따라 저공으로 날았다. 북측에서는 최승철과 권호웅 등이 동승했다. 이 폭우 속의 위험한 비행에 모두가 불안한 마음을 감추지 못했다. 헬리콥터 안에서 나는 그날 새벽 집을 나서기 전에 아내가 읽어준 성경 이사야(43:1-2)의 말씀을 되새겼다.

너는 두려워 말라. 내가 너를 구원하였고 너를 지명하여 불렀으니 너는 내 것이다.
네가 불 가운데로 지날 때에도 타지도 않을 것이요, 불꽃이 너를 사르지도 못할 것이다.

70분가량 비행하니 착륙지점을 알리는 횃불이 보였다. 밤 9시 30분경 개성 근처에 착륙하고서야 비로소 안도의 한숨을 내쉬었다. 그리고 다시 30분쯤 후에 무사히 군사분계선을 넘어 불빛이 환한 자유의 땅으로 돌아왔다. 별다른 성과 없이 돌아왔으나 귀환의 기쁨은 이루 다 표현할 수 없었다. 나는 그제야 허기를 느꼈다. 긴장 속에 있다 보니 저녁식사를 건너뛴 것이다.

밤이 깊었는데도 대통령은 청와대 관저에서 나를 기다리고 있었다. 나의 보고를 들은 대통령은 다소 실망하는 안색이었지만 위엄을 잃지 않고 "내일 오후에 대책을 논의해보자"며 오히려 나를 위로했다. 자정을 10분 남겨두고 나는 자리를 떴다.

김정일과의 첫 만남

일주일 후인 6월 3일 토요일, 지난번과 마찬가지로 새벽 6시에 판문점에서 헬리콥터를 타고 군사분계선을 넘었다. 이번에는 헬리콥터가 평양 천리마거리 입구에 착륙했다. 너무도 조용한 아침의 시내를 자동차로 달려 모란봉 초대소에 도착한 것은 오전 8시경이었다. 맑게 갠 푸른 하늘 아래 대동강과 능라도가 한눈에 들어왔다. 맑고 상쾌한 아침 공기가 왠지 행운을 기약해주는 듯한 느낌이었다.

나의 두번째 평양방문에 앞서 김 대통령은 고뇌에 찬 결단을 내렸다.

"정상회담 개최가 금수산궁전 방문보다 더 중요합니다. 남북관계 개선이 외교 의례보다 더 중요합니다. 이제 와서 정상회담이 깨지게 되면 7천만 겨레에게 실망을 주고 역사와 세계에 웃음거리가 됩니다. 우선 정상회담을 성공적으로 마치고 공동선언까지 발표하고 난 다음에 금수산궁전을 방문할 수 있다고 전하세요."

그때 나는 김 대통령이 금수산궁전을 꼭 방문하겠다기보다는 일단 김정일 위원장을 만나 정상회담부터 하고 보자는 뜻으로 이해했다. 그렇다면 나의 임무는 분명했다. 김 대통령이 고뇌에 찬 결단을 내렸다는 사실을 카드로 삼아 정상회담을 성사시키는 한편 특사인 나는 김정일 위원장을 설득하여 금수산궁전 방문일정을 포기하도록 만들어야 하는 것이다. 결코 쉬운 일은 아니겠지만 반드시 해내야만 하는 중책이 아닐 수 없었다. 나는 "장수가 필승의 신념을 가지고 전장에 임하면 반드시 승리한다"는 말을 되새기며 평양으로 향했다.

나는 모란봉 초대소에서 김용순 대남비서 겸 통일전선부장과 마주 앉았다. 임동옥 부부장 등이 배석했다. 나는 먼저 김 대통령의 생각을 북측에 전달하고 나서 특사로서의 내 의견을 피력했다.

"우리 국민들의 정서로는 대통령이 김일성 주석의 주검을 참배한다는 것은 용납할 수 없는 일입니다. 그렇게 되면 대통령의 지도력에 상처를 입게 되어 모처럼 성사된 정상회담에도 불구하고 엄청난 후유증에 시달리게 될 것입니다. 생각해보세요. 만약 김정일 위원장이 서울에 오신다면 과연 국립현충원을 참배할 수 있겠습니까? 게다가 여소야대의 국회는 남북경협이나 대북 인도적 지원을 거부할 것이 분명합니다. 그렇게 되면 정상회담의 합의는 의미를 잃게 되겠지요. 북측의 현명한 판단을 촉구하는 바입니다."

부정적인 발언이었음에도 김 대통령의 결단을 전제로 했기 때문인지 김용순 비서와 임동옥 부부장은 진지하게 경청하며 기록하더니 그대로 상부에 보고하겠다고 약속했다. 사실 북한에서 이들만큼 남한 사정을 잘 알 수 있는 사람도 없을 터였다. 이렇게 하여 김용순 비서와의 첫번째 회담은 비교적 성공적으로 끝났다.

이날 저녁 순안비행장에서 특별기에 몸을 싣고 35분간 비행한 후 착륙한 곳은 평북 신의주 근처의 군용비행장이었다. 그곳에서 다시 경호대의 인민군 대위가 운전하는 벤츠 세단으로 약 30분간 구불구불한 비포장도로를 달렸다. 잎이 무성한 가로수로 하늘이 가려진 약

1킬로미터의 도로를 통과하며 세곳의 검문소에서 경호대의 인민군 소좌들에 의해 철저한 검색을 받고 난 우리 일행은 드디어 김정일 위원장의 특각에 도착했다. 저녁 7시경이었다. 널찍한 건물 내부의 크림색 대리석 벽과 바닥은 밝지만 왠지 싸늘한 느낌을 주었다.

"반갑습니다! 여기까지 오시느라고 수고가 많았습니다!"

김정일 위원장이 손을 내밀며 악수를 청했다. 갈색 점퍼 차림의 복장, 굽이 높은 구두, 뚱뚱한 몸매, 머리칼을 올려 세운 헤어스타일이 무척 인상적이었다.

기념사진을 찍고 나서 김정일 위원장이 직접 우리를 회의실로 안내하였고 긴 탁자를 사이에 두고 서로 마주 앉았다. 나의 양 옆에는 김보현과 서훈이, 김정일 위원장의 좌우에는 김용순과 임동옥이 자리 잡았다.

"5월 29일부터 31일까지 중국을 다녀오는 길에 이곳에 머물게 되었습니다. 멀리 이곳까지 오시라고 해서 정말 미안하게 되었습니다. 대통령께서는 안녕하십니까?"

인사의 말로 말문을 연 김정일 위원장은 나에게 먼저 발언할 것을 요청했다.

나는 대통령 친서를 전달하고 김 위원장의 뜻을 알아오라는 것, 충분한 의견 교환을 통해 정상회담의 기초를 마련하라는 것, 공동선언 초안을 마련해오라는 것, 그리고 일정 등 기타 관심 사항을 조율하라는 것 등이 나의 임무임을 밝힌 후에 친서 내용을 자세히 설명했다.

"김 대통령께서는 평양으로 초청해주신 데 대해 김정일 위원장께 깊은 감사의 말씀을 전해 올리라고 하셨습니다. 아울러 정상회담이 좋은 성과를 거둘 수 있도록 자신을 대리하는 특사를 파견하니 부디 신

대통령 특사로 방북한 저자가 김정일 국방위원장으로부터 영접을 받고 있다. (2000.6.3)

임하고 모든 문제를 충분히 협의해주기를 바란다고 당부하셨습니다."

김 대통령은 이번 정상회담에서 협의하기를 바라는 네가지 의제를 친서를 통해 김 위원장에게 제시했다. 남북관계 개선과 통일, 긴장완화와 평화, 공존공영을 위한 교류와 협력, 이산가족 문제와 기타 상호 관심사 등이었다. 그리고 민족의 자존을 드높이며 온 겨레에 기쁨과 희망을 안겨줄 수 있도록, 새로운 남북관계를 위한 원론적 입장뿐만 아니라 실천적 조치들을 합의하여 '공동선언'으로 발표하자는 제의도 포함되어 있었다.

나는 대통령의 네가지 의제 중 통일문제에 대해 먼저 언급했다. 통일은 갑자기 실현될 수 있는 것이 아니라 점진적·단계적으로, 그리고 평화적으로 이룩해나가야 하며 '통일은 목표인 동시에 과정'이라는 것이 남측의 '민족공동체통일방안'의 기본인식이라는 것, 따라서 화해와 협력을 통해 남과 북이 서로 오가고 돕고 나누는 '사실상의 통일' 상황부터 먼저 실현하고 이후에 '법적 통일'을 가능케 하자는 것이 우리의 통일방안임을 설명했다.

"이를 위해 상호 긴밀히 협조하는 기구인 '남북연합'을 제도화하여 남과 북이 힘을 합쳐 민족경제공동체를 형성·발전시키는 한편 군비통제를 실현하여 냉전의 잔재를 청산하고 평화를 정착시키는 등의 중차대한 당면과제들을 시행해나가자는 것이 대통령의 뜻입니다. 또한 이는 '남북기본합의서'의 이행을 뜻하는 것이기도 합니다."

나는 김 위원장이 전혀 자세를 흩트리지 않고 진지하게 경청하고 있는 모습에 고무되었다. 그는 이날 만찬 때도 우리의 통일방안에 대해 상당한 관심을 나타내며 몇가지 구체적인 질문을 하기도 했다. 다음으로 나는 긴장완화와 평화정착 문제에 관해 우리 측 입장을 설명했다. 남측은 북측의 적화통일과 남침위협에, 그리고 북측은 흡수통일과 북침위협에 서로 시달리고 있는 모순을 해소하기 위해서는 무엇보다 정치·군사적 신뢰조성 노력이 필요하다는 점을 역설하고, 우발적 군사충돌 방지를 위한 조치, 비무장지대(DMZ)의 평화적 이용과 군사협력, 한반도의 비핵화와 대량살상무기 문제의 해결 등이 시급함을 강조했다.

"또한 북측은 미국, 일본 등과의 관계개선에 더욱 노력해야 한다는 것이 대통령의 생각입니다. 저희도 북측의 그러한 노력을 적극적으로 도울 용의가 있습니다. 그리고 대통령께서는 주한미군의 위상에 대해서도 북측이 전향적으로 사고해줄 것을 당부하셨습니다. 대통령께서는 한반도와 동북아의 평화와 안정을 위해 균형자와 안정자의 역할을 수행할 주한미군이 현재뿐만 아니라 통일 이후에도 필요하다고 생각하십니다."

교류협력 문제와 관련해서는 민족경제의 통일적이고 균형적인 발전을 위하여 김 대통령이 '베를린선언'(2000.3.9)을 통해 구체적으로 밝힌 바와 같이 당국차원에서 협력할 용의가 있으며, 북측이 원하는 사업에 관해 성의껏 협의해나가고자 한다는 우리 측 입장을 설명했다. 그리고 경협 활성화를 보장하기 위해 투자 보장, 이중과세 방지, 청산결재 등에 관한 남북합의서를 조속히 마련해야 할 필요성을 강조했다. 또한 경협 문제뿐만 아니라 사회, 문화, 체육, 학술 등 다방면의 교류협력을 활성화해나갈 필요도 있다고 덧붙였다.

이산가족 문제에 대해서는, 대통령이 인도적 차원에서 가장 시급히 해결해야 할 과제로 이를 중시하고 있는바, 생사 확인과 서신 교환, 면회소 설치를 통한 상봉의 정례화, 자유의사에 의한 재결합 등을 추진하는 한편 이번 8·15광복절을 기해 상봉방문단 교환을 시작하는 데 합의하자고 제안했다.

나의 설명은 근 1시간이나 걸렸다. 김 위원장은 내내 깍지 낀 두 손을 탁자 위에 올려놓은 채 지루한 기색 없이, 그리고 가끔씩 메모를 하면서 진지하게 내 말을 경청했다. 중간중간 수긍이 가는 대목이 있으면 고개를 끄덕이며 관심과 호의를 보여주기도 했다. 발언을 끝낸 나는 방금 설명한 내용을 담은 문건을 전달하고 우리 측 입장에 대해 시간을 두고 충분히 검토하기를 바란다고 말했다. 나중에 정상회담 때 김 위원장은 실제로 그 문건이 많은 도움이 되었다며 감사를 표하기도 했다.

"임 원장께서 김 대통령의 뜻을 자세히 설명해주어 매우 잘 이해가 되었습니다. 긴 설명 하시느라 정말 수고가 많았습니다."

김 위원장은 정중히 감사의 뜻을 표한 후에 마치 가까운 지인과 일상의 대화를 나누듯 두서나 격식 없이 신명나게 말하기 시작했다.

"김대중 대통령께서는 야당시절 오랫동안 고난과 납치, 사형선고 등 온갖 수모를 겪으면서도 굴하지 않고 민주화투쟁을 계속하여 마침내 대통령이 된 성공한 노정치인이라는 것을 잘 알고 있습니다. 현직 대통령으로서도 매우 잘하고 있는 것으로 압니다. 개인적으로 저는 김 대통령을 존경해마지 않는다는 점부터 말씀드려야겠습니다. 김 대통령은 원래 겸허한 분으로 알고 있습니다. 평양에 오시면 존경하는 어른으로, 전혀 불편이 없도록 품위를 높여 잘 모시겠습니다. 공산당 잡는 국정원장이 오셨으니 솔직하게 말하겠는데, 과거 중국의 장 쩌민(江澤民) 총서기나 그 어떤 외국 정상의 평양방문 때보다 더 성대하게 최고로 모시겠습니다. 기쁜 여행이 되실 수 있도록 최선을 다해 모실 터이니 너무 걱정하지 않아도 됩니다."

김 위원장의 말투는 정중하면서도 화끈했다. '음습하고 괴팍한 성격 파탄자'라는 세간의 이미지와는 전혀 다른 모습이었다.

"무엇보다 김 대통령의 말씀을 많이 듣고 싶어요. 격식 없이, 허심탄회하게 많은 이야기를 나누면 좋겠습니다. 뭐, 격식 갖춘 이야기야 김영남 상임위원장과 하시면 되겠지요. 그리고 첫 만남에서 많은 것을 합의하려 하기보다는 실천할 수 있는 것만 합의하도록 합시다. '첫술에 배부르랴'라는 말도 있지 않습니까. 과거의 좋은 남북합의문건이 세개나 있는데(7·4남북공동성명, 남북기본합의서, 한반도비핵화공동선언을 말함—저자) 제대로 실천된 것이 하나도 없어요. 본질은 하나도 달라진 것이 없는데 비슷한 내용의 합의문건만 자꾸 만들 필요가 뭐 있겠습니까. 이미 합의한 것을 실천하는 게 중요하지요.

이번 만남에서는 희망적인 선언 수준의 간단한 합의문건을 내면 될 겁니다. 그리고 그런 건 미리 작성해둘 성질의 것이 아니지요. 그런 건 정상회담 마치고 작성하면 돼요. 그리고 단계적으로 하나씩 합의하고 이행해나가면 되는 겁니다. 정상회담 개최 소식을 들은 중국 지도자들도 어떻게 갑자기 그런 결정을 하게 되었느냐며 엄청 놀랍디다. 주변국들 너무 놀라게 하지 말고 차분히 하나씩 하나씩 해나갑시다."

김 위원장은 "특히 김 대통령의 안전문제에 많은 신경을 쓰고 있다"며, 우리 측이 김 대통령의 출발시간과 동선 등 세부 계획을 공개한 데 대해 불쾌감을 나타냈다.

"보안을 철저히 하여 안전에 만전을 기해야 합니다. 외부방해세력이 무슨 짓을 할지 모르는 상황입니다. 내부에도 언제 불순세력이 침투할지 모르는 일이고요. 그래서 도착일정을 갑자기 하루 앞당기거나 하루 늦춰서 혹시 있을지 모를 방해세력들에게 혼돈을 주는 방안도 강구해두는 것이 좋겠어요."

그러나 나는 일정변경 문제에 대해서만큼은 곤란하다는 입장을 밝혔다.

"보안문제에 대한 김 위원장님의 우려는 십분 이해하고 공감합니다. 하지만 일정변경은 곤란한 문제입니다. 더구나 일정을 앞당긴다는 것은 아예 불가합니다."

그러나 나중에 정상회담을 이틀 앞둔 시점에서 갑작스러운 북측 요구에 따라 실제로 일정을 하루 연기할 수밖에 없게 된다. 북측은 '기술적 준비관계'로 불가피하게 하루 연기하자는 요청을 해왔고 우리는 이를 수용했다. 그리고 우리는 이것을 '김정일 위원장이 공항 영접을 하겠다'는 신호로 받아들였다. 사실상 북한이 가장 신경 쓰는 것은 김정일 위원장의 신변안전이었다. 김 위원장과 관련된 일정은 북한 내부에서도 끝까지 보안이 유지되는 것이 상례였고, 북측의 갑작스러운 일정변경은 이례적인 것도 아니었다. 어쨌든 우리는 북측의 이러한 조심성을 존중하기로 했다.

김정일 위원장은 미국과의 관계에 대해서도 솔직한 생각을 들려주었다.

"우리 조선반도는 주변국들의 이해가 첨예하게 대립되어 있는 지역이며 주변국들은 사실 조선반도의 분단이 지속되는 것을 좋아합니다. 따라서 조선반도 문제는 외세에 의존하지 말고 우리 민족끼리 힘을 합쳐 자주적으로 해결해나가야 한다는 자주의 원칙이 중요합니다. 물론 역사적 경험으로 보나 조선반도의 지정학적 위치로 보나 미국과의 관계 유지는 매우 중요하지요. 김 대통령께서는 동북아의 평화와 안정을 위해 통일 후에도 미군이 계속 주둔해야 한다고 주장하시는데, 사실 제 생각에도 미군 주둔이 나쁠 건 없습니다. 다만 미군의 지위와 역할이 변경돼야 한다는 겁니다. 주한미군은 공화국에 대한 적대적 군대가 아니라 조선반도의 평화를 유지하는 군대로 주둔하는 것이 바람직합니다. 이미 1992년 초에 우리는 김용순 비서를 미국에 보내 이러한 뜻을 미국정부에 공식적으로 전달한 바 있어요. 너무 반미로만 나가 민족이익을 침해하게 해서는 안 되는 겁니다. 우리 역시 과거의 적대관계를 청산하고 미국과 관계 정상화를 이루는 일을 중요한 과제로 생각하고 있어요. 미국과의 관계가 정상화된다면 미국이 우려하는 모든 안보문제를 해소할 수 있습니다. 그러니까 하루라도 빨리 정전협정을 평화협정으로 전환하자는 겁니다."

김정일 위원장의 솔직하고 허심탄회한 태도에 적이 안도한 나는 마침내 예민한 문제인 금수산궁전 방문 문제에 대해 언급하면서 김 위원장의 진의를 탐색하고자 했다.

"북측이 요구하는 대통령의 금수산궁전 방문 문제에 대해서는, 일단 정상회담을 성공적으로 마치고 공동선언을 발표하고 난 다음에 할 수 있다고 대통령께서 말씀하셨습니다. 특사인 저는 이 문제를 이미 김용순 비서를 통해 말씀드렸습니다만, 우리 국민들의 정서를 존중하여 신중을 기해야 한다고 생각하며 방문일정을 생략하는 것이 좋겠다는 입장입니다."

그러나 김 위원장 역시 그 문제에 대해서만큼은 단호한 태도를 보였다.

"금수산궁전은 반드시 정상회담 전에 방문해주셔야 합니다. 왜 남쪽 국민의 정서만 생각합니까? 우리 북쪽 인민들의 정서는 안 중요합니까? 인민을 위해서나 상주인 나를 위해서도 상가에 와서 예의를 표하는 것쯤은 조선의 오랜 풍습이요 당연한 일이 아닙니까? 남과 북이 모두 감정의 앙금이 남아 있다는 점을 이해 못하는 건 아니지만, 안 된다고만 생각하지 말고 되는 방안을 좀 강구해봅시다. 아예 오시기 전에 금수산궁전을 방문한다고 공개해서 야당도 설득하고 국민도 납득시키는 방안을 생각해볼 수도 있을 겁니다. 그리고 그것이 가능할 때까지 평양방문을 연기하는 방안도 고려할 수 있을 겁니다."

유머감각이 풍부한 김정일 위원장

다양한 현안에 관해 한동안 폭넓은 대화를 주도하던 김정일 위원장은 대통령 특사를 위해 만찬을 준비했다며 식사를 하면서 이야기를 계속하자고 청했다. 그리고 식사 전에 자신의 중국방문을 다룬 기록영화를 함께 보자고 제의했다.

넓은 홀로 자리를 옮겨 나는 김 위원장과 함께 소파에 앉았다.

"우리 북쪽은 전력 사정이 좋지 않아 전압이 고르지 못한 경우가 많습니다. 영화 보는 데도 지장이 될 때가 있어요. 혹시 그런 일이 있더라도 너그럽게 이해해주세요. 이 영화는 제가 이번에 중국 최고지도자들과 회담하고 연회하고 활동하는 걸 담은 건데 평양에서 편집을 마치고 지금 막 도착했습니다."

영화관람을 마치고 식당으로 자리를 옮겼을 때는 밤 9시경이었다. 김 위원장은 지름 3미터가 넘어 보이는 대형 원탁의 좌석으로 나를 친절하게 안내했다. 연장자에 대한 예우였다. 이윽고 자리에 앉은 그는 잔을 높이 들고 좌중을 향해 대통령 특사 방문을 환영하는 건배를 청했다. 큼직한 리델 글라스에 담긴 술은 프랑스산 붉은 포도주였고, 음식은 양식으로 차린 성찬이었다.

"전에는 위스키며 꼬냑이며 술을 워낙 많이 마셨습니다. 하지만 요새는 의사의 권고에 따라 건강에 좋다는 붉은 포도주만 마시고 있습니다."

약 3시간 동안 계속된 만찬석상에서 우리는 포도주를 마시며 많은 이야기를 나누었다. 김 위원장은 한결 솔직한 태도로 대화를 주도해

김정일 국방위원장과 대통령 특사 일행이 중국방문을 다룬 기록영화를 함께 보며 편안한 대화를 나누고 있다. (2000.6.3)

나갔다.

"남쪽에서 말하는 '민주주의'라는 것은 잘 이해가 되질 않아요. 이조시대처럼 당파싸움만 하고 야당인 한나라당은 정부를 비방만 하고 반대를 위한 반대만 일삼는데 이런 것이 민주주의란 말인가요?"

"민주주의의 특징은 다양성 속에서 조화를 이루는 것입니다. 야당은 정부의 잘못을 지적하고 예방하기 위한 '반대당'이라는 성격을 띠고 있습니다. 물론 지나친 경우도 없지 않으나 야당이 있는 것이 국가발전을 위해 더 좋다고 생각합니다."

"김 대통령의 평양방문 때 전직 대통령들도 함께 오시면 좋겠습니다. 전세계가 깜짝 놀랄 겁니다. 그런데 아마도 전두환(全斗煥), 노태우(盧泰愚) 대통령은 오겠지만 김영삼(金泳三) 대통령은 안 올 겁니다. 1994년에 김일성 주석께서 서거했을 때 김영삼 대통령은 군대에 비상태세 명령을 내리는 등 국상 중이던 우리에게 적대적인 위협 조치를 취했어요. 우리는 그 일을 결코 잊을 수 없습니다. 그리고 당시에 조문파동으로 남쪽이 떠들썩했다는데, 그때 실제로 조문단을 파견한다고 했으면 오히려 우리가 곤란할 뻔했지요."

6년 전인 1994년 7월 9일 정오에 북한은 특별방송을 통해 김일성 주석이 심근경색으로 8일 새벽 2시에 타계했다고 발표했다. 당시 이 긴급뉴스를 보고받은 김영삼 대통령은 전군에 비상경계령을 내렸다. 그러나 주한미군은 적절치 않은 조치라며 이에 호응하지 않았다. 7월 17일의 장례를 앞두고는 국회에서 한 야당의원이 남북화해와 신뢰조성을 위한 '조문외교'의 필요성을 제기했다. 장 제스(蔣介石) 총통과 마오 쩌둥(毛澤東) 주석이 사망했을 때 중국과 대만 사이에 오갔던 조문외교를 상기시키는 발언이었다. 그러나 여당과 보수언론이 "전쟁범죄자에게 조문이 웬 말이냐"고 포문을 열면서 반북정서가 확산되었다. 반면 빌 클린턴 미국 대통령은 애도 성명을 발표하고 제네바에 있던 로버트 걸루치(Robert L. Gallucci) 협상대표를 북한대표부에 보내 애도의 뜻을 표하게 했다.

"김 대통령의 평양방문은 아무래도 항공편으로 내왕하는 것이 좋겠어요. 공항 환영행사를 성대하게 할 생각입니다. 3군 명예의장대 사열도 검토하고 있어요. 아예 내가 공항에 직접 나가 김 대통령을 영접하고, 자동차를 함께 타고 곧바로 금수산궁전으로 모시고 가는 방법은 어떻겠습니까? '내가 상주인데 안 가시겠습니까?' 하는 식으로 정중히 요청하고, 김 대통령께서는 어쩔 수 없이 마지못해 방문하는 형식을 띠면 남쪽 국민들도 양해하지 않겠습니까? 아니면 내가 공항에는 나가지 않고 금수산궁전에서 기다리고 있다가 대통령을 처음 상봉하는 방법도 있겠지요. 또는 둘째날 정상회담 시작 직전에 내가 모시고 가는 방법도 고려해볼 수 있고요. 정상회담을 마치고 방문할 수도 있다고만 고집할 것이 아니라 세가지 방안 중 어느 것이 좋을지 잘 생각해봅시다."

"그 문제라면 남북관계 개선을 위해 김 대통령께서 지도력을 발휘할 수 있도록 해드리는 것이 남과 북을 위해 유익하다는 관점에서 재고해주시기 바랍니다. 동족상잔의 전쟁으로 인한 국민들의 앙금이 여전히 남아 있고, 남북관계 개선을 탐탁지 않게 여기는 보수야당이 국회를 장악하고 있는 상황입니다. 더구나 보수언론의 영향력 등 냉엄한 현실을 무시해서는 안 됩니다. 이미 누차 말씀드렸다시피, 저는 대통령의 금수산궁전 방문이 정상회담의 의의를 퇴색시키고 많은 후유증을 초래하게 될 것이 분명하기 때문에 반대하는 것입니다. 이번 정상회담에 이어 김 위원장님께서 서울을 방문하시는 제2차 정상회담으로 남북관계를 급진전시키려는 것이 김 대통령의 생각입니다. 하지만 금수산궁전 방문은 이러한 구상에도 많은 차질을 야기하게 될 것입니다. 이 문제에 관한 한 제 성심을 이해해주시고 김 위원장님께서 심사숙고해주시기 바랍니다."

"이번에 『동아일보』 여론조사 결과를 보니 나의 서울방문 환영이 60퍼센트(사실은 82퍼센트였음―저자), 나를 독재자로 본다가 30퍼센트라 하는데, 충분히 이해할 수 있어요. 어쨌든 나의 서울방문 문제를 벌써부터 논하는 것은 시기상조이지만, 김영남 상임위원장이 먼저 서울을 방문할 수는 있을 겁니다. 그때 박정희(朴正熙) 대통령 묘소를 참배하도록 하겠습니다. 물론 나도 서울을 방문하면 박정희 대통

령 묘소를 참배할 것입니다. 박정희 대통령이 유신으로 정치탄압을
한 것은 나쁘지만, 새마을운동을 전개하고 경제개발을 하여 남조선
을 발전시킨 데 대해서는 높이 평가받아야 합니다. 그분은 초기에 군
대를 동원해서 경제건설하고, 농민들과 함께 논밭에서 막걸리를 마
셔가며 새마을운동을 전개하여 농촌을 발전시킨 것으로 압니다. 북
쪽에서는 막걸리가 안 되는데, 이번에 현대가 막걸리를 가져온다고
해서 기다리는 중입니다. 하하하."

김 위원장은 이처럼 민감한 주제에서 가벼운 주제로, 가벼운 주제
에서 무거운 주제로 쉽게 옮겨가며 대화를 주도하는 화술을 갖고 있
었다. 사람을 편안하게 해주면서도 긴장을 풀지 못하게 만드는 묘한
능력이었다.

"고르바초프 대통령의 남조선 방문 기록영화를 보니 제주도가 남
쪽나라들처럼 참으로 이국적이고 아름답더군요. 저도 한번 가보고
싶은 생각이 들었습니다. 앞으로 정상회담을 제주도 한라산과 백두
산을 번갈아 오가면서 개최하는 것도 좋은 생각이겠어요."

"제주도는 국제관광도시로 정성 들여 개발한 곳입니다. 외국의 저
명인사들이 많이 다녀갔고 거기서 국가 간의 정상회담도 여러차례
개최되었지요. 다음 남북정상회담은 서울을 거쳐 제주도로 연결하여
개최하는 방법을 고려해볼 수 있을 겁니다. 꼭 방문해주시기 바랍니
다."

"남쪽에는 궁중요리가 유명하다는데 나는 아직 못 먹어봤어요."

"이번 정상회담에서 우리 측이 주최하는 답례만찬 때 궁중요리를
대접할 수 있도록 대통령께 건의드리겠습니다."

실제로 정상회담 당시 김 대통령 주최 답례만찬은 궁중요리로 차

려졌다. 궁중요리가로 유명한 한복려(韓福麗) 여사를 비롯해 신라·롯데·워커힐 호텔 등에서 온 12명의 조리사들이 2대의 냉동차로 가득 실어온 식재료를 가지고 여덟가지 코스의 궁중요리를 내놓았다.

"지난날에는 안기부가 남북대화에 자꾸만 끼어들어 파탄시키곤해서 이번 정상회담에는 국정원이 개입하는 것을 원치 않았습니다. 그런데 김대중 대통령을 믿고 또 임 원장께서 과거에 '남북기본합의서'를 만드는 데 크게 기여했다기에 두고 보기로 한 겁니다."

"그렇게 말씀해주시니 감사합니다. 그런데 이번 정상회담에서는 김 위원장님께서 이산가족 문제에 대해 긍정적인 결단을 내려 김 대통령께 평양방문 기념선물로 주셨으면 합니다만."

"나는 이산가족 문제 해결에 반대한 적이 없어요. 이산가족을 상봉하라고 지시할 용의가 얼마든지 있습니다. 우선 1년 정도 시범적으로 서울과 평양을 교환방문해보고, 이후 더 발전시켜나가는 방안을 고려해볼 수 있을 것이라고 김 대통령께 말씀드려도 좋습니다. 이번 방문 때 영부인께서도 많은 것을 참관하실 수 있도록 하겠습니다. 평양산원·탁아소·학교·수예연구소 방문, 여성지도자 접견 등을 검토하는 중입니다. 그리고 얼마 전에 「축제」라는 남쪽 영화를 봤는데 동방예의지국의 미덕과 민족정서를 잘 묘사한 좋은 영화더군요. 남이나 북이나 우리 민족의 전통을 잘 보존해야 합니다."

나는 그 자리에서 남북특사 교환방문의 필요성을 강조하면서 내 상대격인 김용순 비서의 서울방문을 제안하고 김 위원장의 승인을 얻었다. 이것은 이번 특사 방문의 또다른 성과였다. 그리고 김용순 비서는 그해 추석날 서울에 오게 된다.

김정일 위원장은 북측의 낙후한 경제를 손보기 위해 남한과의 관계 개선과 서방에 대한 문호개방의 필요성을 절감하고 있는 것으로 보였다. 그러나 미국이 대북적대시정책을 지속하는 상황하에서의 문호개방은 무장해제와 체제붕괴를 초래할 것이라는 우려를 감추려 하지 않았다. 이런 위기의식 속에서 김대중 대통령의 협력을 얻어 미국과의 관계개선을 추진해야겠다고 생각하는 것이 분명해 보였다. 김 대통령과 클린턴 대통령과의 친밀한 관계와 한국이 주도한 '한반도 평화 프로세스(페리 프로세스)', 그리고 김 대통령이 서방국가들에게 대북관계 정상화와 인도적 지원·제공을 꾸준히 권고해온 사실 등이 이런 생각을 갖게 한 것으로 보였다.

밤 12시에 만찬을 끝내고 야간비행으로 평양의 숙소에 도착하니 새벽 2시였다. 아침 8시에는 인마셋 위성통신전화로 김 대통령에게 지난밤 김정일 위원장과의 면담 결과를 간단히 보고했다.

이날 오전에는 을밀대와 부벽루 등을 산책하고 오후에는 단군릉을 둘러본 후 모란봉극장에서 일본에서 귀환한 지휘자 김병화가 지휘하는 조선국립교향악단 연주를 참관했다. 「청산벌에 풍년이 왔네」 「내 고향 정든 집」 「쎄비야의 이발사」 등이 특히 인상적이었다. 이 교향악단이 김 대통령의 평양방문을 환영하는 공연을 하게 된다는 사실도 그때 알게 되었다. 나는 남북문화교류의 시작으로 교향악단의 교환방문 공연이 좋겠다는 생각이 들어 평양교향악단의 서울공연을 추진할 뜻을 그 자리에서 밝혔고, 그해 8·15를 기해 성사된다.

어둠이 깔리자 우리 일행은 다시 헬리콥터 편으로 개성을 경유하여 판문점을 통해 서울로 돌아왔다. 나는 김 대통령에게 김정일 위원장에 대한 첫인상을 이렇게 보고했다.

"상대방의 말을 경청하며 말하기를 즐기는 타입입니다. 식견이 있고 두뇌가 명석하며 판단력이 빨랐습니다. 명랑하고 유머감각이 풍부한 스타일입니다. 수긍이 되면 즉각 받아들이고 결단하는 성격입니다. 개방적이고 실용적인 사고방식을 갖고 있으며, 말이 논리적이지는 않지만 주제의 핵심을 잃지 않는 좋은 대화 상대자라는 인상이었습니다. 특히 연장자를 깍듯이 예우한다는 느낌을 받았습니다."

나의 보고를 듣고 난 김 대통령은 이제 적이 안심이 된다며 이번 특사 방문의 성과에 만족스러워했다.

김정일은 1942년생으로 김일성종합대학 정치경제학부(1960~64)를 졸업하고 노동당 조직지도부 지도원으로 시작하여 1967년부터 선전선동부에서 과장·부부장·부장을 거쳐 32세 때인 1974년에 이미 후계자로 내정된다. 1980년에는 정치국상무위원, 당비서, 당중앙군사위원이 되고, 국방위원회 제1부위원장(1990.5), 인민군최고사령관(1991.2), 공화국 원수(1992.4), 국방위원장(1993.4)에 차례로 취임하였으며, 김일성 주석 사망(1994.7) 후에는 당총서기(1997.10)에 추대된다. 그는 김일성 주석 사망에 이어 엄청난 자연재해에 직면하여 '고난의 행군'을 거쳐 1998년 9월 헌법을 개정하고 '선군정치(先軍政治)'와 '강성대국(強盛大國) 건설'을 슬로건으로 내걸고 마침내 최고지도자 자리에 올라선다.

나는 대통령과 경호실장 및 의전비서관에게 1990년 3월 중국 장쩌민 공산당 총서기 평양방문 때의 공항 환영행사를 비롯한 주요 행사광경을 담은 40분짜리 비디오테이프를 제공했다. 경호와 의전 팀에서는 이 비디오를 보고 평양에서의 환영행사 등을 예상하며 대비했다. 실제로도 이러한 자료는 정상회담 때 거의 그대로 재연되어 실무팀에게 큰 도움이 되었다.

남북정상회담을 앞두고 5월 평양학생소년예술단에 이어 6월 평양 교예단이 서울에서 공연을 했다. 경축 분위기가 조성되고 있었다.

제2장
남북정상회담

반세기 만의 만남

2000년 6월 13일 아침, 서울공항을 이륙한 대한민국 공군1호기(대통령 전용기)는 구름 한점 없이 맑게 갠 서해상공을 날아 1시간 뒤인 10시 30분 평양 순안공항에 안착했다. 주기장에는 레드카펫을 따라 인민군 의장대와 군악대가 도열해 있고, 화사한 치마저고리를 입은 수많은 여성들이 꽃술을 흔들며 환영해주었다.

도열해 있는 의장대 바로 옆에 비행기가 도착하자 갈색 점퍼 차림의 김정일 위원장이 수행원들과 함께 모습을 드러냈다. 바로 그 순간, 나는 그가 말한 것처럼 '최고의 환영행사'가 거행될 것이라고 확신했다.

김대중 대통령과 김정일 위원장이 반갑게 악수하며 첫 상봉하는 역사적인 장면을 현장에서 목격하며 나는 흐르는 눈물을 참을 수 없었다. 특히 김 대통령이 김정일 위원장과 나란히 인민군 의장대를 사열하고 분열을 받는 모습은 너무도 감격적이라 흥분을 감출 수 없었다. 대한민국 국군 총사령관인 대통령이 아직도 법적으로는 '전쟁상태'에 있는 적군의 의장대를 사열하고 분열을 받다니, 감히 상상이나 할 수 있는 일이었던가!

분열이 끝나자 북측 영접인사들이 김 대통령에게 차례로 인사를 했다. 김영남 최고인민회의 상임위원장, 군복차림의 조명록(趙明祿) 국방위원회 제1부위원장 겸 인민군 총정치국장, 최태복(崔泰福) 최고인민회의 의장, 김국태(金國泰) 당간부담당 비서, 김용순 당대남담당 비서, 강석주(姜錫柱) 외교부 제1부부장, 임동옥 당 통일전선부 부부장, 안경호(安京浩, 안경수) 조국평화통일위원회(조평통) 서기국장, 송호경 아시아태평양위원회(아태위) 부위원장 등이 눈에 띄었다. 이어서 우리 측 공식수행원들도 김 위원장에게 차례로 인사했다.

20분간의 공항 환영행사를 마치고 두 정상은 승용차에 동승하여 평양시내로 카퍼레이드를 시작했다. 50만명을 헤아린다는 군중이 연도에 나와 꽃술을 흔들며 열광적으로 "만세!"를 외치는 모습은 가히 장관이었다.

평양공항에서의 김정일 위원장과 김 대통령의 역사적인 첫 상봉, 김 대통령의 인민군 의장대 사열, 50만 군중의 연도환영과 승용차에 함께 탄 두 정상의 카퍼레이드 광경은 TV로 전세계에 생중계되어 큰 감동과 충격을 던져주었다.

근 1시간의 퍼레이드를 끝내고 숙소인 백화원 영빈관에 도착한 시

평양 순안공항에 도착한 김대중 대통령이 김정일 국방위원장의 안내로 인민군 명예의장대를 사열하고 있다. (2000.6.13)

간은 11시 45분경이었다. 특별수행원 24명은 주암산 초대소로, 기자단 50명은 고려호텔로 향했다. 평양의 기온은 28~29도였다.

1982년에 건설된 백화원은 국가원수급 귀빈을 모시는 북한의 최고급 영빈관으로 대동강과 주석궁(금수산기념궁전)에 인접한 곳에 있다. 장 쩌민 중국 당총서기, 지미 카터(Jimmy Carter) 전 미국 대통령, 그리고 남북고위급회담 대표단이 묵었던 곳이다. 내가 이곳에 묵은 것은 이번이 여섯번째였다.

백화원 1호각의 로비에 들어선 뒤 우리 측 공식수행원들은 김 위원장의 제안에 따라 파도가 세차게 치고 있는 해금강의 대형 벽화 앞에서 김 대통령 내외와 함께 기념촬영을 했다. 촬영이 끝나고 벽면에 춘하추동 사계절의 풍경화가 걸려 있는 넓은 응접실에 들어서자 김정일 위원장은 비로소 "여러분의 평양방문을 환영합니다. 우리 인민들이 대단히 반가워하고 있습니다"라며 크고 걸걸한 목소리로 환영 인사를 건넸다. 김용순 비서의 요청으로 나는 우리 측 공식수행원을 한 사람씩 김정일 위원장에게 소개했다.

그곳에서 두 정상은 근 30분간 환담을 나눴는데, 이 광경은 TV로 생중계되었다. 김정일 위원장의 거침없이 당당하고 생생한 목소리가 처음으로 세계에 알려지는 순간이었다. 김 위원장은 특히 환영군중과 관련하여 무척 자랑스럽게 말했다.

"인민들에게는 그저께 밤에 대통령이 오시면 어떤 코스를 거쳐 백화원까지 모시게 될지를 미리 알려주었습니다. 동방예의지국임을 자랑하고파서 인민들이 많이 나왔습니다. 대통령의 용감한 평양방문에 감동한 인민들도 용감하게 거리로 뛰쳐나왔습니다."

이어 그는 '백화원(百花苑)'이라는 영빈관 이름의 유래를 설명하며 자연스럽게 김일성 주석을 추모하는 분위기를 연출했다.

"백화원이란 이름은 '백가지 꽃이 피는 곳'이라는 뜻으로 김일성 주석님께서 직접 지어주신 겁니다. 주석님께서 생존해 계셨더라면 제가 아니라 우리 주석님께서 대통령을 맞아주셨을 텐데…… 사실 북남최고위급회담은 주석님께서 생전에 꼭 실현하시려던 숙원사업이었습니다."

김 위원장의 인상적인 인사말이 계속 이어졌다.

"대통령께서는 무서움과 두려움을 무릅쓰고 용감하게 평양에 오셨습니다. 전방에서는 군인들이 총부리를 맞대고 방아쇠만 당기면 총알이 나갈 판인데, 대통령께서는 인민군 명예의장대의 사열까지 받으셨습니다. 이건 보통 모순이 아닙니다. 그렇지 않습니까? 지금 세계가 주목하고 있습니다. 김 대통령께서 왜 방북했는지, 김 위원장이 왜 승낙했는지 의문들이 대단합니다. 2박 3일 동안 우리가 대답해 줘야 합니다."

미상불 그랬다. 어찌 보면 김대중 대통령은 일종의 '위험한 모험'을 한 것이다. 지난 반세기 동안 우리 민족이 겪어온 '모순'을 해결하기 위해 위험을 무릅쓰고 적대국의 심장부를 찾아가는 모험을 단행한 것이다.

모순! 오랜 역사를 거치며 하나의 국가, 하나의 공동체로 살아온 민족이 외세에 의해 강요된 분단을 반세기 동안이나 지속해야 하는 모순, 정작 우리 민족을 분단과 냉전으로 몰아넣었던 나라들은 서로 화해하고 냉전을 끝냈음에도 불구하고 우리는 아직도 불신과 대결의 냉전상태를 지속하고 있는 모순, 김대중 대통령은 바로 이런 모순을 해결하기 위해 평양을 방문한 것이다.

금수산궁전 방문 문제

두 정상의 감격적인 상봉을 지켜보면서도 나는 아직 해결되지 않은 세가지 난제로 마음이 편치 않았다. 그 하나는 바로 대통령의 금수산궁전 방문 문제였다. 영빈관으로 오는 길 내내 나는 혹시라도 김 위원장이 갑자기 금수산궁전으로 방향을 바꾸어 김 대통령도 어쩔 수 없이 김일성 주석의 유해에 참배하게 되지 않을까 전전긍긍했다. 다행히도 그런 일은 발생하지 않았으나 아직도 이 문제는 해결된 것이 아니었다. 이것부터 해결하는 것이 내가 평양에서 해야 할 첫번째 임무였다.

북측 요청으로 이튿날 아침 일찍 나는 임동옥과 이 문제로 마주 앉았다. 우리 측에서는 김보현이 배석했다. 임동옥은 이날 오후 3시로 예정된 정상회담 직전에 김 대통령이 금수산궁전을 방문하는 일정을 협의하자고 했다. 나는 방문 불가 이유를 다시 한번 설명하고 김정일 위원장에게 보고해줄 것을 요청했다. 그러나 그는 "부하 된 도리로 그런 보고는 할 수 없다"며 난색을 표했다.

"임 부부장의 입장이 정히 그렇다면 김 위원장께 보내는 내 명의의 메시지를 그대로 전해주십시오."

나는 이러한 상황에 대비하여 서울에서 미리 준비해온 메시지를 읽으며 임동옥으로 하여금 받아쓰게 했다.

북측의 정서와 주장은 이해합니다. 이제 과거에 얽매이지 말고 남과 북이 화해하고 협력하는 미래를 개척해나가야 하며, 바로 그러한 상황을 조성하기 위하여 정상회담을 하는 것입니다. 그러나 아직은 그런 상황이 아니라는 냉엄한 현실도 또한 인정해야 합니다.

주지하는 바와 같이, 남북협력사업을 위한 예산은 국회를 통과해야 하나 국회는 야당이 장악하고 있고, 언론의 협조를 얻기도 쉽지 않은 것이 현실입니다. 또한 확고한 국민의 지지가 필요한데 국민의 70퍼센트 이상이 금수산궁전 참배를 반대합니다.

김대중 대통령의 정치적 입지를 좋게 해주어야 남북관계를 개선하고 북측이 원하는 경협을 할 수 있게 됩니다. 금수산궁전에 참배하면 김 대통령의 지도력이 상처를 받게 되고, 정상회담의 의미는 퇴색되며 합의사항의 이행이 어려워질 수 있습니다.

쌍방이 모두 이익이 되는 방향으로 일을 풀어가야 할 것입니다.

상주인 김 위원장에게는 적절한 조의를 표하게 될 것입니다. 금수산궁전 방문을 더이상 고집하지 않기를 건의합니다.

이날 북측이 "정상회담 전에 실시해야 한다"고 주장하던 금수산궁전 방문은 실현되지 않았다. 또한 이날 저녁 목란관 만찬석상에서 김 위원장이 나를 불러 금수산궁전에는 안 가도 되겠다고 말함으로써 공동선언 채택 후에도 가지 않게 되어 이 문제는 종결된다.

나를 괴롭혔던 또하나의 난제는 '특정 기자 입북거부' 문제였다. 방북 전날 북측은 이른바 '반북책동'을 했다는 조선일보와 KBS에 대해 '납득할 만한 조치', 즉 사죄와 배상약속을 즉각 취하지 않으면 선발대로 평양에 와 있는 KBS 이모 부장(PD)을 이날 저녁 판문점을 통해 추방하겠다고 통보해왔다. 북측이 요구하는 '배상'이란 조선일보와 KBS에 대해 각각 현금 200만 달러, 또는 TV 2만대씩을 제공하라는 것이었다. 서울에서 이 보고를 받은 김 대통령은 대로(大怒)했다.

"말도 되지 않는 위험한 발상 아니오! 강력히 항의하고 정면돌파하시오!"

'사죄 및 보상 절대불가'라는 우리의 입장을 통보하자 북측은 새벽 1시경에 다시 조선일보와 KBS 기자단 4명의 입국을 불허하며 "입국시 즉각 추방하겠다"고 통보했다. 북측은 며칠 전에도 우리 대표단 명단을 받아보고 즉각 이들을 제외시킬 것을 요구해왔고 우리는 이를 부당한 요구라고 판단해 묵살했던 상황이었다.

그날 새벽 나는 김용순 비서 앞으로 긴급 메시지를 보냈다.

만일 귀측에서 그런 조치를 취한다면 '초록은 동색'이라고 평양에 가지 못하고 서울에서 취재하게 될 1,300명의 국내외 기자들이 북한에 대해 좋지 않은 기사를 쓰게 될 것이다. 만약 그런 상황이 실제로 발생한다면 우리로서도 국내외 기자들에게 저간의 사정을 설명해줘야 할 텐데, 그렇게 될 경우 귀측의 입장도 곤란해질 수밖에 없을 것이다. 심사숙고해주기 바란다.

메시지를 보내고 나서 우리는 예정대로 '문제의 기자'들을 모두 대동하는 것으로 결정하고 만약 문제가 생겨도 평양에 가서 해결하기로 했다. 밤잠을 설치고 서울공항에 나온 나는 이륙 10분 전에 북측으로부터 "일단 평양에서 협의하자"는 짧은 메시지를 받았다. 그리고 평양공항에 도착했을 때 김용순 비서가 내게 다가와서 그 문제로 더이상 시비하지 않겠다는 뜻을 밝혀 비로소 안심할 수 있었다. 우리의 단호한 태도와 나의 메시지가 주효했던 것이다.

세번째 난제는 남북공동선언문을 작성하고 합의하는 문제였다. 어찌 보면 이 문제야말로 이번 정상회담에서 가장 중요한 것이라고 할 수 있는데, 정작 북측은 김정일 위원장부터가 '정상회담을 마치고 보자'는 식으로 대수롭지 않게 여기는 분위기였다. 과연 합의할 수는 있는지, 합의하더라도 어떠한 내용과 형식으로 할지, 내 입장에서는 여간 걱정이 아닐 수 없었다. 결국 이 문제는 정상회담에서 논의하여 해결하는 수밖에 없었다.

일부 언론에서는 두 정상의 '상봉'만으로도 큰 의의가 있다며 그 이상의 기대를 걸지 않고 있었지만 김 대통령의 생각은 달랐다. 김 대통령은 이번 정상회담에서 이산가족상봉 실현을 비롯하여 교류협력 등에 관한 구체적인 합의를 이끌어내고자 했다. 내가 '국정원장'

이라는 신분의 노출을 우려하여 정상회담 수행을 고사했음에도 불구하고 김 대통령이 굳이 나에게 그런 임무를 맡긴 것은, 가까이에서 보좌를 받고 싶다는 의도 못지않게 합의를 이끌어내어 그 내용을 담을 공동선언문 협상과 금수산궁전 방문 문제를 책임지고 해결하라는 의도가 있었다.

태극기와 인공기

김대중 대통령은 첫날 행사로 '명목상' 국가를 대표한다는 김영남 최고인민회의 상임위원장을 예방하기 위해 만수대 의사당을 방문했다. 그리고 그의 안내로 만수대 예술극장에서 환영공연을 관람했다. 저녁에는 인민문화궁전에서 역시 김영남 상임위원장이 주최한 국빈만찬에 참석했다.

둘째날인 6월 14일 오전에는 김정일 국방위원장과의 정상회담에 앞서 김영남 상임위원장과 회담을 했다. 회담 후에는 만경대 소년학생궁전을 방문하여 어린이들의 과외활동과 공연을 관람하고 나서 그 유명한 '옥류관'에 들러 평양냉면을 들었다.

김영남 상임위원장과의 회담에는 북측의 양형섭(楊亨燮), 김영대(金永大) 상임위원회 부위원장, 최태복 의장, 여원구(呂鷰九) 부의장, 안경호 조평통 서기국장 등 8명이, 우리 측에서는 공식수행원들이 배석했다. 약 1시간 동안 계속된 이 회담에서 김영남은 유창한 말솜씨로 "이번 북남정상회담을 통해 분단을 넘어 통일을 실현할 길을 마련해야 한다"면서 통일에 대한 북측의 기본 입장으로 이른바 '조국통일 3대헌장'을 설명했다. 그는 특히 '자주의 원칙'을 강조하며 은근히 남측의 한·미·일 3국 공조 행보를 비난했다. 또한 '민족대단결의 원칙'을 강조하며 교류협력을 방해하는 국가보안법 폐지, 이른바 '애국통일활동'의 자유보장 등을 주장했다.

김영남은 1928년 평양 출생으로 김일성대학 재학 중 모스끄바대학에 유학하여 외교학을 전공하고 1956년 이래 당 국제부에서 근무하며 국제부 부장(1972), 국제담당 비서(1975)를 거쳐 1983년부터 15년 동안 부총리 겸 외교부장을 역임했다. 그리고 1998년에 명목상 국가를 대표하는 최고인민회의 상임위원장에 선출된 대외관계 전문가이다.

김 대통령은 "7·4남북공동성명, 남북기본합의서, 한반도비핵화공동선언 등 좋은 합의를 해놓고도 실천이 따르지 않았는데 이제 합의를 실천해나가야 할 때"임을 강조했다. 그리고 김영남 상임위원장이 비난했던 '3국 공조'에 대해서는 이렇게 설명했다.

"3국 공조라는 것이 귀측에서 말씀하신 자주·민족대단결의 원칙과 결코 모순되는 것이 아닙니다. 우리가 주도권을 갖고 미국·일본이 북한과의 관계개선을 통해 한반도 평화에 기여하게 하려는 것입니다. 아무리 외세가 간섭한다 하더라도 남과 북은 힘을 합쳐서 할 일은 해야 하지 않겠습니까. 이번에 제가 네가지 의제를 가지고 왔습니다. 절대로 전쟁하지 말고 평화적으로 살자, 화해하고 다방면의 교류협력을 통해 서로 신뢰를 쌓아가며 우리 문제를 스스로 해결해나가자, 이산가족상봉을 실현하자, 남북경제공동위원회를 열어 끊어진 경의선 철도 및 도로를 연결하고 경협 문제 등을 하나씩 실천해나가자는 것입니다."

김영남 상임위원장과의 간단한 회담이 끝난 후, 김대중 대통령과 김정일 위원장의 역사적인 남북정상회담이 오후 3시부터 7시까지 백화원 영빈관 회의실에서 개최되었다. 김 위원장은 회색 인민복 차림으로 나타났다. '양측에서 각기 3명이 배석할 수 있다'는 합의에 따라 우리 측에서는 대통령 특보자격으로 나와 황원탁 외교안보수석비서관, 남북경협 문제를 담당한 이기호 경제수석비서관이 배석했다. 영어에 능통한 황 수석비서관은 이후 정상회담 결과를 미국 클린턴 대통령에게 설명하는 임무를 훌륭히 수행하게 된다. 북측에서는 김용순 대남담당 비서 한 사람만 녹음기를 갖고 배석했다.

두 정상의 인사말이 끝나자 환담이 이어졌다. 그 시각 서울 롯데호텔에 설치된 프레스센터에서는 170여개 외국 언론사의 500여명 기자들을 포함하여 1,200여명의 내외신 기자들이 열띤 취재경쟁을 벌이고 있었다.

"어제 밤늦도록 남쪽 텔레비를 오랫동안 봤는데, 남쪽 인민들이 모두 환영하는 분위기였고 특히 실향민과 탈북자들이 눈물을 흘리면서 이제는 고향에 갈 수 있게 되지 않겠는가 합디다."

"김 위원장께서 공항에 나와 영접해주시고 우리가 악수하는 것을 보고 서울에서 1,000여명의 내외신 기자들이 모두 기립박수를 했다고 합니다."

"공항영접이요? 대통령께서 오시는데 그건 기본적인 예의 아닙니까. 제가 뭐 그리 대단한 존재라고…… 구라파 사람들이 자꾸 나보고 은둔생활을 한다고 하고 이번에 은둔생활 하던 사람이 처음 나타났다고 그러는데, 저는 과거에 중국에도 갔댔고 인도네시아에도 갔댔고 비공개로 외국엘 많이 갔댔어요. 그런데 이번에 김 대통령이 오셔서 제가 은둔에서 해방됐다는 거예요. 뭐, 그런 말 들어도 좋습니다.

하여튼 모르게 갔댔으니까."

"평양음식 맛이 참 좋습니다."

"제가 이번에 중국엘 갔더니 한국 김치를 내놓습디다. 한국 김치가 중국, 일본, 구라파에도 많이 보급된 것을 알고 있어요. 남조선 사람들이 김치를 전세계에 보급했으니 아주 큰일을 한 거지요. 북조선 김치는 물이 많이 들어가는데 남조선 김치는 짜고 매워서 사람들도 매운가 보지요?"

취재기자들이 모두 회의장에서 나가자 김 위원장이 먼저 공격적인 화제를 들고 나왔다.

"이번 김 대통령의 평양방문을 국정원이 주도했다면 동의하지 않았을 겁니다. 국정원의 전신인 안기부와 중앙정보부에 대한 인상이 아주 나쁘기 때문입니다. 그런데 다행히 아태위원회와 현대가 하는 민간경제 차원의 사업이 잘되고 활성화돼가니까 하기로 한 겁니다. 더구나 박지원 장관이 나섰다기에 김 대통령께서 다른 라인으로 직접 추진하시는 것으로 생각했지요. 그런데 알고 보니 국정원이 개입하고 임동원 선생이 뒤에서 조종하는 거예요. 그러나 정권이 달라졌고 사람이 달라졌으니까 한번 해보자 한 겁니다."

이에 김 대통령은 가볍게 반응했다.

"정부가 달라졌고 국정원도 과거와는 많이 달라졌습니다."

"근데 어젯밤에 남쪽 텔레비를 보면서 기분이 좀 상한 게 하나 있어요. 남조선 대학가에 인공기가 나부낀 데 대해서 국가보안법 위반이니 사법처리를 하겠다는 겁니다. 이건 뭐, 정상회담에 찬물을 끼얹겠다는 거 아닙니까? 어떻게 그럴 수가 있습니까? 대단히 섭섭한 생각이 들었습니다. 어제 공항에서 봤는데, 남측 비행기에 태극기를 달고 왔고 남쪽 수행원들이 가슴에 모두 태극기를 달고 있었지만 우리는 신경도 쓰지 않았습니다. 그래서 제가 많이 생각해봤어요. 어제 김 대통령께서 김영남 위원장과 회담하고 만찬 대접도 했으니 그만 헤어져도 되겠다고 말이지요. 그런데 주변에서 만류해서 오늘 제가 여기 나온 겁니다."

본격적인 공박이었다. 그 순간 내 머릿속에는 지난날 북측과 협상할 때마다 흔히 겪었던 일들이 떠올랐다. 본격적인 회담에 들어가자마자 상대방이 미처 예기치 못한 문제를 들고 나와 공세를 취하면서 기선을 제압하고, 상대방을 당황하게 만들어 협상을 유리하게 이끌어가려는 것이 북한의 전형적인 협상수법이었다. 그러나 다행히도 김 대통령은 전혀 당황하지 않고 이 첫번째 도전에 점잖게 간단히 응수했다.

"처음 듣는 얘기인데, 가서 좀 알아봐야겠습니다. 우리 쪽에는 여러 부류의 사람들이 있으니 위원장께서도 그런 일로 너무 신경 쓰지 마세요."

"뭐, 남쪽 정치풍토가 우리와 다르다는 건 나도 인정합니다. 어제 공항에서 의장대 사열뿐 아니라 남조선 국기도 휘날리고 애국가 연주도 하고 했어야 내가 오늘 인공기 문제를 가지고 더 해볼 수 있는 건데…… 그건 그렇다 쳐도 적어도 정상회담 기간에 발생한 문제에 대해서는 학생들을 처벌하지 말아야 합니다. 대통령께서 이런 문제는 특별히 신경 써주셔야 합니다. 국가보안법은 도대체 왜 폐기를 안 합니까? 우리도 남쪽에서 자꾸 제기하는 옛날 당 규약과 강령을 새 당대회에서 개정하자고 합니다. 뭐 별거 아닌데…… 이렇게 서로 하나씩 새것으로 바꿔나가야 합니다."

나중에 서울로 돌아와 알게 된 사실이지만, 남북정상회담 개최를 환영한다는 의미에서 서울대, 고려대, 한양대 등 전국 10여개 대학가에 한반도기와 함께 그 좌우로 태극기와 인공기가 나란히 걸렸다고 한다. 이에 대해 검찰이 "주동자들을 색출해 엄벌하겠다"고 발표했다는 것이다.

김 대통령의 4대 어젠다

"이런 문제를 먼저 말씀드리게 돼서 죄송합니다. 이제 대통령께서 말씀해주십시오."

경청하는 자세로 25분 동안이나 조용히 듣고만 있던 김 대통령은 먼저 평양초청과 성대한 환영행사에 감사의 뜻을 표하고 나서 이렇게 말했다.

"김 위원장께서 3년상을 지내면서 효도를 다한 점에 대해서 동방예의지국이라는 감명을 받았습니다."

김일성 주석의 서거에 대해 직접 조의를 표명하는 대신 김정일 위원장의 '효심'을 언급하는 것으로 김 대통령은 일단 상주에 대한 예의를 갖춘 것이다. 그리고 "흉금을 털어놓고 서로 하고 싶은 얘기들을 다 이야기하고, 합의할 수 있는 것은 합의하자"며 화해와 통일, 긴장완화와 평화, 교류협력 활성화, 이산가족 등 네가지 의제에 대한 우리의 입장을 준비한 자료를 참고하며 신중히 설명해나갔다. 의제를 설명하는 데 정확히 30분이 걸렸다.

김 대통령은 첫번째로 '화해와 통일 문제'에 대해 다음과 같은 요지로 설명했다.

"동서냉전은 종식되었고, 세계가 산업사회에서 지식정보사회로 전환함에 따라 무한경쟁시대가 전개되고 있다. 우리도 민족의 생존과 번영을 위해 화해하고 냉전을 끝내야 할 때이다. 더이상 미룰 수 없다. 우리는 교육과 정보화 기반이 튼튼하고 문화 창조력이 강한 민족으로 지식정보화시대에 최고의 발전과 융성을 이루기에 가장 알맞은 민족이다. 이제 우리가 서로 화해하고 협력하여 공동의 발전과 번영을 이끌어나가는 것이 중요하다. 김 위원장과 내가 솔선수범하도록 하자"고 역설했다.

그리고 우리 측 통일방안에 대해 자세히 설명한 후 "통일은 점진적·단계적으로 추진해나가야 하며 통일의 과정을 남과 북이 협력하여 관리해나가야 한다. 그러기 위해 '남북연합'을 제도화하자는 것인데 8년 전에 채택한 '남북기본합의서'에도 이런 정신이 반영되어 있다"고 환기시켰다.

두번째로 '긴장완화와 평화' 문제에 대해 설명했다.

"남북은 서로 흡수통일과 북침, 적화통일과 남침에 대한 불안감을 갖고 있는데, 이러한 것은 사실 모두 불가능한 일이다. 전쟁은 민족의 공멸을 초래할 뿐이다. 우리의 입장은 확고하다. 북침이나 흡수통일을 절대로 추구하지 않겠다는 것을 확실히 약속하니 북측에서도 너무 걱정할 필요가 없다. 남북기본합의서에서 합의한 대로, 불가침 문제를 다루기 위한 군사공동위원회를 개최하여 우발적 무력충돌 방지대책을 비롯하여 군비통제 문제를 협의해나가도록 하자. 그런데 남북문제를 풀려면 주변국들과의 문제를 같이 풀어나가야 한다. 나는 1998년 6월에 미국에 가서 북한에 대한 경제제재조치를 해제하는 것이 좋겠다고 제기했다. 일본의 모리 요시로오(森喜朗) 수상에게도 북한과의 관계 정상화를 촉구하고 그 방안에 대해 깊은 대화를 나누었다. 북측이 조속히 미국, 일본, 유럽 국가들과 좋은 관계를 이룰 수 있도록 우리가 적극 지원하겠다. 그러니 북측도 핵문제 해결을 위한 '제네바 북미 기본합의'를 준수하고, 미국과의 미사일회담도 잘 진행하기 바란다. 이런 식으로 한반도의 평화를 정착시켜나가야 한다. 그리고 한반도와 동북아의 평화와 안보를 위해 남북이 미·일·중·러와 함께 6개국 동북아안보협력기구를 구성·운영할 수 있도록 노력하자"는 것이 요지였다.

세번째 의제는 북측이 최근에 가장 많은 관심을 가지고 있는 '남북 교류협력' 문제였다.

"남북관계를 잘 푸는 데는 경제협력이 중요하다. 원래 우리 정부는 정경분리를 원칙으로 하지만, 남북문제의 특성상 철도, 통신, 항만, 전력, 농업 등 여러 분야에서의 남북협력을 위해 당국 간의 협력을 본격화해나갈 용의가 있다. 끊어진 철도와 도로를 다시 잇고 서해안 산업공단을 함께 건설하자. 그리고 금강산 관광뿐 아니라 백두산 관광, 평양 관광 등 관광사업도 확대해나가자. 그리고 북측이 국제금융기구에 가입하여 지원을 받을 수 있도록 우리가 적극 협조하겠다. 그러니 남북경협을 원활히 추진하기 위해서 투자보장 등 경협 합의서들을 서둘러 체결해야 한다"고 강조했다.

김 대통령은 "2002년 한일 월드컵에 북측도 참여하고, 이 기회에 서울과 평양이 정기적으로 축구시합을 하는 경평축구도 부활시키자"고 제의했다. 그리고 "시드니올림픽에도 공동입장하는 것으로 하자"며, "체육뿐 아니라 사회, 문화, 학술, 보건, 환경 등 모든 분야에서 교류협력을 활성화해나가자"는 의견을 내놓았다.

네번째 의제로 김 대통령은 이산가족 문제 해결을 위해 생사·주소 확인, 편지 교환, 면회소 운영, 자유의사에 의한 재결합 등의 방안 등을 구체적으로 제시하고 "이번 8·15 광복절을 기해 이산가족방문단 교환부터 실현하자"고 주장했다.

그리고 김 대통령은 다음과 같이 마무리 발언을 했다.

"자주·평화·민족대단결의 원칙을 제시한 7·4남북공동성명이 나온 지 어느덧 28년이 지났습니다. 남북관계의 발전 방법을 완벽하게 제시한 남북기본합의서가 채택된 지도 8년이 되었습니다. 하지만 아무것도 실천된 것이 없습니다. 이제 김 위원장과 저에게는 이미 정해진 원칙과 방법에 따라 실천하는 일만 남았습니다. 우리 둘이 합심해서 구체적인 실천으로 겨레에게 희망과 믿음을 줍시다. 남북장관급 회담, 경제공동위원회, 군사공동위원회 등을 개최하고 이산가족상봉과 다방면의 교류협력을 실현합시다.

그리고 김 위원장의 서울방문을 정식으로 초청합니다. 여론조사 결과를 보면 김 위원장이 서울에 와야 한다는 여론이 81퍼센트나 됩니다. 조만간 서울을 꼭 한번 방문해주시기를 바랍니다. 제 나이 이제 일흔여섯입니다. 대통령 임기는 2년 8개월 남았습니다. 30, 40년 동안 숱하게 감옥살이를 하고 죽을 고비까지 넘기면서 나름대로 민족의 화해와 통일을 위해 최선을 다하며 살아왔습니다. 그 뜻을 2년 8개월 사이에 김 위원장과 함께 꼭 이뤄보고 싶습니다. 그리고 다음에 어떤 정부가 들어서더라도 그 길을 바꾸지 못하도록 단단히 해두고 싶습니다. 그게 나의 소원입니다."

김 대통령은 정확한 의사소통을 위하여 직접 설명한 내용을 정리해 그 문서를 김 위원장에게 직접 건네주는 치밀함을 보였다. 30분간 조용히 경청한 김 위원장은 훌륭한 말씀에 감사드린다고 예의를 표하고 나서 다시 말문을 열었다.

"지난번 보내주신 친서를 전달받고 또 임동원 특사의 자세한 설명을 듣고 많은 도움을 받았는데 오늘 다시 대통령의 자세한 설명을 듣고 나니 대통령께서 무엇을 구상하시는지 더욱 잘 알게 되었습니다. 훌륭한 설명에 다시 한번 감사드립니다."

김대중 대통령은 미리 준비한 자료를 참고해가며 논리적으로 차분히 설명하는 스타일이다. 반면에 김정일 위원장은 두서없이 하고 싶은 말을 다하는 스타일로 대화를 주도해나갔다. 그는 "남북이 그동안 여러 문건에 합의했는데 하나도 실천된 것이 없다는 데 동의한다"면서 1994년 7월 무산된 남북정상회담에 대해 언급하다가 김일성 주석의 사망 경위로 화제를 옮겨갔다.

"김일성 주석님께서는 김영삼 대통령에게 남북 간의 실질적 경협 사업을 시작하자고 제의할 계획이었습니다. 우선 경의선 현대화 사업부터 추진하고자 하셨지요. 주석님께서는 돌아가시던 바로 당일에도 묘향산으로 경제성원들을 불러 남북경협 문제를 가지고 어떻게 협의할 것인가에 대한 의견을 듣고 필요한 자료들을 검토하셨습니다. 그리고 당시 평양에 있던 저에게 '이제 내가 준비할 것은 모두 끝냈다'고 전화를 주셨는데 그로부터 1시간 반 뒤에 급사하셨습니다.

원래 주석님께서는 서거하시기 4, 5년 전에 심장질환을 일으켰던 적이 있어요. 그때부터 소련 끄렘린 병원이 제공한 페이스메이커(심장박동기)를 설치했습니다. 작년에 미국에 파견했던 의사들이 가져온 미국제 페이스메이커는 (볼펜을 내보이면서—저자) 요만한 것이고 성능이 대단히 우수한 것인데 당시 소련제는 이거 2배만 했습니다. 당시 소련의 의학은 미국에 비하면 유치한 수준이었지요. 원래 페이스메이커를 설치하면 아무래도 혈액의 응집현상이 일어나 급사할 위험이 있다고 합니다. 그래서 서방세계에서는 아스피린을 복용하고, 중국에서도 개혁개방 이후에는 미국에서 배워 아스피린을 복용한다는데…… 그때 당시 소련 의료진은 아스피린을 권고하지 않았어요. 그냥 물고기만 많이 먹으면 된다는 기존상식에 의존한 것이 잘못이었습니다. 미국에서 공부한 의사들이 많은 남쪽이 보건의학 분야에서는 우리보다 우수하다는 것을 인정합니다. 대통령께서도 말씀하셨지만, 더 넓은 세계를 내다봐야 한다는 데 전적으로 동의합니다."

김정일 위장은 놀랍게도 '폐쇄사회의 폐해'를 시인하는 것이었다.

연합제 대 연방제

김 위원장은 합의할 문건과 관련하여 "선언적인 내용만 넣고 나머지는 장관급회담에 위임하는 형식을 취하자"고 제의했다. 김 대통령과 자신은 큼직하고 희망적이고 고무적인 선언만 하고, 구체적인 것은 장관급회담에서 상부의 뜻을 받들어 합의하도록 하자는 취지였다.

"그러니까 대통령과 저는 자주적 해결의 원칙이라든가 통일의 방도와 같은 큼직한 문제만 언급하고 교류협력이나 이산가족 문제 같은 구체적 사안은 장관급회담에 위임하면 됩니다. 중요한 것은 합의한 바가 반드시 실현되도록 감독하고 통제하는 일입니다."

그러나 김 대통령의 생각은 달랐다.

"통일의 원칙과 남북관계의 발전 방법은 이미 7·4남북공동성명과 남북기본합의서에서 다 합의된 것입니다. 우리는 이러한 원칙과 방법에 따라 당면한 실천과제를 구체적으로 합의해야 합니다. 그래야만 어렵게 성사된 이번 정상회담이 겨레에게 희망을 줄 수 있고 실제적으로 상호 신뢰를 조성해나갈 수 있게 됩니다. 이산가족상봉, 경제·사회·문화 교류, 그리고 김정일 위원장의 서울방문 등을 합의문건에 꼭 포함시켜야 합니다."

"남쪽에서 우리를 '주적'이다, '괴뢰'다 하면서 불신하는 판에, 제가 대통령 체면을 생각해서 큼직한 것 몇개 양보한다 한들 야당이 좋다고 하겠습니까? 남쪽에서는 공존, 공존 하면서도 우리를 여전히 북괴라 하는데, 우리는 더이상 '남조선 괴뢰도당'이라 하지 않습니다. 의식이 문제예요. 의식을 계몽해야 합니다. 남과 북이 서로 형제라는 의식을 가져야 합니다. 남에서는 원래 우리를 '소련의 위성국'이라고 해서 북괴라 했고 이제는 소련도 무너졌으니 그 괴뢰에 불과한 북조선도 곧 붕괴될 거라 주장하지 않습니까? 사실 우리는 남조선과 달리 해방 후 소련군을 곧바로 철수시켰습니다. 북쪽에는 외국군이 없어요. 우리는 지금껏 자주성을 지켜왔습니다."

"야당이 문제가 아닙니다. 온 겨레와 세계가 '이번에는 정말 성과가 있었다' '남과 북은 스스로 문제를 해결할 수 있는 민족이며 앞으로도 계속할 수 있겠다'고 생각하게 만드는 것이 중요한 거지요. 그리고 이제는 남쪽에서도 '괴뢰'라는 표현은 쓰지 않아요."

그때 김용순 비서가 준비해온 자료를 보면서 불만스러운 얼굴로 대화에 끼어들었다.

"1999년 5월 24일에 조성태(趙成台) 국방장관이 '북한은 주적이다,

괴뢰다' 하면서 북괴라고 하지 않았습니까? 또 최근에도 공개적으로 그렇게 하고 있지 않습니까?"

다시 김 위원장이 다소 흥분한 어조로 말을 이었다.

"아직도 주변의 강대국들은 조선반도의 분단을 고착시키고 두개의 조선을 만들어 분할통치를 하려고 합니다. 그런데 대통령께서는 자꾸 이 나라 저 나라에 찾아가서 협력을 구하고 균형을 맞추려고 하는데, 그런데서 탈피해서 우리 민족끼리 자주적으로 해결해야 합니다."

김영남 상임위원장과의 회담에서 이미 벌어졌던 논쟁이 다시 시작되는 분위기였다. 김 대통령 역시 동일한 취지로 김 위원장을 설득해나갔다.

"우리는 미국과 안보동맹을 맺고 일본과도 가깝게 지냅니다. 중국이나 러시아와도 좋은 관계를 유지하고 있어요. 물론 북측도 중국과 러시아와는 가깝게 지내는 줄로 압니다. 남과 북이 모두 이 네 나라와 좋은 관계를 맺고 지내야 한반도의 평화와 통일에 도움이 됩니다. 그러니 북측도 조속히 미국하고 일본과 관계를 개선해야 합니다.

사실상 북측이 계속 미국과 적대관계를 유지하는 한 한반도 평화는 기대하기 어렵습니다. 북이 살길은 안보와 경제회생 아닙니까. 그것을 해결해줄 수 있는 나라가 바로 미국입니다. 따라서 김 위원장께서도 핵문제 해결을 위한 '제네바 북미 기본합의'를 준수하고 미국과의 미사일 회담도 잘해서 조속히 관계개선을 해야 합니다. 저도 북이 미국, 일본, 유럽 국가들과 좋은 관계를 맺을 수 있도록 적극 지원하겠습니다. 한반도의 평화문제를 풀어가는 데는 이들 국가의 협력이 필수적입니다. 저도 우리 민족문제에서 '자주'가 중요한 전제가 되어야 한다고 생각하는 사람입니다. 하지만 '배타적인 자주'가 아니라 '열린 자주'가 되어야 한다는 겁니다.”

“대통령의 말씀이 틀린 말은 아니나, 통일문제는 어디까지나 남과 북이, 우리 민족끼리 힘을 합쳐 해결해나가야 합니다. 당사자끼리 해결하자는 거지요.”

이런 논의를 통해 한반도 평화문제는 주변국의 협력을 얻어 남북이 주도해나가야 한다는 데 두 정상이 인식을 공유하게 되었다. 여기서 화제는 통일방안에 관한 논의로 이어졌다.

“이번에는 첫째로 민족의 자주 의지를 천명하고, 둘째로 통일문제와 관련해서는 연방제 통일을 지향하되 일단 '낮은 단계의 연방제'부터 하자는 데 합의하십시다. 그리고 셋째 항에는 남북 당국 간의 대화를 즉각 개시하여 정치·경제·사회 문제를 함께 풀어나가자는 정도로 합의하면 되지 않겠습니까?”

“'2체제 연방제' 통일방안은 수락할 수 없습니다. 우리가 주장하는 '남북연합제'라는 것은 '2체제 2정부'의 협력 형태를 의미하는 겁니다. 어쨌든 통일문제는 앞으로 더 논의하기로 하고, 이번에는 통일 이전 단계에서 남과 북이 무엇을 해야 할 것인가, 지금 당장 할 일이 무엇인가를 합의하는 게 좋겠습니다.”

“대통령께서 말씀하시는 '연합제'가 바로 제가 말하는 '낮은 단계의 연방제'와 같은 것입니다.”

김 위원장은 비슷한 개념이라면서도 굳이 '연방제'라는 표현을 고집했다. 이때 “제가 한 말씀 드려도 되겠습니까?”하며 김 대통령의 허락을 얻어 내가 대화에 개입했다.

“연방제와 연합제는 개념이 다른 것입니다. 연방제는 연방정부, 즉

통일된 국가의 중앙정부가 군사권과 외교권을 행사하고, 지역정부는 내정에 관한 권한만 행사하게 됩니다. 연합제는 이와 달리 각각 군사권이나 외교권을 가진 주권국가들의 협력 형태를 말합니다. 쏘비에뜨연방 해체 이후 성립된 독립국가연합(CIS)이 비슷한 예라 할 수 있습니다.

저희가 주장하는 '남북연합'이란 통일의 형태가 아니라, 통일 이전 단계에서 남과 북의 두 정부가 통일을 지향하며 서로 협력하기 위한 제도적 장치를 말합니다. 통일된 국가형태를 말하는 '연방'과는 다른 개념임을 이해해주셨으면 합니다. 어떻게 서로 다른 체제가 갑자기 연방제로 통일할 수 있겠습니까? 또한 연방제 통일을 이룩하려면 군대를 통합하고 외교를 통합해야 하는데, 그것이 과연 현실적으로 가능하겠습니까? 예멘의 경우가 좋은 예가 될 것입니다. 남예멘과 북예멘은 즉각 연방제 통일을 했지만 군대 통합에 실패하여 결국 전쟁을 통해 통일했습니다.

우리는 결코 예멘의 전철을 밟아서는 안 될 것입니다. 우선 남북연합 형태로 서로 협력하여 군축도 하고 상호 안보위협도 제거하여 군대 통합을 할 수 있을 때 통일하자는 것입니다. 통일은 남과 북이 힘을 합쳐 점진적·단계적으로 이룩해나가야 합니다. 따라서 통일 형태와 같은 먼 미래의 문제보다는 통일의 길을 닦기 위해 당장 현재 무엇을 어떻게 해야 할 것인가를 논의하고 합의하는 것이 더욱 중요하다는 것이 김 대통령의 주장입니다."

나의 설명을 다 듣고 난 김 위원장이 자신의 생각을 부연했다.

"대통령께서는 완전통일은 10년 내지 20년은 걸릴 거라고 하신 것으로 알고 있습니다. 그런데 나는 완전 통일까지는 앞으로 40년, 50

년이 걸릴 것으로 생각합니다. 그리고 내 말은 연방제로 즉각 통일하자는 것이 아닙니다. 그건 냉전시대에 하던 얘기입니다. 내가 말하는 '낮은 단계의 연방제'라는 건 남측이 주장하는 '연합제'처럼 군사권과 외교권은 남과 북의 두 정부가 각각 보유하고 점진적으로 통일을 추진하자는 개념입니다."

북한의 고려연방제 통일방안은 남북의 민족대표들이 모여 즉각 연방제 통일국가부터 수립하고 남북교류협력을 추진하자는 것을 특징으로 한 것이었으나, 김 위원장이 "그 방안은 냉전시대의 산물로 비현실적"이라고 밝힌 것이다. 실제로 북한은 이미 1990년대 초 연방제 개념에 입각한 남북의 단일의석 유엔가입에 실패하고, 점진적 통일을 전제로 남북관계를 개선해나가자는 남북기본합의서를 채택하면서 이른바 '느슨한 연방제'를 주장해왔다.

김 대통령이 다시 신중하게 발언했다.

"통일방안은 여기서 합의할 수 있는 성질의 것이 아닙니다. 우리가 주장하는 '남북연합제'와 북측의 '낮은 단계의 연방제'에 대해 앞으로 계속 논의하기로 합의하면 될 것입니다."

"그러면 이렇게 합의합시다. 남측의 '연합제'와 북측의 '낮은 단계의 연방제'가 뜻이 같은 것이니까 낮은 단계의 연방제로 남북이 협력해나가자고……"

김 위원장은 남측의 '연합제'가 합리적이고 현실적이며 실현가능한 방안임을 인정하지만 그 명칭만은 '낮은 단계의 연방제'라는 용어로 합의하자는 주장을 굽히려 하지 않았다.

"북이 낮은 단계의 연방제를 제의했고 남이 남북연합제를 제의했는데 말씀하신 대로 양자 간에는 공통점이 많습니다. 그러니까 앞으로 함께 논의해나가자는 것으로 합의합시다."

"좋습니다. 그럼 그 정도로 합의합시다."

김 위원장의 고집도 대단했지만 김 대통령의 정중하면서도 노련한 의지를 꺾지는 못했다. 여기서 중요한 것은 두 정상이 '통일은 목표인 동시에 과정'이라는 데 인식을 같이하고, '점진적·단계적으로 추진해나가자는 데 합의하게 되었다는 사실이다. 그리하여 통일과정에서 남북이 긴밀히 협력하여 분단상황을 평화적으로 관리하고 교류협력을 활성화해나가야 한다는 데 뜻을 모을 수 있게 된 것이다.

두 정상은 '전쟁은 민족의 공멸을 가져올 뿐'이라는 데 인식을 같이하고 서로 상대방을 침략하지 않겠다는 것을 다짐했다. 그리고 북측은 "흡수통일과 북침, 남측은 적화통일과 남침에 대한 불안감과 공포증에서 벗어나자"며 이를 위해서는 신뢰조성이 중요하다는 데 공감했다. 그러기 위해 남북기본합의서에서 합의한 불가침 문제를 다루기 위한 남북국방장관회담을 개최하여 우발적 무력충돌 방지책을 비롯한 군사적 신뢰구축 문제부터 협의해나가자는 데도 합의했다. 이에 따라 3개월 후 제1차 남북국방장관회담이 제주도에서 열리게 된다.

남북의 두 정상이 공통인식을 갖게 된 통일방안을 요약하면, '통일은 민족의 지상과제이다. 그것은 자주적으로 그리고 평화적으로 이룩해야 한다. 따라서 점진적·단계적으로 추진해나가야 한다. 통일의 과정에서 당면하게 될 어려운 과제들을 남북이 힘을 합쳐 효율적으로 해결하고 관리하기 위한 협력기구로서 남북연합을 구성·운영한다. 그리고 평화통일의 과정은 다방면의 교류협력을 통해 상호 신뢰를 다져가면서 추진해야 한다'는 것이다. 말하자면, 우선 남북이 평화공존하며 서로 오가고 돕고 나누는 '사실상의 통일' 상황부터 실현하고 완전통일을 지향해나가야 한다는 것이다.

핫라인

다음으로 남북경제협력 문제가 논의되었다.

"신의주보다는 남쪽에 가까운 곳, 이를테면 해주 같은 곳이 산업공단으로 유리하다고 현대가 판단하고 있는데, 위원장께서도 하루 속히 결정해주시기 바랍니다. 그리고 경의선 철도를 연결하고 복선화하면 북측으로서는 많은 수익을 얻게 되고 남측으로서는 물류비용을 절감할 수 있어 공동의 이익이 됩니다. 끊어진 민족의 대동맥을 연결한다는 상징성은 물론이고, 더 나아가 유럽으로 철도가 연결되면 한반도가 물류중심지가 될 수 있을 겁니다."

김 대통령의 설명을 한동안 경청하고 난 김 위원장은 '산업공단 건설과 경의선 철도 연결 등 남북경제협력사업을 적극적으로 추진하되 현대와의 합의에 따라 진행한다'는 뜻을 내비쳤다. 앞서 언급했듯이 현대와 북측은 이미 그해 5월 초에 이른바 '7대 경협사업 추진'에 합의한 바 있다.

이에 내가 다시 나서서 우리 정부의 입장을 설명했다.

"우리 정부는 현대에서 추진하는 사업을 장려할 용의가 있습니다. 하지만 그러한 대규모 기반시설 사업을 민간기업이 혼자서 할 수는 없습니다. 정부의 관여와 지원이 없이는 할 수 없는 사업이므로 이번 공동선언에 경협에 관한 합의 내용도 반드시 포함돼야 합니다."

어느덧 회담을 시작한 지 2시간이 지나자 김 위원장이 "좀 쉬었다 하자"고 제안했다.

"휴식에 앞서 합의할 내용을 정리하고, 임동원 원장과 김용순 비서가 합의문 초안을 만들게 하는 게 어떻겠습니까? 그리고 초안에는 반드시 이산가족 문제도 넣었으면 합니다. 이번에 이 문제는 우리가 반드시 합의해야 합니다."

김 대통령의 단서에 김 위원장은 의외로 흔쾌히 동의했다.

"지난번 임동원 특사께도 말씀 드렸지만, 이산가족 문제는 못할 거 없다는 생각이에요. 이번 8·15광복절에 시험적으로 100명 정도씩 서울과 평양을 교환방문해보고, 그렇게 경험을 쌓아가며 단계적으로 확대 추진하는 것이 좋겠어요. 그런데 여기서 내가 좀 짚고 넘어가야 할 문제가 있어요. 남쪽의 국정원과 통일부는 왜 자꾸 탈북자를 끌어들입니까? 여기서 도망친 범죄자들을 감싸고돌면서 선전에 이용하고 비방중상하고……"

탈북자 문제는 북측이 무척 불쾌해하고 예민하게 여기는 사안이었다. 김 대통령의 입장을 배려하여 내가 대신 답했다.

"우리 정부기관이 탈북자를 유인하는 일은 결코 없습니다. 그러나 서울에 오겠다는 탈북자들을 같은 민족으로서 받아들이는 것은 너무도 당연한 일 아니겠습니까? 국정원장으로서 단언컨대 탈북자 문제를 선전에 이용하는 일도 전혀 없습니다. 그리고 남북기본합의서에서도 합의했듯이 비방중상은 하지 않아야 합니다. 이번 기회에 두 정상께서 상호 비방중상을 그만두는 것으로 합의하는 것도 의미있는 일이라 판단됩니다."

나의 제안에 김 위원장은 흔쾌히 동의했다.

"좋습니다. 이번 기회에 아예 비방중상을 하지 않기로 합시다. 군대에서 하는 대남·대북방송도 중지합시다."

그러나 체제의 차이 때문에 '비방중상'이란 용어의 개념도 서로 다를 수 있다는 점에 생각이 미친 나는 한가지 단서를 달았다.

"우리 측에서는 정부나 군대에서 대북 비방방송을 모두 중지할 수 있습니다. 그러나 민간언론에 보도되는 것까지 비방중상이라고 해서는 곤란합니다. 남측 민간언론은 정부 통제 밖의 문제이므로 여기서는 논외로 해야 하겠습니다."

"그래도 북괴니 주적이니 하는 말은 더이상 쓰지 말아야지요."

같은 문제로 김용순 비서가 다시 끼어들자 김 위원장이 흥미로운 말을 했다.

"군대에서 '주적'이니 '적들'이니 하는 표현을 사용하는 건 당연한 겁니다. 군대 앞에 있는 것이 적이지 아군이겠소? 군인들에게는 적개심을 교육하는 게 당연한 거지요. 그러니까 우리 용순 동무 말은, 화해협력하자면서 정부당국자나 정부간행물이 공개적으로 '주적'이라는 표현을 사용하니 문제라는 겁니다. 그것을 기자들이 부각시켜 적대의식을 고취시키니 문제 아니오? 화해협력을 하자면 당국자들부터 그런 말은 쓰지 말도록 해야 합니다."

한동안 신경전 아닌 신경전이 오간 후에 김 대통령이 합의할 요지를 정리했다.

첫째, 우리 민족의 문제는 자주적으로 해결한다.

둘째, 북측이 제안한 '낮은 단계의 연방제'와 남측의 '남북연합제'는 상통하는 점이 많아 양측 당국자들이 계속 협의한다.

셋째, 이산가족 문제를 해결한다.

넷째, 경제·문화·사회 등 모든 분야에서 교류협력을 활성화하여 상호 신뢰를 조성해나간다.

다섯째, 당국 간의 회담을 개최하여 구체적으로 합의하고 실천해나간다.

김 대통령은 이에 덧붙여 '김정일 위원장의 서울방문'과 '제2차 정상회담 개최'를 아예 합의문에 명시하자고 제의했다.

"김 위원장께서 동방예의지국의 지도자답게 연장자를 굉장히 존중하는 것은 천하가 다 아는 사실이고…… 내가 김 위원장하고 다른 것이 있다면 나이를 좀더 먹은 건데…… 나이 많은 내가 먼저 평양에 왔는데 김 위원장께서 서울에 안 오면 되겠습니까? 서울에 반드시 오셔야 합니다. 서울에 오시면 우리도 크게 환영하고 환대할 것입니다."

김 대통령의 설득은 간청이라도 하듯 간곡했다. 하지만 김 위원장의 태도는 고마워하면서도 부정적이었다. 그래서 아무래도 내가 개입하여 두 정상의 체면을 살리는 방안을 제시해보는 것이 좋겠다고 판단했다.

"김 위원장님, 이렇게 합의하면 어떻겠습니까? '김대중 대통령이 김정일 국방위원장의 서울방문을 정중히 요청했으며, 김정일 위원장은 앞으로 편리한 시기에 서울을 방문하기로 합의했다'고 말입니다. '언제 방문하기로 했다'까지 명시하면 좋겠지만 이번에 방문 날짜를 정하지 못한다면 일단 이 정도로 합의하고 방문 날짜는 다시 협의하면 되지 않겠습니까?"

그러자 김 위원장은 "편리한 시기에 하자?" "편리한 시기?" "편리

김대중 대통령과 김정일 국방위원장이 서울에서 보내온 두 정상의 상봉장면을 크게 보도한 신문들을 보고 있다. (2000.6.14)

한 시기라……" 하고 혼잣말을 되풀이하면서 비로소 긍정적인 반응을 보였다. 나중에 공동선언문에는 '편리한 시기'를 '적절한 시기'로 수정하여 기재하게 된다.

김 위원장은 서울방문에 즉시 합의하는 대신 이렇게 말했다.

"합의사항 이행과정에서 문제가 있으면 대통령께서 임동원 원장을 자주 평양에 보내세요."

"김 위원장께서도 우리 언론에서 쓰는 추측 기사라든가, 정계에서 불쑥불쑥 튀어나오는 말에 너무 신경 쓰지 않으셨으면 합니다."

"그런 문제를 비롯하여 뭔가 중요한 문제가 생기면 우리 두 정상이 직접 의사소통합시다. 이 기회에 두 정상 사이의 비상연락망을 마련하는 게 어떻겠습니까?"

"그거 좋은 생각입니다. 그렇게 합시다."

이렇게 만들어진 두 정상 사이의 비상연락망은 '국민의 정부' 마지막 날까지 계속 유지되면서 남북문제 해결에 매우 중요한 역할을 수행하게 된다. 개인적으로는 이 '핫라인'의 개설이야말로 정상회담 최대의 성과 중 하나라고 생각한다.

그리고 일단 휴식시간을 갖게 되었다. 오후 5시 30분경이었다. 회의실 밖에는 서울에서 보내온 이날 조간신문들이 두 정상이 볼 수 있도록 진열돼 있었다. 한결같이 두 정상이 평양 비행장 환영식에서 처음 상봉하는 사진이 1면을 가득 장식했다. 우리는 30분간 휴식하고 회담을 재개했다.

전라도 위원장과 경상도 대통령

회담이 재개되자 김 위원장이 다시 통일방안에 대해 김 대통령에게 몇가지 질문을 했다.

"통일방안에 대한 야당의 입장은 뭡니까? 한나라당은 왜 남북관계 개선 문제에 대해 사사건건 시비를 걸고 마찰을 일으키는 겁니까? 그리고 이번 평양방문에는 왜 한 사람도 보내지 않은 겁니까?"

이번에는 김 대통령이 직접 설명했다.

"우리의 통일방안은 1989년 현 야당이 집권할 때 여야 합의로 마련한 것으로 야당이 근본적으로 반대하지는 않아요. 다만 한나라당은 남북관계 개선으로 대한민국의 주체성과 안보를 훼손해서는 안된다고 주장하는 겁니다. 물론 그건 기우이지요. 그리고 대북지원에 대해서는 '엄격한 상호주의'를 주장하고 있는데, 그것은 국민의 지지를 받지 못하고 있어요. 사실 이번 평양방문에 개인적으로는 동행하고 싶어하는 야당의원들이 적지 않았습니다. 박정희 전 대통령의 따님인 박근혜(朴槿惠) 의원도 동행하겠다고 발표했으나 한나라당 지도부에서 허가하지 않아 아쉽게 된 셈이지요."

"우리가 지금 아무리 좋은 합의를 하고 남북관계를 개선해나간다 해도 만약 그런 한나라당이 차기에 다시 집권하면 원점으로 돌아가는 거 아닙니까? 대통령께서는 가령 한나라당이 차기에 집권한다면 대북정책이 어떻게 될 것이라고 보십니까?"

"한나라당이 지금 야당이다 보니 정략적으로 그러는 거지, 만약 집권한다면 지금 우리가 추진하고 있는 정책방향과 크게 다르지 않을 것으로 봅니다. 남북연합은 그들도 주장한 것이고 남북이 평화공존하자는 데도 이의가 없을 겁니다. 물론 구체적인 정책 이행방법상에는 차이가 있을 수도 있겠지요."

이어서 김 위원장이 매우 흥미로운 발언을 했다.

"제가 대통령께 비밀사항을 정식으로 말씀드리겠습니다. 미군주둔 문제입니다만…… 1992년 초 미국 공화당 정부 시기에 김용순 비서를 미국에 특사로 보내 '남과 북이 싸움 안 하기로 했다'고 말했습니다. 그러면서 '미군이 계속 남아서 남과 북이 전쟁을 하지 않도록 막아주는 역할을 해달라'고 요청했댔습니다. 역사적으로 주변 강국들이 한반도의 지정학적 위치와 전략적 가치를 탐내어 수많은 침략을 자행한 사례를 들면서 '동북아시아의 역학관계로 보아 반도의 평화를 유지하자면 미군이 와 있는 것이 좋다'고 말해줬어요. 제가 알기로 김 대통령께서는 '통일이 되어도 미군이 있어야 한다'고 말씀하셨는데, 그건 제 생각과도 일치합니다. 미군이 남조선에 주둔하는 것이 남조선 정부로서는 여러가지로 부담이 많겠으나 결국 극복해야 할 문제가 아니겠습니까?"

김 위원장의 말은, 1991년 12월에 남북기본합의서가 채택된 것을 미국에 전하며 "북미관계 개선도 희망한다"는 메시지를 전달했다는 뜻이었다. 또한 미군이 계속 주둔하되 "미군의 지위와 역할을 변경하여 북한에 적대적인 군대가 아니라 평화유지군 같은 역할을 해주기를 바란다"는 뜻을 전했다는 것이다.

그런데 왜 언론매체를 통해 계속 미군철수를 주장하는 것인지 묻는 김 대통령에게 김 위원장은 이렇게 답변했다.

"미군철수를 주장하는 것은 우리 인민들의 감정을 달래기 위한 것이니 이해해주기 바랍니다."

김정일 위원장은 미국과의 관계 정상화를 열망하고 있음을 숨기지 않았다. 미국이 거듭 제기하고 있는 핵개발 문제나 미사일 문제는 모두 미국과의 관계가 정상화된다면 포기하겠다고 생각하는 것이 분명해 보였다. 이는 김 대통령도 누누이 강조하고 바라던 바였다.

"지난번 김 위원장을 만나고 온 임동원 특사로부터 김 위원장의 주한미군에 대한 견해를 전해 듣고 정말 깜짝 놀랐습니다. 민족문제에 그처럼 탁월한 식견을 가지고 계실 줄 몰랐거든요. 그렇습니다. 주변강국들이 패권싸움을 하면 우리 민족에게 고통을 주게 되지만, 미군이 있음으로써 세력균형을 유지하게 되면 우리 민족의 안정을 보장할 수 있게 됩니다."

"대통령과 제가 본은 다르지만 종씨라서 그런가, 어쩐지 잘 통한다는 생각이 들어 이야기한 것입니다."

참석자들은 김 위원장의 조크에 모처럼 긴장을 풀고 마음껏 웃을 수 있었다. 김 대통령이 본관이 어디냐고 묻자 김 위원장은 '전주 김씨'라고 대답했다.

"전주요? 아, 그럼 김 위원장이야말로 진짜 전라도 사람 아니오! 나는 '김해 김씨'요. 원래 경상도 사람인 셈이지요."

좌중은 다시 한번 웃음을 터뜨렸다.

이처럼 화기애애해진 분위기에서도 김 위원장은 "그럼에도 불구하고 조선문제는 결코 외세에 의존해서는 안 되며 반드시 우리 자신이 스스로 해결해야 한다"고 거듭 강조했다. 김 대통령도 "그러한 견해에 근본적으로 동의한다"면서 이렇게 말했다.

"이번 정상회담도 다른 나라가 하라고 해서 하는 것이 아니라 우리 둘이 결정하여 세상을 깜짝 놀라게 한 거 아닙니까. 말씀대로 한반도 문제는 우리가 힘을 합쳐 주도하되 주변국의 지지와 협력을 얻어나가야 한다는 게 내 생각입니다. 다시 한번 말씀드리지만 '배타적 자주'가 아니라 '열린 자주'가 되어야 합니다. 이번에 우리 둘이 어떤 결정을 내리느냐에 따라 우리 민족의 운명이 좌우됩니다. 잘못하면 전쟁의 참화를 초래하고 우리가 잘하면 평화와 통일의 길을 열어나갈 수 있습니다."

"영원히 사는 사람도 없고 한자리에 영원히 앉아 있는 사람도 없는 법입니다. 우리가 나라를 책임지고 있을 때 힘을 합쳐 함께 잘해나갑시다."

정상회담이 마무리 단계로 들어가자 '공동선언 채택의 시간을 어떻게 할 것인가'와 '선언문의 서명은 누구 명의로 할 것인가'의 문제로 양측은 다시 격돌했다. 김 위원장은 "이만하면 충분히 토론하고 대부분 조정되었으니 내일 아침에 각기 공동선언 초안을 제시하여 최종 합의하고 정오에 발표하도록 하자"고 먼저 제의했다. 그러나 김 대통령은 "내일 조간신문에 보도될 수 있도록 오늘 저녁에 합의하되, 합의 날짜는 내일인 6월 15일로 하자"고 주장했다.

"내일 낮 12시에 발표하면 모레 조간신문에나 나오기 때문에 너무 늦어 안 됩니다. 내일 아침 신문에 바로 보도될 수 있도록 오늘 저녁에 합의해야 합니다."

"그럼, 수표는 상부의 뜻을 받들어 조선노동당 중앙위원회 비서 김용순과 대한민국 국정원장 임동원이 하는 걸로 합시다."

북측에서는 '서명'을 '수표'라고 하는데, 김 위원장의 다소 엉뚱한 말에 김 대통령은 정색을 하며 반대했다.

"김 위원장하고 나하고 두 사람 이름으로 서명하지 않으면 안 됩니다. 그렇게 안 하면 용 그려놓고 눈 안 그린 것이나 마찬가지 아닙니까?"

"뭐, 합의의 격을 낮추자는 뜻은 아니고…… 북쪽에는 나라를 대표하는 김영남 최고인민회의 상임위원장이 있으니 제가 수표하지 않는 게 좋겠다는 뜻입니다. 그렇다면 수표는 김영남 상임위원장과 하고 합의 내용은 제가 보증하는 식으로 하면 되겠습니다."

김 위원장의 대안 제시에도 김 대통령은 펄쩍 뛰었다. 발표시간 문제는 그럭저럭 합의가 되었지만 '수표' 문제에서는 도무지 합의할 수 없는 상황이 전개되고 있었다. 김용순 비서가 "두분의 존함만 표기하는 방안은 어떻겠습니까?"하며 새로운 대안을 제시했으나, 김 대통령은 "직함을 안 쓰고 이름만 쓰면 여러가지 오해가 생긴다"며 이 역시 거부했다. 이에 김 위원장이 말했다.

"과거 7·4남북공동성명도 상부의 뜻을 받들어 이후락(李厚洛)과 김영주(金英柱), 이런 식으로 한 예가 있습니다. 김대중 대통령을 대표해서 임동원, 나 김정일 국방위원장을 대표해서 김용순, 이렇게 합시다."

"그때는 이후락 씨가 왔지만 이번에는 대통령인 내가 직접 와서 정상회담을 하는 거 아니오. 좀 시원하게 해주셔야 하지 않겠소?"

김 대통령은 섭섭한 마음을 감추려 하지 않았다. 이때 내가 다시 개입했다.

"위원장님, '남북관계는 나라와 나라 사이의 관계가 아닌, 통일을 지향하는 과정에서 잠정적으로 형성되는 특수관계'라고 양측이 합의한 바 있습니다. 굳이 최고인민회의 상임위원장이 서명하지 않아도 됩니다. 이번 공동선언에는 직접 만나서 합의한 두분의 서명이 반드시 필요합니다. 다만 직함은 국방위원장도 좋고 노동당 총비서도 좋습니다만 '김정일'이라는 존함은 반드시 들어가야 합니다.

이 선언문의 서두에는 '대한민국 김대중 대통령과 조선민주주의인민공화국 김정일 국방위원장이 언제 평양에서 상봉하고 정상회담을 하여 다음과 같이 합의했다'는 표현이 들어가야 하지 않겠습니까? 따라서 이 선언문의 말미에 '대한민국 대통령 김대중'과 '조선민주주의인민공화국 국방위원장 김정일'로 표기하고 서명하는 것은 너무도 당연한 것입니다. 이 선언문은 우리 민족사에 새로운 전기를 마련하는 기념비적인 문건입니다. 이것을 마련하신 두분이 직접 서명하여 역사에 길이 남겨야 하지 않을까요? 이 얼마나 역사적이고 자랑스러운 일입니까? 그리고 두 정상이 직접 서명하셔야 합의사항의 실천도 확실하게 보장되는 게 아니겠습니까?"

"대통령이 전라도 태생이라 그런지 무척 집요하군요."

역시 절묘한 순간에 터져나온 김 위원장의 조크였다. 김 대통령이 지지 않고 "김 위원장도 전라도 전주 김씨 아니오. 그렇게 합의합시다" 하며 다그치자 좌중에서 다시 웃음이 터져나왔다.

"아예 개선장군 칭호를 듣고 싶으신 모양입니다."

"개선장군 좀 시켜주시면 어떻습니까. 내가 여기까지 왔는데, 덕 좀 봅시다!"

그제야 김 위원장이 미소와 함께 양보할 뜻을 내비치며 "수표는 언제 하게 되는 겁니까?" 하고 내게 묻기에 "공동선언문의 우리 측 초안은 이 회담이 끝나는 대로 즉각 제시하겠으며, 김용순 비서와 문안조정을 거쳐 만찬이 끝나는 대로 서명할 수 있도록 준비하겠다"고 답했다. 김용순 비서도 "두분께서 이왕 합의하셨으니 되도록 빨리 하는 방향으로 하겠다"고 말했다. 저녁 7시경, 역사적인 정상회담이 이렇게 종료되었다.

이 자리에 배석하여 기록을 담당했던 김천식(金千植) 과장이 기안한 공동선언 초안은 내가 기초한 내용과 유사한 매우 만족스러운 것이었다. 나는 다시 그 초안을 회담장 밖에서 대기하고 있던 김보현 국장에게 건네주어 정식 문서로 정리하게 했다. 그가 타이핑하여 가져온 우리 측 합의문 안을 김용순 비서에게 전달하기까지는 20분도 채 걸리지 않았다. 나는 우리 측 합의문 안을 김 비서에게 전달하면서 "합의문의 격을 높여 '남북공동선언'으로 명명하자"고 제의했고, 임동옥, 안경호 등과 함께 북측 초안을 작성하고 있던 김용순 비서는 우리 측 안의 명칭과 내용에 이의를 제기하지 않았다.

마침내 맞잡은 두 손

이날 만찬은 김 대통령 주최로 목란각에서 개최하기로 했다. 김정일 위원장의 제안에 따라 두 정상은 한 차에 동승하여 만찬장으로 이동하기로 되어 있었다. 두 정상은 오후 7시 40분경 백화원 로비에서 다시 만났다. 이때 김 위원장이 나를 향해 큰소리로 "99퍼센트 잘됐습니다! 공동선언 말이오!"라며 우리 측이 제시한 공동선언 안에 만족을 표시했다. 나는 '공동선언이 오늘밤 채택될 수 있겠구나' 싶어 안심이 되었다.

정상회담이 길어진 탓에 예정보다 1시간 늦어진 8시부터 2시간 반 동안 목란각에서 김대중 대통령 주최 답례만찬이 열렸다. 행사는 김정일 위원장을 비롯하여 북측 고위급 인사 150여명과 우리 측 공식 및 특별수행원 등 50여명이 참석하여 역사적인 정상회담의 성공을 축하하는 축제 분위기에서 진행되었다. 만찬장의 분위기는 화기애애하다기보다는 말 그대로 '감동과 흥분의 도가니'였다. 파격을 뛰어넘어 한편의 드라마와도 같은 분위기가 내내 연출되었다.

먼저 김 대통령이 만찬사를 시작했다.

"김정일 위원장과 저는 정상회담을 성공리에 마무리했습니다. 이제 비로소 민족의 밝은 미래가 보입니다. 화해와 협력과 통일의 희망이 떠오르기 시작했습니다. 이제 지난 100년 동안 우리 민족이 흘린 눈물을 거둘 때가 왔습니다. 서로에게 입힌 상처를 감싸주어야 할 때입니다. 평화와 협력과 통일의 길로 나아가야 합니다."

길지 않은 만찬사의 마지막 대목에서 좌중은 숙연해졌다.

"우리 모두가 반세기의 분단이 가져다준 서로에 대한 불신의 벽을 허물고, 이 땅에서 전쟁의 공포를 몰아내며 교류협력의 시대를 여는 데 힘과 지혜를 모아야 합니다. 이제는 6월이 민족적 비극의 달이 아니라 내일에의 희망의 달로 역사에 기록되어야 하겠습니다. 그리하여 우리 후손들에게도 가장 자랑스러운 달로 기억되어야 하겠습니다."

김 대통령의 만찬사가 끝나자 북측에서는 김정일 국방위원장을 대신하여 김영남 최고인민회의 상임위원장이 답사를 했다. 그 내용은 대략 다음과 같았다.

"이번 정상회담을 통해 북과 남은 서로 갈라져 살 수 없는 한 혈육임을 확인했습니다. 우리 민족끼리 능히 할 수 있고 얼마든지 함께 갈 수 있다는 확신을 가지게 된 것이 이번 상봉과 회담의 큰 소득이라 아니할 수 없습니다. 통일을 미래형으로 볼 것이 아니라 현재형으로 만들기 위하여 모든 지혜와 힘을 모아야 할 것입니다."

답례만찬에서는 김정일 위원장이 원하던 궁중요리가 차려졌다. 오이, 생선찜과 새우를 잣 소스로 버무려 만든 모둠 전채를 시작으로 호박죽, 유자향 은대구 구이와 전, 그리고 전복·홍합·해삼을 밤·은행·잣 등과 섞어 맛을 돋운 사합찜, 신선로, 갈비와 수삼구이, 비빔밥과 석류탕, 귤·수박·멜론·참외 등의 과일, 그리고 식혜와 한과로 이어지는 코스였다. 식탁 위에는 국산 붉은 포도주인 마주앙 메독과 문배주, 진로소주, 그리고 그외 다양한 음료가 놓여 있었다.

이날 만찬에서는 김 위원장이 유쾌한 얼굴과 목소리로 많은 말을 하면서 축제 분위기를 주도했다. 김 대통령 역시 줄곧 기쁜 표정을 감추지 않았지만 말을 아낀 채 김 위원장이 많은 말을 하도록 배려하는 듯했다. 헤드테이블뿐 아니라 만찬장 여기저기에서 서로 잔을 권하며 덕담을 나누는 화기애애한 분위기가 무르익었다.

축제 분위기가 한창 고조되었을 때 김용순 비서가 나를 만찬장 밖으로 불러냈다. 북측이 문안을 다듬은 공동선언문을 가지고 와서 최종 검토하자는 것이었다. 검토해보니 우리 측이 제시한 초안 그대로인데, 다만 그들이 좋아하는 "우리 민족끼리 힘을 합쳐"라는 구절이 눈에 띄었다. 그리고 우리가 요구했던 '이산가족방문단 교환'과 함께 '비전향 장기수 문제 해결'이 추가되어 있었다. 내 판단에는 문제 될 것이 없었으나 대통령의 승인을 받아야 했다.

김 위원장이 먼저 김용순 비서의 보고를 받고 공동선언문(안)을 나에게 보냈다. 나는 대통령에게 우리 측 초안과의 차이점을 설명하고 최종 승인을 얻었다. 대통령은 김 위원장에게 공동선언(안)에 합의한다는 뜻을 밝혔다. 마침내 남북공동선언에 합의한 것이다. 김 대통령은 대단히 만족스러워하며 김 위원장과 함께 연단으로 걸어나갔다.

"여러분, 모두 축하해주십시오. 우리 두 사람이 남북공동선언에 완전히 합의했습니다!"

김 대통령은 김 위원장의 손을 잡아 번쩍 들어올렸다. 참석자들은 한참 동안이나 열광적인 기립박수로 환영했다. 축제 분위기는 클라이맥스에 이르렀다. 다만 이 장면은 두번 연출되었는데, 처음에는 촬영기자들이 그 자리에 없었기 때문이다.

헤드테이블로 돌아온 김 위원장은 기분 좋은 표정으로 나를 부르더니 귓속말로 이렇게 말했다.

"오늘 아침 임 원장의 건의를 보고받았습니다. 그리고 지금 이곳

평양 목란각에서 개최된 만찬에서 역사적인 남북공동선언에 합의하고 헤드테이블로 돌아온 김정일 위원장이 저자에게 귓속말하고 있다. (2000.6.14)

으로 오는 차 안에서 대통령께 '금수산궁전에는 안 가셔도 되겠습니다'라고 말씀 드렸어요. 임 원장이 이겼습니다."

이 말을 듣는 순간 나는 얼마나 성취감에 벅찼는지 그 기쁨을 표현할 길이 없었다.

"감사합니다! 모든 일이 잘될 겁니다!"

바로 이 뜻깊은 장면이 남한의 TV 화면으로 여러차례 보도되었는데, 나중에 야당과 보수언론들은 "간첩을 잡아야 할 국정원장이 북한의 간첩두목과 귓속말로 밀담을 나누었다"며 맹비난하는 빌미가 되기도 했다. 김 위원장은 미소를 지으며 내 잔에 포도주를 가득 채웠고, 우리는 함께 축배를 들었다. 김 위원장과 내가 함께 잔을 비우는 것을 보더니 좌중에서 박수가 터져나왔다.

잠시 후 김 위원장이 헤드테이블에 앉아 있던 전원에게 건배를 제의했다. 헤드테이블의 분위기가 고조되자 만찬장 여기저기에서도 기립 건배가 줄을 이으며 만찬장 전체가 떠들썩해졌다. 김영남 상임위원장도 김 대통령과 김 위원장에게 각각 축배를 제의한 데 이어 다시 나에게도 축배를 들자고 제의했다. 그리고 김정일 위원장은 인민군 장성들을 헤드테이블로 불러내어 김 대통령에게 인사하고 한잔씩 권하게 했다. 조명록 차수, 박재경(朴在慶) 대장, 현철해(玄哲海) 대장 등 6명이 나와 대통령 앞에 도열하여 술잔을 권했다. 대통령은 이들에게 일일이 술을 따르고 다시 함께 건배했다.

이날 밤 만찬의 피날레는 예정에 없었던 시 낭송으로 장식되었다. 만찬이 마무리 단계로 접어들 무렵, 특별수행원 신분으로 만찬장에 참석했던 시인 고은(高銀) 씨가 소개되었다. 그는 이날 아침에 지은 「대동강 앞에서」라는 시를 낭송하기 시작했다. 감격에 겨운 격렬한 몸짓과 특유의 우렁찬 목소리였다. 만찬장은 감동 속에 숙연해졌다.

> (…)
> 무엇 하러 여기 와 있는가
> 우리가 이루어야 할
> 하나의 민족이란
> 지난날의 향수로 돌아가는 것이 아니라
> 지난날의 온갖 오류
> 온갖 야만
> 온갖 치욕을 다 파묻고
> 전혀 새로운 민족의 세상을

우르르 모여 세우는 것이다
그리하여 통일은 재통일이 아닌 것
새로운 통일인 것
통일은 이전이 아니라
이후의 눈 시린 창조이지 않으면 안 된다

무엇 하러 여기 와 있는가
무엇 하러 여기 왔다 돌아가는가
민족에게는 기필코 내일이 있다
아침 대동강 앞에 서서
나와 내 자손대대의 내일을 바라본다
아 이 만남이야말로
이 만남을 위해 여기까지 온
우리 현대사 백년 최고의 얼굴 아니냐
이제 돌아간다
한송이 꽃 들고 돌아간다

한송이 꽃 들고

저녁 10시 30분이 넘어서야 만찬이 끝났다. 모두들 서둘러 백화원 영빈관으로 돌아왔다. 그리고 11시 40분경에 마침내 '6·15남북공동선언' 조인식이 거행되었다. 의전비서관들의 합의에 따라 김정일 위원장 옆에는 김용순 비서가, 김대중 대통령 옆에는 내가 앉아서 두 정상이 서명하는 광경을 지켜보았다. 서명이 끝나자 두 정상은 대표단과 함께 축하 샴페인을 들었다. 역사적인 순간이었다.

조인식을 마치고 난 후 공식수행원들은 모두 대통령의 숙소로 몰려가 대통령에게 경하하며 그날의 기쁨과 감격을 함께 나누었다. 이처럼 예상 밖의 큰 성과를 거두게 되자 김 대통령은 하루 종일 꽉 찬 일정과 엄청난 긴장에도 불구하고 밤늦도록 전혀 피로한 기색도 없이 한없는 감격과 기쁨에 젖어 있었다.

숙소로 돌아와 세면을 하고 이날의 주요 사항들을 기록하고 있는데 김보현, 김형기(金炯基), 서훈 등 전략요원들과 특별수행원인 문정인 교수와 이종석 박사, 그리고 이어서 박지원 장관이 찾아왔다. 이 역사적인 날의 감격과 기쁨을 모두들 주체할 수 없었던 것이다. 특히 박 장관은 남다른 감회에 젖은 목소리로 내게 말했다.

"제가 정상회담을 성사시키는 데 기여했지만, 정상회담을 성공시킨 주인공은 바로 임 원장입니다. 이번 정상회담의 일등공신 임동원 국정원장에게 경의를 표합니다."

나의 기쁨과 감격 또한 그에 못지않았음은 물론이다. 우리는 그날 새벽 2시까지 축하의 뒤풀이를 즐겼다.

이튿날인 6월 15일에는 김정일 위원장이 주최하는 오찬연회가 12시부터 오후 3시 출발시간 직전까지 3시간 동안 백화원 영빈관에서 열렸다. 남북공동선언 경축 겸 송별연회인 셈이다. 오찬장 입구에서 김정일 위원장이 김대중 대통령 내외와 함께 참석자들을 악수로 맞이했다. 북에서는 보기 드문 이례적인 의전이었다. 나중에 알고 보니 우리 측 김하중(金夏中) 의전비서관이 북측을 설득하여 마련한 것이었다.

오찬에는 양측에서 각각 50여 명씩 참석했다. 우리 측에서는 공식 및 특별 수행원들과 전략요원들이 참석했다. 오찬장에 입장하자 김하중 의전비서관이 다가와서 "북측에서 김정일 위원장을 대신하여 조명록 국방위원회 제1부위원장이 오찬사를 하게 되었다며 대통령께서 임 원장이 답사를 하라고 하신다"고 전해왔다. 아무런 준비도 없이 갑자기 답사를 하라니 당혹스러울 수밖에 없었다. 미리 준비해 둔 대통령 연설문 원고가 있다기에 대략 훑어보니 대통령 입장에서 쓴 것이라 그대로 읽을 수도 없는 형편이었다.

연설문 원고를 미처 한번 다 읽어보기도 전에 조명록 부위원장의 짤막한 오찬사가 끝나버렸다. 인민군 차수인 조명록 부위원장의 오찬사는 그가 군부를 대표하여 이번 6·15공동선언을 지지하고 그 이행을 보장하겠다는 '군부의 서약'이라는 점에서 꽤 중요한 의의가 있는 것이었다. 반면에 아무런 대비를 하지 못했던 나는 자리에서 일어나 연설문을 고쳐가며 읽느라고 진땀을 빼야 했다. "김대중 대통령과 김정일 위원장이 처음 만나 활짝 웃으시는 가운데 손잡는 모습이 전파를 타고 온 누리에 퍼졌습니다. 그 누가 감격하지 않을 수 있겠습니까. 7천만 민족의 염원에 평양도 울고, 서울도 울었습니다. 기쁨의 눈물입니다"라는 감성적인 표현으로 시작되는 답사였다. 평양에서의 열렬한 환영과 환대에 다시 한번 감사를 표하고 "김 위원장이 적절한 시기에 꼭 서울을 방문하여 우리의 답례를 받아주기 바란다"는 말로 끝맺었다.

오찬장에 참석한 김정일 위원장은 오전에 '닭 공장'을 시찰한 우리 측 수행원들의 소감을 묻는 등 화제를 주도했다. 이 자리에서도 김 위원장은 자신의 생각을 거침없이 쏟아냈다.

"남쪽에서 비료를 보내주어 감사합니다. 인민들이 매우 고마워하고 있어요. 비료 10만 톤이면 알곡 30만 톤의 생산효과를 가져옵니다. 3배의 생산효과가 있는 겁니다. 어제 만찬 때 대통령께서 6월을 '전쟁을 기억하는 비극의 달'에서 '화해와 평화를 기약하는 희망의 달'로 바꿔나가자고 말씀하실 때 저도 감명 깊게 들었습니다. 그래서 오늘 아침에 국방위원들에게 열흘 앞으로 다가온 올해 6·25에는 종전처럼 하지 말라고 지시했습니다. 더구나 올해는 50주년이 되는 해 아닙니까. 그런데 국방위원들이 '남쪽에서는 안 그러는데 우리만 그럴 수 있느냐'고 항의를 합디다. 50년 적대관계에 신물이 날 법도 한데 군인들은 늘 상대방을 적으로만 생각하니 이 사람들의 적대감을 해소하는 것이 중요합니다."

김 위원장이 김 대통령에게 허심탄회하게 하는 말을 옆에서 들으며, 6·25전쟁이 일어났을 때 김정일 위원장이 8세였으니 아무래도 혁명세대나 전쟁세대와는 다를 수밖에 없을 것이라는 생각이 들었다.

김 위원장은 그 자리에서 "인민군 총사령관으로서 오늘 12시부로 전방에서 대남 비방방송을 중지할 것을 명령했다"고 발표했다. 이에 남측도 다음 날 동일한 조치를 취함으로써 쌍방 간의 상호 비방방송이 중단되었다. 6·15남북공동선언이 거둔 첫번째 가시적 성과인 셈이었다. 당시만 해도 '상호 비방방송'은 중지되었으나 '체제 선전 방송'은 계속되었는데 4년 후에는 양측이 전방에서 선전방송 시설을 모두 제거하게 된다.

이날의 오찬은 공식적이거나 외교적인 연회라기보다는 동료들끼리의 회식이나 송별회 같은 분위기에서 진행되었다. 사람들은 서로 부지런히 자리를 옮겨가며 술잔을 권하고 합창을 하는 등 즐거운 축제 분위기를 만끽했다. 역시 김 위원장이 그러한 분위기를 주도했는데, 전날 만찬 때와 마찬가지로 국방위원들과 당간부들을 불러내어 "대통령께 잔을 권하라"고 했다. 남북총리회담 때 정무원 총리였던 연형묵(延亨默) 국방위원회 부위원장, 조명록 차수, 현철해 대장, 박재경 대장, 김국태 당간부담당 비서, 김용순 대남담당 비서, 장성택(張成澤) 당조직지도부 부부장, 강석주 외교부 제1부상 등이 줄지어 나와 김 대통령에게 감축하며 잔을 권했다.

우리 측 특별수행원들이 김 위원장에게 잔을 권하며 환담을 나누다가 모두 손에 손을 잡고 「통일의 노래」를 합창하기도 했다. 김 위원장은 "언론사 사장단의 방북을 초청해달라"는 박지원 장관의 제의를 흔쾌히 수락하면서 "언론인이나 경영인뿐 아니라 정치인들도 방북해주면 좋겠다"고 주문하기도 했다.

김 대통령을 비롯한 우리 공식 및 특별 수행원들은 김정일 위원장을 보면서 그동안 그에 대한 서방세계의 정보가 얼마나 잘못된 것인지를 확인할 수 있었다. 우리에게 알려진 김정일은 한마디로 '능력이 없는데도 권력을 상속받아 백성을 먹여살리지도 못하고 공포정치로 일관하는 비정상적인 독재자'라는 것이었다. 또한 언어장애가 있어 말을 제대로 못하고, 성격이 음울하고 괴팍하고 충동적이어서 언제 어디로 튈지 모르는 아주 위험한 인물이며, 고집이 세고 공격적인데다 잔인한 성격으로 이른바 '기쁨조'에 둘러싸여 밤마다 술판을 벌이는 등 방탕한 생활을 하는 독재자로 알려져 있었다.

그러나 실제로 본 그의 인상은 30여년 동안 당에서 요직을 맡으며 지도자 수련을 거쳐온 사람답게 견식있고 총명하며 머리회전이 빠른데다 쾌활하고 유머감각이 풍부하며 카리스마와 리더십이 돋보였다. 괄괄한 말투로 거침없이 화제를 이리저리 이끄는 등 다소 안하무인적인 태도가 보였지만 상황이 허락하는 한 격의 없이 솔직하게 말하는 편이며 적절한 예의를 갖추려 노력하는 스타일로 보였다. 김정일 국방위원장에 대한 우리의 일관된 평가는 이성적이고 논리적이라기보다는 감성적이고 직관적인 인물이라는 것이었다. 사람의 좌뇌는 이성적이고 합리적이며 논리적인 사고를 관장하는 데 비해, 우뇌는 감성적이고 예술적이며 직관적인 영역을 관장한다고 한다. 김대중 대통령이 좌뇌를 많이 사용하는 편이라면 김정일 위원장은 우뇌를 더 많이 사용하는 사람인 듯했다.

오찬을 마치고 우리는 곧바로 귀로에 올랐다. 역시 연도로 몰려나온 수많은 평양시민들의 환송을 받으며 순안공항에 도착한 후 김 대통령은 김정일 위원장과 함께 다시 인민군 의장대를 사열했다. 그리고 나서 김대중 대통령과 김정일 위원장은 세 차례나 포옹을 하며 석별의 정을 나누었다. 평양에 도착하던 첫날 그들은 서로 손을 내밀어 악수하는 데 그쳤지만 이제는 포옹을 나누며 아쉬워할 만큼 가까워진 것이다. 나는 그 모습을 지켜보며 남과 북의 거리도 그만큼 가까워지기를 진심으로 기원했다.

김대중 대통령은 평양에 54시간 체류하는 동안 두 차례의 회담, 오찬·오찬회동, 차량 동승(4회, 2시간 30분) 등을 통해 김정일 위원장과 총 11시간을 직접 만났다. 분단사상 최초의 남북정상회담을 통해 두 정상은 11시간 동안 허심탄회하게 속마음을 털어놓은 셈이다. 나는 이렇게 조성된 두 정상 사이의 신뢰와 애정이 고스란히 남북의 신뢰 조성으로 이어질 것으로 기대했다.

군비통제이론에 의하면, 전쟁은 잘못된 정보에 기초하여 오해하고 오판하고 오산하는 데서 기인하며 적대되는 최고지도자들 사이의 상호 불신에서 기인한다. 바꾸어 말하면, 최고지도자들이 서로 마주 앉아 정확한 정보를 나누고 올바르게 이해하고 판단하여 서로 신뢰한다면 전쟁을 방지할 수 있다는 의미이다.

남북의 두 정상이 직접 합의하여 채택한 6·15남북공동선언은 남북이 불신과 대결에서 화해와 협력의 관계로 전환하는 전기를 마련했다. 통일을 '목표인 동시에 과정'으로 인식하고 점진적·단계적으로 추진해나가기 위하여 우선 남북이 화해하고 평화적으로 공존하면서 서로 오가고 돕고 나누는 '사실상의 통일' 상황부터 실현해나가기로 합의한 것이다.

해방 후 분단-전쟁-휴전-냉전으로 이어지는 쓰라린 역사를 통해 우리 민족의 운명은 외세에 의해 좌우되었으며 우리 스스로 민족문제를 풀어나간다는 것은 기대하기 어려웠던 것이 사실이다. 하지만 이번 남북정상회담은 외세의 개입에 의하지 아니하고 분단 역사상 처음으로 한반도 문제의 해법을 남북이 스스로 찾아내어 주변국의 지지와 협력을 이끌어낼 수 있는 전기를 마련했다는 점에서 명실상부한 '민족적 쾌거'였다.

남북정상회담에 대한 국민의 지지도는 대단히 높게 나타났다. 7개 주요 언론기관의 여론조사에서는 '정상회담에 만족한다' 또는 '남북공동선언을 지지한다'가 93~98퍼센트로 집계되었다. '김정일 위원장의 서울방문'에 대한 지지도 역시 70퍼센트 내외였다. 남북정상회담을 앞두고 회의적인 태도로 일관했던 보수언론들의 태도마저 확연히 달라졌음을 느낄 수 있을 정도였다. 미국을 비롯하여 일본, 중국, 러시아 및 유럽연합 국가들은 물론 국제사회 전체가 입을 모아

남북정상회담의 성과를 높이 평가했다. 그해 10월 31일 유엔총회는
남북정상회담과 6·15남북공동선언을 환영하고 지지하는 총회결의
안을 만장일치로 채택했다. 그즈음부터 외국 언론들은 김대중 대통
령의 노벨평화상 수상 가능성을 크게 보도하기 시작했다.

제2부

탈냉전의
새로운 남북관계 모색

제3장
피스키퍼에서 피스메이커로

평화를 지키는 군인의 길

나는 어릴 때부터 "항상 기뻐하라. 쉬지 말고 기도하라. 범사에 감사하라"는 아버님의 가르침을 받으며 자랐다. 이것이 우리 집의 가훈이었다. 이 가르침은 내 일생을 통해 하나님을 경외하며 항상 긍정적이고 낙관적인 인생관을 갖게 하는 원천이 되었다.

나는 1934년 7월 25일 압록강가의 한 산골, 평안북도 위원(渭原)에서 아버지 임의영(林義永)과 어머니 김명순(金明享)의 2남 6녀 중 장남으로 태어났다. 기독교 장로이신 아버지는 약국을 경영하면서 평생 헐벗고 굶주리고 병들어 고통받는 사람들을 위해 봉사하며 예수를 닮은 삶을 살고자 노력하셨다. 아버지의 독실한 신앙생활은 나의 일생에 큰 영향을 주었다.

내가 초등학교에 입학할 무렵(1940)은 일본제국주의의 식민지통치 아래서 이미 우리의 말과 글, 역사와 문화, 심지어 이름까지 모두 잃어버린 때였다. 우리는 절대 순종하는 일본국민으로 개조하려는 교육을 받으며 자랐다. 물론 일본어로 말하고 일본어로 배웠다. 초등학교 6학년이 되어서야 8·15해방을 맞아 한글을 처음 배웠고, 이듬해 고향에 새로 생긴 중학교에 진학했다.

해방이 됐으나 곧 한반도의 운명은 남북분단으로 이어졌다. 북쪽에 소련군이 주둔하고 공산당 통치가 강화되면서 우리 가족은 월남하기 위해 두번이나 짐을 꾸렸다. 그러나 그때마다 아버지는 출발 직전까지 교회에서 철야기도를 하고 돌아오셔서는, 교회를 지키며 신도들과 고난을 함께 나누는 것이 하나님의 뜻이라며 다시 짐을 풀곤 했다.

아버지는 줄곧 내가 '한국의 예루살렘'으로 알려진 선천(宣川)의 기독교계 학교인 신성중학교에 진학하기를 원했는데, 마침내 그 바람이 실현되었다. 겨울방학을 마치고 새 학기부터 중3에서 고1로 월반하면서 선천(신성) 고급중학교에 편입하게 된 것이다. 결과적으로 나는 선천으로 갔기 때문에 이후 월남할 수 있었고, 고1에 편입하여 고등학교 과정을 마칠 수 있어 육군사관학교 입학도 가능했다. 교회를 지키기 위해 월남을 포기한 아버지의 강건한 신앙심을 어여삐 여기신 하나님이 나의 앞길을 인도해주신 것이다. 나는 아버지와 하나님께 감사하는 마음으로 일생을 살고 있다.

남과 북에 두개의 정권이 수립되면서 분단은 고착화되고 동족상잔의 전쟁으로 이어졌다. 적화통일을 위해 북한이 무력남침을 감행하여 낙동강 선까지 진출했으나 미국이 주도하는 유엔군이 참전하여 침략을 격퇴하고 압록강까지 진격했다. 통일이 눈앞에 보이는 듯했다. 그러나 다시 중공군의 개입으로 유엔군은 38선 이남으로 후퇴하고 전선은 교착되었다.

평양철수작전(1950.12.4) 때 나는 피난민 대열에 합류하여 남쪽으로 향했다. 내 나이 17세 때였다. 서울을 거쳐 내처 남하하는 화물열차편에 실려가 수용된 곳은 경상북도 경산군 자인면의 '국민방위군 제40교육대'였다. 이곳에서 거적만 깐 과수원 창고에서 추운 겨울을 견뎌야 했다. 많은 사람들이 굶주리고 병들어 죽어갔다.

국민방위군이 해산되자 잠시 영천 금호강가에서 피난민들과 함께 생활하다 미군부대에 취직하게 되었다. 비로소 죽음의 골짜기를 벗어나게 된 것이다. 길가에서 우연히 만난 한 미군 하사가 나를 미군부대로 데리고 가 병기고에서 공용화기 손질하는 일을 하게 해주었다. 이것이 인연이 되어 2년 동안 미군 772 철도헌병대에서 근무하였다. 이후에는 이 부대를 따라 부산으로 이동하여 식당 창고지기로 근무하는 한편 대학진학을 목표로 열심히 공부에 매진했다.

1952년 겨울, 육군사관학교에 응시하여 합격의 영예를 차지했을 때 나는 한편으로는 놀랐고 다른 한편으로는 감사의 눈물을 감출 수 없었다. 휴전을 앞두고 치열한 전투가 한창이던 때 육사 13기생으로 입교하였고 이후 4년간의 교육과정을 거쳐 1957년 6월 이학사 학위를 받으며 육군소위로 임관했다. 대한민국 육군 장교로서 새로운 출발을 하게 된 것이 얼마나 기쁘고 자랑스러웠던지!

강원도 양구 대암산 지역에서 소총소대장 생활을 마칠 무렵, 나에게 육사 교수요원 양성을 위한 민간대학 위탁교육의 기회가 주어졌

육군사관학교 졸업식에서 저자가 생도대장의 축하를 받고 있다. (1957.6.12)

다. 덕분에 서울대학교 문리대 철학과에 편입할 수 있었고 그곳에서 전혀 새로운 세계를 발견하게 되었다. 4·19혁명을 목격하면서 자유와 민주주의에 대한 확고한 신념을 갖게 된 것이다. 철학과 과정 이후에는 다시 서울대학교 행정대학원을 수료하는 등 학문적 기반을 넓혀나갔다.

공산진영과 자유진영 사이의 냉전은 한편으로는 이데올로기의 대결과 다른 한편으로는 군비경쟁 및 군사적 대결로 치열하게 전개되고 있었다. 한반도에서도 정전협정으로 총성은 멎었으나 평화가 아닌 냉전으로 이어졌고, 한반도의 남과 북은 각각 자유진영과 공산진영이 대결하는 최전방기지의 운명을 맞이하게 되었다.

4·19혁명에 이어 1년 후에는 5·16군사쿠데타가 일어났다. 북한은 남한에서 베트남식 혁명전쟁을 전개하겠다고 선언하고 '전인민의 무장화' '전국토의 요새화' 등 4대 군사노선과 3대 혁명역량 강화 정책을 추진하고 있었다. 이러한 상황에서 나는 1964년에 미국 육군 특수전학교로 군사유학의 길에 올랐다. 선불로 받은 4개월분의 대위 봉급(월 27달러)을 환전하여 마련한 100달러와 정부지원금 100달러가 나의 유학 밑천이었다.

그곳에서 공산주의자들의 이른바 '민족해방전쟁'을 어떻게 예방하고 또한 대처할 것인지에 대해 다루는 '분란대책' 과정에 적을 두고 많은 이론을 배우게 되었다. 이때부터 한반도의 특수한 현실에 이러한 이론을 어떻게 적용할 수 있을 것인지에 많은 관심을 기울이기 시작했다. 유학기간 중 뉴욕과 워싱턴 등 여러 곳을 시찰 겸 여행할 기회가 있었는데, 전쟁의 폐허 속에서 성장해온 나는 미국의 눈부신 발전상에 경탄을 금할 수 없었다. 1964년 우리나라는 1인당 국민소득이 100달러에 불과한 최빈국에 속해 있었다. 반면에 당시 미국의 1인당 국민소득은 3,300달러 수준으로 세계에서 가장 부유한 나라였다.

군사유학을 마치고 육군사관학교 교수부로 돌아와 '공산주의 비판'과 '대공전략론'을 강의하면서 3년간의 저술활동을 통해 『혁명전쟁과 대공전략』(1967)을 발간했다. 북한의 대남전략을 예견하고 대책을 제시한 책이다. 이 책이 나온 지 3개월 후인 1968년 1월 21일 북한 124군부대의 청와대 기습 미수 사건이 발생하고, 같은 해 11월에는 120명의 북한 특공대가 태백산맥으로 침투하면서 책의 수요가 급증했다. 이 책은 육사를 비롯한 군과 경찰, 그리고 중앙정보부 교육기관의 교재로 채택되었다. 언론에서도 많은 관심을 보이면서 당시 육군 소령이었던 나는 강연, 기고, 인터뷰 등으로 본의 아니게 유명해졌다.

『혁명전쟁과 대공전략』은 신혼생활 시기에 저술한 것으로 아내의 도움이 컸다. 미국 유학 직후인 1965년 4월에 나는 이화여대 약학과를 졸업하고 약사로 근무 중이던 양창균(梁昌均)과 결혼했다. 아내는 최초의 원고 교정을 맡아주었을 뿐 아니라 친구로부터 출판비용까지 차용해주었다. 그리고 이 책의 수요가 급증하여 2년간 3만권이 팔려나가 내 집 마련의 소중한 밑천이 마련되었다.

자주국방의 설계사

1·21 청와대 기습 미수 사건을 계기로 정부는 '자주국방체제의 확립'이라는 기치를 높이 들고 안보태세 강화에 나섰다. 1970년 봄, 나는 '자주국방제도 연구를 위한 이스라엘 국방제도 연구단'의 일원으로 선발되어 이스라엘에 파견되었다. 내 저서를 인상 깊게 읽은 육군본부 정책기획참모부장 장우주(張禹疇) 장군이 특별히 나를 선발하여 중책을 맡겨준 것이다. 나는 이스라엘군 지휘참모대학에 적을 두고 전국토를 시찰하며 이스라엘의 '힘의 원천'을 탐구했다. 이후 박정희 대통령을 비롯한 정부의 지도층 인사들과 군 간부들에게 내가 촬영한 슬라이드 사진들과 함께 이스라엘 국방제도 시찰 결과를 보고하였다. 이 보고가 큰 반향을 불러일으켜 군에서는 '이스라엘 본받기 운동'이 전개되기도 했다.

대대장과 사단 작전참모 등의 직무를 마친 뒤에는 1973년 봄부터

3년간 나는 합동참모본부에서 국가안보정책과 자주국방계획을 마련하는 과업을 수행하였다. 당시는 아시아에 대한 미국의 새로운 전략을 주창한 '닉슨 독트린'에 의거, 베트남에서는 평화협정과 함께 미군이 철수하여 남베트남이 위기에 처하게 된 상황이었다. 한반도에서도 북한의 군사력이 격증하여 남북 간의 군사력 격차가 더욱 크게 벌어진 상황에서 주한미군 1개 사단이 철수하는 등 더이상 미국의 군사원조를 기대하기 어려워져 위기의식이 고조되고 있었다. 다행히 박정희 대통령이 중화학공업 건설을 목표로 '6대 전략산업'을 집중 육성하기 시작하여 방위산업 건설 가능성에 대한 한줄기 희망이 보이기 시작하던 때였다.

탁월한 군사전략가인 이병형(李秉衡) 장군이 합동참모본부장으로 취임하면서 마침내 야심적인 자주국방계획 수립에 착수하게 된다. 당시 나는 그분의 부름을 받고 이 일을 수행하는 중책을 맡았다. 나는 한국군 최초의 '기본군사전략'을 수립하고, 이에 입각하여 이후 8개년을 대상으로 하는 '자주적 군사력 건설계획'을 마련했다. 그리고 율곡(栗谷)의 유비무환(有備無患) 정신을 기려 이 계획의 코드네임을 '율곡계획'이라고 명명했다. 자주국방의 재원마련을 위해 '방위세' 제도를 정부에 건의하는 한편 방위산업의 수요와 건설방향을 제시하기도 했다. 우리의 안보를 전적으로 미국에 의존해오던 '외세의존적 국방'의 시대로부터 점차적으로 우리 힘으로 우리 군사력을 건설하고 운용하는 '자주국방'의 시대로 진입해가는 발걸음을 뗀 것이다.

1976년 초부터는 중부전선의 제28사단 81연대장으로 비무장지대에 연하여 경계작전 임무를 수행했다. 이 기간 중 판문점에서 북한군의 8·18도끼만행사건이 발생해 2급 방어태세(데프콘-2)가 발령되어 전투태세에 돌입하는 등 서슬 푸른 긴장 속에서 근무하고 있었다. 당시 나의 지휘방침은 "부대의 성패는 오로지 지휘관의 능력 여하에 달려 있으며, 지휘관이 솔선수범할 때 부대원이 따르게 된다"는 것이었다. 또한 "부대 지휘에서 가장 중요한 요소는 사람이므로 병사들의 인권을 존중하고 무엇보다 잘 먹이고, 잘 입히고, 잘 재우고, 근심 걱정을 덜어주고, 철저히 교육훈련 시키라"고 강조했던 군사령관 한신(韓信) 장군의 지침을 철저히 실천하도록 했다.

최전방 보병연대장 근무를 마치고 나서는 육군본부에 신설된 전력증강위원회(80위원회) 간사장으로 '1980년대 육군발전계획'을 마련하는 일에 종사하는 등 전략기획업무를 계속 담당했다. 나는 이 역사적 전환기에 많은 난관을 극복해가며 대한민국 자주국방의 설계자로서, 또한 한반도의 피스키퍼(peace keeper)로서 시대적 소명을 다할 수 있었던 것을 지금도 기쁘게 생각한다.

군은 나를 키워주었고 나는 군을 사랑하고 군의 발전을 위해 헌신했다. 군은 나에게 육군사관학교와 서울대학교, 미국 육군특수전학교와 이스라엘 지휘참모대학, 그리고 육군대학과 미국 해군대학원 등에서 공부할 기회를 주었고 육사 교수로서 연구생활을 할 수 있도록 지원해주었다. 나는 내가 배우고 연구한 것을 토대로 군의 발전을 위해 최선의 노력을 다했다. 그리고 정말로 신명나게 몸과 마음을 다 바쳐 일했다.

대위 시절에는 연구팀을 이끌고 ROTC 제도를 폐지할 것이 아니라 존속시켜야 한다는 개선책을 건의하여 채택케 했고, 소령 시절에는 앞서 말한 『혁명전쟁과 대공전략』을 펴내 반공태세 강화에 기여했다. 중령 시절에는 자주국방을 위해 '이스라엘 본받기 운동'의 전기를 마련했고, 대령 시절에는 우리나라 최초의 '자주적 기본군사전략'과 장기 군사력 건설계획인 '율곡계획'을 설계했다. 또한 준장 시절에는 '장기 육군발전계획' 입안을 주도했다. 군에 몸담으며 이러한 과업을 수행할 수 있었던 것이 내게는 큰 자랑이며 영광이었다.

그러나 1979년 10월 박정희 대통령의 서거에 이어 12·12쿠데타와 이듬해 5·18광주민주항쟁 진압을 통해 집권한 전두환 장군의 신군부는 군의 정치개입 반대편에 서 있던 나의 군복을 벗겼다. 군에 있는 동안 나는 '더이상 무엇이 되겠다'는 욕심을 품어본 적이 없었다. 다만 지금껏 해온 일을 계속하고 싶었고 더 많이, 더 잘하고 싶은 욕망은 갖고 있었다. 따라서 갑작스럽게 군을 떠나야만 하는 상황은 내게 너무나 큰 충격이었다. 그러면서도 다른 한편으로는 '이만하면 우리 군의 발전을 위해 내가 해야 할 역사적 사명을 다했다'는 자부심, 특히 자주국방을 위해 '전략기획 분야'라는 처녀지를 개척하여 길을 닦아놓는 등 평화 지키기에 나름대로 기여했다는 성취감을 간직한 채 떠날 수 있다는 사실을 다행스럽게 여겼다.

1980년 10월 말, 나는 27여년간의 군생활을 마감하고 육군소장으로 예편하면서 외교관으로 임명되었다. 이것이 하나님이 예비하신 길이며 전화위복이 될 줄은 모르고 당시에는 예편을 강요당했다는 서운한 마음뿐이었다.

변화의 물결 속에서

1981년 초, 나는 외교관들이 그토록 가기 싫어한다는 '검은 대륙 아프리카'의 산유국 나이지리아 주재 대사로 부임했다. 외교 경험이 없고 외국어 실력도 부족한 나는 홍순영(洪淳瑛) 공사(후에 외무부장관 역임)와 박건우(朴健雨) 공사(후에 주미대사 역임)를 비롯한 공관직원들의 보좌를 받아 현지에서 하나하나 배워가며 최선의 노력을 다해 직분을 수행했다. 나는 나이지리아 주재 대사 재임기간 동안 전두환 대통령의 국빈방문을 실현하고, 민간기업의 아프리카 진출을 돕는 일에 특히 주력했다.

말라리아 예방약을 매일 복용해가며 열대의 무더위, 열악한 전기와 급수 사정, 불량한 치안상태, 그리고 문화생활이란 아예 존재하지 않는 최악의 환경에서 4년 동안 그야말로 '생존투쟁'을 전개했다. 더구나 중고등학생이었던 세 아들의 교육문제가 내내 우리 부부의 근심거리였다. 당시 대사관 직원들은 가족을 한국에 두고 호텔생활을 하고 있었기 때문에 내 아내는 직원들의 공동식사를 준비하는 일까지 떠맡아야 했다. 고심 끝에 대사관과 직원 아파트를 건축하여 직원 가족들이 함께 생활할 수 있는 환경을 마련할 계획을 세웠고, 대통령의 특별조치를 받아 재임기간 동안 완수할 수 있었다. 이른바 '험지(險地) 근무자'에게 주어지는 매년 일주일의 특별전지휴양 덕택에 유럽 여러 나라를 여행하며 시야를 넓힐 수 있었던 것도 좋은 추억으로 남아 있다.

4년간의 나이지리아 근무를 마치고 두번째 임지인 호주에 대사로 부임했을 때 아내는 "지옥에서 천국으로 왔다"며 몹시 기뻐했다. 호주는 한국전쟁 참전국이자 한국이 호주의 네번째 수출 상대국이라 양국관계가 긴밀했다. 나는 호주의 각 주를 방문하여 현지 기업인들과 접촉하며 경제협력과 수출진흥을 도모하고 이민 확대를 위해 노력했다. 1987년 6월에는 우리나라에서 민주항쟁이 거세짐에 따라 군사독재정권에 대한 호주 국회와 지한 인사들의 항의가 빗발쳐 현지 대사로서 곤혹스러운 나날을 보내기도 했다.

7년간의 해외근무를 마치고 서울로 돌아오자 새로 집권한 노태우 (盧泰愚) 대통령은 1988년 3월 나를 외교안보연구원장에 임명했다. 재임기간 동안 나는 여러가지 난관에도 불구하고 외교안보연구원 건물신축공사를 강행하여 현재의 서울 양재동 건물을 완공했다. 그리고 군 장교를 양성하듯이 외교관도 국내에서 양성하는 외국의 제도를 본받아 우리도 '국적 있는 외교관'을 양성하기 위한 교육제도 개혁을 추진하는 한편 탈냉전시대의 외교안보정책 연구에 박차를 가했다.

내가 외교안보연구원장으로 근무하던 4년(1988.3~1992.2)은 40여년 동안 지속된 동서냉전이 종식되면서 국제정세에 일대 전환이 일어나던 시기였다. 1980년대 중반에 소련의 지도자로 등장한 미하일 고르바초프(Mikhail S. Gorbachev)가 뻬레스뜨로이까 개혁정책과 '새로운 사고에 의한 외교안보정책'을 추진하면서 공산권에서 변화의 물결이 일기 시작했다. 미국과 소련이 핵무기 감축을 추진하고 유럽이 재래식 군비감축에 합의하는 등 국제질서에 큰 변화의 바람이 불면서 마침내 베를린장벽이 무너지고 동유럽 공산체제가 붕괴되는 등 '냉전종식'이라는 세계사적 지각변동이 일어난 것이다.

이러한 역사적 배경에서 나는 연구진을 독려하여 전환기의 외교활동을 적극 지원하며 활발한 연구활동을 전개해나갔다. 소련 및 중국 등과의 외교관계 수립을 위해 이들 국가의 싱크탱크와 상호 방문 행사를 추진하고 세미나를 빈번히 개최하는 등 정보교환과 수교 분위기 조성에도 힘썼다.

이 무렵 나는 고르바초프의 뻬레스뜨로이까 개혁과 '새로운 사고에 의한 외교안보정책'에 심취되어 있었다. 군에서 오랫동안 군사력 증강 문제를 다루어왔던 나는 특히 유럽의 군축협상과정에 큰 관심을 갖고 이를 연구하는 데 열을 올렸다. 내가 "한반도에서도 군축협상이 필요하며, 한반도의 냉전도 종식시켜야 한다"고 주장하며 이에 대비할 것을 각계에 촉구하기 시작한 것이 바로 이 즈음이었다.『조선일보』의 요청으로 매월 한 차례씩 총 7회에 걸쳐 동서냉전 종식 과정을 전망하고 군비통제 문제를 다룬 칼럼을 발표한 것도 이 시기였다. 그 무렵 나는 김종휘(金宗輝) 대통령외교안보수석비서관의 요청으로 청와대 군비통제기획단장을 맡아 '한국의 군비통제정책'을 마련했는데, 이것이 국가안전보장회의(NSC)에서 채택되어 이후 이를 토대로 남북고위급회담에서 우리 측 군비통제 기본 입장을 제시하게 된다.

1990년 남북고위급회담이 시작되면서 나는 군비통제와 외교 관련 문제를 담당하는 회담대표로 임명되어 평양과 서울을 오가며, 또는 판문점에서 60여 차례나 남북협상에 참여하였다. 나는 이러한 협상과정을 통해 탈냉전의 새로운 발전방향을 제시하는 '남북기본합의서'와 '한반도비핵화공동선언'을 남북이 합의·채택하는 데 산파역할을 한 것을 내 일생에서 매우 보람있고 영광스러운 일로 자부한다.

이제는 '통일 전문가'로

1993년 3월 나는 40년간의 공직생활을 마치고 민간통일운동단체인 민족통일중앙협의회 의장과 세종연구소 상임객원연구원으로 각각 1년씩 근무했다. 그동안의 경험과 지식을 정리하는 연구활동과 강연 등으로 이어진 2년의 기간은 내게 매우 소중한 시기였다.

1993년 초 새 정부 출범에 앞서 나는 통일원차관으로서 정권인수위원회에 통일원 업무를 인계하는 임무를 수행하였다. 여당의 김영삼 대통령 후보는 "금세기 내에 통일을 실현한다"는 야심찬 선거공약을 내걸었고 통일원은 이 공약의 실현 방안을 제시하라고 요구했다. 나는 금세기 내인 7년 안에 '법적인 통일'을 이룩한다는 것은 불가능한 일이나, 잘만 하면 남과 북이 서로 오가고 돕고 나누는 '사실상의 통일' 상황이 시작될 수는 있으리라 생각하고 있었다. 이에 이미 2년 전 제시했던 통일 구상을 단계화하여 제1단계로 남북 간의 화해와 협력을 추진하여 상호 신뢰를 조성하고, 제2단계로 '남북연합'을 제도화하여 냉전의 잔재를 청산하고 평화체제를 확립하여 '사실상의 통일' 상황을 실현하며, 제3단계로 법적으로 완전한 통일을 이룩한다는 '3단계 통일론'을 제시했다. 이 3단계론은 나중에 김영삼 대통령이 8·15 경축사를 통해 '민족공동체통일방안'의 3단계로 공식화하게 된다.

나는 "금세기 내에 '사실상의 통일' 상황이 시작되려면 인내심을 갖고 일관성 있게 적극적인 대북화해협력정책을 통해 '남북기본합의'를 이행해나가야 하며, 대통령선거가 끝났으니 우선 당면과제로 1993년도 팀스피리트 훈련재개를 중지시키는 조치부터 취하고, 북한 핵문제 해결을 위해 미국이 북한과 정치협상을 개시하도록 권고하는 외교를 전개해야 할 것"이라고 건의했다.

새 정부가 출범하면서 나는 통일원차관 자리에서 물러나고 민족통일중앙협의회(민통) 의장으로 선출되었다. 민통은 조국의 평화통일을 실현하기 위해 민족역량을 배양할 목적으로 1981년에 결성된 민간통일운동단체이다. 이 시기에 나는 전국 도청소재지를 순회하며 강연을 하거나 학술회의에서 통일문제에 대해 발표하는 등 바쁜 일정을 보냈다.

그런데 1993년 3월 12일, 돌연 북한이 핵확산금지조약(NPT)의 탈퇴를 선언하는 일이 발생했다. NPT 기간 연장을 추진하고 있던 미국은 몹시 당황할 수밖에 없었다. 더구나 새로 집권한 클린턴 행정부는 '핵 비확산'을 가장 중요한 외교정책 어젠다로 내세운 터였다. 전문가들 사이에서 북한이 NPT를 탈퇴한 후 핵무기 개발을 강행할 것으로 보는 견해가 팽배했다. 이 문제의 긴급진단을 위해 미국의 한반도문제 전문가인 쎌리그 해리슨(Selig S. Harrison)이 나를 워싱턴으로 초청했다. 북한이 NPT 탈퇴선언이라는 강경책을 취한 의도는 무엇이며 이에 어떻게 대처해야 할 것인지를 함께 논의하고 정보를 공유하자는 취지였다.

쎌리그 해리슨은 1972년 워싱턴포스트 토오꾜오지국장으로 재임할 당시 평양을 방문하여 미국인으로서는 최초로 김일성 주석과 인터뷰를 한 이래 한반도 문제에 관한 수많은 칼럼을 쓰고 논문도 발표해온 인물이다. 또한 그는 수년 전부터 나와 자주 의견을 교환하는 사이였다. 그의 초청을 받고 미국으로 건너간 나는 카네기평화연구소가 마련한 토론회에서 주제발표를 하고, 이 자리에 참석한 제임스 릴리(James R. Lilley) 전 주한미국대사, 주한한미1군단(집단) 사령관을 지낸 존 쿠시먼(John C. Cushman) 장군과 미국 육군참모총장을 지낸 에드워드 마이어(Edward C. Meyer) 장군 그리고 미국 국무성과 국방성 중견간부들과 함께 열띤 토론을 벌였다.

미국 전문가들 사이에서는 "북한이 NPT 탈퇴를 선언한 것은 체제위기를 느껴 미국의 압력에 반발한 것"이라거나 "핵무기 개발을 기정사실화하기 위한 것"이라는 견해가 지배적이었다. 하지만 나는, "그보다는 미국과 고위급 정치회담을 이끌어내고 북미관계를 개선하여 안전보장과 경제제재 해제, 외교관계 정상화를 성취하기 위해 '핵문제'를 협상카드로 이용하려는 것으로 보인다"고 분석했다.

실제로 북한은 1992년 봄 국제핵사찰을 수용하면서 미국과의 직접 대화의 길이 열릴 것으로 기대했으나 그것이 이루어지지 않아 크게 실망했다. 따라서 미국과의 정치협상을 유도하기 위해 새로 집권한 미국 행정부의 관심을 촉발할 필요를 느꼈으리라는 것이 나의 판단이었다. 그 자리에서 나는 "초강대국인 미국의 신행정부가 아량을 갖고 북한과의 대화에 나서, 협상을 통해 '핵문제 해결'과 함께 북미관계 개선 등 '한반도 냉전종식을 위한 근본적인 해결책'을 강구해야 할 것"이라고 주장했다.

이후에도 한동안 미국에서는 이 문제를 둘러싸고 많은 논란이 있었으나 결국 1993년 6월에 북한과 고위급 정치회담을 개시하기에 이른다. 그리고 우여곡절 끝에 이듬해 10월에 제네바에서 북핵문제 해결과 북미관계 정상화를 연계한 '북미 기본합의서'가 채택된다.

내가 민통 의장직을 사임하자 탁월한 정치학자인 한배호(韓培浩) 세종연구소장이 나를 세종연구소 상임객원연구원으로 초빙해주었다. 그곳에서 나는 젊은 연구원들과 더불어 국가전략 및 남북관계 등과 관련된 많은 토론을 나누는 한편 두편의 논문을 완성했다. 하나는 「한국의 국가전략」이라는 논문으로 세종연구소가 펴내는 저널인 『국가전략』 제1호(1995)에 실렸다. 다른 하나는 남북고위급회담의 전과정을 정리한 「남북고위급회담과 북한의 협상전략」이라는 장편의 논문으로, 경남대 극동문제연구소에서 발간한 『북한의 협상전략과 남북한 관계』(1997)라는 책에 수록되었다. 미국 국방부 소속 싱크탱크인 로스앤젤레스의 랜드(RAND) 연구소가 주최한 '한반도 평화 프로세스에 관한 국제학술회의'에서 「한반도 통일과정으로서의 군비통제」라는 논문을 발표한 것도 이 무렵이다.

왜 피스메이커인가

1990년대 초 동서냉전의 종식을 배경으로 전개된 남북고위급회담의 전과정을 통해 나는 '새로운 사고'를 하게 되었다. 강경한 반공보수주의를 벗어나 합리적 실용주의자로 변신하게 되고, 평화를 지키는 '피스키퍼'에서 평화를 만들어가는 '피스메이커'를 자임하게 된 것이다. 나는 "피스메이커는 복이 있나니 저희가 하나님의 아들이라 일컬음을 받을 것임이요"(마태복음 5:9)라는 예수의 가르침을 내 인생의 새로운 소명으로 받아들였다.

대통령 외교안보수석비서관으로 재직할 때 재향군인회에서 '우리의 안보태세와 대북정책'에 관한 강연을 한 적이 있다. 강연장을 가득 메운 청중들 중에는 창군(創軍) 원로들을 비롯한 많은 예비역 장성들이 자리하고 있었다. 강연을 마치자 한 질문자가 나섰다.

"공산주의 비판과 대공전략론을 강의하고, 자주국방을 외치며 군사력 증강계획을 주도하시던 강경한 반공보수주의자가 왜 그렇게 변하셨습니까?"

적잖이 실망스럽다는 투였다. 나는 두가지 이유를 들어 답변했다.

"첫째로, 무엇보다 시대가 변했습니다. 한반도를 둘러싼 전략적 환경의 지각변동이 저를 변화시켰고 탈냉전의 새로운 시대는 제게 새로운 역사적 책무를 요구하고 있습니다. 제가 대공전략론을 강의하던 1960년대와 국가안보전략을 다루던 1970년대는 세계 적화(赤化)를 노리는 소련의 팽창주의에 미국이 봉쇄정책으로 맞서, 세계가 자유진영과 공산진영으로 나뉘어 대결하던 냉전시대였습니다. 이때 한국은 자유진영의 첨단기지로서 공산침략에 대처해야 했습니다. 하지만 이제 동서냉전은 끝났고 공산권은 붕괴되었으며 민주주의와 시장경제가 전세계로 확산되고 있습니다. 공산주의는 이데올로기로서나 체제로서나 이미 존립 가치를 상실했습니다.

또한 2차대전 후에 분단되었던 나라들은 모두 통일을 이루었습니다. 이제는 반공이 문제가 아닙니다. 어떻게 하면 한반도에서도 냉전을 종식시키고 분단을 극복하여 평화적으로 통일을 이룩할 것인지가 문제인 것입니다. 모든 사상과 정책은 그 시대의 아들입니다. 시대가 변했는데도 낡은 시대의 사상과 생각을 계속 고집한다면 낙오자가 되고 말 것입니다."

둘째로, 나의 개인적인 경험 및 인식 변화와 관계된 것이었다. 남북고위급회담 대표로 여러차례 평양을 방문하며 목격한 북한의 실정과 북측 인사들과의 대화를 통해, 그동안 우리가 불필요한 피해의

식과 잘못된 정보로 북한을 너무 과대평가해왔다는 것을 깨닫게 되었다는 점이다.

"심화된 남북의 국력 격차와 북한에 불리하게 전개되는 국제정세, 그리고 파탄지경의 경제로 인해 북한은 흡수통일과 북침의 공포증에 시달리며 생존전략을 추구하고 있습니다. 그런데 우리는 북한의 능력을 과대평가해왔습니다. 물론 자살적 공격 능력을 보유하고 있는 북한을 결코 과소평가해서는 안 되겠지만 과대평가는 더 큰 문제입니다. 우리는 한반도 정세를 올바로 파악하고 자신감을 가지고 적극적으로 북한이 변화할 수 있는 여건을 조성하여 분단상황을 평화적으로 관리해나가야 합니다. 이제 북한의 변화는 불가피합니다. 지금은 세계사의 대전환기입니다.

물론 우리는 확고한 안보태세를 통해 전쟁을 억제하고 정전체제를 유지하는 '소극적 평화'를 지켜야 합니다. 하지만 동시에 북한의 변화를 슬기롭게 유도하여 안보위협을 근원적으로 해소하고 정전체제를 평화체제로 전환하는 '적극적 평화'를 만들어나가야 합니다. 그러기 위해서는 우선 주변국의 협조를 얻어 냉전구조를 해체하고 분단고착이 아니라 통일을 지향하는 평화체제를 구축해나가야 할 것입니다. 이것이 이제 우리가 추구해야 할, 싸우지 않고 목표를 달성하는 부전승전략(不戰勝戰略)입니다. 지금까지 말씀 드린 두가지 이유, 두가지 상황 인식에 따라 이제 저는 평화를 지키는 소극적인 피스키퍼의 위상에서 벗어나 적극적으로 평화를 만들어나가는 피스메이커로서의 소명을 다하고자 하는 것입니다."

제4장
남북고위급회담

냉전종식의 서막

1989년 12월 초 몰타에서 미국과 소련의 두 정상이 '냉전종식'을 선언했다. 지난 40여년간 미국과 소련이 주도한 양대 진영 사이의 대결구도가 무너지고 국제정세의 지각변동이 일어나게 된 것이다. 동서냉전의 종식은 한반도에도 순기능으로 작용하여, 오랜 세월 적대적 대결을 지속해온 남과 북이 탈냉전의 새 시대를 맞아 남북고위급회담을 개최하여 새로운 남북관계를 모색하기에 이른다.

내 인생 또한 이로써 결정적인 전기를 맞이하였다. 총리를 수석대표로 하는 남북고위급회담 대표로 임명되어 남북협상에 나서게 되면서 통일문제에 전념하게 된 것이다. 남북고위급회담 대표로 임명된 것은 나의 경력 및 전문성과 관련이 있었다. 남북고위급회담에서는 군비감축과 평화체제 문제도 다루어야 하는 만큼 이 분야에 대한 이론과 경험을 가진 전문가가 필요했기 때문이다.

나는 1960년대에 육군사관학교에서 공산주의 비판과 대공전략론을 가르쳤고, 1970년대에는 합참과 육군본부에서 군사전략과 군사력 증강계획 및 안보정책 등을 담당했다. 그리고 1980년대에는 외교 일선에서 경험을 쌓은 후 외교안보연구원에서 외교안보정책을 다루며 청와대 군비통제단장 역할도 수행했다. 이러한 나의 경력을 잘 아는 노태우 대통령이 직접 나를 지명한 것이다.

남북고위급회담 준비를 위해 7명의 대표들이 첫 모임을 연 것은, 대표단 구성을 공식 발표한 1990년 8월 20일 오후 삼청동 국무총리 공관에서였다. 수석대표인 강영훈(姜英勳) 국무총리를 비롯하여 홍성철(洪性澈) 통일원장관, 정호근(鄭鎬根) 합참의장, 김종휘 청와대 외교안보수석, 이진설(李鎭卨) 경제기획원차관, 이병용(李秉龍) 안기부장특보, 그리고 외교안보연구원장인 내가 대표로 임명되었다. 나를 제외하고는 모두가 직책에 따르는 당연직 대표들이었다. 이날 우리는 통일원 남북대화사무국이 준비한 '남북고위급회담 추진대책'을 보고받았다.

회담의 목표는 '민족공동체통일방안'을 구현하는 데 있으며, 이를 위해 남북 간의 교류협력을 통해 신뢰를 조성하고 공존공영의 남북관계를 발전시켜나가는 데 두었다. 회담의 추진전략은 우선 '남북관계 개선을 위한 기본합의서(안)'를 채택하고, 남북 간의 다각적인 교류협력 실시 방안과 정치·군사적 신뢰구축 방안의 합의를 도출하며, 더 나아가서는 남북각료회의의 정례화를 실현하여 '남북연합'의 제도화를 구현한다는 것이었다. 또한 남북정상회담의 개최를 유도한다는 것도 포함돼 있었다. 여기서 나는 민족공동체통일방안에 따라 남북연합의 제도화를 구현하고자 한다는 비전에 주목하게 된다. 하지만 지금까지도 남북연합은 실현되지 못했다. 안타까운 현실이 아닐 수 없다.

사흘 후 우리 대표단은 청와대에서 노태우 대통령에게 회담대표로서 첫인사를 하고 남북고위급회담 추진전략을 재가받았다. 노 대통령은 "동서냉전의 종식이라는 호기를 포착하여 한반도 냉전도 종식시켜야 하며, 그러기 위해서는 남과 북이 적대관계를 해소하고 새로운 남북관계를 정립해야 한다"고 강조했다. 그리고 "남북대화를 통해 다방면에 걸친 교류협력을 유도하여 한반도의 긴장을 완화하고 평화를 구축하는 차원으로 발전시켜나가야 한다"는 기본지침을 분명히 했다. 또한 남북회담이 '대화를 위한 대화'가 아니라 실천이 따르는 회담이 되도록 힘써달라고 당부했다.

이렇게 하여 남북고위급회담의 목표와 추진전략이 확정되었다. 이는 냉전종식이라는 새로운 국제정세를 배경으로 한 '7·7대통령특별선언'과 북방정책, 그리고 범국민적 합의에 기초한 '민족공동체통일방안'과 일치되는바 일관성을 지닌 전향적 대북포용정책을 반영한 것이었다.

1987년 6월 민주항쟁을 배경으로 출범한 노태우정부는 대내적으로는 민주화를 추진하고 대외적으로는 국제정세의 호기를 포착하여 북방정책을 추진하기 시작했다. 이 무렵에 발표된 '민족의 통일과 평화에 대한 한국기독교회 선언'(1988.2)은 우리 사회와 통일정책 수립자들에게 적지 않은 영향을 주었다.

1988년 노태우 대통령은 '7·7대통령특별선언'으로 알려진 '민족자존과 통일번영을 위한 대통령 특별선언'을 통해, 전쟁까지 치렀던 '적'을 평화와 통일의 '동반자'로 포용하고 북한과의 교류와 왕래, 그리고 교역의 길을 트자는 전향적인 대북정책을 제시했다. 그리고 실제로도 남북 간에 사람과 물자의 교류를 가능케 하는 일련의 조치들이 취해지기 시작했다. 또한 남북고위급회담의 논리적 근거가 되는 "서로 다른 두 체제의 평화공존을 통해 민족공동체를 형성, 단계적으로 평화통일을 지향하자"는 내용의 '민족공동체통일방안'을 발표하고 남북대화를 위한 새로운 분위기를 조성해갔다.

노태우정부의 이러한 전향적인 대북정책과 자세는, 국제정세에 대한 예리한 판단력을 가진 외교안보문제 전문가요 미국과의 긴밀한 협력관계를 유지해온 합리적 현실주의자 김종휘 외교안보수석비서관과 검사 출신으로 전향적 역사의식과 예리한 판단력을 가진 서동권(徐東權) 안기부장의 합작품이라 할 수 있다. 또한 민족공동체통일방안의 산파 역할을 한 정치학자 출신 이홍구(李洪九) 통일부장관이 닦아놓은 기초도 높이 평가해야 할 것이다.

1988년 서울올림픽이 끝나고, 평양이 서울의 제의를 받아들여 1989년 2월 초부터 판문점에서 남북고위급회담을 위한 예비회담이 개최되었다. 그러나 합의에 이르기까지는 무려 1년 반의 시간이 걸렸으며, 이 기간 동안 여덟 차례의 예비회담을 거듭했다. 예비회담에서 합의된 주요 내용으로는, 회담 명칭을 '남북고위급회담'으로 하고 제1차 회담은 1990년 9월 4일부터 서울에서, 제2차 회담은 10월 16일부터 평양에서 개최하며, 의제는 '남북 간의 정치·군사적 대결상태 해소와 다각적인 교류협력 실시 문제'로 결정했다. 대표단은 각각 7

명으로 하고 수행원은 33명, 취재기자 50명 등 총 90명으로 구성하기로 합의했다.

이 기간에 동유럽에서는 공산체제가 붕괴되는 일련의 대사건들이 발생했다. 폴란드, 헝가리, 체코슬로바키아 등에서의 탈공산민주화혁명, 동독에서의 대탈출과 시민혁명, 베를린장벽의 붕괴와 동서독의 경제·사회 통합, 독재자 차우셰스쿠(Nicolae Ceausescu)를 처형한 루마니아의 유혈혁명, 소련의 복수정당제 채택 등이 바로 이 시기에 일어났다.

한편 미국의 조지 H. W. 부시(George H. W. Bush) 대통령과 소련의 미하일 고르바초프 대통령이 몰타 정상회담(1989.12.2)에서 '냉전종식'을 선언함으로써 자유진영과 공산진영 사이의 대결구조는 종언을 고하게 되었다. 한반도와 관련한 예민한 사건으로는 미국이 동북아전략 개념을 수정하면서 '주한미군의 3단계 감축방안'을 발표한 것을 들 수 있다.

이와 같은 국제정세의 대격변은 북한으로 하여금 국제적 고립과 다가올 경제적 난관을 극복하고 체제를 유지하기 위해 신축성과 적응성을 발휘하지 않을 수 없게 했다. 북한은 일단 남북고위급회담에서 그 돌파구를 모색하려 했던 것으로 보인다.

노태우정부는 이 무렵에 대두된 북한의 '붕괴임박론', 즉 "북한도 루마니아처럼 1~2년 내에 갑자기 붕괴될 것"이라는 미국 정보기관의 판단과 일부 북한문제 전문가들의 주장을 비현실적인 희망사항에 불과한 것으로 보고 이를 받아들이지 않았다. 북한은 동유럽 국가들과는 정치·경제·사회의 발전 단계와 환경이 다를 뿐 아니라 중국이 건재하는 한 곧 붕괴될 것이라고는 기대할 수 없으며, 오히려 북한도 중국식의 개혁개방 모델을 본받아 점진적 체제전환의 과정을 밟게 될 것으로 전망한 것이다. 즉 노태우정부는 '붕괴임박론'이 아니라 '점진적 변화론'에 입각한 대북 시각을 견지했다.

"남녘 사람은 처음입네다"

회담 목표와 추진 전략이 확정되자 본격적으로 회담 준비작업이 시작됐다. 회담대표들과 전략요원들은 거의 매일같이 삼청동 남북회담사무국 회담장에 모여 기조연설문을 다듬고 협의 내용을 검토한 후 모의회의를 실시했다. 그러나 정작 회담이 진짜 열리게 될 것인지에 대해서는 아무도 확신하지 못했다. 오히려 회의적인 분위기가 우리 모임을 지배하고 있었다.

회담을 일주일가량 앞두고 대표단과 전략요원들이 한 식당에 모여 저녁식사를 한 적이 있다. 아직도 북측이 대표단 명단을 통보해오지 않아 모두들 초조한 상태였다. 이 자리에서 홍성철 장관이 좌중의 의견을 물었다. "과연 북측 대표단이 서울에 올 것인가?" 하는 물음에 "온다" 또는 "안 온다"로 택일하여 대답하라는 것이었다.

20여 명의 회담 핵심요원 중 80퍼센트 이상은 "북측 대표단이 오지 않을 것"이라는 부정적인 답변을 했다. 8·15를 전후하여 남북 간의 긴장이 고조된 상황에서 북측 정무원 총리가 서울에 나타난다는 것은 도저히 상상할 수 없는 일이라는 것이었다. 이에 비해 "합의한 대로 서울에 올 것"이라고 대답한 사람은 나와 김종휘 수석을 포함하여 4명에 불과했다.

북한은 회담 4일 전이 되어서야 대표단 명단을 통보해왔다. 이에 따라 회담 성사에 회의적이었던 분위기는 싹 가시고 회담준비가 비로소 활기를 띠기 시작했다. 9월 4일 우리 대표단은 서울로 내려오는 북측 대표단을 영접하기 위해 아침 일찍 판문점으로 갔다. 그것이 나의 첫번째 판문점 방문이었다.

6·25전쟁을 계기로 전세계적으로 유명해진 판문점은 민족의 분단이라는 아픈 역사를 간직하고 있는 곳이다. 서울에서 62킬로미터 북방에 위치한 이곳 판문점에서 2년 동안 무려 1,076차례의 휴전회담과 접촉이 이뤄진 뒤 1953년 7월 27일 '군사정전협정'이 체결되었다. 그리고 휴전 후 무려 459차례의 회담이 열렸다. 남측에는 팔각정으로 상징되는 '자유의 집'이 있고 북측에는 발코니가 있는 '판문각'이라는 2층 건물이 있다. 그리고 1980년대 들어 남북대화를 위해 남측에 '평화의 집'을, 그리고 북측에 '통일각'을 새롭게 건축했다.

한미 양국의 혼성부대가 '유엔군'의 위상으로 북한군과 서로 마주보며 24시간 경비하고 있는 곳이지만 그날의 분위기는 마냥 평온하게만 보였다. 한때 적대하던 양측 군인들이 휴전회담을 벌이던 이 판문점이 이제는 남북 총리를 수석대표로 하는 고위급회담 대표단이 오가는 길목이 되었고, 남북 정부대표들이 마주 앉아 협상하는 장소가 된 것이다. 나는 이날 이후로 2년 반 동안 판문점을 80여 차례나 드나들게 된다.

나는 이날 휴전선을 넘어 북측 지역으로 넘어가서 북측 대표단을 안내해오는 임무를 맡았다. 하늘색 깃발을 단 9대의 승용차를 이끌고 통일각에 도착하여 책임연락원의 안내로 넓은 홀 안으로 들어가 북측 대표단을 만났다. 나는 가장 먼저 연형묵 북측 단장에게 정중히 인사했다.

"안녕하십니까? 반갑습니다. 총리 일행을 평화의 집으로 모시기 위해 왔습니다."

나의 인사에 연형묵 정무원 총리는 자리에서 벌떡 일어나더니 반가운 표정으로 악수를 청했다.

"반갑습니다! 이렇게 와주어 고맙습니다. 우리 대표들과 인사 나누시지요. 이분은 인민무력부 부부장 김광진(金光鎭) 동무입니다."

나는 왕별 4개의 계급장을 단 군복 차림의 김광진 대장과 인사를 나누고 나서 다른 대표들과도 차례로 악수했다. 남녘 사람 같은 부드러운 인상을 주는 안경호 조평통 서기국장, 예비회담의 수석대표로 TV를 통해 이미 낯이 익은 백남순(白南淳, 일명 백남준, 후에 외무상 역임) 정무원 참사실장, 젊고 표정이 밝아 보이는 김정우(金正宇) 정무원 대외경제사업부부부장, 구수하게 생긴 최우진(崔宇鎭) 외교부 순회대사 등이 마치 구면인 양 미소 띤 얼굴로 반갑게 인사를 청했다. 그러나 군복 차림의 젊은 김영철(金英徹) 인민군 소장은 날카로운 눈매에 찬바람이 감도는 쌀쌀한 태도로 아무 말 없이 손만 내밀었다. 북측 대표단의 실세로 지목되는 단장 특별보좌역인 임동옥(林東玉) 통일선전부 부부장과도 인사를 나누었다.

인사를 모두 마치고 나서 나는 연 총리의 옆자리에 앉아 개성인삼차를 함께 들면서 날씨와 서울까지의 거리 등을 화제로 가벼운 환담을 나누었다.

"서울이 처음일 뿐만 아니라 남조선 사람을 만나보는 것도 오늘이 처음이에요. 임동원 선생은 내가 처음 만난 남녘 사람입니다. 이거 참 특별한 인연이오! 만나보니 남녘 사람이나 북녘 사람이나 다른 게 하나도 없구만. 생김새도 같고, 말도 같고, 불편한 게 전혀 없습니다. 서로 마음이 안 통할 것도 없겠구만……”

그러자 옆에서 누군가가 끼어들며 찬물을 끼얹었다.

“남쪽에서는 인민학교 어린이들한테 북녘 사람들은 머리에 붉은 뿔이 달린 짐승이라고 가르친다면서요?”

어처구니없다는 듯한 웃음소리가 들렸다. 그러자 연 총리가 분위기를 수습하려는 듯이 급하게 말을 이었다.

“통일을 빨리 해야 돼요. 그런데 임 선생은 고향이 어딥니까?”

예상했던 질문이었다.

“평안북도 선천입니다. 전쟁 때 월남했지요.”

연 총리는 물론 북측 대표들 모두가 깜짝 놀라는 눈치였다. 이들은 내가 이북 출신이라는 것을 전혀 모르고 있었던 것이다. 나중에 안 사실이지만, 그들은 내가 서울 출신인 것으로 파악하고 있었다고 한다. 상대방 인사에 대한 정보 부족은 피차 마찬가지였다.

함경북도에서 태어난 연형묵(1931~2006)은 만경대 혁명유가족학원과 체코슬로바키아의 공과대학을 나와 당에서 근무하다 1985년에 정무원 부총리 겸 금속 및 기계공업위원장을 거쳐 1988년에 정무원 총리로 임명되었다. 노동당 정치국원으로 당서열 6위로 알려졌으며 나중에 국방위원회 부위원장 겸 자강도 노동당 서기로 활약하게 된다.

나는 이날 처음으로 북측 정무원 총리와 20여분 동안 환담하면서, 이데올로기를 초월한 남북대화에 기대를 갖게 되었다. 또한 인간적으로는 연 총리의 소탈하면서도 따뜻한 마음씨를 읽고 좋은 인상을 받았다. 연 총리는 “임 선생 말대로 남북회담을 잘해서 남과 북이 서로 오가고 협력할 수 있는 날을 빨리 실현시켜야 해요"라고 말하며 자리에서 일어섰다.

나는 연 총리와 함께 1호차를 타고 인민군 장교들의 거수경례를 받으며 통일각 울타리를 빠져나왔다. 북측 대표들을 태운 차량행렬은 군사분계선상의 동쪽 끝 퀀셋건물 옆을 돌아 남쪽으로 향했다. 그러나 군사분계선상에는 남북을 연결하는 도로가 없었으므로 약 10미터 정도 되는 퀀셋건물의 길이만큼 자갈밭을 지나 남쪽으로 넘어와야 했다.

나는 이때 연 총리에게 "남북을 연결하는 도로가 없다"며 새삼 관심을 환기시켰다. 내 말에 연 총리는 말 그대로 '단장(斷腸)의 비극'을 상징하는 구간을 지나면서 "하루빨리 길이 연결되어야 할 텐데……"하며 자못 심각해지는 것 같았다. 당시 남북을 연결하는 도로는 그 어디에도 없었다. 남북을 연결하는 첫 도로가 완성되어 왕래가 있기까지는 동해안 금강산에 이르는 임시도로가 개통되는 2002년 2월까지 12년을 더 기다려야 했다.

평화의 집 앞에는 수많은 국내외 기자들과 카메라맨들로 큰 혼잡을 이루고 있었다. 연 총리는 차에서 내리자마자 활짝 웃는 얼굴로 한 손을 높이 들어 흔들며 남쪽에 첫인사를 건넸다.

서울에서 만난 남북 총리

온 세계의 관심이 집중된 역사적인 '제1차 남북고위급회담'이 1990년 9월 5일 오전 10시에 서울 강남의 인터콘티넨탈호텔에서 TV

로 생중계되는 가운데 개막되었다. 강영훈 남측 수석대표와 연형묵 북측 대표단장이 인사 발언을 나눈 뒤 기조연설을 했다.

우리 측은 '민족공동체통일방안'에 기초하여 8개항으로 된 '남북 관계 개선을 위한 기본합의서(안)'를 제시하고 회담의제와 관련하여 '다각적인 교류협력 실시 방안'과 '정치·군사적 신뢰구축 방안' 및 '군비감축 추진 방향'을 제시했다. 상호 체제 인정·존중, 내정불간섭, 비방·중상 중지, 파괴·전복 활동 금지, 분쟁의 평화적 해결, 정전체제의 평화체제 전환 등을 제시한 8개항은 나중에 채택된 '남북기본 합의서'에 거의 그대로 포함되어 합의서의 골간을 이룬다. 또한 회담 의제와 관련하여 이날 우리 측이 내놓은 제안들이 협상의 쟁점이 되었다.

한편 북측은 회담 전과정을 통해 '준수해야 할 3개 원칙'과 이번 제1차 회담에서 우선적으로 해결해야 할 '3개항의 긴급과제'를 의제로 제시했다. 즉 유엔가입 문제, 한미 팀스피리트 훈련 중지, 방북 구속자 석방 등이었다. 그러고는 정치·군사적 대결상태 해소의 본질적 중요성을 강조하고 '정치적 대결상태 해소 방안'과 '군사적 대결상태 해소 방안'을 각각 제시하면서 "북남 사이에는 '불가침선언'을 채택하고 미국과는 '평화협정'을 체결해야만 대결상태를 종식시킬 수 있다"고 강력히 주장했다. 또한 "경제·문화 등의 교류는 비본질적이며 부차적인 것으로 정치·군사적 대결상태가 해소되면 저절로 실현될 수 있는 것"이라고 못을 박았다. 이는 북한이 얼마나 안보불안에 시달리고 있는지를 방증하는 발언이었다.

둘째날 회의에서는 비공개로 보충설명과 토론이 진행되었다. 북측은 '하나의 조선' 원칙을 내세우며 "남측의 제안이 통일지향적이 아니라 현상고착적이며 분열지향적"이라고 공격했다. 그러면서 "북남 간에 우선적으로 해결해야 할 과제는 남측이 주장하는 교류협력이 아니라 정치·군사적 문제"라고 주장하면서 이른바 '3개 긴급과제'부터 해결하자고 되풀이했다. 이에 우리는 "남북관계를 개선하고 평화공존을 이루면서 점진적으로 통일문제를 풀어나가야 한다"고 전제하며 "우선 이산가족과 경제협력 등 비교적 풀기 쉬운 문제부터 하나씩 해결해나가자"고 주장했다.

양측이 대립하는 지점은 크게 보아 두가지 기본적인 쟁점이었다. 하나는 '새로운 남북관계를 어떻게 정립할 것인가' 하는 문제였다. 즉 북의 '하나의 조선론'과 남의 '분단현실 인정 및 두 실체 간의 관계 개선론'이 정면으로 맞선 것이다. 이는 양측 통일방안의 차이에서 기인하는 것이었다. 또 하나의 쟁점은 '남북이 무엇부터 먼저 협의·해결해야 할 것인가' 하는 것이었다. 즉 '정치·군사 문제 우선론'과 '교류협력 문제 우선론'이 대립한 것이다. 이러한 논쟁은 합의서가 채택되는 제5차 회담까지 1년 이상 계속된다.

이외에도 이날 회의에서 북측은 '남북 단일의석으로 유엔가입'을 주장하면서 이를 협의하기 위한 대표 접촉을 제의했고, 우리 측은 이를 받아들였다. 또한 우리 측이 주장한 이산가족 문제는 "적십자 측에 위임하여 토의하자"는 선에서 합의를 보았다.

남북고위급회담은 전쟁 이후 40년 만에 처음으로 기자단을 포함한 90명의 대규모 대표단이 서울과 평양을 공개적으로 오가면서 상대방의 사회상과 경제형편 등을 직접 관찰하고 이해하는 한편 국력수준을 포함한 각종 정보를 수집·평가하는 좋은 기회가 되었다. 또한 양측은 이를 각각 자기 체제의 우월성을 과시하는 기회로 삼고자 했다.

북측 대표단이 서울에 도착한 첫날부터 우리는 그들을 힐튼호텔, 쉐라톤그랜드워커힐호텔, 롯데월드호텔 등으로 번갈아 안내하며 만찬에 초대하고 쇼를 보여주었다. 강남의 인터콘티넨탈호텔에서 출발하여 고층빌딩이 즐비한 테헤란로를 지나 시내 중심가를 오가는 동안, 우리는 그들에게 고층빌딩과 자동차·인파·상품으로 가득 찬 활기찬 거리와 휘황찬란한 네온사인으로 아름답게 수놓은 밤거리를 보여주려고 애썼다. 북측 대표들은 거리에 엄청나게 많은 '은행'이 도대체 무엇을 하는 곳인지, TV광고는 왜 하는지 등 궁금한 것을 연신 질문했다.

하나 된 둘인가, 둘이 된 하나인가

유엔가입 문제는 쌍방의 통일방안과도 밀접히 관련된데다 새로운 남북관계 정립과는 불가분의 연관성이 있는 대단히 중요한 것이었다. 이 문제가 먼저 해결되어야만 다른 것도 해결될 수 있다고 볼 수 있을 정도였다.

제1차 남북고위급회담을 일주일 앞두고 우리 외무부장관은 "북한이 남북한 유엔 동시가입을 거부할 경우 한국의 단독가입을 추진할 방침"임을 밝히고 연내에 단독가입 신청을 할 의사가 있음을 시사했다. 실제로 1990년 9월 말에는 소련과의 외교관계가 수립되고 10월에는 중국과 무역대표부 설치에 합의하는 등 북방외교가 일정한 성과를 거두고 있어 남한의 유엔가입 전망도 낙관적으로 보이기 시작했다. 외교적 위기에 처한 북한으로서는 결코 좌시할 수 없는 상황이었다.

제1차 남북고위급회담의 합의에 따라 유엔가입 문제를 협의하기 위한 첫번째 남북대표접촉이 1990년 9월 18일 오전 판문점 중립국감독위원회 회의실에서 열렸다. 이 접촉은 이후 두달 동안 세 차례 개최되었다. 나와 북측의 최우진 대표가 각각 수행원 2명씩을 대동하고 협상테이블에 마주 앉았다.

최우진과 나는 같은 시기에 아프리카에서 대사를 지낸 바 있고 외교부에서 군축문제를 담당하고 있으며 나이까지 동갑이라는 공통점이 있었다. 북측 대표로서는 보기 드물게 쾌활한 성격에 바깥세상도 잘 알고 있는 인물이었다. 그는 제1차 남북고위급회담 기간에도 첫날부터 나의 카운터파트로서 자동차를 함께 타고 다니며 솔직한 의견을 교환했다. 우리는 언성을 높이며 논쟁도 많이 했지만 줄곧 '대결적인 협상자'라기보다는 '문제 해결사'라는 입장에서 좋은 관계를 유지하려 서로 애썼다. 우리 두 사람의 이런 관계는 남북고위급회담에서도 문제 해결에 크게 기여했다.

이날 최우진은 준비한 발언문을 통해 유엔가입 문제에 관한 북측의 기본 입장을 밝혔다. "나라의 분열이 영구 고착되는 것을 막기 위해 통일된 후 하나의 국가로 유엔에 가입해야 하며, 만일 통일 이전에 가입하려 한다면 북과 남이 두개의 의석으로 각기 가입할 것이 아니라 하나의 의석으로 가입해야 한다"는 것이었다. 즉 "북과 남이 각기 두개 의석으로 가입하게 되면 분열을 국제적으로 합법화하는 셈이며 통일의 전도를 흐리게 할뿐더러 국제무대에서의 북남 대결을 불가피하게 할 것이므로 이는 민족의 존엄으로 보아 결코 허용될 수

판문점 중립국감시단 회의실에서 임동원, 최우진이 유엔가입 문제에 관해 협상하고 있다.
(1990.10.5)

없는 일"이라는 주장이었다.

이에 나는 "우선 남과 북이 두개 의석으로 유엔에 가입하는 것이 한반도 분단을 고착화하고 합법화시킨다는 북측의 주장은 아무런 근거가 없는 것"이라고 몇가지 실례를 들어 반박했다.

"일찍이 유엔에서 두개의 의석을 차지하고 있던 남예멘과 북예멘은 이미 통일되었고 서독과 동독도 곧 통일을 이룩하게 된다는 사실로 미루어볼 때 귀측의 주장은 설득력이 없습니다. 예멘과 독일의 경우에는 유엔에 각기 가입한 것이 오히려 분단국의 관계개선에 긍정적으로 작용했고 통일을 촉진하는 데도 기여한 셈입니다.

그리고 귀측이 주장하는 단일의석 가입 안은 그 자체로도 비현실적입니다. 지금 남북관계는 편지 한통 서로 주고받지 못하고 의사소통조차 제대로 되지 않는 상황입니다. 더구나 극히 사소한 문제조차 쉽게 합의하지 못하는 냉엄한 현실을 고려해볼 때, 국제사회에서 지속적으로 남북이 협의하여 발언권과 결의권을 행사하자는 귀측의 주장은 실현가능성이 희박한 것입니다."

이렇게 북측 주장을 반박하고 난 뒤에 나는 유엔가입 문제에 대한 우리의 입장을 밝혔다.

"남과 북은 분단의 냉엄한 현실을 인정하는 바탕 위에서 통일을 이룩할 때까지 서로 상대방을 인정 존중하고 평화적으로 공존해나가야 합니다. 하나가 되기 위해서는 먼저 둘이 있다는 사실을 인정해야 서로 화해하고 협력할 수 있게 되는 것입니다. 남북이 동시에 각각의 의석으로 유엔에 가입하는 것이 한반도의 평화와 통일을 촉진할 수 있는 현실적인 해결 방안입니다. 이는 물론 어디까지나 남과 북이 통일될 때까지의 '잠정적 조치'이며, 남과 북은 '통일지향적 특수관계'를 유지하며 유엔에서도 긴밀히 협력하여 민족의 공동이익을 도모하고 평화통일을 추진해나가야 할 것입니다."

남북관계의 성격을 '통일지향적 특수관계'로 유지해야 한다는 개념은 내가 여기서 처음으로 주장한 것인데, 이 개념은 1년 후 '남북기본합의서' 서문에 수용된다.

이날 접촉에서 유엔가입 문제를 둘러싼 협상은 끝내 타결을 보지 못했으나 서로 상대방의 입장과 문제점 등을 파악하는 데에는 큰 도움이 되었다. 그뿐만 아니라 남측으로서는 "북측과 협상을 시도하라"는 중국과 소련 등 유엔 상임이사국들의 권고를 존중한 셈이 되어 유엔가입에 더욱 유리한 여건을 조성할 수 있게 되었고, 북측으로서는 남측의 연내 단독가입을 일단 저지하는 성과를 거둔 것으로 자위할 수 있었다.

　문제 해결의 물꼬를 튼 것은 한반도를 둘러싼 전략적 정세의 변화였다. 소련과 동구권 국가들이 시장경제와 민주주의 체제로 전환하게 되고, 서독과 동독이 통일하고, 중국에서는 개혁개방이 가속화되는 등 국제정세의 지각변동에 따라 북한은 정치·사회·심리적으로 감내하기 버거운 체제위기와 흡수통일에 대한 공포증에 시달리게 된다. 엎친 데 덮친 격으로 오랜 동맹국이었던 소련과 중국의 태도도 돌변했다. 1990년 9월 예두아르트 셰바르드나제(Eduard A. Shevardnadze) 소련 외상이 평양을 방문하여 한국과의 수교 방침을 통보하자 북한 지도부는 심한 충격을 받게 된다. 북한이 소련 측에 전한 비망록에 의하면, 그들은 "남조선과 소련의 수교는 조선의 분열을 인정·조장하는 것"이고, 다른 나라의 경우와는 달리 "두개의 조선을 법적으로 인정"하는 셈이 되며, 북한을 국제적으로 고립시키려는 "남조선의 북방정책을 실현"시켜 "흡수통일을 조장"하게 된다고 보았다. 또한 "조·소동맹이 유명무실하게 되며 그렇게 될 경우 우리는 동맹관계에 의존했던 일부 무기를 자체로 마련하는 대책을 세우지 않을 수 없게 될 것"이라며 핵무기 개발의사를 암시하는 한편 "한반도에서의 군비경쟁도 격화되지 않을 수 없다"고 주장했다. 그럼에도 불구하고 그해 9월 말 한·소 수교가 발표되자 북한은 "협력자금 23억 달러에 대국으로서의 존엄과 체면, 동맹국의 이익과 신의를 팔아먹었다"며 소련의 배신과 변절을 통렬히 비난했다.

　이후에도 주변 상황은 계속 북한에 불리하게만 전개되어갔다. 소련은 북한에 대한 구상무역을 중단하기로 결정하고 1991년부터 경화결재를 요구했으며, 중국 역시 한국과 무역대표부 설치에 합의한 후 북한과의 구상무역 중단을 결정했다. 북한은 일련의 외교난에 이어 식량난, 에너지난, 외화난 등 심각한 경제난에도 봉착하게 된 것이다.

경제위기가 다가오는 상황과 때를 같이하여 중국이 1991년 5월에 유엔가입 문제에 관해 한국의 입장을 지지하기로 확정하자 마침내 북한의 고집이 꺾이게 된다. 평양을 방문한 중국의 리 펑(李鵬) 부총리가 한국의 유엔가입에 거부권을 행사하지 않기로 한 중국공산당 정치국의 결정을 김일성 주석에게 통보하며 북한도 남한과 함께 가입할 것을 권고하였고, 결국 북한도 중국의 권고를 받아들여 종전의 입장을 180도 전환하게 된다.

북한은 1991년 5월 27일 외교부 성명을 통해 "남조선 낭국자들이 기어이 유엔에 단독으로 가입하겠다고 하는 조건에서 이것을 그대로 방임해둔다면 유엔무대에서 전조선 민족의 이익과 관련된 중대한 문제들이 편견적으로 논의될 수 있고 그로부터 엄중한 후과가 초래될 수도 있다. (…) 남조선 당국자들에 의하여 조성된 이러한 일시적 난국을 타개하기 위한 조치로 현단계에서 유엔에 가입하는 길을 택하지 않을 수 없게 되었다"라고 발표했다. 1991년 9월, 북한은 한국과 동시에 유엔에 가입한다.

남북한 유엔 동시가입으로 그동안 북한이 주장해왔던 '즉각적인 2체제 연방제 통일론'과 '하나의 조선론'은 설 자리를 잃게 된다. 북한은 대외적으로 한반도 내에 두개의 국가가 존재함을 인정한 셈이 되었고 "평화공존을 통해 점진적·단계적인 통일과정을 남북이 함께 추진해나가자"는 남측의 통일방안에 접근해올 수밖에 없었다. 유엔 동시가입과 함께 새로운 남북관계 정립의 길이 열리게 된 것이다.

평양의 통일 열풍

1990년 10월 16일 아침, 우리 대표단은 제2차 남북고위급회담에 참석하기 위하여 평양방문길에 올랐다. 판문점을 경유하여 개성역에서 14량의 컴파트먼트형(독립된 칸에 서로 마주보고 앉게 돼 있는 형태의 유럽식 열차) 객차가 딸린 특별열차를 타고 평양을 향해 출발했다. 우리 측 대표들에게는 각각 침대와 책상, 넓은 화장실이 딸린 1인용 특실이 배정되었다. 나는 커튼을 옆으로 밀어젖히고 창밖을 내다보았다. 40년 만에 처음으로 보는 북녘의 산하가 눈앞에 전개되고 있었다. 감개무량한 마음과 흥분을 억제할 수 없었다.

그러나 첫눈에 들어온 것은 벌거벗은 산하였다. 울창한 나무숲으로 가득한 남녘의 산과는 달리 나무가 거의 보이지 않는 벌거벗은 황토색 민둥산에는 다락밭(계단밭)의 흔적만이 남아 있었다. 추수가 끝난 논과 밭에는 군데군데 낟가리가 쌓여 있을 뿐 일하는 사람의 모습은 거의 보이지 않아 더욱 삭막하게 느껴졌다.

흙벽돌로 지은 것으로 보이는 허름한 농촌주택들이 최근에 일제히 흰 회벽으로 단장하여 개성에서 평양까지 획일적으로 통일되어 있는 것에는 감탄을 금할 수 없었다. 특히 눈에 띄는 것은 각종 구호를 내건 커다란 현수막과 표어탑이었다. '온 사회를 주체사상화하자!' '위대한 주체농법 만세!' '자력갱생' '속도전 전격전 섬멸전으로 경제건설 총진군!' '우리 식대로 살아나가자!' '당이 결정하면 우리는 한다' 등의 구호가 가는 곳마다 내걸려 있었다.

개성에서 평양까지는 약 150킬로미터로 서울과 대전 간의 거리와 비슷하다. 그런데도 열차가 한번도 서지 않고 달렸음에도 4시간이나 걸려 오후 1시 20분에야 평양역에 도착했다. 시속 40킬로미터로 달린 셈이다. 평양까지 가면서 이상했던 것은, 황주와 사리원 등 큰 정거 장을 여러 곳 지났는데 으레 있을 법한, 비켜 서 있는 열차를 하나도 보지 못했다는 사실이다. 그것은 나중에 개성으로 돌아올 때도 마찬 가지였다. 교통량과 물동량이 없다는 것은 곧 경제의 흐름이 멈추었 다는 뜻이다. 그러나 아무리 그렇다 해도 열차속도가 그토록 느린 것 은 이해가 되지 않았다. 아마도 노반이 약하고 철교에 문제가 있거나 차량이 좋지 않은 모양이었다.

북한 땅에 들어서며 받은 첫인상은 북한경제의 낙후성이었다. 어 쩌다가 이다지도 처참하게 헐벗고 가난한 나라가 되어버렸단 말인 가! 그동안 우리가 북한의 능력을 너무 과대평가해왔다는 느낌이 들 었다. 남한의 1인당 국민총생산(GNP)은 1990년에 이미 5,000달러 를 넘어섰지만 북한은 대략 1,000달러 정도라고 알려져 있었다. 그러 나 북한에 가보니 그러한 수치조차 도저히 믿을 수 없을 지경이었다. 1960년대 중반의 남한으로 돌아간 듯한 느낌이었다. 나는 하루빨리 통일을 이룩하여 더불어 잘살도록 노력해야겠다고 다짐했다.

평양역에 도착하여 차량 편으로 시내 중심가를 통과할 때 거리에 많은 사람들이 보였다. 평양 중심가의 건물들은 높이가 일정하여 균 형미를 이루었고, 예술적 아름다움을 자랑하는 웅장한 대형 건축물 이 자주 눈길을 끌었다. 대규모 조형물도 눈에 띄었다. 세계에서 가 장 크다고 북에서 자랑하는 개선문, 만수대 언덕에 세워진 엄청난 크 기의 황금빛 김일성 동상, 높이 170미터에 이른다는 주체사상탑, 그 리고 천리마 동상 등이 평양의 대표적인 조형물이었다. 남한과 달리 북한은 모든 토지가 국유화되어 있기 때문에 정부 주도하에 얼마든지 넓은 대지 위에 원하는 크기와 높이의 건물을 지을 수 있을 것이다. 그러니 평양에 굵직굵직한 건물과 조형물이 많다는 것은 그리 놀라운 일은 아니었다.

시내 도로는 차량 통행이 적어서 그런지 넓어 보이다 못해 아예 텅 비어 보였고, 군데군데 푸른 녹지대가 있어 여유로운 공간감을 느낄 수 있었다. 공기가 맑아 '공해 없는 도시'임에는 틀림없는 듯했다. 전쟁 때 폐허가 된 도시를 완전히 새로 건설한 탓인지 평양의 첫인상은 적어도 외형상으로는 매우 아름다웠다. 기차를 타고 오는 동안 목격한 농촌과 지방도시의 풍경과는 너무도 대조적이라는 데 다시 한번 놀라움을 금할 수 없었다.

우리 대표단의 숙소는 주석궁 인근의 백화원이었다. 1983년에 건설한, 국가원수급을 위한 정부 영빈관이다. 대리석으로 된 바닥 통로에는 두꺼운 카펫이 깔려 있고, 높이가 4미터쯤 되는 높은 천장에는 크고 작은 샹들리에가 달려 있다. 방문 높이만 해도 3미터나 되는 넓고 웅장한 3층 건물이다.

제2차 남북고위급회담은 10월 17일과 18일 양일간 보통문 가까이에 위치한 인민문화궁전에서 개최되었다. 북측의 연형묵 단장은 기조연설을 통해 제1차 남북고위급회담에서 제기한 양측 입장을 비교 분석한 뒤 '북남 불가침에 관한 선언'의 초안을 제시했다. 그 내용은 불가침의 보편적 원칙, 즉 경계선의 설정, 영토의 불가침, 분쟁의 평화적 해결 등을 망라한 것으로 우리가 검토해온 내용과 크게 다르지 않았다.

그는 "북과 남의 입장 차이는 양측의 통일방안과 문제 해결의 우

평양 인민문화궁전에서 개최된 제2차 남북고위급회담 (1990.10.17)

선순위가 다른 데에서 기인한다"고 진단했다. 그러면서 "남측이 주장하는 단일체제에 의한 통일은 전쟁을 통해서든 평화적으로든 상대방의 체제를 없애는 방법이 아니면 실현 불가능한 것"이라 비판하며 "서로 먹거나 먹히지 않고 통일하는 길은 두 체제, 두 지역 정부를 그대로 두고 하나의 국가로 통일하는 '고려민주연방제'밖에 없다"고 강력하게 주장했다. 또한 "두개의 조선을 확인하려 할 것이 아니라 통일지향적 자세를 가져야 한다"고 역설하며 "통일문제 해결에서 가장 큰 내부적 장애 요인은 상호 불신이고 그 불신을 푸는 고리는 정치·군사적 대결 상태를 해소하는 데 있다"고 강조했다. 정치·군사적 문제 해결이 선결과제임을 다시 한번 강조하며 '불가침선언'부터 채택할 것을 주장한 것이다.

이에 우리 측 강영훈 수석대표는 32개항의 통행·통상·경제의 교류협력에 관한 부수적 제안을 내놓았다. 그리고 북한의 '3대 긴급과제'에 대한 맞불의 의미로 대남혁명노선의 포기, 이산가족 고향방문의 조속한 실현, 경제의 교류협력 활성화 등 3개항의 당면과제부터 해결하자고 주장했다.

그런데 막상 이번 회담에서는 북측이 정치·군사적 대결상태 해소와 교류협력 실시 문제를 병행 토의할 수 있다는 식으로 태도를 바꿈으로써 토의의 우선순위 문제는 일단락되었다. 그러나 양측은 다시 합의문서를 '남북관계 개선을 위한 기본합의서'로 하느냐 '북남 불가침에 관한 선언'으로 하느냐의 문제로 맞서게 되었다.

우리 측 대표단이 김일성 주석을 예방했을 때, 강영훈 수석대표는 "두 정상이 하루속히 만나 허심탄회하게 논의하여 좋은 지침을 마련해주기 바란다"며 조심스럽게 정상회담을 제안했다. 하지만 김 주석은 남북정상회담에 대해 부정적인 인식을 드러냈다.

"노태우 대통령께 전해주세요. 나도 하루속히 만나기를 고대하고 있습니다. 그러나 좋은 결과를 가져오는 상봉이 되어야지 아무런 결과가 없는 상봉은 인민들에게 실망만 안겨줄 뿐입니다. 그렇기 때문에 여러분이 잘 준비하여 정상들이 순조롭게 만날 수 있도록 이끌어주시기 바랍니다."

김 주석과의 면담은 10여분 만에 끝나고, 우리는 기념사진 촬영을 위해 중앙홀 한쪽 벽 앞으로 이동했다. 나는 김 주석과 강 총리의 바로 뒤를 따랐다. 김 주석의 오른쪽 귀 뒤에는 알려졌다시피 달걀만한 큰 혹이 달려 있었다. 하체가 상체의 무게를 감당하기 힘든 듯, 그의 걷는 모습은 왠지 불안해 보였다. 강 총리가 짐짓 김 주석의 건강을 칭찬하며 그 비결을 묻자 그는 이렇게 답했다.

"나는 인생을 낙관적으로 삽니다. 하늘이 무너져도 솟아날 구멍이 있다고 믿으며 삽니다."

굵고 우렁우렁한 목소리가 인상적이었다.

이 무렵 북한 당국은 공산권 붕괴의 충격과 자유화 바람의 유입을 막기 위한 일종의 '대증(對症)요법'으로 이른바 '통일 열풍'을 조성하고 있었다. 그러나 우리에게는 '통일 광풍'이라는 표현이 더 적절하게 여겨질 정도로 과하게 느껴졌다. 청년학생궁전에서 만난 어린아이들부터 회담장에서 만난 북한 기자들과 안내원에 이르기까지 모두가 한목소리로 통일의 필요성을 논하고 그것이 임박했다는 확신을 눈물까지 흘려가며 역설하는 것이었다.

지연전술

두 차례의 남북고위급회담을 통해 남과 북은 기본 입장을 모두 밝혔고 양자 사이의 쟁점도 분명히 드러났다. 이제부터는 본격적인 협상을 통해 타협안을 만들어내야 할 차례였다. 그런데 협상을 위한 남북대표 접촉을 앞두고 열린 회담대책회의에서 이상한 일이 벌어졌다. 지금까지 전향적인 태도를 취하며 협상의 조속한 타결을 주도해왔던 우리 정부의 협상사령탑에서 갑자기 '대북불신론'을 제기하며 지연전술을 지시한 것이다. 우리는 왜 갑자기 이런 지시를 하는지 이해할 수가 없었다. 결국 남북대표 접촉이 이루어지긴 했으나 아무런 성과도 이루지 못했다.

석달가량이 지난 뒤에야 10월 초 서동권 안기부장이 비밀리에 평양을 방문하고 11월 초에는 북측에서 노동당 대남사업담당 비서 윤기복(尹基福)이 서울을 방문하여 각각 상대방 정상을 만나 남북정상회담 개최 문제를 협의했으나 실패했다는 사실을 알게 되었다.

우리 정부는 처음부터 남북고위급회담에서 정상회담 개최를 제의했고, 뒤이은 비밀접촉을 통해 "고위급회담에서 채택할 남북합의문서에 두 정상이 만나 직접 서명하고 관계개선을 촉진시킬 방안을 협의하기 위해 정상회담을 개최하자"고 제의했다 한다. 그러나 북측은 "정상회담에서는 통일문제를 비롯한 고차원적인 민족문제를 협의해야 하며, 그러기 위해서는 먼저 남북고위급회담에서 일정한 성과를 거두어야 한다"고 주장했다 한다. 정상회담을 해도 이렇다 할 성과가 없으면 "인민을 실망시킨다"며 "사진이나 찍기 위한 회담은 안 하느니만 못하다"는 말로 사실상 정상회담의 조기 개최를 거부했다는 것이다. 북측은 우리 측이 정상회담 개최에 열을 올리면 올릴수록 더욱 고자세가 되어 '고려민주연방제 통일방안' 수용만을 요구했다는 것이다. 북측이 정상회담 개최를 사실상 거부하자 남측의 협상사령탑은 지연전술로 협상의 조기 타결을 바라는 북측을 압박하고자 한 것으로 보인다.

북측으로서는 조속히 남북 사이의 상호 불가침과 평화를 보장하는 데 합의해야만 미국과의 적대관계를 해소하고 생존을 보장받는 협상도 추진할 수 있는 입장이었다. 또한 일본과의 조속한 수교를 통해 식민지통치와 관련된 배상금을 받아내어 경제회생에 투입하겠다는 복안을 가지고 있기도 했다. 이렇듯 다급한 쪽은 북한이었다. 따라서 우리가 지연전술로 강경한 입장을 고수하면 북측이 정상회담에 호응해올 것이라는 판단은 그런대로 적절한 듯 보였다. 그러나 결과적으로 우리 측의 이러한 판단과 지연전술은 전혀 먹혀들지 않았다.

남북 사이의 고위층 비밀접촉은 그후에도 이어진다. 남북기본합의서가 채택·발효된 후인 1992년 4월 초에 윤기복이 다시 김일성 주석의 메시지를 들고 서울에 왔다. 북한이 김일성의 80회 생일축하 행사를 대대적으로 준비하고 있던 때였다. 이에 북측은 "4월 15일 김 주석 생일과 때를 맞추어 노 대통령을 평양으로 초청, 정상회담을 갖자"고 전격적으로 제의했다. 그러나 이번에는 우리 정부가 이를 거절했다. 김일성 생일축하 행사의 일환으로 정상회담을 이용하려는 북측의 계산된 의도에 말려들 수는 없는 일이었다.

제3차 남북고위급회담은 예정대로 1990년 12월 4일부터 서울 신라호텔 다이너스티홀에서 개최되었다. 우리 측은 "먼저 관계개선을 위한 기본합의서를 채택하고 연후에 군사분과위원회를 열어 불가침 문제를 협의하자"는 입장을 되풀이하면서 군사분과위원회에서 협의할 불가침에 관한 우리 측 방안을 제시했다.

북측은 지난번 평양회담 2일차 회의에서 우리 측이 수정 제의한 바 있는 '남북 간의 화해와 협력을 위한 공동선언'과 북측이 제의한 '불가침선언'을 통합하여 '남북 불가침과 화해·협력에 관한 선언'이라는 하나의 문건으로 채택하자는 수정안을 제시했다.

사실 우리 측의 관계개선 기본합의서 내용과 북측의 수정안 내용은 많이 근접해 있었다. 명칭도 나중에 채택된 문서 명칭인 '남북 사이의 화해와 불가침 및 교류·협력에 관한 합의서'와 근사한 것이었다. 북측에서는 분명히 합의를 원했기 때문에 우리 측에서 협상할 의사만 있었다면 얼마든지 타결할 수 있는 상황이었다.

그러나 정상회담 개최를 원했던 우리는 '불가침'을 문제 삼아 지연전술을 구사함으로써 협상타결의 좋은 기회를 우리 스스로 포기했다. 큰 실책을 범한 것이다. 결국 정상회담도 성사시키지 못한 채 기본합의서 채택이 1년이나 지연되는 파행적인 결과를 초래하게 됐다.

그후 부속합의서를 채택했을 때는 이미 노 대통령의 집권 말기였고, 대통령선거전이 본격적으로 불붙기 시작하여 우리 정부가 남북관계 개선을 위한 일련의 의욕적인 사업을 펼칠 만한 상황이 아니었다. 전향적인 대북정책을 추진했던 노태우정부는 남북합의 사항을 실천에 옮길 시간을 영영 잃어버리게 된 것이다. 이는 남북관계 개선을 위해서나 민족의 장래를 위해서 불행한 일이 아닐 수 없었다.

남북고위급회담은 제3차 회담 이후 장기 교착상태에 빠져버린다. 원래 제4차 회담이 1991년 2월 25일부터 평양에서 개최하기로 합의되어 있었으나 걸프전쟁 발발(1991.1)과 한미연합 팀스피리트 훈련(1991.3)을 이유로 북측이 회담을 일방적으로 중단한다. 회담이 재개될 때까지는 무려 10개월이라는 공백기가 생긴다. 그리고 이 무렵 북한은 정치·경제·사회·외교적으로 여러가지 난관에 봉착하게 된다.

이 기간에도 한반도의 전략정세에 결정적인 영향을 줄 만한 상황이 속속 전개되었다. 소련이 한국과 수교하고, 중국도 무역대표부를 설치하여 한국과의 교역량과 경제협력 수준을 크게 확대했다. 또한 소련과 중국이 남북한의 유엔 동시가입 지지 입장을 굳히자 북한은 더이상 '하나의 조선' 정책을 고집할 수 없게 되었다. 일본과의 수교 협상도 6개월 내에 타결될 것이라는 기대와는 달리 난관에 봉착하게 된다. 설상가상으로 2월 말에 걸프전쟁이 끝나자 미국은 핵개발 의혹을 제기하면서 북한에 대한 압박을 강화하기 시작했다.

이러한 국제정세를 배경으로 김일성 주석은 결국 5월 말 중대한 결단을 내리지 않을 수 없게 된다. 중국의 강력한 권고에 따라 남북한 유엔 동시가입을 수용하기로 결정한 것이다. 이는 북한이 국제무대에서 '하나의 조선' 정책을 포기했다는 것을 의미한다. 때마침 미국이 '전세계 배치 전술핵무기 철수 및 폐기 선언'(1991.9.28)을 발표하고 소련도 즉각 이에 상응하는 조치를 취했다. 이에 따라 남한에 배치된 전술핵무기도 모두 철수하게 된다.

이와 관련하여 노태우 대통령은 유엔총회 연설을 통해 "북한의 핵무기 개발 포기"를 촉구하며 "핵문제에 대한 남북 간의 협의를 추진할 용의가 있다"고 처음으로 밝혔다. 한국은 그동안 주한미군 보유 핵무기에 대해 시인도 부인도 하지 않는 미국의 이른바 '핵문제 불거론(NCND) 정책'에 따라 핵문제에 대해서는 아무런 언급도하지 않는 벙어리 태도를 견지해왔다. 이제 한국은 이러한 입장에서 벗어나 공개적으로 핵문제에 관한 발언을 시작하게 된 것이다.

한편 그동안 미군 핵무기 철수, 한반도 비핵지대 설치, 핵전쟁 연습 중지 등을 끈질기게 주장해온 북한은 이 기회를 호기로 포착했다. 부시 미국 대통령의 핵무기 철수선언 직후 북한은 공식 논평을 통해 "이제 우리의 정당한 주장을 관철할 수 있게 되었다"며 이를 환영했다.

북한이 협상타결을 서두르게 된 데는 중국의 영향력을 간과할 수 없다. 나는 그해 11월 초 방한했던 중국의 탁월한 북한문제 전문가로부터 이에 관한 중요한 정보를 입수하여 상부에 보고한 바 있다. 익명을 요구한 그의 정보에 따르면 김일성 주석은 이 해 10월 초에 10일간(10.4~13) 중국을 방문, 경제특구를 시찰하며 덩 샤오핑(鄧小平)을 비롯한 중국 최고지도자들로부터 세가지 권고를 받았다고 한다.

즉 북한도 중국처럼 사회주의체제를 유지하면서 개방과 경제개혁을 추진함이 바람직하며, 외국의 자본과 기술을 도입하려면 한반도의 평화적 환경 조성이 필수적이니 조속히 남북협상을 타결 짓고, 또한 주한미군 핵무기 철수의 호기를 활용하여 북한의 핵개발 의혹도 해소할 것을 권고받았다는 것이다. 그리고 김일성 주석은 중국에서 돌아오는 즉시 노동당 정치국 회의를 소집하여(10.16) 남북협상의 조속한 타결과 비핵화 합의, 그리고 나진·선봉 경제특구 설치에 관한 모종의 결단을 내렸다는 것이다. 또한 미국과의 관계 정상화를 최우선 과제로 추진하되 이를 위해 핵문제를 대미수교를 위한 협상카드로 적극 활용하겠다는 이른바 '전략적 결정'을 내렸다고 하였다.

내가 이러한 정보를 입수하여 보고했을 때 청와대 외교안보수석실에서는 "충분히 그럴 가능성이 있다"는 판단 아래 남북기본합의서 채택은 물론 핵문제 해결에도 기대를 걸기 시작했다. 그리고 이러한 첩보의 신빙성을 확인하는 데는 채 두달도 걸리지 않았다. 연말에 있었던 '남북기본합의서'(12.13) 및 '한반도비핵화선언'(12.31)의 채택과 때를 같이하여 북한은 '나진·선봉 자유무역지대의 설치' 계획을 발표했다(12.28).

북측으로서는 경제난 타개를 위해서나 국제적 고립에서 벗어나기 위해서나 주한미군의 핵무기 철수를 호기로 포착하여 우선 남북합의를 서둘러야만 하는 상황이었다. 더구나 북한은 이듬해 4월에 김일성 주석 80회 생일축하 행사를 대대적으로 거행해야 하는 국내의 정치적 수요 때문에라도 어떻게 해서든 팀스피리트 훈련을 막는 동시에 남북대화의 성과를 얻어내야 하는 입장이었다.

남측으로서도 대통령 임기가 1년 정도밖에 남지 않은 상황에서 대

통령선거전이 본격화되기 전에 그동안 최우선적으로 추진해온 대북
정책의 성과를 거양해야 할 입장이었다. 남북정상회담에 대한 미련
때문에 지연전술을 펴긴 했으나 그 때문에 회담이 근 1년간이나 교
착상태에 빠져버리리라고는 미처 예상하지 못했다. 따라서 더이상
성사 가능성이 희박한 정상회담에만 집착할 수는 없다고 판단하기
에 이른 것이다.

제5장

화해협력과 비핵화

어떻게 협상할 것인가

협상을 타결하겠다는 남과 북 최고지도자들의 의지가 굳어지고 여건이 성숙되자 협상은 급진전하게 된다. 합의하겠다는 의지가 있을 때는 협상전략도 이 의지를 따르기 마련이며, 이때 협상기법은 큰 문제가 되지 않는다. 협상에서 가장 중요한 것은 '타결하려는 의지'인 것이다. 1년의 시간을 허송한 후 1991년 10월 말 평양에서 열린 제4차 남북고위급회담에서는 합의서 명칭과 형식이 타결되고 두달 후인 12월 중순 서울에서 열린 제5차 회담에서는 내용과 문안에 합의하여 역사적인 남북기본합의서가 채택된다.

10월 22일 아침 우리를 태운 특별열차가 평양을 향해 개성역을 출발했을 때 북측 최우진 대표가 내 방에 나타났다. 오랜만에 단둘이서 의견을 나눌 수 있는 기회가 온 것이다. 유엔 가입 문제로 첫 협상을 한 이래 실무대표로 이미 여러차례 협상테이블에 마주 앉았던 우리는 할 수 있는 범위 안에서 서로 솔직한 의견을 나누는 사이가 되었고 '문제 해결사'로서 직간접적으로 협상에 기여해왔다. 우리는 곧바로 솔직한 의견교환에 들어갔다. 주한미군의 핵무기 철수 문제가 화두가 되었다.

"부시 미국 대통령의 핵무기 철수 선언으로 상황이 호전되었습니다. 우리는 미국이 조선반도에서 모든 전술핵무기를 곧 철수할 것이라는 결정을 환영하며 이 결정을 믿고자 합니다. 미군 핵무기가 완전철수되면 우리도 국제원자력기구(IAEA)와 '핵안전조치협정'을 체결하고 국제핵사찰을 받아들일 것입니다. 조선반도에서 미군 핵무기가 철수되면 주변 핵보유국의 동의와 보장을 받아 조선반도를 '비핵지대화'하자는 우리 주장에 남측이 반대할 이유도 없을 것입니다. 우리는 이번에 '비핵지대화'에 합의하자는 긴급제안을 제시할 겁니다."

최우진이 전해준 정보가 사실이라면 남북합의서 채택과 함께 핵협상도 기대할 수 있다는 의미였다. 우리는 이외에도 여러 의견을 나누면서 "이번에는 반드시 합의를 이루어내도록 노력하자"고 약속했다. 남북합의서의 명칭에 대해서는 남북고위급회담의 의제가 '정치·군사적 대결상태 해소와 다각적인 교류협력'이라 데 유의하여 '화해' '불가침' '교류협력'이라는 표현이 포함되는 것이 바람직하다는 의견을 나누었다.

약 1시간에 걸친 최우진과의 솔직한 의견교환은 매우 소중한 것이었다. 남북대화에서는 흔히 서로 상대방이 어떤 생각을 하고 있는지 알 수 없어 오해하고 오판해서 한번 주장하고 나면 변경하기 어려운 경우가 많으나, 이러한 대화는 상호 이해를 증진시킬 뿐 아니라 회담을 성공시키는 데 크게 기여할 수 있다. 나와 최우진의 대화 내용은 실제로 숙소에 도착한 후 있었던 대책회의에서 우리 측의 최종 입장을 정리하는 데 결정적으로 기여하게 된다.

이튿날 평양 인민문화궁전에서 열린 제4차 남북고위급회담에서 북측 연형묵 총리는 기조연설을 통해 "남과 북이 풀어야 할 최대의 긴급과제는 평화문제"라며 '조선반도 비핵지대화에 관한 선언'을 긴급제안으로 제시했다. 그리고 주한미군 핵무기의 전면적이고 완전한 철거가 확인되면 국제협약에 따라 핵사찰에 응하겠다고 밝혔다.

의제에 관해서는 우리 측 주장을 수용한 내용을 담은 '북남 불가침과 화해와 협력·교류에 관한 선언'의 초안을 제시했다. 연 총리는 "새 합의서 초안은 양보와 타협으로 돌파구를 열어보려는 북측의 의지가 담긴 것"이라며 이번에는 합의할 수 있으리라는 강력한 기대를 표명했다.

이에 우리 측은 "정전체제를 남북 사이의 평화체제로 전환하고, 군사적 신뢰구축을 바탕으로 실질적인 군비감축을 추진하며, 사람·물자·정보의 자유로운 교류의 길을 열어나가기 위한 구체적인 실천 노력을 다할 것"을 촉구했다. 또한 북측에 대해 "핵무기 개발을 중단하고 국제기구의 사찰을 무조건 수용할 것"을 요구했다.

의제에 관해서는 지난번에 제의한 3개 합의서를 하나로 묶은 포괄적인 단일합의서로 '화해·불가침과 교류협력에 관한 합의서' 초안을 제시하고 이번 회담에서 합의하자고 주장했다.

전날 나와 최우진의 교감을 통해 이미 서로가 상대방의 의도를 파악한 상태에서 열린 첫날 회의를 통해 양측은 "단일문건으로 된 합의서를 채택하자"는 데 어렵지 않게 합의하고 이날 저녁 실무대표회담을 열었다. 남측에서는 송한호(宋漢虎) 통일원차관을 수석대표로 나 임동원과 새로 임명된 이동복(李東馥) 대표가, 북측에서는 백남순 정무원 참사를 수석대표로 최우진과 김영철 대표가 참석하여 밤늦게까지 논의를 해나갔다. 이를 계기로 이후 합의서가 채택될 때까지 계속 이 6명이 실무대표회담을 하게 된다.

합의서 형식에 관해서도 어렵지 않게 합의할 수 있었다. 합의서 명칭은 '남북 사이의 화해와 불가침 및 교류·협력에 관한 합의서'로 하고, 합의서의 구성은 서문, 남북화해, 남북불가침, 남북교류협력, 수정 및 발효 조항 순으로 하기로 했다. 합의서 내용에 관한 협상도 벌였으나 우리 측 초안 중 북측이 거부하는 주요 조항들에 대해서는 워낙 입장 차이가 커서 별도로 판문점에서 대표 접촉을 통해 풀어나가기로 했다.

본회의에서는 실무대표협상 결과를 승인하고 합의사항으로 정식 채택했다. 그리고 '비핵지대화선언' 채택과 '국제핵사찰' 수용 문제를 논의했으나 이 자리에서 결말을 낼 수 있는 문제가 아님을 확인했다.

어쨌든 이번 회담에서는 합의서 내용까지 합의하는 데는 이르지 못했지만 지난 1년간 끌어온 교착상태를 타개하고 합의서 명칭과 구성 체계에 합의하는 등 소중한 첫 성과를 거둔 셈이었다.

제5차 회담을 앞두고 기본합의서 내용과 문안 조정을 위한 남북의 6인 실무대표회담이 11월 11일부터 보름 동안 네 차례에 걸쳐 판문점에서 열렸다. 그동안 여러차례의 회담과 협상을 통해 상호 이해가 증진되고 쌍방의 입장 차이가 많이 해소되었으나 여전히 적지 않은 문제들이 쟁점으로 남아 있었다.

우선 통일문제에 대한 인식과 관련하여 남과 북이 서로 다른 통일 방안을 주장함에도 불구하고 통일은 점진적·단계적으로 이룩해야 하며, 우선 통일의 과정에 놓여 있는 정치·군사적 장애들을 제거하며 교류협력을 통해 신뢰조성부터 해나가야 하고, 자주·평화·민족 대단결이라는 3대 원칙에 따라 이룩해야 한다는 데는 양측이 인식을 같이하게 되었음을 확인했다. 그러나 이때까지만 해도 북측은 여전히 흡수통일에 대한 의심을 완전히 버리지 않았고, 남측은 적화통일에 대한 경계심을 완전히 떨쳐내지 못하고 있었다.

평화문제와 관련해서는 양측이 화해·협력 및 불가침 문제를 병행적으로 해결해나가야 할 과제로 인식하게 되었고, 따라서 포괄적인 합의서를 채택하기로 합의했다. 북측은 처음에는 외국군대 철수 문제를 들고 나왔으나 금세 철회했다.

군축문제에 대해 처음에는 남측이 '선 신뢰구축, 후 군축', 북측이 '선 군축, 후 신뢰조성'이라는 상반된 주장을 폈으나, 곧 양자를 병행할 수 있다는 데 의견을 같이했다. 또한 핵문제는 별도로 협의할 수 있다는 공감대가 형성되었다.

거대 의제들에 대한 합의는 이처럼 일사천리로 진행되었으나 세부 논의에 들어갈 때마다 일부 중요한 문제들에 대한 양측 입장이 크게 벌어지곤 했다.

우리 측은 실효성 있는 합의서를 채택해야 한다는 입장에서 '북측 안에는 없고 우리 측 안에만 포함돼 있는' 일부 조항의 채택을 관철시키려 했으나 북측은 이를 수용하려 하지 않았다. 네 차례의 대표

접촉을 통해 절충을 시도한 결과, 대부분의 조항에 대한 공감대가 형성되었으나 8개 쟁점 조항에 대한 타결은 난망한 상태였다. 그중에서도 북측이 결코 수용할 수 없다고 버틴 가장 큰 쟁점은 내가 담당한 분야인 '평화협정 문제'와 '불가침의 실효성 보장 조치 문제', 그리고 '해상 경계선 문제' 등이었다.

남측은 정전상태를 '남북 사이'의 평화상태로 전환할 것과 그것이 실현될 때까지는 현 정전협정을 준수할 것을 명기하자고 주장했다. 이에 반해 북측은 "남측이 정전협정의 체결 당사자도 아닌데다 미국의 피보호자로서 작전지휘권도 갖고 있지 못하기 때문에 '평화협정'은 미국과 체결하겠다"며 "남측과는 '불가침'에만 합의하면 된다"는 입장을 굽히려 하지 않았다. 남북고위급회담의 성패를 가름하는 가장 중요한 문제로 이 조항을 둘러싼 논쟁에 많은 시간을 소비했으나 전혀 진전이 없었다.

정전협정에는 '해상 경계선'이 설정돼 있지 않으므로 우리 측은 "쌍방이 각기 관할해온 구역을 유지함을 명시하자"고 주장했으나 북측은 그 필요성을 인정하려 하지 않았다. 북측은 유엔군이 일방적으로 그어놓은 3해리 영해를 기준으로 한 북방한계선(NLL)을 인정할 수 없다며 국제해양법에 따르는 '12해리 영해'를 주장했다.

또 우리는 '군사적 신뢰구축 조치와 군축의 원칙' 등을 기본합의서에 명시해야 한다고 주장했으나, 북측은 그런 세부사항은 나중에 군사분과위원회에서 논의해야 할 사항이라며 기본합의서에 포함시키는 데 반대했다.

한편 이 무렵 북한에 대한 핵개발 의혹이 증폭되면서 한국의 일부 언론은 "핵문제 해결 없이 남북기본합의서를 채택해서는 안 된다"

는 여론을 조성하고 있었고 통일원의 회담전략 요원들도 이에 동조하기 시작했다. 이들은 이구동성으로 "북한의 태도 변화란 기대할 수 없으며, 이번에 기본합의서가 채택될 가능성은 전혀 없다"고 단정했다. "어차피 채택이 불가능하기 때문에 차라리 핵문제와 연계시켜 북한을 코너로 몰아 압력을 가하고 강력히 밀어붙여야 한다"는 주장을 편 것이다. "실무대표회담에서 합의서 문안 정리를 마치자"고 했던 양측의 합의는 결국 지켜지지 못했다.

이렇게 된 원인은 합의서의 쟁점 조항 못지않게 중요한 문제에 대한 우리 측 입장이 정립되지 못한 데 있었다.

첫째는 남북기본합의서 채택을 북한의 핵사찰 수용 문제와 연계할 것인가, 아니면 병행해나갈 것인가 하는 문제였다. 즉 핵 '연계 전략'과 '병행 전략' 중 하나를 선택해야 했으나 아직 확정하지 못했다.

둘째는 이듬해의 한미 팀스피리트 훈련 중지 여부였다. 이 훈련의 중지 없이 북측이 기본합의서 채택에 동의할 수 없음은 자명한 일이었다. 그러나 국방부장관은 팀스피리트 훈련의 중단에 반대하고 있었다. 결국 이 문제는 미국의 태도가 관건이었다.

셋째는 남북기본합의서 채택과 남북정상회담 개최를 연계하는 문제였다. 북한의 미온적인 태도에도 불구하고 협상사령탑에서는 정상회담을 개최하여 거기서 남북기본합의서를 채택하기를 원했다.

제5차 남북고위급회담을 앞둔 11월 22일 아침 정원식(鄭元植) 총리가 주재한 '관계장관대책회의'에서 마침내 이런 문제들에 대한 우리의 입장을 확정하게 된다. 즉 북한의 핵문제와 관련해서는 남북기본합의서 채택과 연계하지 않는 '병행 전략'을 채택하기로 했다. 정상회담 개최 문제도 남북기본합의서 채택 문제와 분리하고, 남북기본합의서는 이번 제5차 회담에서 채택하기로 결정했다. 1992년도 팀스피리트 훈련과 관련해서는 핵확산 방지를 중시하는 미국도 "북한의 국제핵사찰 수용 및 남북대화 진전과 관련하여 한국 측 의사에 따르겠다"는 긍정적 입장이었으므로 이를 중지할 것을 고려하기로 하였다.

이러한 중요한 결정을 하게 되기까지는 한미 사이의 긴밀한 협조가 주효했다. 이상옥(李相玉) 외무부장관이 주도한 정상적인 외교채널이 효율적으로 가동되었을 뿐만 아니라 김종휘 외교안보수석이 도널드 그레그(Donald P. Gregg) 주한미국대사와 유지한 긴밀한 협조가 크게 기여했다는 것이 내막을 아는 사람들의 공통된 평가였다.

도널드 그레그 대사는 미국 CIA에서 30여년 동안 재직하면서 한국주재 정보책임자로도 근무했고 당시에는 조지 H. W. 부시 부통령의 안보보좌관을 거쳐 주한미국대사(1989~93)로 일하고 있었다. 그레그는 한반도 문제에 대해 깊은 이해와 애정을 가지고 대북포용정책을 지지하고 적극 지원하는 인물이었다. 그는 대사직을 마친 후에도 코리아소사이어티 회장으로서 한반도 문제 해결에 지속적으로 기여했다.

그레그 대사는 "대사 재임기간 중 가장 자랑스러운 일 중의 하나가 팀스피리트 훈련을 중단시킨 것이다. 그러나 딕 체니(Dick Cheney) 국방장관이 이를 다시 부활시켰다. 그로 인해 그동안 남북관계와 미북관계에서 이룩한 모든 긍정적 성과가 물거품이 되고 말았다"고 회고하기도 했다.

"도장 갖고 왔다"

제5차 남북고위급회담은 1991년 12월 10일부터 13일까지 서울의 쉐라톤그랜드워커힐호텔에서 열렸다. 이날 오전 판문점을 떠나 이 호텔에 이르는 1시간 반 동안 나는 다시 최우진 대표와 같은 차에 동승하여 대화를 나누었다. 최우진은 이렇게 말문을 열었다.

"합의문서에 찍을 도장은 갖고 왔습니다. 여러가지 정황으로 보아 이번에는 꼭 합의해야 합니다. 서로 양보와 절충을 통해 반드시 타결하도록 합시다."

우리는 차 안에서 쟁점 조항들에 관한 의견을 미리 교환해보았다. 그러나 '불가침의 보장 조치' 조항과 '정전체제의 평화체제로의 전환' 문제에 대한 조항은 끝까지 타결되기 어려울 것이 분명해 보였다.

"이 두 조항에 관한 한 우리로서는 결코 타협의 여지가 없어요. 북측이 수용해주어야만 합의서 채택이 가능해질 것입니다."

나의 단호한 요구에 최우진은 난색을 표했다. 한편 최우진은 노태우 대통령이 1991년 11월 8일 발표한 '한반도 비핵화와 평화구축을 위한 선언'(한반도비핵화선언)이 잘된 것이라고 평가하고, "남북기본합의서가 채택되면 핵문제 합의도 가능하며 핵사찰도 수용할 수 있게 될 것"이라고 말했다. 그리고 남북정상회담도 성사될 수 있음을 시사했다. 이는 우리가 줄곧 바라던 바로, 그의 말이 정말 신빙성 있는 것이라면 커다란 진전을 이룰 수 있는 계기가 될 터였다.

호텔에 도착한 우리 측 대표들은 즉시 모임을 갖고 북측 대표들로부터 입수한 정보를 종합하여 분석했다. 나는 최우진 대표로부터 전해들은 내용을 자세히 보고했다. 연 총리와 동승했던 김종휘 차석대표도 "연 총리가 '김일성 주석 지시이니 이번엔 꼭 합의하자. 즉각 대표 접촉을 개최하여 타결하자. 합의서가 채택되면 정상회담도 가능해진다. 경제협력도 서둘러 추진하자'고 말했다"고 전했다. 안경호 대표와 함께 대변인들끼리 동승했던 이동복 대표 역시 내가 최우진 대표로부터 들은 것과 똑같은 내용을 전달받았다고 했다. 이렇게 세 채널을 통해 입수한 북측 입장은 완전히 일치하는 것이었다.

북측의 이러한 사전 발언과 의도는 즉각 상부에 보고되었다. 이날 밤에 열린 관계 장관회의에서는 이번 회담에서 남북기본합의서를 채택한다는 원칙을 재확인했다.

쉐라톤그랜드워커힐호텔 무궁화홀에서 공개로 열린 첫날 본회의에서 남측은 몇가지 쟁점 조항에 대한 절충안을 제시했다. 그리고 핵문제와 관련 '한반도비핵화공동선언'의 초안을 제시하는 한편 긴급 제안으로 "남북 간의 동시 시범 핵사찰을 1월 말까지 실시하자"고 제의했다. 우리 측은 북한의 영변핵시설과 순안비행장을, 북측은 군산공군기지 등 주한미군의 기지나 시설을 서로 사찰하자는 내용이었다. 이 제안은 미국의 권고에 따른 것이었다.

이에 북측은 어떻게든 합의서를 탄생시키고자 양보 안을 내놓겠다며 "연락사무소를 평양과 서울 대신에 판문점에 설치하자"는 대안을 제시했다. 그리고 불가침의 '해상 경계선'은 앞으로 협의해서 해결하도록 하되, 그때까지는 우리 측 주장을 수용하여 '쌍방이 관할해온 구역'으로 하자며 뜻밖의 양보의사를 밝혀 우리를 놀라게 했다. 또한 우리 대통령의 '한반도비핵화선언'을 진일보한 것이라고 평가하고 북측의 '비핵지대화선언'과 '한반도비핵화선언'을 통합하여 공동선언으로 채택할 용의가 있음을 밝혔다. 그러나 "남측이 남북 간의 평화협정을 제기하는 권능을 가지려면 당연히 남측이 대미의존에서 벗어나야 한다"며 평화협정 문제에 대해서는 반대의 뜻을 명확히 했다.

이날 본회의에서의 합의에 따라 오후에는 합의서 협상을 위한 6인 실무대표회담이 열렸다. 북측 제의로 이번 협상은 마이크를 사용하지 않고 녹음기록도 하지 않은 채 자유로운 대화 형식의 비공개회의로 진행되었다. 이것은 남북고위급회담 개시 이래 처음 있는 일이었다. 지금까지의 관례에 의하면, 모든 남북회담은 반드시 마이크를 사용했으며 이 마이크가 각기 평양과 서울로 연결되어 협상통제본부에서 모니터를 할 수 있도록 되어 있었다.

북측 대표들은 평양을 의식하여 경직된 발언을 일삼는 경향이 있고, 또한 평양으로부터 수시로 지령을 받아가며 발언하기 일쑤였다. 따라서 '마이크 없는 비공개회의'는 이번 회담에서 북측 대표들도 어느정도 재량권을 갖고 자유로운 대화를 할 수 있음을 의미했다. 즉 그만큼 협상의 성공 가능성이 높아진 것이다.

"연락사무소를 판문점에 설치하자"는 절충안과 "해상 경계선은 쌍방이 관할해온 구역으로 잠정 합의한다"는 조항은 이미 양측 수정안에 모두 포함돼 있었으므로 합의하는 데 전혀 문제가 없었다. 그러나 가장 핵심 문제인 '불가침 이행보장 조치'와 '남북 간 평화체제' 문제는 북측이 기조연설에서도 강조했던바 본 협상에서도 완강히 반대하여 타결의 기미가 전혀 보이지 않았다. 북측은 "군축이 초미의 과제로 대두되고 있는데도 10년이나 걸린 유럽식 신뢰구축 조치를 주장한다는 것은 군축을 안 하겠다는 소리나 마찬가지"라며 남측을 공박했다. 특히 '군사적 신뢰구축 조치'는 군사력 운영의 투명성을 보장함으로써 서로 의심과 오판을 제거하는 데 목적이 있음에도 북측은 "다른 어느 분야보다 비밀을 중시하는 군사분야에서 그런 조치는 본질적으로 큰 의의가 없는 것"이라며 일축하고 수용하려 하지 않았다.

저녁식사 후에 속개하기로 하고 제1차 대표 접촉은 일단 정회했다. 그러나 2개 쟁점을 북측이 결코 양보하지 않을 것으로 판단한 우리 측 수석대표의 주장에 따라 제2차 대표 접촉은 다음 날 오후로 미뤄졌다. 북측은 약속대로 회의를 속개할 것을 요구했으나 우리 측에서 "입장 정리에 시간이 걸린다"는 이유를 들어 연기를 통보함으로써 협상은 다시 결렬위기에 처하게 된다.

남북기본합의서

이날 밤 일찌감치 침대에 들었다가 전화벨 소리에 잠을 깬 나는 뜻밖에도 최우진 대표의 음성을 듣고 내 귀를 의심했다.

"저녁식사 후에 대표 접촉을 계속하기로 해놓고 우리는 기다리고 있는데 잠만 자고 있으면 어떻게 하오! 임 선생, 그러지 말고 우리 지금 좀 만납시다. 왜 합의가 안 된다는 겁니까? 이번에는 꼭 합의해야 한다고 어제 내가 말하지 않았소! 합의할 수 있어요. 지금 내 방으로 좀 와주시오."

나는 정신이 번쩍 들었다. 이 밤중에 "만나자" "합의할 수 있다"고 강조하는 것을 보니 평양으로부터 무슨 훈령을 받은 것이 분명했다. 나는 "곧 가겠다"고 답하고 침대에서 벌떡 일어났다. 복장을 갖추고 김종휘 차석대표에게 보고하려고 초인종을 눌렀으나 응답이 없었다.

송한호 대표도 역시 응답이 없었다. 이상한 일이었다. 나는 일단 상황실에 연락을 취해놓고 북측 대표들이 묵고 있는 17층으로 갔다.

최우진은 나를 반갑게 맞으며 평양에서 가지고 온 용성맥주를 권했다. 결국 이날 밤 두 사람의 '문제해결사'는 새벽 2시까지 40분간 비공식 심야협상을 통해 돌파구를 마련했다. 평양의 훈령을 받은 것으로 보이는 최우진은 "이번에 반드시 기본합의서를 채택해야 한다"며 문제가 된 정전상태를 '남북 사이의' 평화상태로 전환하는 조항은 수용할 수 있음을 시사했다. 가장 중요한 문제에 대해 북측이 양보의사를 밝힌 것이다. 또한 "한반도 비핵화 문제를 협의하기 위하여 이달 내에 판문점에서 실무대표회담을 갖자"는 우리 측 제의도 받아들이겠다고 했다는 것이다. 그러면서 "현재 협상의 걸림돌이 되고 있는 '불가침의 이행조치' 조항의 타결안을 우리 둘이서 만들어 각각 상부에 건의하자"고 제의했다.

우리 측 안은 네가지의 군사적 신뢰구축 조치(12조), 군비축소 원칙(13조), 검증 방안(14조)과 군사공동위원회 설치운용(16조) 등 4개 조항으로 되어 있고 북측 안은 구체적 조치나 원칙에 관한 아무런 언급도 없이 단순히 "군사적 신뢰조성과 군축을 실시한다"는 조항과 군사공동위원회의 설치 조항만으로 되어 있었다. 우리는 구체적 조치와 원칙 등을 명시한 남측 입장을 모두 포함하되 "북측의 체면을 고려하는 선에서 절충한다"는 원칙에 합의하고 시안을 마련했다. 남측 안에 4개 조항으로 되어 있던 불가침 이행조치를 모두 하나의 조항으로 묶되 '군사공동위원회의 과업'으로 표현하는 타결안을 마련한 것이다.

이 타결안을 토대로 정리한 문안이 '남북기본합의서' 제12조의 내용이다. 그리고 우리는 "이 정도면 각각 상부에서 수용할 수 있을 것이며 합의가 가능할 것"이라는 데 의견을 같이했다. 우리는 "사명감을 갖고 반드시 성공시키자"는 다짐을 하며 굳은 악수를 나누었다.

내 방으로 돌아오며 다시 김종휘 차석대표의 방문을 두드리니 송한호 대표가 거기에 와 있었다. 나는 최우진과 회동한 내용에 대해 그들에게 자세히 설명했다. 알고 보니 김종휘 차석대표는 내가 최우진과 회동하던 바로 그 시간에 안경호 대표의 요청으로 그를 만나 "기본합의서를 이번에는 꼭 채택하자"는 원칙에 합의하고 대표 접촉을 곧 재개하기로 약속했다는 것이다. 또한 같은 시간에 송한호 대표도 백남준 대표와 만났다는 것이다. 그러나 그는 불가침 이행조치의 문제를 놓고 언쟁만 벌이다 돌아왔다고 했다.

우리는 다시 넷이 모여 대책을 논의했다. '임동원-최우진 타결안'에는 모두들 뜻밖이라며 놀라움과 만족감을 표시했다. 우리는 이날 아침 7시 30분에 열리게 되어 있는 관계장관회의에 이 사실을 보고하여 승인을 받기로 하고, 나는 2쪽 분량의 '임동원-최우진 대표 간 심야접촉 결과 보고서'를 작성했다.

심야협상 결과는 날이 새는 즉시 관계장관회의와 청와대에 보고되었다. 관계장관회의에서 돌아온 정원식 총리는 "8시 30분에 소집한 대표단회의에서 임동원-최우진 타결안이 그대로 승인됐다"면서 즉각 대표 접촉을 열어 합의서 문안을 정리하도록 한다는 방침을 확정했다.

12일 오전 10시에 열린 둘째날 본회의에서는 양측이 사전에 합의한 대로 "곧 6인 실무대표회담을 재개한다"는 것만 확인하고 20분 만에 정회를 선언했다.

제2차 실무대표회담은 오후 6시까지 약 7시간 동안 진행되었다.

이번에도 마이크나 녹음기록 없이, 그러나 여느 때와는 달리 화기애애한 분위기에서 자유대화 형식으로 진행되었다. 이미 쟁점 사항들이 타결되었기 때문에 합의서 문안정리와 조항의 나열순서 등에 관한 작업이 된 셈이다.

그리고 마침내 남북기본합의서 작성을 완료했다. 우리 6명의 협상대표들은 역사적인 합의서를 만들어냈다는 긍지와 기쁨을 감출 길이 없었다. 이로써 12월 11일 오전 10시부터 시작된 남북기본합의서 협상이 32시간 만에 마무리된 것이다.

7천만 겨레와 온 세계의 이목이 집중된 가운데 12월 13일 오전 9시에 남북기본합의서 서명식이 거행되었다. 4개 장, 25개 조항으로 구성된 '남북 사이의 화해와 불가침 및 교류·협력에 관한 합의서'(통상 '남북기본합의서')에 정원식 수석대표와 연형묵 대표단장이 각각 대한민국 국무총리와 조선민주주의인민공화국 정무원 총리의 이름으로 서명함으로써 정식 채택되었다. 분단 역사상 처음으로 남과 북이 공식 국가명칭을 합의문서에 표기한 것이다. 이어서 양측은 한반도에 핵무기가 없어야 한다는 데 인식을 같이하면서 비핵화 문제를 협의하기 위하여 12월 안에 판문점에서 대표 접촉을 하기로 합의했다.

북측 대표단장은 결속 발언을 통해 "우리는 이제 평화와 긴장완화와 통일의 길로 크게 한걸음 내딛게 되었다"고 선언했다. 남측 수석대표도 "남과 북은 공존공영하면서 평화와 통일을 추진할 수 있는 바탕을 마련하게 되었다"며 "이 합의로 대결과 분단의 시대를 마감하고 협력과 통일의 새 시대를 열게 되었다"고 선언했다.

이날 합의한 남북기본합의서는 남북관계가 '나라와 나라 사이의 관계가 아닌 통일을 지향하는 과정에서 잠정적으로 형성된 특수관계'라는 것을 인정하고 평화통일을 성취하기 위한 공동의 노력을 경주할 것을 다짐하면서 합의 내용을 다음과 같이 세 분야로 정리했다.

- 남북 화해를 위해 상대방 체제의 인정·존중, 내정 불간섭, 비방·중상 중지, 파괴·전복 행위 금지, 국제무대에서의 협력, 그리고 현 정전상태를 남북 사이의 평화상태로 전환하고 그때까지 정전협정을 준수한다.
- 남북 불가침을 위해서 무력 불사용 및 불침략, 분쟁문제의 협상을 통한 평화적 해결, 불가침의 경계선은 정전협정 규정과 지금까지 쌍방이 관할해온 구역으로 하고, 불가침의 보장을 위해 여러 가지 군사적 신뢰조성 조치와 군비감축을 실현한다.
- 남북 교류협력을 위해서 경제·과학·기술·문화·예술·보건·체육·보도 등 여러 분야의 교류협력 실현, 자유왕래와 접촉, 이산가족 상봉 및 재결합, 끊어진 철도·도로 연결 및 해로·항로 개설, 우편·전기통신 교류 등을 실현한다.

회의를 서둘러 마치고 양측 대표단은 청와대로 향했다. 우리의 전통문화를 집성화하여 새로 건축한 청기와지붕의 청와대 본관 건물이 새삼 웅장하고 우아하게 보였다. 노태우 대통령과 연형묵 총리의 단독회담과 대표단 합동회담에 이어 대통령이 베푼 오찬이 이어졌다. 노 대통령은 훌륭한 합의서를 채택한 데 대해 만족을 표명하고 양측 대표단의 노고를 치하했다.

"시작이 반이라고 했듯이 이제부터는 합의서 내용을 성실히 실천해서 통일을 이루는 역사의 금자탑을 세워야 할 것입니다."

노 대통령의 치하와 격려에 연 총리도 다음과 같이 답례했다.

"이번 합의서 채택으로 평화통일의 전기를 마련했다고 믿습니다. 무엇보다 합의 이행과 준수를 위해 최선의 노력을 다해나가야 할 것입니다."

한정식으로 차려진 오찬은 화기애애한 가운데 진행되었다. 남북 대표들은 노 대통령의 제청으로 동동주 사발을 들어 건배한 뒤 대화를 계속했다.

북측 대표단이 판문점으로 돌아간 시각은 오후 4시 40분이었다. 이들은 개성에서 헬리콥터 편으로 평양으로 돌아가 김일성 주석으로부터 극진한 환영을 받은 것으로 보도되었다.

한반도비핵화공동선언

북한의 핵개발 의혹이 본격적으로 표면화된 것은 1991년 2월 걸프전쟁 발발 직후부터였다. 미국 측 정보에 의하면 "북한이 1987년 초부터 30메가와트급 원자로(나중에 발전용량 5메가와트급으로 확인됨)를 가동 중인데, 이는 발전용이 아니라 군사목적용으로 보이며 연간 핵폭탄 1개를 제조할 수 있는 분량의 플루토늄을 생산할 수 있을 것으로 판단"되었다. 또한 "플루토늄 추출을 위한 재처리시설 건설도 완공 단계에 임박했다"고 보았다.

냉전종식 후 미국은 '핵확산 방지'를 최대의 외교·안보 과제로 삼아왔다. 미국은 북한이 핵무기를 갖게 되면 남한도 핵무기 개발에 나서게 될 것이며, 일본도 핵무기 개발의 구실을 찾게 될 것이라는 점에 대해 심각하게 우려했다. 일본은 오래 전에 '비핵 3원칙'을 선언한 바 있으나 만약 북한이 핵무기를 갖게 된다면 상황이 달라질 것이라고 판단한 것이다. 따라서 미국의 입장에서 북한의 핵개발은 반드시 저지하지 않으면 안 될 중대 현안이었다.

미국, 소련 등 5대 핵무기 보유국들이 주도하여 1970년에 핵확산금지조약(NPT)을 마련한 이래 대부분의 국가와 함께 남한 역시 이 조약에 가입하여 핵활동에 대한 국제사찰을 받는 등 조약의무를 성실히 수행해왔다. 북한도 원자력발전소 건설에 소련의 지원을 받기로 한 1985년 말에 이 조약에 가입했다.

그러나 고르바초프 등장 이후 소련의 지원이 불가능해지면서 북한은 NPT 의무사항인 '핵안전조치협정' 조인과 핵사찰 수용을 거부해왔다. 이에 미국을 비롯한 국제사회의 압력이 가중되자, 한국전쟁 이래 미국의 핵공격 위협에 줄곧 시달려온 북한은 핵위협을 가하지 않겠다는 미국의 법적 보장, '핵전쟁 연습'인 한미 팀스피리트 훈련의 중지, 남한에서 미군핵무기의 철거, 한반도 비핵지대화 설치 등을 핵사찰 수용의 전제조건으로 주장했다. 그러나 미국은 북한의 요구를 묵살해왔다.

한국전쟁 때, 실현되지 않았지만 두번의 원자폭탄 사용계획이 추진되었던 것으로 밝혀졌다. 1950년 겨울, 중공군의 개입으로 워싱턴이 패닉 상태에 빠지고 12월에 더글러스 매카서(Douglas MacArthur) 사령관은 원자폭탄 사용계획을 추진한다. 그는 만주의 중공군 집결지에 4개의 원자폭탄을 포함하여 압록강선에 연해 방사능벨트를 형성하기 위해 총 26개의 원자폭탄 사용권을 요구했다. 하지만 제3차 세계대전으로의 확전을 우려한 트루먼(Harry S. Truman) 대통령은 이 요구를 거부했고 얼마 후 매카서 사령관은 해임된다.

이듬해인 1951년 봄에는 미국 합동참모본부가 소련 공군사단의 만주 배치와 대규모의 중공군 집결에 관한 첩보를 입수한다. 이에 따라 만주 내의 목표들에 대한 원자폭탄 공격계획과 함께 중공의 증원군이 투입될 경우에 대비하여 38선에 연한 방사능벨트 형성계획을 수립한다. 이 계획은 대통령의 승인을 받아 공군 제9폭격비행단을 괌도에 배치하게 된다. 그러나 소련과 중국이 모두 확전을 원치 않음이 확인되고 휴전협상을 개시하게 되면서 이 계획은 백지화된다.

1991년 9월 28일 조지 H. W. 부시 미국 대통령은 '전세계 배치 전술핵무기 철수 및 폐기 선언'을 발표했다. '주한미군의 핵무기 철수'라는 예상치 않은 돌파구가 열리게 된 것이다. 이 선언으로 남한에 배치했던 핵무기도 철거하게 되었는데, 이 선언은 쏘비에뜨 연방이 해체위기에 처하게 되자 소련 핵무기의 확산을 방지하기 위한 응급조치로 취해진 것이었다. 이에 따라 남한에 배치된 핵무기가 모두 철거되고, 고르바초프 대통령도 "소련 안의 15개 공화국에 분산 배치한 전술핵무기를 러시아공화국으로 모두 집결시켜 폐기하겠다"고 선언하게 된다.

남한에는 1957년경부터 미국의 전술핵무기가 배치되었는데, 많을 때에는 약 760개였으나 카터 대통령 때 급격히 감축되어 80년대 말에는 약 100개였던 것으로 알려져 있다. 부시 대통령의 전술핵무기 철거선언으로 약 40개의 포병용 W-33 핵폭탄과 약 60개의 공군전투기용 B-61 핵폭탄 등을 남한에서 모두 철수하게 된 것이다.

이러한 호기를 포착하여 우리 정부는 지금까지 유지해온 '핵문제 불거론(NCND) 정책'을 변경하여 남북 사이의 핵문제 협상을 직접 제의하기에 이른다. 그리고 1991년 11월 8일 노태우 대통령이 '한반도비핵화선언'을 통해 "한국은 핵무기의 생산·보유·사용은 물론 재처리시설과 농축시설도 보유하지 않을 것"이라고 천명하고 북한도 이에 동참할 것을 촉구한 것이다.

1991년 2월 북한 핵 의혹이 제기되자 미국 군비통제본부(ACDA) 본부장을 비롯한 핵문제 전문가들과 정보분야 요원들이 수시로 내방하여 북한 핵문제의 위험성을 경고하고 이를 어떻게 다루어나가야 할 것인지에 대해 우리 측에 교육하다시피 설명해왔다. 군비통제 분야의 협상 대표였던 나도 이들과 여러번 간담회를 가졌다. 이 과정에서 북한 핵무기 개발의 저지를 위하여 한미 간에 몇가지의 '협상 추진방침'을 합의하게 된다.

첫째, '재처리시설과 농축시설 포기'에 우선순위를 두고, 이 내용이 포함된 '한반도비핵화공동선언'을 채택한다는 것이었다. 재처리 시설의 포기는 국제협약상의 의무가 아니기 때문에 북측에 강요할 수는 없는 일이었다. 따라서 남북 간의 합의로 '공동 포기'를 끌어내되 남한이 먼저 포기선언을 하고 북한의 동참을 유도하기로 한 것이다.

둘째, 조속히 '남북 간 상호 시범사찰'을 실시한다는 것이었다. 이 무렵 미국은 인공위성 사진만으로는 판단하기 어려운 북한의 핵시설 정보를 조속히 사람의 눈으로 직접 확인하기를 원했다. 특히 재처리시설 등을 확인하는 것이 급선무였다. 마침 북한은 주한미군 핵무기가 진짜 철거되었는지를 확인하기 위한 사찰을 원했는데, 이를 기회로 삼아 즉각 남북 간의 상호 시범사찰을 실시하고자 한 것이다.

셋째, 한미 양국은 북한이 '핵안전조치협정'에 즉각 서명하고 국제원자력기구(IAEA)의 핵사찰을 조속히 수용하도록 촉구하기로 했다. 다만 이 문제는 국제적 의무사항일 뿐 남북 사이에 합의할 사항이 아니기 때문에 북측이 주장하는 팀스피리트 훈련 중지 문제와 연계하는 것을 고려하기로 했다.

넷째, 미국은 남북 간에 '상호사찰제도'를 확립하되 '신고하지 않은 핵시설과 핵물질', 그리고 '군사시설'도 사찰할 수 있는 '강제사찰'(challenge inspection) 제도를 확립할 것을 강력히 희망했다. 즉 사찰하는 측이 사찰 대상을 선정할 수 있도록 함으로써 피사찰 당국이 신고하지 않은 의심스러운 대상도 사찰할 수 있게 하려는 것이었다. 이렇게 함으로써 IAEA 사찰의 약점을 보완하려는 것이 미국의 의도였다. IAEA의 핵사찰은 '민간시설과 물질', 그것도 '신고된 것'에만 한정돼 있기 때문에 군사시설이나 신고하지 않은 핵물질 및 핵시설에 대한 사찰은 불가능하다는 한계가 있었다.

노태우 대통령이 "우리나라 어디에도 단 하나의 핵무기도 존재하지 않는다"는 '핵무기 부재 선언'을 발표한 지 일주일 후인 1991년 12월 26일부터 핵문제 협상을 위한 남북실무대표회담이 판문점에서 개최되었다. 노 대통령의 이 선언은 사실상 미국의 핵무기가 이미 철수 완료되었음을 국가원수가 직접 확인한 것으로, 북한으로 하여금 '한반도비핵화공동선언' 채택에 나설 수 있는 명분을 제공해주려는 것이었다.

이번 협상에는 남북이 각각 3명의 수행원을 대동하고, 남측에서는 수석대표인 임동원과 이동복 대표가, 북측에서는 최우진 수석대표와 김영철 대표가 판문점에서 마주 앉았다.

제1차 실무대표회담에서 나는 준비한 기조발언을 통해 북측이 조속히 국제사찰을 받을 것을 촉구했다. 또한 북측이 원하는 '남한 내

미군시설에 대한 사찰'에 동의하니 '남북 동시 시범사찰'을 한달 내에 실시하자고 제의했다. 그리고 나는 2주전 남북고위급회담에서 제시했던 '한반도 비핵화 등에 관한 공동선언(안)'의 내용을 그대로 다시 제시하고, 북측이 주장하는 '비핵지대화(안)'에 대해 비현실성을 들어 반박했다. 북측의 '비핵지대화'와 우리 측이 주장하는 '비핵화'에는 커다란 거리가 있어 사실상 협상 타결에는 많은 어려움이 예상되었다.

북측 최우진 대표는 "남측이 '핵 부재 선언'을 발표했기 때문에 우리도 이미 며칠 전에 외교부 성명을 통해 국제사찰 수용에 대한 입장을 밝힌 바 있다"며 이 문제는 북측과 IAEA 간의 문제이지 남측이 간섭할 성질의 것이 아니라고 공박했다.

이어지는 협상에서 북측은 우리 측 예상과는 달리 지금까지 주장해온 '비핵지대화(안)'를 철회하고 우리 측이 제시한 초안과 매우 유사한 '비핵화에 관한 공동선언' 초안을 제시했다. 핵무기를 생산·보유·사용하지 않고, 핵에너지를 평화적 목적에만 이용하고, 남북핵통제공동위원회를 구성·운영한다는 내용뿐 아니라 우리 측이 가장 중점을 둔 핵심 문제인 '핵재처리시설과 우라늄농축시설을 보유하지 않는다'는 조항도 수용한 것이었다. 우리는 이번 협상에 임하는 북측의 태도가 이렇듯 전향적이리라고는 미처 예상하지 못했다. 한편으로는 대단히 놀랍고, 다른 한편으로는 참으로 고무적인 일이 아닐 수 없었다.

그러나 문제가 없는 것은 아니었다. 협상과정에서 가장 크게 논란이 된 것은 제4항이었다. 우리 측이 주장한 '상대측이 선정한 대상에 대한 사찰', 즉 '강제사찰' 개념이 북측의 강력한 반대에 부딪힌 것이다. 결국 양측은 "상대측이 선정하고 쌍방이 합의하는 대상들에 대하여"라는 이동복 대표의 절충안을 채택하기에 이른다.

12월 31일 북측 지역 통일각에서 열린 제3차 실무대표회담은 여섯번의 정회를 거듭하며 무려 7시간 35분 동안 진행되어 마침내 '한반도의 비핵화에 관한 공동선언'(한반도비핵화공동선언) 채택에 성공한 역사적인 협상이 되었다.

이날까지 세 차례의 실무대표회담으로 이어진 이번 협상은 한반도비핵화공동선언을 채택하는 데 목적이 있었지만, 이에 더하여 우리 측은 북한의 조속한 '핵안전조치협정 체결' 및 '국제핵사찰 수용'을 요구했고, 북측은 '팀스피리트 훈련 중지'를 요구했기 때문에 이런 문제들을 일괄 타결해야 했다.

양측은 논란을 거듭한 끝에 일주일 후인 새해 1월 7일 오전 10시에 양측 정부의 공식 발표를 통해 합의 내용을 천명하기로 했다. 즉 남측은 "1992년도 팀스피리트 훈련을 중지한다"는 내용이고, 북측은 "가까운 시일 안에 핵안전조치협정에 서명하고 가장 빠른 시일 안에 법적 절차를 밟아 비준하며, IAEA와 합의하는 시기에 사찰을 받기로 한다"는 내용이었다. 이 합의 내용은 약속대로 양측 정부에 의해 정해진 날 공식 발표되었다.

1991년 12월 31일 오후 5시 30분, 양측 수석대표들은 '한반도비핵화공동선언'에 가서명하고, 각각 필요한 절차를 밟아 다음 제6차 남북고위급회담에서 발효하기로 합의했다.

한반도비핵화공동선언의 채택 소식은 1991년 세모에 텔레비전과 라디오를 타고 온 세계에 알려졌다. 1992년 새해 벽두에 남과 북이 비핵 평화의 기쁜 메시지를 담은 연하장을 세계 각국에 돌린 셈이다.

한반도비핵화공동선언의 채택과 북한의 국제핵사찰 수용 약속에 대해 미국을 비롯한 국제사회의 반응은 환영 일색이었다. 특히 미국정부는 '핵재처리시설 포기 합의'에 대해 높이 평가하고 "대단히 만족스럽게 생각한다"고 논평했다. 그러나 내막에서는 '강제사찰' 개념이 포함되지 않은 것을 못내 아쉬워했다.

한국과 미국은 '미국 핵무기 철수'와 '1992년도 팀스피리트 훈련 중지'를 대가로 북한으로부터 남북기본합의서와 한반도비핵화공동선언 채택, 그리고 북한의 국제핵사찰 수용이라는 중대한 양보를 얻어내는 데 성공했다. 그러나 북한은 남측이 주장하는 '남북 상호 사찰'은 수용할 의사가 없었다. 합의한 대로 남북핵통제공동위원회를 구성하여 협상을 벌였으나 결국 남북 상호사찰 합의에는 실패하고 만다.

북측은 이미 IAEA에 의한 국제사찰을 수용하게 된 상황에서 남북 상호사찰까지 수용할 생각이 없었다. 북한의 입장에서는 사찰을 받을 바에야 강제성이 배제된 국제사찰을 수용하는 편이 훨씬 수월할 뿐만 아니라 자신들이 절실히 원하는 미국과의 관계 개선을 위한 북미 직접 협상을 유도하는 데도 그편이 유리하다고 판단한 것으로 보인다. 북한은 미국과의 적대관계를 해소하여 안전을 보장받고 정치·경제적 관계를 개선하는 데 핵문제를 지렛대로 사용하고자 한 것이다. 핵 카드를 외교협상용으로 사용하려는 북한의 입장은 확고했으며, 그후에도 이러한 입장을 일관되게 유지한다.

'벼랑 끝 전술'과 제네바합의

미국은 1988년 노태우 대통령의 7·7특별선언 후 북한의 요구를 받아들여 같은 해 10월 말부터 베이징에서 북한 측과 참사관급 비공개 접촉을 개시했다. 또한 미국시민의 북한여행을 제한적으로 허용하고 식량 의약품 등의 북한 수출을 허용하는 조치를 취했다. 참사관급 접촉을 통해 북한 측은 북미관계 정상화를 주장하며 고위급회담 개최를 요구했다. 이에 대해 미국 측은 다섯가지 전제조건을 제시한 것으로 알려졌다. 즉 대미 비방 중지, 테러활동 지원 중지, 미군 유해 송환, 남북대화 그리고 IAEA 핵안전조치협정 체결 등이다. 참사관급 접촉은 1993년 9월까지 5년간 34차례 계속된 것으로 밝혀졌다.

베이징에서 북한과 참사관급 접촉을 계속해온 미국은 북한의 끈질 긴 요구를 받아들여 1992년 1월 22일 뉴욕에서 휴전 이후 처음으로 북미고위급회담을 개최하게 된다. 김용순 북한 노동당 국제부장이 아널드 캔터(Arnold Kantor) 미국 국무성 정무차관을 만난 것이다.

이 회담이 끝나고 며칠 후 미국 국무성 북한정보분석관 로버트 칼린(Robert Carlin)과 주한미국대사관 정무담당 참사관이 통일원차관인 나의 집무실을 방문하여 회담 결과를 설명해주었다. 그는 김용순이 "북조선은 핵무기를 개발할 의사도 능력도 없다. 1월 안에 '핵안전조치협정'에 서명하고 1, 2개월 안에 비준할 것이다. 이어서 곧 국제핵사찰을 받는 데도 아무런 문제가 없다"고 밝혔다고 전했다. 북한은 "남북기본합의서와 한반도비핵화공동선언이 채택되고 국제사찰도 수용키로 했으니 이제 북미관계 개선을 위한 북미고위급회담을 개최하자"고 제의했다고 한다.

이에 미국은 "첫째 IAEA '핵안전조치협정'과 '한반도비핵화공동선언'의 서명 및 비준, 둘째 제1차 IAEA 사찰 실시, 셋째 남북 상호사찰 실시라는 세가지 전제조건이 충족되어야 검토 가능하다"는 입장을 제시했다고 한다. 미국은 북한이 원칙적으로 국제 사찰을 수용하는 정치적 결정을 내린 것에 대해서는 긍정적으로 평가하지만 북미 고위급회담의 개최에 대해서는 부정적인 것이 분명해 보였다. 또한 북한이 '지연전술'을 사용할 것이므로 많은 어려움이 있을 것으로 전망하고 있었다.

로버트 칼린의 요청에 따라 나는 북한의 태도에 관한 나의 견해를 이렇게 설명했다.

"내가 북한 대표들과의 대화를 통해 감지한 바에 의하면, 북한은 체제위기에 처하여 '생존전략'을 추구하고 있으며, 가장 중요한 외교적 목표를 미국과의 적대관계 해소와 외교관계 수립에 두고 있는 것이 분명해 보입니다. 북한이 국제핵사찰 수용을 지연시키는 것은 미국과의 직접 협상을 유도하여 '미국이 북한에 대해 핵위협을 가하지 않겠다'는 법적인 안전보장을 받아내려는 것입니다. 1990년 10월 소련이, 그리고 91년 중국이 한국과 관계를 정상화하고, 남과 북이 유엔에 함께 가입(1991.10)하여 국제사회는 한반도에 두 코리아의 존재를 인정한 상황을 배경으로 북한은 끝까지 핵문제를 대미관계 개선을 위한 협상카드로 사용하려 할 겁니다.

미국은 이미 '4강의 남북한 교차승인'을 제창한 바도 있는데, 미국이 북한과 관계개선을 하게 될 때라야 비로소 핵문제 해결도가 능할 것으로 봅니다. 따라서 초강대국 미국이 핵문제를 빌미로 북한을 밀어붙이기보다는 관계개선을 통해 북한을 포용하는 접근방법을 사용해야 핵문제 해결이 좀더 용이해질 것으로 생각합니다.

그리고 이번에 미국이 제시한 세가지 조건 중 첫번째와 두번째 조건은 돌발사태가 발생하지 않는 한 조만간 실현될 수 있을 것으로 보지만 남북 상호사찰이라는 세번째 조건에 대해서는 북한이 부정적 입장을 견지하리라는 것이 내 판단입니다. 따라서 세번째 조건을 고집하는 한 협상과정에 어려움이 많을 것으로 예상됩니다."

미국 내 북한문제 최고권위자인 칼린은 내 견해에 큰 관심 나타냈고, 우리는 진지하게 많은 의견을 교환했다.

북한의 핵 외교는 1992년 4월 9일 최고인민회의가 '핵안전조치협정' 체결을 승인하면서 가시화되기 시작했다. 북한은 "미국의 핵무기 철수 발표, 팀스피리트 훈련 중지, 핵 부재 선언, 한반도비핵화공동선언 채택 등으로 근본적인 장애가 제거되었기 때문에 국제핵사찰의 수용도 가능해졌다"고 밝히며 국영 TV방송을 통해 영변핵시설을 공개하는 대범함을 연출했다.

그리고 5월 4일 북한은 핵사찰을 받기 위해 핵물질과 핵시설에 관한 150쪽이나 되는 상세한 '최초 보고서'를 IAEA에 제출했다. 이에 따르면, 북한은 현재 가동 중인 5메가와트급 실험용 원자로 외에 2개의 원자력 발전소와 핵재처리시설(방사능화학실험실)을 건설 중이었다.

이 보고서의 내용 중 특히 놀라운 것은 "이미 약 90그램의 플루토늄을 추출했다"고 밝힌 사실이다. 미국 정보기관조차 북한이 핵물질을 재처리했으리라고는 전혀 예상하지 못했기 때문에 이는 큰 충격이 아닐 수 없었다. 그들은 보고서 내용에 주목하며 "그렇다면 90그램이 아니라 핵폭탄을 제조할 수 있는 킬로그램 규모의 플루토늄을 이미 추출했을지도 모른다"는 의혹을 제기했다.

5월 11일부터 16일까지 한스 블릭스(Hans M. Blix) IAEA 사무총장 일행이 북한을 방문, 영변핵시설을 사찰했다. 블릭스 총장의 사찰결과 보고는 "가장 큰 관심사인 핵재처리시설은 건물이 80퍼센트 정도 완성되었고 내부 장비는 40퍼센트 정도 갖추어져 있었으나 건설작업이 중단된 상태이며, 북한이 추출한 플루토늄은 폭탄제조용으로 보기에는 너무도 미소한 분량인데다 핵무기 개발까지는 장비나 기술 면에서 몇가지 단계를 더 거쳐야 할 것"이라 하면서 결론적으로 "북한이 핵무기를 개발하고 있다는 명확한 증거는 없다"고 밝혔다.

그리고 5월 말에는 첫번째 사찰을 통해 북한이 신고한 보고서 내용을 확인하는 한편 '사용 후 연료봉'이 원자로 안에 제거되지 않은 채 그대로 보존되어 있음을 확인하고 모두 봉인조치를 취했다.

그러나 미국은 "북한이 자진 신고한 플루토늄 추출량(90그램)을 분석한 결과 그것은 세번에 걸쳐 재처리되었으며 총 148그램으로 추정된다. 북한이 신고한 내용과는 '심각한 불일치'가 생겼다"고 주장하여 사태는 다시 악화되어갔다. 이에 북한은 미국에 대해 직접 협상을 통해 해결하자고 요구했으나 미국은 이를 묵살했다.

당시 미국에서는 조지 H. W. 부시 대통령이 재출마한 대통령 선거전이 한창 진행되고 있었다. 부시 행정부는 "핵확산금지조약(NPT)의 국제적 의무를 이행하는 데 대한 '보상'이란 있을 수 없으며 투명성이 완전히 보장되기 전에는 미북 간의 양자회담은 불가하다"는 강경자세를 견지했다. 이에 북한은 이듬해인 1993년 3월 'NPT 탈퇴'라는 이른바 '벼랑 끝 전술'로 새로 집권한 클린턴 행정부에 '직접 협상을 통한 정치적 해결'을 요구한다.

결국 클린턴 행정부는 북미고위급회담을 개최하여 주고받기식의 포괄적 협상을 추진하게 된다. 이러한 협상과정에서 앞서 말했듯 한때 전쟁 직전까지 이르는 '제1차 북핵위기'(1994년 봄)가 조성되지만 카터 전 미국 대통령이 평양을 방문하여 김일성 주석과의 회담을 통해 문제 해결의 돌파구를 마련하게 된다.

이어 북미 양측이 1994년 10월 '제네바 북미 기본합의서'를 채택한다. 그 내용은 "북한은 핵활동을 동결하고 모든 핵시설을 단계적으로 폐기하기로 하며 IAEA의 감시와 사찰을 받아들이기로 한다. 미국은 북한의 안전을 보장하고 각종 제재를 해제하며 관계 정상화를 추진하는 한편 경수로형 원자력발전소를 건설하여 제공하기로 한다. 또한 이것이 완공될 때까지 전력 손실을 보전하기 위해 중유를 제공하기로 합의한다"는 것이다. 이 '제네바합의'로 핵시설을 건설하려던 초기단계에서 핵활동을 중단시키는 데 성공하고, 포용정책을 통해 관계개선 노력이 시작된다. 이 합의는 조지 W. 부시 행정부가 파기할 때까지 8년간 유지된다.

김일성 주석과의 대화

역사적인 남북 합의문서들은 1992년 2월 19일 평양에서 개최된 제6차 남북고위급회담을 통해 정식 발효되었다. 이에 앞서 양측 대표는 판문점에서 '남북기본합의서'로 약칭되는 '남북 사이의 화해와 불가침 및 교류·협력에 관한 합의서' 발효에 관한 문건을 교환했다.

발효에 관한 문건은 양측 총리의 명의로 된 것인데, 북측은 "중앙

인민위원회와 최고인민회의 상설회의 연합회의의 심의를 거쳐 국가 수반인 김일성 주석께서 비준하여 그 발효에 필요한 절차를 완료했음을 알린다"는 내용으로 돼 있었고, 남측은 국회의 비준동의 절차에 대한 언급 없이 단순히 "국가원수인 노태우 대통령께서 재가하여 발효에 필요한 모든 절차를 완료했음을 알린다"는 내용으로 돼 있었다.

남측의 경우, 남북기본합의서는 국회의 비준동의 절차를 거치지 않았다. 처음에 정부는 "국민의 기본권과 관련된 중대한 합의사항이며 국제조약 못지않게 국민에게 중대한 재정적 부담을 지우는 합의서이므로 국회의 비준 동의를 원한다"는 입장이었다. 그러나 당시 국회의원 총선거(3.24)를 앞두고 있었고, 또한 특정 문제를 둘러싼 여야 간의 대립으로 국회를 개원할 수 있는 형편이 못 되자 정부는 '대통령 재가'로 비준 절차를 끝내는 수밖에 없었다. 국회의 동의 절차를 반드시 거쳐야 한다는 야당인 민주당의 요구에 대해서는 여당이 "남북합의서는 국제적 조약이 아니므로 국회 비준이 불필요하다"는 논리를 폈다.

남북고위급회담을 서둘러 마치고 양측 대표들은 주석궁을 방문했다. 남측 대표들과 일일이 악수를 하고 난 김 주석은 "어제 저녁 노태우 대통령 각하께서 북남합의서 발효에 즈음하여 성명을 발표했으니 나도 성명을 발표하겠습니다" 하며 준비한 성명서를 낭독했다.

전날 노태우 대통령은 특별담화를 통해 "대한민국 정부는 이번에 발효된 합의 내용을 모든 성의와 노력을 다하여 성실하게 실천할 것을 국내외에 엄숙히 선언하며 북한의 최고당국자도 합의 내용을 성실하게 실천하겠다는 뜻을 국내외에 천명해주기 바란다"고 밝힌 바 있다.

남북기본합의서를 채택·발효시킨 회담을 마치고 주석궁을 방문한 남측 대표단을 김일성 주석이 영접하고 저자와 악수하는 모습 (1992.2.20)

김일성 주석은 양측 대표들 앞에서 굵직한 목소리로 또박또박 성명을 읽어나갔다.

"이번에 발효된 합의 문건들은 북과 남의 책임 있는 당국이 민족 앞에서 다진 서약입니다. 공화국 정부는 이 역사적인 합의 문건들을 조국의 자주적 평화통일을 위한 길에서 이룩한 고귀한 결실로 여기고, 그 이행을 위하여 모든 노력을 다해나갈 것을 다짐하는 바입니다. 이제 우리 겨레는 조국의 자주적 평화통일을 향한 참으로 귀중한 첫걸음을 내디뎠습니다. 이제 이 걸음을 멈추어서도 안 되고 주춤해서도 안 되며 반드시 내일의 통일로 이어져야 할 것입니다. 그러자면 외세에 의존하지 말고 자주적 입장을 철저히 견지해야 하며, 군비경쟁을 중지하고 군축을 실현해야 할 것입니다. 외국군대 철수 문제도 결단을 내려야 할 때이며 핵문제 역시 반드시 해결해야 할 것입니다."

성명문 낭독을 마치자 김 주석은 기념사진을 촬영하자며 우리 일행을 중앙 홀로 안내했다. 사진 촬영을 끝낸 우리 일행은 지름 4미터 정도 되는 커다란 둥근 식탁이 놓인 3층의 식당으로 안내되어 김 주석이 주최하는 오찬에 참석했다. 호스트로서 김일성 주석의 접대 매너는 매우 훌륭했다. 그는 새로운 요리가 한가지씩 나올 때마다 그 요리에 대한 흥미로운 설명을 곁들이면서 여러가지 화제를 부드럽게 이어나갔다. 예컨대 이런 식이었다.

"이것은 쏘가리회입니다. 쏘가리는 청천강과 대동강 상류 등 찬물에서 서식하는데, 일본에는 없다더군. 이 쏘가리회는 외국손님들에게 주로 대접하는데, 나의 일본 친구 우쯔노미야 토꾸마(宇都宮德馬) 의원은 이 쏘가리회 맛이 일품이라며 무척 좋아해요. 그 친구는 평양에 오면 쏘가리회부터 찾지요. 그런데 중국 사람들은 회를 먹지 않아요. 회는 조선 사람이 먼저 먹기 시작했나, 일본 사람이 먼저 먹기 시작했나? 아마 일본 사람들이 조선 사람들에게서 배워 갔는지도 모르지. 남쪽에도 쏘가리가 있습니까?"

또 식탁 위에 놓여 있는 들쭉술을 권하면서는 이렇게 말했다.

"들쭉은 머루처럼 생긴 건데, 백두산 우리나라 쪽 고산지대에서만 자라는 특산물입니다. 중국 쪽에서 나는 것은 매덕이라 하는데 들쭉과는 다른 것이지요. 여기 나온 이 들쭉술은 도수가 없는 특제품으로 길금에다 알코올을 넣지 않고 만든 겁니다."

다른 연회장에서 나오는 들쭉술은 주석궁의 것과는 달리 도수가 약간 있는 것이었다. 어쨌든 김 주석은 이런 식으로 새로 나오는 요리를 거의 빠짐없이 직접 소개하면서 이런저런 화제를 이끌어나갔다. 심지어 쌀밥에 대해서도 한마디 하기를 잊지 않았다.

"정 총리 고향이 황해도 재령이라지요? 재령은 쌀로 유명하지요. 우리나라에서 재령 쌀이 제일 좋지요. 이조왕실에서도 재령 나무리벌 쌀을 가져다 먹었다지. 우리나라에서 쌀농사를 제일 먼저 시작한 곳도 재령으로 알려져 있어요. 조선사람의 욕망은 흰쌀밥에 고깃국 먹고 기와집에서 비단옷 입고 사는 것이지요. 그중에서도 흰쌀밥을 제일 중요한 것으로 여겨왔어요."

이 말을 듣는 순간 나는 씁쓸한 마음을 억누를 수 없었다. 조선사람들의 욕망은 흰쌀밥을 배불리 먹으며 사는 것이라는 사실을 그토록 잘 알면서, 그리고 또한 "쌀은 공산주의다"라는 표어를 내걸 정도로 쌀이 제일 중요한 것이라고 강조하면서 왜 북녘 동포들은 아직도 흰쌀밥은커녕 옥수수밥도 배불리 먹지 못한단 말인가!

평양의 공기는 깨끗한데 서울은 공기오염이 심각하다는 데로 화제가 이어지자 김 주석은 이렇게 말했다.

"남조선에서는 개인마다 자동차를 가지고 있다는데, 자동차에서 내뿜는 일산화탄소 때문에 공기가 나빠질 수밖에 없겠지. 일본 친구 말에 의하면, 동경은 공기가 나빠 3층 이상에서 사는 사람들은 폐병 환자가 많다더군. 그래서 나는 인민들의 건강을 위해서나 평양의 아름다운 환경을 보존하기 위해서 휘발유 자동차는 반대야. 배터리 자동차를 개발해서 인민들에게 이용하게 하려고 하지. 연 총리, 지금 배터리 차 개발이 어느정도 진척되고 있나요?"

연 총리는 "잘 진척되고 있다"고만 간단히 답변했다. 아직 승용차를 자체 생산하여 보급할 형편에 이르지 못한 북한이 공해를 우려하고 주민의 보건을 배려하여 '배터리 차'를 개발하고 있다는 말은 설득력이 있어 보이지 않았다.

"백두산 관광을 하고 싶다"는 정 총리의 말에는 이렇게 말했다.

"백두산에 가려면 8월이라야 좋지요. 날씨가 변덕이 심해 8월에 가야 천지를 볼 수 있는 확률이 높아요. 다음번 총리회담 계획이 어떻게 돼 있는지 모르겠지만 백두산 삼지연에서 하면 어떨까?"

제7차 회담은 5월에 서울에서 하니까 그다음 제8차 회담은 8월쯤에 할 수 있을 것이라는 답변을 듣고 나서 "그러면 8월에는 백두산 삼지연에서 하도록 하지. 거기는 비행기로 가야 합니다. 호텔 시설은 충분할 겁니다"라고 말했다.

이튿날 개성행 특별열차에서 북측 대표들은 백두산에서의 제8차 회담에 앞서 제7차 회담을 서울이 아니라 제주도에서 개최하자고 제의했다. "주석님의 지시에 따라 관광사업을 본격적으로 준비해야 하겠는데 제주도의 국제적 관광시설을 직접 보고 싶다"는 것이었다. 남북고위급회담을 제주도 한라산 산록과 백두산 삼지연을 번갈아 오가며 개최한다는 것은 여간 뜻깊은 일이 아니어서 우리 측은 이 제의를 매우 환영했다. 그러나 며칠 후 북측은 "조사 결과 삼지연의 숙박·통신·교통시설 등이 남북회담 개최에는 적합치 않다는 것이 밝혀졌다"며 백두산과 제주도에서의 회담 개최 문제는 없었던 일로 하자고 통보해왔다.

김 주석은 관광사업에 큰 관심을 표명했다.

"남녘 동포들이 중국 동북지방을 통해 백두산에 관광을 많이 온다더군. 중국 사람들은 남조선 사람들이 뿌리는 달러를 버느라고 정신이 없다지. 그러지 말고 평양을 거쳐 백두산 관광을 하도록 합시다.

남북 사이에 관광사업부터 시작하는 것이 바람직합니다. 북에는 백두산, 금강산, 묘향산, 구월산 등 좋은 산이 많습니다. 서산대사가 우리나라의 5대 명산을 꼽았는데 그중 지리산만 남쪽에 있고 나머지는 다 북쪽에 있어요. 구월산은 아직 개발이 안 됐지만 금강산과 묘향산은 이미 다 개발돼서 관광객이 많이 오고 있어요. 외국사람들은 금강산을 한번 보기만 하면 꼭 다시 오겠다고 합니다."

김 주석은 관광사업을 통해 외화를 벌고 싶어하는 눈치였다. 그는 "남조선도 자본이 결핍했던 경제개발 초기 단계에는 관광사업을 통해 외화벌이를 시작한 사실을 잘 알고 있다"며 하루라도 빨리 남조선의 관광객을 유치하고자 우선 금강산을 관광특구로 개발하려고 한다며 남조선 기업의 참여를 바라고 있었다.

김 주석은 남북경제협력 문제도 화제에 올렸다.

"남북회담이 잘되니까 남쪽의 돈 있는 사람들이 와서 투자를 하겠다고들 하더군. 김우중(金宇中) 대우 회장도 와서 금강산에 투자하겠다고 합디다. 좋은 일입니다. 김우중 회장은 자본가인데도 노동자보다 더 많이 일하며 일년 중 대부분을 해외에서 열심히 뛴다더군.

그런데 김 회장 부인의 말이 재미있어요. 남편을 볼 수가 없어 골프를 배웠다는데, 남편 머리통을 치는 기분으로 골프공을 친다더군. 그렇게 가정도 돌보지 못한 채 기업의 발전을 위해 쉴 새 없이 뛰고 있는 자본가가 노동자를 착취한다고는 할 수 없겠어요. 자본가들이 그렇게 열심히 일하니까 남쪽의 기업들이 발전하는 거지요. 김우중 회장 같은 사람이 5명만 있으면 같은 민족인 우리도 곧 남쪽을 따라잡을 수 있을 텐데……

최근에 정주영 현대 회장이 기업을 그만두고 정치를 시작했다지요? 정치가 장사하는 것보다 나은가? 당수 노릇 하는 것이 장사하는 것보다 마음이 편하지는 않을 텐데 정치를 해보면 고충이 많다는 걸 곧 알게 될 겁니다."

이어서 그는 미국에 거주하는 병리학자인 손원태(孫元泰) 박사가 얼마 전 평양에 다녀간 이야기도 꺼냈다.

"손 박사는 남조선의 국방장관을 지낸 손원일(孫元一) 제독의 동생인데 중학시절 만주 북간도에서 나와 형님 동생 하며 지낸 사이였어요. 그리고 손 박사의 부친인 손정도(孫貞道) 목사님은 소년이던 나를 감옥에서 구출해준 은인이지요. 나는 지금도 손 목사님의 사랑을 잊을 수가 없어요. 그런데 이번에 손 박사가 와서는 느닷없이 꽈배기 과자가 먹고 싶다는 거야. 60년 전쯤 어느날 내가 그 친구에게 길거리에서 중국 꽈배기 과자를 사준 적이 있거든. 그래서 내가 그날 밤 요리사를 불러 꽈배기 과자 만드는 방법을 가르쳐주고, 이튿날 손 박사와 함께 그 꽈배기 과자를 먹으며 지난날의 우정을 되새기는 감격적인 시간을 가졌지요."

오찬의 마지막 요리는 섭조개즙구이였다. 이번에도 김 주석은 친절한 설명을 빠뜨리지 않았다.

"많이 드세요. 섭조개는 장수 요리예요. 함경북도에서 양식하는데, 잘하면 1정보당 100톤까지도 나온다는데 우리는 아직 그렇게까지는 못하고 있어요."

이날 식탁에서 김 주석이 한 마지막 말은 "서울의 설렁탕이 맛있다던데……"였다. 김 주석은 소식하려고 애쓰고 있는 듯했다. 청력에 약간 지장이 있는 것 외에 적어도 외면상으로는 80세 노인답지 않게 정정해 보였다. 오찬은 1시간 만에 끝났다. 결과적으로 김일성 주석이 베푼 이날의 오찬이 그와의 마지막 만남이 되었다. 그는 끝내 서울의 설렁탕을 맛보지 못한 채 2년 뒤인 1994년 7월 82세를 일기로 세상을 떠났다.

이날의 환담을 통해 느낀 것 중 하나는, 그가 남쪽의 사정, 특히 경제발전상에 관해 비교적 소상히 알고 있다는 사실이었다. 아마도 일본 정치인이나 남한 기업인, 특히 김우중 대우 회장과의 빈번한 접촉을 통해 전해들은 이야기가 그의 생각에 적지 않은 영향을 미친 것 같았다. 나는 이러한 접촉을 통해 북한 최고지도자의 생각에 변화를 초래케 하는 것이 중요하며, 이는 북한이 개방과 개혁의 길로 나서게 하는 데에도 크게 기여할 것이라는 확신을 갖게 되었다.

이날 김일성 주석이 공개적인 성명에서는 군축이며 미군철수며, 핵을 만들 필요도 없다는 등의 주장을 되풀이했으나 비공개 오찬석상에서는 투자유치, 관광유치, 남북경제협력 등을 강조했다는 사실에 주목하게 된다. 선전용의 공개적인 정책과 앞으로 추진하고 싶어하는 진짜 정책이 다르다는 사실을 보여주는 것이었다.

남북기본합의서 발효를 계기로 북한은 당면한 경제난을 극복하기 위해서라도 남북관계 개선에 적극적인 자세로 나오게 된다. 1992년 한 해 동안 남한에 밀사를 보내어 남북정상회담의 4월 평양개최 제의를 비롯하여 5월 국제핵사찰 수용, 7월 남북경제협력 시범사업을 위한 김달현(金達鉉) 경제부총리의 서울 파견, 8·15 노부모 이산가족방문단 교환 제의, 부속합의서 채택, 이산가족 면회소 판문점 설치 동의 등 일련의 변화된 모습을 보여준다.

제6장

냉기류를 만난 남북관계

'소극론'의 대두

남북고위급회담은 1990년 9월 제1차 회담을 개시한 이래 1년간의 탐색 단계(제1단계)를 거쳐 1991년 10월 제4차 회담부터 본격적인 협상을 통해(제2단계) '남북기본합의서'를 채택·발효시키는 데 성공한다. 이제 제3단계로 1992년 2월부터 분야별 부속합의서 협상단계에 접어들게 되었고, 이 단계를 성공적으로 마치면 제4단계에서는 분야별 공동위원회를 발족시켜 합의사항을 실천에 옮길 수 있게 될 것이었다.

그러나 "두달 안에 부속합의서 협상을 끝내고 곧 제4단계로 진입하자"는 합의는 우리 측의 지연전술로 지켜지지 않았다. 1992년은 한국 대통령선거의 해였다. 선거전이 서서히 가열되면서 서울에서는 남북대화를 서둘 필요가 없다는 소극론이 대두했고 레임덕으로 대통령의 위상이 전락하면서 남북협상은 난항을 겪게 된다. 국내 정치가 남북대화의 발목을 잡기 시작한 것이다. 결국 2개월 내에 합의하기로 한 부속합의서는 이후 7개월이나 지난 1992년 9월 중순에야 합의에 이르게 된다.

남북합의에 따라 협상기구로 정치·군사·교류협력 등 3개 분과위원회가 구성되었다. 남과 북의 분과위원회 공동위원장으로 정치분과는 이동복과 백남준, 군사분과는 박용옥(朴庸玉, 준장, 남북고위급회담 대표로 새로 임명됨)과 김영철, 그리고 교류협력분과는 나 임동원과 김정우 대표가 각각 임명되었다. 그리고 남북핵통제공동위원회는 공로명(孔魯明)과 최우진 대표가 공동위원장으로 결정되었다.

한편 합의이행기구인 공동위원회는 남북기본합의서 발효 3개월 이내에 발족하는 것으로 합의했다. 따라서 분과위원회는 공동위원회가 발족하게 되는 5월 18일 이전에 공동위원회의 활동 준거가 될 부속합의서를 만들어내야만 했다.

3월 중순 남북분과위원회 회의가 처음 열렸을 때 북측은 3개 분과에서 모두 "이미 합의한 기한을 준수하기 위해 협상을 서두르자"는 적극적인 태도로 나왔다. 그러나 정치분과 회의에서 우리 측은 "핵사찰 문제가 해결되지 않으면 남북 화해협력을 기대할 수 없다"고 압박을 가하는 한편, '통일 3원칙'의 해석을 둘러싼 소모적인 논쟁을 벌이면서 지연전술을 구사했다. 또한 "부속합의서 합의 시한에 대한 명시적 합의가 없었다"는 평계를 들어 협상을 서두르지 않았다.

급기야 북측은 "남측이 핵문제를 빌미로 지연전술을 사용하는 등

합의 이행 의사가 없다"고 비난하기 시작했다. 북측은 3월 17일 연형묵 정무원 총리 명의로 보낸 대남 편지에서 "남측이 핵문제가 풀리지 않으면 북남합의서 이행을 유보하겠다고 공언했을 뿐만 아니라, 이런 입장을 분과위원회 토의에 반영하여 회의 진전에 난관을 조성하고 있다"고 비난하며 "이러한 부당한 입장을 철회하고 분과위원회 회의에 성의를 다해야 한다"고 촉구했다.

대통령선거전이 시작된 이 무렵 서울의 보수언론들은 "북한 핵문제 해결 없이 남북관계 개선이란 있을 수 없다"는 주장을 펴면서 남북대화에 부정적인 여론을 조성하고 있었다. 보수적인 여론 주도층은 북한의 핵개발 '의혹'이 아니라 핵무기 '보유'라고 단정하며 "그것은 남한을 군사적으로 공격하기 위한 것"이라는 식으로 위기의식을 조성했다.

당시 한 일간지(1992.3.9)는 여론조사 결과를 크게 보도했는데, 국민의 74.4퍼센트가 '북한의 핵무기 보유를 확신'하고 있다는 내용이었다. 그 신문은 또한 '북한은 핵사찰 의사가 없다'가 51.3퍼센트, '북한 핵시설 폭파 찬성'이 44.8퍼센트로 나타났다고 보도했다. 당시 미국의 정보기관은 핵재처리시설로 추정되는 시설 건설에 관심을 집중하고 있었을 뿐 북한이 핵무기를 보유하고 있다고 판단하지는 않은 때였다.

역설적으로 북한은 핵개발 '계획'만으로도 상대방을 심리적으로 위축시켜 공포심과 불안감을 조성하고 국론분열과 혼란을 야기시키는 데 성공한 셈이었다. 나는 1950년대 중국의 마오 쩌둥이 "원자탄은 종이호랑이"라며 중국인들을 안심시키던 일을 떠올리며 격세지감을 느낄 수밖에 없었다.

바로 이 무렵부터 "남북대화보다 남남대화가 더 어렵다"는 말이 나돌기 시작한다. 우리 스스로 남북협상을 둘러싸고 협상 소극론과 적극론으로 분열되기 시작한 것이다. 그런 탓에 3개 남북분과위원회가 가동되었지만 협상은 겉돌고 있었다. 남북기본합의서가 채택될 때까지는 남북의 뿌리 깊은 상호 불신 때문에 상대방의 진의를 탐색하느라 많은 시간을 허비해야 했다면 이번에는 우리 측의 지연전술 때문에 기껏 합의된 협상기간을 '논쟁을 위한 논쟁'으로 허비하고 있었다.

협상 소극론자들은 "남북협상을 서둘지 말고 내외정세를 봐가며 충분한 시간을 갖고 대처해야 한다"며 지연전술을 주장했다. 이러한 소극론이 득세하게 된 것은 '안기부장의 교체'와도 무관하지 않았다. 남북협상을 전향적인 자세로 주도해온 서동권 안기부장이 3·24 국회의원 총선거를 계기로 물러나게 되자, 새로 부임한 이상연(李相淵) 안기부장은 '대통령선거를 통한 정권 재창출이 자신의 임무'라는 생각을 숨기려 하지 않았고 남북문제를 정략적 차원에서 접근하려는 경향을 보이고 있었다. 5월 중순 집권여당이 대통령 후보를 확정한 후부터 이들은 '정권 재창출'을 공공연히 말하기 시작했고 노태우 대통령의 레임덕 현상을 십분 이용하고자 했다.

반면에 협상 적극론자들은 "남북이 합의한 대로 서둘러 부속합의서를 채택하고 6월부터는 공동위원회를 가동시켜 합의 사항을 하나씩 실천에 옮길 수 있도록 협상을 적극 추진하자"는 입장을 견지했다. "인내심을 갖고 남북교류협력을 통해 신뢰를 구축하고, 공존공영의 남북관계를 발전시켜나간다"는 회담목표를 달성하기 위해 일관성 있게 남북대화를 추진해나가야 한다는 것이었다. 이들은 "북측이 경제협력을 위해 협상에 적극적인 자세로 임하고 있으므로 이 기회를 잘 활용하여 남북관계를 개선해나가야 하며, 결코 민족문제를 국내정치 차원에서 정략적으로 이용해서는 안 된다"고 주장했다.

제7차 남북고위급회담을 앞두고 열린 고위전략회의(4.30)에서 협상 소극론을 주도한 안기부장 특보는 "최근 입수된 정보에 의하면 북한이 한국 대통령선거 정국을 계기로 대남정책을 전면 재검토하고 있다. 북한은 남북기본합의서를 무용화하려 하며 남북고위급회담을 날려버리려 하는 것이 분명하다. 이제 남북관계는 냉각될 수밖에 없게 되었다. 또한 국내 여론이 보수화되어 남북관계 개선을 수용하려 하지도 않는다. 따라서 우리가 남북관계를 진전시키려 할 필요가 없다"는 요지의 주장을 폈다. 요컨대 국내외 상황을 봐가면서 지연전술로 대처하자는 주장이었다.

다름 아닌 북한 정보를 관장하는 안기부에서 북한이 남북대화를 깨려 한다는 정보를 갖고 있다니 다른 사람들은 할 말이 없었다. 그렇다고 그 말을 곧이곧대로 믿는 사람이 있는 것 같지도 않았다.

예정대로 1992년 5월 5일 북측 대표단이 제7차 회담을 위해 서울에 도착했다. 예년과는 달리 팀스피리트 훈련 중단 덕분에 별다른 위기의식이나 정치적 부담감 없이 김일성 주석의 80회 생일행사를 성대하게 치르고, 또한 '핵안전조치협정'을 정식 발효시키는 한편 영변 핵시설을 TV를 통해 공개하는 등 핵문제 해결의 전기를 마련한 북측 대표들의 표정은 밝아 보였다.

첫날 회의가 신라호텔에서 개최되었다. 환담을 통해 북측 연형묵 단장은 "김일성 주석의 80회 생일을 기해 대형 사업들이 많이 완성됐다"면서 5만 세대가 입주하게 될 평양 통일거리와 156킬로미터의

4차선 평양-개성 고속도로의 준공을 자랑했다. 다음 회담차 평양에 올 때는 고속도로를 이용할 수 있을 것이며 시간도 2시간대로 대폭 감축될 것이라는 설명이었다.

이날 양측은 기조연설에서부터 부속합의서 채택 문제에 관한 합의사항 해석에 이르기까지 상당한 인식의 차이를 드러냈다. 남측은 "합의된 시한인 5월 19일 이전에 공동위원회를 발족시키되 부속합의서는 채택 시한이 정해진 바 없으므로 충분한 시간을 갖고 협의해나가자"는 주장을 폈다. 그러나 북측은 "부속합의서의 채택 시한이 명시되지 않은 것은 양측 모두의 실책이지만 공동위원회가 구성된다 해도 부속합의서 없이는 아무런 일도 할 수 없다는 것이 자명한 만큼, 이미 합의된 5월 19일까지 부속합의서 작성을 마무리하고 이를 이행할 공동위원회를 가동시키는 것이 마땅하다"고 주장했다.

한편 북측은 "남북기본합의서 이행의 첫 선물로 이산가족상봉을 위한 방문단을 상호 교환하자"고 제의하여 우리를 깜짝 놀라게 했다. 규모는 노부모 100명, 예술단 70명으로 하되 8·15광복절을 계기로 실시하자는 것이었다.

남과 북은 5월 18일자로 공동위원회를 구성함과 동시에 그 명단을 상대측에 통보하기로 하고, 부속합의서는 북측이 남측의 주장을 받아들여 9월 5일까지 작성하여 제8차 회담에서 채택하는 것으로 합의했다. 그리고 이산가족 노부모 방문단과 예술단을 8·15를 기해 서울과 평양에서 교환하도록 쌍방 적십자단체에 위임하기로 합의했다.

이러한 북측의 적극적인 태도는 안기부가 파악한 "북측이 남북합의 사항을 지키려 하지 않으며 남북고위급회담을 날려버리려 한다"는 정보와 전혀 달라 안기부의 정보가 조작된 정보라는 것을 입증하는 것이었다.

장기수 이인모의 송환

노 대통령의 레임덕 상황에서 북핵문제가 대두되고 대통령선거정
국이 전개되자 그동안 어렵사리 진전시킨 남북관계는 수렁에 빠져
들었다. 노 대통령이 반드시 실현시키기를 원했고, 이에 호응하여 북
측이 제의했던 '8·15 이산가족상봉사업'은 결국 남측의 방해세력에
의해 무산되기에 이른다.

5월에 접어들면서 집권여당의 대통령 후보로 김영삼 씨가 선출되
자 정부고관들은 새 대통령 후보에게 줄서기 경쟁을 본격화했다. 심
지어 청와대 수석비서관들조차 앞다투어 새 대통령 후보에게 충성
을 맹세하는 등 노 대통령의 레임덕 현상은 심각한 지경이었다. 게다
가 정권 재창출에 앞장선 안기부장과 그 측근들은 "남북관계의 진전
은 바람직하지 않다"는 입장을 노골적으로 드러내기 시작했다. 이들
은 지금까지 노태우정부가 남북대화에서 유지해온 '병행 전략'을 버
리고 핵문제 해결 없이 남북관계 개선 불가라는 '핵 연계 전략'을 강
력히 주장하기 시작했다.

6월 1일 정원식 총리는 안기부에서 작성한 대북 전화통지문을 통
해 "남북 상호사찰이 이루어지지 않는 한 전반적인 남북관계의 실질
적인 진전을 기대하기 어렵다"고 주장했다. 이어 이튿날 이동복 대변
인이 대북성명을 통해 "핵문제의 근원적인 해결 없이는 실질적인 남
북관계 개선을 기대할 수 없다"는 강경한 입장을 밝혔다.

이에 대해 북한 당국은 6월 4일 연형묵 총리의 대남 전화 통지문을 통해 "북남관계를 악화시켜 정세를 긴장시키는 방법으로 대통령선거에 유리한 조건을 만들어보려는 불순한 정략을 추구하지 말아야 한다"며 "핵통제공동위원회 회의가 결렬되었다고 헛소문을 퍼뜨리고 남북합의서의 어떠한 진전도 기대할 수 없다고 공언하는 조건에서는 8·15 노부모 이산가족방문단 교환 사업의 전도가 흐려질 수 있다"고 강력히 항의했다.

남북기본합의서 채택 후 북한은 위기에 처한 경제를 회생시키기 위해 남한의 경제협력을 적극 받아들이고자 했다. 특히 김우중 대우 회장과 협의해온 '남포공단 시범사업'을 포함한 남북경제협력사업을 적극 추진하기를 간절히 원했다. 이러한 사업들을 성사시키기 위해 남측이 그토록 요구해온 이산가족상봉 문제를 양보하기로 하고 8·15 노부모 이산가족방문단 교환 사업을 제의한 것이다. 물론 북측의 이러한 제의에는 복선이 있었다. 표면상으로는 "노부모 이산가족 방문단 교환을 무조건 실시하겠다"고 했으나 은근히 비전향 장기수 이인모(李仁模) 노인의 송환 문제와 이를 연계시키고 있었던 것이다. 평양의 실용주의자들이 경제협력을 추진하기 위해 이산가족방문단 교환을 추진했다면 북한 내 강경파들은 집단주의 사회체제를 강화하는 데 이인모의 충성심을 이용하고자 한 것으로 판단된다.

한편 이 무렵 한국기독교교회협의회 인권위원회는 부산지역 각계 인사 명의의 '이인모 귀향을 요구하는 탄원서'를 정부에 제출했다. "현재 거동이 불편하고 의지할 곳이 없는 노인임을 감안, 인도주의 정신에 입각하여 하루빨리 북녘 가족의 품으로 돌려보내야 한다"고 탄원한 것이다.

그동안 남한의 공안기관은 이인모 송환 문제에 시종 부정적인 입장을 견지해왔다. "다른 비전향 좌익수들에게도 송환을 요구하는 구실을 주게 되며 국내 불순세력에게는 친북활동을 고무하게 되고, 북한으로 하여금 이인모를 영웅시하는 등 정치적으로 이용할 기회를 제공하게 되므로 백해무익하다"는 것이 그 이유였다. 반면에 청와대와 통일원에서는 "인도주의 정신에 입각하여, 그리고 냉전의 유산을 청산하고 남북화해를 이룩해나간다는 차원에서 이인모 노인을 이산가족 문제와 연계시켜 송환함이 바람직하다"고 주장했다.

이인모 송환 문제를 둘러싸고 찬반 양측이 서로 자기 입장만 고집하며 합의에 이를 수 없음을 확인하자, 결국 이 문제는 "대통령의 정치적 결단에 맡기자"는 식으로 결론이 났다. 이에 노태우 대통령은 서로 상반되는 주장을 모두 검토한 후 5월 22일 "이인모의 송환을 전향적으로 조치할 것과 비전향 좌익수 175명 중 귀향 희망자를 모두 송환하는 문제도 전향적으로 검토할 것"을 지시했다. 이 기회에 구시대적인 냉전의 유산을 정리하는 한편 노부모 이산가족방문단 교환사업을 꼭 실현하고야 말겠다는 대통령의 강력한 의지를 표명한 것이다.

대통령의 이러한 정치적 결단에 따라 6월 1일 아침 총리공관에서 정원식 총리 주재로 고위전략회의가 열렸다. 이 회의에서 안기부 측의 반대 건의를 물리치고 대통령의 정치적 결단을 존중하여 '인도적 차원에서 무조건 일방적으로 송환하는 방안'을 채택하기로 결정했다.

그러나 반대론자들은 정보를 누설하고 언론플레이를 하는 등 이인모 송환에 대한 반대 여론을 적극적으로 조성하여 대통령의 정치적 결단을 뒤집는 데 성공한다.

"이인모를 송환하려면 납북 인사들과 연계시켜 송환해야 한다"는 들끓는 국내 여론을 배경으로 6월 24일에 다시 소집된 고위전략회의에서는 '무조건 일방적으로 송환'하기로 했던 6월 1일의 결정을 번복하지 않을 수 없다는 안기부의 강력한 주장이 제기되었다. 안기부의 입장에서 논의를 주도했던 이날 회의에서는 상호주의 원칙하의 '상호 교환 송환'을 총리서신을 통해 북측에 공개 제의하는 것으로 결론이 났다. 이러한 결정은 대통령의 권위에 대한 정면도전이 아닐 수 없었다. 최호중(崔浩中) 통일원장관은 이 회의 참석을 마지막으로 장관직에서 해임되고 최영철(崔永喆) 청와대 정치특보가 장관으로 부임한다.

이인모 송환과 노부모 이산가족방문단 교환 사업은 강경파들의 끈질긴 방해책동으로 결국 실패하고 만다. 남북관계에서 화해와 협력을 위한 사업을 성사시키는 것은 매우 어려우나 파탄시키는 것은 아주 쉽다는 것을 보여주는 좋은 예라 할 수 있다. 또한 대통령이 집권 말기가 되었을 때 얼마나 무기력한지를 보여준 좋은 사례이기도 하다.

이인모가 송환된 것은 그로부터 불과 반년 후인 1993년 3월이었다. 새로 취임한 김영삼 대통령은 집권 후 첫 사업으로 이산가족 상봉 문제와 연관시키지도 않고 이인모를 무조건 송환한다. 이인모가 중병으로 입원 중이라는 보도를 계기로 북측의 즉각 송환 요구, 국내 인권단체들의 송환 건의, 특히 김수환(金壽煥) 추기경의 무조건 송환 주장 등이 잇따르자 새로 출범한 정부는 인도주의적 견지에서 무조건 송환을 결행한 것이다.

빈손으로 돌아간 손님

남북기본합의서가 발효된 이후 남북경제협력에 대한 관심이 높아지는 가운데 우리 정부 초청으로 분단사상 처음으로 북한 경제시찰단이 남한을 방문했다. 김달현 경제부총리를 단장으로 하는 10명의 시찰단은 1992년 7월 6박 7일간 전국의 자동차, 조선, 전자, 정유화학, 생필품 등 제조업체와 유통시설들을 돌아보았다. 김달현 경제부총리는 산업시설 시찰 명분으로 방한하긴 했으나 실제로는 남북경제협력 문제 협의를 위해 서울에 온 것이라고 밝혔다. 그러나 대통령선거전과 핵문제로 대북강경 분위기가 조성되고 있던 때라 우리 측은 이 좋은 기회를 남북관계 개선에 활용하는 데 실패한다. 그뿐만 아니라 남북경협 추진을 위해 모처럼 서울에 온 김달현 경제부총리를 빈손으로 돌려보냄으로써, 북한에서 부상하려던 실용주의적 테크노크라트들을 몰락의 길로 몰아넣는 결과를 초래하게 된다.

김달현 부총리 일행은 서울에 도착한 첫날 저녁에 하얏트호텔에서 최각규(崔珏圭) 경제부총리가 주최하는 환영만찬에 참석했다. 이에 앞서 저녁 7시부터 약 40분간 경제분야 남북고위급회담이 열렸다. 우리 측에서는 최각규 부총리, 김종휘 청와대 외교안보수석, 통일원을 대표하여 나 임동원 차관, 그리고 경제기획원 간부 등 6명이, 북측에서는 김달현 부총리와 이성대(李成大), 정운업(鄭雲業) 등 6명이 참석했다. 이 회의는 북측이 방문목적과 협상안을 제시하는 대단히 중요한 회의였다.

김달현 부총리는 "부총리라는 사람이 산업시찰이나 하고 구경만 하고 갈 수는 없으니 현실적인 사업 문제를 협의하자"며 기조발언을 했다. 그는 "남북 교류협력 활성화를 위한 분과위원회 활동은 그것대로 빨리 추진하되, 부속합의서 채택 이전에라도 당국 간의 합의하에 경제협력 시범사업을 시작하도록 하자. 이번에는 우선 세가지 남북 경협사업에 합의하고 발표할 것을 제의한다"며 다음과 같은 협력사업을 제시했다.

첫째는 시베리아-북조선-남조선을 연결하는 가스관 건설사업에 관한 남북 간 협력이었다. 지난달 이미 북측은 러시아와 북조선을 통과하는 가스관 건설 문제에 관해 각서를 통해 합의했다며, 이 사업에 착수하기까지는 장기간이 소요될 것이지만 사업의 타당성 조사 등 사업을 남북이 공동으로 추진한다는 데 우선 합의하자는 것이었다. 이 문제는 우리 기업인들이 관심을 갖고 검토해오던 사업이기도 했다.

둘째는 원자력발전소의 공동건설 및 전력 공동사용에 관한 남북 간 협의였다. 휴전선 북측지역에 적당한 조건을 갖춘 곳을 택해 설비는 남측에서, 운영은 북측에서 담당하되 전력은 공동으로 사용하는 조건으로 원자력 발전소를 공동 건설하자는 제안이었다. 북측은 수력발전소의 가동률이 낮아지는 겨울철에, 남측은 전력수요가 급증하는 여름철에 사용할 수 있을 것이라는 고려가 전제된 제안이었다. 이 역시 우리 정부에서도 검토해오던 사업이었다.

셋째는 "남포경공업공단 합작 건설에 대우의 즉각 참여를 승인해달라"는 것이었다. 남포공단 건설 문제는 남북기본합의서 채택 이전부터 대우가 추진해온 사업이었다. "남북이 경협을 본격화하기 이전에 시범사업으로 실시함으로써 서로 다른 체제로 발전해온 북과 남이 경험을 축적하고 특히 북으로서는 여러가지 필요한 준비도 할 수 있게 된다"는 주장이었다.

김달현 부총리는 세가지 제안에 대한 설명을 마치며 이렇게 정리했다.

"경협 문제는 다른 문제의 완전한 해결을 기다려서 추진할 것이 아닙니다. 조그마한 공단 하나 합작 건설을 못해서야 무슨 화해와 협력이 가능하겠습니까. 또한 이것이 먼저 합의되어 추진되면 다른 문제 해결에도 긍정적인 영향을 주게 될 것이라 확신합니다."

북한은 그해 초 헌법을 개정하여 외국 투자 유치의 근거를 마련하고 여러가지 경제 관련 법률을 제정하여 공포했다. 제한적인 개방과 경제 회생을 위한 조치를 취한 것이다. 북한은 구 공산권 국가들이 잇따라 시장경제로 전환함에 따라 지난해부터 직면하게 된 경제난으로부터 벗어나기 위한 돌파구를 모색하고 있던 터였다.

하지만 김달현 부총리는 이번 서울방문을 통해 '남포경공업단지 기술조사단 파견'과 '최각규 경제부총리의 평양방문 초청 수락'이라는 궁색한 합의만 이룬 채 돌아가야 했다. 남측은 '선 핵문제 해결, 후 경제협력'이라는 이른바 '핵 연계 전략'의 입장을 분명히 했고, 북측이 요구하는 경협 시범사업 추진은 사실상 거부한 것이다.

대내적으로 우여곡절 끝에 남포공단 조사단의 파견이 이루어졌으나, 그 이상의 진전은 이루어지지 않았다. 경제부총리의 평양방문 계획도 이른바 '남한 조선노동당 간첩단사건'을 빌미로 무산되고 만다. 시간이 지나면서 김달현 부총리의 서울방문은 소기의 목적을 달성하지 못한 '완전한 실패작'이라는 사실이 명백해졌다. 이에 북한의 강경파들은 그가 추진하려 했던 사업을 '장밋빛 환상'이라 공격했고, 결국 그는 남북경협 실패에 대한 책임을 지고 이듬해 연말 권좌에서 밀려나게 된다.

우리가 김달현 경제부총리를 제대로 활용하지 못한 것은 매우 아쉬운 일이 아닐 수 없다. 이 사건을 계기로 북한의 남북경협에 대한 기대는 사그라졌으며, 이후로 상당 기간 실용주의 세력의 부상은 기대할 수 없는 상황이 되고 말았다. 김달현 부총리에 이어 남북경협을 적극 주창했던 남북고위급회담 대표인 김정우 대외경제사업부 부부장 등 실용주의적 테크노크라트들은 속속 북한의 정치무대에서 사라지게 된다. 그리고 이로부터 8년이라는 세월을 허비하고 나서야 남북경협이 다시 추진될 수 있었다.

원칙협상

합의 시한인 제7차 남북고위급회담이 열릴 때까지의 3개월 동안 정치분과와 군사분과의 부속합의서 작성에는 아무런 진전이 없었다. 그러나 내가 책임지고 있던 교류협력분과에서는 비교적 순조롭고 효율적인 협상이 진행되었다.

나는 남북기본합의서 정신과 우리의 기본 협상전략에 충실하게 교류협력분과회의를 운영하며 남북 사이에 새로운 협상 모델을 만들어내는 데 일정한 성공을 거둘 수 있었다. 교류협력분과는 경제, 사회·문화, 통행·통신, 이산가족 재회 등 4개 분야를 망라했으며, 각 분야별 관련 부처의 차관보와 국장급 실무책임자들로 대표단이 구성되었다.

우리는 여러차례의 준비회의를 통해 지혜를 모아 협상전략과 협상기법 등을 확정하고 효율적인 기본 협상안을 마련했다. 협상기법으로는 문제 해결의 원칙과 객관적 기준부터 확정한 후 이에 기초하여 협상하는 '원칙협상기법'(principled negotiation)을 활용하기로 했다. 이 기법은 미국 하버드대학 협상연구팀이 개발한 것으로 국제협상에서 흔히 쓰는 것이다. 양측이 기본 입장을 내세워 서로 자기 입장만 고집하는 전통적인 '입장협상기법'(positional bargaining)과는 다른 접근방법이다.

협상전술로는 상대방의 체면과 자존심을 존중하면서 이념과 체제를 달리하는 북측을 학습과정을 통해 이해시켜 합의를 유도하되, 문제 해결을 위한 객관적 기준과 원칙부터 토의하여 합리적 대안을 공동으로 마련하도록 했다. 당시 전략준비모임에서 나는 구성원들에게 이렇게 강조했다.

"남북협상은 결코 승패의 게임이 아님을 명심해야 합니다. 우리의 목표는 승리가 아니라 어디까지나 남북의 공동이익을 보장하는 슬기롭고 원만한 해결책을 창출하는 것입니다. 협상의 목적은 승리가 아니라 창조입니다. 비록 불신과 대결의식으로 가득 찬 남과 북의 대표들이지만, 상대방을 이해하려 하고 민족의 공동이익을 추구하는 '문제 해결사'의 자세로 진지하게 협상에 임하면 얼마든지 서로 통할 수 있고 신뢰를 구축하면서 문제를 해결할 수 있다는 게 저의 경험이자 신념입니다. 이번에도 나를 믿고 이런 나의 경험과 신념을 한 번 적용해봅시다."

물론 나 역시 시장경제체제와 명령형 계획경제체제, 개방적 다원화사회와 폐쇄적 집단주의사회 간의 교류협력이 쉽게 이루어지리라고는 생각하지 않았다. 더구나 통제사회가 교류협력에 나선다는 것은 결국 '개방'을 의미하며 체제전환으로까지 이어질 수 있는 것이므로 여간 부담스러운 문제가 아닐 것이라 예상했다. 그럼에도 불구하고 공산권의 잇따른 몰락으로 북한이 외교적으로 고립되고 내부의 경제위기가 날로 심화되는 상황에서 북한은 생존을 위해서라도 남한의 투자와 경제 협력을 절실히 필요로 한다는 것이 나의 판단이었다.

더구나 일당독재국가에서는 최고지도자의 결단만으로도 불가능한 일이 가능한 일로 바뀌는 일이 얼마든지 있지 않은가. 북에서 그렇게도 반대하던 '남북한 유엔 동시가입' '현 정전상태를 남북 사이의 평화상태로 전환하기로 명시한 남북기본합의서 제5조의 수용' '한반도비핵화공동선언 채택' 등이 모두 그런 예라 할 수 있다. 이들은 모두 상황의 변화와 현실적 필요성에 따라 최고지도자의 결단만으로 전격적으로 이루어진 변화였다. 따라서 우리는 우리 입장만 주장할 것이 아니라 상대방의 어려운 입장을 이해하고 상황의 특수성을 고려해가며 서서히 상호 의존도를 높여나가는 슬기를 발휘할 필요가 있었다.

3월 18일 판문점 평화의 집에서 열린 남북교류협력분과 제1차 회의에서 나는 기조발언을 통해 협상을 능률적으로 추진하기 위한 네 가지 원칙을 제시했다. 즉 민족공동이익 차원에서의 호혜적 교류협력, 통일 지향적 차원에서의 교류협력, 당국 간 제도적 장치를 마련하기 위한 바탕 위에서의 교류협력, 시급하고 중요한 사업의 우선 추진(건별 합의, 즉시 실천) 등이 그것이다. 그리고 4개 분야별 부속합의서(안)를 제시하며 시범사업으로 단오절(6.5)을 기해 고령 이산가족 교환방문을 실시하자는 제의도 했다.

남북교류협력분과 회의에서 우리가 제시한 이러한 원칙과 입장은,

앞서 열렸던 정치분과나 군사분과 회의에서 핵문제로 논쟁을 벌이며 지연전술을 고집했던 우리 측 태도와는 다른 것이었다. 나는 "핵문제는 핵통제공동위원회에서 논의하고, 분과위원회에서는 부속합의서를 합의한 기한 내에 생산해야 한다"는 협상전략의 원칙을 엄수하기로 했던 것이다.

북측 역시 "합의한 기한 내에 부속합의서를 타결하자"고 강조하며 포괄적인 부속합의서(안)를 제시했다. 그러나 우리 측 부속합의안은 90여개 조항인 데 비해 북측 안은 30개 조항에도 못 미쳐 대조가 되었다. 더구나 우리 측 안을 기준으로 볼 때 내용이 유사한 조항은 20퍼센트도 채 되지 않았다.

양측은 '위원 접촉' 형식의 협상을 개시하여 본질적인 문제들을 집중적으로 협의했다. 매주 평균 1회씩의 협상을 통해 양측이 각각 세번씩이나 수정안을 제시했고, 수정안이 제시될 때마다 북측 부속합의서(안)의 조항 수가 증가하여 약 50개 조항으로 늘어나는 한편 우리 측 안의 조항 수는 역으로 감소하는 추세를 보였다. 이런 식으로 적어도 '교류협력에 관한 부속합의서'는 언제든지 채택 가능한 상태가 될 수 있었다.

그해 9월 8일자 도하 신문들은 '남북교류협력 부속합의서 완전 타결'이라는 큼직한 제목의 1면 머리기사에 내가 김정우 대표와 환한 얼굴로 악수하는 큰 사진과 함께 "남북교류협력분과위원회가 70개 조항에 이르는 부속합의서를 완전 타결하는 데 성공했다"고 대서특필했다. 언론들은 한편으로 환영하고 다른 한편으로는 의외라는 기색을 감추지 않았다. 또한 "남북한이 남북교류협력 부속합의서를 사실상 타결함에 따라 다가온 제8차 남북고위급회담의 전망도 한결 밝아졌으며 이에 따라 답보 상태에 빠진 정치·군사 분야의 협상도 어느정도 활기를 기대할 수 있게 됐다"고 긍정적으로 전망했다.

협상 성공의 요인으로는 무엇보다 경제위기에 처한 북한이 경협을 절실히 필요로 하게 되어 협상을 서둘렀다는 상황을 들 수 있다. 그러나 협상자들의 협상 의지와 효율적인 협상기법도 이에 못지않은 성공 요인이었다고 자부한다.

내부 방해자

8월 11일 제8차 남북고위급회담을 위한 대책회의가 열렸다. 이 자리에서 정치분과위원장은 "다음 회담까지 정치분야 부속합의서 채택은 도저히 기대할 수 없다. 또한 북측이 '일괄합의 동시실천 원칙'을 고수하기 때문에 만약 정치분야 부속합의서가 채택되지 못한다면 다른 분야의 부속합의서도 채택될 수 없다. 따라서 부속합의서 타결보다는 '국내 정치적 수요'를 고려하여 대국민 홍보에 치중해야 한다"고 주장했다. 이는 사실상 남북관계의 경색을 조성, 이를 대통령선거에 정략적으로 이용하자는 얘기나 다름없었다.

이어진 8월 27일 고위전략회의에서는 제8차 남북고위급회담을 위한 협상전략을 채택했는데 그 내용은 다음과 같다.

이번 회담에서는 '축차적 합의 원칙'을 적용하여 3개 부속합의서를 일괄 타결하도록 하되 만약 정치분야의 합의가 어려울 경우 다른 두 분야부터 먼저 타결하고 공동위원회들을 즉각 가동하여 실천을 개시할 수 있도록 한다.

노부모 이산가족방문단 교환 사업을 다시 추진하여 방문일자를 새로 정하도록 한다. 북측이 요구하는 이인모 송환 문제는 노부모 이산가족방문단 교환 사업과 판문점 이산가족 면회소 설치·운영 문제와 연계시켜 타결하도록 한다.

노태우 대통령은 통일원의 이러한 협상전략을 재가했다. 그 역시 "이번에는 부속합의서가 모두 채택되어야 한다"고 거듭 강조했다. 또한 "노부모 이산가족방문단 교환과 판문점 면회소 설치 문제도 이번 회담에서 반드시 실현되도록 하라"고 특별이 지시했다. 노 대통령은 자신의 임기 중에 합의서 채택만이 아니라 합의사항 중 '이산가족상봉'이라는 문제 하나만이라도 실현되기를 강력히 원했다.

그런데 제8차 회담을 위해 협상단이 평양으로 떠나기 전날 아침 갑자기 궁정동 안가에서 고위전략회의가 소집되었다. 안기부장 특보의 요청으로 정원식 총리가 소집한 이날 회의에서 안기부장 특보는 '이인모 송환'의 조건에 관한 문제를 제기했다. 이인모의 경우 '노부모 이산가족방문단 교환 사업 실시'와 '판문점 면회소 설치·운영' 등 두가지 조건하에 송환할 수 있다는 협상전략이 이미 대통령 재가로 확정돼 있었다. 그런데 그의 주장은 이 협상전략을 그대로 추진하되 "협상기법상 먼저 세가지 조건을 제시하여 협상의 진전 상황에 따라 융통성 있게 대처하는 것이 어떻겠느냐"는 것이었다. 그가 제시한 조건은 이산가족 고향방문사업 실시 정례화, 판문점 이산가족 면회소 설치·운영, 1987년 1월 어로 중 납북된 동진 27호 선원 12명 송환 등 3개항이었다.

이 중에서 '고향방문' 문제는 교류협력분과에서도 이미 논의되었던바 전혀 실현가능성이 없는 것이었다. 북한은 평양 이외의 다른 낙후한 지방을 개방할 의사가 전혀 없었다. 다만 '납북선원 송환' 문제는 북측에서 '납북'이 아니라 '자진 월북'이라고 강력히 우기는 판이니 수용할 리 만무하지만, 협상기법상 일단 제기해보는 것도 좋겠다는 데로 의견이 모아졌다. 되면 다행이고 안 되면 이미 확정된 기본 협상전략에 따라 두가지 조건만 충족하면 된다는 것이다.

그러나 안기부장 특보이며 정치분과위원장인 이동복 대변인은 남북이 협상에 들어가기도 전에 이 세가지 조건이 이인모 송환을 위한 양보할 수 없는 전제조건인 양 둔갑시켜 언론에 발표했다. 모두가 이것이 사실인 것처럼 인식하게 만든 것이다. 이렇게 시작된 남북협상 방해공작이 이른바 '훈령 조작 사건'으로 이어지게 된 것이다.

나는 네번째 평양방문을 위해 9월 15일 아침 판문점 북측 통일각에서 벤츠 승용차에 몸을 실었다. 이번 여행은 열차가 아니라 승용차 편으로, 지난 4월 김일성 주석 80회 생일에 맞춰 4년 반 만에 완공했다는 개성-평양 간 고속도로를 달리게 되었다. 일직선으로 곧게 뻗은 총연장 156킬로미터에 18개의 터널과 84개의 다리가 놓여 있다는 왕복 4차선 도로에서 우리는 단 1대의 통행 차량도 볼 수 없었다. 열차로는 4시간이 걸렸던 이 길이 승용차로는 2시간밖에 걸리지 않은 것은 다행스러운 일이라 하겠다.

평양에 도착한 그날 밤부터 협상이 개시되었다. 교류협력분과와 군사분과에서는 부속합의서 협상을 타결하는 데 성공했으나 정치분과는 실패했다.

이튿날 오전에는 관례대로 남북고위급회담 첫날 회의가 열렸고,

그다음 날 오전 10시부터는 둘째날 회의가 예정되어 있었으나 정치분과 협상이 실패한 탓에 우리는 우선 이 문제를 어떻게 처리해야 할 것인지부터 논의해야 했다. 정원식 총리는 "정치분야 타결은 도저히 불가능하다"는 정치분과위원장인 이동복 대표의 보고를 받고 북측 차석대표인 안경호와 나눈 대화 내용을 공개했다. 정 총리는 판문점에서 평양으로 오는 승용차에 동승한 안경호로부터 "이번에 3개의 부속합의서를 모두 채택하도록 최선의 노력을 다하되, 정치분야 합의가 여의치 않을 경우에는 2개의 부속합의서만이라도 채택할 수 있다"는 북측의 유연한 입장을 확인했다는 것이다. 그러면서 "이미 정해진 협상전략에 따라 정치분야의 합의가 안 되면 군사와 교류협력 두 분야의 부속합의서만이라도 채택하겠다"는 단호한 입장을 밝혔다.

정치분야를 제외한 다른 2개의 부속합의서 채택이 확실시되자 이동복 대표는 큰 충격을 받은 듯했다. 북측이 '일괄타결 원칙'을 고수할 것이고, 남북협상은 파탄될 것이라는 그의 판단이 빗나가버린 것이다.

17일 아침 본회담은 정치분과 협상 때문에 오후로 연기되고, 오후로 예정되어 있던 서해갑문 시찰 일정이 오전으로 앞당겨졌다. 그러나 우리 일행이 서해갑문으로 출발하기 직전에 놀라운 소식이 전해졌다. 이날 아침 정치분과위원장 회의에서 정치분야도 부속합의서를 타결했다는 것이었다. 그렇게도 타결이 불가능함을 주장하며 지연전술을 고수해온 이동복 대표가 마침내 태도를 바꾼 것이다.

이렇게 하여 근 7개월 동안 끌어온 부속합의서 협상이 모두 끝나게 되었다. 정치분과의 지연전술로 부속합의서 타결이 예정보다 4개월이나 늦어진 셈이었다. 결과적으로 남북기본합의서가 실천으로까지 이어지지 못했던 가장 중요한 원인 중 하나는 바로 이 소중한 4개월을 낭비한 데 있다고 할 수 있다.

이날 오후 5시경 본회담이 개최되어 3개 부속합의서가 채택·발효되었다. 그리고 이행기구인 4개 공동위원회 제1차 회의를 11월 5일부터 일주일 간격으로 판문점 양측 지역에서 번갈아 개최하기로 합의했다. 또한 남측의 예상을 깨고 북측 제의에 따라 제9차 남북고위급회담도 12월 21일부터 서울에서 다시 개최하는 것으로 합의했다. 그러나 대통령의 특명 사항이었던 이산가족상봉 문제는 이른바 '훈령조작 및 묵살 사건'으로 결국 합의에 실패하고 만다.

훈령 조작

평양에서의 둘째날 아침, 대표단 식당에서 정원식 총리는 어젯밤 청훈(請訓)에 대한 답신 전문을 받아보고 뜻밖이라는 표정을 지었다.

　　이인모 건에 관하여 3개 조건이 동시에 충족되지 않을 경우 협의하지 말 것.

이 말은 북측이 '납북선원 송환'이라는 조건을 수용하지 않는 한 아예 협상에 임하지 말라는 뜻이었다. 큰 충격을 받은 우리는 모두들 어찌 된 영문인지 알 수가 없다는 반응을 보였다. 대통령의 지시사항을 뒤집는 이런 훈령은 대통령의 재가 없이는 하달될 수 없는 것이었다. 며칠 전까지만 해도 그렇게도 강력하게 반드시 성사시키라고 특별 지시를 한 대통령이 그사이에 무슨 돌발적인 사유가 생겼기에 갑자기 결심을 변경했단 말인가? 평양에 있는 우리로서는 도저히 상상할 수 없는 일이 벌어진 것이다. 정 총리는 훈령을 준수하는 수밖에 별 도리가 없다는 결론을 내렸다.

우리는 이 훈령에 따라 북측의 끈질긴 간청을 물리치고 이산가족 상봉 문제 협상을 결렬시킬 수밖에 없었다. 그러나 서울에 돌아와 보니 어이없게도 이 훈령은 조작된 가짜였다.

애초에 노태우 대통령은 8·15 노부모 이산가족방문단 교환 방문이 무산된 것을 몹시 안타깝게 생각하여 우리 협상단에게 "이 문제를 다시 협상하여 연내에 반드시 실현시켜라"는 특별 지시를 내린 바 있었다. 그래서 우리는 노부모 이산가족방문단 교환과 판문점 면회소 설치·운영 등 두가지 조건만 수용되면 북측이 요구하는 이인모를 송환할 수 있다는 입장을 정하고 협상에 임했던 것이다. 그리고 평양방문 첫날 밤에 열린 남북교류협력분과위원장 회의에서 나는 이산가족 문제를 정식으로 제기하여 소중한 진전을 보았다. 북측은 "약속했던 노부모 이산가족방문단 교환은 반드시 지키겠다"며 교환방문 날짜를 새로 정하여 실시하되 앞으로는 교환방문 대신에 판문점에 면회소를 설치·운영하자는 데도 동의했다.

나는 동진호 선원의 송환 문제도 제기해보았으나 북측은 예상했던 대로 말도 안 되는 소리라며 일축했다. "선원들은 납치된 것이 아니라 자진 월북하여 행복하게 잘살고 있다. 그러한 문제는 아예 존재하지도 않는다. 더이상 그런 얘기는 꺼내지 말라"며 토의 자제를 거부했다. 대신에 지난번과는 달리 이른바 '핵 소동 중지'는 더이상 문제 삼지 않겠으니 이인모만 조용히 송환해주면 된다는 것이었다. 이는 우리의 협상 목표를 충족하는 것이었으므로 이튿날 타결하기로 합의한 것이다.

이러한 협상결과를 수석대표인 정 총리에게 보고하자 그는 "잘 되었다"고 기뻐하며 즉각 서울에 보고하고 '훈령'을 요청하라고 지시했다. 협상 결과는 자동적으로 즉각 서울에 보고해야 하지만 이 사안은 이미 대통령이 재가한 협상전략에 부합하는 결과이므로 수석대표가 승인하면 되는 것이었다. 더구나 당장에 실시하자는 합의가 아니라 적십자실무회담을 열어 협의하자는 것이니 전혀 문제될 것도 없었다.

따라서 나는 "청훈은 필요하지 않다"고 되풀이 설명했으나 정 총리는 이유를 밝히지 않은 채 청훈을 하라고만 거듭 지시했다. 나로서는 수석대표의 지시에 복종하는 수밖에 없었다. 바로 이것이 '훈령 조작 사건'을 초래하는 단초였다.

협상 중간보고 겸 훈령을 요청하는 전문은 통일원장관, 안기부장, 청와대 외교안보수석 등 3명을 공동수신인으로 하여 발송했다. 그리고 이튿날 '3개 조건이 동시에 충족되지 않을 경우 협의하지 말라'는 문제의 훈령을 받게 된 것이다.

이날 오후에 본회담이 열려 부속합의서만 채택·발효시키고 이번 회담은 종료되었다. 저녁에는 최고인민회의 의장 주최 만찬으로 평양에서의 모든 공식행사가 끝났다. 그리고 이날 밤 새벽 2시경 북측 김정우 대표가 김영성(후에 남북장관급 회담 북측 단장 역임)을 대동하고 내 침실로 찾아와 잠자고 있는 나를 깨웠다.

그는 "노부모 이산가족 교환방문 문제에 관해 양측 총리 간에 두번의 의견교환이 있었고 이에 따라 북측의 공식 입장을 재확인하고 이를 전달하겠다"며 본론을 꺼냈다. 북측의 공식 입장이란 즉 "판문점 면회소를 연내에 설치·운영하도록 하며, 노부모 이산가족상봉 문제를 매듭짓기 위한 적십자실무회담을 즉각 개최하자. 그리고 이러한 합의 내용을 아침에 공동으로 발표하되 이인모 송환 문제는 공동발표문에 포함시키지 않아도 되며, 쌍방 대표들 간의 '합의각서'로 족하다. 정 총리에게 즉각 보고하여 협의를 통해 마무리 짓자"는 내용이었다.

그러나 훈령을 준수해야 하는 나의 심경은 몹시 괴로웠다.

"정부의 훈령이니 나도 어쩔 수 없습니다. 서울에 돌아가는 즉시 대책을 협의하여 곧 회답을 드리겠습니다. 오늘은 밤도 늦었으니 일단 돌아가시는 게 좋겠습니다."

"그러면 정 총리께 보고 드려 아침에 남측 공식 입장을 직접 연형묵 총리께 표명할 수 있도록 해주세요."

이튿날 아침식사 후 나는 정 총리에게 심야 접촉 사항을 보고했다. 이 자리에는 이동복 대표를 배석시켰다. 나의 보고를 듣고 난 정 총리는 "세가지 조건을 모두 관철시키라는 것이 대통령의 훈령이니 어쩔 도리가 없지 않은가. 이 문제는 이 정도로 끝내자"며 결론을 내렸다. 결국 이산가족상봉 문제 협상을 결렬시키고 평양을 떠나야 하는 나의 마음은 몹시 아팠다. 결과적으로 이것이 마지막 남북고위급회담이 되어버린 것이다.

나중에 두번씩이나 세상을 떠들썩하게 한 이른바 '이동복의 훈령 조작 및 묵살 사건'은 일부 세력이 대통령의 훈령을 거역하고 남북문제를 정략적으로 이용하려고 한 것으로 민족의 역사에 수치스러운 오점을 남기게 되었다.

회담을 마치고 서울에 돌아오자 남북협상을 총괄 지휘한 최영철 부총리 겸 통일원장관이 "이산가족 문제에 대해 아무런 성과도 거두지 못한 이유가 무엇이냐"며 내게 추궁했다. 대통령의 특명 사항이었음에도 불구하고 단 한건의 중간보고도 없었고 "반드시 이산가족 문제를 합의하여 발표하고 오라"고 재차 훈령까지 보냈는데도 아무런 회신이 없었다는 것은 심각한 문책 사유라는 것이다. 나는 놀라움을 금할 수 없었다.

"그럴 리가요? 저는 협상이 잘되어 중간보고 겸 훈령을 요청했습니다. 그런데 서울로부터 '3개 전제조건이 동시에 충족되지 못할 경우 협상하지 말라'는 훈령을 받았습니다. 그 훈령 때문에 북측의 간청을 뿌리치고 협상을 깨고 돌아올 수밖에 없었습니다."

그러자 이번에는 최 부총리가 그런 청훈을 받은 바도 없고 협상을 중단하라고 지시한 사실도 없다며 놀라움을 금치 못하는 것이었다. 그는 서울과 평양을 오고간 전문을 모두 조사하여 보고하라고 지시했다. 청와대 역시 이산가족 문제 협상 책임자였던 나에게 "대통령 특명 사항을 이행하지 못한 데 대한 해명서를 제출하라"고 지시했다.

나는 발·수신된 모든 전문을 안기부로부터 제출받았다. 일련번호가 표시된 9월 17일자 평양 발신 전문 4건과 서울 발신 전문 3건 등 총 7건의 3급비밀 전문의 사본이 입수되었다.

제1호 전문은 정원식 총리의 지시로 내가 평양에서 새벽 0시 30분에 발송한 '청훈 전문'이었다. 그런데 같은 시간에 평양에서 발송된 제2호 전문이 있었다. 202(이동복)가 102(엄삼탁 안기부기조실장)에게 보낸 이 전문의 내용은 놀랍게도 "청훈 전문을 묵살하고 '이인모

건에 관하여 3개 조건이 충족되지 않는 한 협의하지 말라'는 내용의 회신을 보내달라"는 내용이었다. 또한 이 전문에는 "전문을 보고 난 후 파기하라"는 조치사항도 표기되어 있었다.

이에 따라 제3호 전문이 오전 7시 15분에 서울에서 평양으로 발신되었는데 문제의 "3개 조건이 충족되지 못하면 협의하지 말라"는 내용의 것이었다. 사실 이 전문은 공식 전문이 아니라 102가 202에게 보낸 SVC(서비스)가 표시된 사신(私信)이었다. 그러나 정 총리와 내가 평양에서 본 전문에는 102와 202 그리고 'SVC'라는 표기가 없었기 때문에 우리는 대통령의 재가를 받고 보내온 정식 훈령으로 속아 넘어갔던 것이다.

이날 오후 4시 15분에는 서울에서 수석대표 앞으로 또하나의 전문(제7호)이 발신되었다. 이 훈령은 이미 정해진 협상전략대로 "2개 조건만 관철되면 남북적십자 접촉을 즉각 재개하는 데 합의하여 발표하고 돌아오라"는 내용이었다. 이는 실제로 북측이 동의했던 내용이었다. 이 전문은 대통령의 정식 훈령이었지만 차석대표이자 이 문제에 관한 협상 책임자인 나에게는 물론 수석대표인 정 총리에게도 전달되지 않았다.

나는 입수한 전문들을 최 부총리에게 보고하면서 이해할 수 없는 많은 의문을 제기했다. 그러나 사실상 통일원에서 안기부 관련자들을 불러 조사한다는 것은 불가능한 일이었다. 그러던 차에 때마침 9월 23일 아침 궁정동 안가에서 정원식 총리 주재로 고위전략회의가 소집되었다. 평양에서 돌아온 지 5일이 지난 후였다. 최영철 통일부총리, 이상연 안기부장, 정해창(丁海昌) 청와대 비서실장, 그리고 통일원차관인 나와 이동복 특보를 포함한 7명이 참석했다. 의제는 '이

산가족방문단 및 이인모 문제'와 '남포공단 실무조사단 파견 문제'
였다.

이 회의에서 이동복 특보는 '제7호 전문'으로 하달된 훈령에 따라
2개 조건을 관철시키기 위한 '남북 대변인 접촉'을 내주 중에 판문점
에서 실시하겠다고 보고했다. 평양에서는 훈령을 조작하여 협상을
파탄시켜버리더니, 이제 와서 교류협력분과 소관 사항을 자기가 대
변인 자격으로 나서서 협상하겠다는 것이었다. 실로 어처구니없는
일이 아닐 수 없었다.

나는 그 자리에서 이의를 제기했고 최영철 통일부 총리도 즉시 개
입했다. 그는 "이처럼 중요한 남북문제에서 주무장관이 소외된다는
것은 부당하며 본인은 아예 청훈이 있었는지 알지도 못했다. 이번 서
울-평양 간 전문 처리와 청훈에 대한 일련의 조치 과정은 크게 잘못
된 것이다. 다시는 이런 일이 발생하지 않도록 사건 내용을 철저히
규명하고 시정 조치를 취해야 한다"며 문제를 제기했다.

나는 이 사건을 규명하기에는 이번이 절호의 기회라고 판단하고,
공직에서 물러나게 되는 한이 있더라도 이 자리에서 확실히 규명해
야겠다는 비장한 결심을 했다. 그리고 단도직입적으로 질문을 시작
했다. 먼저 정원식 총리에게 물었다.

"2개 조건으로 합의하라는 진짜 훈령을 총리께서 평양에서 보고
받은 바 있는지 먼저 여쭙고 싶습니다. 만약 보고받으셨다면 어째서
이 문제의 협상 책임자인 제게는 알려주시지 않았는지 궁금합니다."

나의 당돌한 질문에 정 총리는 정색을 하며 진지하게 답했다.

"금시초문이오. 평양에서뿐만 아니라 지금 이 순간까지도 그런 훈
령이 있었다는 사실을 나는 전혀 알지 못하오."

진짜 훈령이 정 총리에게 보고되지 않은 것이 분명해 보였다. 나는 다시 정 총리 명의로 훈령을 요청한 전문이 안기부에만 접수됐을 뿐 공동수신인들인 청와대 외교안보수석과 통일부총리에게는 전달되지 않았다는 사실을 그 자리에서 재차 확인했다. 그리고 이는 이동복 특보가 서울 상황실에 "청훈을 묵살하라"고 지시한 데 기인한 것으로 전문 조사 결과 밝혀졌다고 전제한 후에 이번에는 이상연 안기부장에게 따져 물었다.

"그렇다면 안기부장께서는 평양에서 보낸 청훈 전문을 보고받으셨습니까? 만약 그랬다면 언제 보고받으셨으며 보고를 받은 후에는 어떤 조치를 취하셨는지 이 자리에서 말씀해주실 수 있겠습니까? 또한 안기부 상황실에서 '3개 조건이 충족되지 못하면 협의하지 말라'는 내용의 전문을 오전 7시 30분에 평양으로 보내왔는데, 이 훈령은 안기부장께서 직접 지시하신 것입니까?"

나의 질문에 안기부장은 "협상 중지 전문이 발송되었다는 사실은 지금 처음 듣는다"고 잘라 말하며 그 역시 이 내용을 전혀 알지 못했다는 것이었다.

"나는 그날 아침 대통령선거 대책 모임에 참석하고 늦게 집무실에 나와 오전 10시에서 11시 사이에 평양 회담 상황을 구두로 보고 받았을 뿐입니다. 그 이전에는 평양 회담과 관련하여 아무런 보고도 받은 바 없습니다."

이로써 그처럼 시급을 요하는 청훈 전문을 10시간 후에나 보고받았다는 것이 확인된 것이다. 이상연 안기부장은 이로부터 다시 4시간이나 지난 오후 2시경에야 김종휘 수석과 최영철 부총리에게 전화를 걸어 이산가족 문제의 해결 방안을 협의하고 "2개 조건만 관철하면 된다"는 기존 방침을 재확인했다고 한다. 이에 김종휘 수석은 "2개 조건으로 추진하기로 한다"는 기존의 협상전략을 대통령에게 보고하여 재확인한 후에 안기부장에게 다시 통보했다는 것이다.

이러한 논의와 확인 절차에 따라 오후 4시 15분에 진짜 훈령(제7호)이 발송된 것이었다. 그러나 이 시각은 평양에서 긴급훈령을 요청한 지 이미 16시간이나 지난 후였고 평양 회담이 끝나가는 시각이었다. 그처럼 시급을 요하는 청훈을 보고 받고도 늑장을 부린 데 대해서는 안기부장도 이렇다 할 해명이 없었다.

이날의 직접 신문을 통해 이동복 특보가 안기부 통신망을 이용하여 '청훈 차단' 및 '가짜 훈령 조작' '진짜 훈령 묵살' 등 세가지의 엄중한 범행을 저질렀다는 것이 명백히 확인되었다. 그러나 이 자리에서는 그가 왜 이런 일을 저질렀는지에 대한 추궁은 없었다.

사실 그가 어째서 이토록 무리한 짓을 저질렀는지에 대해서는 묻지 않아도 모두들 알 수 있다는 분위기였다. 8·15 이산가족방문단 교환 사업을 파탄시킨 것이나, 이번에 훈령 조작으로 또다시 이산가족 방문단 교환을 파탄시킨 것에 대해 모두들 '정권 재창출'을 위한 것이라고 생각하는 것이 분명했다. 이는 '안보불안과 긴장조성으로 남북관계가 파행되는 것이 특정 대통령 후보의 당선에 유리하다'는 일부 안기부 간부들의 구시대적 판단에 따른 조직적 활동의 소산일 터였다.

이는 단순히 노태우 대통령의 레임덕 현상이 얼마나 심각했는지를 보여주는 좋은 사례라 하기에는 민족의 운명에 미친 영향이 너무나 큰 중대 사건이었다. 그러나 모두들 그러한 사정에 대해 드러내놓고 논의하기를 꺼리는 눈치였다. 정작 당사자인 이동복 특보도 자기

혼자 저지른 일인지 그렇지 않은지에 대해 아무런 변명이나 자기방
어도 하지 않은 채 시종 창백한 얼굴로 앉아 있을 뿐이었다. 정원식
총리는 결국 "본인의 부덕(不德)의 소치"라는 한마디 말로 회의를 마
쳤다.

이날의 고위전략회의는 진상을 명백히 규명하는 절호의 기회가 되
었다. 나는 '이산가족 문제 협상 경위와 내용'(1992.9.23)이라는 12쪽
분량의 '진술서'를 작성하여 청와대 외교안보수석비서관, 그리고 국
무총리, 통일부총리, 안기부장에게 제출했다. 여기에는 문제의 전문
사본 4건도 첨부되었다. 나의 진술서와 '고위전략회의에서의 대질심
문 결과' 등을 토대로 한 청와대의 '조사 결과 보고서'가 즉각 대통령
에게 보고되었다.

이 무렵 국내의 정치상황은 혼미를 거듭하고 있었다. 김영삼 대통
령 후보가 중립내각을 주장하자 노 대통령이 민자당을 탈당했고 김
영삼 대통령 후보가 노 대통령의 이동통신사업체 결정 무효화를 주
장하며 반발하고 나섰다. 지방자치단체 선거의 연내 실시를 연기한
여당의 조치에 대해서는 야권에서 강력히 반발하고 있었다.

이처럼 혼미를 거듭하고 있는 대선정국 속에서 10월 6일에는 '남
한 조선노동당 사건'이라는 대규모 간첩단 사건이 발표되고 야당정
치인의 연루설로 정국이 한층 불안해졌다. 다음 날에는 대선 관리를
위한 현승종(玄勝鍾) 중립내각이 구성되면서 정원식 총리와 함께 선
거 관계 장관들이 교체되었다. '정권 재창출'에 앞장섰던 이상연 안
기부장도 반년 만에 해임되었다.

해임 통보를 받고 난 정원식 총리가 회담 대표이자 통일원차관인
나를 그의 집무실로 불렀다. 그는 청와대에서 돌아오는 길이라며, 훈

령 조작 사건에 관해 노태우 대통령이 결코 용서할 수 없는 중대범죄라며 사법조치가 뒤따를 것이라고 단호한 입장을 표명했다고 말했다. 이에 자신이 회담 수석대표인 자기 부덕의 소치라며 모든 책임을 지고 총리직에서 물러나니 더이상 문제 삼지 말아 달라고 간청했다고 한다. 그리고 이 사건의 철저한 규명을 주장해온 나의 양해를 구했다. 나는 사직하는 총리에게 긴 말을 하고 싶지 않았다. 다만 수많은 사람들에게 알려진 중대한 사건인데 확실한 조사와 적절한 조치 없이 그렇게 어물쩍 넘어갈 수 있겠는지 의문이라는 가벼운 반응을 보이며 작별인사를 드리고 자리를 떴다.

'훈령 조작 및 묵살 사건'은 총리 및 안기부장 해임과 함께 어수선한 국내 정치상황 속에 그대로 묻혀버리는 것처럼 보였다. 그러나 그로부터 한달이 채 못 되어 이 사건은 국회 국정감사에서 집중 추궁되었고, 그 일부가 언론매체를 통해 세상에 알려지기 시작했다. 『한겨레신문』을 비롯한 일부 언론들이 "대북강경파인 이 특보가 청와대 훈령을 수석대표에게 보고하지 않고 묵살해버림으로써 이산가족방문단 교환 문제 협상을 결렬시켜버렸다"고 폭로한 것이다. 이어 "평양 회담에서 돌아온 직후 고위관계자회의에서 이 특보의 징계 문제를 논의했으나 정국의 혼란으로 흐지부지돼버렸다"고 보도했다.

그리고 이로부터 1년 후인 1993년 11월 국회에서 이 사건이 다시 크게 문제시되었다. 새로 출범한 김영삼정부가 안기부장 특보인 이동복을 다시 남북고위급회담 대표로 발표했기 때문이다. 1년 전에는 '훈령 묵살'만이 노출됐지만 이번에는 '청훈 차단'과 '훈령 조작'의 전모까지 3개 문건의 공개와 함께 백일하에 드러나게 되었다. 이때 공개된 '3개 문건'이란 청와대 외교안보수석비서관이 대통령에게 보고한 비밀 문건인 '훈령 조작 및 묵살 사건 조사 결과 보고서'(1992.9.25)와 통일부총리의 개인 진술서인 '제8차 남북고위급회담 청훈 관련 통일부총리의 입장'(1992.9.23) 그리고 나 임동원 통일원차관의 '이산가족 문제 협상 경위와 내용'(1992.9.23) 등을 말한다.

이때 이동복 특보는 훈령 조작 및 묵살 사건은 왜곡된 것이라며 자신의 행위가 정당했다는 내용으로 교묘하게 조작한 '해명서'를 국회 통일외무위원회 의원들에게 배포했는데 이로써 서울-평양을 오간 7개의 비밀 전문이 대중에게 노출되어 사건 내용에 대한 의혹은 더욱 증폭되고 말았다.

이러한 상황에서 감사원이 특별감사에 나섰다. 조사를 앞둔 시점에서 이동복은 안기부에서 해임되었다. 이 무렵 통일원과 안기부에 대한 감사에 이어 나도 관련자들과 함께 소환조사를 받았다.

특별감사가 시작된 지 1개월이 지난 12월 21일 감사원은 14쪽으로 된 '제8차 남북고위급회담 시의 훈령 조작 의혹 감사 결과'를 발표했다. 이 발표는 "청훈 전문은 이동복의 지시로 안기부장 이외의 수신자들에게는 전달하지 않고 묵살되었고(청훈 차단), 이동복이 평양에서 가짜 훈령을 조작했으며(훈령 조작) 신속한 회신이 요구되는 청훈을 보고받고도 안기부장은 이유 없이 지연 처리했으며(처리 지연) 진짜 훈령을 접수한 이동복은 고의로 회담이 모두 종료된 시각에 평양의 총리에게 지연 보고했다(훈령 묵살)"는 내용이었다.

그리고 3급비밀 전문이 유출되어 사회적 물의를 일으키게 된 점에 대해서는 "이동복이 3급비밀 내용이 그대로 인용된 '해명서'를 국회의원 등에 제공, 불법 유출되어 공개된 데 기인한다(비밀 유출)"고 정리했다.

감사원의 이러한 조사 결과를 보면 이동복이 이러한 대범한 범행을 저지르게 된 동기에 대해서는 일부러 밝히지 않은 채 안기부가 조직적으로 개입한 사건이 아니라 한 개인이 저지른 사건으로 그 의미를 축소하면서 사법처리로까지는 몰고 가지 않는 선에서 마무리하려 한 인상이 짙다는 것이 내막을 아는 사람들의 평가였다. 그나마 사건의 진상이 대부분 밝혀진 것에 대해서는 다행스럽고 의미 있는 일이었다고 생각한다.

남북대화의 파탄

어쨌든 3개 부속합의서가 채택됨으로써 각종 협상이 마무리된 상태에서 이제는 공동위원회 활동을 통한 합의사항 이행 단계에 진입하게 되었다. 그러나 10월에 들어서면서 국내정세는 악화되기 시작한다.

10월 6일 안기부는 "북한 공작원이 '남한 조선노동당' 결성을 기도하는 등 대규모 간첩활동을 해왔다"고 발표하여 대통령선거를 앞둔 정국을 더욱 긴장시켰다. "북한 노동당 정치국 후보위원 이선실(李善實)을 중심으로 한 10여명의 거물 간첩이 남파되어 10여년 동안 암약하면서 '남한 조선노동당 중부지역당'을 결성하는 등 정계, 학계, 언론계, 문화계, 노동계 등 사회 각계각층 인사 400여명을 조직원으로 포섭, 대남적화공작을 해온 사실을 확인했으며 이 중 62명을 구속했다"는 충격적인 내용이었다. 더구나 현직 야당의원의 관련 의혹까지 유포되면서 대선 정국은 반북·보수 여론으로 뜨겁게 달아올랐다. 남북화해협력이 아니라 다시 냉전적 반공·반북 분위기가 조성되기 시작한 것이다.

이 사건을 계기로 남북 간에는 치열한 성명전이 전개된다. 북측은 조평통 성명을 통해 "이 사건은 남측이 연출한 자작극으로 북측과는 아무 관계도 없다"고 주장하며 "안기부 해체와 국가보안법 철폐"라는 주장으로 맞섰다. 또한 연형묵 총리 명의의 대남 편지를 통해 "소위 남한 조선노동당 사건이라는 것은 대통령 선거전략으로 안기부가 꾸며낸 정치모략극이라는 것을 솔직히 시인하고 사죄하라"고 주장했다.

여기에 더해 안기부의 간첩단 사건 발표 이틀 후인 10월 8일 워싱턴에서 열린 제24차 한미연례안보협의회의는 "남북 상호 핵사찰 등 의미있는 진전이 없을 경우 1993년도 팀스피리트 훈련을 실시하기 위한 준비 조치를 계속해나갈 것임"을 천명했다. 이 공동성명은 남북대화를 중단시키는 결정적인 원인이 된다.

1976년부터 시작된 '팀스피리트 한미연합 기동훈련'은 참가 병력과 장비 규모가 매년 증가해, 최고 수준에 이른 1988년에는 미군 7만 8,000명을 포함하여 21만 8,000명을 기록하는 등 세계 최대 규모의 군사기동훈련이다. 여기에는 핵무기를 탑재한 항공모함 전단도 참가하기 때문에 북한은 '핵전쟁 연습'이라며 이 훈련이 실시될 때마다 크게 반발했다. 훈련 시즌이 돌아오면 북한은 경제건설에 투입되었던 병력은 물론 예비 병력까지 총동원하여 약 3개월간 준전시태세에 돌입해야 하기 때문에 경제활동에도 큰 타격을 입기 마련이었다.

로버트 리스커시(Robert W. Riscassi) 주한미군사령관은 미군 신문 『성조지』(*Stars & Sripes*)와의 기자회견(5.31)을 통해 "1993년도 팀스피리트 훈련재개 준비 중"임을 이미 내비친 적이 있다. 한국과 미국의 군부와 강경파들은 1992년에 중단한 이 훈련의 재개를 주장하며 "북한 핵 의혹에 대한 압력 수단"임을 명분으로 내세웠다. 당시의 미국 국방장관은 후일 조지 W. 부시 정부의 부통령이 되는 강경파 네오콘 딕 체니였다.

그러나 통상 팀스피리트 훈련 실시 발표는 12월 말경에 해왔음에도 이번에는 10월 초로 근 석달이나 앞당긴 것이어서 의혹을 사기에 충분했다. 이 역시 12월 대통령선거를 앞둔 정략적 조치이며 11월 초에 있을 남북공동위원회 개최를 저지하려는 의도에서 나왔다는 것이 당시 전문가들의 공통된 분석이었다.

이때의 팀스피리트 훈련재개 문제는 정부에서 진지한 논의도 없이 한미국방장관회의에서 합의 발표했다는 것이 정설이다. 미국 측은 "한국 측 사정으로 훈련을 중지하게 될 경우 이에 따르는 손실은 한국 측이 변상할 것"을 요구했다고 한다. 변상금액으로 제시된 것은 12월 말에 중지할 경우 258만 달러, 1993년 1월 말에 중지할 경우 556만 달러로 알려졌다.

이미 부속합의서 채택에 따른 분야별 남북공동위원회 개최에 대비한 준비가 본격화되고 있는 시점이었다. 4개 남북공동위원회 위원장과 위원들은 이미 임명되어 있었다. 공동위원회 활동에 대비하여 추진해온 통일원 조직 개편도 이루어져 30여명이 증원된 '남북대화사무국'은 공동위원회 지원체제로 개편되었다.

팀스피리트 훈련재개 준비 발표에 대한 북측의 반응은 특기할 만한 것이었다. 북측은 팀스피리트 훈련재개를 중지시키기 위해 근 4개월 동안 끈질긴 노력을 계속한다. 1단계에서는 '훈련재개 결정의 무조건 철회'를 요구하고 2단계에서는 '11월 말까지 시한부 철회'를 요구하며, 그리고 3단계에서는 1월 중순까지 마지막 기대를 걸어보는 등 갖은 노력을 다한 것이다.

북한은 10월 12일 외교부 대변인 성명을 시작으로 각종 성명을 통해 "팀스피리트 훈련재개 결정은 남북합의 사항 이행에 난관을 조성, 남북대화를 위기로 몰아넣는 범죄행위"이며 "핵문제를 구실로 팀스피리트 훈련을 재개하려는 것은 남북기본합의서와 한반도비핵화공동선언에 대한 포기행위이자 전면적 대결 선언"이라고 맹비난하고 이 결정의 무조건 철회를 요구했다.

10월 27일에는 북한의 당·정·사회단체 연합회의가 "팀스피리트 훈련 강행 시 남북고위급회담 및 남북공동위원회 등 모든 남북대화와 접촉을 동결하기로 결정했다"고 발표했다. 그리고 다시 11월 2일에는 외교부 대변인 명의로 "기어이 팀스피리트 훈련을 재개한다면 핵안전조치협정 이행에 새로운 엄중한 난관이 조성될 것"이라며 IAEA의 핵사찰도 거부할 수 있음을 시사하는 경고 성명을 발표한다. 11월 3일에는 "11월 5일부터 하기로 한 남북공동위원회 제1차 회의에 참석할 수 없게 되었다"고 밝히며 "11월 말까지 어떤 형태로든 팀스피리트 훈련재개 결정의 철회를 공표하고, 공동위원회회의가 12월에는 열릴 수 있도록 의미있는 조치를 취하라"고 요구했다.

북측의 최후통첩 기간인 11월 말이 지나고 난 12월 4일 북한은 "제9차 남북고위급회담이 제 날짜(12.21)에 개최되기 위해서 12월 15일까지는 팀스피리트 훈련재개 결정 철회를 공표하기 바란다"는 전화통지문을 다시 보내왔다. 시한을 15일간 연기한 것이다. 그러나 북측은 "남북 상호 핵사찰이 먼저 실시되어야 팀스피리트 훈련 문제가 해결될 수 있다"는 우리 정부의 입장을 수용하려 하지 않았다.

이 무렵 로버트 스칼라피노(Robert A. Scalapino) 교수가 주도하여 미국 아시아소사이어티에서 펴내는 보고서에서는 "1993년도 팀스피리트 훈련재개 결정은 잘못된 것(mistake)"이라고 지적하고 "무기 연기하라"고 주장했다. "팀스피리트 훈련의 의미가 정치화된 마당에 그것은 한반도의 평화와 안정에 도움이 되기보다는 더 큰 장애가 되고 있다"고 본 것이다.

한국에서는 12월 18일의 대통령선거를 앞두고 김영삼 대통령 후보 측은 대북강경책의 일환으로 팀스피리트 훈련재개를 환영하는 입장이었고, 당선된 후에도 이러한 태도를 번복할 의사가 없었다.

이렇듯 1993년도 팀스피리트 훈련재개 결정의 철회 가능성이 사라지자 북한은 1993년 1월 29일 '남북고위급회담 대표단' 명의의 성명을 통해 모든 남북대화의 중단을 선언한다. 어렵게 한걸음씩 진전되어왔던 남북고위급회담이 마침내 파탄나고 만 것이다.

남북고위급회담은 1989년 2월 예비회담으로 시작하여 1993년 1월 마지막으로 열린 '핵통제공동위원회 회담'까지 4년 동안 본회담 8차례를 포함하여 그 테두리 안에서 열린 실무대표회담, 분과별회담 등을 합쳐 총 130여 차례의 각종 남북회담을 개최하는 기록을 남겼다.

남과 북은 "탈냉전의 새로운 시대를 맞아 서로 화해하고 교류·협력하며 전쟁을 배격하고 평화를 만들어나가자"는 데 합의한 남북기본합의서와 그 부속합의서를 채택했다. 또한 한반도의 비핵화에 합의하는 등 새로운 남북관계의 발전 방향을 설정하는 데 성공했다. 그러나 40여년간 적대관계를 지속해온 미국과 북한의 관계개선이 뒤따르지 못한 탓에 모처럼 해빙무드를 조성하기 시작한 남북관계가 심각한 타격을 입을 수밖에 없었다.

탈냉전의 새 시대를 맞아 소련과 중국이 한국과의 관계를 정상화하고 남과 북이 유엔에 동시 가입했으나 미국의 부시 행정부는 북한과의 관계개선에 전혀 관심을 기울이려 하지 않았다. 이에 북한은 핵문제를 대미 협상카드로 들고 나왔지만 이 또한 제대로 먹혀들지 않았다. 이에 더하여 북핵문제의 본질에 대한 올바른 이해가 부족하고 남북관계와 민족문제에 대해 보수적 성향을 가진 김영삼정부의 등장으로 남북합의는 결국 실천으로 이어지지 못하게 되었다.

나는 남북고위급회담의 대표로 처음부터 끝까지 참여한 유일한 남측 대표라는 기록을 남겼다. 북측 대표는 시종 변동이 없었으나 남측은 소속부서에서의 인사이동에 따라 대표가 자주 바뀌었기 때문이다. 나는 본회담을 포함하여 각종 회담과 접촉 등 60여 차례의 남북협상을 통해 한반도 냉전을 종식시키고 남북관계 개선을 위해 역사적 소명을 다한 것을 개인적으로 큰 특전이요 보람으로 생각한다. 김영삼정부가 들어선 후 나는 통일원차관 자리에서 물러나면서 공직생활 40년을 마감하게 된다. 이때가 내 나이 예순이었다.

제3부

화해와 협력으로 전개된
남북관계

제7장
김대중과의 만남

삼고초려

1994년 크리스마스를 일주일가량 앞둔 어느날, 통일부 출입기자 출신인 정동채(鄭東采) 씨의 요청으로 서울시내 한 호텔 커피숍에서 그를 만났다. 아태평화재단 김대중 이사장의 비서실장이라고 자신을 소개한 그는 "선생님 지시에 따라 면담을 요청하게 되었다"면서 용건을 밝혔다.

"지난번 대통령선거에서 실패한 김대중 선생님이 통일문제연구소인 아태평화재단을 설립 운용하면서 이 연구소를 책임지고 운영할 사무총장을 줄곧 물색해왔습니다. 그런데 여러 사람들이 임 차관님을 추천하여 이렇게 영입 제안을 드리러 찾아뵙게 되었습니다. 부디 승낙해주십시오."

나는 평소 김대중 이사장에 관해 아는 것이 별로 없었으므로 정말 뜻밖이었다. 정치에 관심을 갖고 있지 않은 내가 군사정부와 보수언론 등을 통해 익히 들어온 바는 "김대중은 사상이 불순하다. 빨갱이다. 과격하다. 김대중은 거짓말쟁이다"라는 부정적인 이미지 일색이었다.

5년 전쯤 국민들의 민주화와 통일에 대한 열기를 배경으로 통일방안에 관한 열띤 논의가 벌어졌을 당시, 나는 김대중의 '연합제통일방안'을 처음 접하고 또한 당시 정부가 그것을 대폭 수용한 '민족공동체통일방안'을 채택하는 것을 보고 그의 통일관에 관심을 갖게 된 것은 사실이었지만 그 이상도 그 이하도 아니었다. 전혀 알지도 못하는 사람, 더구나 오랫동안 야당 지도자였던 사람과 함께 일한다는 것은 나로서는 상상할 수도 없는 일이었다. 그래서 나는 "초청은 고마우나 그분을 모시고 일할 생각이 없고 능력도 없다"며 정중히 사양했다.

하지만 정 실장은 이런 반응이 나올 것을 예상했다는 듯이 "임 차관님의 능력에 대해서는 이미 검증된 것이니 문제 될 것이 전혀 없다"면서 "생각해볼 시간적 여유를 드릴 테니 부디 긍정적인 답변을 해주실 것을 기대하겠다"며 돌아갔다.

이로부터 일주일 후 크리스마스이브에 나는 정 실장의 끈질긴 요청에 따라 그와 다시 마주 앉았다. 그는 "김대중 선생님께서는 '능력이 있다, 없다는 다른 사람이 평가하는 것이니 너무 겸양할 필요가 없다고 전해드리라'고 하셨다"면서 "선처해주기 바란다"는 내용이 담긴 김 이사장의 친서를 건네주었다.

하지만 나는 며칠 전 정밀종합검사를 받았다며 건강상의 이유로 다시 사양한다는 뜻을 밝혔다. 그리고 "지난 40여년간 국가를 위해 봉사했고 이제 60세가 넘었으니 더이상 스트레스 받는 일은 삼가고 편히 쉬고자 한다"고 말했다.

정 실장은 "선생님을 한번 만나서 직접 말씀을 나누어보라"고 거듭 간청했으나 나는 "그럴 필요 없다"며 거절했다. 이에 정 실장은 "많은 사람들이 선생님을 한번 만나 뵙고 싶어 줄을 서서 기다리는데 너무 하시는 것 아니냐"며 불쾌감을 표시했다.

두 차례나 거절했지만 내심 고민이 안 될 수 없었다. 나는 아내와 의논했으나 아내 역시 "그동안 국가와 민족을 위해 많은 일을 했으니 이제 여생을 편안히 지내자"며 반대 입장을 분명히 했다. 가깝게 지내는 육사 출신 친구와 이북 출신 몇 사람에게 조언을 청했더니 그들 또한 한결같이 반대했다. "군인 출신 선후배와 동료들은 대부분 임동원을 변절자로 간주할 것이고, 지금까지 임동원에 대해 가졌던 좋은 인상을 그르치게 할 것이다. 차기 대권을 노리는 정치인에게 이용당해서는 안 된다"는 것이 대체적인 조언이었다.

그런데 새해를 맞으며 두가지 변수가 우리 부부의 생각에 큰 영향을 미쳤다. 그 하나는, 하나님께 기도로 간구하는 가운데 새해 첫번째 일요일에 "기회를 선용하여 승리자가 돼라"는 김선도(金宣燾) 목사님의 설교를 들으며 새로운 소명의식을 갖게 된 것이다. 그 설교는 "과거에 집착하지 말고 미래를 지향하는 비전을 품고, 소극적이며 부정적이 아니라 적극적이며 모험적인 인생을 살라"는 내용이었다.

한편 병원에서의 정밀종합검사 결과 건강에 큰 문제가 없다는 판정을 받았다. 연로한 사람들에게 흔하게 나타나는 현상이 다소 있으나 약물로 치료하면서 건강관리에 신경을 쓰면 정상적인 사회활동에는 별다른 지장이 없다는 진단이었다. 그런 와중에 정 실장의 요구로 세번째 만나게 되었다.

반대를 고집하던 아내도 이날 아침 "이 정도라면 하나님의 섭리인 것이 분명하니 하나님의 뜻에 겸허히 순종해야 한다"고 말했다. 다시 만난 정 실장은 "다시 한번 설득하여 꼭 모셔오라는 선생님의 간곡한 말씀이 있었다"면서 "선생님을 꼭 한번 만나달라"고 간청했다. 나는 마침내 김대중 이사장과의 만남을 수락했다. 이에 정 실장은 "당장 만나 뵙도록 하자"고 했지만 나는 "예정된 워싱턴 방문을 마치고 1월 말에 찾아 뵙겠다"고 약속했다.

워싱턴에서는 세종연구소가 워싱턴의 한 대학과 공동주최한 세미나와 네곳의 연구소를 방문, '제네바 북미 기본합의'와 '김일성 사후의 북한' 등을 주제로 한 좌담회를 통해 미국의 한반도 정책을 파악하는 데 주력했다. 한배호 세종연구소장이 주도한 이번 방문에 상임객원연구위원이었던 나도 참여하게 된 것이었다. 이때 서울대학교 구영록(具永祿) 교수와 서강대학교 오기평(吳淇坪) 교수 등과 함께 할 수 있었는데, 뛰어난 정치학자들인 이들은 대선을 앞둔 국내 정치상황에 대해서도 시종일관 진지하게 의견을 교환했고, 나는 이들의 의견에 큰 흥미를 갖고 경청했다.

방미기간 동안 우리 대사관 측으로부터 "1월 19일자 신문에 임동원 전 차관이 아태재단 사무총장으로 내정되었거나 영입하기로 했다는 기사가 보도되었다"는 소식을 전해 듣게 되었다. 확정된 것도 아닌데 먼저 보도되었다니 당혹스러운 기분이었다. 워싱턴 방문을 함께한 정치학자들에게 나의 입장에 대해 조언을 구했더니 잘되었다며 환영하는 사람, 가지 말라고 반대하는 사람, 모험이지만 도전해

보는 수밖에 없게 된 것 같다며 신중론을 펴는 사람 등 반응은 그야
말로 3인 3색이었다.

첫 만남

1995년 1월 23일 나는 김대중 아태평화재단 이사장과 처음으로 만
났다. 동교동 자택의 자그만한 응접실에서 나를 반갑게 맞아준 김 이
사장과의 오찬을 겸한 2시간의 대화는 이후 나의 운명을 바꿔놓는
결정적인 전기가 되었다. 누군가 말했듯이 '한반도의 역사를 바꾸게
하는 사건인 김대중과 임동원의 결합이 이루어지는 순간'이었다.

김 이사장은 북핵문제에 대한 자신의 입장과 그동안의 활동 상황
등을 내게 소상히 들려주었다. 그는 북핵문제의 본질에 대해 언급하
고는 "이 문제는 미국과 북한이 서로 줄 것은 주고 받을 것은 받는 방
식으로 '일괄타결' '동시이행'으로 해결해야 한다"는 의견을 피력하
며 지난해 5월 워싱턴의 내셔널프레스클럽에서 했던 자신의 연설 내
용을 설명해주었다. 그는 이 연설에서 "북핵문제 해결을 위해서는 미
국이 김일성을 직접 만나 담판을 해야 하며, 그러기 위해서는 카터
전 대통령과 같이 국제적으로 존경받는 원로 정치인을 평양에 보내
야 한다"고 주장했다고 한다. 결국 카터-김일성 회담이 실제로 성사
되어 북미관계에 해결의 돌파구가 마련된 것을 큰 보람으로 느낀다
고 말했다.

통일문제와 관련해서는 "동서냉전이 종식되고 공산권 국가들이
민주주의와 시장경제로 전환하는 등 역사적 대전환기를 맞아 한반

도에서도 냉전을 종식시키기 위해 우리가 주도적 역할을 수행해야 한다"며 무엇보다 '남북기본합의서'의 실천이 긴요함을 강조했다.

김 이사장은 지난해인 1994년 9월 미국 헤리티지재단에서 있었던 '강한 의지에 입각한 햇볕정책'이라는 제목의 강연을 통해 '햇볕정책'의 필요성을 역설했다고 한다. 그의 '햇볕정책'이란 행인의 외투를 벗긴 것은 강풍이 아니라 태양의 따뜻함이었다는 이솝우화에서 차용한 개념이다. 나는 이 자리에서 처음으로 '햇볕정책'이라는 용어를 듣게 되었다.

김 이사장은 "오찬을 나누며 이야기를 계속하자"며 나를 식탁으로 안내했다. 그는 이희호(李姬鎬) 여사와 정동채 실장 그리고 나와 함께 점심을 들면서 아태평화재단의 설립 경위와 재단 운용 문제에 대해 자세히 설명해주었다.

또한 "세계는 지금 아시아태평양시대를 맞이하고 있다"고 전제하면서 "지난 연말 서울에서 아시아민주지도자회의 창립총회를 성공적으로 개최한 것을 기쁘게 생각한다"는 소감을 피력했다. 그리고 내게 이렇게 말했다.

"평화와 통일 문제 연구소인 아태평화재단을 세계적인 연구소로 함께 키워나갑시다."

나는 이날의 첫 만남에서 핵문제에 대한 그의 예리한 분석력과 판단력, 그리고 명쾌한 해결책에 큰 감명을 받았다. 어느 전문가보다 문제의 핵심을 정확하게 꿰뚫어보는 데 놀라는 한편 두려움 같은 것을 느꼈다. 또한 그의 확고한 통일철학과 원대한 비전, 그리고 논리 정연함에 감탄할 수밖에 없었다.

더구나 그는 내가 깊이 관여하여 마련한 남북기본합의서에 대해 높이 평가하고 있었다. 그는 훗날 대통령 취임사에서도 "남북문제 해결의 길은 이미 열려 있다. 남북기본합의서를 그대로 실천만 하면 남북문제를 성공적으로 해결할 수 있다"고 역설한다.

나는 '아, 이런 분이 지난 대선에서 당선되었다면 지금쯤 남북관계는 큰 진전을 이루었겠구나' 하는 생각을 했다. 동시에 김대중이라는 인물에 대해 가지고 있던 부정적인 고정관념이 여지없이 깨져나가는 것을 느꼈다.

이날 나는 그가 지난날 다섯 차례나 죽을 고비를 넘기고 6년 감옥생활, 10년 연금 및 망명 생활을 하면서도 자유민주주의와 평화통일의 신념을 굳건히 지키며 '행동하는 양심'으로 헌신해왔음을 비로소 알게 되었다. 또한 지난날 그의 능력과 인기를 두려워한 집권자들이 그가 정치에 나설 때마다 온갖 수단을 총동원하여 그를 빨갱이, 거짓말쟁이, 과격분자로 몰았다는 사실을 기억하며 나 역시 속아 살아왔음을 부끄럽게 자인하게 되었다.

'평화통일'을 말하면 그 순간부터 빨갱이가 되고, '민주화'를 외치면 과격분자가 되고, '정치하겠다'면 거짓말쟁이가 되는 야만의 세월을 의연히 버텨온 그가 바로 내 앞에 앉아 있었다. 그 자리에서 나는 이렇게 말했다.

"성심껏 모시고 연구활동을 돕겠습니다."

아태평화재단 사무총장직을 수락한 것이다.

3단계 통일론

1995년 설연휴를 마치고 2월 2일 나는 아태평화재단 사무총장으로 취임했다. 김대중 이사장이 이날 취임식을 주재하고, 한달 후에는 롯데호텔 크리스털 볼룸에서 성대한 취임축하연을 베풀어주었다. 이 행사는 국회의원과 학계 인사들을 비롯한 수많은 김대중 지지자들로 성황을 이루었다.

김 이사장은 환영사를 통해 내가 이북 출신이며 군인 출신으로 외교관 생활도 경험하고 남북고위급회담 대표로 협상을 주도한 사람으로 "안보·외교·통일 세 분야의 이론과 경륜을 겸비한 독보적인 존재"라고 소개했다.

"이런 유능한 분을 사무총장으로 영입하게 되어 대단히 기쁩니다. 그러나 그 못지않게 제가 높이 평가하고 싶은 것은 소위 '훈령 조작 사건'이 생겼을 때 이를 계속 추궁한 불굴의 용기와 정의감입니다. 차라리 재야에서 민주화투쟁을 하기는 쉬워도 공직사회에서 정의를 위해 투쟁한다는 것은 용기가 필요한 법입니다. 이분이 바로 그러한 대단한 일을 해낸 장본인입니다."

김 이사장은 계속해서 "합리적인 사고를 가진 책임감이 강한 공무원, 소신을 굽히지 않는 강직한 성격을 가진 사람, 민족에게 통일의 비전을 제시한 사람으로 제가 평생 관심을 가져온 통일문제 연구에 백만 원군을 얻은 셈"이라는 극찬으로 환영사를 마무리했다.

이에 나는 "아태평화재단에 참여하게 된 것은 김대중 이사장을 모시고 민족통일의 길로 매진하겠다는 결의와 소명의식 때문"이라는 말로 취임인사를 시작했다.

"통일은 저절로 다가오거나 남이 가져다주는 것이 아니라 우리가 땀 흘려 이룩해야 하는 것입니다. 따라서 올바른 목표와 방향을 제시하고 온 겨레의 힘을 결집시키는 지도자의 역할이 대단히 중요합니다. 이제 저는 확고한 통일철학과 원대한 비전을 가지신 김대중 이사장을 모시고 평화와 통일을 촉진하는 데 헌신하고자 합니다.

외교·안보·통일 문제에는 여야가 따로 있을 수 없습니다. 통일에 관한 한 초당적·범국민적 노력이 필요합니다. 이에 저는 지난 40여 년간 이 분야에서 터득해온 모든 지식과 경험을 함께 나누며 국민적 합의를 조성하는 데 기여하고자 합니다."

이 무렵 나와 아내는 매일 밤낮으로 걸려오는 수많은 전화에 시달렸다. 대부분이 나를 비난하는 내용이었다. '소문이 사실인가!' '믿기지 않는다' '제정신인가?' '이용만 당할 것이다' '실망했다' 등등. 나를 배신자·변절자로 몰며 결별을 선언하는 사람들도 있었다. 그러나 '잘했다' '소신껏 해보라'며 격려해주는 사람도 더러 있었다.

아태평화재단은 1994년 1월 김대중 이사장이 '한반도의 평화통일' '아시아의 민주화' '세계평화의 실현'을 3대 목표로 내세우며 연구와 교육, 홍보 활동을 위해 창설한 연구소이다. 여기에서 나는 재단 부이사장 겸 사무총장, 그리고 아태평화아카데미 원장으로서 연구활동과 교육, 홍보 등의 업무를 총괄하는 책임을 맡게 되었다. 나에게 부과된 임무는 해방 50주년을 기념하여 '3단계 통일론'을 완성하여 발간하는 것, 수시로 국내외 학술회의와 강연회 등을 개최하고 아태평화아카데미를 통일교육기관으로 발전시켜나가는 것이었다.

사무총장으로 부임하자마자 김대중 이사장은 나에게 최우선적으로 '3단계 통일론'을 책임지고 완성해주기를 바랐다. "지난 1년간 많은 학자들의 의견을 모아가면서 핵심적인 사업으로 추진해온 프로젝트이지만, 일단 초안만 만들어놨을 뿐 너무 학술적이고 추상적이며 현실성이 결여된 산만한 것이라 만족스럽지 않다"는 것이었다.

그는 또 "독일 통일 현장을 방문하여 연구하면서 실로 많은 것을 느꼈다"면서 독일이나 예멘의 통일과정에서 많은 교훈을 얻을 수 있을 것이라고 조언했다.

먼저 나는 이미 작성된 초안을 자세히 검토하여 문제점을 열가지로 정리했다. 그리고 초안 작성자들을 상대로 여러차례에 걸쳐 토론회를 벌인 후에 김 이사장에게 검토 결과와 대안을 제시했다. 김 이사장이 내가 제기한 문제점들에 대해 둘이 마주 앉아 하나씩 토론해보자고 제의하여 며칠 동안 열띤 토론을 벌였다. 이 토론과정을 통해 김 이사장의 탁월한 식견과 학구적 자세에 다시 한번 놀라게 되었다. 그는 토론을 좋아하고 자기주장을 논리적으로 전개하여 상대방을 설득하려 하지만, 동시에 상대방의 주장을 경청하고 수긍이 되면 적극적으로 받아들이는 훌륭한 성품의 소유자였다.

당시 내가 제기했던 문제점 중 몇가지를 소개하자면, 우선 '남북연합'의 개념을 명확히 하고 남북연합을 통해 달성해야 할 과업을 명시해야 한다는 것이다. 남북연합은 분단상황을 평화적으로, 그리고 통일 지향적으로 관리하기 위하여 남과 북 두 정부 간의 협력구조를 제도화한 것이다. 이것은 통일의 형태가 아니라 통일 이전의 평화공존을 위한 협력 형태이다. 이 단계에서 북한의 변화를 도와 정치적 신뢰구축, 민족동질성 회복, 남북경제공동체 건설, 군비통제 실현, 정전체제의 평화체제로의 전환 등의 과업을 수행해야 한다는 것이다. 그리고 '남북연합헌장'의 핵심 내용도 제시하자는 것이다.

또한 제2단계인 '연방제'에 대한 오해를 불식하기 위해 북한의 '고려연방제'와의 차별성을 부각시켜야 한다는 것이다. 김 이사장의 연방제는 미국, 독일, 스위스 등 여러 나라의 경우와 유사한 '1국가 1체제 2지역정부' 형태의 연방제로, 북한의 1국가 2체제 2정부' 형태의 연방제와는 다르다. 서로 다른 체제를 유지하는 한 연방제는 성립되기 어렵다. 북한도 러시아나 동구권 국가들처럼 시장경제와 민주주의로 체제전환이 이루어진 다음에 같은 체제하에서 경제 및 사회 발전 단계의 차이 등을 고려하여 북한지역을 별도로 관리하려면 연방제가 바람직하다는 것을 분명히 해야 한다는 것이다.

내가 제시했던 이러한 문제점들은 토론과정을 통해 대부분 그 내용이 더욱 충실하게 발전되었으나 한가지 문제점만은 끝내 받아들여지지 않았다. 나는 그를 설득하는 데 실패한 것이다.

나는 한반도의 현실을 고려할 때 '남북연합' 단계로 진입하기까지 상당한 준비기간을 거쳐야 할 것임을 지적하고, 그 이전 단계로 '화해·협력' 단계를 별도로 설정할 필요성을 주장했다. 화해·협력 단계 역시 통일의 중요한 한 과정이라 생각했기 때문이다. 이것은 내가 1990년대 초부터 주장해온 것으로 1993년에 '민족공동체통일방안'에 수용된 것이기도 하다.

또한 구태여 '연방제' 단계와 '완전통일' 단계를 구분할 필요가 없다고 생각했기에 1단계 화해·협력 단계, 2단계 남북연합 단계, 3단계 연방제통일 단계로 정리하자고 주장했다. 그러나 김 이사장은 자신이 오랫동안 주장해온 3단계론, 즉 '남북연합—연방제—완전통일'이라는 3단계 공식을 바꾸려 하지 않았다. 그는 내가 제시한 화해·협력 단계를 통일의 과정으로 인정하기를 꺼려했으며 남북 간에 합의만

되면 화해·협력 단계 없이도 남북연합은 언제든지 즉각 실현될 수 있다는 생각을 갖고 있었다.

하지만 그는 대통령이 된 후 남북연합의 즉각 실현이 불가능하다는 것과, 따라서 남북연합 단계에 진입하기 이전에 화해·협력의 과정이 필수적이라는 것을 인정하고, 적극적으로 화해·협력을 지향하는 대북정책을 추진하게 된다. 그리고 화해·협력 단계도 남북연합 단계와 마찬가지로 통일의 분명한 한 과정임을 인정하게 된다.

김 대통령은 2000년 6월 평양에서의 남북정상회담을 통해 남북연합 단계로의 진입이 그리 간단치 않다는 것을 다시 한번 절감하게 된다. 사실상 정상회담의 성과인 6·15남북공동선언은 불신과 대결을 넘어 화해·협력 단계로의 진입을 선언하는 것이었다.

김 이사장과의 토론과정을 통해 그의 통일철학과 정책구상을 구체적으로 파악한 나는 이미 마련돼 있던 초안을 전면 재작성, 또는 수정·보완해나갔다. 그리고 7월 초 하나의 관점에서 통일방안을 재구성하고 최종 원고를 완성한 박건영(朴健榮) 박사와 함께 스위스그랜드호텔에서 1박 2일간 김 이사장과 마지막 독회를 가졌다. 김 이사장은 단 한자도 놓치지 않고 한 줄 한 줄 읽어나가면서 특유의 통찰력과 치밀성, 그리고 독자를 배려하는 성실한 마음으로 철저히 검토하는 열의와 정성을 보여주었다.

1995년 9월 14일 저녁 롯데호텔 크리스털 볼룸에서 1,300여명의 정계, 학계, 문화계 등 각계 인사들이 참석한 가운데『김대중의 3단계 통일론―남북연합을 중심으로』(한울 1995) 출판기념회가 성대히 열렸다. 이 책은 1997년 초 미국남가주대학(USC) 출판부에서 영문판으로 출판했고, 2000년 초에는 일본 아사히신문사에서 하사바 키요시(波佐場淸) 전 서울지국장이 일본어판으로 번역 출간했다. 그리고 훗날 김 대통령이 집권했을 때 이 책은 '국민의 정부' 대북정책의 바이블 역할을 수행하게 된다.

이 책의 출판을 위해 나는 최선의 노력을 다했다. 김대중 이사장과 마음을 열어놓고 여러차례에 걸쳐 깊이 있는 토론을 함으로써 통일·외교·안보 문제에 관한 그의 생각을 자세히 파악하고 호흡을 같이할 수 있게 된 것은 참으로 뜻깊고 보람있는 일이었다.

정치 참여의 유혹

1995년 7월 중순 김대중 이사장은 정계 복귀와 신당 창당을 선언하였고, 9월 초 새정치국민회의를 창당했다. 김 이사장은 신당과 재단은 아무 관련이 없음을 강조하고, 나를 중심으로 재단이 계속 활성화되기를 바랐다. 이로써 나는 더욱 바빠지고 재단에 더 많은 신경을 쓰게 되었다.

당시 정국은 이듬해 4월 국회의원 총선거를 앞두고 소용돌이치기 시작했다. 민심이 김영삼정부에서 이탈하는 과정에서 김대중의 새 야당이 출범하자, 김영삼 대통령과 집권 여당은 본격적으로 '김대중 죽이기'에 나섰다. 국회는 "노태우 전 대통령이 많은 비자금을 조성했다"고 폭로한 데 이어 "지난 대선 때 여야 대표들이 노 대통령의 비자금을 받았을 것"이라는 의혹을 제기했다.

이에 야당은 "YS가 세대교체 명분을 내세워 DJ와 JP를 인위적으로 제거하고 총선과 대선의 승리를 위해 정계 개편을 시도하고 있다"고 주장하며 "YS의 대선자금부터 공개하라"는 공세를 폈다.

역풍을 만난 김영삼 대통령은 갑자기 "5·18 특별법을 제정하겠다"며 국면 전환을 시도한다. 그리고 전두환 전 대통령을 그의 고향 합천에서 체포하여 구속 수감하는 충격적인 조치를 취한다.

그동안 5·18 특별법의 제정을 요구하는 야당과 대학생, 교수, 종교인 등의 계속되는 시위에도 불구하고 김영삼 대통령은 "5·18 문제는 역사의 심판에 맡기자"고 하고 검찰은 "성공한 쿠데타는 처벌할 수 없다"는 씁쓸한 법리를 내세워 "공소권이 없다"는 입장을 견지해왔다. 그런데 갑자기 '역사 청산' '역사 바로 세우기'라는 논리로 입장을 바꾸어 국면 전환을 시도한 것이다. 이 와중에 '김대중 죽이기' 시도는 노태우와 전두환 전 대통령의 구속, 5·18 특별법 제정과 '역사 바로 세우기', 그리고 12월 초 약 20만명이 모인 새정치국민회의의 보라매공원 대중집회를 고비로 일단 수그러들기 시작한다.

총선을 앞두고 새정치국민회의는 나에게 서울의 한 지역구에 출마할 것을 여러차례 권유했으나 나는 단호히 거절했다. 그러자 신문에서는 통일·안보 전문가로서 내가 새정치국민회의 전국구 의원 후보로 유력하다는 보도가 잇달았다.

이 무렵 김대중 총재 역시 "전국구 의원으로 국회에 진출하여 통일·안보 분야를 맡아 활동해주기 바란다"며 당선권의 중간서열을 제시했다. 그러나 나는 "애초에 재단에 참여하면서부터 말씀드렸듯이 정치할 생각이 전혀 없고 국회의원이 내 적성에 맞지 않다"는 이유로 정중히 사양했다. 그리고 "아태평화재단을 계속 지킬 것이니 나에게는 부담을 갖지 않아도 된다"고 솔직히 말했다. 나의 의지가 확고함을 확인한 김 총재는 자리에서 일어나 악수를 청했다.

"많은 사람들이 국회의원 하겠다고 아우성인데, 임 총장은 시켜주 겠다는 것도 사양하니 정말로 훌륭한 인품입니다. 고맙습니다!"

전국구 의원 후보 명단이 발표되었을 때 내 친구들은 이렇게 말 했다.

"임동원이가 우리를 두번 놀라게 했다. 한번은 갑자기 DJ한테 간 것이고, 또 이번에는 전국구 의원을 고사한 것이다. 이왕 DJ한테 갔 으면 정치를 해야지, 안 한다는 것이 말이 되는가."

1997년 5월 김대중은 새정치국민회의 대통령 후보로 선출되어 1971, 1987, 1992년에 이어 네번째로 대선에 도전하게 된다. 하지만 나는 대통령선거운동에 직접 참여하거나 기여한 바 없이 아태평화 재단을 정상적으로 운영하는 데만 최선을 다했다. 당시에 대선과 관 련하여 내가 한 일이라고는 이북 5도민을 대상으로 하는 선거운동을 간접적으로 도운 것이 전부였다.

나는 5년 전 통일원차관 재직 당시 이북 실향민들의 가장 큰 민 원 사항이었던 '통일동산 경모공원(공동묘지)' 조성 허가를 도운 적 이 있다. 그래서 이번에 나는 이북 5도민회의 요청을 받고, 이북 실향 민과 이산가족 문제에 큰 관심을 갖고 있던 김대중 후보의 도움으로 '경모공원 확장'을 선거공약에 포함시키는 데 성공했다. 그리고 실제 로도 김대중정부가 출범한 뒤 나는 즉시 이 문제의 해결에 앞장서게 된다.

1997년 대통령선거전은 새정치국민회의의 김대중 후보와 신한국 당(한나라당의 전신)의 이회창(李會昌) 후보, 그리고 신한국당 경선에서 패한 후 탈당하여 새로운 정당을 급조한 이인제(李仁濟) 후보의 3파 전 양상을 띠었다. 11월 초에는 이른바 'DJP 연합'이라 불린 새정치국민회의와 자민련(김종필)의 연합이 결성되었다.

그리고 12월 18일 실시된 선거에서 김대중은 40.3퍼센트, 이회창은 38.7퍼센트, 그리고 이인제는 19.2퍼센트의 득표로 김대중 후보가 당선되었다. 드디어 한국 정치사상 처음으로 평화적 여야 정권교체가 이루어진 것이다. 지난 36년간 영남 출신이 주도한 보수정당의 집권이 끝나고 이제 최초로 호남 출신이 주도하는 민주개혁 정권이 탄생하였다.

제8장

새 역사의 로드맵

화해, 협력, 변화, 그리고 평화

김대중 대통령 당선자는 1998년 2월 초 외교안보수석비서관의 직
책으로 가까이에서 자신을 도와주면 좋겠다는 전갈을 내게 보내왔
다. 대선 이후 한산해진 아태평화재단을 나에게 맡겨준다면 우수한
정책연구소로 발전시켜 외곽에서 김 대통령을 도와줄 수 있겠다는
생각을 하고 있던 나는 그의 뜻을 전해 듣고 고민에 빠질 수밖에 없
었다. 하지만 곧 '김 대통령이 원한다면 어떤 일이라도 할 용의가 있
다'는 뜻을 밝혔다. 김 대통령은 이런 나의 결정을 무척 반겼다.

"이미 6년 전에 통일원차관을 지냈고 어느새 65세를 바라보는 나
이에 다시 차관급의 비서관직을 부탁하기에 무척 미안했는데, 이렇

김대중 대통령이 저자에게 외교안보수석비서관 임명장을 수여하고 있다. (1998.2.25)

게 쾌히 승낙해주어 정말 고맙소."

김대중 대통령 당선자는 선거운동의 피로를 풀 사이도 없이 당선된 첫날부터 '국가파산위기'를 극복하기 위해 사실상 이미 대통령직을 밤낮없이 수행해야 했다. 국가부채는 1,500억 달러를 넘어섰고 외환 보유고는 37억 달러에 불과했다. 더구나 부채 중 60퍼센트가 1년 안에 갚아야 하는 단기부채였다. IMF의 긴급지원을 받게 되었으나 그 조건은 '시장개방의 가속화' '재벌우대정책 폐지' '외국인 주식취득제한 철폐' '경제성장률 3퍼센트 이내 억제' 등 지금까지의 경제정책을 전면 수정해야 할 만한 엄중한 것이었다. 김 대통령은 향후 상당기간 경제회생 문제에만 전념해야 할 형편이었다.

따라서 김 대통령은 외교·안보·대북정책 분야에서는 이미 지난 3

년간 호흡을 같이해왔고 특히『김대중의 3단계 통일론』집필을 통해 정책 대안을 제시한 바 있는 내가 차질 없이 알아서 잘 챙겨 보필해 주기를 기대하고 있었다. 대통령 취임일을 2주 앞두고 외교안보수석 비서관으로 내정 발표된 나는 즉시 업무에 착수했다.

'작은 정부'를 지향하는 새 정부는 정부부서를 대폭 통폐합·축소 하는 한편 청와대 비서실도 일부 개편하고 직원 수를 3분의 1이나 감 축하는 구조조정을 단행했다. 외교안보수석실도 구조조정의 영향을 받았으나 4개 비서관직은 그대로 유지하게 되었다. 개혁 차원에서 비서관급 간부를 모두 교체하고 직원 대부분을 교체한다는 원칙에 도 불구하고, 나는 외부 인원을 일절 받아들이지 않고 전문성을 중시 하여 파견 공무원들을 그대로 유임시켰다.

이렇게 하여 나는 재임기간 중 외교비서관으로 권종락(權鍾洛, 후에 외교통상부차관 역임)과 송민순(宋旻淳, 후에 외교통상부장관 역임), 국제안 보비서관으로 이상철(李相哲, 후에 주폴란드대사 역임), 통일비서관으로 조건식(趙建植)과 이봉조(李鳳朝, 후에 통일부차관 역임), 그리고 국방비 서관으로 임충빈(任忠彬) 준장(후에 대장, 육군참모총장 역임) 등 탁월한 공무원들로부터 훌륭히 보좌받을 수 있었다.

나는 우선 긴급을 요하는 현안을 파악하고 각 부처 차관보급의 실 무조정회의를 소집, 새 정부의 대책안을 마련하여 안보회의 상임위 원회에 회부할 준비를 서둘렀다. 그리고 새 정부 출범과 함께 즉각 시행해야 할 세가지 과제를 선정하고 그 대책을 마련했다. 그 하나는 선거공약 등을 통해 그 대강이 제시된 바 있는 '국민의 정부의 대북 정책 기조'를 마련하는 것이었다. 다른 하나는 3월 중순에 열릴 '4자 회담'을 위한 전략을 수정하는 문제였다. 그리고 나머지 하나는 대통령이 용이하고 올바르게 외교·안보·통일 정책을 결정할 수 있도록 자문하기 위한 제도적 장치를 마련하는 것이었다. 즉 관련 부서 간의 입장을 사전에 조율하고 통합할 수 있는 합법적이고 효율적인 심의 기구로 국가안전보장회의(NSC) 상임위원회를 신설하는 문제였다.

나는 우선 『김대중의 3단계 통일론』과 김 대통령이 선거공약 등을 통해 제시한 대북정책 구상을 정리·보완하여 '국민의 정부의 대북정책 기조' 초안을 마련했다. 그리고 통일부에 보내 이를 참고로 한층 보강하여 안보회의 심의에 회부하도록 했다. 내가 제시한 다음과 같은 요지의 초안은 거의 그대로 수용되어 제2차 안보회의 상임위원회 회의에서 채택·발표된다.

통일문제와 관련하여 우리가 고려할 수 있는 대북정책 대안은 세 가지였다. 그 하나는 북한의 붕괴를 촉진시키기 위한 '적대적 대결 정책'인데, 이는 전쟁을 촉발할 위험이 있어 채택할 가치가 없는 것이다. 다른 하나는 북한이 붕괴할 때까지 기다리는 '방관정책'인데, 북한으로 하여금 대외적 폭발(전쟁)이나 내부적 폭발(내란, 대규모 탈북 사태 등)을 초래할 위험이 있으므로 이 역시 바람직하지 않았다.

따라서 평화공존과 화해·협력을 통해 북한의 점진적 변화를 도모하는 '포용정책'(engagement policy)만이 유일한 대안이었다. 포용정책의 공식 명칭은 '화해협력정책'이다. 그러나 김 대통령이 비유어로 즐겨 사용해온 '햇볕정책'이라는 말이 국내외적으로 더 유명해진다. 앞서 설명했듯이 햇볕정책이란 '길 가는 나그네의 외투를 벗긴 것은 강풍이 아니라 햇볕'이라는 이솝우화에서 유래한 용어로 '남북이 서로 냉전의 찬바람이 아니라 화해의 따뜻한 햇볕을 비추자'는 취지가 담긴 말이다.

대북정책의 목표는 북한의 변화를 유도하고 평화 상태를 만들어 '사실상의 통일' 상황을 실현하는 데 두었다. 북한의 변화를 유도하기 위해서는 화해와 협력을 통해 남북관계를 개선해나가야 한다. 즉 화해·협력을 통해 북한의 개방과 시장경제로의 개혁을 유도하고, 평화공존을 통해 '법적 통일'에 앞서 남과 북이 서로 오가고 돕고 나누는 '사실상의 통일' 상황부터 실현하는 것을 목표로 한 것이다.

화해·협력·변화·평화가 새로운 대북정책의 네가지 키워드이다. 이것은 북한이 조만간 붕괴될 것이라는 '붕괴임박론'이 아니라 북한도 중국이나 베트남처럼 점진적으로 변화하게 될 것이라는 '점진적 변화론'에 토대를 둔 정책이다. 이는 또한 교류협력과 군비통제를 통해 '철의 장막'을 제거하고 동서양 진영 간의 냉전종식을 이룩한 '유럽에서의 15년 데땅뜨(화해) 과정'을 한반도에서도 실현해보고자 하는 것이었다.

유럽의 자유진영과 공산진영 35개국은 1975년 헬싱키협약을 체결하고 교류협력의 데땅뜨 과정을 시작한다. 10년 후에는 소련에서 개혁주의자 고르바초프가 지도자로 등장하여 뻬레스뜨로이까와 글라스노스뜨, '새로운 사고에 의한 외교안보정책' 등을 통해 개혁·개방을 적극 추진하게 된다. 그 결과 공산권에서 민주주의와 시장경제를 지향하는 체제전환이 일어났고, 양대 진영 간의 냉전이 종식된다. 또한 이 과정에서 베를린 장벽이 무너지고 독일이 통일을 이룩하게 된 것이다.

대북정책의 3대 원칙은 이미 대통령 취임사에서 밝힌 대로 "평화를 파괴하는 일체의 무력도발을 용납하지 않는다. 흡수통일을 하지 않는다. 화해협력을 적극 추진한다"로 정했다.

대북정책의 추진 기조로는 "확고한 안보태세를 유지하면서 교류협력을 통해 남북관계를 발전시켜나간다. 더 많은 접촉과 대화와 교류협력을 통해 북한이 스스로 변화할 수 있는 환경과 여건을 조성한다. 경제적 상호 의존도를 높여 '남북경제공동체' 건설을 추진한다. 긴장완화와 평화정착을 위한 군비통제를 실현한다. 국민적 합의에 기초한 일관성 있는 대북정책을 추진한다" 등을 제시했다.

결론적으로 '국민의 정부'는 한미 안보동맹과 자주국방을 통해 전쟁을 억제하고 '피스키핑', 즉 평화를 지키는 동시에 화해·협력을 통해 북한의 변화를 유도하여 '피스메이킹', 즉 평화를 만들어나가는 노력을 병행하고자 한 것이다. 분단 상태를 관리하는 정전체제를 유지하여 평화를 지키는 한편 정전체제를 통일을 지향하는 평화체제로 전환해나가고자 하며, 이를 위해 냉전구조를 해체하고 평화를 만들어나가는 프로세스를 시작하려는 것이었다.

또한 유럽 국가들이 경제공동체(EEC) 건설을 통해 국가연합(EU)을 이룩하고 정치적 통합을 지향하듯이 남북이 '경제공동체'를 건설하고 '경제 통합'을 통해 '정치 통합'의 기반을 조성하는 것이 바람직하다고 본 것이다.

대북정책의 추진방향으로는 "남북기본합의서 이행, 정경분리 원칙에 입각한 민간기업의 대북경협 활성화, 이산가족 문제의 우선적 해결, 민간 및 정부 차원의 대북 인도적 지원 제공, 긴장완화와 군사적 신뢰조성, 한반도의 냉전종식과 평화정착을 위한 국제적 협력 확보, 북미 간 적대관계의 산물인 북핵문제에 관해서는 '제네바 북미기본합의'의 이행을 적극 지원하되 남북관계 개선과 병행 추진한다는 것" 등을 제시했다.

나는 이러한 대북정책을 시행하려면 북한체제의 특성상 우선 최고당국자를 접촉·설득하여 '위로부터의 변화'를 가능케 하는 한편 더욱 많은 접촉과 교류, 그리고 인도적 지원을 통해 주민들의 의식 변화, 즉 '아래로부터의 변화'를 가능케 해야 한다고 생각했다. 또한 경제협력을 통한 기능주의적 접근과 비무장지대의 평화적 이용 등 군사적 신뢰조성을 병행 추진해야 한다고 생각했다.

포용정책은 결코 유화정책이 아니다. 포용정책은 힘이 있는 강자만이 사용할 수 있는 공세적인 정책이다. 남북 간의 경제력, 군사력, 외교력 등 국력의 격차가 계속 심화되는 상황에서 체제경쟁의 승자인 우리는 지난날의 피해의식에서 벗어나 자신감을 가지고 포용정책을 추진하는 한편 '부전승 전략'을 추구할 수 있는 입지에 있다는 것이 당시 나의 판단이었다.

1970년대 전반기까지만 해도 1인당 국민총생산에서 북한이 남한을 앞섰다. 하지만 1997년 기준 1인당 국민총생산이 약 1만 달러인 남한은 북한의 약 20배를 넘어섰다. 북한이 유엔기구에 제출한 통계에 따르면, 북한경제가 최상의 상태였던 1990년의 1인당 국민총생산이 1,013달러였던 것이 1997년에는 464달러로 2분의 1 수준으로 격감했다. 이 해의 경제력 규모가 남한은 약 4,760억 달러였지만 북한은 약 103억 달러로 남한의 46분의 1에 불과했다. 남북한 무역 규모는 2,800억 달러 대 14억 달러로 약 200대 1에 이르렀다.

구 공산권이 시장경제로 전환하면서 북한경제는 완전히 고립되어 공장가동률은 30퍼센트 미만으로 떨어지고, 설상가상으로 1995, 1996년의 연속된 자연재해로 식량난까지 가중되어 수십만명의 아사자가 생기고 많은 탈북자가 발생하고 있었다. 더구나 외화난으로 에너지 등 전략 물자는 고사하고 식량문제도 해결할 수 없게 되자 북한은 국제사회의 인도적 지원에 의존할 수밖에 없는 형편이었다. 북한이 이런 상황에 처하자 한국과 미국에서는 "북한의 붕괴가 임박했다"는 주장이 대두했다.

물론 군사력에서는 북한이 남한에 비해 수적 우세를 유지하고 있었다. 남과 북의 군사력(1997년 기준)은 병력규모 면에서 70만명 대 110만명, 전차가 2,200 대 3,800, 야포가 5,200 대 1만 2,000, 전투기가 550 대 850으로 추정된다.

그러나 북한의 군사장비는 대부분 1960~70년대에 확보된 것이어서 이미 30년이 넘은 노후 장비가 전체의 절반 수준에 이르렀다. 전차의 약 40퍼센트, 야포의 약 50~60퍼센트, 전투기의 약 70~80퍼센트가 구식 노후장비인 것으로 추정되었다. 따라서 장비의 전투효율성 면에서는 1980년대부터 확보하기 시작한 남한의 최신 장비와는 비교가 되지 않았다.

남한의 국방비 또한 경제성장과 더불어 매년 크게 증가하여 당시 연간 160억 달러(GNP의 3퍼센트 미만) 규모에 이른 것에 비해, 북한은 반대로 경제력 쇠퇴로 인해 GNP의 20퍼센트 규모로 가정하더라도 약 20억 달러 수준에 불과한 것으로 추정되었다. 그럼에도 불구하고 북한의 군사력, 특히 장사정포와 미사일 전력은 우리에게 여전히 큰 위협이었다.

동서냉전이 끝난 국제정세 또한 우리에게 유리하게 전개되고 있었다. 공산주의 이데올로기와 체제는 더이상 존립 가치를 잃었고, 전 세계적으로 민주주의와 시장경제가 확산되는 한편 북한의 고립은 갈수록 심화되는 중이었다.

반면 남한은 세계 유일의 초대강국인 미국과 확고한 안보동맹을 유지하고 있는데다 현장억제력으로 주한미군도 유치하고 있었다. 중국과 러시아를 포함한 전세계 모든 나라와 외교관계를 유지하고 있으며 경제력과 교역량에서 이미 세계 12~13위 국가로 국제사회에서 차지하는 위상도 점점 높아가는 추세였다.

이렇듯 남북 간의 국력 격차가 갈수록 심화되는 상황에서 최악의 씨나리오는, 북한이 궁지에 몰려 '죽기 아니면 살기' 또는 '이판사판'식으로 자살적 공격을 감행하는 경우 남북이 보유한 엄청난 파괴력으로 인해 쌍방이 입을 참화이다. 우리가 승리할 것은 의심할 여지가 없지만 수많은 인명과 산업시설이 파괴될 민족적 대참화는 반드시 방지해야 한다.

우리는 강력한 국력과 남북 간에 심화되고 있는 국력 격차를 배경으로 북한의 도발과 모험을 억제하는 한편 북한을 국제사회로 끌어내어 순화시키고 잘 관리하기 위한 정책이 필요했다. 안보를 튼튼히 하여 전쟁을 억제하고 평화를 지키는 한편 북한의 변화를 유도하고 관리하여 평화를 만들어나가면서 공존공영하는 '사실상의 통일' 상황을 실현해나가려는 것이 곧 '화해협력정책'의 요체라고 할 수 있었다.

붕괴임박론

실무적으로는 3월 중순에 제네바에서 개최될 '제2차 4자회담'의 전략을 확정하는 일이 무엇보다 시급했다. 내가 외교안보수석비서관으로 취임한 직후 처음으로 접견하여 정책을 협의한 외빈은 4자회담 미국 측 대표인 찰스 카트먼(Charles Kartman) 미국 국무성 부차관보와 스티븐 보즈워스 주한미국대사, 그리고 잭 프리처드(Jack Pritchard) 국가안전보장회의(NSC) 국장 일행이었다. 이들의 우선적인 관심사는 10여일 후에 개최될 4자회담에 대한 새 정부의 입장이었다.

나는 이미 4자회담의 우리 측 수석대표인 송영식(宋永植) 외교부 차관보 등 관련부서 실무책임자들을 불러 4자회담 대책회의를 주재하고 새 정부의 입장을 마련하여 대통령의 승인을 받아두었다. 종전의 입장을 수정하여 새로운 통일정책에 걸맞은 새로운 입장을 마련한 것이다. 여기서 가장 중요한 것은 대북정책의 전제가 되는 대북 시각을 '붕괴임박론'에서 '점진적 변화론'으로 수정한 것이다.

'붕괴임박론'과 '선 핵문제 해결, 후 남북관계 개선'에 기초한 대결 정책으로 남북관계를 파탄시킨 김영삼정부는 4자회담의 태두리 안에서 남북관계를 추진한다는 정책을 추진해왔다. 이른바 '4 마이너스 2(4-2) 전략'으로 '4자회담'의 틀 안에서 남북대화도 하고 북한의 붕괴과정도 관리한다는 입장이었다. 남북관계를 국제관계에 통합시키고자 했던 것이다.

미국의 대통령 안보보좌관 앤서니 레이크(Anthony K. Lake)를 설득하여 4자회담을 성사시켰다는 유종하(柳宗夏) 전 외교안보수석비서관의 표현에 의하면 '북한이 1~2년 내에 붕괴될 것이 확실시되므로 붕괴과정을 관리하기 위하여 서둘러 4자회담을 마련했다'는 것이다. 앤서니 레이크도 그의 저서 『여섯가지의 악몽』(6 Nightmares, 2001)에서 "북한경제는 악화일로에 있었으며 1~2년 내에 북한정권은 물론 체제까지 붕괴될 것으로 믿었다"고 술회했다. "북한경제가 악화될수록 정권의 붕괴과정은 급격히, 폭력적으로 진행될 것이며 통일비용의 부담도 커지게 될 것이므로 이에 대한 대책이 필요한 것으로 판단"하여 4자회담을 추진했다는 것이다.

그러나 김대중 대통령과 나는 북한의 '붕괴임박론'에 대해 그 개연성을 배제하지는 않고 그 대비책도 강구해두어야 하지만, 그것은 희망사항이지 가능성이 희박한 것으로 판단하고 있었다. 국민의 정부 입장은 '점진적 변화론'이며 이에 기초하여 대북포용정책을 추진하는 것이었다.

따라서 북한의 붕괴를 관리하기 위하여 남북관계를 국제관계에 종속시킬 것이 아니라 '4자회담과 남북대화를 분리하여 병행 추진한다'로 입장을 정리했다. 아직은 4자회담을 추진하여 성과를 기대할 수 있는 시기가 성숙되지 않았지만 이미 제1차 회담이 개최되었으므로 예정된 제2차 회담은 그대로 추진한다는 입장이었다. 다만 4자회담에서는 이미 합의된 대로 '한반도 긴장완화'와 '정전체제를 평화체제로 전환'하는 문제를 다루고, 이와는 별도로 남북관계 개선을 위한 화해와 교류협력 문제는 남북대화를 통해 다루어나가기로 했다. 그리고 4자회담과 남북대화는 어느 한쪽이 다른 한쪽에 종속되는 개념이 아니라 어디까지나 상호 보완적 관계로 병행 추진해야 한다는 점을 분명히 했다.

나는 보즈워스 대사와 카트먼 부차관보 일행을 맞아 '국민의 정부'의 대북 시각과 대북정책 기조를 자세히 설명하고 4자회담에 대한 입장을 설명했다. 다행히 그들은 새 정부의 정책과 입장에 대해 "잘 이해했으며 새 정부와 긴밀히 협조하겠다"고 약속했다. 이것이 새로 출범한 국민의 정부와 미국 클린턴 행정부의 첫번째 정책협의였다.

스티븐 보즈워스 대사(1939년생)는 1961년부터 직업외교관으로 주 튀니지대사, 국무부 정책기획실장, 주필리핀대사 등을 역임한 후 미·일재단 회장(1988~95)과 한반도에너지개발기구(KEDO) 사무총장(1995~97)을 거쳐 1997년 11월에 주한미국대사로 부임한, 전략적 사고와 실무능력을 갖춘 탁월한 외교관이었다. 이날의 첫 만남 이래 그의 대사 재임 3년간 나는 그와 긴밀한 관계를 유지하며 한미관계를 발전시켜나가게 된다.

그날 면담에서 우리는 미국의 정보기관이 이미 8년 전에 "북한이 1~2년 내에 루마니아처럼 갑자기 붕괴될 것"이라고 판단했고, 3년 전에는 "늦어도 2~3년 안에 붕괴될 것"이라고 예측했다는 점을 상기하며 "오히려 최악의 상태는 넘긴 것 같다"는 의견을 함께 나누었다.

물론 정보기관의 판단이란 항상 '최악의 씨나리오'를 제시하여 정책결정자들이 예방하거나 미리 대처하도록 한다는 것을 전제로 한다. 어떻든 북한이 붕괴되는 경우 예상할 수 있는 두가지 상황, 즉 자살적 공격을 감행하는 '대외적 폭발사태'(explosion)나 내란이 일어나거나 수백만명의 탈북 난민을 발생케 할 '내부 붕괴사태'(implosion)는 모두 우리에게 바람직하지 않다. 우리는 "이러한 위험한 사태를 예방하는 데 치중하는 정책을 펴야 한다"는 데 동의하고 막연한 희망사항인 '붕괴임박론'에 기초한 정책은 경계해야 한다는 의견도 공유했다.

NSC 상임위원회

외교안보수석비서관으로 임명되기 전에 나는 정부조직개편위원회(위원장 박권상) 위원으로 잠깐 참여한 바 있다. 이 위원회는 '작은 정부' 구현을 위해 장관을 수장으로 하는 정부부처를 24개에서 17개로 축소·통폐합하고 공무원 수도 대폭 감축하는 건의안을 마련하여 김 대통령의 재가를 받았다. 그리고 나는 그 기회를 활용하여 국가안전보장회의(NSC) 운영을 위한 사무를 비상기획위원회 소관으로부터 대통령 외교안보수석비서관 소관으로 전환할 것을 제안하여 전 위원들의 동의하에 건의안에 포함시키는 데 성공했다.

박정희 대통령 시절부터 정부는 예비역 장성을 NSC 상임위원 겸 비상기획위원장으로 임명하여 국무회의에 참석시켜왔다. 그러나 비상기획위원회는 전시에 대비한 각종 동원 계획과 전쟁 초기 정부의 행동방책을 발전시키기 위한 '을지연습'을 관장하는 기구로 NSC 직능과는 거리가 먼 것이었다.

또한 1990년대 초 이래로 탈냉전의 국제정세를 배경으로 남북관계가 주요 이슈로 대두되면서 관계 장관들이 모여 의견을 교환하는 일이 잦아졌다. 그러나 이 회의체는 어디까지 '임의기구'로, 관장하는 부서도 없고 회의기록도 없었다. 주로 협의하는 안건은 국가안전보장과 관련된 외교·안보·대북정책 수립에 관한 사항으로 NSC의 직능에 속하는 중요한 안건들이었다. 그러나 임의기구로서는 법적인 구속력이나 책임성도 없었고, 효율적이지도 못했다.

따라서 새로운 대북정책을 추진할 새 정부에서는 부처 간의 상이한 입장을 조율하여 통합적이고 효율적인 정책을 수립하고 강력한 실천력을 뒷받침할 수 있는 시스템이 필요하다고 보았다. 이에 NSC의 운영 기능을 비상기획위원회로부터 분리하여, 미국에서처럼 사실상 통일·외교·안보 분야에서 대통령을 직접 보좌하는 대통령 외교안보수석비서관이 이를 관장케 해야 한다는 전문가들의 의견이 많았다.

이러한 분위기에 힘입어 외교안보수석비서관으로 임명된 나는 곧 NSC의 하부구조로 '상임위원회'를 신설하고, 사무 처리를 위하여 외교안보수석비서관을 장으로 하는 NSC '사무처'를 설치하는 방안을 마련했다. 상임위원회는 통일부장관, 외무부장관, 국방부장관, 안전기획부장(후에 국가정보원장으로 개칭)과 외교안보수석비서관 겸 사무처장으로 구성하고 매주 1회 정기회의를 열되 필요에 따라 임시회의를 소집하도록 했다. 여기서 협의·조정하여 통합된 정책을 마련하고, 소수의견을 포함한 '회의 결과 보고서'를 작성하여 대통령에게 건의하기로 했다. 그 사본은 대통령의 재가를 받아 위원들에게 배포하여 이행에 차질이 없도록 할 계획이었다. 그리고 상임위원회 운영을 효율적으로 지원하기 위하여 '실무조정회의'를 열어 협의 안건을 사전에 검토하는 한편 주기적으로 '정세평가회의'를 열어 각종 정보를 종합평가하기로 했다. 사무처는 '작은 정부의 구현'이라는 정부방침에 따라 NSC와 상임위원회의 사무를 관장하는 차장과 20명 규모의 요원으로 구성·운영하기로 했다.

이러한 요지의 '운영 개선 방안'을 제1차 NSC 상임위원회 회의에서 심의·의결했다. 이 과정에서 김대중 대통령은 자민련과의 공동정부라는 특성을 고려하여 국무총리(자민련 출신) 직속의 국무조정실장을 '의결권은 없으나 발언권을 가지는 상임위원'으로 추가하도록 지시했다.

대통령이 취임했지만 여소야대의 국회가 김종필(金鍾泌) 국무총리의 인준을 거부하여 조각이 일주일 지연되었다. 3월 3일 국무위원들이 임명되자 그로부터 4일 후인 3월 7일 남북회담사무국 회의실에서 제1차 NSC 상임위원회 회의를 개최할 수 있었다.

강인덕(康仁德) 통일부장관, 박정수(朴定洙) 외교통상부장관, 천용택(千容宅) 국방부장관, 이종찬(李鍾贊) 안전기획부장과 나 임동원 외교안보수석비서관을 포함한 5명이 이 회의에 참석했다. 제2차 회의부터는 국무조정실장이 참석하여 6인 회의가 되었다. 나는 이 회의에서 지난 3주간 파악하고 실무조정회의를 거쳐 준비한 여섯가지 긴급현안을 의제로 상정했다.

'의안 1'은 경수로 비용부담 문제였다. 김영삼 전 대통령은 "제네바 북미기본합의에 따라 북한에 건설할 경수로 건설 비용의 70퍼센트를 한국이 부담하겠다"고 대통령 서한을 통해 미국 대통령에게 약속한 바 있는데, 그 무렵 미국은 "새 정부가 이를 조속히 재확인해줄 것"을 요청해왔다. 총 사업비는 약 52억 달러 규모(후에 46억 달러로 수정)인데 이 중 70퍼센트인 36억 달러는 한국이, 10억 달러는 일본이 분담하되 잔여분을 누가 분담할지는 아직 결정되지 않은 상태였다. 전(前) 정부의 정책 결정을 주도한 사람들은 '북한이 곧 붕괴될 것이고, 그렇게 되면 경수로는 어차피 우리 것이 될 것'이라고 생각했다.

'붕괴임박론'과는 상관없이 70퍼센트라는 부담을 우리가 떠맡는 데는 이의가 많았으나 정권이 교체되었더라도 국가 간의 외교적 약속이므로 지켜야 한다는 의견이 지배적이었다. 더구나 이는 북한의 핵개발을 저지하기 위해 '한국의 동의를 얻어' 북미 간에 체결된 합의와 관련된 문제였기 때문에 약속을 이행하는 것이 마땅하다는 것이었다. 이에 국회의 동의를 얻는 조건으로 재확인하되 우리가 부담할 몫은 원화와 현물 중심으로 부담하기로 하고, 잔여분은 미국이 해결해야 한다는 입장을 정리하여 미국 측에 통보하기로 결정했다.

경수로 사업은 한반도에너지개발기구의 설립을 시작으로 하여 각각 200명의 남과 북 근로자가 투입되어 함경북도 금호지구에서 이미 1997년 8월에 부지 정지 등 기초공사를 시작했다.

1994년 10월 '제네바 북미 기본합의'로 미국 측이 2003년까지 건설하여 북한에 제공키로 한 경수로형 원자력발전소는, 모든 것이 순조롭게 진행만 된다면 합의한 기한보다 약 5년이 지연된 2008년 초 경수로 1호기가 준공될 것으로 보였다. 그러나 이 사업을 반대해온 미국 공화당의 부시 행정부가 출범함으로써 이 계획은 난항을 겪게 된다. 체니 부통령을 비롯한 미국의 네오콘 강경파들은 굴욕외교의 상징인 경수로와 원유 제공은 결코 용납될 수 없으며, '제네바 미북기본합의'는 폐기되어야 한다는 생각을 숨기지 않았다. 마침내 2002년 말 부시 행정부는 북한의 고농축우라늄계획(HEUP) 의혹을 제기하며 이미 35퍼센트 정도 진척을 보인 이 사업을 중단시키고 만다. 당시 이 사업에는 이미 약 15억 달러가 투입된 상태였고, 이 중에는 약 11억 달러의 한국 부담액이 포함돼 있었다.

'의안 2'는 4자회담 대책이었다. 이 문제에 대해서는 내가 며칠 전에 미국 측에 설명하여 동의를 얻은 대로 '4자회담과 남북대화를 분리하여 병행 추진한다'는 원칙이 확정되었다. 제1차 4자회담(1997.12)에서 남북관계 개선 문제를 제기했던 우리 측과는 달리, 북한 측은 "4자회담은 북남문제를 다루는 마당이 아니므로 한반도 긴장완화와 평화체제 구축을 위해 북미평화협정 체결과 주한미군 철수 문제부터 협의하자"고 주장했다. 그리고 3월 중순 제네바에서의 제2차 회담에서 북한은 주한미군 철수 문제 대신 "주한미군의 지위와 역할 변경 문제를 협의 의제로 채택하자"고 수정 제의했다. 이에 미국 측은 "주한미군 문제는 한반도 평화체제를 이룩하는 마지막 단계에 가서 한반도 내의 모든 군사력 문제와 함께 토의 가능할 것"이라며 북측 제의의 수용을 거부했다.

1996년 4월 제주에서 열린 한미정상회담의 합의에 따라 1997년 8월 예비회담을 시작으로 1999년 8월 제6차 회담까지 2년간 지속된 4자회담은 2개 분과위원회의 구성·운영에는 합의했으나 북한 측이 "주한미군 철수와 북미평화협정 체결 문제를 협의 의제로 채택해야 한다"고 끈질기게 주장함에 따라 아무런 진전을 이루지 못한다. 결국 '붕괴임박론'에 기초하여 남북문제를 국제문제화하려던 문민정부의 '4 마이너스 2 전략'은 실패로 끝나고 만다.

'의안 3'은 대미 방위비 분담액 조정 문제였다. 이 해의 분담금은 약 4억 달러(3억 9,900만 달러)로 합의되어 있었다. 방위비 분담액은 1989년 4,500만 달러로 시작하여 "주한미군 유지를 위한 직접비용의 3분의 1 수준을 분담한다"는 원칙에 따라 매년 증액되어왔다. 그러나 IMF 금융위기로 원·달러 환율이 900원대에서 1,900원대로 치솟아 원화부담이 2배로 늘어나자 긴축재정을 운영할 수밖에 없는 새 정부로서는 도저히 감당할 수 없는 실정이었다. 상임위원회 회의에서는 "우리의 방위비 분담은 주로 미군부대 내의 한국인 종업원 급여와 한국업체에 지불할 건설공사비용에 충당하기 위한 것이므로 지난해 수준의 환율을 적용하여 지원하는 것이 합리적이며 현실적"이라는 데 의견이 모아졌다. 이에 국방부가 지난해 수준의 환율적용을 미국 측과 협의하는 것으로 결정되고, 다행히 상당기간의 협상을 통해 이런 원칙하에 이 문제는 해결된다.

'의안 4'는 대북 식량지원 문제였다. 우리는 국제연합식량농업기구(FAO)의 세계식량계획(WFP)에 따른 제4차 요청에 따라 이미 전 정부에서도 긍정적 반응을 보인 옥수수 3만 톤과 밀가루 1만 톤(약 1,100만 달러 상당)을 인도주의적 차원에서 제공하기로 결정했다. 그런데 이것은 FAO의 명의로 제공하는 것이었고, 전 정부는 이러한 방식으로 쌀 15만 톤과 옥수수 5만 톤을 지원한 바 있다.

그러나 앞으로는 우리 명의로 우리가 직접 북한에 지원하자는 원칙을 새롭게 정했다. 그리고 민간차원의 인도적 지원을 적극 권장하기로 했다. 이렇게 함으로써 북한 주민들로 하여금 남녘 동포들과의 민족공동체 의식을 느끼도록 유도하고 이를 통해 이산가족 문제 해결의 돌파구도 마련하는 등 남북관계 개선에도 도움이 되게 하려는 것이었다. 실제로 국민의 정부 5년간 정부 차원에서 쌀 70만 톤, 옥수수 43만 톤, 비료 91만 5,000톤, 그리고 민간차원에서 옥수수 약 8만 톤, 밀가루 약 3만 톤을 직접 북한에 지원했다.

'의안 5'는 '대북정책 기조'였는데 이는 앞서 언급한 내용(258~61면 참조)에 기초하여 정리한 '통일부안'을 충분히 검토하여 제2차 회의에서 채택하게 된다.

'의안 6'은 'NSC의 운영 개선안'으로 내가 제시한 방안을 심의하여 그대로 채택하기로 의결했다. 그리고 관계 법령을 개정하기로 하고 즉각 관보에 입법 예고하여 3월 말까지 국무회의 심의를 거쳐 국회에 이송하기로 결정했다.

이러한 계획에 따라 '국가안전보장회의법 개정안'은 5월에 국회에서 의결되었고, 곧이어 대통령령으로 '국가안전보장회의 운영 규정'도 제정·공포되어 6월 5일 NSC 사무처가 우선 정원 16명으로 정식 발족하게 된다.

제1차 회의는 성공적으로 진행되었다. 앞으로 상임위원회 정기회의는 원칙적으로 매주 목요일 오후 4시에 개최하기로 정하고, 또한 이에 앞서 차관보급의 실무조정회의를 매주 화요일 오후에 개최하여 의안을 사전에 검토함으로써 상임위원회의 효율성을 보장하도록 했다. 상임위원회 회의에서의 자유스러운 발언과 토론을 보장하고 보안을 유지하기 위하여 기록요원 1명만 배석하게 하고, '회의 결과 보고서'는 이튿날 대통령의 재가를 받아 그 사본을 즉각 상임위원들에게 전달하는 전통이 첫 회의에서부터 확립되었다.

나는 "상임위원회 회의를 마치면 만찬회를 열도록 하자"고 제의하여 전원 찬성을 얻었다. 만찬은 상임위원들이 교대로 주최하기로 했는데, 식사를 함께하면서 상임위원회 회의에서의 공식적인 논의 못지않은 비공식적인 대화를 통해 다양한 정보를 교환하고, 서로 이해하고 우의를 다지는 과정을 통해 성공적인 팀워크를 조성하자는 취지였다. 이 '회의 후 만찬' 전통도 국민의 정부 마지막까지 잘 지켜졌다.

이렇게 탄생한 NSC 상임위원회는 국민의 정부 5년간 수많은 중요한 정책과 안건을 심의하여 대통령의 정책결정 과정에 크게 기여했다. 김 대통령은 여러차례 국무회의와 청와대 수석비서관회의 등에서 NSC 상임위원회의 활약을 높이 평가하며 "외교·안보·통일 분야는 결심하기 편하도록 잘 보좌해주어 고맙다"는 칭찬을 아끼지 않았다. 김 대통령은 재임기간 중 NSC 상임위원회의 건의를 거의 100퍼센트 승인했다.

국민의 정부 5년간 NSC 상임위원회 회의는 1998년 3월 7일 제1차 회의 이래 2003년 2월 20일 마지막 회의 때까지 총 229회 개최되었다. 통상 2명의 상임위원이 수행하는 대통령 해외순방(총 25회) 기간을 제외하면 거의 매주 회의가 열린 셈이다. 상임위원회는 5년간 총 708건의 의안을 처리했는데, 남북관계 현안이 39퍼센트로 가장 많았고 대외관계 현안이 28퍼센트, 국방문제가 19퍼센트를 차지했다. 대통령이 주재하는 회의는 1년에 3~4회 열렸으며, 필요에 따라 대통령은 다른 분야와 병행하여 안보분야 관계장관회의를 개최하는 경우도 있었다.

국민의 정부 5년간 이 회의에는 통일부장관, 외교통상부장관, 외교안보수석비서관이 각각 5명, 국방부장관과 국가정보원장이 각각 4명 교체되며 참석했다. 나는 외교안보수석비서관, 통일부장관, 국가정보원장, 그리고 통일외교안보특별보좌역으로 단 한 차례를 제외한 전 회의에 모두 참석하는 진기록을 남겼다. 김대중 대통령은 내가 이 회의에 빠짐없이 참석하여 정책의 일관성과 계속성을 유지하는 데 지속적으로 기여해주기를 원했다.

문민정부가 남긴 유산

1991년 '남북기본합의서'가 채택되고 남북관계 개선의 길이 마련되었으나 다음 집권한 문민정부 5년(1993~97) 동안 남북관계는 악화되고 냉각되어버렸다. 남북관계를 북한 핵문제에 종속시키고 '북한의 붕괴가 임박했다'는 잘못된 판단 때문이었다. 이에 더해 문민정부는 핵비확산 정책을 추진한 클린턴 행정부의 북핵문제 접근방법에 반대하고 나서 북핵문제 협상에는 아예 참여하지도 못한 채 막대한 경수로 부담금만 떠안는 결과를 초래했다.

미국과의 관계개선을 위해 북미고위급회담을 갈망해온 북한은 새로 출범한 클린턴 행정부의 관심을 촉발하기 위해 1993년 3월 11일 "핵확산금지조약(NPT)에서 탈퇴할 것"이라며 '벼랑 끝 전술'을 사용한다. 이에 북한의 제의를 받아들인 미국은 6월에 북미고위급회담을 통해 핵문제 해결과 북미관계 정상화 문제에 대한 포괄적 협상을 시작한다.

그러나 이에 반발한 김영삼 대통령은 "핵을 가진 자와는 악수할 수 없다"며 핵 연계 전략을 선언했던 것이다. 이로써 남한은 핵 협상에 당사자로서 참여하지도 못하게 되고 남북관계 개선의 노력도 아예 포기해버리게 된다. 어렵게 도출해낸 남북기본합의서 이행도 불가능해지고, 남북관계에서 '잃어버린 5년'이 시작된 것이다.

1993년 11월에 클린턴 행정부가 북한의 '일괄타결안'을 수용하려 했을 때도 김영삼 대통령은 이에 정면으로 반대하여 협상을 파탄시키는 결과를 초래한다. 이에 반발한 북한은 5메가와트급 원자로에서 미국이 금지한 '사용 후 연료봉' 추출을 시도하고, 급기야 미국은 이를 저지하기 위하여 군사공격을 추진함으로써 한때 한반도의 전쟁위기까지 치닫는 이른바 1994년 봄의 '제1차 북핵위기'가 조성된다. 이때 지미 카터 전 미국 대통령이 평양을 전격 방문하여 김일성 주석과의 회담을 통해 문제 해결의 돌파구가 마련되고 이를 계기로 미국과 북한은 다시 제네바에서 포괄적인 주고받기식 협상을 추진하게 된다.

김영삼 대통령은 다시 1994년 10월 중순 『뉴욕타임스』와의 인터뷰를 통해 마무리 단계에 있던 제네바합의 내용에 대한 반대의사를 밝힌다. "붕괴에 직면해 있는 북한과 타협한다는 것은 북한정권의 생명을 연장시키는 결과를 초래할 뿐이며 한국과는 달리 북한과의 협상 경험이 적은 미국이 북한에 속고 있다"고 주장한 것이다. 이에 미국정부는 "대중적 인기에 연연하지 않는 참된 지도자의 모습을 보이라"며 김영삼정부에 불쾌감을 표명한 것으로 알려졌다. 확실한 비전도 없이 무책임한 여론에 좌우되는 것을 우려한 것이다.

'제네바 북미 기본합의'(1994.10.21)를 통해 북한은 핵활동을 즉각 동결하고 모든 핵시설을 단계적으로 폐기하기로 한 동시에 IAEA의 감시와 사찰을 받게 된다.

미국은 북한의 안전을 보장하고 각종 제재를 해제하는 등 관계 정상화를 추진하는 한편 경수로 발전소를 건설하여 제공하고, 이것이 완공될 때까지의 전력 손실을 보전하기 위해 매년 50만 톤의 중유를 제공하기로 합의한다.

마침내 김영삼 대통령도 지미 카터 전 미국 대통령이 주선한 남북 정상회담 제의를 수용하지만 김일성 주석의 갑작스러운 사망으로 성사되지 못한다. 김일성 주석 사망소식이 알려지자 김영삼 대통령은 즉각 전군에 비상경계령을 내림으로써 북한 측을 '북침공포증'에 몰아넣었고, 이를 두고 북한은 한동안 대남비방을 계속하게 된다.

김일성 주석 사망 후 북한에서 자연재해가 이어지면서 아사자와 탈북자가 속출하자 문민정부는 '붕괴임박론'에 다시 큰 기대를 걸게 되고 남북관계는 동결상태가 지속된다.

이와 같이 김영삼 대통령은 북핵문제를 빌미로 남북관계를 파탄시켰을 뿐만 아니라 북핵문제 해결 방법을 둘러싸고 미국과 갈등을 계속하면서 북핵문제 해결에 아무런 역할도 하지 못한 채 결과적으로 미국의 결정에 따르게 되었다. 그리고 불편한 한미관계 속에서 IMF 금융위기까지 초래함으로써 차기 정부에 엄청난 부담을 안겨주기에 이른다. 1998년에 출범한 김대중정부는 한미관계를 정상화하는 한편 얼어붙은 남북관계를 녹이는 일부터 시작해야 했다.

판문점을 열어라

나는 경색된 남북관계의 실타래를 풀기 위해서는 다차원적인 접근 노력이 필요하다고 판단했다. 김대중 대통령의 집권 초기에 나는 일단 네가지 문제에 관심을 기울였다. 무엇보다도 지난 5년간 경색된 남북 당국 간의 대화를 복원하는 것이 급선무였다.

한편 민간기업들로 하여금 대북교역을 활성화하고 경협을 추진케 하는 것이 긴요하다고 보았다. 또한 그동안 수세적 입장에서 경원시해온 민간차원에서의 남북교류와 대화를 장려하기 위한 대책도 필요하다고 생각했다. 그리고 지난 7년간 파탄된 군사정전회담도 어떤 형태로든지 조속히 복원시켜야 했다.

우선 남북 당국 간의 대화를 시작했다. 1998년 4월 초 북측은 비료지원 문제 등 상호 관심사를 협의하기 위하여 차관급 남북 당국 간 회담을 베이징에서 개최하자고 제의했다.

이에 앞서 3월 말 베이징에서 열린 구호물자 지원을 위한 남북적십자대표 접촉에서 북측은 비료 20만 톤 지원을 요청했으나, 우리 측은 "대규모 비료지원은 적십자 차원에서는 불가능하니 우리 정부 당국에 공식 제의하는 것이 좋겠다"는 입장을 밝힌 바 있다.

4월 11일부터 정세현(丁世鉉) 통일부차관과 북측 전금철(全今哲) 정무원 책임참사를 수석대표로 하는 차관급 회담이 베이징에서 열렸다. 우리 측은 회담 장소를 판문점으로 수정할 것을 제의했으나 북측은 이를 받아들이지 않았다. 이 첫 회담은, 우리 측은 비료지원과 이산가족상봉을 연계하자는 '상호주의 원칙'을 주장했고 북측은 이를 완강히 거부하여 아쉽게도 결렬로 끝나고 말았다.

국민의 정부는 이산가족 문제 해결을 대북정책에서 가장 시급한 과제로 인식하고 있었다. 김대중 대통령은 '한 맺힌 이산가족들이 세상을 떠나기 전에 헤어진 가족의 생사만이라도 알기를 원하며 단 한 번만이라도 상봉하고 싶어하는 애절한 소원을 풀어주는 것이 정부의 책임'이라고 생각하고 이 문제부터 해결할 것을 거듭 강조했다.

이산가족상봉을 신청한 인원만도 이미 10만명을 넘어서고 있었다. 정부는 민간차원에서 우선 제3국(주로 중국)에서의 북한주민 접촉을 권장하고, 경제적 부담을 덜어주기 위한 경비 지원도 마다하지 않았다. 또한 이산가족상봉을 위한 북한방문 절차를 간소화했다.

그러나 결국 이산가족 문제의 근본적인 해결은 남북 당국 간 협상을 통해서만 가능한 것이었다. 우리 측은 "인도적 차원에서 북측이 원하는 비료 20만 톤을 지원하겠으니 역시 인도적 차원에서 이산가족상봉 문제도 함께 추진하자"는 식으로 비료지원을 이산가족상봉 문제와 연계하여 단계적으로 제공하겠다고 제의했다. 이에 자존심이 상한 북측은 "인도주의적 문제에 상호주의 원칙을 적용하는 것 자체가 비인도적"이라고 비판하며 '부대 조건 없는 지원'을 주장했다. 즉 '선 비료지원 합의, 후 상호 관심사 협의'의 입장을 고집한 것이다.

애초에 김대중정부의 출범에 많은 기대를 걸었던 것으로 보이는 북측은 일주일이나 회담을 끌면서도 끝내 타협하려 하지 않았고 결국은 일방적으로 회담 결렬을 통보했다. 이로써 근 4년 만에 재개된 남북 당국 간 회담이 아무런 성과도 없이 끝나버리고만 것이다.

회담이 결렬된 후부터 북측은 '햇볕정책'에 대한 비난 공세를 전개하기 시작한다. 잠수정에 의한 침투도발행위도 이때 일어난 일이다. 국내언론은 '이산가족 문제도 해결하지 못하는 햇볕정책'을 비판하고 나섰다. 이렇게 하여 우리가 시도했던 '상호주의 원칙'은 시련을 겪게 된다.

그러나 이번 회담의 결렬을 지켜보면서 우리는 "북측의 자존심을 상하지 않게, 가진 자로서 먼저 베풀면서 우리의 목표를 달성하는 '선공후득(先供後得)'의 지혜를 강구해야 한다"는 교훈을 얻게 되었다. 문제는 상호주의를 강력하게 주장하는 야당과 보수언론의 동조를 이끌어내는 것인데, 국무총리 인준도 해주지 않는 여소야대 정국을 어떻게 극복하느냐가 무엇보다 관건이었다. 남북대화가 다시 재개된 것은 이로부터 1년 후인 1999년 5월 남북 당국 간의 비공개 접촉을 통해서였다.

한편 국민의 정부는 경제적 접근을 통해 남북관계를 발전시키고 긴장을 완화시키려는 정책 기조에 따라 4월 말에 '남북경제협력 활성화 조치'를 발표한다. '정경분리 원칙'에 입각하여 방북승인 범위를 모든 기업인으로 확대하고 생산설비 반출도 무상 또는 임대를 허용하는 한편 100만 달러 이하로 제한하는 규제도 철폐했다. 또한 투자 업종을 제한적으로 명시하는 '포지티브 시스템'(positive system)에서 일부 민감한 분야만 제외하고 모두 승인하는 '네거티브 시스템'(negative system)으로 전환하고 투자규모 제한도 완전히 폐지하는 등 과감한 조치를 취했다. 이제 기업인들은 시장경제원리에 따라 자체판단에 의한 대북경협사업을 비교적 자유롭게 할 수 있게 된 것이다. 이러한 조치에 따라 많은 기업인들이 대북접촉을 통해 북한 진출 가능성을 타진했으나, 북한의 전력난 등 열악한 인프라와 법제의 미비, 정세의 불안정 등으로 '아직은 투자나 경협이 부적절하다'는 판단이 대세를 이루었다.

시간이 흐르면서 비교적 안전한 사업은 '위탁가공 교역'인 것으로 드러났다. 그나마 위탁가공 교역이 늘어나면서 기술지도와 품질검사 등을 위한 방북이 서서히 증가하고 교역량도 차츰 증대하기 시작한다. 이러한 불리한 여건에서도 현대의 정주영 회장은 금강산 관광개발사업을 추진하고 경협사업을 모색하면서 한반도 긴장완화와 남북관계 개선에 크게 기여하게 된다.

민간차원의 남북교류와 대화를 허용하는 것은 남북관계 개선을 위해 시급한 문제였다. 8·15광복절을 앞두고 일부 재야시민단체들이 '남북 8·15 통일축전' 행사를 북에 제의할 것을 추진하고 있었다. 정부로서도 더이상 통일문제를 정부가 독점할 것이 아니라 민간차원의 통일운동을 격려하고 올바른 방향으로 전개할 수 있도록 도와야 할 때가 되었다고 판단했다. 정부는 우선 민간차원의 대북교류 추진을 위한 민간기구 창설을 돕기로 한다.

그동안 북한은 이른바 '통일전선전술'의 일환으로 매년 남북 정당·사회단체 대표 등 각계각층을 망라하는 군중집회식 범민족대회나 정치협상회의 따위를 개최하자는 대남공세를 취해왔다. "조국통일문제를 위한 북남대화는 당국만의 독점물이 되어서는 안 되며, '민족대단결'의 입장에서 한자리에 모여 미군 철수와 국가보안법 철폐 등을 포함한 통일방안을 논의하고 결정하자"는 주장도 해왔다. 그해에도 8·15광복절에 범민족대회 등을 개최하자고 공세를 취할 가능성이 농후했다.

이에 우리 정부도 과거처럼 수세적으로 '접촉 불허'만을 고집할 것이 아니라, 자신감을 갖고 공세적으로 기선을 제압하여 먼저 제의하고 주도해나갈 수 있도록 하는 것이 바람직하다고 보았다. 북한이 주한미군 철수나 국가보안법 철폐 등을 거론하더라도 이에 정면으로 맞서 우리의 주장을 공세적으로 떳떳하게 주장할 때가 되었다고 판단한 것이다.

앞서 말했듯이 국제적인 냉전이 종식되고 남북의 경제 격차가 커짐에 따라 이제는 우리 국민들도 자신감을 갖고 북한을 설득할 수 있는 역량을 갖게 되었으며 남북 접촉과 교류를 주도할 수 있는 단계에 이르렀다고 본 것이다. 그러나 이를 위해서는 북측에 대해 조율된 목소리를 낼 수 있는 범국민적 기구가 필요하다고 판단했다.

우리 사회는 다양성을 특징으로 하는 자유민주주의 사회이므로 특히 대북문제에서 사전에 보수와 진보 간의 대화를 통한 갈등 해소와 공조가 필요하다. 나는 냉전적 수구가 아닌 건전한 보수, 극좌가 아닌 건전한 진보는 손을 맞잡을 수 있으며 민족문제는 보수와 진보가 균형을 이루는 가운데 진척되어야 하고 또한 그럴 수 있다는 신념을 갖고 있었다.

김 대통령은 6월 초 민간단체의 남북통일축전 개최 문제를 긍정적

으로 검토하라고 지시했다. 이에 나는 우선 범국민적 민간협의기구
가 필요함을 강조하고 가칭 '민족화해협력범국민협의회'의 창설을 유
도하는 것이 좋겠다는 의견을 제시했다. 7월 초 NSC 상임위원회는
통일부와 관련 부처에서 검토한 이 문제를 협의하여 건의하게 된다.

보수와 진보를 총망라한 각 정당 및 통일운동단체로 범국민적 민
간기구를 구성하여 민족과 통일문제에 대한 국론을 통합하는 운동
을 전개함으로써 남남갈등을 최소화한다. 그리고 여러 분야에 걸쳐
남북교류협력을 추진하는 한편 민간차원의 남북대화도 주도하도록
하는 것이 바람직하다는 것이 건의 내용이었다. 정부 관여를 배제하
는 순수한 민간기구로 발전하도록 해야 한다는 원칙도 포함되었다.

이런 제안이 각 정당과 통일운동단체 지도자들의 지지를 얻어
1998년 9월 3일 '민족화해협력범국민협의회'(민화협)가 정식으로
발족된다. 이후 민화협은 120여개 단체가 참여하여 활발한 활동을
전개하게 된다.

남북관계 개선을 위해서 또다른 시급한 문제는 지난 4년간 폐쇄된
상태에 있는 판문점을 개방하는 일이었다. 판문점은 1950년대 이래
군사정전위원회 회담 장소로, 1970년대부터는 남북적십자회담 등 남
북대화 장소로, 1990년대 초에는 남북고위급회담대표 접촉 장소로,
그리고 서울과 평양을 왕래하는 통로로 사용되어왔다.

그러나 군사정전위원회가 무실화(無實化)된 이래 판문점은 다시
긴장의 장소로 변해버렸다. 남북화해와 평화를 위해서는 판문점이
연락업무·남북대화·이산가족상봉의 장소로, 그리고 사람과 물자 왕
래의 통로로 개방되지 않으면 안 된다. 그러기 위해서는 우선 군사정
전위원회 회담부터 가동되어야 한다고 판단한 나는 이 회담이 열리

지 못하는 원인을 먼저 파악해보았다.

1991년 유엔군 측 수석대표를 한국군 장성으로 임명한 데 반발하여 북측은 지난 7년간 군사정전위원회를 무실화했다. 북측은 남북대화가 파탄된 1994년부터는 유엔군과 북한군 간의 회담이 아니라 '북미 장성급군사회담'으로 그 위상을 바꾸자고 주장해왔다. 그러나 그것은 한국을 제외시키려는 것으로 한국정부로서는 결코 받아들일 수 없는 주장이었다.

그러던 중 국민의 정부 출범과 때를 같이하여 북측은 '유엔군-조선인민군 장성급회담'으로 하자고 수정 제의했다. 그러나 우리 국방부가 몇가지 세부 문제에 이의를 제기하여 별다른 진전이 없는 상태였다. "이 회담은 어디까지나 군사정전위원회의 태두리 안에서 열려야 하며, 한국군을 포함한 모든 대표들이 동등한 발언권을 갖도록 하고, 수석대표 대신 '주발언자' 개념으로 운용해야 한다"는 주장을 우리 국방부가 고집했던 것이다.

나는 국방부의 이러한 주장에 대해 북측은 물론 미국도 탐탁지 않게 생각하고 있다는 사실을 알게 되었다. 나는 "정전체제의 관리가 더 긴요하며 남북관계 개선을 위해서라도 조속히 판문점이 개방되어야 한다"고 주장하며 국방부에 명분보다 실리를 택할 것을 권고하는 한편 대안을 제시했다. '군사정전위원회의 태두리 안에서'보다는 더 상위 개념인 '정전협정의 태두리 안에서'로 수정 제의함이 바람직하다는 내용이었다. 그리고 발언권의 경우 "국제관례에 따라 수석대표가 행사하되 다른 대표도 발언권을 갖는 것"으로 수정하면 될 것이라고 권고했다. 미국 측에 타진해본 바로는 보즈워스 대사는 물론 유엔군사령관 존 틸럴리(John Tilelli) 장군도 나의 대안에 찬성하며 "북측도 수용할 것"이라는 견해를 표시했다. 나는 이 문제를 NSC 상임위원회 회의에 회부하여 결국 국방부의 양보를 받아냈다.

5월 말 유엔군 측은 북한군 측에 이 대안을 제시하여 합의하는 데 성공하고 6월에는 제1차 판문점 장성급회담이 개최되면서 군사정전위원회 업무가 7년 만에 정상을 회복하게 되었다. 판문점 남북연락사무소도 다시 업무를 개시했다. 판문점이 4년 만에 다시 개방된 것이다.

이 해 6월 중순에는 정주영 현대 명예회장이 500마리의 소떼를 몰고 판문점을 통해 북한을 방문하는 빅 이벤트가 연출된다. 결국 금강산 관광사업으로 이어지게 되는 이 인상적인 이벤트는 남북관계에 대한 국민들의 기존인식을 바꾸는 계기가 되었으며 남북 간의 화해와 협력의 새 시대를 알리는 신호탄이 되었다. 5월 말 유엔군 측과 북한군 측의 합의가 성사되지 않았다면 이런 일은 불가능했을 것이다.

소떼 방북과 금강산 관광

'남북경제협력 활성화 조치' 발표 후 제일 먼저 앞장선 사람은 정주영(1915~2001) 현대 명예회장이었다. 그는 9년 전인 1989년 초에 방북하여 합의했으나 실현되지 못했던 금강산 관광개발사업을 비롯한 경협사업을 새 정부의 출범에 맞춰 다시 추진하게 된다.

특히 정 회장은 한반도의 긴장완화와 평화통일에 기여하겠다는 확고한 신념을 가지고 "남북이 서로 도우며 사는 것이 곧 통일이다" "내 고향인 금강산 개발은 나의 마지막 소원이다"라고 밝히면서 금강산 관광개발사업에 열을 올렸다. 나는 정경분리 원칙에 따라 민간기업, 특히 정주영 회장의 노력을 적극 지원하는 것이 대북화해협력 정책을 성공시키는 지름길이라고 믿고 아직은 반신반의하던 정부 관련 부처에 협조를 권장하고 조력하는 데 앞장섰다.

1998년 6월 16일 정주영 회장은 소떼 500마리를 몰고 판문점을 통해 방북하여 금강산 관광개발사업과 유람선관광사업에 합의했다. 그리고 10월 말 다시 소떼 501마리를 몰고 방북하여 김정일 위원장을 만나 11월 18일부터 금강산 관광선을 운항하기로 합의한다.

평양 백화원 영빈관에서 처음으로 만난 정주영 회장과 김정일 국방위원장은 금강산 관광개발사업 이외에도 광범위하게 경협 문제를 논의했다. 이날 논의된 경협사업에는 서해유전 개발, 자동차 조립 생산, 경의선 철도 복선화, 평양화력발전소 건설 등이 포함되었다고 한다. 김정일 위원장의 경협 열의를 확인한 정 회장은 이러한 사업 추진을 위한 장기 독점사업권을 요청하는 한편 비무장지대(DMZ) 직후방에 남측의 자본과 기술을 북측의 노동력과 결합하여 공동의 이익을 추구할 수 있는 산업공단부터 설치할 것을 주장하여 원칙적인 동의를 얻어냈다. 현대는 해주를 생각하고 있었다. 정주영 회장의 방북으로 베일에 가려져 있던 김정일 위원장의 경협 의지를 확인한 것은 큰 성과가 아닐 수 없었다.

NSC 상임위원회는 통일부가 제기한 금강산 관광개발사업 승인에 관한 안건을 심의했다. 통일부 보고에 의하면, 북측은 김정일 위원장의 특명에 의해 법과 제도를 초월하여 이 사업을 추진키로 결정했으며, 최전방 군사지역인 금강산지역뿐 아니라 해군기지인 장전항도 개방키로 했다는 것이다. 장전항은 북한 해군함대의 중요한 최전방 기지이자 잠수함 기지도 있는 군사적 요충지로 우리는 북측이 그곳을 개방하기는 어려울 것으로 보았다. 그러나 현대 측의 장전항 개방요구가 처음 협의 단계에서는 군부의 강력한 반대로 좌절되고 대신 북쪽에 있는 원산항을 개방키로 결정되었지만 곧 김정일 위원장의 결단으로 장전항을 개방키로 했다는 것이다. NSC 위원들은 반신반의하는 분위기였다. 그러나 그것이 사실이라면 이것은 군사적 긴장완화를 위한 중요한 첫걸음이 될 수 있을 것이라며 모두들 긍정적으로 평가했다.

정 회장과 김 위원장의 합의에 의하면, 유람선의 항로는 연안 5마일 기준으로 안전항해를 보장하되 관광객의 신변 안전보장은 사회안전부장 명의로 포괄적 신변안전 및 무사귀환 보장 각서를 제공하며, 남과 북이 서로 이탈자나 탈북자를 인정하지 않기로 하고 분쟁해결 방안도 마련했다는 것이다. "북측은 일정지역을 관광개발지역으로 현대 측에 제공하고 30년간 장기 독점개발권을 부여하며 그 대가는 현금으로 지불키로 한다"는 내용도 포함되어 있었다.

나중에 확인된 바에 의하면 현대는 30년간 독점개발권의 대가로 2005년 3월까지 6년 4개월간 9억 4,200만 달러를 매월 분할 지불하기로 이면합의했다고 한다. 월평균 1,200만 달러의 거액인 셈이다. 우리는 엄청난 액수에 놀랐지만 현대 측은 잘된 협상이라며 만족스러워했다. 그러나 이 합의는 얼마 안 가서 관광 인원수 기준 지불방식으로 대폭 수정되기에 이른다.

NSC 상임위원회는 정경분리 원칙을 재확인하고 통일부의 건의대로 금강산 관광개발사업을 남북경협사업으로 승인하고, 현대가 시장경제 원리에 따라 자기 책임하에 순수 민간사업으로 추진하도록 승인한다는 데 동의했다. 이에 따라 통일부는 관광객의 신변 안전조치와 방북자의 사전 교육에 대한 대책을 강구하도록 했다. 다만 장기 독점 개발권의 대가 지불은 현금이 아니라 현물로 제공하도록 권고하기로 했다. 현금이 군사적 목적에 전용되는 것을 우려했기 때문이다.

한편 정보기관은 이 현금의 흐름을 파악하여 북측의 군사비 전용을 방지하기 위한 조치를 강구하기로 했다. 조사 결과 무역적자에 허덕이는 북한이 국토정비사업 등에 투입한 건설 중장비와 노후한 공장기계설비 부품 수입을 위해 매년 1억 달러 이상을 지출한 것으로 확인되었는데, 여기에 남측에서 지불한 자금이 사용된 것으로 추정되었다.

11월 18일 밤하늘을 아름다운 불꽃으로 수놓은 축제 분위기에서 정주영 명예회장을 비롯한 826명의 관광객을 태운 첫번째 관광선이 동해항을 출항하여 금강산으로 향했다. 역사적이고 감동적인 이 광경은 전파를 타고 전세계에 널리 퍼져나갔다.

이틀 후 두번째 관광선이 떠나던 날 저녁 서울에 도착한 클린턴 미국 대통령은 숙소인 신라호텔에서 TV 보도로 이 광경을 지켜보고 느낀 소감을 이튿날 한미정상회담을 마치고 열린 공동기자회견에서 피력했다. 그는 어젯밤 축제 분위기에서 호화유람선이 600여명의 관광객을 가득 태우고 출항하는 평화스러운 장면을 보고 감동했다며 "매우 신기하고 아름다운 장면"이었다고 말했다. 남북한 화해협력의 현장, 긴장완화의 현장, 햇볕정책이 성공하는 현장을 목격한 미국 대통령의 이 발언은 전파를 타고 전세계에 퍼져나갔다. 결과적으로 이는 한반도 위기를 외치는 강경파들의 목소리를 잠재우고 안보불안 때문에 한국에 대한 투자를 꺼리던 사업가들의 마음을 변하게 만드는 데 지대한 영향을 주게 된다.

금강산 관광선이 운항을 개시한 때는 여러가지로 중요한 의미가 있는 시기였다. 8월 초 '금창리 지하핵시설 의혹'이 제기되고 31일에는 대포동 미사일이 일본 열도 너머로 발사되어 국내외 강경파들이 북한 핵시설에 대한 '정밀공중공격'을 주장하는 등 한반도의 안보위기가 고조되는 국면이었다. 우리는 IMF 금융위기 극복을 위하여 외국투자를 유치해야 할 형편이었지만 전쟁이 일어날지도 모른다는 안보불안으로 외국인 투자자들이 한국에 대한 투자를 꺼리는 분위기였다. 화해·협력을 외치며 출범한 국민의 정부는 이미 집권 8개월을 넘어섰지만 남북관계 개선의 물꼬도 트지 못한 채 금융위기에 더하여 안보위기까지 겹친 이중적 도전에 직면한 어려운 상황에 처해 있었다.

이러한 상황을 배경으로 남쪽 관광객을 가득 실은 호화유람선이 분단의 장벽을 뚫고 동토의 북한 땅을 오가게 된 것이다. 이는 여러가지로 중요한 의의를 지닌다. 이로써 한반도 긴장완화와 남북관계 개선의 계기가 마련되었을 뿐만 아니라 남과 북이 모두 경제회생의 전기를 맞이하게 되었기 때문이다. 사실 당시 정부 입장에서는 이러한 위기상황에서 금강산 관광사업을 흔쾌히 허가할 형편이 못 되었다. 그러나 나는 대통령에게 이렇게 건의했다.

"문제가 없는 것은 아니지만, 그리고 성공의 보장이 있는 것도 아니지만, 이러한 이중의 위기상황을 돌파하기 위해서라도 금강산 관광선 취항을 허가해주셔야 합니다."

김 대통령도 나의 의견에 적극 찬성했다. 그것은 일종의 모험이었다.

김대중과 클린턴의 첫 만남

김대중 대통령의 초기 외교는 투자 유치 등 경제위기 극복과 대북 햇볕정책에 대한 국제적 지지 획득에 중점을 두었다. 나는 권종락과 송민순 외교비서관의 도움을 받아 김 대통령의 성공적인 정상외교를 위해 방문국과의 긴밀한 사전 조율을 총괄 지휘하는 한편 회담 자료부터 각종 연설문과 만찬사에 이르기까지 모든 것을 치밀하게 준비했다. 또한 대통령을 직접 수행하며 옆에서 보좌했다.

미국, 일본, 중국에서는 모두 '국빈'으로 예우하여 그를 맞았다. 김 대통령은 투옥·연금·망명으로 점철된 생애 속에서도 민주주의와 인권을 위해 불굴의 영웅적 투쟁을 해온 인물로 대통령 이전에 이미 국제적 저명인사였다. 또한 그에 더해 건국 이후 최초로 평화적 여야 정권교체를 이룩한 위대한 대통령이라는 권위를 덧입고 있었다. 덕분에 가는 곳마다, 만나는 사람마다 진심으로 그를 존경으로 대하고 최대로 존중하는 배려를 아끼지 않았다. 그는 민주주의와 시장경제에 입각하여 외환위기 극복을 위한 성공적인 경제개혁을 단행하고 있는 대통령으로서도 찬사를 받았다.

게다가 그의 외교 솜씨는 놀라운 수준이었다.

1998년 6월 초 김 대통령은 8박 9일간의 미국 '국빈 방문' 길에 오른다. 6월 9일 워싱턴 백악관에서 두 나라의 국가가 차례로 연주되며 21발의 예포가 발사되었다. 의장대를 사열하고 난 뒤에는 클린턴 대통령의 환영사와 김대중 대통령의 답사로 이어지는 성대한 공식 환영행사가 열렸다.

클린턴 대통령은 환영사에서 "김 대통령이 미래에 대한 희망을 버리지 않고 역경을 극복하여 민주주의와 인권 신장을 위해 노력한 결과 50년 만에 처음으로 민주적 정권교체를 이룩한 데 대해 진심 어린 존경과 찬사를 보낸다"고 했다. 그는 오랫동안 부당하고 가혹한 탄압을 받다가 사형선고까지 받았던 김 대통령을 남아공의 넬슨 만델라(Nelson R. Mandela), 체코의 바츨라프 하벨(Václav Havel) 등과 함께 이 시대의 '자유의 영웅'이라며 칭송했다.

환영행사가 끝난 후에는 상호 존경의 진지한 분위기에서 한미정상회담이 열렸다. 오벌오피스에서 열린 65분간의 한미정상회담에 우리 측에서는 박정수 외교통상부장관과 이홍구 주미대사, 그리고 외교안보수석비서관인 내가, 미국 측에서는 앨 고어(Al Gore) 부통령과 매들린 올브라이트 국무장관, 그리고 쌔뮤얼 버거(Samuel D. Berger) 국가안보보좌관이 배석했다.

클린턴 대통령은 "김 대통령의 관용과 신념, 선견지명에 많은 사람들이 고무되고 있다"며 다시 한번 경의를 표했다. 그리고 대통령 취임 100일간 이룩한 경제개혁 등의 업적을 높이 평가하고 "한국에서 민주주의와 시장경제의 발전은 아시아의 모범이며 여러 나라에 중요한 영향을 미치고 있다"며 찬사를 아끼지 않았다. 그리고 한국경제를 회복시키려는 김 대통령에 대한 전폭적인 지원의지를 밝혔다.

이윽고 클린턴 대통령이 김 대통령에게 대북정책에 대해 설명해주기를 요청하자 김 대통령은 기다렸다는 듯이 약 30분간 신명난 어조로 햇볕정책을 설명했다. 클린턴 대통령은 진지하게 경청하며 적극적인 찬동을 표시한 후 "김 대통령의 비중과 경륜을 볼 때 이제 한반도 문제는 김 대통령이 주도해주기 바란다"며 "김 대통령이 핸들

워싱턴 백악관에서 열린 한미정상회담 장면. 왼쪽부터 시계방향으로 저자, 이홍구 주미대사, 박정수 외교통상부장관, 강경화(통역), 김대중 대통령, 클린턴 대통령, 통김(통역), 앨 고어 부통령 (1998.6.9)

을 잡아 운전하고 나는 옆자리로 옮겨 보조적 역할을 하겠다"고 말했다.

이 말을 옆에서 듣는 순간 나는 큰 감동을 받으며 기쁨을 감출 수 없었다. 지금까지의 클린턴 행정부의 붕괴론적 대북 시각이 이번 방미를 계기로 변화론적 시각으로 변하게 된다.

국제 외교무대에서 정상 간의 개인적 친분과 신뢰는 두 나라 모두에 국가적 자산이 된다. 실제로 클린턴 대통령은 재임기간 중 이 약속을 성실하게 지켜 일관성 있게 대북포용정책을 한미 공동으로 추진했고, 김대중과 클린턴 대통령 재임기간의 한미관계는 역사상 최상의 돈독한 관계를 유지한 시기로 평가받게 된다.

방미 직전 『뉴욕타임스』는 "김 대통령이 이번 방미에서 미국정부가 북한에 대한 경제제재를 종식시킬 것을 촉구할 방침"이라고 보도했다. 또한 이 신문은 사설을 통해 "북한의 변화를 촉진시키는 가장 좋은 방법은 대북제재가 아닌 경제·외교적 관계의 확대임을 김 대통령은 잘 이해하고 있다"고 논평하며 "미국은 김 대통령의 말을 귀담아 들어야 한다"고 주장했다. 김 대통령은 방미에 앞서 아직 경제제재 해제를 고려하고 있지 않은 클린턴 행정부의 입장을 감안하여 언론을 통한 탐색과 여론 조성을 위한 기선잡기 외교를 벌였던 것이다.

200명의 정치인, 경제인, 인권 관계 인사와 미국에서 성공한 한국계 인사들이 초청된 이날의 국빈 만찬은 젊은 위관급 장교들이 손님 안내를 맡고 해병대 밴드가 아름다운 음악을 연주하는 가운데 화기애애한 분위기에서 진행되었다.

인상적이었던 것은 6년 전부터 뉴욕 메트로폴리탄 오페라 극장에서 활약하고 있는 줄리어드 음악학교 출신의 소프라노 홍혜경 씨가 두 곡의 노래를 열창하며 참석자들을 매료시킨 것이다. 한 곡은 김 대통령이 걸어온 발자취를 생각하며 부른 「거룩한 주」이고, 다른 한 곡은 통일의 염원을 담아 부른 「그리운 금강산」이었다. 홍혜경 씨는 노래를 부르기에 앞서 "우리 어머니가 너무도 정열적으로 김 대통령을 사랑하기 때문에 우리 집에서는 김 대통령을 '우리 어머니의 보이프렌드'라고 부른다"고 말하여 열광적인 박수를 받았다.

다른 하나의 큰 이벤트는 상하 양원 합동회의 연설이었다. 미국의 상하 양원 의원들은 물론 정부 요인, 고위 장성, 외국 대사들로 가득 찬 의사당에 김 대통령이 입장하자 모두가 기립하여 환성을 올리며 박수로 '한국에서 온 영웅'을 환영했다. 연설 도중에도 16번이나 박수가 터져나왔다. 이 연설을 위해 김 대통령은 상당히 많은 신경을 써서 연설문을 다듬었고 나는 이를 보좌하느라 진땀을 빼야 했다.

신문과 텔레비전 등 미국의 모든 매스컴이 '한국에서 온 영웅' '민주주의와 인권을 위해 헌신한 투사'를 대대적으로 환영하며 그의 워싱턴 방문을 경쟁적으로 보도했다. 김 대통령의 워싱턴 방문은 대단한 외교적 성공이었다.

새로운 한일 협력시대

1998년 10월 7일부터 3박 4일간 김 대통령은 일본을 방문한다. '반체제 정치인'의 몸으로 토오꾜오(東京)에서 납치된 지 25년 만에 여야 정권교체를 실현한 대통령으로서 일본을 '국빈 방문'하게 된 김 대통령의 감회는 이루 말로 표현하기 어려운 것이었으리라. 일본인들의 관심 또한 지대해서 신문, 방송 구별 없이 대서특필하는 등 환영의 분위기로 열도가 가득 찼다.

처음부터 영웅으로 환영받고 큰 성공이 예정돼 있던 6월의 미국방문과는 달리 일본 국빈 방문의 성공은 예측하기 어려운 것이었다. 양국 국민들 간에 감정적 갈등의 요인이 되어온 불행했던 과거사 인식 문제를 어떻게 해결할 것인지는 중요하고 어려운 일이었다. 당장은 국익과 관련된 경제협력 문제도 중요했다. 말썽 많은 어업협정을 마무리짓기도 쉽지 않았고 대중문화 개방 문제도 간단치 않았다. 일본군 위안부 문제도 숙제로 남아 있었다.

나는 미국방문에서 돌아온 직후부터 일본방문 준비에 착수했다.

외교, 경제, 문화, 해양수산 등 관련 부서와의 협조는 물론 한일관계 전문가들의 의견을 모아 대책을 마련해나갔다.

9월 초에는 김 대통령을 모시고 한일관계 전문가들과의 간담회를 통해 자문을 받았는데, 최광수(崔侊洙) 전 외무부장관, 지명관(池明觀) 한림대학교 교수, 최상룡(崔相龍) 고려대학교 교수(후에 주일대사 역임) 등이 귀중한 의견을 제시해주었다. 이들은 일본 국회에서 낭독할 연설문을 작성하는 데도 좋은 의견을 제시해주었는데 김 대통령은 이번에도 특히 국회 연설문 작성에 심혈을 기울였다. 김 대통령의 혼이 스며든 이 연설문은 일본에서 커다란 감명을 불러일으키게 된다.

나는 외교 채널을 최대로 활용하는 한편 9월 말 방한한 노보루 세이이찌로오(登誠一郎) 일본 내각 외정심의실장과의 협상을 통해 정상회담의 협의 의제와 공동선언문의 쟁점을 최종 타결했다. 가장 큰 쟁점인 역사인식 문제와 관련하여 일본 측은 "반성과 사과의 뜻을 밝힌다"는 종전의 무라야마 토미이찌(村山富市) 총리의 담화를 인용하는 형식을 원했으나, 우리 측은 오부찌 케이조오(小淵惠三) 총리가 직접 '사죄'하는 내용을 합의문서에 명기할 것을 주장했고 일본 측은 결국 이를 받아들이게 된다.

10월 7일 토오꾜오에서의 첫날 일정은 영빈관에서의 공식 환영식에 이어 아끼히또(明仁) 일왕 내외를 예방하고 저녁에 황궁에서 일왕 내외가 주최하는 만찬에 참석하는 것이었다. 둘째날에는 오전에 오부찌 총리와 정상회담을 하고 오후에 국회 연설, 저녁에 오부찌 총리가 주최하는 만찬으로 이어졌다.

김 대통령은 방일기간 동안 여러 기회를 이용하여 "20세기의 불행했던 과거사를 청산하고 21세기를 맞으며 미래지향적 동반자 관계

김대중 대통령을 위한 궁성만찬에서 일본 아끼히또 천황의 영접을 받는 저자 (1998.10.7)

로 발전시켜나가자"고 거듭 역설했다. "과거사는 망각함으로써 극복되는 것이 아니라 잊지 않고 되새김으로써 극복되는 것"이라며 올바른 역사교육의 중요성을 강조하기도 했다. 또한 "과거사 인식 문제를 매듭짓고 평화와 공동 번영의 미래를 개척하기 위하여 새로운 파트너십을 발전시켜나가자"며 '21세기의 새로운 한일 파트너십을 위한 공동선언'에 서명하는 한편 한일관계 청사진을 담은 5개 분야 43개 항으로 된 '행동계획'을 채택했다.

이 공동선언을 통해 오부찌 총리는 "일본이 과거 한때 식민지 지배로 인하여 한국민에게 다대한 손해와 고통을 안겨주었다는 역사적 사실을 겸허히 받아들이면서 이에 대해 통절히 반성하고 마음으

로부터 사죄(おわび)한다"고 말했다. 이에 김 대통령은 "일본 총리의 역사인식 표명을 진지하게 받아들이고 평가하며, 이제는 불행한 역사를 극복하고 화해·협력에 입각한 미래지향적인 관계로 발전시키기 위해 서로 노력하는 것이 시대적 요청"이라고 밝혔다.

양 정상은 "두 나라는 마음의 문을 활짝 열고 국민적 교류와 협력의 새 시대를 개막하기로 합의"하고 "한국은 일본 대중문화의 한국 진출을 단계적으로 개방하며 청소년 간의 교류를 포함한 모든 분야에서 국민적 교류를 활성화하자"는 데 합의했다.

경제분야 협력도 더욱 강화하기로 하고 일본수출입은행이 30억 달러 추가융자를 약속했으며 어업협정 체결과 이중과세방지협정의 개정 등 당면 현안도 해소하기에 이른다. 양 정상은 안보 및 범세계적 문제에 대한 협력을 강화하기로 하고, 특히 김 대통령은 대북포용정책에 대한 일본정부의 지지를 확보하는 데 성공했다.

일본방문의 클라이맥스는 아마도 일본 국회에서의 연설이 아니었나 싶다. 600여명의 의원으로 가득 찬 국회의사당에서 10여 차례의 박수를 받은 이 연설은 TV와 라디오로 한일 양국에 생중계되었다. 특히 일본 시청자들에게 큰 감명을 준 것으로 확인되었는데, 이 연설을 들은 많은 의원들도 "심금을 울리는 깊은 감명을 받았다"고 밝혔다.

김 대통령은 의회 연설에서 "제국주의와 전쟁의 길을 선택했던 전전(戰前)의 일본과, 이후 의회민주주의와 경제성장, 비핵평화주의 원칙을 고수하는 전후의 일본은 극명한 대조를 이루고 있다. 그러나 아시아 각국에서는 아직도 일본에 대한 의구심과 우려를 버리지 못하고 있는 사람이 많다. 그 이유는 일본 스스로 과거를 바르게 인식하고 겸허하게 반성하는 결단이 부족하기 때문이며, 이는 매우 불행한 일이다"라고 꼬집으며 "이제 한일 두 나라는 과거를 직시하면서 미래지향적인 관계를 만들어나가야 할 때를 맞이했다. 일본은 과거를 직시하고 역사를 두렵게 여기는 진정한 용기가 필요하고, 한국으로서는 일본의 변화된 모습을 올바르게 평가하면서 미래의 가능성에 대한 희망을 찾을 수 있어야 한다"고 강조했다.

여론 조사에 따르면, 김 대통령의 방일 성과에 대해 한국인의 81퍼센트, 일본인의 78퍼센트가 '한일관계 개선에 크게 기여했다'고 평가했다.

한중관계의 업그레이드

김대중 대통령은 미국과 일본에 이어 11월에는 중국 국빈 방문길에 올랐다. 21발의 예포가 발사되는 가운데 의장대 사열 등이 실시된 공식 환영식에 이어 인민대회당 동대청(東大廳)에서 장 쩌민 국가주석과의 단독 정상회담이 열렸다.

양 정상은 수교 후 6년 동안 경제·교역 분야에 집중됐던 양국관계를 정치·안보·사회·문화 등 모든 분야로 확대하기로 합의하고, 지금까지의 '선린우호관계'에서 '협력적 동반자관계'로 국가관계를 격상시켜 이에 걸맞은 다방면의 교류협력을 활성화하기로 합의했다.

중국과의 합의는 12개 항에 걸쳐 34개의 구체적 사업을 규정한 공동성명으로 채택·발표했다. 이 공동성명에는 양국 정부·의회·정당 간의 교류 확대, 무역 확대를 통한 무역불균형 시정, 중국에 대한 70억 원 차관 제공, 중국 사회간접자본 건설 사업에 한국기업의 적극적 참

중국을 방문한 김대중 대통령과 장 쩌민 국가주석의 회담에 앞서 저자가 장 주석과 인사를 나누고 있다. (1998.11.12)

여 등이 포함돼 있었다.

장 주석은 한국의 대북 햇볕정책[陽光政策]에 적극적인 지지를 표명했다. 그는 "북한에 불어오는 바람이 차가운 바람이라면 외투를 벗지 않고 옷을 더욱 여미게 될 것이다. 대북접촉에서는 인내심을 갖고 자제하면서 북한을 자극하거나 자존심을 건드리지 않고 너그러운 환경을 조성하는 것이 중요하다"고 조언했다. 그리고 "북미관계 개선을 지지하는 김 대통령의 정책은 매우 현명한 것"이라고 찬사를 보냈다.

그러나 "남북관계 개선을 위해 북한에 영향력을 행사해달라"는 김 대통령의 요청에 대해 장 주석은 의외로 "중국은 북한에 대해 영향력이 없다"면서 "평양 주재 중국대사는 김정일 위원장이 말을 할 줄 아는 사람인지 벙어리인지도 알지 못한다"고 말했다. 아마도 중국대사는 김 위원장을 만나볼 수도 없다는 뜻인 듯했다. 그러면서 북한은 자신의 북한방문 제의도 받아들이지 않았다고 했다. 북한에 대한 장 주석의 이러한 불신과 불만은 이 무렵 중국과 북한의 관계가 심각하게 냉각되고 있음을 말해주는 것이었다. 하지만 이러한 중국과 북한의 관계는 2000년 5월 말 김정일 위원장의 중국방문을 계기로 비로소 회복된다.

이튿날 주 룽지(朱鎔基) 총리가 주최한 만찬에서는 김 대통령이 지난날 겪었던 고난과 주 총리가 문화대혁명시기에 겪었던 고난을 비교 회상하며 인간적인 우의를 다지는 한편 양국 간 경협 문제를 구체적으로 협의했다. 김 대통령은 이 기회를 이용하여 중국 고속철도 사업, 자동차 생산 사업, 이동전화(CDMA) 상용화 사업, 금융 사업, 원자력발전소 건설 사업 등에 한국기업이 진출할 수 있도록 중국 당국의 협조를 요청하고 그 가능성에 대해 구체적으로 협의하는 등 세일즈맨십을 십분 발휘했다. 주 총리는 중국의 입장을 설명하는 한편 이러한 요청에 대해 가능한 한 적극적인 협조를 약속했다.

제9장

평화 만들기

잘못된 지하핵시설 정보

1998년 8월 초 미국으로부터 '금창리 지하핵시설 의혹'이 흘러나오기 시작했다. "평안북도 금창리에서 현재 큰 지하땅굴을 굴착하고 있는데 그 안에 핵시설을 설치하고 있는 것으로 추정되며, 북한은 제네바 미북기본합의를 위반하고 핵무기 프로그램을 비밀리에 계속 추진하고 있다"는 내용이었다.

이보다 앞선 7월 중순 미국 의회는 '미국에 대한 장거리 탄도미사일 위협 평가'라는 제목의 도널드 럼스펠드(Donald H. Rumsfeld, 후에 부시 행정부의 국방장관 역임) 위원장의 보고서를 발표한 바 있다. 이 보고서는 "북한, 이라크, 이란과 같은 '불량 국가'(rogue state)들이 마음만 먹으면 5년 안에 미국 본토를 위협할 수 있는 장거리 탄도미사일을 개발·보유할 수 있으므로 이에 대비하여 요격미사일을 개발·배치하는 일이 긴요하다"고 주장하는 내용이었다.

이러한 주장은 해당 나라들이 그런 능력을 보유하려면 15년 이상 걸릴 것이라는 종전의 미국 중앙정보국(CIA) 판단과는 대조되는 것으로, 당시에는 미국에서조차 별로 관심을 끌지 못한 것처럼 보였다.

사실 1년 전부터 한미 정보기관들은 약 10년 전에 시작된 금창리 땅굴공사에 관심을 갖고 '선 확증 확보, 후 대책 강구' 원칙 아래 첩보수집에 노력해왔다. 당시의 정보는 "큰 규모의 땅굴굴착으로 많은 흙이 나오고 있으며 근처 계곡에 2개의 큰 댐과 교량을 건설 중에 있다"는 것이었다. 인민군 1개 여단 규모가 투입된 대형 공사를 은폐하려는 흔적은 전혀 보이지 않았다.

그러나 미국 국방정보국(DIA)은 그 땅굴 안에서 원자로와 재처리 시설 설치가 시작되고 있고 2개의 큰 댐은 핵시설에 냉각수를 공급하기 위한 저수지이며, 원자로는 빠르면 2년 내에 가동할 수 있으리라고 판단했다. 그리고 길이 190미터, 6층 높이의 시설 규모로 보아 "연간 8~10개의 핵무기를 생산할 수 있는 플루토늄 추출이 가능할 것"이라고 주장했다.

미국 국방정보국이 제공한 북한의 지하핵시설 첩보를 접한 미국의 상하원 의원들과 보좌관들은 북한에 대해 격분했다. 이 첩보는 8월 2일에 발간된 주간지 『타임』(1998.8.10)과 『뉴욕타임스』(1998.8.17)에 크게 보도되었다. 그러나 CIA는 이 첩보의 신빙성에 의문을 제기하는 상태였다.

그렇다면 미국 국방정보국이 확증되지도 않은 이런 첩보를 흘리는 저의가 무엇인지에 관심이 모아졌다. 미사일방어체계(MD) 개발을 밀어붙이려는 미국 국방정보본부의 일부 강경세력이 금창리 지하핵시설 의혹을 제기하며 '럼스펠드 보고서'를 뒷받침하려는 것이 아닌가 하는 의혹을 가질 수밖에 없었다.

이 문제를 계속 검토해온 우리 NSC 상임위원회는 "해당지역에 상당한 규모의 굴착 공사가 진행 중이나 용도는 아직 분명치 않으며, 이 시설이 핵개발을 위한 것이라는 근거가 없고, 이점에 대해 한미 양국이 동일한 평가를 하고 있다"고 발표했다. 그러나 우리나라 보수 언론들은 연일 금창리 지하핵시설 의혹을 대서특필하고 "햇볕정책 때문에 북핵문제에 대한 정부의 태도가 미온적"이라며 비난 공세를 폈다.

8월 21일부터는 뉴욕에서 북미고위급회담이 예정되어 있었다. 이 회담을 며칠 앞두고 리처드 크리스턴슨(Richard A. Christenson) 미국 대사 대리가 찾아와서 "금창리 지하핵시설 의혹을 의제로 제기할 것을 검토 중"이라고 알리며 나의 의견을 물었다. 그는 지미 카터 전 대통령을 수행하여 평양을 방문하기도 했던, 한국어가 매우 유창한 외교관이다. 나는 "아직은 지하에 철구조물이 들어가거나 핵시설을 설치한다는 아무런 징후도 포착된 바 없는데 서둘러 문제를 제기하려는 의도가 무엇인가"를 먼저 묻고 "잘못하면 오히려 북한 측에 말려들지도 모른다"고 경고했다. 즉 북한이 현장을 보여줄 테니 대가를 지불하라고 요구하면 어쩔 셈인가 하고 반문한 것이다. 나는 "이 문제를 제기해야 할 피치 못할 사정이 있다면, 공식 의제로가 아니라 회담 말미에 넌지시 떠보는 정도가 어떻겠느냐"는 의견을 피력했다.

나의 예측은 적중했다. 북측이 현장방문을 허용하며 3억 달러의 대가를 요구했다는 것이다. 나중에 미국이 인도적 차원에서 식량 60만 톤을 제공하는 형식으로 협의하고 현장을 방문 조사한 결과 핵시설이 아님이 확인되었다. 미국 국방정보국의 정보 왜곡 및 과장으로 한반도가 다시 한번 위기상황에 처하게 되었던 셈이다.

미국의 정보당국은 잘못된 금창리 정보로 인해 국내외적으로 신뢰성에 타격을 입게 된다. 한편 우리 언론도 지하핵시설 의혹이 마치 확인된 사실인 양 연일 대서특필하며 정부를 공격하고 국민들을 분개케 했으나, 그것이 사실이 아님이 확인되었다는 보도에는 인색하기 짝이 없었다.

윌리엄 페리를 잡아라

8월 말에는 이른바 '대포동 1호 미사일 발사사건'이 터졌다. 나는 8월 초부터 한미 양국의 정보기관이 파악한 함경북도 화대군 대포동 미사일 시험장에서 미사일 시험발사를 준비하고 있는 징후를 매일 보고받으며 관심을 기울여왔다.

8월 중순에는 약 30미터 높이의 철탑 고정발사대에 노동 1호 미사일이 장착되고 그 위에 SCUD-C 미사일이 결합되었으며, 이어 액체연료가 주입되는 등 8월 30일에는 발사 준비가 완료된 것으로 식별되었다는 보고를 받았다. 8월 31일에는 결국 "대포동 1호 미사일이 발사되어 일본열도에서 남으로 500킬로미터 떨어진 태평양 공해상에 낙탄했다"는 보고를 받게 된다. 낮 12시 7분에 발사된 이 미사일은 1,550킬로미터를 비행하여 4분 53초 후인 12시 12분에 해당 지점에 낙탄했다는 것이었다.

그러나 북한의 공식 발표는 9월 4일에야 나왔다. 북한은 공식 성명을 통해 "3단계 추진체를 이용한 인공위성을 발사하여 궤도에 진입시키는 데 성공했다"면서 "광명성 1호라고 명명한 이 위성은 165분 6초 주기로 지구를 돌면서 김일성·김정일 장군의 노래와 신호를 전송하고 있다"고 주장했다. 위성이 워낙 소형(20~30킬로그램)인 데다 미국이 발사초기 단계에서부터 미사일로 예단하고 추진체 항적을 제대로 추적하지 못한 탓에 위성 로켓의 추적에는 실패한 듯하다. 하지만 송출 신호도 포착되지 않는 등 여러가지 정황을 종합해볼 때 북한은 인공위성 운반체 발사에는 일단 성공했으나 위성을 궤도에 진입시키는 데는 실패한 것으로 추정된다.

북한이 인공위성을 발사한 의도는 '북한 정권수립 50주년 경축'이라는 의미와 명실상부한 김정일 시대의 개막을 알리며 '강성대국'의 이미지로 축제 분위기를 조성하고 국제적 이목을 집중시키려는 것으로 분석되었다. 또한 이를 김정일의 치적으로 부각시켜 수년간 계속된 이른바 '고난의 행군'으로 침체된 사회 분위기를 일신하여 주민 결속을 도모하기 위한 의도였을 것이다.

북한은 인공위성 발사 발표 다음 날인 9월 5일 최고인민회의 제10기 11차 회의를 개최하여 국가기관을 개편하고, 시장경제 요소 도입을 골자로 한 헌법 개정을 단행했다. 개정 헌법은 '국가주석'직을 폐지하고 최고인민회의 상임위원장(김영남)이 국가를 대표하나 국방위원장을 '국가 최고직위'로 하였다. 노동당 총서기와 당중앙군사위원회 위원장이며 인민군최고사령관인 김정일이 '국방위원장'으로서 최고권력을 장악한 것을 헌법으로 보장한 것이다. 이렇게 하여 1994

년 7월 김일성 주석 사망 후 4년간의 이른바 '유훈통치' 기간을 마감하고 북한은 '김정일 시대'를 공식화했다.

금창리 지하핵시설 의혹에 더하여 대포동 1호 미사일이 발사되자 럼스펠드 보고서는 더욱 힘을 얻게 되고 강경파들의 목소리는 높아만 갔다. 그러나 미국의 한 저명한 북한 전문가는 "중국을 겨냥한 미국의 MD 개발 및 배치 고민을 북한이 대포동 미사일 발사로 해결해주어 다행"이라고 비꼬면서 "북한의 미사일 능력은 군사적 가치는 없는 것이지만 정치·심리적 가치는 큰 것일 수 있다"고 평가했다. 이러한 입장에 따르면, 김정일 위원장은 미국의 강경파들과 '적대적 동반자 관계'를 유지하고 있는 셈이었다.

어쨌든 북한이 비밀리에 핵폭탄을 만들기 위한 활동을 계속하고 있을 뿐만 아니라 장거리 탄도미사일에 핵탄두를 장착하여 발사할 수 있는 기술 개발을 추진하고 있을 가능성이 있다는 의심은 강경파들에게 좋은 구실을 제공했고 미국 의회에 경각심을 불러일으키게 된다.

1994년에 채택된 '제네바 북미 기본합의'를 줄곧 못마땅하게 여겨온 강경파 공화당 의원들은 제네바합의를 파기할 절호의 기회라고 주장하면서 실제로 대북 중유지원 예산을 삭감하는 조치를 취한다. 또한 "믿을 수 없는 북한과의 대화나 접촉을 중지하고 대북정책을 전면 재검토할 필요가 있다"고 주장하는 한편 북한 핵시설에 대한 정밀한 군사공격을 요구하기 시작했다.

대포동 1호 발사에 대한 미국의 우려만큼이나 일본의 충격은 컸다. 일본정부는 제네바합의에 따른 경수로 건설비용 10억 달러 분담에 대한 서명을 취소하고 인도적 식량지원 중단을 발표하는 한편 진행 중이던 북한과의 수교협상도 중단해버렸다. 이 사건은 일본 내에서도 우파세력으로 하여금 일본의 군비 강화를 추진하게 하는 구실을 주게 된다.

이제 클린턴 행정부의 전향적인 대북정책은 전면적인 재검토와 수정 압력에 직면하게 되었다. 여소야대 의회의 요청에 따라 클린턴 대통령은 11월 중순에 의회가 선호하는 윌리엄 페리(William Perry) 전 국방장관을 대북정책조정관으로 임명했다. 그는 12월부터 공식활동을 개시하여 5개월 이내에 정책조정을 위한 검토 보고서를 의회에 제출해야 한다는 임무를 부여받았다.

페리 전 국방장관이 대북정책조정관으로 임명되었다는 소식을 듣고 나는 큰 충격을 받았다. 1994년 봄 이른바 '제1차 북핵위기' 때 북한에 대한 군사적 조치를 취하자고 주장했던 강경파 국방장관인 그가 대북정책조정관으로 임명되었다는 사실만으로도 클린턴 행정부의 대북정책이 강경노선으로 전환되는 것은 기정사실로 보였기 때문이다.

불현듯 '1994년 6월의 악몽'이 되살아났다. 핵문제의 '일괄타결'에 실패한 북한은 미국의 경고를 무시하고 '사용 후 연료봉 추출'을 강행하기 시작했고, 외교적 노력이 실패했다고 판단한 펜타곤은 영변 핵시설에 대한 군사적 공중공격을 단행하기 위한 준비를 서둘렀다.

하지만 한반도의 특수성 때문에 아무리 '특정지역에 한정한 정밀공격'이라 해도 곧 전면전쟁으로의 확전이 불가피할 것이라는 고민에 봉착하게 된다. 펜타곤은 전면전쟁 개전초기 3개월 안에 사상자가 미군 5만명, 한국군 49만명, 민간인은 100만명 이상에 한반도 산업시설의 대부분이 파괴될 것이라고 판단했다.

그러나 페리 당시 국방장관은 "금지선(red line)을 넘은 북한의 핵활동을 즉각 저지해야 하며, 그러기 위해서는 전면전쟁을 준비하면서 영변핵시설을 공격해야 한다"고 주장하며 클린턴 대통령이 주재하는 국가안전보장회의에 '3단계 작전계획'을 상정했다. 이제 전쟁은 피할 수 없는 것처럼 보였다. 바로 이 회의가 진행되는 도중에 평양에 간 지미 카터 전 대통령이 김일성 주석과의 회담에서 위기 종식을 위한 돌파구를 마련했다는 전화가 걸려오면서 상황은 마무리된다. '전쟁 직전의 기적'이 일어난 것이다.

나는 이 악몽을 다시 한번 되새기며 김 대통령에게 '적극적인 대책을 강구하지 않으면 안 될 것'이라는 점을 환기시키고 우리도 '우리의 전략'을 수립하여 '페리 팀'을 설득하는 외교적 노력을 해야 한다고 건의했다. 한편 그동안 내가 구상해온 '한반도 냉전구조 해체를 위한 포괄적 접근 전략'을 보고하고 김 대통령의 동의를 얻어냈다.

포괄적 접근 전략

내가 구상한 '한반도 냉전구조 해체를 위한 포괄적 접근 전략'의 개념은 다음과 같다. 나중에 이 개념은 미국의 페리 대북정책조정관의 대북정책 검토에 반영되어 한·미·일 정책공조의 기초가 된다.

북한의 핵개발이나 중장거리 미사일 개발의 동기는 한반도 냉전구조에 기인하는 것이다. 따라서 개별 문제가 발생할 때마다 이에 대응하는 '대증(對症)요법적인 방식'으로는 문제를 해결할 수 없다. 눈앞에 있는 큰 바위에 가려져 그 뒤에 있는 큰 산이 보이지 않지만, 그 바위는 큰 산의 일부에 불과한 것이다.

큰 산을 바라보면서 바위를 넘어서야 하는 것처럼, 북한 핵문제의 근본적인 해결책은 '한반도 냉전구조'를 해체하여 평화를 만들어나가는 포괄적인 접근을 통해 당면한 개별 현안도 차근차근 해결해나가야 한다는 것이다.

'한반도 냉전구조'란 서로 밀접한 연관성과 상호 의존적 관계에 있는 여섯가지 요소로 복합되어 있다. '남과 북의 불신과 대결' '미국과 북한의 적대관계' '북한의 폐쇄성과 경직성' '대량살상무기' '군사적 대치 상황과 군비경쟁' '정전체제' 등이 그것이다.

우선 남과 북이 지난 반세기의 불신과 대결을 넘어 화해하고 다방면의 교류협력관계를 발전시켜나가면서 평화공존을 통해 상호신뢰를 구축해나가야 한다. 경제적 접근을 통해 남북경제공동체를 형성·발전시켜나가면서 동시에 군비통제를 실현하는 것이 탈냉전의 요체라 할 수 있다. 이렇게 하여 '법적 통일'에 앞서 남과 북이 서로 오가고 돕고 나누는 '사실상의 통일' 상황부터 실현해나가야 한다.

또한 미국과 북한이 적대관계를 해소하고 관계 정상화를 이룩해야 한다. 이미 러시아와 중국이 한국과의 관계를 정상화했고 또한 남과 북의 유엔 동시가입이 실현되어 국제사회는 이제 한반도에 실재하는 두 정치적 실체를 인정하고 있다.

그러나 미국과 일본은 아직도 북한을 인정하지 않고 적대관계를 유지하며 한반도 냉전을 지속하고 있다. 미국이 북한을 적대시하고 북한이 위협을 느끼는 한 북한은 대량살상무기 개발의 유혹에서 헤어나기 어려울 것이다. 미국과 북한은 '상호 위협 감소' (mutual threat reduction) 조치를 취하며 서로 줄 것은 주고 받을 것은 받으며 신뢰를 조성해나가야 할 것이다.

미국은 한반도의 평화정착과 동북아의 안정을 위해 북한을 다른 세력권에 기울어지게 하기보다는 포용하고 관계를 정상화해야 한다. 관계 정상화를 위해서는 경제제재를 해제하고 적대관계를 해소하는 조치가 선행되어야 한다. 이는 정전체제를 평화체제로 전환하는 추동력을 제공하게 될 것이다.

한편 북한이 중국이나 베트남처럼 개방하고 명령형 계획경제를 시장경제로 전환하여 책임 있는 성원으로 국제사회에 참여할 수 있도록 해야 한다. 북한을 외부에서 붕괴시킨다는 것은 가능하지도 않고 바람직하지도 않다.

북한의 개방과 경제개혁을 통한 점진적 변화는 경제회생을 가능케 할 뿐만 아니라 북한을 군사적 모험주의에서 벗어나게 만들어 궁극적으로는 체제전환을 초래하게 될 것이다. 북한을 봉쇄하고 압박하고 제재를 강화할수록 북한의 변화는 더욱 기대하기 어려워질 것이다. 국제사회는 북한이 안심하고 스스로 개방과 개혁을 추진할 수 있도록 여건과 환경을 조성해줌으로써 양적 변화가 질적 변화를 초래할 수 있도록 해야 한다.

한반도에서 대량살상무기가 제거되고 비핵화가 실현되어야 한다. 북한의 핵무기 보유는 한국, 일본의 핵무장을 초래할 위험이 있다. 미국이 북한의 핵 및 장거리 미사일 위협을 제거하려면 북한이 느끼는 안보위협을 먼저 제거해주어야 한다. 북한은 억제력을 확보하는 한편 미국과의 관계 정상화를 실현하기 위해 핵개발을 협상카드로 사용하려 한다. 북미관계의 정상화 과정이 곧 북한 대량살상무기의 해체과정이 될 것이다.

핵문제 해결의 핵심 요소는 핵무기를 필요로 하지 않는 환경을 마련하고 상호 신뢰를 조성하는 데 있다. 신뢰가 조성되지 않는 한 완전한 검증이란 불가능하고 따라서 해결에 장기간이 소요될 수밖에 없다. 북한 핵 및 미사일 개발 문제의 해결은 냉전의 잔재인 북미 간의 적대관계 해소와 남북관계 개선을 통한 신뢰조성, 북한의 개방과 경제재건, 남북 간의 재래식 군비감축 문제 등과 서로 복잡하게 얽혀 있다. 따라서 포괄적 해결 노력이 필요하다.

남과 북은 지난 40여년간 치열한 군비경쟁을 통해 가공할 만한 파괴력을 지닌 과다한 군사력을 보유한 채 서로 대치하고 있다. 비무장지대의 평화적 활용 등을 통한 군사적 신뢰조성과 함께 단계적으로 군사력을 감축하여 축소지향적 군사력 균형을 이룩하고 한반도의 안정을 도모해야 한다. 북한이 대량살상무기 개발에 치중하는 것은 값비싼 재래식 군비경쟁을 지속하기 어렵게 된 데에도 원인이 있을 것이다. 따라서 북핵문제 해결과정과 함께 군축과정도 진척시켜야 한다.

정전체제를 평화체제로 전환할 때 한반도 냉전도 종식될 수 있다. 정전체제를 평화체제로 전환하기 위해서는 대량살상무기 문제가 해결되고 북미관계가 정상화되며 군비감축이 이루어지는 등 전쟁 재발방지와 평화를 담보하는 군비통제 조치가 마련되어야 한다. 또한 주한 외국군의 지위와 역할 문제가 해결되고, 평화와 통일의 과정을 공동으로 관리할 '남북연합'이 제도화되어야 한다. 이것은 냉전구조 해체의 마지막 단계에서 이루어질 수 있을 것이다.

우리 정부의 기본 입장은 "북한의 핵개발은 결코 용납할 수 없으며 한반도는 반드시 비핵화되어야 한다"는 것이다. 그러나 군사적 조치는 해결책이 될 수 없고 전쟁을 예방해야 하며 문제는 평화적으로 해결해야 한다. 그리고 '한반도 냉전구조 해체'라는 차원에서 근원적으로 해결되어야 한다. '반핵, 반전, 탈냉전, 평화'가 우리의 기본 입장이어야 한다.

이러한 기본 입장에 따라 북한을 인정하고, 비현실적인 '붕괴임박론'이 아니라 '점진적 변화론'에 입각하여 포용정책을 토대로 북한 정권과 대화와 협상을 추진해야 한다. 우리가 취해야 할 중요한 접근방법에는 다음과 같은 것들이 포함되어야 한다.

즉 우리가 주장하는 북한의 위협과 함께 북한이 느끼는 미국과 한국의 위협도 인정하는 토대 위에서 '상호 위협을 제거'해나가는 접근을 시도해야 한다.

헬싱키협약(1975)에 의한 유럽의 데땅뜨 과정에서처럼 한반도에서도 관계 정상화, 군사적 신뢰구축 및 군축, 경제·통상·과학기술 협력, 문화·교육·정보 교류 등을 망라하는 '포괄적인 접근'을 취해나가야 한다. 그리고 '줄 것은 주고 받을 것은 받는' 식으로 일괄 타결하되 '단계적으로 동시에 이행'하면서 신뢰를 조성해나가야 한다.

또한 북한과의 적대관계를 해소해야 할 미국은 물론 일본과 함께 한·미·일 3국이 공조해나가야 하며 중국 및 러시아의 지지와 협력을 확보해야 한다. 한편 대북협상은 강력한 한미연합 '억제력'을 배경으로 추진하되, 협상전술로 '당근과 채찍'을 병행 사용한다. 북한을 다루는 데 필요한 자세는 '자신감, 인내심, 일관성, 신축성'이다.

이 '한반도 냉전구조 해체를 위한 포괄적 접근 전략'은 1998년 12월 초 NSC 상임위원회의 심의를 거쳐 확정된다. 그리고 신년 초에 개최된 NSC 회의에서 김 대통령은 "한반도의 불안한 안보환경은 근본적으로 지난 반세기 동안 지속되어온 냉전구조에 연유하므로 우리는 이 냉전구조의 해제를 위해 노력해야 한다. 이를 위해서는 우선 미국 및 일본과의 긴밀한 공조체제를 발전시켜나가는 한편 중국 및 러시아와도 협력관계를 증진하는 것이 매우 중요하다. 북한 핵과 미사일 문제 등 개별 현안에 대한 국제적 공조와 병행하여 냉전구조 해체를 통한 한반도 문제의 근본적 해결을 위해 국제적 지지와 협력을 확보하려는 외교적 노력을 해야 한다"고 특별히 강조했다.

한편 나는 『한겨레신문』 1999년 1월 1일자 신년 대담 「한반도 냉전 극복, 거대한 실험 시작됐다」에서 냉전구조 해체 문제를 처음으로 공개적으로 제기했다. 그리고 다시 2월 초에 경제정의실천시민연합(경실련) 통일협회, 3월 초에 민화협 포럼, 4월에 보수세력 모임인 한국발전연구원 강연 등에서 한반도의 냉전종식 문제를 설명하고 국민적 합의를 도출하기 위해 동분서주했다. 김 대통령도 5월 초 '한반도 냉전구조 해체'를 주제로 CNN과 특별 인터뷰를 했다.

그중에서도 2월에 있었던 나의 경실련 강연은 언론의 큰 관심을 끌었다. 『조선일보』는 홍준호 기자의 「남북 냉전구조 깨 사실상의 통일을」이라는 보도기사와 「김 대통령의 냉전 해체 구상」이라는 긴급 진단 기사를 연 이틀간 크게 보도했다. 한국발전연구원의 강연원고는 '한반도 냉전종식의 길'이라는 제목으로 『월간조선』(1999.6)에 수록되었다.

이 무렵부터 언론들은 나에게 '햇볕정책의 설계자' '햇볕정책의 전도사'라는 별칭을 붙여주었다.

페리의 방한

미국의 대북정책조정관으로 새롭게 임명된 윌리엄 페리가 1998년 12월 초 한·중·일 3국 방문의 일환으로 서울에 왔다. 국무장관 특별보좌관 웬디 셔먼 대사(후에 오바마 행정부의 국무부차관 역임)와 전 미국 국방부 핵비확산담당 차관보 애슈턴 카터(Ashton Carter) 교수(후에 오바마 행정부의 국방장관 역임)가 그를 수행했다.

수학을 전공한 71세의 윌리엄 페리(1927년생)는 20여년간 군수산업체에서 근무한 후 미국 국방부 연구 및 기술 담당 차관(1977~81)을 거쳐 스탠퍼드대학 교수 겸 기술관련 기업체의 사장을 지내고 다시 국방부 부장관(1993~94)과 장관(1994~97)을 역임한 후 당시에는 스탠퍼드대학으로 돌아가 교수로 재직 중이었다.

페리 조정관이 서울에서 보낸 첫번째 일정은 김대중 대통령과의 면담에 앞서 우리 정부의 입장을 청취하기 위하여 나를 만나는 것이었다. 나는 롯데호텔 쉔브룬 레스토랑에서 그와 함께 조찬을 나누며 2시간 동안 설명회를 열었다. 미국 측에서는 보즈워스 주한미국대사와 웬디 셔먼 대사가, 우리 측에서는 송민순 외교보좌관 등이 참석했다.

페리 조정관은 그의 이번 방문이 "한국정부와 전문가들의 의견 및

미국의 대북정책조정관으로 임명된 윌리엄 페리가 서울을 방문하여 저자의 의견을 듣고 있다.
(1998.12)

한미연합사령부로부터 군사 상황을 청취하는 데 목적이 있다"면서
"말하기보다는 듣기에 치중하겠다"고 밝혔다. 실제로 그는 그날 나
의 설명을 진지하게 듣고 많은 질문을 했다.

　나는 그에게 대북정책에는 포용정책, 봉쇄정책, 방관정책이 있을
수 있겠으나 그중에서도 포용정책을 취해야만 하는 이유에 대해 설
명하고 북한의 대량살상무기 개발의도를 분석했다. 그러고는 앞서
요약한바 '한반도 냉전구조 해체를 위한 포괄적 접근 전략'의 요지
를 설명하고 '이 테두리 안에서 현안 해결 노력을 해나가자'는 우리
정부의 입장을 전달했다.

　그는 이날 오후 김 대통령을 방문하여 1시간 넘게 의견을 나누었

다. 김 대통령은 집권 후 지난 9개월간의 한반도 상황을 회고한 후 유럽에서의 데땅뜨정책을 통한 냉전종식 과정을 예로 들며, 북한에 대해서도 줄 것은 주고 받을 것은 받는 '일괄타결 방식'이 필요하다고 강조했다.

페리는 1994년 봄 '제1차 북핵위기' 때 미국 국방장관으로서의 자신의 판단과 전쟁을 불사한다는 군사적 압박의 불가피성에 대해 설명했고, 이에 김 대통령은 "당시 내가 평화적 해결을 위해 워싱턴 내셔널 프레스클럽 연설을 통해 카터 전 대통령의 방북을 권장했다"며 지난 일을 상기시키기도 했다.

페리는 "당근과 채찍을 구사하는 협상전술을 사용할 때 어떤 것이 구체적인 수단이 될 수 있겠는가"를 물었고, 김 대통령은 "당근으로는 식량지원 이외에 경제제재 해제, 테러지원국 명단 제외, 국제금융 지원 획득을 가능케 하는 조치, 미사일 수출 중단에 대한 보상, 일본과의 관계 정상화와 배상조치 등이 있겠고, 채찍으로는 경수로 건설사업의 중단, 중국의 대북지원 조정, 필요 시 군사적 압박 등을 제시할 수 있다"고 답변했다.

페리는 그 자리에서 한국정부의 포용정책을 지지하는 존 틸럴리 주한미군사령관으로부터 "1994년에 비해 한반도의 상황이 근본적으로 변화했고, 북한의 남침은 수주일 내에 북한의 패배로 끝난다"는 자신에 찬 브리핑을 청취했다면서 "이번 방한이 한반도 상황을 이해하는 데 많은 도움이 되었다"고 말했으나 자신의 생각은 끝내 드러내지 않았다.

8개월 후 스탠퍼드대학에서 다시 만났을 때 그는 나에게 "처음 서울을 방문하여 김 대통령과 당신의 주장을 듣고 나의 생각과는 너무도 달라 무슨 소리를 하는지 어안이 벙벙했다"고 실토했다. 그리고 그가 우리의 주장을 받아들이기로 결심한 것은 1999년 1월 말 워싱턴에서 다시 나와 협의를 거치고 난 후라고 말했다.

워싱턴 조율

페리 대북정책조정관이 서울을 다녀간 직후 나는 김 대통령에게 "이 기회를 포착하여 우리의 외교팀을 워싱턴에 보내 페리 팀을 설득하고 미국의 대북정책에 우리 입장을 최대로 반영케 하여 공조해 나가도록 하는 것이 좋겠다"고 건의했다. 대통령은 이에 동의하면서 내가 직접 가서 설득하라고 지시했다. 나는 외교부서에서 담당할 일이라며 사양했으나 '한반도 냉전구조 해체를 위한 포괄적 접근 전략'을 구상한 당사자가 가서 확신을 가지고 직접 설득해야 성과를 기대할 수 있지 않겠느냐며 필요한 외교관들을 데리고 가라고 했다.

당시 워싱턴의 한국대사관에서는 "국내외 여론 동향으로 보아 나의 방미는 위험부담이 있다. 페리가 2월 초에 다시 방한할 것 같으니 그때 만나 협의하는 것이 좋겠다"는 의견을 제시했다. 그러나 오히려 보즈워스 주한미국대사는 "미국 측에서는 당신의 방문을 언제든 환영한다"고 격려하며 이 기회에 페리 팀 외에도 여러 사람을 만나 설득할 것을 적극적으로 권했다.

나는 그동안 나를 직접 보좌하며 함께 전략을 구상해온 송민순 외교비서관(후에 참여정부에서 6자회담 수석대표, 청와대 외교안보정책실장, 외교통상부장관 역임)과 **위성락**(魏聖洛) 과장(후에 외교부 미주국장, 주미공사, 주

러시아대사 역임)을 대동하고 1999년 1월 말 5일간의 워싱턴 방문길에 올랐다.

방미에 앞서 나는 일행에게 몇가지 협상 원칙을 강조했다.

"미국이 결정하면 이에 순종하는 한미 협력의 오랜 관행에 길들여져 '미국이 모든 것을 결정한다'고 체념해서는 결코 안 됩니다. 한반도 문제의 주인은 어디까지나 우리입니다. 주인인 우리가 주도하여 강대국의 지지와 협조를 이끌어내야 합니다. 이제는 우리의 국력을 배경으로 그렇게 할 수 있으며 강대국들도 그런 우리의 주장을 존중하게 될 것입니다. 이번에 성공하면 한미 외교사상 처음으로 정책공조를 우리가 주도하는 선례를 남기게 될 것이니 부디 사명감을 가지고 모든 협상에 임해주길 바랍니다."

또한 협상은 비공개로 진행하며 협상 내용을 외교부 통신망으로도 보고하지 않는 등 최대한 보안을 유지한다는 원칙을 세웠다. 그러나 실제로 외교부 통신망을 이용하지 않았기 때문에 보안은 유지되었지만 끝내 외교기록으로는 보존되지 못했다는 아쉬움이 남게 된다.

이 무렵 여소야대의 미국 의회는 지난해 여름부터 불거진 클린턴 대통령의 르윈스키 성추문 사건에 대한 특검과 하원에서의 클린턴 대통령 탄핵안 통과, 그리고 상원에서의 재논란으로 한창 시끄러운 때였다.

또한 클린턴 행정부는 제네바합의에 반대해온 공화당이 원내 다수당이 된 후 "경수로 제공 계획을 철폐하라"고 주장하며 북한 지원 중유 예산의 승인을 반대하고 있어 안팎으로 어려움에 직면해 있었다. 설상가상으로 금창리 지하핵시설 의혹과 대포동 미사일 발사까지 겹쳐 당시 미국 의회는 '럼스펠드 보고서'가 건의한 MD 개발을 위한 소요 예산 중 133억 달러를 1999년 회계연도에 반영하기로 결정한다.

1월 27일 저녁, 숙소인 워터게이트호텔에서 나는 한달 반 만에 다시 페리 조정관과 마주 앉았다. 멀리 스탠퍼드대학에서 날아온 그는 셔먼 대사와 하버드대학의 카터 교수, 국무성의 필립 윤(Philip Yun)을 대동했다. 우리 측에서는 송민순 외교비서관과 위성락 과장 이외에 주미대사관의 유명환(柳明桓) 공사(후에 외교통상부차관, 주일대사 역임)와 이수혁(李秀爀) 정무참사관(후에 6자회담 수석대표, 주독일대사 역임)이 배석했다.

먼저 내가 서울에서 준비해온 문서를 전달하고 그 내용에 대해 자세히 설명하고 난 후 진지한 토론이 전개되었다. 이 문서에는 북한정세, 대북 시각과 우리의 대북포용정책, 당면과제, 한반도 냉전구조 해체를 위한 포괄적 접근 전략, 그리고 한·미·일 3국이 각각 단계별로 취해야 할 조치 사항을 망라한 이정표(road map) 등이 포함되어 있었다. 북한이 부정적인 반응을 보일 때를 대비한 일련의 대책도 제시되어 있었다. 지난번 서울에서 설명한 것은 포괄적 개념에 불과했으나 이번에는 구체적인 실천계획이 포함된 것이었다.

페리는 "창의적이고 대담한 구상"이라고 환영하며 "근본적이고 포괄적인 접근을 단계적으로 추진한다는 것은 올바른 방향"이라고 평가하고 "한국이 시의적절하게 주도적으로 기본틀(framework)을 제시해준 데 대해 진심으로 감사한다"고 말했다. 그는 "한국의 동의 없이는 미국의 대북정책이 추진될 수 없다"고 전제하고 우리 측의 능동적인 방미 협의를 환영하며 거듭 감사해 했다.

그 자리에서 페리는 우리 측 제안을 원칙적으로 수용하되 양측이 이를 토대로 보완·발전시켜나가자고 말했다. 이를테면 북한이 이 구상을 수용하지 않을 경우의 대비책, 북한의 어떤 행위를 금지선으로 설정할 것이며 이에 대해 어떠한 대응 조치를 취할 것인가 등의 부정적인 조치와 관련된 것들이었다.

다행히 페리 일행은 나의 설명을 잘 이해하고 동의하는 것으로 보였다. 그는 "일본 및 중국과의 협조가 중요하다"고 말하며 나의 일본 및 중국 방문계획을 환영했다. 또한 그는 "필요하다면 내가 평양을 직접 방문하는 방안도 고려해보려고 하는데 한국 측이 이에 동의할 것인가"를 물어왔다. 이에 나는 "김 대통령께서도 적극 권장하실 것"이라고 답했다.

페리가 우리 측 제안서를 계속 보완·발전시켜 미국 의회 설득용으로는 물론 대북협상용으로 사용하겠다는 생각을 하게 된 것은 여간 다행한 일이 아닐 수 없었다. 페리는 "앞으로 한달 안에 보고서의 핵심 개념을 정리하여 서울에 갈 테니 다시 만나서 논의하자"고 했다. 우리는 이 정도면 성공적인 협의라고 만족했다.

나는 쌔뮤얼 버거 국가안보보좌관과 국무부의 토머스 피커링(Thomas Pickering) 정무차관도 각각 만나 우리의 제안을 설명하고 공조를 요청했다. 버거 안보보좌관은 "클린턴 대통령과 김 대통령의 상호 존경심과 신뢰관계에 더하여 나와 보즈워스 대사가 긴밀한 협력관계를 유지하는 데 힘입어 한미관계가 최상의 상태에 이르고 있다"며 만족감을 표시했다. 그러나 그는 "한국 측 구상을 실현하기 위해서는 먼저 금창리에 대한 몇차례의 방문과 미사일 문제 해결 과정이 시작되어야 할 텐데 과연 잘 될 수 있을지 의문"을 가지고 있음을 밝혔다. 이에 나는 "미국이 우리의 제안을 받아들여 한·미·일이 공조하면 북한을 움직여 그 문제를 해결할 수 있을 것"이라고 설득했다.

나와 같은 시기에 나이지리아에서 대사를 지냈기 때문에 서로 잘 알고 지내는 피커링 차관은 "한국의 구상이 건설적이고 유용한 것이어서 훌륭한 협의의 기초가 될 것"이라며 한국의 주도적인 자세를 높이 평가했다. 그리고 "미국도 북한과의 관계에서 10년 정도는 앞을 내다보는 장기적 전략을 세우는 것이 긴요하다는 데 동의한다"고 전제하며 "한국 측의 냉전종식을 위한 포괄적 접근 전략을 잘 검토하여 정책에 반영하겠다"고 약속했다. 이들과의 만남 또한 대단히 고무적이었다.

워싱턴에 도착한 다음 날 리처드 아미티지(Richard L. Armitage) 전 국방차관보(후에 부시 행정부의 국무부 부장관 역임)가 나를 찾아왔다. 그는 나의 설명을 경청하고는 김 대통령과 우리 정부의 구상에 원칙적인 동의를 표명하고 "한국의 적극적인 외교를 높이 평가한다"고 말했다. 그리고 공화당 측 전문가 몇 사람의 견해를 종합하여 한국 측 구상과 유사한 '포괄적 포용정책'을 골자로 하는 보고서를 작성 중이라고 밝혔다. '북한에 대한 포괄적 접근'이라는 제목의 이 보고서는 페리 보고서와는 별도로 의회에 제출할 것이라고 했는데, 나중에 이것이 '아미티지 보고서'로 세상에 알려지게 된다.

워싱턴에 체류하면서 나는 돈 오버도퍼(Don Oberdorfer)를 비롯한 한반도 전문가 20여명과의 오찬 만찬 회동 등을 통해 우리의 전략 구상을 설명하고 이해와 지지를 당부하는 한편 그들의 의견을 청취했다. 그들 대부분이 우리 측의 장기적이고 포괄적인 전략 구상을 "바람직한 대북정책의 새로운 패러다임을 제시한 것"이라고 높이 평가했다. 또한 "한미관계 역사상 한국이 먼저 정책 대안을 제시하고 대북정책을 주도하는 것은 이번이 처음"이라며 그 의의를 높이 평가했다. 그들은 그외에도 여러가지 유익한 정보와 의견을 제시해주었다. "미국은 동북아에서의 국익을 위해 미군의 장기적인 한국 주둔이 필수적인데, 한반도에서 냉전이 종식되고 평화가 정착되면 미국인들의 주한미군 철수 목소리가 높아질 것이 우려된다. 따라서 한반도에서의 탈냉전 프로세스는 서둘지 말고 천천히 진행시켜야 한다"는 솔직한 주장도 있었다.

이에 나는 "통일 이후에도 동북아에서 안정자·균형자로서 주한미군이 필요하다"는 김 대통령의 입장을 설명하며 냉전종식 후에도 유럽에 미군이 주둔하고 있음을 상기시켰다. 또한 나는 미국이 1905년 일본과의 비밀협약(태프트-카쯔라 밀약)을 통해 일본의 조선 병탐을 묵인했고, 제2차대전 말 한반도를 분단하여 6·25전쟁과 냉전으로 이어지게 한 데 대한 일정한 책임이 있음을 상기시키고, 이로 인한 우리 민족의 고통을 하루속히 해소하기 위해 노력하는 것이 한미관계 발전에도 도움이 될 것이라고 강조했다.

토오꾜오·베이징·모스끄바

워싱턴에서 서울로 돌아온 뒤 나는 곧 일본과 중국을 방문하여 우리의 구상을 설명하고 지지를 요청하는 작업을 계속했다. 3월 말에는 러시아에 다녀오게 된다. 주변 4대국을 설득하기 위하여 바쁘게 움직이자 일부 언론은 나를 '한반도 평화의 설계사'로 표현하고 『코리아타임스』(1999.2.25)는 「한국의 헨리 키신저라는 별명을 얻은 임동원」이라는 장문의 기사를 실었다.

2월 초 1박 2일간의 토오꾜오 방문을 통해 나는 코오무라 마사히꼬(高村正彦) 외상, 노나까 히로무(野中廣務) 관방장관, 야나이 슌지(柳井俊二) 외무부사무차관, 그리고 일본 내의 한반도 문제 전문가인 오꼬노기 마사오(小此木政夫) 교수와 이즈미 하지메(伊豆見元) 교수 등을 만나 포괄적 포용정책과 미국에서의 협의 결과를 설명하고 일본도 동참하여 한국·미국과 함께 공동보조를 취해줄 것을 제의했다.

이들은 모두 입을 모아 "한·일·미 3국이 동일한 대북정책 목표를 갖는 것이 중요하며, 목표 달성 방법에 관해 격의 없이 협의할 것"을 요망했다. 다만 포괄적 대북포용정책 추진 환경의 조성을 위해서라도 북한의 미사일 재발사는 반드시 저지해야 한다고 강조하고, 이에 대해 과연 북한이 호의적인 반응을 보일지에 대해서는 의문을 표시했다. 나는 그들과 만나면서 "일본인들은 아직도 대포동 1호 미사일 발사 충격에서 벗어나지 못하고 있다"는 말을 많이 들었다.

일본과 북한의 관계개선 문제에 대해서는 "여러 채널을 통해 북한과 접촉해왔으나 일본인 납치사건, 미사일 발사 등으로 더이상 진전이 어려운 상태이며 북한이 요구하는 '배상'이나 '보상'은 인정할 수 없고 1965년의 한일협정과 마찬가지로 '식민지 기간에 대한 재산청구권' 문제만 존재한다는 입장"이라고 설명했다. 북한은 항일 빨치산부대가 일본군과 교전한 '교전국'이라고 주장하며 '배상'을 요구하는 한편 해방 후 남북분단에 대한 일본의 책임과 한국전쟁 가담, 대북적대정책 등에 대한 '보상'을 요구하고 있었다. 어쨌든, 이번 일본방문에서 내가 받은 인상은, 일본 측은 한반도 문제에 참여를 원하나 미국의 태도를 지켜보고 싶어한다는 것이었다.

일본방문에 이어 나는 2월 11일 베이징으로 날아갔다. 2박 3일간의 중국방문은 매우 유익한 것이었다. 그곳에서 한반도 정책을 직접 담당하고 있는 중국정부 및 중국공산당의 고위층 인사와 전문가들을 만나 '한반도 냉전구조 해체를 위한 포괄적 접근 구상'을 설명하고 '세가지 사항'에 대한 협조를 요청했다. 즉 우리의 전략 구상에 대한 이해와 지지, 북한의 대량살상무기 개발 포기, 특히 미사일을 다시 발사하지 않도록 영향력 행사, 그리고 북한이 남북 당국 간 회담에 나오도록 권고해줄 것 등을 요청했다.

외교관 출신인 당대외연락부 다이 빙궈(戴秉國) 부장과 당중앙 외사판공실 류 화추(劉華秋) 주임은 "한반도 문제 해결을 거시적 시각과 전략적 관점에서 보아야 한다는 김 대통령의 전략 구상은 상상력이 넘치며 지금까지 나온 것 중에서 가장 완벽한 구상"이라며 극찬을 아끼지 않았다.

한편 성대한 외교 만찬을 포함하여 약 3시간 동안 나와 솔직한 의견을 나눈 탕 자쉬안(唐家璇) 외교부장 역시 우리의 포괄적 전략 구상을 "햇볕정책의 발전"이자 "한반도 문제 해결을 추구하는 실질적이고 구체적인 구상"이라며 높이 평가했다. 그는 한반도 문제에 대한 중국의 기본 입장은 "한반도 문제는 당사자인 남북 쌍방에 의해 해결되어야 하고, 남북은 대화를 통해 관계를 개선해나가야 하며 중국은 한반도의 평화와 안정을 중시하고 한반도의 비핵화를 지지한다는 것"임을 강조했다. 또한 "미국 일각에서 북한 미사일 발사를 구실로 지역 내 긴장을 조성하며 요격미사일 개발을 추진하고 있는데 그 과녁이 어느 나라인지는 분명하다"며 심각한 우려를 표명했다. 미국에 동조하여 요격미사일 개발에 참여하고 있는 일본에 대한 불쾌감도 숨기려 하지 않았다.

새로 건축한 웅장한 외교부 건물 18층 연회장에서 탕 자쉬안 외교부장의 주최로 열린 이날 만찬에는 우리 측에서 권병현(權丙鉉) 대사와 나를 수행한 송민순 외교비서관 및 위성락 과장 등이, 중국 측에서는 왕 이(王毅) 부장조리(후에 주일대사, 외교부 부장 역임), 닝 푸쿠이(寧賦魁) 아주국 부국장(후에 주한대사 역임) 등이 참석하여 화기애애한 분위기에서 유익한 의견을 나누었다.

중국정부와 공산당 간부들, 그리고 한반도 문제 전문가들은 한결같이 우리의 남북관계 개선 노력을 높이 평가하고, 어려움에 처해 있는 북한에 안정감을 주고 고립감을 감소시키는 것이 가장 중요하다며 "햇볕정책으로 조성되고 있는 남북교류협력과 긴장완화 추세를 잘 발전시켜나가야 한다"고 입을 모았다. 그들은 '쌓기는 어려워도 허물기는 쉽다'는 속담까지 들어가며 그동안 이룩한 성과가 아무리 작더라도 우리 정부가 이를 소중히 키워나가야 한다고 거듭 강조했다.

오랫동안 한반도 문제에 깊이 관여해왔으며 한국말에도 능숙한 타오 빙웨이(陶炳蔚)를 비롯한 10여명의 한반도 문제 전문가들을 오찬 간담회에 초청하여 우리의 전략 구상을 설명하기도 했다. 나는 이들에게 햇볕정책의 접근방법을 16자의 한자로 압축하여 설명했다. 선이후난(先易後難, 쉬운 것부터 먼저 시작한다), 선민후관(先民後官, 당국 간 대화가 되지 않더라도 민간 접촉부터 추진한다), 선경후정(先經後政, 정치적 접근보다 경제적 접근을 먼저 추진한다), 그리고 선공후득(先供後得, 먼저 주고 후에 받는다) 등이다.

나중에 내가 국내에서도 햇볕정책을 설명하면서 이 16자 한자어 표현을 시용하기 시작하자 철저한 상호주의를 주장해왔던 야당과 보수언론들은 특히 '선공후득'이라는 항목에 집착하여 "'퍼주기 정신'에 다름 아니다"라며 신랄한 공격을 하기도 했다.

다음으로 3월 말에는 백설로 뒤덮인 시베리아 대지를 날아 모스끄바를 방문했다. 우리나라 최초의 여성 대사인 이인호(李仁浩) 대사가 반가이 맞아주었다. 대통령 외교보좌관인 쎄르게이 쁘리호드꼬(Sergei E. Prikhodko)와 해외 출장 중인 장관을 대신하여 그리고리 까라신(Grigory B. Karasin) 외무부차관, 그리고 기타 한반도 전문가들을 만난 나는 다른 나라에서와 마찬가지로 우리의 전략 구상을 먼저 설명한 후에 이에 대한 이해와 지지, 북한에 대한 설득과 대량살상무기 폐기를 위한 영향력 행사 등을 요청했다.

러시아 당국자들 또한 우리 정부의 포괄적 포용정책이 매우 건설적이며 현실적인 방안으로 "자국의 입장과도 대부분 일치한다"며 이를 전적으로 지지한다고 밝혔다. 그리고 "러시아가 할 수 있는 역할을 제시해주면 협력할 용의가 있다"고도 했다. 또한 "북한의 미사일 재발사 저지를 위해 한국과 협력할 것이며, 압박으로는 해결될 수 없는 것이니 한국정부가 제시한 접근방법이 바람직하다"고 말했다.

외교부 영빈관에서 오찬을 베푼 까라신 차관은 "최근 평양을 다녀왔는데, 햇볕정책의 영향으로 작지만 중요한 변화가 북한에서 시작되고 있음을 감지할 수 있었다"는 솔깃한 귀띔을 해주었다. 그리고 "햇볕정책이 합리적인 선택임에는 틀림없으나, 조기의 성과를 노려 북한을 밀어붙이지 말고 장기적으로 차분하게 추진해야 할 것"이라고 조언하기를 잊지 않았다. 또한 한반도 문제의 해결에서 한국이 주도권을 행사하는 것이 특히 중요하며, 한국의 전략 구상이 '책략'으로 인식되지 않도록 잘만 운용하면 반드시 성공할 수 있을 것이라는 견해를 피력했다.

유쾌한 표절

3월 9일 오후, 페리 조정관 일행은 지난 3개월간 연구한 '잠정적 대북정책 구상'을 청와대에서 김 대통령에게 보고했다. 페리는 이 구상을 지난주에 클린턴 대통령에게 보고했더니 "어떠한 미국의 대북정책도 한국의 대북정책과 조화를 이루어야 한다. 먼저 한국에 가서 김 대통령께 보고하고 조언을 구하라"는 지시를 받았다고 했다.

그는 한장의 큰 차트를 펼쳐놓고 보고를 시작했다. 차트에는 '포용정책을 위한 포괄적 접근방안'이라는 임시 제목이 붙어 있었다. 이 자리에는 미국 측에서 보즈워스 대사와 애슈턴 카터 교수, 그리고 한국 측에서는 나와 장재룡(張在龍) 외교부차관보, 송민순 외교비서관이 배석했다. 이 보고는 1시간 30분이나 걸렸다.

그는 먼저 1994년과 비교한 1999년의 한반도 상황을 분석했다. 이어서 이런 상황에서 미국이 고려할 수 있는 정책 대안들을 비교 검토하고 선택 가능한 정책 방안을 제시했다. 아울러 북한이 거부하는 경우의 대책도 제시했다.

1994년에 비해 북한의 군사력은 상대적으로 약화되었고 한미연합 억제력은 상대적으로 강화되어 북한의 전쟁 도발 가능성은 현저히 감소되었다. 그리고 아직은 북한의 반응이 제한되어 있으나 한국은 자신감을 갖고 포용정책을 적극 추진하고 있는 상황이다.

북한은 경제파탄과 기근으로 아사자가 속출하고 국제사회의 인도적 지원에 전적으로 의존하고 있는 형편이다. 그에 따라 북한의 도발행위도 지난날에 비해 대폭 감소되는 추세에 있다. 다행히도 1994년의 제네바합의로 영변핵시설 또한 국제 감시의 통제하에 놓여 있다. 그러나 북한은 현재 금창리에 지하핵시설을 건설하며 비밀리에 핵개발을 진행하고 있다는 의혹이 제기되고 있으며 미사일 개발계획도 공개적으로 추진하고 있어 제네바합의가 큰 위기에 처해 있다.

이런 상황에서 미국이 고려할 수 있는 정책 대안으로 크게 다섯 가지를 고려할 수 있다. 이 중에서도 '현상 유지' '매수'(buy off) '북한 개혁' '북한체제 전복' 등은 비현실적이고 '상호 위협 감소를 위한 협상'이 유일하게 선택 가능한 대안이라 판단되는바, 미국은 '상호 위협 감소를 위한 포괄적 대화'를 북한에 제의해야 할 것이다. 대화의 전제조건으로는 북한이 미사일 재발사를 유보하고, 금창리 지하핵시설에 대한 접근을 허용해야 한다는 두가지를 들 수 있다. 이와 관련하여 미국은 일단 대북경제제재를 유보하고 인도적 지원을 증가하는 방식을 추진할 수 있으며, 이런 조건들이 충족되면 미국도 북한과의 적극적인 대화에 나설 수 있을 것이다.

만약 북한이 이를 받아들이면 '포괄적 대화'를 통해 북한 핵과 미사일 위협의 감소 내지 해소와 함께 미국은 경제제재를 해제하고 적대관계를 해소하는 한편 관계 정상화를 위한 국무장관의 평양방문을 추진할 수 있을 것이다. 이에 힘입어 한국 또한 북한과 화해·협력을 촉진하는 등 한반도 냉전종식을 위한 환경을 조성해나갈 수 있을 것이다. 일본 역시 북한과 관계 정상화를 추진하며 냉전구조를 해체해나가게 될 것이다. 이러한 평화적 환경이 조성됨에 따라 북한의 경제재건 지원을 위한 국제사회의 관심도 점차 확대될 것으로 기대된다.

미국은 북한에 이러한 구상을 포괄적으로 제시하되, 그 실행은 북한의 호응 정도에 따라 단계적으로 추진해나가야 한다. 만약 북한이 이를 거부하거나 또는 '금지선'을 넘어 대화가 실패하는 경우에는 위기관리의 문제가 대두될 것이다. 북한의 위협을 봉쇄할 방책으로 미국은 군사적 대비태세를 강화하고 경제제재를 강화하는 등의 조치를 취해야 할 것이며 일련의 대북포용정책도 축소될 수밖에 없을 것이다. 결과적으로 제네바합의는 파기 위험에 직면하고, 이렇게 되면 위기상황의 확대를 막고 전쟁을 방지하기 위해 미국은 군사적 억제력을 강화하고 북한을 고립시키는 등의 비상조치를 취해나가야 할 것이다.

페리의 보고를 끝까지 경청한 김 대통령은 "내 생각과 그토록 일치하다니 믿어지지 않을 정도"라는 말로 대만족을 표시하며 "북한도 받아들일 수 있을 것"이라고 전망했다. 그러자 페리 조정관은 이렇게 말했다.

"이것은 사실 김 대통령의 구상에 다름 아닙니다. 임동원 수석비서관으로부터 좋은 아이디어를 많이 제공받았으며, 부끄러운 일이지만 임동원 수석이 제시한 전략 구상을 도용하고 표절하여 미국식 표현으로 재구성한 데 불과합니다."

장내에는 유쾌한 폭소가 터져나왔다. 나중에 들은 이야기지만, 페리 팀은 1월 말 내가 워싱턴에서 우리의 전략 구상을 문서로 제시하고 설명한 것을 계기로 비로소 '페리 구상'의 방향을 정립하고 논리적 체계를 세우게 되었다고 한다. 실제로 페리의 '잠정적 구상'은 우리가 제시했던 전략 구상과 거의 차이가 없었다. 다만 보즈워스 대사의 분석대로, 북한이 부정적인 반응을 취할 때의 비상조치 사항과 상호주의 원칙을 부각시키는 정도에서 약간 차이가 있을 뿐이었다.

김 대통령은 특히 페리 구상에서 '상호 위협을 감소해나가면서 줄 것은 주고 받을 것은 받는다'는 접근방식과, 북한의 부정적인 대응으로 위기상황이 조성되는 경우에도 "전쟁은 방지한다는 전제하에 강경 조치를 취해나간다"고 한 대목을 높이 평가했다. 또한 김 대통령은 "현시점에서 너무 안 될 때를 생각하기보다는 적극적인 사고로 북한을 설득할 수 있다는 자신감을 가지고 추진하면 더 좋은 성과를 얻게 될 것"이라고 격려했다. 그리고 이렇게 말했다.

"특히 한미가 합의한 이 정책에 대한 국제적 지지와 협력을 얻는 것이 관건입니다. 일본과는 한·미·일 3국 공조체제를 갖추고, 중국과 러시아와는 도움을 얻기 위해 긴밀히 협력하는 한편 EU와도 협력해 나가야 합니다. 그리고 페리 조정관이 직접 평양을 방문하여 이 구상을 설명하고 북한의 동참을 '초청'하는 형식을 취하는 것이 자존심 강한 북한을 움직이는 데 도움이 될 것입니다."

이에 페리는 대통령의 의견에 동의한다며 "곧 방북을 추진하겠다"고 약속했다.

3월 16일, 금창리 지하핵시설 의혹 문제를 다루어온 뉴욕의 북미회담(김계관-카트먼)은 마침내 현장방문 조사에 합의하고, 다시 두달 후에는 금창리 방문조사단의 현장방문이 실현된다. 또한 3월 말에는 평양에서 북미 미사일회담이 열린다. 이 회담에서 북한은 "미국의 적대정책이 지속되는 한 미사일 개발 포기는 불가하나 현금으로 보상하면 수출 중단은 가능하다"며 연 10억 달러를 요구한 것으로 알려졌다.

이처럼 북한이 현금 보상을 요구한 것은 미사일 수출을 규제할 수 있는 현실적인 국제규범이 존재하지 않은데다 북한은 미사일기술통제체제(MTCR)에도 가입해 있지 않은 상태였기 때문이다.

한·미·일 3국 공조

이러한 상황을 배경으로 페리는 자신의 '잠정 구상'을 한·미·일 3국이 합의하는 공동정책으로 완성한 후 평양방문을 추진하기 위해 4월 중순에 하와이 호놀룰루로 일본 당국자들을 초청하여 처음으로 '한·미·일 3국 고위급회의'를 개최한다.

나는 장재룡 외교부차관보, 송민순 외교비서관 등을 대동하고 이 회의에 참석했다. 미국 측에서는 페리 조정관이 셔먼 대사와 카터 교수 등을 대동했고, 일본 측에서는 카또오 료오조오(加藤良三) 외무부 총합정책국장(후에 주미대사 역임) 등 7명의 대표단이 참석했다.

이 회의에서 3국은 조화와 통합된 노력으로 대북정책을 추진하되 포용정책의 기조 위에서 포괄적 접근을 취하기로 하고, 북한의 핵 및 미사일 위협을 감소시키는 한편 궁극적으로는 한반도 냉전을 종식시켜나가기로 합의했다.

그리고 우리 측 주장이 받아들여져 3국이 공동으로 추진할 대북정책의 목표를 '상호 위협 감소를 통한 한반도 냉전종식'으로 확정했다. 이어 목표 달성을 위한 수단과 방법을 협의하고 각 단계별로 3국이 각각 취할 구체적 조치를 망라하는 이정표를 마련했다. 또한 '금지선'을 넘는 위기관리 단계에서 취할 조치도 정리했다. 3국은 긴밀하게 조율된 효율적인 대북정책을 추진하기 위하여 3국이 협의와 조정 과정을 제도화하기로 하고, 적어도 분기에 1회씩은 3국 공조회의인 '3국대북정책조정감독기구'(TCOG)를 운용하기로 합의했다.

이로써 '한반도 위기설'이 대두됨에 따라 미국이 대북정책을 전면 재검토하게 된 상황에서 우리 측이 기회를 포착하여 제시한 '포괄적 접근을 통한 한반도 냉전구조 해체 전략'이 한·미·일 3국이 공동으로 추진하는 '상호 위협 감소를 통한 한반도 냉전종식'을 추구하는 이른바 '페리 보고서'의 핵심을 이루게 된 것이다.

나는 하와이를 떠나기에 앞서 미국 태평양사령관 데니스 블레어(Dennis C. Blair) 대장과 그의 참모들을 만나 한반도의 군사정세에 대한 브리핑을 청취할 기회를 가졌다. 그는 "북한의 재래식 군사력은 지난 수년간 정체돼 있고 특이한 동향은 없다. 미사일과 장거리 포병 화력과 화학무기가 위협이 될 수는 있겠지만 북한군은 '부상당한 호랑이'에 불과하다. 한미연합 억제전력은 역사상 최강의 상태를 유지하고 있으며 어떠한 상황에도 효율적으로 대처할 수 있다"는 요지로 설명해주었다.

하와이를 떠나 서울을 향해 태평양 상공을 날면서 나는 나에게 부과된 역사적 소명을 다했다는 기쁨을 만끽하며 여러가지 감회에 잠기게 되었다. 나는 동서냉전이 한창이던 1970년대에 우리 군 최초의 '군사전략'과 자주적 군사력 건설을 위한 '율곡계획'을 마련하는 등

'평화를 지키기 위한 전략'을 마련하는 데 기여한 바 있다. 그리고 동서냉전이 종식된 1990년대에는 '햇볕정책'과 '한반도 냉전종식 전략'을 제시하는 등 '평화를 만들기 위한 전략'을 마련하는 데 중심적 역할을 수행하게 되었다. 더구나 한반도 문제의 주인공인 우리가 주도적으로 미국을 비롯한 주변국들을 설득하여 해결책을 마련하게 된 것이다.

비행기 안에서 나는 이러한 역사적 과업을 성공적으로 수행하게 된 것을 영광으로 생각하며 이러한 일을 맡겨주신 하나님께 감사드렸다. 그리고 이 전략이 성공할 수 있도록 최선의 노력을 다해야겠다고 다짐했다.

페리의 방북

이제 북한을 설득하여 우리가 마련한 제안 내용을 받아들이게 하고 상호 위협을 감소하는 노력을 시작하는 일만 남았다. 4월 말 북한은 일단 긍정적인 신호를 보냈다. 찰스 카트먼 대사의 방북(5.14~15)과 금창리 방문조사단의 방북(5.18~25)에 이어 페리 조정관 일행의 평양방문 일정(5.26~28)을 통보해온 것이다. 이로써 우리는 1999년 5월은 북미관계 개선의 청신호가 켜진 달로 역사에 기록될 것이라는 기대를 하게 되었다.

페리 조정관은 토오꾜오에서 공군 특별기편으로 5월 25일 오후 평양방문길에 올랐다. 7명의 대표단에는 셔먼 대사, 카터 교수, 에번스 리비어(Evans J. R. Revere) 국무부 한국과장(후에 코리아소사이어티 회장 역임) 등이 포함되었다. 방북길에 오르기 전날 나는 토오꾜오에 가서 페리 조정관을 만나고 다시 한·미·일 3자 협의를 했다.

페리 조정관은 "대북정책 검토 결과를 최종 건의하기에 앞서 북측의 견해와 시각을 직접 청취하고자 한다"며 북측에 설명할 내용이 호놀룰루에서 3국이 합의한 내용 그대로임을 재확인하고, 평양에 가서는 한국·일본의 지지와 동의를 얻은 구상임을 특히 강조하겠다고 밝혔다. 또한 평양에 들고 갈 클린턴 대통령의 친서에는 '근본적으로 새로운 관계의 설정'을 제안하는 내용이 포함되어 있다며 그 요지를 우리에게 알려주었다. 그리고 그는 "금창리 지하핵시설 의혹에 대한 조사가 북측의 적극적인 협조로 만족스럽게 끝나고 현재 조사단이 귀환하는 중"이라며 "이는 좋은 징조로 보인다"고 말했다. 두가지 긴급현안 중 적어도 한가지는 해결된 셈이었다.

나는 이날 아침 내가 통일부장관으로 임명되었다는 뉴스를 전해 들은 미·일 대표단으로부터 축하인사를 받게 되었다. 토오꾜오로 출발하기 전날 저녁 출장보고를 올렸을 때 김대중 대통령은 "나를 통일부장관에 내정했다"고 말해주었다. 이 자리에서 나는 대통령의 요청에 의해 내 후임자와 국방부장관 후보를 복수 추천했다. 김 대통령은 취임 이후 줄곧 통일부장관과 국방부장관, 그리고 외교안보수석비서관을 선임할 때에는 예외 없이 나의 의견을 물었다.

페리 특사 일행은 3박 4일간의 평양방문을 마치고 28일 저녁 서울에 도착했다. 이튿날 아침 나는 페리로부터 방북 결과에 대한 설명을 듣고, 이어서 외교부장관 공관에서 3국 대표단이 참석하는 방북 결과 보고회의에 참석했다.

페리 특사 일행은 강석주 외교부 제1부부장이 주최한 만찬과 김영남 최고인민회의 상임위원장이 주최한 오찬 등 당·정·군 인사들이 참석한 성대한 연회를 비롯한 정중하고 극진한 환대와 대대적인 언론 보도 등 전반적인 분위기에 만족스러워했던 것으로 보인다. 연회에서는 미국 민요 「클레멘타인」이라든지 「오, 수잔나」와 같은 귀에 익은 음악이 연주되어 미국사람들의 마음을 흐뭇하게 했다고 한다. 북한은 미국 대통령 특사 방문을 크게 보도하면서 대내 선전에 최대한 활용하려 한 것이 역력했다.

페리 특사의 상대역은 김정일 위원장이 가장 신임하고 그에게 직보가 가능한 인물로 알려진 강석주 외교부 제1부부장이 맡았다. 이들은 세번에 걸쳐 근 9시간 동안 진지하게 논의했다고 한다. 페리의 방북 결과에 대한 설명은 다음과 같았다.

페리 특사는 먼저 태평양 세력으로서 아시아에서의 미국의 국익과 역할에 대해 설명하고, 지난 한 세기 동안 한반도를 둘러싼 열강들의 쟁투로 인한 한민족의 비운을 역사적으로 고찰하면서 "주변 열강들 속에서 생존하고 번영·발전하기 위해서는 태평양 건너편에 있는 미국과 돈독한 관계를 유지하는 것이 양국 모두에 이익이 될 것"이라고 역설했다고 한다.

또한 미국은 북한과 '근본적으로 새로운 관계'를 설정할 용의가 있음을 밝히고, 한반도 냉전을 종식시키기 위한 '상호 위협 감소를 통한 포괄적인 접근방안'을 구체적으로 설명했다고 한다.

그리고 우선적으로 북한이 취해야 할 조치로 '핵개발을 포기하고 중장거리 미사일 개발을 중지할 것'을 요구했다고 한다. 이러한 프로세스를 시작하기 위해서는 먼저 미사일을 재발사하는 일이 없어야 하고, 재발사하면 '기회의 문'이 닫힐 것이라는 뜻에서 미사일 발사 유예(모라토리엄)의 필요성을 강조했다는 것이다.

금창리 지하핵시설 의혹 문제는 이미 며칠 전 방문조사로 의혹이 해소되었기 때문에 이번 회담에서는 문제삼지 않았다고 한다.

그러나 페리 특사의 획기적인 제의에 대해 북한 측의 입장이 충분히 준비되어 있지 않은 상황에서 강석주는 종래의 원칙적인 입장만 되풀이했다고 한다. 북한은 '핵주권'까지 포기하면서 제네바합의를 준수하고 있다고 전제하며 오히려 미국의 성실한 약속 이행을 요구했다는 것이다. "미사일 수출 문제는 협상할 수 있으나 평화적 목적의 인공위성 발사 계획은 계속 추진할 수밖에 없다"고 주장하고, 페리의 제안에 대해서는 "미국이 먼저 적대정책을 철회하고 이를 행동으로 표시하면 북한도 그에 상응하는 적절한 조치를 취할 수 있다"는 반응을 보였다고 한다.

상징적으로 국가를 대표하는 김영남 상임위원장이 페리 특사 일행을 접견하고 오찬을 베풀었다. 그는 페리의 평양방문을 "영웅적 행동"이자 "역사적 방문"이라 환영하고 "어제의 적이 내일의 친구가 될 수 있다"며 북미관계의 획기적 전기가 마련되기를 기대한다고 말했다고 한다. 또한 그는 이미 합의한 대로 미국이 체제를 존중하고, 자주권을 인정하고, 평등의 원칙을 지키며 적대정책을 철회할 것을 요구했다고 한다.

북한의 국영 TV방송은 "미국 대통령 특사와의 회담은 진지하고 솔직했으며 상호 존중의 분위기에서 진행되었다"고 보도하며 관계 개선에 대한 기대를 숨기지 않았다. 하지만 정작 페리 특사 일행은 김정일 위원장과의 면담을 성사시키지 못한데다 북한 측의 확정적인 답변 역시 듣지 못한 것을 무척 아쉬워하는 것 같았다.

물론 수행원들 사이에서는 북한 측의 극진한 환대와 '페리 제안'에 대한 깊은 관심, 진지하고 솔직한 논의, 그리고 기존 채널을 통한 대화의 지속 의지를 확인한 것만으로도 만족스럽게 생각하고 가까운 시일 내에 긍정적인 반응이 있을 것으로 기대하는 분위기가 조성되었다.

나 또한 페리 특사의 방북을 '성공의 시작'이라고 평가했다. 미국에 대한 불신이 큰 북한으로서는 이렇게 중요한 제안을 신중하게 검토할 만한 시간적 여유가 필요했을 것이며 김정일 위원장이 직접 모습을 드러냈다면 그 자리에서 가부간에 결단성 있는 반응을 보여야 할 터인데 미처 그럴 준비가 되어 있지 못했을 것이라고 말했다. 그럼에도 불구하고 김정일 위원장에게 직보가 가능한 측근과의 장시간에 걸친 논의와 극진한 환대, 대대적인 언론보도 등은 모두 관계개선에 대한 북측의 기대를 나타내는 것이라고 지적했다. 그리고 "이제 상호 위협 감소를 통해 한반도 냉전종식을 위한 '탈냉전의 한반도 평화 프로세스'를 시작할 수 있게 되었으니 3국이 슬기롭게 추진해 나가자"고 강조했다.

페리 특사는 방북 소감으로 "우리는 북한의 위협을 강조해왔지만 북한이 미국에 대해 느끼는 위협이 우리가 상상하던 것보다 훨씬 더 심각하다는 것을 알게 되었다"며 "한국이 제시한 '상호 위협 감소' 전략의 중요성을 새삼 깨닫게 되었다"고 말했다. 또한 "북한을 있는 그대로(as it is) 인정하고 상대해야 한다"고 한 말이 인상 깊게 들렸다.

한반도 안보위기를 조성했던 금창리 지하핵시설 의혹은 현장방문 조사 결과 핵시설이 아님이 확인되었다. 1999년 5월 25일 "14명의 전문가들이 제1차 방문조사한 결과 굴착 중인 금창리 지하땅굴에는 원자로나 재처리시설 등 핵관련 시설이 없으며, 그런 목적으로 설계되지도 않았다는 사실이 판명되었다"고 미국 국무성이 발표했다. 이듬해에 다시 2차 현장조사가 실시되었지만 1차 조사 때와 다름없는 결과가 나왔다. 미국 강경파들의 기대와는 달리 미국 국방정보국의 정보가 왜곡된 것이었음이 증명된 것이다.

한편 북한 미사일 문제는 여러차례의 북미 협상과정을 거쳐 1999년 9월 중순 베를린회담에서 "미사일 협상이 진행되는 동안에는 북한이 미사일 발사를 유예하기로 하고, 미국은 대북경제제재를 해제하고 식량을 지원하기로 한다"는 데 양측이 합의하기에 이른다.

이렇게 하여 페리 프로세스의 전제조건이 되었던 두가지 현안이 모두 해결되어 비로소 북미 간에 '상호 위협 감소를 통한 포괄적 관계개선 과정'이 시작될 수 있는 전기가 마련되었다. 한반도에서 냉전을 종식시키고 평화를 만들어나가는 과정이 시작된 것이다. 9월 14일에는 미국 의회에 제출한 '페리 보고서'가 일반에 공개된다.

북한은 페리 특사의 방북을 전후한 북미 대화의 추진과 함께 중국, 러시아, 일본과의 관계개선 노력을 시작한다. 김정일 위원장은 1999년 5월 중순 중국과의 관계개선을 위해 평양주재 중국대사와 첫 회동을 여는가 하면, 11월에는 러시아와의 관계개선을 위해 이고르 이바노프(Igor S. Ivanov) 러시아 외상을 접견하고, 12월에는 무라야마 전 총리를 단장으로 한 일본 의회사절단의 방북을 허용한다.

선으로 악을 이겨라

1999년 5월 말 나는 통일부장관으로 취임했다. 전면 개각을 단행한 김대중 대통령은 "한·미·일 3국의 대북공조체제가 마련되었고 미국과 북한의 대화에도 진전이 있게 되었으니 이제는 남북대화를 본격적으로 추진해야겠다"며 내가 나서주기를 원했다. 한때 차관으로 근무했던 통일부로 6년 만에 장관이 되어 돌아간다고 생각하니 한편으로는 감개무량했으나 다른 한편으로는 막중한 책임감을 통감했다.

차관 시절에는 탈냉전을 지향하는 남북관계의 발전 방향을 설정한 '남북기본합의서'와 '한반도비핵화공동선언'을 탄생시키는 산파 역할을 수행했다. 그리고 이제는 '잃어버린 5년'을 넘어 남북기본합의서에 따라 교류협력을 활성화하여 남북 간에 상호 신뢰를 다져나가며 냉전의 잔재를 하나씩 청산하는 데 선도적 역할을 수행하지 않으면 안 된다.

그렇게 하려면 우선 햇볕정책에 반대하는 야당과 강경 보수세력에 대한 적극적인 설득과 함께 국민적 합의 기반을 조성해나가야 했다. 또한 남북대화를 지속적으로 이끌어내어 실현가능한 정책을 일관성 있게 추진하는 것이 필요했다.

국민의 정부가 집권할 무렵 북한은 총체적 위기에 처하여 이를 극복하기 위해 안간힘을 쓰고 있었다. 북한은 소련과 동구권 사회주의의 붕괴 원인이 사상의 자유, 정치에서의 다당제, 소유에서의 사유재산제 인정 등 다원주의를 수용한 데 있다고 평가하면서 주체사상과 집단주의를 고수하며 이른바 '인간개조사업'에 박차를 가하고 있었다. 그러나 변화와 개혁을 거부한 북한은 결국 국제적으로 고립되고 경제는 파탄지경에 이르게 된다. 경제력은 동구권 몰락 이전에 비해 2분의 1 수준 이하로 격감했으며 설상가상으로 1995, 1996년의 연속된 자연재해로 식량난이 가중되어 많은 아사자와 탈북자가 속출하는 등 국가적 재난상황에 처하게 되었다.

이러한 난국을 극복하기 위하여 북한주민들에게는 '고난의 행군'을 강요하고, 북한 당국은 군대를 중심으로 하는 비상관리체제에 매달리게 된다. 군대를 국방뿐 아니라 사회불안 해소와 수뇌부 옹위, 그리고 경제난 완화에 동원하여 총체적 국가 위기를 관리하고 생존전략을 추구하는 이른바 '선군정치(先軍政治)'를 실시한다.

이렇듯 악화된 북한의 경제 사정은 한미의 반북 강경파들로 하여금 북한의 붕괴가 임박했다는 기대를 갖게 했다. 남한의 일부 냉전적 보수언론들은 "북한이 얼마 가지 않아 붕괴될 것이며, 붕괴를 촉진시키기 위해서는 북한을 돕기보다 봉쇄해야 한다"고 연일 주장하며 햇볕정책을 비현실적인 것으로 몰아가려 애썼다. 또한 "우리의 '주적'인 북한은 믿을 수 없으며, 그 정권은 붕괴시켜야 한다"고 선동했다. 일부 전문가들이 북한의 붕괴가 초래할 민족적 재앙을 경고했으나 그 심각성에는 아무도 귀를 기울이는 것 같지 않았다.

그러나 역사는 경제 사정이 악화되는 것만으로 한 정권이나 체제가 붕괴되지는 않는다는 사실을 잘 보여주고 있다. 수백만명의 아사자가 발생한 스탈린시대의 소련, 3,700만명의 아사자를 낸 1959~61년 중국의 대기근은 정권 붕괴나 체제 붕괴를 초래하지 않았다. 역사는 한 정권이나 체제의 붕괴는 조직적 반체제세력의 쿠데타나 주민들의 봉기, 또는 외세의 군사적 개입 등에 기인함을 말해준다.

북한의 경우, 경제 사정은 최악의 상태에 이르렀으나 그렇다고 가까운 시일 안에 조직적인 반체제세력의 활동이 대두하거나 주민의 불만이 사회적 불안요소로 조직화될 징후는 보이지 않는다는 것이 정보기관의 판단이었다. 그렇다고 군사적 개입으로 붕괴시키려는 것은 전면전쟁을 초래하는 모험이다. 전쟁은 결코 해결책이 될 수 없다. 따라서 북한도 중국이나 베트남처럼 점진적 변화의 과정을 밟게 되리라고 보는 것이 가장 바람직하고 신빙성 있는 견해라 할 수 있다.

통일고문회 고문들을 비롯한 민족의 장래를 걱정하는 지성인들은 1992년의 로스앤젤레스 코리아타운의 흑인폭동을 교훈으로 삼아야 한다고 주장했다. LA 흑인폭동은 상대적으로 여유있는 이웃이나 지역사회가 소외된 이웃을 돕거나 베풀지 않고 백안시할 때 어떤 결과를 초래하는지를 잘 보여준 사건이었다.

그들은 북한이 절망에 처하고 궁지에 몰렸지만 여전히 상당한 군사력을 지녔기 때문에 앉아서 굶어 죽기보다는 '죽기 아니면 살기' '이판사판'의 자살적 남침 공격을 시도하고자 하는 유혹에 빠지게 될지도 모른다고 우려했다. 따라서 북한을 조심스럽고 슬기롭게 다루어야 할뿐더러 굶주려 죽어가는 북한 동포들을 인도주의적 차원에서 적극적으로 도와야 한다고 주장했다. 또한 "북한의 점진적 변화를 유도하는 것 이외에는 다른 방도가 없다"며 정부의 햇볕정책을 적극 지지했다.

통일부장관으로서 나는 언론인, 학자, 종교인, 예비역 장성, 그리고 여러 사회단체 간부들을 대상으로 한 강연회와 좌담회, 인터뷰 등을 통해 우리 정부의 대북정책을 설명하는 데 심혈을 기울였다. 특히 기독교 교인들의 모임에서 강연할 때는 화해와 협력을 통해 북한의 변화를 도와 평화를 만들려는 햇볕정책에 대해 성경 구절을 인용하여 설명하기도 했다.

로마서(12:17-21)에는 다음과 같은 네가지 메시지가 들어 있다. "네가 직접 복수하려 하지 말고 원수 갚는 일은 하나님께 맡겨라" "원수가 굶주리거든 먹을 것을 주고 목말라하거든 마실 것을 주라" "악으로 악을 갚지 말고 선으로 악을 이겨라" "모든 사람과 더불어 평화롭게 지내라"는 내용이다. 나는 이 성경 구절을 인용하며 "햇볕정책의 성서적 근거"라고 주장하곤 했다.

"남과 북이 동족상잔의 전쟁과 냉전으로 원수가 되었으나, 국제정세에 지각변동이 일어난 지금은 민족의 번영과 발전을 위해 화해하고 사랑함으로써 원수를 친구로 만드는 것이 바로 원수를 이기는 길일 것입니다. 강자인 우리가 먼저 인도적 지원과 경협을 통해 북한 동포들을 물질적으로 돕고 나누며 협력해야 할 것입니다.

또한 북한이 개방하고 시장경제로 전환해나갈 수 있도록, 체제 경쟁의 승자인 우리가 자신감을 갖고 북한의 변화에 필요한 여건과 환경을 조성해주는 것이 바로 싸우지 않고 목적을 달성하는 것이며, 선으로 악을 이기는 길입니다. 냉전의 잔재를 청산하고 평화를 만들어나가는 것이 민족의 번영·발전과 통일에 이르는 길입니다. 이것이 바로 햇볕정책입니다. 예수님은 '피스메이커는 복이 있나니, 그가 하나님의 자녀라 불릴 것이라'라고 말씀하셨습니다. 우리 모두 피스메이커가 되어야 합니다."

연평해전

국민의 정부는 출범과 동시에 화해협력정책을 공포하고 남북 당국 간의 대화를 시도했다. 대통령 취임사를 통해 '특사교환'도 제의했으나 별다른 호응은 얻지 못했다. 결국 북한은 우리 정부로부터 비료와 식량지원을 받기 위해 당국 간 회담에 나왔으나 상호주의 원칙으로 이산가족 문제와 비료지원을 연계하여 해결하려는 우리 측의 제의를 거부함으로써 첫해의 남북 당국 간 회담은 실패하고 만다.

그러나 규모는 작을지언정 민간차원에서는 1997년부터 시작된 인도적 지원이 갈수록 확대되고 있었다. 기독교·천주교·불교 등 종교단체와 남북나눔운동, 우리민족서로돕기운동, 한국복지재단, 굿네이버스, 월드비전 등 여러 단체가 북의 구호에 앞장섰다. 미국 선교사의 후손인 스티븐 린턴(Stephen W. Linton, 한국명 '인세반')의 유진벨 재단은 북한의 결핵환자 돕기운동을 전개하였다.

또한 '정경분리' 원칙에 따라 민간차원의 경협이 적극적으로 모색되고 있었다. 특히 북한이 외화벌이를 위하여 최전방 지역을 개방하고 금강산 관광사업을 수용하게 된 것은 여간 다행한 일이 아닐 수 없었다. 이것은 화해·협력과 긴장완화의 청신호로 의의가 큰 것이었다.

정부는 첫해의 실패를 교훈으로 삼아 이듬해 봄에는 '가진 자'로서 먼저 베풀기로 한다. 인도주의적 차원에서 북한이 절박하게 원하는 비료 5만 톤을 적십자사를 통해 아무런 조건 없이 제공한 것이 그 시작이었다.

1999년 들어 북한은 여러 경로를 통해 당국 간 회담에 응할 의사를 전해왔다. 이에 따라 비공개 실무접촉을 거쳐 5월 12일부터 6월 3일까지 베이징에서 우리 측 김보현 특보와 북측 전금철 아태평화위원회 부위원장이 세 차례에 걸친 비공개회담을 열었다. 시비(施肥) 시기를 앞두고 있는 북측은 비료 25만 톤의 적기 제공을 간청하다시피 하며 "비료를 제공하면 이산가족 문제를 추진하겠다"고 말하고 이를 협의하기 위한 남북차관급회담 개최를 제의했다.

이에 우리 NSC 상임위원회는 인도주의 입장에서 비료 20만 톤을 7월 말까지 제공하되 그중 10만 톤은 6월 20일까지 전달하기로 결정한다. 그리고 6월 21일부터 남북차관급회담을 개최하여 이산가족 문제를 비롯한 상호 관심사를 협의하며 추석까지는 이산가족상봉을 실현한다는 타협안을 마련했다.

나는 러시아 국빈 방문을 마치고 몽골 방문길에 오른 김대중 대통령의 요청으로 5월 30일 울란바토르로 가서 대통령을 만났다. 그곳에서 김 대통령에게 미국의 페리 조정관의 평양방문 결과를 보고하는 한편 베이징에서 진행 중인 남북비공개회담 대표에게 긴급히 하달할 훈령을 건의하여 승인받았다. 나는 우리 측 대표가 북측 대표와의 비공개 대화에서 나눈 '북측의 변화된 자세'에 대해서도 보고했다.

"김일성 사망 충격과 5년간의 '고난의 행군'을 마치고 지난해 9월 김정일 체제가 확립된 후에야 비로소 북한의 정책결정 체계가 정비된 듯합니다. 이제 북측은 국민의 정부의 일관성 있는 화해협력정책에 대해 상당한 신뢰감을 표시하며 고마워하고 있습니다. 미국의 대북정책 조정을 맡은 페리에 대한 적극적인 영향력 행사, 미국과 일본에 대한 대북관계 개선 권장, 현대의 금강산 관광개발 투자비 지불 허용, 비료 5만 톤의 무조건 제공, 민간차원의 대북 인도적 지원 권장 등이 남북 간의 신뢰를 조성하는 데 크게 기여하고 있습니다."

6월 3일 나는 기자회견을 통해 베이징 비공개회담에서 합의한 내용을 언론에 공개했다. "인도주의적 차원에서 비료 20만 톤을 북측에 즉시 제공할 계획이며 6월 21일부터 베이징에서 남북차관급회담을 개최하여 이산가족 문제를 우선적으로 협의할 예정"이라는 내용이었다.

그런데 남북차관급회담을 6일 앞둔 6월 15일 아침에 서해 연평도 근처에서 남과 북의 해군함정들 간에 교전상황이 벌어졌다. 이 과정에서 북한 어뢰정 1척이 침몰하고 경비정 1척은 반침몰 상태로 도주하는 등 북측에서는 여러 척이 피해를 입고 수십명의 사상자가 발생했다. 그에 비해 우리 측 피해는 경미한 것으로 보고되었다.

휴전 이후 처음으로 우리 군이 북한군의 도발을 우세한 입장에서 응징한 것이다. 이것은 김 대통령이 천명한 대북정책의 3대 원칙 중 "북한의 어떠한 무력도발도 결코 용납하지 않겠다"는 첫번째 원칙을 행동으로 보여주는 것이기도 했다.

매년 6월이면 북한 어선들이 꽃게잡이를 위해 북방한계선(NLL)을 침범했다가 우리 해군 고속정이 접근하면 철수하는 일이 반복되었다. 그러나 이번에는 과거와는 다른 양상을 보였다. 6월 4일부터 매일같이 5, 6척의 북한해군 경비정이 북방한계선을 침범하여 꽃게잡이 어선단을 남단에서 보호하며 어로작업을 강행했던 것이다. 게다가 우리 경비정이 접근하여 경고해도 순응하지 않고 계속하여 고의적으로 침범행위를 되풀이했다. 9일에는 우리 고속정이 북한 경비정에 접근하여 밀어내기를 시도했으나 그 또한 성공하지 못했다.

그 무렵 NSC 상임위원회가 수시로 소집되어 상황을 보고받고 대책을 논의했다. 초기에는 북측의 저의가 무엇인지에 관심이 집중되

서해침범사건을 협의하는 안보회의 상임위원회회의에서 조성태 국방장관이 서해사태에 대해 설명하고 있다. (1999.6)

었다. 가용한 모든 정보에 의하면 전반적인 군사정세는 특이한 징후가 없이 평온했고 서해 5도 지역에서도 국지 도발의 징후는 전혀 보이지 않았다. 연평도 인근 꽃게잡이 어장에서만 이상한 움직임이 일어나고 있었던 것이다.

그렇다면 북한이 '외화벌이 목표 달성'을 위해 무리하게 꽃게잡이를 하는 것으로 생각해볼 수도 있었다. 실제로 "현재 북한의 연평도 인근 꽃게잡이는 군인들이 하고 있으며, 할당된 어획 목표량은 전년에 비해 2배"라는 정보 판단이 보고되었다. 특히 꽃게는 북방한계선 북단에는 거의 남아 있지 않고 남단 완충지역에 큰 어장이 형성되어 있다는 분석이었다. 그외에 북방한계선을 무실화하려는 북측의 계획된 도발일 수 있다는 분석도 있었다. 북한은 북방한계선을 인정한 적이 없으며 '국제해양법에 따른 12해리 영해'를 주장해왔다.

NSC 상임위원회는 '북방한계선 고수' '즉각 철수 요구', 그리고 '위반 시의 후과에 대한 책임은 북측에 있다'고 경고한다는 입장을 세웠다. 북방한계선은 군사분계선(MDL)이 아니라 유엔군 사령부가 유엔군 측 함선이나 항공기의 활동을 제한하기 위해 일방적으로 설정한 통제선이다. 국제해양법 개정 이전의 '3해리 영해'를 인정하던 때 설정한 것이지만 휴전 이후 지금까지 '실효성 있는 해상경계선'으로 기능을 해온 것이다. 따라서 '남북 불가침 부속합의서'(1992)에 "해상불가침의 경계선이 확정될 때까지 쌍방이 지금까지 관할해온 구역으로 한다"고 합의했던 것이다.

우리 측의 경고에도 불구하고 북측이 침범행위를 계속하자 NSC 상임위원회는 "북측 함정들을 북방한계선 이북으로 밀어내기 위해 진해 해군기지로부터 대형 함정들을 증강 투입하겠다"는 조성태 국방장관의 작전 구상에 동의했다. 다만 어떠한 경우에도 선제사격은 불허하며 작전 예규에 따라 조치할 것을 강조했다. "강력한 조치를 취하겠다"는 조성태 국방장관의 보고를 받은 김 대통령도 "북방한계선을 반드시 지키되 우리가 먼저 발포하지는 말라. 그러나 북한이 먼저 발포하면 단호히 분쇄하라. 또한 무슨 일이 있어도 확전을 방지하라"는 요지의 매우 적절한 훈령을 하달했다.

6월 15일 아침 9시 30분경 철수명령에 역시 불응하는 북한 함정들에 대해 우리 해군이 '밀어내기 작전'을 강행하자 설마하며 버티던 북한 함정들이 당황하여 먼저 사격을 가해왔다. 그리고 이런 사태에 대비하여 엄호하고 있던 우리 함정들이 즉각 대응사격을 함으로써 이후 14분 동안 치열한 포격전이 벌어졌다. 나중에 입수된 첩보에 의하면, 사망자만 30명이 넘을 정도로 북측 해군의 인명피해는 막심한 것으로 추정되었다.

평화를 위한 결단

이번 사건은 햇볕정책이 결코 '유화정책'이 아니라 '강자의 정책'임을 국내외에 과시하는 기회가 되기도 했다. 다만 확전 사태로 번지지 않도록 관리하는 것과 당시 민간교류의 일환으로 북한지역에 체류 중이던 우리 국민들의 신변안전 보장이 시급한 문제였다. 우리 정부는 전군에 경계태세령을 하달하고 미국 측과 긴밀히 협조하는 한편 중국, 러시아 등을 통한 외교적 조치도 병행해나갔다.

이번 서해교전 사건은 통일부장관인 나에게 세가지 어려운 결단을 요구했다. 첫번째는 북한지역에 체류 중인 우리 국민들의 신변안전을 어떻게 보장할 것인가, 두번째는 이런 상황에서 금강산 관광사업을 계속 할 것인가, 그리고 세번째는 이미 약속한 비료지원을 중단할 것인가 하는 문제였다. 이 세가지는 서로 밀접히 연관되어 있었다.

교전 당시 북한에 체류 중인 우리 국민은 금강산지역의 1,500여명을 포함하여 약 2,000명에 이르렀는데, 이들의 신변안전이 우선 가장 큰 문제였다. 금강산지역에 있는 이들에게는 관광선을 이용하게 하고, 신포 경수로부지 공사장에 투입된 200여명의 근로자들에게는 지정된 선박을 급파하는 등 비상 철수계획이 마련돼 있었지만, 평양을 여행 중인 국민들의 철수가 문제였다. 사태가 악화될 경우 이들이 억류될 수도 있는 일이었으므로 결코 이런 일이 발생하지 않도록 모든 조치를 강구해야만 했다. 그러나 딱히 신통한 방법이 없어 결국은 중국에 도움을 청하는 수밖에 다른 방도가 없다는 판단이 지배적이었다.

북측과 가용한 통로는 현대뿐이었다. 나는 현대로 하여금 북측과 긴급히 접촉할 것을 요청했다. 현대는 북측이 우선 "금강산 관광사업은 민족문제이므로 정상적으로 추진하자"는 답변을 했다고 즉각 알려주었다. 이에 나는 북측이 서해에서의 교전을 우발적이고 치욕적인 사건으로 보고 더이상 사태가 악화되는 것을 바라지 않는다는 뜻으로 읽었다. 이 보고를 듣고 나자 어느정도 안심이 되었다.

이제는 이날 저녁으로 계획된 관광선의 출항을 허가할 것인가, 중지시켜야 할 것인가가 시급히 결정해야 할 문제로 제기되었다. 나는 사태를 조속히 안정시켜야 하며 그러기 위해서는 일단 현대를 통해 전해온 북측의 메시지를 믿고 예정된 관광선을 출항시키는 것이 북한지역에 체류 중인 우리 국민들의 신변안전을 위해서도 긴요하다는 논리로 관련 부처를 설득했다.

그러나 어느 부처를 막론하고 나의 주장에 가부를 표하려 하지 않았다. 대부분이 부정적인 생각을 하는 것이 분명했다. 하지만 더이상 지체할 시간이 없었다. 일종의 모험이었지만 나는 대통령에게 전화를 걸어 "통일부장관인 나의 책임하에 출항시키겠다"고 보고하고 관광선 출항을 허가했다. 관광객을 가득 실은 배는 그날도 예정대로 금강산을 향해 출항했다. 물론 해군과 해경은 비상사태에 대비한 조치를 강구해두고 있었다. 또한 놀랍게도 이미 예약했던 승객들은 아무런 동요 없이 전원이 관광에 참여했다.

또다른 문제는, 이러한 상황에 과연 비료지원을 계속할 것인가였다. 일주일 후에 베이징에서 열리기로 예정된 남북차관급회담 이전에 보내주기로 했던 마지막 다섯편의 비료(5만 톤) 운반선이 이미 모두 출항했고, 하루 이틀 내에 북한 항구에 도착하도록 되어 있었다. 따라서 나는 이 선박들을 회항시켜야 할 것인지를 결정해야 했다.

관련 부처에서는 비료 운반선을 회항시켜야 한다는 의견이 지배적이었다. 이들은 예상되는 야당과 보수언론의 반대 공세를 가장 많이 걱정했다. 하지만 정작 이 문제에 대해 지체 없는 결정을 내려야 할 입장에 있던 나는 야당의 반대 공세보다는 북한지역에 체류 중인 우리 국민들의 신변안전을 더 중시해야 했다. 그리고 이들의 신변안전을 위해서도 강자인 우리가 일관성 있는 조치를 취하는 것이 옳다고 생각했다. 또한 더이상의 문제 확산을 막고 조속히 정상을 회복하기 위해서도 관광선 운항과 비료지원은 계속되어야 한다고 판단했다. 김 대통령 역시 나의 결단을 적극적으로 지지해주었다.

이런 노력과 결단 덕분인지 다행히도 평양지역을 방문했던 남한 국민들이 모두 무사히 귀환할 수 있었다. 그런데 문제는 정작 국회에서 발생했다. 6월 16일 오후 긴급히 소집된 국회 본회의에서 조성태 국방장관이 작전상황을 보고한 데 이어, NSC 상임위원장이며 통일부장관인 내가 NSC 상임위원회에서 결정한 앞으로의 대책에 관해 보고했다. "북한의 추가 도발에는 강력히 대응하겠지만, 현 상황에서는 북한지역에 체류 중인 우리 국민 2,000명의 신변안전이 중요하다"고 강조하는 한편 대북포용정책을 일관성 있게 계속 추진할 방침임을 알렸다. 이에 한나라당 의원들이 반발한 것이다.

야당인 한나라당 강경파 의원들은 "교전상태에 있는 적국에 대한 비료지원은 '이적행위'다. 즉각 중단하라" "때려치워라. 잘못된 정책이다. 사과하라"고 소리치며 김용갑(金容甲) 의원을 필두로 50여명의

의원이 퇴장하는 등의 소란을 피웠다. 나중에 알게 되었지만, 한나라당은 이 회의 직전에 의원총회를 열어 '햇볕정책 폐기' '비료지원 중단' '금강산관광 중단' '상호주의 관철' 등을 당론으로 정하고 적극 공세를 펴기로 결정했다는 것이다.

국민들은 휴전 이후 처음으로 우리 군이 북한의 도발행위를 응징하고 승전고를 울린 것에 대해 안심하는 분위기였음에도 야당은 이 사건을 최대한 정략적으로 이용하려고 한 것이다. 언론보도에 의하면, 일부 한나라당 의원들은 "전쟁이 일어났는데도 주가는 오르고, 금강산 관광선은 만원이고, 북한 체류 중인 국민들도 전혀 이상이 없고, 예상과는 전혀 다른 상황이 벌어지고 있어 참으로 이상하다"고 말하며 엉뚱하게도 "정부와 북측 사이에 모종의 밀약이 있는 것은 아닌가" 하고 이른바 '신북풍 의혹'을 제기하기도 했다.

이틀 후에 다시 갑자기 국회 본회의가 열렸는데, 내가 제일 먼저 대정부 질문에 답변을 하게 되었다. 원래 대정부 질문에는 1~2일 전에 질문 요지를 통보받아 답변 자료를 준비하는 것이 관례였지만 갑자기 소집된 국회라 아무런 사전 정보 없이 즉석에서 답변하는 수밖에 없게 되었다. 또한 공교롭게도 이것이 본회의에서의 나의 '처녀 답변'이었다. 하지만 나는 TV로 생중계되는 이 기회를 최대한 활용하여 오히려 우리 정부의 대북정책을 자세히 홍보하는 계기로 삼기로 작정했다.

본회의장에서는 질의자의 체면을 배려하여 두루뭉술하게, 그리고 가급적 간단하게 답변하는 것이 관행이었지만 나는 논리정연하게, 길고 자세하게 설명해나갔다. 회의장에서 답변을 듣고 있는 의원은 전체 의석의 3분의 1도 되지 않았다. 다행히 여당의원들이나 TV를 본 시청자들의 반향은 대단히 고무적이었다. TV 중계를 시청한 김 대통령도 매우 만족스러워하며 칭찬하는 전화를 해주었다.

대정부 질문을 통한 비판전략이 잘 먹혀들지 않자 한나라당은 이 번에는 나에 대한 인신공격을 가했다. 특히 부산 출신의 한 의원이 나의 전력에 의혹을 제기하며 "1950~53년 경력이 공백으로 돼 있다" 면서 해명을 요구했다. 그리고 "1990년 10월 남북고위급회담 대표로 평양에 갔을 때 누이동생을 만나 북한에 약점이 잡혀 있는 것이 아니 냐"며 추궁했다. 이에 나는 17~19세 때의 국민방위군, 미군부대 근무 경력 등을 자세히 밝혔다. 그리고 강영훈 총리 등과 함께 북에서 가 족을 만난 사실은 이미 당시에 명확히 공개되었음을 상기시키고, "육 군소장으로 예편할 때까지 근 30년을 군에서 복무했고 외교관 10여 년, 통일부차관 등 공직에 40여년 몸담은 내가 공사 구별을 못하겠는 가"라고 점잖게 반박했다.

한나라당의 햇볕정책에 대한 공세는 끈질기게 전개되었다. 수시로 열린 국회 통일외교통상위원회에서, 그리고 국회 본회의 대정부 질 문 등을 통해 그들은 정략적 차원에서 햇볕정책에 대한 공격을 일삼 았다. 민족의 장래를 위해 한반도 냉전을 어떻게 종식시킬 것인가 하 는 비전을 갖고 초당적으로 추진해야 할 대북정책에 대해 시비를 위 한 시비, 반대를 위한 반대를 일삼는 것이 다만 안타까울 뿐이었다.

그런데 일이 묘한 방식으로 꼬이기 시작했다. 6월 21일 저녁 무렵 금강산에서 관광객 억류사건이 발생한 것이다. 북측이 한 여성 관광 객이 북측 안내원에게 한 발언을 문제 삼아 '남측 정보기관의 공작 원'이라는 혐의를 뒤집어 씌워 억류한 것인데, 이는 금강산 관광사업 을 시작한 지 7개월 만에 처음으로 발생한 엄중한 사건이었다. 우리 정부는 일단 사업 주체인 현대로 하여금 즉각 석방하도록 교섭케 했으나 별다른 진전은 없었다. 이날 밤 나는 NSC 상임위원회를 긴급히 소집하여 북측에 강력히 항의하고 '지체 없는 즉각 석방'을 요구하는 한편, 신변안전에 문제가 생길 경우 관광사업 중단을 포함한 강경 조치를 취하기로 결정하고 이를 발표했다. 한편 억류자 석방을 기다리던 관광선 풍악호는 새벽 1시경 장전항을 출발하여 한 좌석을 비운 채 돌아와야 했다.

대단히 안타까운 것은, 서해교전 때도 물론 그랬지만 이런 긴급상황이 발생할 때 남북 당국 간에 의사소통을 하고 사태 악화를 예방할 수 있는 핫라인(직통전화)이나 채널이 없다는 점이었다. 그래서 이럴 때마다 우리 정부는 민간기업을 통하거나 라디오방송을 통해 북한에 긴급 메시지를 전달하는 수밖에 없었다. 다행히 1년 후에 열린 남북정상회담에서 이러한 고질적인 문제가 전격적으로 해소된다.

이튿날 나는 통일부장관으로서 강경한 조치를 취하기로 결단을 내렸다. 관광객의 신변안전을 보장하기 위한 세가지 요건을 제시하고, 이것이 충족될 때까지 금강산 관광사업의 전면 중단을 명령하는 조치를 취한 것이다. 세가지 요건이란 남북 사이에 '관광 세칙' 합의, '관광객 신변안전 조치' 합의, 억류 등 심각한 사태 처리를 위한 '남북조정위원회' 설치·운영 등이었다. 관광교류사업을 진행하는 데에서 북측이 일방적으로 판단하고 처리하지 못하도록 규제장치를 마련하고자 한 것이다. 또한 관광선 운항이 중단됨에 따라 당연히 금강산 관광사업비의 송금도 불허한다고 쐐기를 박았다.

이러한 우리 정부의 강경 조치에 당황한 북측은 결국 억류 관광객을 4일 만에 서둘러 석방했다. 이어 북측은 금강산 관광선의 조속 운행 재개를 요구했지만 '세가지 문제'의 해결책 마련이 지체됨에 따라 나는 단호하게 대처했다. 이후 정부가 수용할 수 있는 마땅한 해결책이 마련되기까지는 45일이라는 긴 시간이 소요되었고, 8월 5일에야 관광선이 다시 움직일 수 있었다.

그동안 우리 정부는 북한과의 비공개회담을 통해 이산가족 문제 협의를 위한 남북차관급회담을 개최하기로 하고 비료를 보내는 등 각별한 정성을 기울였으나, 뜻밖의 서해교전 사건이 발생함에 따라 회담은 열렸으되 아무런 성과도 없이 끝나고 만다.

6월 22일부터 베이징에서 우리 측 양영식 통일부차관이 북측 박영수(朴英洙) 책임참사와 마주 앉긴 했지만 예상했던 대로 북측은 "남측의 계획적이고 고의적인 엄중한 무장도발 사건에 대해 사죄하고 재발방지를 담보하라"고 요구하며 이산가족 문제 협의를 거부하고 회담을 4일 후에 재개하자고 제의했다. 억류 관광객을 석방한 다음 날인 6월 26일에 다시 열린 회담에서도 북측의 태도에는 변화가 없었다. 북측의 입장은 무장충돌이라는 엄중한 사태로 큰 피해를 입고 충격을 받은 군부 강경파의 제동과 비료를 필요로 하는 냉엄한 현실 사이에서 혼선을 빚고 있는 것으로 보였다.

나는 일단 대표단을 철수시키는 단호한 조치를 취하고 당분간 관망하기로 했다. 판문점에서는 남북장성급회담이 열렸으나 북측은 남측의 무력도발 시인, 사과 및 책임자 처벌, 재발방지 보장을 요구하는 한편 북방한계선 무실화와 국제해양법에 따른 12해리 영해를 주장하는 등 공세로 일관했다.

북측 제의로 7월 1~3일 베이징에서 다시 남북차관급회담이 열렸다. 그러나 북측은 지난번과 마찬가지로 "서해사태에 대해 사죄하고 재발방지를 보장하는 한편 잔여 비료(10만 톤) 수송계획을 알리는 것과 동시에 기본문제 토의에 착수할 것"을 제의했다. 또한 김정일 위원장을 비방한 『월간조선』의 황장엽(黃長燁) 인터뷰 기사에 대해 "남측 당국이 개입된 것"이라고 트집 잡으며 "결코 용납할 수 없는 반북책동"이니 즉시 사죄하라고 시비를 걸었다.

이에 우리 측은 북측이 스스로 도발한 서해교전 사건을 구실로 회담에서 대결적 자세를 취하는 것을 개탄하고, 이미 합의한 대로 이산가족 문제의 협의에 나설 것을 촉구했으나 북측의 경직된 자세는 전혀 수그러들지 않았다. 할 수 없이 나는 우리 대표단에게 "북측에 회담의 문호를 개방해두겠으니 언제든지 회담에 나오길 바란다"고 선언하는 선에서 이번 회담을 마무리하고 서울로 돌아오도록 지시했다.

남북 당국 간 회담은 전년도에 이어 이번에는 일련의 돌발사태로 인해 아무런 성과도 거두지 못하고 만다. 이산가족 문제 해결에 역점을 두었던 정부로서는 또한번 고배를 마신 것이다.

제10장

새로운 출발

작지만 소중한 시작

한 세기를 마감하는 1999년 크리스마스이브에 나는 국가정보원
장에 취임했다. 그리고 대통령 특사로 평양을 방문하여 김정일 국방
위원장을 만나 남북정상회담의 의제와 협의 내용을 의논했다. 마침
내 분단 이래 최초의 역사적인 남북정상회담이 성공적으로 개최되
어 '6·15남북공동선언'에 합의하는 과정은 이 책의 서두에서 이미
상세히 밝혔다.

정상회담 이후 당면한 문제는 합의사항을 실천에 옮기면서 신뢰
를 다져나가는 일이었다. 나는 정상회담이 끝나자마자 즉각 비공개
남북 실무접촉을 통해 합의사항 이행 문제를 협의하도록 했다.

가장 시급한 것은 두 정상이 합의한 '비상연락망'부터 개설하는 일이었다. 이 핫라인은 북측의 적극적인 호응에 힘입어 4일 후에 정식으로 연결·개통되었다. 그리고 국민의 정부가 끝나는 날까지 두 정상을 상시적으로 이어주며 남북관계 발전에 획기적인 역할을 수행하게 된다.

한편 나는 '8·15이산가족상봉' 실현을 위한 대책, 제1차 남북장관급회담 개최 문제, 언론사 사장단 방북 문제, 8·15광복절을 기해 평양교향악단의 서울방문 및 서울에서의 남북합동연주회 개최 문제 등 정상회담 이후 시급하게 해결해야 할 현안들을 협의하며 실마리를 풀어나갔다. 또한 정상회담 후속조치를 협의하기 위해 내가 이미 초청한 김용순 비서의 서울방문 문제도 협의해나갔다.

북한은 6·15남북정상회담을 기해 휴전선 확성기에 의한 비방방송을 전면 중지한 데 이어 일반 방송을 통한 대남비방방송도 중지했다. 매년 되풀이된 '반미투쟁월간'(6.25~7.27) 행사도 사라졌다. 또한 매년 남한의 한국대학총학생회연합(한총련)에 밀령을 보내 "판문점에서 8·15범민족대회를 개최하자"고 선동하던 것도 중단하고 남북이 각기 형편대로 하도록 조치했다. 기관 고장으로 북방한계선을 월선한 남측의 소형 어선을 수리하여 즉각 돌려보내주는 이례적인 조치도 취했다. 드디어 남북관계는 이렇듯 작지만 소중한 진전을 이루어내기 시작한 것이다.

남북정상회담 직후인 6월 말에는 정주영 현대 명예회장 일행이 원산에서 김정일 위원장을 만나 경협사업 문제를 협의했다. 김 위원장은 산업공단 건설 후보지로 우리 측이 원했던 해주지역이 아니라 개성지역을 지정하는 용단을 내렸다. 김 위원장은 "개성이 6·25전쟁 전에는 원래 남측 땅이었으니 남측에 돌려주는 셈치고, 북측은 나름대로 외화벌이를 하면 된다"는 취지의 말을 했다고 한다. 또 동해안 통천지역에 경공업단지를 건설하기 위해 이 지역에 주둔하고 있는 군부대도 이동시키겠다고 약속했다는 것이다. 사실 김 위원장은 1998년 가을에도 비무장지대에 인접한 금강산지역과 최전방의 중요한 해군기지인 장전항을 개방하는 과감한 결단을 내린 바 있다.

오랜 세월 군사전략을 다루어왔던 나는 이 놀라운 사실을 보고받고 도저히 믿기지 않았다. 개성지역은 북측의 최전방 군사요충지로 군사전략적 차원에서는 결코 개방할 수 없는 곳이다. 개성은 서울에서 가장 가까운 주공격축선상(主功擊軸線上)에 있고 개성 전방에는 서울을 사정거리 안에 둔 수많은 장거리포가 포진하고 있기 때문이다.

역으로 우리 같으면 개성과 같이 중요한 군사요충지는 절대 개방할 수 없을 것이다. 우리 측이 요구했던 해주도 "군부의 반대로 개방할 수 없다"던 참이었다. 그래서 나는 "혹시 현대가 속은 것이 아니냐"고 되묻기도 했다. 물론 남측으로서는 개성지역이 산업공단으로서는 더 없이 좋은 입지조건을 갖춘 곳이기 때문에 전해들은 바가 사실이라면 대환영할 일임에는 틀림이 없었다.

두달 뒤 현대는 '개성지역 산업공단 조성계획'을 김정일 위원장에게 설명하여 동의를 얻게 된다. 나는 사전에 이 계획을 보고받고, 그 웅장하고 야심찬 사업규모에 놀라움을 금치 못했다. 배후도시 39.7제곱킬로미터를 포함하여 총 66.1제곱킬로미터(2,000만평) 규모의 산업공단을 3단계로 추진하여 착수 후 8년 안에 완성한다는 실로 엄청난 계획이었다.

현대 측은 이 건설사업이 완성될 경우 필요한 노동력 수요를 35만명에 달할 것으로 보고, 과연 노동력 공급이 보장될 수 있을 것인지에 대해 의문을 갖고 있었다. 이에 김 위원장은 "그때(8년 후)가 되면 남과 북은 평화공존하며 군축이 이루어질 것"이라며 "우리도 군대를 감축하여 노동력을 공급할 수 있을 것"이니 안심하라고 말했다고 한다.

나는 이 말을 전해 들으며 꼭 그렇게 되기를 바라는 마음이 간절했다. 그리고 그렇게 되도록 하는 것이야말로 바로 우리의 몫이라 생각하며 새삼 결의를 다졌다.

2002년 11월 북한에서 '개성공업지구법'이 발표됨과 동시에 공사가 시작되었다. 이에 앞서 북측은 전략적 요충지인 이 지역에 주둔해 있던 군부대와 장거리포를 다른 곳으로 이동시켰다. 이제 애초에 우리가 구상한 '남북경제공동체 기반 조성을 위한 동서병진 전략'을 실현해나갈 수 있게 된 것이다. 동쪽은 금강산과 통천지역에 거점을 확보하여 원산-함흥 방향을 지향하고, 서쪽은 개성지역을 거점으로 사리원-남포-평양 방향을 지향하며 경제협력을 확대해나간다는 것이 우리의 구상이었다.

그러기 위해 비무장지대 동서 양측의 끊어진 철도와 도로를 연결하는 '평화회랑'을 건설하는 한편 경의선을 복선화하여 중국-러시아-유럽으로 연결하여 한반도를 물류 중심으로 발전시켜나가야 했다. 남북 통신망을 연결하고 북한의 통신을 현대화해나가는 동시에 황해도에는 남북이 함께 사용할 발전설비 기지를 건설하여 전력 문제도 해결하면서 남북경제공동체 기반을 조성하려는 구상이었다.

교류·협력의 물꼬

2000년 7월 10일 김용순 비서가 며칠 전 내가 보낸 메시지에 대한 회신을 보내왔다. 제1차 남북장관급회담을 7월 말에 금강산에서 개최하되 대표단은 각각 5명씩으로 구성하자는 것이었다. 또한 언론사 사장단의 방북을 정식으로 초청하며 평양교향악단의 서울 파견을 위해 베이징에서 준비 접촉을 할 것도 함께 제의했다.

나는 즉각 회신을 보내 이러한 제안에 동의한다는 뜻을 밝혔다. 다만 남북장관급회담은 서울과 평양에서 교대로 개최할 것을 수정 제의했다.

한편 판문점에서 접촉한 후 우리 측은 납북자 34명, 국군포로 39명 등 73명의 우선 송환요청 대상자 명단을 북측에 보냈다. 아울러 북으로 간 제헌국회의원 50명의 생사확인에 대한 협조를 요청하는 명단도 첨부했다. 9월 초 북측에 보낼 비전향 장기수 송환에 앞서 북측도 이에 상응하는 조치를 취해줄 것을 요청한 것이다.

이런 과정을 거쳐 7월 말에 서울에서 제1차 남북장관급회담이 열려 판문점 남북연락사무소 업무의 재개, 경의선 철도 연결, 8·15광복절에 6·15남북공동선언 지지행사 개최 등에 합의했다.

한달 후인 8월 말에는 평양에서 열린 제2차 남북장관급회담에서 "왕가뭄이 들어 식량사정이 긴장돼 있으니 100만 톤의 식량을 긴급히 지원해달라"는 북측의 요청이 있었다. 그리고 우리 측 수석대표인 박재규 통일부장관의 김정일 위원장 면담 요청이 받아들여진다.

박 장관은 서훈을 대동하고 김용순 비서와 함께 밤새 열차편으로 자강도 강계로 가서 김정일 국방위원장과 조찬면담을 했다. 김 위원장은 우리 측이 제의한 문제들에 대해 긍정적인 반응을 보였다. 이날 면담에서는 이산가족방문단 교환 연내 두 차례 추가 실시, 남북군사당국자회담 개최, 북한경제사절단의 9월 중 서울 파견, 9월 중순 경의선 철도 연결 착공식 등에 합의하고 다음 남북장관급회담은 9월 말 제주도에서 개최하기로 했다.

9월 말에는 제주도에서 제3차 회담이 열렸고, 12월 중순에는 평양에서 제4차 회담이 열리는 등 남북장관급회담이 정례화되기 시작했다. 남북은 이 회담을 통해 이산가족상봉 사업, 남북경제협력추진위원회 구성·운영, 경제협력을 위한 제도적 장치로 4개 합의서 채택 발효 등의 문제를 협의하고 해결했다.

8월 5일부터 일주일 동안은 언론사 사장단이 북한을 방문했다. 신문협회 회장인 최학래(崔鶴來) 한겨레신문사 사장과 방송협회장인 박권상(朴權相) 한국방송공사 사장을 비롯한 48명의 언론사 사장단이 방북했고, 정부 측에서는 박지원 문화공보부장관이 동행했다. 하지만 조선일보와 동아일보는 참여를 거부했다. 방북단은 노동신문사와 TV방송국 등을 견학하고 평양시가를 관광하는 한편 백두산과 묘향산에도 다녀왔다. 방북 마지막 날에는 김정일 위원장이 주최한 오찬에 참석, 3시간 반에 걸친 환담을 나눴는데 그 내용이 모두 언론에 공개되었다.

그날 김정일 위원장은 "산업공단용으로 개성지역을 현대에 내주기로 했다" "남북 직항로를 열겠다" "경의선 연결 기공식 날짜를 정하겠다" "이회창 야당총재를 평양에 초청한다" "당창건기념일 축하사절단 파견을 요청한다" "로켓 발사를 중지한다" "미국이 테러지원국 지정을 해제하면 즉각 수교하겠다"는 등의 엄청난 발언을 쏟아냈다.

8월 15일에는 남과 북의 수많은 이들이 염원하던 이산가족상봉이 마침내 서울과 평양에서 동시에 이루어졌다. 이날 오전 북측 이산가족 100명과 지원요원 51명이 고려항공 편으로 김포공항에 도착했고, 오후에 코엑스 컨벤션센터에서 750명의 남측 가족들이 이들과 상봉했다.

살았는지 죽었는지조차 서로 알 수 없었던 혈육들이 반세기 만에 만나 울음바다를 연출한 이날의 장면은 전파를 타고 전세계로 퍼져나갔다. 눈시울을 적시지 않고는 볼 수 없는 한편의 감동 드라마였다. 360명의 외신기자를 포함한 1,400명의 기자들이 이 역사적인 현장을 경쟁적으로 취재했다. 현장에는 이 광경을 직접 보기 위해 일부러 내한한 노르웨이의 셸 망네 보네비크(Kjell Magne Bondevik) 전 총리도 있었다.

북쪽에서 온 이산가족들은 해방 이후부터 6·25전쟁 기간 중 월북하거나 납치되어 북한사회에서 성공한 인사들 중에서 선발된 사람들이었다. 이들이 서울에 옴으로써 그동안 숨죽여 지내왔던 월북자의 남쪽 가족들도 세상에 얼굴을 드러내게 되었다. '월북자 가족'이라는 이유 하나로 '연좌제'에 묶여 차별대우 받던 시기가 사실상 끝났음을 선언하는 기회가 된 셈이다. 우리 사회에서 '이산가족' 하면 으레 월남 실향민만 생각했던 사람들이 우리 사회에 월북 실향민도 있었다는 사실을 새삼 깨닫게 된 계기이기도 했다. 이제 우리 사회는 민족의 비극을 극복할 수 있을 만큼 정서적으로나 정치적으로 성숙해졌음을 세계에 과시하게 된 것이다.

이날 오후 무작위로 선발된 연로한 남측 이산가족 100명도 51명의

지원요원과 함께 북측 항공편으로 평양으로 가서 217명의 가족을 만났다. '한국의 슈바이처' 장기려(張起呂) 박사의 장남인 서울대 의대 장가용(張家鏞) 교수는 의료진으로, 소설가 이호철(李浩哲) 씨는 적십자 자문위원으로 그들과 동행했다. 이들도 반세기 만에 노모와 누이 등 가족을 만났다. 18일에는 대한항공이 북측 손님들을 싣고 평양으로 가서 우리 측 인원을 싣고 돌아왔다.

남과 북은 8·15광복 55주년, 21세기의 첫 광복절을 6·15남북공동선언의 실천을 다짐하는 '민족화해의 날'로 기념하기 위해 이산가족 상봉이라는 세기의 이벤트를 연출했다. 남북공동선언의 가시적인 첫 결실이기도 한 이 교환방문사업은 이산가족에게는 상봉의 기쁨을, 겨레에게는 남북관계 개선에 대한 희망을 보여주는 한편 대외적으로는 남북화해와 한반도 평화에 대한 가능성을 과시하는 것이었다. 이산가족 교환방문은 3개월 후인 11월에, 그리고 다시 3개월 후인 이듬해 2월에 서울과 평양에서 잇따라 진행된다.

8·15 이산가족 교환방문 후 9월 초 우리 정부는 화해의 상징으로, 북한에 돌아가기를 원하는 비전향 장기수 63명 전원을 판문점을 통해 무조건 송환했다. 분단 피해자들의 인권을 존중하겠다는 우리 정부의 성숙한 자세를 과시한 것이다. 당연히 냉전수구세력의 송환 반대와 방해가 극심했는데, 이들은 "가치관의 혼란 우려" "북측의 체제 선전에 이용당할 우려" 등을 들먹이며 "납북자 및 국군포로 문제와 연계시켜야 한다"는 논리로 송환 반대 여론을 조성했다. 7년 전 노태우 대통령의 지시로 이인모 노인을 비롯한 귀향을 희망하는 비전향 장기수 전원 송환을 검토할 때 이를 반대하며 들고 나온 논리를 고스란히 반복하고 있었던 것이다.

8·15광복절에 즈음해서는 조선국립교향악단(평양교향악단)이 서울로 와서 KBS교향악단과 합동연주회를 열었다. 나의 제안을 받아들인 박권상 한국방송공사 사장이 이들을 초청한 것이었다. 평양의 교향악단은 로씨니의 「쎄비야의 이발사 서곡」을 비롯한 5곡의 서양곡과 북한 창작곡 「청산벌에 풍년이 왔네」「압록강 2천리」「내 고향 정든 집」 등 10여곡을 연주했다. 세계적으로 유명한 남측의 소프라노 조수미와 북측 테너 이영욱이 베르디의 「라뜨라비아따」 중 혼성이중창 「축배의 노래」를 불러 큰 인기를 끌었다. 끝으로 조선국립교향악단은 「아리랑」과 「통일의 노래」를 KBS교향악단과 협연했다.

이 뜻깊은 남북합동연주회에는 김대중 대통령 내외를 비롯한 여러 분야의 많은 지도층 인사들이 참석했다. 나로서는 이 평양교향악단의 연주를 석달 사이에 세번이나 감상하는 이색적인 경험을 하게 된 셈이었다.

이날 공연을 마치고 북측의 허이복 단장이 나를 찾아와 "서울 초청에 감사 드린다"며 정중히 인사했다. 지난 6월 초 내가 특사로 평양에 가서 공연을 참관한 후 "평양교향악단을 서울로 초청하겠다"고 한 약속이 실현된 것에 기쁜 마음으로 감사한다는 것이었다. 그는 "김정일 위원장님께 보고드리니 즉석에서 서울공연을 승인해주었다"면서 "내 평생의 꿈이 실현되어 얼마나 다행스럽고 감격스러운지 모른다"고 말했다. 진심으로 감격스러워하는 그의 표정을 보며 나도 남북문화 교류에 기여한 것을 흐뭇하게 생각했다.

북의 추석선물

추석연휴기간인 9월 11일 북한의 김용순 비서가 서울에 왔다. 내가 특사로 방북했을 때 그의 방한을 초청한 바 있는데, 이번에 김정일 위원장의 추석선물을 실은 항공편으로 오게 된 것이다. 이 방문은 그동안의 관례를 깬 '공개적' 방한이었다. 김정일 위원장이 남북정상회담 이후 "더이상 비밀리에 다닐 필요가 없다"면서 공개 방문을 지시했다는 것이다. 이 또한 분명히 남북관계의 의미있는 진전이 아닐 수 없었다.

김정일 위원장이 남측에 추석선물로 보내는 송이버섯 10킬로그램들이 300상자의 전달을 책임진 이는 김 위원장의 측근 인사이자 인민무력부 정치총국 부국장인 박재경 대장이었다. 그에 따르면 "함북 칠보산에서 생산된 이 송이버섯은 전량 일본에 수출하는, 북조선이 자랑하는 특산물"이었다. 김대중 대통령을 비롯한 6·15 방북단과 8월에 방북했던 언론사 사장단 전원, 전직 대통령과 3부 요인 그리고 각 정당 지도자들에게 한 상자씩 전해달라고 김 위원장이 특별히 보내온 것이다.

나는 신라호텔에서 박재경 대장과 김용순 비서 일행을 위해 오찬을 베풀고 감사의 뜻을 표했다. 이 자리에는 조성태 국방부장관도 초청하여 함께 의견을 나누는 기회로 삼았다. 그리고 조 장관은 박재경 대장을 별도로 만나 "북한의 김일철(金鎰喆) 인민무력부장에게 곧 남북국방장관회담을 열자고 전해달라"는 구두 메시지를 전했다.

김용순은 당대남사업 비서 겸 통일전선부장으로 대남정보, 공작, 심리전, 남북협상, 교류협력 등 대남사업을 총괄하는 책임자이다. 우리의 경우와 비교하면 국정원장과 통일부장관의 업무 일부를 관장하는 자리인 것이다.

북측 일행 6명 중에는 통일전선부 업무를 실질적으로 총괄하는 대남전문가 임동옥 제1부부장과 4년 후에 남북장관급회담 북측 단장이 된 권호웅 과장도 포함되어 있었다.

김용순 비서가 이번 서울방문에 앞서 미리 "제주도와 경주, 그리고 산업시설도 둘러보기를 원한다"는 의사를 전해왔기에 제한된 시간을 최대로 활용하기 위해 첫날 회담은 서울에서, 제2차 회담은 제주도에서 하기로 정했다.

나는 공군수송기 편으로 북측 일행과 함께 제주도로 가서 하룻밤을 지새우다시피 하며 당면 현안을 협의했다. 나중에 야당은 이 제주도행을 "국정원장이 북측 인사의 수행비서 역할을 자임했다"고 악의적으로 비난하는 데 이용한다.

추석날 아침 제주도로 간 우리는 민속자연사박물관을 시작으로 이곳저곳을 관광하고 한라산 중턱(해발 1,128미터)에 올라간 후 신라호텔에 투숙했다. 이 호텔에서 열린 '만찬을 겸한 제2차 회담'은 새벽 1시경까지 장장 5시간 이상 계속되었다.

제주도의 명물 다금바리, 옥돔, 갈치 등에 허벅술을 곁들이며 우리는 화기애애한 분위기에서 솔직한 이야기를 나누었다. 우리 측에서는 김보현과 서훈, 북측에서는 임동옥과 권호웅이 배석했다.

나는 이튿날 아침 일찍 서울로 돌아와 지난밤의 협의 내용을 대통령에게 보고하고 관계 장관들과 향후 대책을 협의했다. 한편 김용순 비서 일행은 경주와 포항제철을 둘러보고 서울로 올라오도록 했다. 우리는 3박 4일간 여섯 차례의 회담을 열고 남북정상회담 후속조치를 논의했다.

우리 측의 관심사는 김정일 위원장의 서울 답방, 경의선 철도 연결, 비무장지대 '평화회랑' 건설, 남북국방장관회담 개최, 이산가족 문제의 근본적 해결책, 납북자 및 국군포로 문제, 경협의 제도적 장치 마련 및 기타 현안 문제들이었다. 북측의 관심사는 식량 100만 톤 지원 확보와 당창건 55주년 경축사절단 파견 수용 등에 집중돼 있었다.

김정일 위원장의 서울 답방은 꽃 피는 4~5월경으로 추진하기로 합의하고, 북측은 이에 앞서 김영남 상임위원장의 12월 서울방문을 제의했다. 이는 내가 평양에 특사로 갔을 때 김 위원장이 이미 제의했던 바이므로 별도의 긴 논의가 필요하지 않았다.

다음은 남북국방장관회담 개최 문제였다. 남북교류협력을 위해서는 긴장완화와 군사적 보장이 필요하며 특히 경의선 철도 및 도로 연결을 위해서는 비무장지대 개방과 이용을 위한 양측 군대의 협력이 필수적이었다. 이를 위해 "서울에서 남북국방장관회담을 열어 '하향식'으로 신속히 해결하자"는 것이 우리 측 입장이었다. 군사실무자 회담을 통한 '상향식' 접근방법으로는 많은 시간이 소요될 것이기 때문이었다. 이는 6·15남북공동선언의 이행을 군사적으로 뒷받침하는 매우 상징적이고도 중요한 의미를 지닌 것이기도 했다.

그런데 김용순 비서는 제2차 남북장관급회담 때 김정일 위원장이 박재규 수석대표에게 언급했던 대로 "제3국에서 군사당국자 회담으로 개최하자"는 방안만을 반복했다. 이에 나는 "군사문제를 책임진 국방장관들이 반드시 한반도 안에서 만나는 회담이 되어야 한다"는 주장을 반복하며 그것이 지닌 상징적 의미를 다시 한번 강조했다. 그리고 이러한 의사를 김정일 위원장에게 꼭 건의해줄 것을 강력히 요청했다.

나중에 평양의 훈령을 받고 난 김용순 비서는 "남북국방장관회담을 9월 25일경 제주도에서 개최하는 것으로 하자"고 제의했다. 그리고 얼마 후 북측은 국방부장관 앞으로 "남북국방장관회담 개최에 동의한다"는 메시지를 전해왔다. 이에 따라 조성태 국방부장관과 김일철 인민무력부장의 역사적인 국방장관회담이 9월 24~26일 제주도에서 열리게 된다.

비무장지대를 개방하고 '평화회랑'을 건설하여 관리권을 남과 북의 군대에 이양하는 문제도 유엔군사령부-북한 장성급회담에서 타결된다. 이로써 남북을 연결하는 철도와 도로의 건설공사가 가능해진 것이다.

나는 김용순 비서에게 이산가족 문제에 대한 근본적인 해결책도 제시했다.

"상봉 신청자가 이미 9만 명을 넘어서고 있는데 몇 달에 한번씩 100명씩 교환방문해서는 이 문제를 해결할 수 없습니다. 우선 신청자 전원의 생사 및 주소 확인작업부터 연내에 마무리하도록 합시다. 그리고 우편물 교환, 면회, 재결합 등을 단계적으로 추진해나가면 되지 않겠습니까?"

그러나 북측은 나의 제안에 대해 "비현실적"이라며 "연내에 추가로 2회 정도 교환방문을 해보고 난 후에 검토해보자"는 기존 입장을 되풀이했다. 하지만 이 역시 평양의 훈령을 받고 난 후에 북측이 우리의 제의에 원칙적으로 동의함에 따라 "이산가족의 생사 및 주소 확인작업을 9월 중 시작하여 빠른 시일 내에 마치기로 하며, 생사가 확인된 사람부터 서신 교환을 추진한다"는 데 전격 합의할 수 있었다.

이어서 나는 국군포로와 납북자 문제를 제기했다. "귀환을 원하는 비전향 장기수를 인도적 입장에서 조건 없이 모두 돌려보내주었으니 이제 납북자와 국군포로 문제도 해결하자"고 주장한 것이다. 그러나 북측은 "자진 월북자는 있으나 납북자란 존재하지 않으며, 이들은 모두 남쪽으로 돌아가기를 원하지 않는다. 그리고 포로 문제는 정전협정 체결 직후 포로 교환으로 모두 종결된 문제이므로 더이상의 논의가 부적절하다"는 종전의 입장을 되풀이했다. 그리고 "남쪽에 남은 이른바 '반공포로'(2만 7천명) 문제도 다시 논의하자는 것이냐"고 반문했다.

나는 "그렇다면 우선 제1단계로 인도주의적 입장에서 이들의 생사·주소 확인작업을 실시하고 이산가족상봉 때 이들도 상봉할 수 있도록 하자"고 수정 제의했다. 북측으로서도 이 정도라면 회피할 명분이 없었는지 "상부에 보고하여 검토해보겠다"는 반응을 보였고, 만족할 만한 수준은 아니었지만 일단 우리 측 제의를 받아들였다. 이후 우리 측 198명의 생사확인 의뢰에 대해 북측은 59명을 확인하여 통보했다. 그리고 제2차 이산가족상봉 때는 국군포로 출신과 납북어부 각각 1명씩, 그리고 제3차 상봉 때는 국군포로 출신 2명과 대한항공 여승무원 1명을 상봉단에 포함시켰다. 이렇게 하여 이산가족상봉 개시 후 최초 7년 동안 납북자 14명과 국군포로 11명 등 25명을 포함한 총 36가족 150명이 상봉한 것으로 집계되었다.

우리는 경제협력을 위한 제도적 장치를 마련하는 문제도 협의했다. 나는 투자보장합의서 등 4개 합의서(안)를 이미 북측에 제시한 바 있는데 이번 기회에 이를 조속히 협의·해결할 것을 독촉했고, 우리는 이 문제를 다루기 위한 실무접촉을 9월 25일 서울에서 개최하자는 데 합의했다. 그리고 경의선 철도 및 도로 연결 기공식을 양측이 각기 9월 18일에 실시하자는 데도 합의했다.

한편 북측은 당창건 55돌 기념행사에 남측의 정당·사회단체 대표와 개인으로 구성된 경축 사절단 파견을 요청했다. 이에 나는 "경축 사절단 파견은 국가보안법에 저촉될 수 있고 국민정서에도 거슬리는 일이니 초청하지 말아달라"고 요청했다. 그리고 그보다는 정당·사회단체 간의 교류부터 시작하는 것이 바람직하다는 의견을 피력했다. 사실 이는 한달 전 언론사 사장단의 평양방문 당시 김정일 위원장의 공개초청 사실이 보도되어 야당인 한나라당과 보수언론이 "통일전선전략에 놀아나서는 안 된다"며 극렬히 반대하고 나서는 등 많은 논란이 있었던 문제였다.

10월 초 북측이 6개 정당, 7개 종교단체와 15개 사회단체, 그리고 몇몇 개인에게 초청장을 보내왔을 때 NSC 상임위원회는 '만일 제도권 정당들의 합의로 화해 시대를 열기 위해 모두 참가하기로 한다면 문제가 없지만, 그렇지 않은 경우 국가보안법상 승인 불가라는 입장을 정리하고 이후 여론의 동향을 봐가면서 정부 입장을 확정하기로 했다. 그리고 얼마 후 한완상(韓完相) 전 통일원장관을 단장으로 하는 42명의 개인 및 사회단체 대표가 '경축사절단'이 아니라 '참관단'이라는 이름으로 북측이 보내온 항공편으로 방북하게 된다.

북측의 초청을 남한의 제도권 정당이 모두 거절했는데, 북측에서는 "서로 체제를 인정하고 화해·협력하자고 약속하고 정당 간의 교류를 위해 모처럼 정중히 초청한 것인데 이를 거절했다"며 매우 불쾌한 심기를 드러냈다. 북측은 "특히 김정일 위원장께서 직접 공개 초청한 것인데 여당인 민주당조차 오지 않았다는 데 대해 심한 배신감과 모욕감을 느낀다"고 비난하며 남측 처사에 격분하여 항의하는 메시지를 나에게 보내왔다. 이에 나는 "앞으로 정당·사회단체 간의 교류를 활성화해나가자"는 답신을 보냈다. 그러나 결국 이 사건으로 북측의 대남 태도는 다소 경직된다.

한편 김용순 비서는 식량 100만 톤의 긴급지원을 요청했다. 북측은 "100년 이래 최악의 가뭄으로 전인민이 아사할 지경에 이르렀다"면서 인도적 긴급지원을 호소했다. 이 문제는 이미 지난 제2차 남북장관급회담에서 제기한 것이었다.

그동안 우리는 해당 부처에서 검토한 결과 60만 톤을 해외 구매로 확보하여 차관 형식으로 북측에 제공하는 방안을 고려 중이었다. 그러나 실제로는 이를 이산가족 문제의 근본적 해결책과 남북국방장관회담 조기 개최 문제와 연계하여 협상하기로 작정한 상황이었다.

북한의 만성적인 식량난은 심각한 상태였다. 북한의 식량수요는 연간 550만~650만 톤 규모인데 최근의 식량생산량은 360만~420만 톤 규모로, 매년 150만 톤 정도의 식량부족 현상이 반복되는 것으로 분석되었다. 식량을 도입할 외화의 결핍으로 북한은 외국원조에 전적으로 의존할 수밖에 없는 형편이었고, 그동안 식량확보량에 따라 1인당 배급기준을 수시로 조정하면서 이른바 '고난의 행군'을 계속해왔던 것이다.

포항제철과 경주 불국사 등을 돌아보고 서울로 돌아온 김용순 비서 일행은 식량 100만 톤 제공을 계속 고집하면서 김 대통령의 '베를린선언'을 들먹거리기도 했다. 나는 "야당과 국민의 동의와 지지를 얻기 위해서는 슬기롭게 접근해야 한다"며 감당하기 어려운 무리한 요구는 자제해줄 것을 요구했다. 서울에서의 제4차와 제5차 회담에서는 이 문제로 양측이 격돌하게 되고, 김용순 비서가 자리를 박차고 회담장을 나가버리는 사태까지 벌어졌다.

나중에 평양의 최종훈령을 받고 다시 회담장으로 돌아온 그는 "만약 남측이 식량 100만 톤을 제공하면 남측이 요구하는 남북국방장관회담을 즉각 제주도에서 개최하며 이산가족 문제의 근본적 해결책도 검토할 용의가 있다"고 밝혔다. 우리의 연계 전략이 먹혀든 것이다. 이에 나는 박재규 통일부장관과 협의한 끝에 이미 우리 정부가 감안하고 있던 60만 톤에 민간차원에서 해외 구매로 옥수수 40만 톤을 추가 제공하는 대안을 마련하고, 대통령에게 전화로 건의하여 승인을 얻었다. 북측이 끈질기게 요구한 '식량 100만 톤 지원 문제'는 이렇게 해결되었다.

이렇게 하여 남과 북은 김정일 위원장의 서울방문과 이에 앞서 김영남 최고인민회의 상임위원장의 서울방문, 남북국방장관회담 개최, 이산가족 문제, 경의선 철도 및 도로 연결 기공식, 경협을 위한 제도적 장치 등 7개항에 대한 합의사항을 발표했다.

국민의 정부는 김대중 대통령의 임기 중 1999년에 15만 톤을 시작으로 하여 매년 20만 톤 내지 30만 톤씩 총 95만 톤의 비료를 북한에 무상지원하게 된다. 연평균 거의 20만 톤씩 제공한 셈이다. 식량의 경우에는 1998년에 옥수수 등 4만 톤을 시작으로 2000년에 쌀 30만 톤과 옥수수 20만 톤, 2001년에 옥수수 10만 톤, 2002년에 옥수수 10만 톤과 쌀 40만 톤 등 총 114만 톤을 지원한다. 연평균 23만 톤씩 지원한 셈이다. 이전의 문민정부도 각각 비료 15만 톤과 식량 7만 톤을 북에 제공한 바 있다.

핵심 현안이 모두 타결된 이날 정오에는 김용순 비서 일행이 청와대로 김 대통령을 예방했고 대통령은 오찬을 베풀었다. 대통령은 "김 정일 위원장이 추석선물로 송이버섯을 보내준 정성에 감사한다"며 일행을 환영했다. 그리고 "나는 김 위원장과 더불어 둘이서 민족의 운명을 걸머지고 있다"고 전제한 후에 "6·15남북공동선언을 잘 이행해나가야 한다"고 강조하고 "남한은 다원화사회이며 야당이 국회에서 다수당을 차지하고 있기 때문에 모든 일은 야당을 설득하고 국민의 지지를 얻어가며 단계적으로 추진해나가야 한다는 점을 북측에서도 이해해주기 바란다"고 말했다.

또한 "합의했던 김영남 위원장과의 뉴욕 회동이 이루어지지 못한 것을 아쉽게 생각한다"면서 "클린턴 대통령도 매우 낭혹스러워했다"고 언급했다. 김 대통령의 이 말은 부연 설명이 필요하다.

김영남 위원장 일행 15명이 유엔 새천년정상회의에 참석하기 위해 9월 4일 프랑크푸르트공항에서 뉴욕행 아메리칸 항공기에 탑승하려 할 때 문제의 사건이 발생했다. 항공사 측이 소위 '불량 국가 승객에 대한 처리 방침'에 따른다면서 신발을 벗기는 등 심한 몸수색과 화물검사를 강요하자 북측 대표단 일행이 이에 항의하는 등 마찰이 빚어졌고 이러는 동안 비행기는 떠나버리고 말았다. 한 국가의 엄연한 외교사절이 항공사로부터 탑승을 거부당하는 해괴한 일이 벌어진 것이다. 이들은 다음 날 루프트한자 항공편으로 바꿔 타고 갈 계획이었으나 평양의 지시로 중단하고 베이징을 경유, 귀국해버리고 만다. 나중에 알려졌지만, 북측은 미국정부에 대한 항의 표시로 애초에 계획됐던 백남순 외교부장의 뉴욕 방문도 취소해버렸던 것이다.

우리 국정원이 입수한 이 정보를 나는 지체 없이 주한미국대사관을 통해 미국정부에 통보해주었다. 이에 미국 국무성은 몹시 당혹스러워하며 우리 측에 협조를 요청했다. 국무장관 명의의 유감 표명 전문을 베이징을 통해 발송한다는 사실과 "귀국 하지 말고 베이징에서 뉴욕으로 와서 새천년정상회의에 꼭 참석해주기 바란다"는 내용을 신속히 북측에 전달하여 설득해달라는 것이었다. 나는 즉각 필요한 조치를 취했다. 그러나 북측이 번복하기에는 이미 늦은 상황이었다.

김 대통령과의 오찬 자리에서 김용순 비서가 한 말에 따르면 북측은 처음에 '김영남 최고인민회의 상임위원장의 프랑크푸르트 사건'에 대해 '미국의 계획된 행동'이라며 격분하고 비난했으나, 내가 보낸 통보를 받은 데 이어 미국 국무장관의 유감 표명 메시지를 전해 받고는 미국정부 지령에 의해 계획된 것은 아닌 것 같다는 판단을 내렸다고 한다. 남측이 긴급히 보내준 메시지로 오해와 오판을 방지할 수 있었던 좋은 본보기가 된 것이다.

"국정원장을 교체하라!"

6·15남북공동선언 직후부터 남북관계가 눈부신 진전을 이룩하기 시작하여 한반도의 7천만 겨레는 화해의 새 시대가 도래했다는 기쁨으로 들뜬 마음을 감추지 않았다. 남북의 겨레뿐만 아니라 전세계가 한반도에서의 괄목할 만한 변화에 큰 관심을 기울이고 있었다.

급기야 9월 15일에는 호주 시드니올림픽에서 동일한 유니폼을 입은 남북선수단이 '한반도기'를 앞세우고 'KOREA'라는 이름으로 공동 입장함으로써 전세계로부터 큰 박수를 받기에 이른다. 남북정상회담으로 남북화해의 물꼬를 튼 이래로 8·15이산가족상봉, 비전향 장기수 송환에 이어 이번에는 시드니올림픽에서 남북선수단 공동 입장으로 다시 한번 세계를 감동시킨 것이다.

국민의 정부 집권기간 5년의 절반이 된 시점인 2000년 8월 말, 언론사들이 실시한 여론조사에 의하면 "전반적으로 김 대통령이 국정운영을 잘했다"가 75퍼센트 내외로 나타났는데, 가장 잘한 치적으로는 남북관계 개선 또는 햇볕정책이 80~90퍼센트로 압도적인 비율을 차지했고 외환위기 극복이 그뒤를 따랐다.

10월 13일, 노르웨이 노벨상위원회는 2000년 노벨평화상 수상자로 김대중 대통령을 선정했다고 발표했다. "한국의 김대중 씨가 수십년 동안 권위주의 독재체제를 반대하는 투쟁을 포함한 동아시아에서의 민주주의와 인권을 위해 기울인 노력과, 또한 북한과의 화해·협력을 통해 마지막 냉전의 잔재를 녹이고 한반도 평화를 위해 기울인 노력을 평가하여 상을 수여한다"는 것이었다.

노벨평화상 선정 발표 일주일 후에는 서울에서 아시아유럽정상회의(ASEM)가 개최되었다. 아셈은 아시아·유럽 26개국 정상들이 한자리에 모여 아시아와 유럽국가들 간의 협력 문제를 논의하는 자리이다. 대한민국의 국가원수가 이처럼 많은 외국의 국가원수들을 한꺼번에 초청하여 정상회담을 주재한 것은 단군 이래 처음 있는 외교적 경사였다. 그 자리에서도 김대중 대통령은 참가국 정상들에게 한결같이 '북한과의 관계 정상화'를 권고했다. 이에 영국의 토니 블레어(Tony Blair) 수상은 서울에서 즉시 북한과의 수교를 발표하는 깜짝 이벤트를 연출하기도 했다.

6·15남북정상회담 이후 남북관계 행사가 봇물처럼 터지면서 매일같이 일간지의 1면을 장식했다. 여론조사에 따르면 우리 국민의 대

북정책 지지율은 70~80퍼센트 수준을 유지하고 있었다. 그 무렵 일간지의 1면 머리기사를 장식한 뉴스들을 열거하면 다음과 같다.

6.15~16	남북 휴전선 비방방송 중지
6.28~30	현대·김정일 위원장 원산 회동, 개성지역을 산업 공단으로 지정
7.26	북한, 아세안지역안보포럼(ARF) 가입 / 남북 외교 부장관 회동(방콕)
7.29~31	제1차 남북장관급회담 서울 개최
8.5~12	언론사 사장단 방북, 김정일 위원장과 면담
8.15~18	제1차 이산가족상봉(서울, 평양)
8.22~23	평양 조선국립교향악단 서울 합동공연
8.29~9.2	제2차 남북장관급회담 평양 개최
9.2	비전향 장기수 63명 송환
9.11~14	김용순 비서 방한, 7개 합의사항 발표
9.12	미북 베를린회담: 미사일 시험발사 유예, 대북제재 완화 합의
9.15	시드니올림픽 남북선수단 공동 입장
9.18	경의선 철도 및 도로 연결 기공식 거행
9.22~28	백두산 관광단(109명) 방북
9.24~26	남북국방장관회담(제주도)
9.25~26	제1차 경협 실무 접촉(서울)
9.27~30	제3차 남북장관급회담(제주도)
9.28	대북식량지원(50만 톤) 발표

10.6	미북 반테러 공동성명 발표
10.9~13	북한 조명록 특사 방미, 클린턴 대통령과 면담
10.12	'북미 공동 코뮈니케' 발표
10.9~14	노동당 창건 55돌 행사 참관단 방북
10.13	김대중 대통령을 노벨평화상 수상자로 선정 발표 (12.10 시상식)
10.23~25	올브라이트 미국 국무장관 평양방문, 김정일 위원장과 회담

이런 분위기에서 보수언론과 야당인 한나라당은 "가치관의 혼란을 초래한다" "북한의 계략에 말려들고 있다" "북한은 변하지 않는데 우리만 변한다" "국가안보가 걱정된다" 등등의 표현으로 '남남갈등'을 부추기며 남북관계의 급격한 진전에 제동을 걸고 나섰다. 이들은 남북관계 개선의 속도를 늦춰야 한다는 이른바 '속도조절론'을 주장했다. 또한 남과 북의 통일방안의 유사성을 상호 인정한 6·15남북공동선언 제2항에 대해 "북한의 연방제를 수용한 것이므로 폐지해야 한다"는 논리로 대정부 공세를 폈다. 사실을 사실대로 받아들이려 하지 않고 진실을 왜곡하여 민족문제를 정략적으로 이용하려고 한 것이다.

김용순 비서 방한 이후 한나라당은 햇볕정책과 국정원장인 나에 대한 공세를 본격화했다. '남북관계의 사령탑'이라며 나를 지목하여 공세의 강도를 높인 것이다. 한나라당 이회창 총재가 직접 나서서(9.14) "임동원 원장은 그 자리에서 떠나야 한다. 국정원장 자리가 남북교섭에 절대 필요한 자리라고 생각할 수 없다"고 주장한 것을 시작으로 한나라당은 연일 인신공격성 사퇴 공세를 벌여나갔다. 이에 『조선일보』(2000.9.16)가 「임동원 씨 보직 정리해야」라는 사설을 통해 나의 사퇴를 권고하며 한나라당의 주장에 동조하고 나섰다.

한편 『한겨레신문』(2000.9.16)은 「절도 없는 야당의 대북정책 비판」이라는 사설을 통해 "야당의 공세는 '비난을 위한 비난'일 뿐"이라며 야당과 보수언론을 반박했다.

워싱턴의 조명록, 평양의 올브라이트

미국 클린턴 행정부는 남북관계 개선을 적극 지지하는 한편 긴밀한 한미 공조를 유지하면서 미북 간의 현안 해결에 열을 올리고 있었다. 페리 대북정책조정관의 1999년 5월 평양방문에 이어 금창리 지하시설 방문조사를 통해 그것이 핵시설이 아님이 확인된 이상 북한이 '제네바 미북 기본합의'를 준수하고 있는 것으로 판명되었기 때문에 '북핵'은 이제 더이상 문제시되지 않았다.

9월에는 베를린 미북 미사일 협상을 통해 '미사일 시험발사 유예(모라토리엄)'와 '경제제재 해제'가 전격 합의됨으로써 미북관계는 일촉즉발의 위기를 모면하고 본격적인 미사일 협상을 추진할 수 있는 발판을 마련하게 된다. 미국이 중시해온 두가지 현안이 모두 해결의 가닥을 잡게 되면서 이제는 본격적으로 미북관계 개선 문제를 협의할 수 있게 된 것이다.

2000년 6월에 역사적인 남북정상회담이 성공하자 미국은 즉각 6·15남북공동선언을 지지하고 대북경제제재 완화 조치를 발표한다

(6.19). 김대중 대통령은 남북정상회담에 배석했던 황원탁 외교안보 수석비서관을 백악관에 급파하여 클린턴 대통령에게 회담 결과를 자세히 설명하도록 지시했다. 이어서 6월 23일에는 올브라이트 미국 국무장관이 방한하여 김 대통령에게 축하와 경의를 표하고 남북정 상회담의 결과를 직접 듣는 한편 앞으로 미국이 취할 조치에 관해 협 의했다. 이때 김 대통령은 "미북관계 개선을 촉진하기 위해서는 김 정일 위원장과의 직접 대화가 반드시 필요하다"고 강조했다. 그리고 9월 7일 뉴욕에서 열린 유엔 새천년정상회의에 참석한 김 대통령은 클린턴 대통령과 정상회담을 하고 대북정책을 긴밀히 협의한다.

이러한 상황을 배경으로 2000년 9월 7일 북한의 긴게관(金桂寬) 외 교부 부부장은 뉴욕에서 미국 카트먼 대사와의 회담을 통해 "북한 이 워싱턴에 특사를 파견할 준비가 돼 있으며, '북미 공동 코뮈니케' 채택에도 동의한다"고 밝혔다. 이에 앞서 7월 말 방콕 아세안지역안 보포럼(ARF)에서 사상 최초의 미북 외교부장관회담이 열렸는데, 이 자리에서 올브라이트 국무장관은 백남순 외교부장에게 페리 특사 방북에 대한 답방으로 북한특사의 방미를 희망했고 북측도 이에 긍 정적인 답변을 했다. 그러나 정작 북한이 "국방위원회 제1부위원장 조명록 차수를 2주 내에 특사로 파견하겠다"고 제의하자 미국 측은 놀라지 않을 수 없었던 것 같다.

조명록 특사 일행은 쌘프란시스코에 도착하여 특사로 방북했던 윌리엄 페리 전 국방장관의 안내로 쎌리콘밸리 등을 돌아보았다. 조 명록은 국방위원회 제1부위원장 겸 인민군 총정치국장으로 김 위원 장의 최측근 중 한 사람이자 군부를 대표하는 실력자였다. 강석주 외 교부 제1부상 등 10여명이 그의 이번 방미를 수행했다. 조명록은 10

워싱턴을 방문한 북한 조명록 특사가 클린턴 대통령을 면담하고 있다. (2000.10.11)

월 10일 워싱턴에서 올브라이트 국무장관과 회담을 한 후 군복으로 갈아입고 클린턴 대통령을 예방했다.

이튿날에는 북미관계 개선 의지를 밝히는 '북미 공동 코뮈니케'를 발표하게 된다. 이 공동발표문에는 "남북정상회담으로 변화된 한반도 환경에 맞게 미북관계도 근본적으로 개선하기로 하며 정전협정을 평화체제로 전환하고 전쟁상태를 종식시키기 위해 4자회담 등의 방도를 인정한다"는 등의 획기적인 내용이 포함되었다.

또한 상호 적대의사 불(不)보유, 상호 불신해소 및 신뢰조성 노력, 주권 존중 및 내정 불간섭, 경제협력과 교류, 미사일문제 해결, 국제적 반테러 노력 지지, 인도적 분야 협력, 남북화해 및 협력 강화를 위한 협조 등이 포함되어 있다. 그리고 클린턴 대통령 평양방문과 이를 준비하기 위한 올브라이트 국무장관의 방북 등 미북관계 개선의 중요한 이정표가 명시되었다.

이에 앞서 10월 초 나는 보즈워스 대사로부터 "북한의 조명록 특사가 10월 9~12일 미국을 방문하여 올브라이트 국무장관과 회담을 하고 클린턴 대통령을 예방할 예정"이라는 통보를 받았다. 그리고 11일 아침에는 그가 다시 조명록-클린턴 회담에서 논의된 요지를 일차적으로 알려왔다. 조명록 특사는 "북한 인민과 군대가 안보에 아무런 위협이 없다고 확신할 수 있다면 미국이 우려하는 안보문제의 해결이 가능할 것"이라며 관계 정상화를 희망한다는 요지의 김정일 위원장의 친서를 전달하고 클린턴 대통령의 평양방문을 초청했다고 한다. 그리고 무엇보다 남북정상회담으로 변화된 환경이 북미관계 개선을 가능케 했음을 강조했다는 것이다.

한편 조명록을 수행한 강석주 부부장은 별도로 웬디 셔먼 보좌관에게 "지난 5월 평양에서 페리가 제안한 방안을 논의할 준비가 돼 있으며, 현안인 미사일 문제 협상을 일단락 짓고 북미 간의 전면적인 외교관계를 조속히 수립하자"고 제의했다고 한다.

역시 보즈워스 대사가 전한 바에 따르면, 조명록 특사를 면담하고 나서 클린턴 대통령은 "나 역시 김정일 위원장을 만나기를 희망하며 장소는 평양이나 제3국, 시기는 아시아태평양경제협력체(APEC) 회의(11.14~16) 전후나 12월을 고려할 수 있는데, 가급적 빠른 시간 내에 김대중 대통령의 생각을 확인하여 보고하라"는 워싱턴의 긴급지시를 받았다는 것이다.

김 대통령은 "김정일 위원장이 클린턴 대통령과 직접 만나 북미 현안을 타결하자는 것이며 북한에서 결단을 내릴 수 있는 사람은 김정일 위원장뿐이니 미북 정상회담 개최를 나 역시 적극 환영한다. 국교 없이도 닉슨(Richard M. Nixon) 대통령이 중국을 방문한 선례가 있으니, 한반도 냉전종식이라는 큰 그림을 갖고 클린턴 대통령이 평양을 방문하여 큰 성과를 거두기를 기대한다. 방북 후에는 서울에 들러 일본 수상을 초청, 3국 정상회담을 열고 3국 공조를 과시하는 것이 좋겠다"는 요지의 입장을 미국 측에 전달하라고 나에게 지시했다. 보즈워스 대사의 요청을 받은 지 2시간 만에 이러한 김 대통령의 뜻이 워싱턴에 전달됐다.

10월 13일 보즈워스 대사는 "클린턴 대통령이 김대중 대통령의 동의를 얻어 김정일 위원장의 평양방문 초청을 받아들이기로 했으며, 클린턴 대통령의 평양방문을 준비하기 위해 올브라이트 국무장관이 10일 후에 평양을 방문할 예정"이라고 알려 왔다. 아울러 웬디 셔먼 대사가 "올브라이트 장관의 방북을 준비하기 위하여 임 원장의 조언과 협의가 긴요하나 시간의 제약으로 서울까지 가기가 어려우니 주말을 이용하여 쌘프란시스코에서 만나주면 고맙겠다"는 간청을 덧붙였다. 웬디 셔먼은 페리 박사의 뒤를 이어 대북정책조정관직을 겸하고 있었다.

김 대통령이 미국의 요청에 적극 협조하라고 지시함에 따라, 나는 송민순 외교부 미주국장을 대동하고 보즈워스 대사와 함께 1박 2일 일정으로 10월 14일 토요일 오전에 쌘프란시스코에 도착했다. 그리하여 같은 시간에 워싱턴에서 날아온 셔먼 조정관과 카트먼 대사를 만나 당면 의제들에 대해 긴밀히 협의했다.

첫번째 의제는, 북한이 김정일 위원장 친서를 통해 "미국이 북한에 대한 안보위협을 제거한다는 확신이 서면 북한은 미국의 안보관심 사항을 해결할 용의가 있다"고 했는데 북한이 원하는 '안전보장'이란 과연 무엇이며 이에 어떻게 대처하느냐에 관한 것이었다. 나는 '미국 측이 고려하고 있는 주권 존중, 적대의도 불보유, 무력 불사용, 내정 불간섭 등 일반론적 개념에 더해 한미연합 군사훈련 중지, 주한미군의 지위와 역할 변경, 유엔군사령부 해체, 테러지원국 지정 해제, 정전협정의 평화협정으로의 전환 등 구체적인 문제를 제기할 가능성이 있으니 이에 대비해야 할 것"이라고 조언하고 대책을 토론했다.

두번째 의제는, 평화협정 체결 문제에 관해서는 어떻게 대처하느냐 하는 것이었다. 이에 대해 미국 측은 "최근 김 대통령도 『뉴욕타임스』와의 회견에서 '임기 내 평화협정 체결'을 언급했는데 그 진의가 무엇인가"라고 물었다. 이에 나는 다음과 같이 답했다.

"사실 김 대통령의 발언은 '이제 전쟁상태 종결 조치를 취하고 평화의 프로세스를 시작하면 좋겠다'는 원론적인 수준의 것이었습니다. 남북 간에는 이미 선언적인 '불가침 합의서'가 있습니다. 평화협정이 되려면 선언적인 것이 아니라 실질적인 것이 돼야 하는데, 그러기 위해선 한반도 비핵화, 그리고 군사적 신뢰구축 조치와 군비감축을 통한 군사력 균형 달성 등 불가침과 평화를 보장할 수 있는 실질적이고 물리적인 조치가 선행돼야 합니다. 또한 유엔군사령부 해체, 주한미군의 지위와 역할 변경 등 많은 어려운 문제의 해결과 연관돼 있다는 사실에 유의해야 합니다. 따라서 미북관계 정상화 문제는 군사정전협정을 평화협정으로 전환하는 문제와는 구분하여 추진할 수 있습니다. 한국전쟁 교전 당사국인 중국과 미국이 수교한 것처럼 미국은 정전협정이 폐기되기 전이라도 북한과 관계 정상화를 이룰 수 있을 것입니다."

나의 이러한 분석에 대해 많은 논의가 뒤따랐다.

세번째 의제는, 남·북·미 3국 정상회담 개최에 대한 한국 측의 입장은 무엇인가 하는 것이었다. 미국 측은 다음해 봄 김정일 위원장의 서울방문을 계기로 3국 정상회담을 추진하자는 구상을 하고 있는 듯했다. 나는 "주한미군 문제, 군비통제 문제, 평화협정 문제 등 3자가 논의하게 될 문제에 대한 한미 간의 충분한 사전 협의가 앞서야 할 것이기 때문에 당장에는 현실적이지 못하다"는 신중론을 피력했다. 또한 "베트남 3자 회담이 초래한 비극적 결과 때문에 한국에서는 아직도 거부반응이 있을 수 있다"고 지적했다.

무산된 북미정상회담

올브라이트 미국 국무장관은 2박 3일 일정으로 2000년 10월 23일 새벽 7시에 평양에 도착했다. 미국 최고위층 당국자가 처음으로 북한을 방문한 것이다. 조명록 특사의 방미 일정이 끝난 지 10일밖에 되지 않은 시점이었다.

웬디 셔먼 대북정책조정관, 스탠리 로스(Stanley O. Roth) 동아시아태평양(동아태)담당 차관보, 로버트 아인혼(Robert Einhorn) 비확산담당 차관보, 찰스 카트먼 한반도평화회담담당 대사, 잭 프리처드 국가안전보장회의(NSC) 아시아담당 국장 등 선발대 50여명과 기자단 57명을 포함하여 210여명이 수행했다.

먼저 올브라이트 장관은 지난 남북정상회담 때 우리 측이 그토록 예민하게 생각했던 금수산기념궁전을 비공개로 방문했다. 이어 백화원 영빈관에서 김정일 위원장에게 클린턴 대통령의 친서를 전달하고 3시간 동안 회담을 했다. 회담이 끝난 후에는 김정일 위원장의 안내로 5·1경기장에서 10만명이 동원된 집단체조와 카드섹션 등 '백전백승 조선노동당'이라는 예술공연을 1시간 반 동안 관람했다. 김 위원장은 이를 통해 미국이 '영원한 적'이 아니며, 미국과의 관계가 개선되고 있음을 과시하고자 한 것으로 보인다. 이어서 올브라이트 장관은 김 위원장 주최 환영만찬에 참석했다.

이튿날 백남순 외무부장과의 회담, 김영남 위원장 예방, 조명록 차수 주최 오찬에 이어 다시 김 위원장과 3시간 동안 회담을 하고, 저녁에는 답례 만찬을 주최하는 것으로 올브라이트 장관은 방북 일정을 마쳤다. 25일 아침에는 서울에 도착, 김 대통령을 예방하여 방북 결과를 설명하고 한·미·일 3국 외상회의를 주재했다.

올브라이트 장관은 기자회견을 통해 김정일 위원장과의 회담에 만족을 표하고 "중요한 진전을 이룩했다"고 밝혔다. 김정일 위원장에 대한 인상을 묻는 기자들의 질문에는 "김 위원장은 남의 말을 경청하는 훌륭한 대화 상대이며, 실용주의적이고 결단력이 있다는 인상을 주었다"고 답변했다. 그리고 다른 자리에서 그는 "김 위원장은 놀라울 만큼 정보에 밝고 박식하며 사려 깊고 열심히 경청하는 유머감각의 소유자"라고 평한 것으로 알려졌다.

"김 위원장은 북한의 안보와 경제지원이 보장되면 군사적 양보를 할 준비가 되어 있는, 얼마든지 거래가 가능한 지도자"라는 올브라이트의 평가에 미국 언론들은 "그동안 북한을 '불량 국가'로 취급하고 김정일에게 '미치광이'의 이미지를 심어왔던 서방의 시각은 완전히 왜곡된 것"이었다고 논평했다.

나는 별도로 셔먼 대사를 조찬에 초청하여 방북 결과를 상세히 전해 들었다. 그 자리에는 보즈워스 대사와 송민순 미주국장이 배석했다. 셔먼 대사는 "지난번 쌘프란시스코에서 제공해준 임 원장의 판단과 조언이 매우 정확했고 대단히 유익했다"며 먼저 감사의 뜻을 표했다. 이어 그는 "북한은 미국의 관심사인 미사일 문제 해결의 뜻을 밝혔다"면서 내게 북측 입장에 대해 몇가지를 알려주었다. "인공위성 발사를 대신해준다면 장거리 미사일 개발을 중지할 용의가 있다. 남한이 북한을 관측하기 위해 인공위성을 발사하니 북한도 인공위성이 필요하다" "애초에 미사일 수출 중지의 대가로 현금을 요구했으나 현물로 대치할 수 있다" "남한이 준수한다면 북한도 미사일기술통제체제(MTCR)를 준수할 용의가 있다" 등이었다. 그러나 그는 "큰 진전이 있었으나 검증과 구체적인 시행 시기 등 타결해야 할 세부적인 문제가 아직 많이 남아 있다"고 했다.

결론적으로 이번 미북회담에서는 "노동미사일 등 사정거리 500킬로미터 이상의 미사일을 추가로 개발·생산하지 않으며 이미 보유하고 있는 것은 수년 내에 폐기한다" "단거리 미사일은 MTCR 기준을 준수하며 MTCR 지침의 한도를 초과하는 미사일 및 관련 부품과 기술의 대외 판매는 전면 중단한다" "미국은 반대급부로 매년 3개의 인공위성 발사를 지원하며 현금 보상 대신 수년간 일정액 상당의 식량 등 현물로 보상해준다" 등의 합의가 이루어졌다.

미북 양국은 이러한 합의사항에 대한 추후검증 문제도 합리적으로 해결해나간다는 것에 합의했다. 그리고 이러한 협상 내용은 셔먼 대사가 김 대통령과 부시 대통령의 워싱턴 정상회담 직전인 2001년 3월 6일자 『뉴욕타임스』를 통해 자세히 공개했다.

셔먼 대사에 따르면, 북한은 미사일 문제를 타협할 의향을 밝혔고 "즉각적인 대사급 외교관계 수립으로 국가안보와 생존보장을 열망하며 클린턴 대통령의 평양방문을 간절히 원하고 있다"고 했다. 또한 "클린턴 대통령 역시 방북을 희망하고 있지만 공화당의 반대와 비등하는 비판 여론 때문에 신중을 기할 수밖에 없는 상황이므로 대통령선거가 끝나야 결정할 수 있을 것 같다"는 사견도 들려주었다.

11월 7일에 실시되는 미국 대통령선거 결과가 한반도의 운명에 미칠 영향이 지대할 것이므로 이에 대해 우리 또한 큰 관심을 가지고 지켜보았다. 특히 우리 정부로서는 클린턴 대통령의 평양방문이 성사되어 북미관계의 새로운 전기를 마련함으로써 한반도의 탈냉전 프로세스를 촉진시킬 수 있게 될 것인지를 가늠하는 중대한 문제였다. 개표과정은 혼미를 거듭했고 법정투쟁으로까지 이어지는 등 미국 대선은 큰 혼선을 빚고 있었다. 35일간의 법정공방 끝에 결국 연방대법원은 5대 4의 판결로 부시 후보의 손을 들어주었다. 결과적으로 부시는 유권자의 투표에 의해서라기보다는 대법원의 판결로 대통령이 된 셈이다. 상원은 50대 50, 하원은 221대 212로 공화당이 다수 의석을 차지하게 되었다.

공화당은 클린턴 대통령의 평양방문을 반대해왔다. "민감한 문제를 임기 말에 서둘러서는 안 된다"고 제동을 건 것이다. "북한은 신뢰할 수 없으며, 미사일 문제에 대한 북한의 입장도 속임수일 것이므로 미국이 여기에 놀아나서는 안 된다"는 주장도 했다. 그들은 '미국 본토를 위협할 수도 있다'는 북한 미사일 문제를 '협상'을 통해 해결하기보다는 '요격미사일(ABM) 개발·배치의 기회'로 활용하려는 속셈을 감추려 하지 않았다. 더구나 공화당은 "세계 유일의 초대강국인

위대한 미국의 대통령이 '불량 국가'의 사악한 독재자를 찾아간다는 것은 미국의 자존심에 심각한 손상을 주는 행위이므로 결코 용납할 수 없는 일"이라는 논리를 폈다.

12월 21일 아침, 클린턴 대통령은 김대중 대통령에게 전화를 걸어 "평양을 방문하지 않기로 결정했다"고 알려왔다. 그리고 12월 29일 미국 행정부는 "클린턴 대통령이 시간적 여유가 없어 평양방문을 포기했다"고 공식 발표했다. 덧붙여 "공화당의 반대로 포기한 것은 아니다"라는 단서를 달았다. "중동에서 이스라엘과 팔레스타인 사이에 벌어진 심각한 폭력사태에 클린턴 대통령이 중재에 나서게 되어 방북 일정을 잡기가 더욱 어려웠다"는 설명도 있었다.

나중에 웬디 셔먼은 나에게 "클린턴 대통령의 방북이 무산된 것이 너무나 아쉽다"며 김정일 위원장의 '시간 개념 부족'을 탓했다. "만일 김 위원장이 조명록 특사의 방미를 한달만 앞당겼어도 역사는 달라질 수 있었을 것"이라는 얘기였다. 김 위원장은 미국의 대선 일정을 의식하여 일부러 선거 한달 전의 시점을 선택한 모양이나 이는 오판이었다는 것이다. 나는 이 의견에 전적으로 동의한다. 북한은 이 해 5월에 중국, 6월에 남한, 그리고 7월에 러시아와 정상회담을 통해 각각 관계개선에 합의했다. 만일 조명록 특사를 1, 2개월 앞당겨 8~9월경에 미국으로 파견했다면 한반도의 운명이 분명 달라졌을 것이다.

물론 미국의 대통령선거 결과가 다르게 나타났다면 북미관계 개선의 전기가 마련되고 한반도 탈냉전의 속도는 가속화되었을 것이다. 클린턴 대통령도 그로부터 5년 후 서울에서 퇴임한 김대중 대통령을 만나 "당시 나에게 1년이라는 시간만 더 있었다면 한반도의 운명이 달라졌을 것"이라며 몹시 아쉬워했다.

CIA에서의 토론

나는 부시 대통령 취임 3주 후인 2001년 2월 11일부터 일주일간 조지 테닛(George Tenet) 미국 중앙정보국(CIA) 부장의 초청으로 워싱턴을 공식 방문했다. 원래는 양국 정보기관 사이의 협조를 증진한다는 취지로 지난해 9월에 이미 방미 초청을 받았으나 미국 대선 이후로 방미를 연기했었다. 테닛 부장의 연임이 확정되면서 "2월 12일 주간에 꼭 방문해달라"는 초청을 다시 받고 방미 길에 오르게 된 것이다. 마침 김대중 대통령의 워싱턴 방문도 추진되고 있던 참이라 좋은 기회였다.

워싱턴에서의 나의 모든 일정은 CIA가 마련한 일정 계획에 따랐다. CIA에서 간부들과의 면담, 한반도 관련 정보분석관들과의 토론, 미국연방수사국(FBI)과 전세계 통신첩보 수집을 담당하는 국가안보국(NSA)의 마이클 헤이든(Michael V. Hayden) 국장(공군 중장, 유엔사 부참모장으로 1차 판문점 장성급회담 수석대표 후에 미국 중앙정보국장 역임) 등 정보기관과의 협조 논의가 계획되었다.

그리고 신행정부의 콜린 파월(Colin Powell) 국무장관, 콘돌리자 라이스(Condoleezza Rice) 국가안보보좌관, 당시 임명 절차를 밟고 있던 국무부의 리처드 아미티지 부장관과 제임스 켈리(James A. Kelly) 동아태담당 차관보를 비롯한 국무부 및 백악관, 싱크 탱크의 한반도 문제 전문가들과의 면담이 예정되어 있었다.

워싱턴 교외 랭글리의 CIA 청사에 도착하자 테닛 부장이 현관에 나와서 나를 정중하게 맞아주었다. 그는 넓은 홀 한쪽에 약 70개의 별이 각인되어 있는 대리석 벽면을 가리키며 "국가를 위해 목숨을 바친 CIA 요원들을 추모하는 기념비"라고 설명해주었다. CIA는 제2차 세계대전 때 전략정보를 수집·분석하고 특수작전을 행한 OSS의 전통을 계승하여 1947년에 창설된 미국의 국외 정보·공작기구이다.

테닛 부장은 "CIA 간부들과 정세분석관들이 북한과 동북아 정세에 관한 임 원장의 견해를 듣고 싶어 하는데 시간을 할애해달라"고 청했다. 그는 "CIA의 가장 취약한 분야가 북한에 관한 정보"라며 짐짓 겸양을 보이고 "임 원장이 평양을 여러번 방문하고 김정일과도 가장 긴 시간 대화한 사람인데다 북한 측과 많은 협상을 이룬 경험이 있는 북한 전문가라는 사실을 알고 모두들 임 원장을 만나보고 싶어 한다"고 말했다. 또 "신행정부의 고위 인사들도 서로 임 원장을 만나게 해달라고 해서 일정 작성에 어려움이 많았다"고 했다. 그는 "신행정부 고위층은 북한을 신뢰하지 않으며 북한에 대한 감시·검증·투명성을 강조하고 있다. 북한이 먼저 미국의 관심사에 대해 가시적인 사전 조치를 취하지 않는 한 신행정부는 협상에 나서려 하지 않을 것 같다"고 귀띔해주었다.

부시의 신행정부는 클린턴 전 행정부와는 다른 우선순위를 두고 있으며 접근방법도 다를 것이라는 얘기였다. "특히 미국 국방부는 주한미군에 대한 위협 제거를 위해 최전방에 배치한 북한의 장거리포를 비롯한 공격용 전력의 후방 이전을 주장한다"고 말해주었다.

나는 한반도 문제의 핵심이 무엇이며 한반도 냉전구조 해체가 왜 중요한지, 그리고 우리 정부의 대북화해협력정책 등에 대해 그에게 자세히 설명하고 함께 토론했다. 그는 내 설명을 듣고 나서 "한반도 문제는 현안 위주의 객관적 분석만으로는 그 전체를 이해할 수 없으며 민족 내부 문제와 정서 등 인간적 요소까지 고려해야 한다는 것을 깨닫게 되었다"며 진심으로 고마워했다.

나는 한미정상회담을 염두에 두고 "부시 대통령은 어떤 사람인가"를 물었다. 그는 매일 아침 30분간 부시 대통령에게 정보 브리핑을 하고 있다면서 "부시는 클린턴과는 달리 읽기보다는 듣기를 좋아하는 편이며, 브리핑을 청취하고 나서는 핵심이 무엇이냐, 그래서 결론이 무엇이냐 하는 식으로 질문하는 스타일"이라는 정보를 주었다.

테닛 부장과의 환담에 이어 한반도를 둘러싼 전략정세에 관한 CIA 브리핑을 청취했다. 그리고 약 2시간 동안 전략정세분석관들과 토론회를 열었다. 조지프 디트라니(Joseph Detrani) 동아시아공작국장(2004년에 국무부로 자리를 옮겨 북핵문제에 관한 6자회담 대표가 된다)을 비롯한 약 20명이 토론회에 참석하여 많은 질문을 던지고 의견을 제기했다. 나는 이들이 작성하는 정보가 대통령과 국가안보정책 수립자들에게 제공되어 미국 정책수립의 기초가 된다는 점에서 이들과의 토론을 좋은 기회로 생각하고 진지하게 설명하고 토론했다.

이들의 질문과 의견은 "과연 북한이 붕괴되지 않고 변화할 수 있겠는가" "북한의 변화 조짐은 생존을 위한 전술일 뿐 속임수일 가능성이 있다고 보지는 않는가" "북한의 점진적 변화를 기다리기보다는 북한의 위협을 제거하는 것이 급선무 아닌가" "북한의 군사적 위협을 어떻게 평가하는가" "남북관계 진전과 한반도 통일에 대한 주변국들의 입장은 무엇이라고 보는가" 등에 집중되었다.

나는 '북한이 1~2년 내에 루마니아처럼 갑자기 붕괴(sudden collapse)될 것'이라는 1990년대 초 CIA의 판단과, 그후에도 '북한의 붕괴가 임박했다'거나 '갑작스러운 변화('붕괴'의 다른 표현)가 일어날 것'이라고 한 판단을 상기시키면서 왜 이러한 판단이 결과적으로 맞지 않았는지를 화두로 제기했다. 이어 "서구식의 합리주의적 사고방식과 서양식 잣대로 판단할 때 북한은 이미 붕괴됐어야 한다. 그러나 유교적·가부장적 전통을 가진 북한과 같은 동양사회는 동양식 사고로 분석하고 북한식 잣대로 판단해야 한다"고 주장했다.

"중국이나 베트남은 역사·문화적 배경과 경제·사회 발전의 단계가 러시아나 동구권 국가와는 다르며 시장경제와 민주주의로 가는 길도 다르다고 봐야 합니다. 이들 국가는 공산당 일당독재체제 아래서 개방과 개혁을 추진하며 점진적 변화의 과정을 밟고 있습니다.

저는 북한도 이러한 아시아 모델을 본받으며 점진적 변화를 추구하게 될 것이라고 생각합니다. 북한은 생존을 위해서라도 점진적으로 개방을 확대하고 시장경제로의 개혁을 추진해나갈 수밖에 없게 될 것입니다. '양적 변화'가 축적되면 '질적 변화'를 초래하는 법입니다. 그러나 북한으로서는 그렇게 할 수 있는 외부적 여건과 환경의 조성이 문제가 될 것이 분명합니다. 외부로부터의 위협, 봉쇄정책 등이 계속된다면 북한으로서도 개방이나 개혁에 나서기가 어려워집니다.

최근 북한이 보여준 변화의 조짐을 두고 '전술적'이라거나 '속임수'라거나 '믿을 수 없다'거나 하는 말을 들으며, 1980년대 말 고르바초프가 주도한 변화를 두고 서방의 소련 문제 전문가들이 '속임수다' '숨고르기를 위한 술책이다' '믿을 수 없다'고 평가했던 것이 생각납니다.

북한 붕괴임박론을 주장하는 사람들이 신중히 고려해야 할 문제가 있습니다. 일단 북한이 붕괴에 직면할 때 일어날 수 있는 상황을 세가지 유형으로 상정해볼 수 있습니다.

첫째, 혼란과 내전의 가능성입니다. 내전이 발생하고 많은 난민들이 주변국으로 탈출하게 되고 중국과 한미가 개입하는 사태로 번질 수도 있을 것입니다.

둘째, 전쟁의 가능성입니다. 북한이 궁지에 몰리거나 체제 붕괴에 직면하게 되면 '죽기 아니면 살기' 또는 '이판사판'식의 공격을 감행할 가능성이 있습니다. 그것은 물론 결과적으로 자살행위가 될 것이지만 한반도에 엄청난 재앙을 초래할 것입니다.

셋째, 동독처럼 정치적 변혁과 통일로 이어질 가능성입니다. 만일의 사태에 대비하여 비상대비계획을 세워 대처해야 하겠지만, 이 중에서 첫째나 둘째 유형은 바람직하지 않고 감내하기도 어렵습니다. 그렇다면 동독 모델과 유사한 셋째 유형이 바람직한데, 독일의 경우는 30여년간 동서독 간의 교류와 협력이 그것을 가능케 했습니다.

그러나 전쟁을 경험한 한반도에서는 이제 겨우 교류협력을 시작한 데 불과합니다. 따라서 대북화해협력정책을 통해 바람직하지 않은 사태 발생을 예방하고 북한의 변화를 유도하면서 평화적으로 관리해나가지 않으면 안 됩니다."

이러한 전제를 먼저 설명한 후에 우리 정부의 대북정책에 대해 설명해나갔다.

"김대중정부의 햇볕정책은 북한의 변화 여건과 환경을 조성하여 한반도에 평화를 정착시키려는 정책입니다. 우리는 한편으로는 안보체제를 강화하여 '소극적 평화'를 유지하면서, 다른 한편으로는 북한의 변화를 유도하여 '적극적 평화'를 만들어나가는 정책을 추진하고 있습니다.

우리는 전쟁을 반대합니다. 하지만 북한의 갑작스러운 붕괴도 바라지 않습니다. 북한은 외화 획득을 위해 동쪽에서는 최전방 군사요충지인 금강산지역과 해군잠수함 기지인 장전항을, 그리고 서쪽에서는 서울을 지향하는 장사정 야포가 집중 배치되었던 군사요충지 개성지역을 개방했습니다. 모든 것이 햇볕정책 때문에 가능해진 것입니다. 이렇듯 햇볕정책은 앞으로도 한반도의 긴장완화와 군사적 신뢰구축에 크게 기여하게 될 것입니다. '개성산업공단이 완성될 경우 약 30만명의 노동력을 북한이 과연 공급할 수 있겠는가' 하고 물었을 때 김정일 위원장은 '군대를 감축하여 노동력을 제공하겠다'고 언급했습니다. 물론 실현 여부는 두고 봐야 알겠지만 이런 생각을 갖게 하는 것 자체가 중요하다고 봅니다. 김정일은 최근 상하이를 방문하여 중국의 개혁·개방 모델에 깊은 관심을 표명했습니다. 이것이 바로 햇볕정책이 말하는 '점진적 변화'의 과정입니다."

다음으로 나는 "햇볕정책이 지나치게 수세적인 유화정책이 아닌가" 하는 질문에 대한 의견을 제시했다.

"우리 정부는 정치체제가 변화될 때까지는 북한이 대남군사노선을 포기하리라고 보지 않습니다. 따라서 안보위협이 상존할 것이라는 판단하에 강력한 억제력을 유지할 것입니다. 북한이 상당한 수준의 공세 전력을 휴전선 가까이에 배치하고 있어 우리에게 위협이 되고 있는 것이 사실입니다. 그러나 1970~80년대와는 달리 지금 남과 북의 군사력은 균형을 이루게 되었습니다. 특히 북한은 경제 파탄으로 경제력이 2분의 1 수준으로 감소하여 군사력 증강은 정체되었고 군사장비는 3분의 2 정도가 심각하게 노후화된 상태입니다. 또한 냉전시대와는 달리 중국과 러시아의 지원을 기대할 수도 없게 되었습니다.

북한이 전쟁을 일으킬 수는 있을지 모르나 전쟁을 지속할 능력은 없습니다. 북한 또한 전쟁은 자멸을 의미할 뿐이라는 사실을 너무나 잘 알고 있을 것입니다. 핵이나 미사일 개발 등의 문제는 북한이 이를 억제용인 동시에 대미 협상용으로 사용하려는 것입니다. 미국과의 관계 정상화를 최우선 목표로 삼고 있는 북한은 대량살상무기 개발을 미국의 적대정책과 안보위협에 대처하는 동시에 관계 정상화를 위한 협상카드로 사용하려는 것입니다.

따라서 북한은 안보 환경이 개선되고 미국과의 관계 정상화가 이뤄질 때라야 비로소 핵과 미사일을 포기하려 할 것입니다. 상호 불신하는 상황에서는 결코 먼저 포기하지 않을 것입니다. 그러므로 미국은 북한의 위협 제거를 위해서 북한이 느끼는 미국의 위협도 제거한다는 '상호 위협 감소' 원칙에 따라 상호 적대관계를 해소하면서 대량살상무기를 폐기하는 동시에 미북관계 정상화를 추진해야 할 것입니다.

부시 행정부 인사들이 주장하는, 전방에 집중 배치된 북한의 장거리포병부대 등 군사력의 일방적인 후방 재배치는 결코 간단한 문제가 아닙니다. 북한은 남측 전방에 배치된 미군의 재배치도 요구할 것이 분명합니다. 군사력의 재배치는 양측 공히 간단한 문제가 아닐 것입니다. 군사력의 감축(Reduction), 군 구조조정(Restructuring), 재배치(Redeployment) 등 군비통제의 이른바 '3R' 분야 가운데 가장 어려운 것이 바로 재배치 문제입니다. 이는 엄청난 비용이 수반되기 때문입니다. 따라서 이는 차라리 군사력의 상호 감축과 함께 해결하는 것이 현명합니다."

마지막으로 나는 '동북아와 미국의 역할'에 대한 우리 정부의 인식을 피력했다.

"우리의 대북정책은 북한이 궁지에 몰려 자살적 도발을 감행하게 되는 사태를 방지하고 북한이 변화할 수 있는 여건을 만들어나가자는 것입니다. 우리는 화해와 협력을 통해 북한의 변화를 유도하여 남북경제공동체를 형성하는 한편 군비통제를 실현하고자 합니다.

그리하여 수십년이 걸릴지도 모를 '법적 통일'에 앞서 우선 남북이 평화공존하며 서로 오가고 돕고 나누는 '사실상의 통일' 상황부터 실현하고자 하는 것입니다. 이 길 이외에 다른 길은 없습니다. 주변국들이라고 해서 우리의 이러한 노력을 반대할 이유는 전혀 없습니다. 중국이나 러시아는 경제발전을 위해 주변 정세가 안정되고 평화가 유지되는 것이 국익에 도움이 된다고 판단하고 있는 듯합니다. 미국의 경우에도 중국의 경제적 부상을 두려워하기보다는 중국경제를 세계경제에 통합시키는 등 평화 지향적으로 현대화할 수 있도록 일정한 역할을 해야 할 것입니다. 또한 중국과 일본이 패권을 다투지 않고 평화와 번영을 공동으로 추구할 수 있도록 미국이 동북아시아에서 안정자와 균형자 역할을 수행해야 할 것입니다. 이를 위해 유럽에서처럼(유럽안보협력기구OSCE) 동북아에서도 안보·협력기구를 구성하는 것도 좋은 방편이 될 것입니다."

이상과 같은 요지의 설명을 듣는 이들의 태도는 몹시 진지하고 학구적이었다. 나의 설명에 이들은 "명확하고 감동적이며 사고를 자극하는(thought provoking) 것이었다"며 "판타스틱!"을 연발했다. 그리고 "앞으로 정세 보고 작성에 많은 참고가 되겠다"며 진심으로 감사의 뜻을 표했다.

제4부

네오콘의 방해를
헤치고

제11장

역풍을 만난 남북관계

콜린 파월과의 대화

조지 W. 부시가 미국의 제43대 대통령으로 취임한 2001년 1월 20일은 북한의 김정일 위원장이 6일간의 중국방문을 마치는 날이었다. 김 위원장은 하늘 높이 치솟은 고층빌딩들이 들어선 상하이 푸둥(浦東) 개발특구를 비롯한 산업시설을 시찰하고 18년 전에 본 모습과는 몰라보게 달라진 발전상을 "천지개벽되었다" "상상을 초월한다" 등의 감탄사로 표현한 것으로 알려졌다. 그는 중국의 시장경제를 탐구하는 한편 외국 기업과 합작한 기업들을 비롯하여 금융과 서비스 분야를 시찰하고 "중국의 정책이 옳았다"며 신사고(新思考)를 통해 실용주의 노선을 적극화할 뜻을 밝혔다고 한다.

세계의 언론들은 '북한이 드디어 중국 모델을 참고하여 개방·개혁에 본격적으로 나서게 될 것인가'에 이목을 집중했다. 사실 김정일 위원장은 이러한 제스처를 통해 미국의 신행정부에 "북한이 개방과 경제개혁에 나설 용의가 있다"는 메시지를 전하고자 한 것으로 보인다.

또한 김정일 위원장은 24일간(7.26~8.18) 철도편을 이용하여 러시아를 방문하기도 했다. 시장경제로 전환하고 있는 러시아의 산업시설을 돌아보는 한편 블라지미르 뿌찐(Vladimir V. Putin) 대통령과 정상회담을 통해 경제협력 문제를 비롯하여 시베리아횡단철도(TSR)와 한반도종단철도(TKR)를 연결하는 문제와 가스관 연결 문제 등을 협의한 것으로 알려졌다.

김정일 위원장의 이러한 일련의 행보는 미국과의 접촉에 앞서 그동안 소원했던 중국 및 러시아와의 관계를 복원하여 외교적 협력과 경제원조를 획득하는 한편 북한경제의 개혁 방도도 탐색하려는 것으로 분석되었다.

나는 2월 워싱턴 방문기간 중 부시 신행정부의 주요 인사들을 만나 유익한 의견을 교환했다. 특히 콜린 파월 국무장관과의 대담은 매우 유익했다. 이 자리에는 양성철(梁性喆) 주미한국대사와 주한미국대사로 내정된 토머스 허버드(Thomas Hubbard) 동아태담당 차관보 대행이 배석했다. 군인 출신이라는 공통의 배경을 가진 콜린 파월과 나는 약 1시간에 걸쳐 국무부 접견실에서 격의 없는 의견을 나누었다.

콜린 파월은 "주한미군 제2사단에서 보병대대장(1973~74)으로 복무하면서 한반도 문제를 이해하고 한국에 깊은 애정을 갖게 되었다"며 말문을 열었다. 그리고 자신이 중령으로 한국에서 근무하던 때 나는 군에서 어떤 일을 하고 있었느냐고 물었다. 내가 "합참에서 대령으로 전력증강계획을 마련하는 등 전략기획 업무에 종사하고 있었다"고 대답하자 그는 갑작스러운 거수경례로 전우애를 표시했다. 나는 그로부터 '호감을 주는 부드러운 사나이'라는 인상을 받았다.

콜린 파월은 자메이카 이민 2세로 뉴욕 인근에서 자랐으며, ROTC 출신 장교로 임관하여 1980년대 후반에 군단장과 국가안전보장회의(NSC) 근무 후 육군 전략사령관을 역임하는 등 고속 승진을 거듭했다. 그리고 합참의장(1989~93)으로 파나마침공(1989)과 걸프전쟁(1990)을 성공적으로 이끌어 미국인들의 영웅으로 부상한 탁월한 장군이었다.

그는 북한 정세, 김정일 정권의 대미 시각, 주한미군에 대한 북한의 입장, 남북정상회담과 남북관계의 진전 사항, 미북관계 등에 관해 질문했다. 나는 "북한이 생존을 위해 미국과의 관계 정상화를 최우선 과제로 추구하면서 동북아와 한반도의 안정과 평화를 위해 미군의 한국 주둔 필요성을 인정하고 있다"고 전제한 후에 그동안 북미 간의 안보현안 해결에 많은 진전이 있었음을 상기시켰다. 그리고 "이 좋은 기회를 놓치지 말고 모멘텀을 유지하여 마무리 협상단계에 있는 미사일 문제 등을 조속히 타결하는 것이 좋겠다"고 권고했다. 또한 '한반도 냉전종식과 평화 프로세스'에 대해 설명하고 이를 촉진하기 위해 신행정부가 적극적으로 기여해줄 것을 요청했다.

파월 장관은 "클린턴 전 행정부로부터 미북협상에 대한 자세한 브리핑을 받아 그동안의 진전사항을 잘 알고 있다"면서 "한반도에서 냉전을 종식해야 한다는 김대중 대통령의 주장에 동의하며 햇볕정책을 지지한다"고 밝혔다. 또한 자신은 "한반도 냉전종식을 위한 역사적인 기회가 도래했음을 명확히 인식하고 있으며 이를 지원하기 위한 적절한 역할을 모색해나갈 것"이라고 다짐했다. 나는 그가 한반도 문제의 핵심을 잘 이해하고 전략적 판단이 탁월한 사람이라는 인상을 받았다.

그는 "신행정부는 '제네바 미북 기본합의'를 계속 이행할 것"이라고 전제한 후에 "미북 적대관계 해소를 위해 북한에 기회를 줄 생각이며, 클린턴 행정부가 이룩한 성과를 계승하여(pick up where it was left off) 북한과 계속 대화해나갈 것"이라고 밝혔다. 다만 대북 접근을 어떻게 재개할 것인지를 현재 연구 중이라고 하며, "그러나 조급해하지는 않을 것이며, 어떤 결과를 얻기 위해 대가를 지불하거나 북한의 협박에 굴복하지는 않을 것이다. 북한이 미국의 주요 관심사인 미사일과 재래식 군사위협을 제거하는 데 진지하게 나선다면 미국은 북한을 돕기 위해 많은 것을 제공하게 될 것이다"라고 말했다.

또한 그는 "신행정부는 북한에 대해 많은 의심을 하고 있으므로 감시와 검증 방법을 모색하게 될 것"이라고 말했다. 이에 나는 군비통제이론을 인용하여 다음과 같이 언급했다.

"상호 신뢰가 조성되지 않는 한 완전한 검증도 불가능하므로 문제 해결에 장시간이 걸리게 됩니다. 그리고 북한이 대량살상무기 개발을 필요로 하지 않을 만한 여건과 환경이 먼저 조성되어야 문제가 근본적으로 해결될 수 있다는 점을 신행정부가 명심해야 할 것입니다."

그러자 콜린 파월은 다음과 같이 지적했다.

"신뢰구축의 중요성에는 동의합니다. 다만 '신뢰하지만 검증한다' (trust but verify)라는 말도 있듯이 우선 북한과의 신뢰를 어떻게 구축해나가야 할 것인가가 문제 아닐까요?"

"신뢰는 대화와 합의사항의 실천을 통해 다져나가는 수밖에 없습

서울을 방문한 콜린 파월 미 국무장관과 통일부장관인 저자가 한반도문제를 협의하고 있다.
(2001.7.27)

니다. 예를 들어, 비무장지대를 관통하는 철도·도로의 연결과 개성산업공단 건설 사업은 단순한 남북경협사업이 아니라 매우 중요한 '정치·군사적 신뢰구축 조치'라는 점입니다. 북한을 신뢰하기 '때문에' 끊어진 철도와 도로를 연결하는 것이 아니라, 신뢰를 조성하기 위해서 연결하는 것입니다."

미국 외교정책의 책임자인 콜린 파월 국무장관과 이처럼 격의 없이 진솔한 대화를 나눌 수 있었던 것은 여간 큰 소득이 아닐 수 없었다. 더구나 미국의 신행정부가 대북정책을 수립해야 할 시점에 맞춰 북한에 대한 이해를 증진시키고 우리의 대북정책에 대한 지지를 확보하는 한편 한반도 냉전종식의 필요성에 대한 인식을 공유하게 되었다는 점에서 매우 효과적이고 뜻깊은 기회였다. 또한 나는 미국의 국무장관인 그가 한반도 문제에 대한 올바른 시각과 합리적인 생각을 가지고 있다는 인상을 받고 크게 고무되었다. 콜린 파월은 나중에 서울 공식 방문 때 통일부장관인 나와 다시 만나 한반도 문제에 대한 진지한 협의를 계속하게 된다.

그러나 파월 장관과 국무부의 합리적이고 현실적인 대북포용정책과 접근방법은 대북적대정책을 주장하는 체니 부통령과 도널드 럼스펠드 국방장관 등 이른바 워싱턴 네오콘(신보수주의자)들의 제재를 받게 된다.

제1기 부시 행정부 기간 내내 미국의 대북정책노선은 내부적 분열로 대립과 갈등을 반복하게 되는데, 부시 대통령은 결국 체니 부통령의 손을 들어주어 시간이 흐를수록 북미관계는 악화되어간다.

부시 행정부의 'ABC 마인드'

파월 장관과 국무부 직업외교관들을 제외한다면, 내가 만나본 부시 행정부의 공화당 출신 인사들은 대부분 부정적인 대북 시각을 드러냈다. 이들은 "1인독재체제인 북한은 예측이 불가능하고 신뢰할 수 없다" "김정일은 자기 백성도 먹여 살리지 못하면서 인권을 유린하고 있다" "최근의 개방 움직임은 경제적 이득을 얻기 위한 속임수요 술책에 불과한 것이다" "북한의 미사일과 재래식 군사력은 미국에 심각한 위협이 되고 있다" 등등의 주장을 폈다.

나는 이들의 대북관이 클린턴 행정부 때와는 확연히 다르게 한결같이 적대적이고 강경일변도라는 데 큰 충격을 받았다. 그들은 북한의 '변화 유도'보다는 '안보위협 해소를 위한 정권교체'를 주장하고, 불량 국가인 북한을 '봉쇄'하고 '압박'해야 한다고 강변했다. 또한 "북한의 공갈에 굴복하거나 보상을 지불하는 등 끌려다니는 일은 절대 없을 것"이라는 말을 많이 들었다.

올브라이트 국무장관의 평양방문이나 클린턴 대통령의 방북 추진에 대해서도 "세계 유일 초대강국인 미국의 자존심에 상처를 준 '저자세 외교'의 극치"였다고 평가하고, "불량 국가에 대해 이런 수치스러운 일은 다시 없을 것이다. 클린턴 행정부의 대북정책은 전적으로 잘못된 것이고 결코 계승해서는 안 될 것이다. 우리는 클린턴과는 정반대의 대북정책을 펼 것이다"라고 말하며 'ABC(Anything But Clinton)'라는 신조어를 들려주기도 했다.

이들은 한결같이 "대북정책 검토는 서두르지 않고 충분한 시간을 갖고 진행해야 한다"며 느긋한 태도를 취했다. 클린턴 행정부가 서둘러 마무리 단계까지 이르게 했던 미사일 문제 해결을 위한 협상에도 그들은 관심을 기울이려 하지 않았다. "협상보다는 오히려 북한의 장거리 탄도미사일의 위협으로부터 미국을 보호하기 위해 요격미사일의 개발 및 배치가 훨씬 긴요하다"는 주장도 서슴지 않았다. 이들 역시 한미동맹 강화와 한미정책 공조의 중요성을 강조하는 것은 잊지 않았으나, 이는 어디까지나 '한국은 미국의 정책에 따라야 한다'는 뜻이었다.

워싱턴 방문의 마지막 일정으로 콘돌리자 라이스 국가안보보좌관을 만났다. 스탠퍼드대학 정치학 교수 출신인 그는, 냉전이 종식되던 1990년을 전후하여 미국의 국가안전보장회의(NSC) 소련·동구권 담당 보좌관을 지낸 동구권 전문가로 매우 매력적인 흑인 여성이었다.

라이스 보좌관은 "국가 이익을 위해 '힘'을 바탕으로 대외 문제에 개입해야 한다"는 공화당의 전통적인 강경 외교 노선을 계승하는 성향을 가진 것으로 알려져 있었다. 그는 훗날 제2기 부시 행정부에서 국무장관이 된다.

나는 워싱턴에 와서 신행정부 고위인사들로부터 들은 세가지 문제, 즉 "북한은 신뢰할 수 없다" "북한은 변화하지 않고 조만간 붕괴될 것이다" "먼저 북한의 군사적 위협을 제거해야 한다"는 주장에 대해 좀더 균형 잡힌 시각이 필요하다는 의견으로 말문을 열었다. 그리고 "우리의 햇볕정책은 유럽의 데땅뜨 프로세스를 본받아, 한미동맹을 토대로 안보태세를 튼튼히 유지하면서 다른 한편으로는 화해와 협력을 통해 북한의 변화를 유도하려는 것"이라고 강조했다.

"북한도 중국처럼 점진적 변화가 불가피할 것이며, 북한을 신뢰해서가 아니라 상호 신뢰를 조성하기 위해 대화하고 협력해야 합니다. 남북정상회담 이후로 남북관계는 실로 많은 진전을 이루었습니다. 이제는 대량살상무기 문제의 해결을 위해 한미 양국이 상호 보강적 대북 접근을 해나가야 합니다."

이에 라이스 보좌관은 "햇볕정책의 성과를 높이 평가하며 한국의 대북정책에 대해서는 이견이 없다"고 전제하고 앞으로 더욱 긴밀한 공조를 약속했다. 그러나 신행정부는 북한의 변화 의도에 의구심을 갖고 있다면서 "북한의 변화는 '지도자의 신념 변화'에서가 아니라 '실패한 체제의 붕괴'에서 찾아야 할 것"이라고 주장했다. 덧붙여 "만약 북한 독재자가 진정한 변화를 추구한다면 먼저 미국의 관심사에 대한 긍정적인 조치부터 취해야 할 것"이라고 말했다.

"우리의 신행정부도 북한과 대화를 하긴 하겠지만, 전 행정부가 멈춘 지점에서 대화를 재개하지는 않을 겁니다. 아마 상당기간 신중한 검토 작업을 거치게 될 것입니다."

이는 파월 장관이 했던 말과는 상충되는 것으로, 역시 신행정부의 'ABC 마인드'를 드러내는 발언이었다.

"한반도 문제 해결의 좋은 기회를 이대로 상실해서는 안 됩니다. 한반도의 냉전종식을 위해 한미 양국은 계속 공조해나가야 합니다. 41대 조지 H. W. 부시 대통령은 동서냉전을 종식시키고 민주주의와 시장경제의 확산이라는 공적을 남겼지만 한반도 냉전은 종식시키지 못했습니다. 43대 조지 W. 부시 대통령이 한반도 냉전을 종식시켜 부친의 위대한 과업을 완성한 대통령으로 역사에 기록되기를 바랍니다. 이에 우리 정부는 라이스 보좌관의 많은 활약을 기대합니다."

나의 마무리 발언에 그는 무릎을 치며 큰 웃음을 터트렸는데, 내 말에 동의한다는 뜻인지는 분명치 않았다. 이 자리에는 양성철 주미대사가 배석했다.

나는 이번 워싱턴 방문을 통해 우리 정부에 대한 미국 신행정부의 오해와 의혹을 불식시키기 위해 진땀을 흘려야 했다. 한미정상회담을 준비하기 위해 나보다 먼저 워싱턴을 방문했던 외교통상부장관이 미국 측에 "김정일 위원장이 서울에 오면 제2차 남북정상회담을 통해 '정전협정을 남북 간의 평화협정으로 대체하는 문제'를 협의한다는 것이 우리 정부의 입장"이라고 밝힌 것이다. 이에 미국 측은 유엔사 해체, 주한미군의 역할 변경, 군비통제 등 복잡한 문제가 얽혀 있는 이 사안을 한국이 제멋대로 북한 측과 처리하려 한다고 오해하여 불쾌하게 여기고 있었던 것이다.

이러한 오해와 항의에 대해 나는 "남북 간의 군사적 신뢰구축 조치 등 군비통제 협상을 제의하여 '평화의 프로세스'를 시작하는 문제를 협의하려는 것일 뿐 군비통제 등 복잡한 문제들이 해결되지도 않은 상태에서 정전협정을 폐기한다는 것은 상상할 수도 없는 일"이라고 해명했다.

실제로 '남북평화선언'을 채택하여 '평화의 프로세스'를 시작한다는 것과 '평화협정'을 체결한다는 것은 그 시작과 끝처럼 전혀 다른 것이었다. 평화협정의 체결에는 10년이 걸릴지, 아니면 더 많은 시간이 필요할지 아무도 모르는 일이었다.

나의 설명을 듣고 난 미국 측 인사들은 비로소 기세를 누그러뜨리고 "오해를 풀어주어 고맙다"며 사의를 표하곤 했다. 며칠 후에 나온 워싱턴 정가의 소식지 『넬슨 리포트』(2001.2.15)는 "지난주 방미한 한국 외교부장관의 부적절한 외교업무수행으로 인해 햇볕정책이 한반도의 전략적 현실을 지나치게 앞질러 나가고 있다고 판단한 부시 행정부는 큰 우려를 하게 되었으나 임동원 국정원장이 워싱턴을 방문하여 이러한 우려를 불식시켰다"고 밝혔다.

부시의 강풍을 만난 한반도

2월 말 뿌찐 러시아 대통령이 서울을 방문하여(2.26~28) 한·러정상회담을 하고 공동발표문을 발표했다. 그런데 이것이 김대중 대통령에게 외교적 낭패를 초래하고 만다. 미국 백악관이 이 공동발표문을 문제 삼아 청와대에 항의하는 사태가 발생한 것이다. 김 대통령과 부시 대통령의 첫 한미정상회담을 일주일 앞둔 시점에서 일어난 일이다.

문제는 한·러 공동발표문 제5항이었다. 여기에 클린턴 행정부 때까지는 미국의 공식 입장이었으나 부시 행정부에서는 이를 뒤집으려고 하는 내용이 포함된 것이다. "요격미사일(ABM)제한조약(1972)이 전략적 안정의 초석이며 (…) 이를 보존·강화" "전략핵무기감축협정(START-II)의 조기 발효와 이행" "포괄적핵실험금지조약(CTBT)의 조기 발효가 중요하며 지체 없이 비준해야 한다" 등의 내용이 그것이다

미국 언론이 이를 부각하여 보도하면서 파문이 일어났다. 『뉴욕타임스』는 "김 대통령이 미국의 미사일방어체계(MD)를 둘러싼 논쟁에서 공개적으로 러시아 편을 들었다"고 보도했다. 그런가 하면 러시아 일간지 『이즈베스띠야』(*Izvestiya*)는 "미국의 MD 정책에 대한 한국 대통령의 공개적인 반대 입장 표명은 뿌찐 대통령의 커다란 외교적 성과"라고 보도했다.

이에 백악관이 한국정부에 거세게 항의했다. 부시 행정부는 요격미사일을 개발하기 위해 1972년 소련과 체결한 ABM조약을 폐기하려던 참이었고, 공화당이 지배하는 미국 의회는 러시아와의 '전략핵무기감축협정'과 '포괄적 핵확산금지조약'의 비준을 거부한 상태였다. 그런데 한국정부가 러시아와 함께 이에 정면으로 도전하는 입장을 발표한다는 것은 동맹국으로서 도저히 묵과할 수 없는 일이라는 것이었다.

일이 벌어지고 난 다음에야 NSC 상임위원회 회의가 열려 외교통상부의 외교적 미숙을 비판했다. 외교부장관의 설명에 의하면, 우리 외교부가 자주적인 외교를 위해 이런 입장을 취한 것은 분명 아니었

다. 작년에도 오끼나와에서 있었던 G8정상회담에서 미국이 이런 입장을 발표했기 때문에 여전히 문제가 없을 것이라고 판단했다는 것이다. 그러나 금년 초 새로 집권한 부시 행정부가 MD 개발을 위해 ABM조약 폐기를 추진하고 핵무기 개발을 계속하려는데도 불구하고 이를 제대로 인식하지 못한 것이 외교통상부의 실책이었다. 설사 이러한 입장이 정당한 것이라 할지라도 미·러 사이에 쟁점이 되어 있는 예민한 국제안보 문제를 구태여 한·러 공동발표문에 포함시켜 부시 행정부를 자극할 필요는 없는 일이었다.

'MD 반대'로 비쳐진 이 사건은 "한국이 독자적으로 "남북평화조약을 추진하려 한다"는 미국의 오해와 함께 '외교 대통령'이라는 김 대통령의 이미지에도 큰 손상을 입혔다. 그뿐만 아니라 새로 집권한 미국 대통령과 첫 정상회담을 하기 위해 워싱턴에 가야 하는 김 대통령의 어깨를 매우 무겁게 만들었다. 김 대통령은 몇차례에 걸쳐 유감을 표명하지 않을 수 없었다. 방미 직후 단행된 개각에서 외교통상부 장관은 교체된다.

그런데 한미정상회담을 하루 앞두고 미국 외교의 사령탑인 파월 국무장관은 기자회견을 통해 김 대통령의 햇볕정책을 찬양하고 미국이 적극 협조할 것이며, 북한이 건설적인 행동을 취한다면 미국은 그에 상응하는 조치를 취할 것임을 명백히 했다. 그리고 현안인 "대북 미사일 협상에서 클린턴 행정부가 추진하다 멈춘 데서부터 대화를 재개할 계획"이라며 적극적인 대북포용 입장을 밝혔다. 북핵문제는 제네바합의가 준수되고 있었기 때문에 문제시되지 않았고 미사일 문제만이 현안이었다. 약 한달 전 파월 장관이 나에게 말했던 내용과 같은 취지였다. 대단히 고무적인 발언이 아닐 수 없었다.

3월 8일 워싱턴에서 김대중 대통령은 콜린 파월 국무장관과 조찬 회담을 하고 백악관에서 1시간 동안 한미정상회담을 한 후 20분간의 공동기자회견에 이어 부시 대통령 주최 오찬에 참석했다. 김 대통령은 부시 대통령과의 회담에서 햇볕정책과 그 성과를 설명한 후 "남북관계와 미북관계를 상호 보완적으로 발전시켜나가자"고 제의했다. 또한 신행정부가 대북 미사일 협상의 모멘텀을 살려 조기 타결할 것을 권고하는 한편 한반도 냉전종식에 미국이 적극 나서주기를 요청했다. 그러나 부시는 "믿을 수 없는 북한과의 협상은 검증이 전제돼야 한다"면서 미사일 문제의 조기 해결에 관심을 보이지 않았다.

공동기자회견에서 조지 W. 부시 대통령은 외교적으로 세련되지 못한 거친 표현으로 북한에 대한 부정적인 태도를 노골적으로 드러냈다. "나는 북한 지도자에 대해 의구심(skepticism)을 가지고 있다" "북한이 모든 합의를 준수하고 있는지에 대한 확신이 없다" "북한이 각종 무기를 수출하고 있다는 사실에 대해 우려하며 이를 철저히 검증해야 한다" 등의 주장을 펴면서 "대북정책을 근본적으로 재검토할 것이며 대북접촉 재개를 서두를 의사가 없다"고 밝혔다.

따지고 보면 'MD 추진'을 정책의 우선순위로 삼아야 한다고 주장하는 네오콘 강경파들의 입장을 수용한 부시 대통령으로서는 북한과의 미사일 협상이란 생각할 수도 없는 일이었을 것이다.

이처럼 부시 대통령이 강경파의 주장을 고스란히 반복하자, 파월 장관은 한미정상회담 도중에 빠져나와서 기자회견을 통해 전날의 입장을 번복해야 하는 곤혹스러운 일을 겪어야 했다. 이것은 체니 부통령이 주도하는 네오콘 강경파들이 백악관 내에서 한반도 문제를 장악하게 되었다는 것을 의미하는 상징적인 사건이었다.

미국의 언론보도에 따르면, 이 무렵 부시 행정부는 체니 부통령과 럼스펠드 국방장관 등 네오콘 강경파들이 요격미사일 개발의 명분을 '북한의 장거리 미사일 개발'에서 찾고 있었다고 한다. 언론은 그들이 "북한에 대한 외교적 노력은 무의미하며 요격미사일 개발로 MD를 구축하는 한편 필요시 북한에 대한 군사적 조치를 취해야 한다"는 강경 입장을 견지하고 있는 것으로 보도했다. 실제로 부시 대통령은 그해 5월 MD 구축을 선언하는 내용의 새 안보 전략을 발표한다.

한미정상회담 후 미국 언론들은 대부분 부시 대통령의 북한에 대한 태도에 우려를 표명했다. 『뉴욕타임스』(2001.3.9)는 「모멘텀을 잃어버리다」라는 기사에서 "부시가 김 대통령의 말에 귀를 기울이지 않고, 타이밍이 중요한데도 강경파의 손을 들어주었다. 부시는 가까운 시일 안에 북한과 미사일 협상을 재개할 의사가 없다"고 보도했다.

'악당'을 원하는 사람들

한미정상회담을 앞두고 『뉴욕타임스』는 '국내 정치가 대북 미사일 합의를 침몰시켰다'는 제목으로 웬디 셔먼 대사의 기고문을 실었다. 그동안 비밀에 가려져 있던 클린턴 행정부의 대북 미사일 협상 내용을 처음으로 공개하는 장문의 기사였다.

이 기사는 "대북 미사일 협상과 MD 개발은 병행 추진할 수 있는 것"이라고 주장하며 "부시 행정부는 조속히 대북협상을 재개하라"고 촉구하고 있다. 또한 같은 날 이 신문은 별도의 사설을 통해 "남북정상회담으로 북한과의 해빙에 상당한 진전을 이룩했다"고 평가하며 "냉전의 최후전선에서 군사적 대결을 종식할 좋은 기회를 놓치지 않도록 부시 행정부도 적극 나서야 한다"고 주장했다.

파월 장관과 국무부 직업외교관 등 온건파들은 "마무리 단계에 있는 북한과의 미사일 협상을 계속하여 위협을 제거해야 한다"는 입장을 취했다. "미사일 협상이 성공한다 하더라도 검증에는 장기간이 소요되기 때문에 MD 개발에 문제 될 것이 없으며, 양자는 병행 추진할 수 있다"는 것이다. 또한 실제로 미국인들 중에서 'MD 개발의 목적이 북한의 위협에 대처하기 위한 것'이라고 정말로 믿는 사람은 있는 것 같지도 않았다.

미국의 요격미사일 개발 사업은 부시 행정부가 처음으로 시도하는 것이 아니다. '날아가는 총알을 총알로 맞추려는 것'과도 같은 일련의 미사일 방어 프로그램 중 '별들의 전쟁'(Stars War)으로 널리 알려진 레이건 행정부의 전략방위구상(SDI)에 이어 이번이 여섯번째로 알려져 있다. 하지만 미국의 패권주의자들은 이것이 '여섯번째 실패를 향한 질주'가 된다 하더라도 과학기술과 군수산업 발전에 기여하게 될 것이라는 데는 이의가 없는 듯했다.

시사주간지 『타임』은 「한반도 정책, 매파가 장악」이라는 기사에서 "부시는 김 대통령의 제의를 통명스럽게 거절하여 호기를 놓쳐버리게 됐다. MD 추진 때문이다"라고 전제한 뒤에 "신행정부 안에서 외교정책에 균열이 생기는 등 부시의 외교적 미숙을 드러냈다. 부시는 직설적 어법이 국제관계에서 큰 재앙을 초래할 수 있다는 사실을 배우게 될 것이다"라고 준엄히 지적했다.

영국의 일간지 『가디언』(2001.3.12)은 「왜 부시는 악당을 필요로 하는가」라는 칼럼에서 "부시 행정부는 MD 구축의 명분을 전적으로 불량 국가들에서 찾으려 하고 있다. 매파들은 북한의 핵 및 미사일 개발이 미국의 요격미사일 개발에 더할 나위 없는 좋은 근거가 된다면서 쾌재를 부르고 있다"고 비판하고 "이러한 유치한 생각 때문에 부시 대통령은 김 대통령과의 회담에서 북한에 대한 포용정책과 협상을 중단하겠다고 선언하기에 이르렀다"고 지적했다.

돈 오버도퍼와 로버트 칼린의 공저 『두개의 한국』(The Two koreas) 증보판(2014)은 이 당시의 상황을 이렇게 기술하고 있다.

2001년 초 부시가 집권했을 때 부시 행정부는 말썽 많은 한반도 문제와 관련, 그 어느 행정부보다 더 좋은 상태를 물려받았다. (…) 북한의 핵활동은 동결되었고 국제원자력기구(IAEA)의 모니터링은 계속되고 있었다. 북한 탄도미사일 문제에 대한 미북협상도 잘 진행되고 있었다. 남북한 사이의 긴장은 완화되고 교류협력이 활성화되어 남북관계에 밝은 전망이 보였다. 제네바 미북 기본합의에 따른 경수로 건설을 위한 한반도에너지개발기구(KEDO) 기능도 활성화되고 있었다. 2000년 10월의 '미북 공동 코뮈니케'에 따라 올브라이트 국무장관과 김정일 위원장의 평양회담은 미북 간 새롭고 안정된 관계개선의 기반을 마련했다.

그러나 부시가 집권하면서 방향이 바뀌기 시작했다. 제네바 기본합의를 철저히 반대해온 부시 행정부의 고위 인사들이 이 합의를 폐기할 것을 주장하고 나섰다. 많은 논란 끝에 북한에 대해 핵무기와 정권붕괴 중 택일하도록 '전략적 선택'을 강요해야 한다는 주장이 지배적이었다. 하지만 제재 없이는 북한이 결코 핵무기와 정권붕괴 중 택일하지도 않을 것이라며, 따라서 어려운 협상을 하려 할 것이 아니라 손쉬운 제재만이 미국이 취해야 할 유일한 선택이라는 것이었다.

부시 대통령은 남북정상회담 이후 눈부신 진전을 이루고 있던 남북관계에 찬물을 끼얹고 북한과의 관계개선을 통해 '한반도 평화 프로세스'를 추진하기 시작한 한미 양국의 공동노력을 포기했다. 이후 부시는 집권 후 최초 6년간(2001~06) 북한정권을 악마화하고 붕괴시키려는 적대정책을 강행하지만 오히려 북한의 핵실험을 초래하고 결국은 실패하고 만다. 이 6년간은 한미동맹관계를 유지하면서 남북관계를 안정적으로 관리해야 할 한국정부로서는 매우 어려운 시기가 된다. 결국 부시는 북한 핵실험 직후인 2007년 초부터 북한과 직접 협상을 개시하고 클린턴이 취했던 것과 유사한 포용정책으로 급선회한다.

한미정상회담 결과에 가장 격렬한 반응을 보인 것은 당연히 북한이었다. 북한은 부시 대통령의 적대적 태도, 특히 김정일 위원장에 대해 "독재자" "믿을 수 없다" "버릇없는 아이"(spoiled child) 등의 인신공격을 한 데 대해 몹시 분개하며 "김대중 대통령이 부시 대통령을 설득하지 못했다"면서 남북대화를 중단한다.

이후 북한은 민족문제를 "우리 민족끼리 서로 힘을 합쳐 자주적으로" 해결해나가기로 합의한 6·15남북공동선언의 정신을 거스르는 일련의 잘못된 조치를 취함으로써 남북 당국 간의 대화를 중단하고 남북관계를 경색시켰다. 이는 6·15남북공동선언 이후 북한이 저지른 첫번째의 가장 큰 실책이다. 북한은 3월 13일 아침 "오늘 오후부터 서울에서 개최될 제5차 남북장관급회담에 대표단을 보낼 수 없다"고 통보했다. 그리고 이를 계기로 남북 당국 간의 접촉을 모두 중지해버림으로써 이후 1년간 남북관계는 소강상태에 빠지게 된다.

그러나 북한은 이런 때일수록 '선미후남(先美後南)'이 아니라 '선남후미(先南後美)'의 노선을 취했어야 했다. 남북관계를 경색시킴으로써 부시의 강경파들이 원하는 상황을 만들어줄 것이 아니라 오히려 남북관계 활성화로 이들의 인식과 주장에 타격을 가했어야 했다. 북한은 결코 미국의 강경파들이 깔아놓은 멍석 위에서 이들이 불어대는 나팔 소리에 맞추어 놀아나는 잘못을 저질러서는 안 되는 것이었다. 이로써 북한과 미국의 강경파들은 '적대적 공생관계'를 유지하게 된 것이라 볼 수 있다. 북한은 중대한 실책을 범한 것이다.

남과 북은 6·15공동선언 이후 지난 9개월 동안 '속도조절론'이 제기될 정도로 남북관계의 여러 분야에서 소중한 진전을 이루어냈다. 이제 본궤도에 진입시켜 가속화해야 할 중요한 시기에 결과적으로 1년 이상 귀중한 시간을 허비함으로써 남북화해 노력은 탄력을 잃게 된 것이다. 남북관계의 '정상 회복'은 이듬해 4월 초 내가 대통령 특사로 다시 방북하여 김정일 위원장과의 합의를 통해 이루어지게 된다.

다시 통일부장관으로

2001년 3월 26일 김대중 대통령은 국정쇄신 차원에서 대대적인 개각을 단행한다. 그 결과 각료 19명 중 10명이 교체되고 나는 15개월 만에 다시 통일부장관직으로 돌아가게 되었다. 후임 국정원장에는 신건(辛建) 전 국정원차장이 임명되었다. 외교안보팀도 전면 개편되었다. 외교통상부장관에 전 주미대사를 지낸 한승수(韓昇洙) 의원, 국방부장관에 한미연합사 부사령관을 지낸 김동신(金東信) 전 육군참모총장이 임명되었는데 두 사람 모두 미국통으로 알려져 있었다.

나는 이미 지난 연말부터 조만간 국정원장 자리에서 물러나게 되리라는 것을 알고 마음의 준비를 하고 있었다. 국내의 정치상황이 어려워지고 여당이 수세에 몰리면서 동교동계 실세들까지 "국정원이 제 역할을 못하고 있다"면서 국정원장 교체를 주장했다. 이 무렵의 언론들은 "임동원 국정원장은 대북분야에만 치중하고 '정치 정보'에서 손을 뗌으로써 '통치권 보위'에 전혀 기여하지 못하고 있다"는 보도를 계속했다. 사람들은 나와 국정원에 '과거와 같은 역할'을 요구했다. 그러나 국정원이 정치에 관여해서는 안 된다는 내 소신에는 변함이 없었다.

개각을 이틀 앞둔 시점에 내가 국정원장으로서 주례보고를 마치자 김 대통령은 "통일부를 맡아주기 바란다"며 말문을 열었다. 이에 나는 "좀 쉬어야겠다"며 정중히 사양했으나 받아들여지지 않았다.

"남북정상회담이 성사되고 이제 6·15공동선언을 본격적으로 실천해야 할 시점에서, 국정원장 신분으로 남북관계를 총괄 지휘하기에는 운신의 폭이 제한되고 활동의 제약이 너무 많아요. 이제 임 원장께서 공개적으로 북측과 교섭하고, 국회와 국민을 설득하고, 미국을 설득하는 데도 앞장서주어야 하겠습니다. 대북관계를 일관성 있게 총괄 추진해야 하므로 국정원의 대북관계 업무는 종전처럼 임 원장께서 직접 관장하실 수 있도록 신임 국정원장에게 지시하겠습니다."

대통령의 간곡한 부탁에 나는 더이상 이의를 제기할 수 없었다.

대한민국 통일부는 "대한민국은 통일을 지향하며 (…) 평화적 통일정책을 수립하고 이를 추진한다"는 헌법 제4조의 정신에 따라 1969년 3월 45명 정원의 조사연구 및 교육홍보기구로 정식 발족했다. 장관이 관장하는 정부부처치고는 너무도 초라한 규모였지만 그 상징적인 의미는 지대했다. 1980년에는 중앙정보부로부터 '남북대화 기능'을 넘겨받고 1988년부터는 탈냉전의 시대를 맞아 새로운 대북정책과 통일방안을 마련하고 남북협상을 본격적으로 추진하는 한편 남북관계와 관련된 각 부처의 업무를 총괄 조정하는 등 그 역할이 확대된다.

내가 통일부장관을 다시 맡게 된 이 시점은 2000년 6·15공동선언에 따른 각종 남북 당국 간 회담, 사회문화 교류협력, 경제협력과 인도적 지원 등과 함께 교육홍보 업무가 폭주하기 시작한 때였다. 통일부장관직을 다시 맡으면서 나는 새롭게 조성되고 있는 국내외의 어려운 상황을 어떻게 돌파해야 할지 걱정부터 앞섰다. 대북적대정책을 표명한 부시 대통령과 체니 부통령을 필두로 한 미국의 네오콘 강경파들이 '힘'으로 북한을 굴복시키려 할 것이고, 이에 반발하는 북한의 경직된 태도가 한반도의 긴장을 고조시키게 될 것은 불 보듯 뻔한 상황이었다. 북한은 이미 남북관계를 경색시키고 있었다. 또한 국내의 수구냉전세력이 부시의 대북 강경입장에 부화뇌동하는 상황도 통일부장관으로서 우려스럽기 짝이 없었다.

이 무렵 우리 정부의 관심사는 김정일 국방위원장의 서울방문 실현, '평화회랑' 건설을 위한 비무장지대 지뢰제거 작업 및 경의선 연결공사 개시, 개성산업공단 건설 추진, 금강산 관광사업의 지속, 이산가족상봉의 지속 등이었다. 북측은 부시 대통령의 적대적 태도에 반발하여 남북 당국 사이의 대화를 중단시킨 상태였으나 우리는 우리로서 할 수 있는 일을 계속하면서 북측의 호응을 유도해나가야 했다.

우선 9월 말 완공을 목표로 비무장지대 이남지역에서의 철도·도로 공사와 동해안 임시도로 보수공사를 추진하기로 했다. 그리고 비료(20만 톤)를 적기에 지원하고 금강산 관광사업의 지속을 위한 조치를 강구하는 등 6·15남북공동선언의 실천을 위해 최선의 노력을 했다. 부시 행정부를 설득하는 일에도 최선을 다했다.

네오콘의 함정

6월 3일 일요일 오후 5시, 국방부장관 요청에 의해 갑자기 NSC 상임위원회가 소집되었다. 그 자리에서 작전부장을 대동한 합참의장이 '북한 선박의 제주해협 침범 사건'을 보고했다. 동·서해 공해상을 항해하던 3척의 북한 선박이 각각 제주해협을 침범했다는 것이다. 북한 선박들을 발견한 우리 해군이 근접 감시하며 시각 및 통신 검색을 실시하자, 그들은 식량이나 소금 등을 적재한 민간선박임을 밝히는 등 순순히 검색에 응한 후 무사히 제주해협을 통과했다고 한다.

제주해협은 국제법상 '무해통항권'이 인정되는 국제항로로 매일 수백척의 외국 선박이 자유로이 왕래하는 곳이다. 그러나 남과 북은 서로 상대방 영해에 진입·항해하려면 반드시 사전 허가를 받아야 한다. 따라서 우리는 북한 선박이 어째서 허가도 받지 않고 갑자기 제주해협에 진입했는지 이해할 수 없었다.

물론 제주도를 우회하면 하루 정도 시간이 더 걸리고 그만큼 연료

소비량도 늘어난다는 사실은 알고 있었다. 하지만 사전 허가를 받지 않고 진입하는 이런 행위는 명백한 '영해 침범'이었다. 그날 회의에서는 "6·15남북공동선언 이후 무해통항권에 대한 우리 정부의 입장을 시험해보고자 한 것"이라는 분석이 유력했다.

이에 NSC 상임위원회는 북한 선박의 영해 침범을 '군사정전협정 위반'으로 규정하고, 유엔사를 통해 군사정전위원회 소집을 요구했다. 또한 북측에 강력히 항의하고 통일부장관 명의로 "또다시 무단 통과 시도가 있을 경우 강력히 대처하겠다"고 엄중 경고하는 통지문을 보냈다. 다행히 그후로는 유사한 사건이 다시 발생했다는 보고가 없었다. 우리 측의 강력한 경고가 효력을 발휘한 것으로 보인다.

'북한 선박의 제주해협 침범 사건'은 야당과 보수언론에 좋은 빌미를 제공해주었다. 그렇지 않아도 이들은 새로 출범한 부시 행정부의 대북강경태도에 고무되어 햇볕정책에 대한 비판 수위를 높여왔다. 야당과 보수언론은 "영해를 침범한 북한 선박에 대해 우리 군이 무력행사를 포함한 군사적 강경대응 조치를 취하지 않았다"고 비난하며 이를 안보위기인 양 부풀렸다.

이에 나는 국회 답변을 통해 "우리 군이 제주해협을 침범한 비무장 민간선박에 대해 취한 조치는 절제되고 슬기로운 것이었으며, 정부의 조치 또한 아주 적절했다"고 반박했다. 또한 "우리 군과 정부가 취한 '절제된 조치'가 긴장을 방지하고 더이상의 영해 침범도 예방할 수 있었다"고 주장했다. 유엔군사령부와 미국정부도 우리군의 사건 처리에 대해 "의연하고 지혜로웠다"며 공개적으로 지지했다. 여당의원들은 "약 50분간 이어진 통일부장관의 구체적인 답변이 야당의 기세를 꺾는 데 성공했다"며 만족감을 표시했다.

그러나 다시 한나라당 이회창 총재가 정부의 대북정책을 '총체적 실패'라고 선언하며 독전(督戰)을 하고 나섰다. 이에 통일외교통상위원회에서 야당의원들은 '실패한 대북정책의 책임'을 지라며 통일부장관의 자진사퇴를 다시 요구했다. 그리고 결국 한나라당은 소속의원 132명 전원 명의로 통일부장관 해임건의안을 국회에 제출했다. "햇볕정책은 총체적 실패"라며 "이 정책을 총지휘한 인물이 자진 사퇴를 하지 않기 때문에" "주권 및 안보, 헌법 수호를 위하여 해임을 건의한다"는 내용이었다. 제주해협 침범 사건 묵인, 국민 안보의식에 혼란 초래, 그리고 있지도 않은 '북한과의 밀약설' 등 억지 논리로 점철된 주장이었다.

당시의 일부 언론보도에 의하면 한나라당은 다음해의 대통령선거를 앞둔 중요한 시기에 김정일 위원장의 서울방문이 실현될 경우 한나라당의 패배가 명약관화하다고 보고 이러한 정치공세를 펴는 것으로 보였다. 따라서 야당총재의 대통령 당선을 위해서는 안보불안을 조성하고, 남북관계를 파탄시키고, 김정일 위원장의 서울방문을 반드시 저지해야 한다고 판단하고 있다는 것이 언론의 분석이었다. 햇볕정책을 총괄 지휘하며 대통령 특사로 또다시 남북협상에 나서게 될 '김대중 대통령의 분신' 임동원을 기필코 제거하려고 한다는 것이다.

그러나 과반수 의석을 차지하지 못한 한나라당 단독으로는 통일부장관 해임결의안을 통과시킬 수 없었다. 문제의 '통일부장관 해임건의안'은 '처리 시한 경과'로 자동 폐기되었다.

그리고 이로부터 4년 후 북한의 민간선박은 제주해협을 자유 항해하게 된다. '남북해운합의서'가 채택 발효됨에 따라 북한 선박도

2005년 8월부터 제주해협을 자유롭게 통과할 수 있게 되었다.

당시 우리 정부는 대북정책을 재검토 중이라는 부시 행정부를 여러 경로를 통해 설득하는 데 노력했다. 2001년 5월 중순에는 부시 대통령의 '새로운 전략 구상'을 설명하기 위해 리처드 아미티지 미국 국무부 부장관이 방한했다. 이 기회에 나는 그와 '대북정책 공조' 문제를 협의했다. 아미티지 부장관은 1999년 1월 워싱턴을 방문한 나에게 자신이 연구한 대북정책 구상을 설명해주는 등 이미 나와 친분관계가 있던 사람이다. 그리고 부시 행정부의 국무부 부장관으로 지명된 지난 2월에 나는 다시 워싱턴에서 그를 만나 함께 대북정책을 논의한 바 있다. 나는 이 기회를 활용하여 "새로운 안보환경에 대처하려는 미국의 입장은 이해하나 MD 개발 추진이 한반도 긴장완화에 역기능으로 작용하지 않기를 바란다"는 NSC 상임위원회에서 정리한 권고사항에 대해 설명했다.

"미국이 북한의 장거리 미사일 위협에 대처하기 위해 MD 개발을 추진한다고 하면서도 정작 미사일 위협을 제거하기 위한 북한과의 협상을 중단한 것은 이해하기 어렵습니다. MD 개발을 계속 추진하더라도 미북 사이의 미사일 협상은 계속되어야 한다는 것이 우리 정부의 입장입니다. 북한이 미국과의 관계 정상화를 최우선 과제로 삼고 있으니, 북한을 다른 세력권에 밀어 넣는 오류를 범하지 말고 포용하는 것이 미국의 동북아 전략에도 유리할 것입니다. 부장관께서 주장해온 바와 같이, 안보문제에 국한하지 말고 '포괄적 접근'을 통해 한반도 냉전종식에 미국이 기여해주기를 바랍니다. 남북관계와 미북관계는 불가분의 관계에 있습니다. 따라서 한반도 문제는 미국이 한국과 긴밀히 협력하여 풀어나가야 합니다."

이러한 요지의 권고에 대해 그는 "한국의 입장을 이해하며 존중하겠다"는 반응을 보였다. 하지만 이러한 의견은 미국의 국무부에서만 공감을 얻어냈을 뿐 네오콘 강경파들의 태도는 여전했다.

6월 6일 부시 대통령은 "검토가 완료되었다"면서 새로운 대북정책을 발표했다. "북한과 대화를 재개하겠다"며 북한 핵문제는 제네바 합의를 개선하여 이행하는 방안, 미사일 계획의 검증 가능한 제한 방안, 그리고 재래식 군사위협의 감소 방안 등을 의제로 제시하고 "대화를 하자"고 북한에 공식 제의한 것이다.

이에 북한은 외무성 대변인 발표를 통해 "부시 대통령의 협상재개 제안은 우리를 무장해제시키려는 목적을 추구하는, 도저히 받아들일 수 없는 조건들을 내세운 것으로, 그 성격이 일방적이고 전제조건적이며, 의도가 적대적"이라며 즉각 반발했다. 그리고 "특히 재래식 무력의 문제는 주한미군 철수 전에는 논의 대상이 될 수 없는 문제"라고 분명히 선을 그었다. 그러면서 "미국이 적대시정책을 그만두고 우리와 진정으로 대화할 의지가 있다면 쌍방이 이미 공약한 '제네바 조·미 기본합의'(1994)와 '조·미 공동 코뮈니케'(2000) 합의사항을 이행하기 위한 실천적인 문제들을 의제로 삼아야 한다"고 주장했다. 한마디로 대화는 원하지만, 부시가 제시한 의제와 조건을 전제로 하는 대화는 수용할 수 없다는 입장이었다.

이렇듯 북한은 부시 행정부가 관계개선에 나설 의지가 없다고 판단하고 미국과의 대화를 거부하는 과잉 반응을 보였다. 성공 여부는 고사하더라도 오히려 부시 행정부와 대화를 적극 추진했어야 할 북한이 미국 강경파의 함정에 빠져버린 것이다. 북한이 불응하자 미국은 오히려 "대화를 하자"고 공세를 취할 수 있게 되었고, 북한은 다시 수세적 입장에 처하고 말았다. 게다가 그로부터 3개월 후 미국에서 9·11테러가 발생하자 미국은 좀더 강경한 노선으로 치달으며 미북 쌍무회담을 위한 기회의 창을 영영 닫아버리고 만다.

만약 이때 북한이 미국과 대화를 시작했다면 오히려 9·11사태를 호기로 활용할 수도 있었을 것이다. 북한이 다시 한번 큰 실책을 저지른 셈이다.

위기에 처한 금강산

통일부장관으로서 나에게 가장 먼저 당면한 문제는, 운영난에 봉착한 현대의 금강산 관광사업을 어떻게 처리해야 할 것인가 하는 문제였다. 현대의 적자는 계속 누적되어(약 4억 달러) 2월부터는 북에 약속한 대가도 지불하지 못할 상황이었다. 당시 현대는 운영자금이 고갈되어 직원들 임금도 제때 지불하지 못하는 절박한 상황에 처해 있었다. 시장의 신용을 잃어버린 현대에 대해 시중 은행들은 모두 대출을 거부했고, 또한 수익성이 의문시될뿐더러 난관에 처한 현대의 금강산 관광사업에 합작하려는 기업은 나타나지 않았다. 다급해진 정몽헌 회장과 김윤규 사장은 통일부장관으로 부임한 나를 찾아와 정부의 지원을 요청했다.

현대는 지난해 봄부터 유동성 위기에 봉착하여 정주영 명예회장과 이익치 회장 등 가신 경영인 퇴진, 자구책 강구 등 채권단의 요구에 직면해왔다. 정주영 회장은 병석에 누웠고, 후계 구도를 둘러싸고 벌어진 이른바 '왕자의 난'으로 현대그룹은 시장의 신뢰를 잃어가고 있었다. 비교적 양호한 상태의 자동차(정몽구)와 중공업(정몽준)이 분리되고, 현대상선과 문제의 현대건설 등을 떠맡은 정몽헌 회장은 자구 노력을 해왔으나 여전히 유동성 위기를 극복하지 못했다. 현대건설은 걸프전 발발로 이라크에 10억 달러가 물려 있어 재무구조가 더욱 심각했다.

이런 상황에서 "현대의 무리한 대북 투자가 사태를 더욱 악화시켰다"는 설까지 난무하던 와중에 87세의 정주영 회장이 3월 말 세상을 뜨고 말았다. 대북관계를 주도했던 이익치 회장은 물러났고, 김윤규 사장만이 정몽헌 회장을 보좌하고 있었다.

정부는 현대로 하여금 금강산 관광사업에 대한 북측과의 계약조건을 수정하도록 강력히 권고했다. 이에 현대는 북측과의 장기간에 걸친 협상을 통해, 매월 1,200만 달러씩 지불하는 방식에서 2001년 6월부터는 관광객 수에 따라 종량 지불하는 방식으로 바꾸는 데 합의했다. 그후부터 현대는 매월 관광객 수에 따라 130만~150만 달러씩 지불하게 된다. 그러나 지난 4개월간의 미불액(4,800만 달러)을 지불할 능력이 없다는 것이 또 문제였다. 현대는 당장의 운영자금도 전무한 지경이었다. 과연 현대가 이 사업을 계속할 수 있을 것인가, 현대가 계속하지 못하게 되면 그 대안은 무엇인가, 더구나 지난겨울부터 관광객이 대폭 감소하고 있는데 이를 어떻게 다시 활성화할 수 있을 것인가 등 많은 난제들이 얽혀 있었다.

경제부처에서는 "현대로 하여금 금강산 관광사업에서 손을 떼게 하고 다른 기업이 맡아 운영하는 방안을 강구해야 한다"고 주장했다. 그러나 북측으로부터 사업독점권을 확보하여 이미 3억 5,600만 달러의 대가를 지불했으며 부두시설과 해상호텔 등 각종 시설투자에도 1억 4,000만 달러를 투입한 현대를 사업에서 제외시킨다는 것은 결코 간단한 문제가 아니었다. 더구나 이를 떠맡을 기업이 있을 리도 없었다.

나는 관광진흥기금으로 현대를 지원하는 방안을 문화관광부와 협의했으나 합의에 이르지 못했다. 한국관광공사(사장 조홍규)는 일단 관심을 보였으나 결국 문화관광부의 반대에 부딪혀 문제는 해결의 가닥을 잡지 못했다. 두번째 방안은 남북협력기금으로 현대를 채무보증하여 시중 은행으로부터 900억원을 대출하게 하는 것이었다. 그러나 재정경제부는 "국회 동의 획득에 자신이 없다"는 이유로 문제를 회피했다. 세번째 방안은 통일부가 책임지고 남북협력기금에서 직접 대출하는 방식이었다. 그러나 이 역시 국회에 보고해야 할 사안이었으므로 야당이 반대할 것이 뻔했다. 그렇지 않아도 야당은 "수익성이 없으니 금강산 관광사업을 속히 중단하라"고 주장하고 있었다.

금강산 관광사업을 지속시키기 위해서는 통일부장관인 내가 결단을 내리는 수밖에 없었다. 아무도 나서려 하지 않는 상황에서 나마저 주저앉으면 이 사업은 중단될 운명이었다. 심각한 고민 끝에 내가 모든 책임을 지고 돌파해나가기로 결심하고 통일부 간부들을 설득했다. 실무책임자인 조명균(趙明均) 교류협력국장이 이런 나의 뜻을 받들어 해결책을 마련하는 데 힘써주었다.

3개월간의 수많은 우여곡절 끝에 남북교류협력추진협의회의 심의를 거쳐 드디어 6월 말 해결책을 마련하게 된다. "남북관계 발전을 위해서라도 금강산 관광사업은 반드시 계속되어야 한다"는 원칙에 관계 부처가 합의하게 된 것이다. 북한과 계약을 체결하여 사업독점권을 확보하고 그동안 많은 재원을 투자한 현대가 계속 사업주체가 되는 대신 다른 기업과 컨소시엄을 구성하여 추진하도록 한다는 데 합의한 것이다.

우선 한국관광공사와 현대아산이 컨소시엄을 형성하고, 단계적으로 다른 기업들의 참여를 지속적으로 유도한다는 계획이었다. 통일부는 앞으로 관광사업이 활성화될 때까지 투자 및 컨소시엄 운영자금으로 900억원을 남북협력기금에서 지원하기로 하고, 우선 450억원을 연리 4퍼센트로 대출했다. 6월 말까지 지불해야 할 현대의 대북 미불금 중 2,400만 달러(290억원)는 이렇게 해결되었다.

그러나 국회 통일외교통상위원회 소속 야당의원들은 금강산 관광사업 활성화를 위한 남북협력기금 대출에 반대하고 나섰다. 나는 남북교류협력추진위원회 심의 등 모든 합법적인 절차를 거쳐 남북협력기금을 대출하기로 결정하고 국회 상임위원회에 보고하려 했으나 김용갑, 조웅규 등 한나라당 강경보수파 의원들이 아예 보고 접수를 거부하고 "심의·의결권을 행사하겠다"는 등 초법적인 억지를 부렸다.

원래 이 사안은 보고사항일 뿐 심의·의결 사항이 아니었다. 그들은 "정부지원을 철회하지 않는 한 '남북경협합의서' 심의도 거부하겠다"고 통일부를 위협했다. 나는 실속 없이 공전하는 상임위에 더이상 기대하지 않기로 하고 통일부장관 재량으로 남북협력기금 대출을 그대로 집행했다. 이에 야당은 '통일부장관 해임결의안'을 다시 제출하는 등 반대 소동을 벌였으나 국회에서 통과되지 못했다. 그 와중에 한나라당은 법원에 '금강산 관광사업에 대한 남북협력기금 대출 결정 취소와 효력정지 가처분 신청'을 제출하는 무리수를 택한다. 그러나 이 역시 실패로 끝난다.

이 무렵 현대건설과 현대상선 등 현대의 여러 계열사가 참여하던 금강산 관광사업은 '현대아산'으로 사업주체를 일원화하게 된다. 이렇게 하여 위기에 처했던 금강산 관광사업은 한나라당의 반대에도 불구하고 정부의 지원을 받아 계속하게 된다.

평양축전의 '색깔'

남북정상회담 이듬해의 8·15광복절을 맞아 분단 역사상 처음으로 평양에서 남과 북의 민간대표들이 만나 '2001년 민족통일대축전'을 공동으로 개최하게 된다. 이 행사에 참석하기 위해 남측에서는 민간단체 대표 300여명이 북한을 일주일간 집단 방문했다.

그런데 지난 반세기 동안 금단의 땅이었던 북한을 처음으로 집단 방문하는 감격과 흥분 속에서 일부 인사들은 정부와의 약속을 어기고 돌출 행동을 하는 해프닝을 벌였다. 이에 가뜩이나 시민단체의 집단 방북에 부정적이었던 보수언론들은 한결같이 이 해프닝을 연일 대서특필하며 왜곡·과장하고 색깔론으로 덧칠했다.

한나라당 역시 호기를 포착했다는 듯 대정부 공세를 강화하는 한편 방북을 허가한 책임을 물어 또다시 '통일부장관 해임건의안'을 국회에 상정했다. 지난 3개월 동안 한나라당이 제출한 세번째의 통일부장관 해임건의안이었다. 그런데 이번에는 문제의 해임건의안이 국회에서 통과되고 말았다. 마침 '김종필의 대망'을 위해 보수색을 부각시키려던 자민련이 한나라당에 동조한 결과였다. 이와 함께 'DJP 공조'는 붕괴되고 자민련은 몰락의 길로 빠져드는 등 정치판도에 큰 변화가 뒤따랐다.

국민의 정부는 집권 초부터 "더이상 통일문제를 정부가 독점하지 않고 민간차원의 통일운동을 장려하겠다"고 공언해왔다. 북한과 '좀더 많은 접촉과 좀더 많은 교류'를 추진하는 것이 북한의 변화를 유도하고 탈냉전의 프로세스를 촉진할 수 있을 것이라고 판단했기 때문이다.

국민의 정부는 북한의 통일전선전술에 대한 피해의식과 수세적인 입장에서 벗어나 자유민주주의의 강점과 상대적 국력의 우세에 대한 자신감을 갖고 공세적으로 나가야 할 때라고 보았다. 체제경쟁은 이미 끝났고, 이제는 북한주민의 의식에 변화를 가져오도록 관리해 나가야 할 시점이었다.

이러한 상황 인식하에 국민의 정부는 민족화해협력국민협의회(민화협) 창설을 후원하고 민간접촉과 민간교류를 단계적으로 확대해 나가는 조치를 취해온 것이다. 12월에는 금강산에서 '남북 노동자 통일토론회'가 열린 데 이어 농민들의 통일토론회도 개최되었다. 2001년 6월에는 6·15남북공동선언 1주년을 기념하여 대규모 '남북민족통일대토론회'가 역시 금강산에서 개최된다. 남측의 여러 민간단체 대표 420명이 북측 대표 740명과 어울려 분야별로 10개 분과로 나누어 자유토론을 벌인 것이다.

여기서 북측 참석자들이 판에 박힌 듯 경직되고 통일된 교조적 발언으로 일관한 데 반해 남측 참석자들은 다양하고 발랄하고 자유분방한 의견을 쏟아냈다. 다양성 속에 조화를 이룬 남측 참석자들의 이러한 토론공세에 북측 참석자들이 수세에 몰리는 상황이 벌어지기도 했다. 두달 후인 광복절에 있을 남측 민간대표들의 8·15 평양 공동행사 참석 문제도 여기서 논의되었다.

그런데 통일부는 8·15 방북 허가에 신중을 기하지 않을 수 없었다. 북측이 남북공동행사의 개회식과 폐회식 장소를 '3대헌장기념탑'으로 하자고 주장했기 때문이다. '3대헌장'이란 '7·4남북공동성명' '고려민주연방제통일방안' '전민족대단결 10대 강령' 등 북측의 통일정책을 망라한 것을 말한다. 북한이 주장하는 연방제통일방안 등을 지지한다는 오해를 살 수 있기 때문에 NSC 상임위원회는 3대헌장기념탑에서의 개폐회식 공동개최를 불허하는 결정을 내리고, 북측에 장소 변경을 권고했다.

평양 8·15민족통일대축전은 민화협과 남한의 7대 종단, 그리고 '6·15공동선언 실현과 한반도 평화를 위한 통일연대'(통일연대)가 민족공동행사추진본부를 구성하여 북측 준비위원회와 통신을 유지하며 추진했다. 그 과정에서 남측 추진본부는 북측에 끈질기게 장소 변경을 설득했는데, 북측은 "개폐회식 행사는 예정대로 새로 건설한 3대헌장기념탑 앞에서 북측만 단독으로 개최하되 남측은 '참관'만 하라"며 수정 제의했다. 이에 남측 추진본부는 "너무 늦게 8월 13일 밤에야 수정 제의를 받았다. 북의 조건대로 방북하겠다"며 정부의 승인을 촉구했다.

통일부 단독으로 결정할 수 있는 문제가 아니었다. 국정원을 비롯한 관계 부처의 공통된 견해는 방북단이 통일된 행동을 할 수 있는 단체 구성원이 아니라 200개가 넘는 진보·보수 단체들을 대표하는 '개별적인 300명'이라 통제가 어려울 것이고 무슨 일이 벌어질지 모른다며 '방북을 허가할 수 없다'는 입장을 견지했다.

내가 관계 부처의 공통된 입장을 보고했을 때 김대중 대통령은 "안 보내도 말썽이 생긴다. 장기적인 남북관계를 고려하여 보내야 한다. 모두에게 정부 방침을 준수하겠다는 각서를 받고, 개별 행동하는 자는 법적 책임을 추궁하겠다고 하면 될 것이다"라고 말하며 방북 허가를 지시했다. 대통령의 생각은 관계 부처들의 의견과 차원을 달리하는 것이었고, 그의 의지는 너무도 확고했다.

이에 나는 대통령의 생각이 옳다고 판단하고, 필요한 최선의 예방 조치를 강구하여 허가하되 모든 책임은 통일부장관인 내가 지기로 했다. 나는 곧바로 국정원장에게 전화를 걸어 대통령의 결심을 전하고 "서울에서의 교육 등 필요한 조치는 통일부에서 책임지고 취하겠으니 평양에서의 행동관리는 국정원이 책임지고 해달라"고 요청했다.

8월 15일 낮 12시경 337명(기자단 26명 포함)의 남측대표단이 2대의 항공편으로 서해 직항로를 통해 평양으로 건너갔다. 시간제약이 있었으나 정부의 행동지침에 대한 교육도 실시되었다. "개인별 각서보다는 단체 대표들의 각서가 더 효율적"이라는 의견에 따라 대표들의 각서도 받았다.

북측은 이날 오전 10시에 계획했던 개회식 시간을 변경하여 남측 대표단의 도착을 기다려 오후 7시에 개최했다. 그런데 통일연대 소속 100여명이 정부방침을 어기고, 또한 추진본부 지휘부의 만류를 뿌리치고 이 개회식에 합류하여 '참관'한 것이다.

이튿날에는 '일제 만행 및 역사왜곡 사진전시회'를 관람하고 난 후 10개 분야로 나뉘어 남북의 경제인, 종교인, 언론인, 문인, 예술인, 노동자, 농민, 여성, 청년학생 등의 토론회가 순조롭게 진행되었다. 장충성당에서는 분단사상 최초의 남북 합동 미사를 올렸다.

이날 밤 폐회식에는 남측에서 참석하지 않았으나 폐회식 후에 열린 야회에는 다시 통일연대 소속 80여명이 참가했다.

보수신문들은 8·15민족통일대축전의 역사적 의의와 성과는 외면한 채 '3대헌장기념탑 개폐회식 참관'만을 집중 부각시켰다. 「약속 깬 방북단 사고, 뒤통수 맞은 졸속 방북 승인」(『조선일보』) 등의 기사가 각 지면을 가득 채웠다. 또한 「통일축전 그런 줄 몰랐는가」(『동아일보』), 「대한민국 망신시킨 평양축전」(『조선일보』) 등의 사설을 실었으며, 특히 『조선일보』는 「임동원 장관의 책임」이라는 사설을 통해 "국가 망신시킨 책임을 지고 물러나라"고 주장했다.

남측 대표단은 만경대, 동명왕릉, 단군릉, 평양시내 등을 돌아보고 백두산과 묘향산을 관광했다. 이번에는 보수언론들이 방북단의 몇가지 돌출행동을 대서특필했다. 한 교수가 만경대 방명록에 "만경대 정신 이어받아 통일위업 이룩하자"라는 글을 남겼다든가, 한 여성이 김일성 주석의 밀랍인형 앞에서 눈물을 흘렸다는 것 등이다.

보수언론은 이에 자극적인 제목을 달아 대대적으로 보도하면서 큰 파문을 불러일으켰다. 일부 방북자의 개별적인 돌출행동을 '색깔론'으로 포장하여 비난 여론을 조성하기 시작한 것이다. 「방북단, 김일성 생가 방문 '만경대 정신계승' 글 논란」(『동아일보』), 「'훌륭한 장군님' 김일성 밀랍상에 큰절 눈물」(『조선일보』), 「방북단 중 15명 친북 인사」(『중앙일보』), 「8·15평양축전 정치권 격노, 북의 전략대로 되는데 정부는 방관」(『조선일보』), 「반미운동 격려하려 북에 보냈나」(『조선일보』), 「김정일 하수인 돌아가라, 반통일세력 몰아내자」(『조선일보』) 등의 기사가 보수신문들의 1면을 장식했다.

대표단이 6박 7일간의 북한방문을 마치고 서울에 돌아왔을 때 남쪽의 분위기는 싸늘했다. 방북단 중 7명이 구속 수감되었다. 그럼에도 보수언론과 야당의 색깔 공세는 계속되었다. 「한나라 '임 통일 사

퇴', 민주당 '색깔론 경계', 자민련 '책임자 문책' 주장」(『동아일보』),
「DJP 공조 이상기류」(『중앙일보』), 「자민련마저 등 돌려 코너로 몰린
임 통일」(『조선일보』) 등의 보도가 이어지는 동안 한나라당은 평양의
8·15민족통일대축전을 '반국가적 광란극'이라고 규정했다. 그들은
또한 "햇볕정책은 총체적 실패"이며 "이에 대한 책임을 물어 통일부
장관 해임을 추진할 예정"이고 "가결 정족수를 확보하기 위해 자민
련의 동조를 모색할 예정"이라고 주장했다.

　방북단이 돌아오고 일부 인원의 구속 조치가 취해진 다음 날, 나는
대통령 측근을 통해 장관직 사퇴의사를 대통령에게 전했다. 그러나
이내 "햇볕정책을 계속 추진해야 하며 사퇴는 절대 불가하다"는 대
통령의 반응이 되돌아왔다. 8월 24일 대통령 주재 안보장관 간담회
를 마치고 나는 대통령과 독대하여 "잘못 보좌하여 송구스럽다. DJP
공조 등과 관련하여 대통령의 입장이 더이상 곤란하지 않도록 물러
나겠다"며 다시 한번 간곡하게 사의를 표명했다.

　대통령은 "내가 보내라고 한 것인데 임 장관만 난처하게 만들어
미안하다"고 반복하며 "이번 일은 임 장관이 책임질 문제가 아니다.
개인적 문제가 아니다. 야당이 해임건의안을 제출할 모양인데 적절
히 대처하겠다. JP와 자민련에도 비서실장을 보내 '공동정부를 그만
두겠다는가'라고 할 말을 해주었다. 흔들려서는 안 된다. 임 장관이
햇볕정책을 계속 추진해야 한다. 딴생각 말고 잘해주기 바란다"고 거
듭 당부했다. 그리고 "앞으로 '사퇴 문제는 인사권자의 뜻에 따르겠
다'고만 하고 다른 말은 일절 하지 말라"는 충고를 했다. 그러나 김
대통령은 JP와 자민련의 정치적 속셈 등에 대해서는 전혀 언급하지
않았다.

대통령의 의지를 꺾을 수 없게 된 나는 다만 이렇게 말했다.

"언제든지 그만둘 수 있으니 필요하실 때 말씀해주시기 바랍니다."

무너지는 'DJP 연합'

자민련이 한나라당에 동조하여 8월 24일 '통일부장관 문책론'을 공식화하면서 사태는 급진전되기 시작했다. 여론은 단순한 장관 해임 못지않게 'DJP 공조가 깨질 것인가'에 집중되었다.

'김 대통령, 임 장관 재신임, 경질 불고려, 햇볕정책 기조 유지' '방북 허가와 일부 방북 인사의 돌출행동은 별개 문제' 등 청와대의 논평을 계기로 언론은 'DJP 대결'로 보도 방향을 바꾸기 시작했다. 「임통일 경질 안 해: 해임안 동의할 것, DJP 정면충돌 양상」(『조선일보』) 등이 연일 신문의 1면 머리기사로 보도되었다.

민족공동행사추진위원회는 8월 28일 기자회견을 통해 '2001 민족통일대축전을 마치면서'라는 성명을 발표했다. 그들은 "돌출사건에 대해서는 사과하나 한번은 겪어야 할 부분적 시행착오"라고 주장하며 이번에 이룬 성과를 구체적으로 나열했다. 그리고 '과장·왜곡 보도해온 일부 언론과 정략적으로 문제 삼는 정치인들'에게 깊은 유감의 뜻을 표명하고, 이들이 오히려 '남남갈등'을 부채질하고 있다고 지적했다. 또한 "임동원 장관의 해임을 요구하는 것은 정당한 일이 아니다. 민간교류가 확대되는 과정에서 발생한 일부의 시행착오를 빌미로 해서 장관 퇴진 등의 정치공세를 펴는 것은 민족문제를 당리당략의 대상으로 삼겠다는 것에 다름이 아니다"라는 내용이 포함된

결의문을 발표했다. 추진위원회의 기자회견에 이어 7대 종단과 불교계의 여러 단체, 통일연대와 '7인 교수단' 등도 비슷한 내용의 규탄성명을 발표했다.

결국 JP가 기자회견을 통해 "임 장관이 자진사퇴하면 모든 것이 순조롭게 풀릴 것"이라며 압박을 가해왔다. "햇볕정책에 대한 총체적 실패 책임과 8·15남북공동행사에서의 돌출행동과 관련 방북승인에 대한 책임을 지고 자진사퇴하라"는 주장이었다.

하지만 얼마 전까지만 해도 김대중정부의 국무총리로서 햇볕정책을 추진해온 JP는 국민의 여론을 외면하고 있었다. 이 무렵 여론조사 결과는 햇볕정책에 대한 지지가 여전히 70~80퍼센트를 차지했고, 대통령을 꿈꾸는 JP의 '대망론'에 대한 반대는 91퍼센트로 나타났다.

나는 이미 국회 통일외교통상위원회에서 "8·15행사에서의 돌출행동에 대해서는 유감스럽게 생각하며 국민들에게 심려를 끼쳐드린 데 대해 송구스럽게 생각한다. 그러나 대북화해협력정책은 성공적으로 추진돼왔으며, 실패했다는 주장에는 결코 동의할 수 없다. 또 현 상황에서 나의 거취 문제는 나 개인이 판단하기보다는 임명권자의 뜻에 따르는 것이 도리라고 생각한다"는 입장을 밝힌 바 있다.

9월 1일 제225회 국회가 개원되고 한나라당에 의해 통일부장관 해임안이 상정되었다. 해임안은 3일 오후에 표결하게 될 예정이었다. 자민련의 태도 변화가 없으면 해임안은 가결되도록 되어 있는 상황이었다. 그렇게 되면 DJP 공조는 깨지고 자민련은 '교섭단체' 지위를 상실하게 될 것이었다. 또한 민주당은 '소수 여당'이 되어 고단한 국정 운영이 불가피하게 된다는 것이 당시 공통된 전망이었다.

이한동(李漢東) 총리가 불러서 만났더니 "JP의 태도는 불변"이라며 "파국을 막기 위해 총리와 몇몇 장관이 표결 전에 자진하여 동반 사퇴를 하면 어떻겠느냐"고 제의했다. 그러나 나는 "대통령의 뜻에 따르겠다"는 기존 입장을 굽히지 않았다. 이에 이 총리는 「JP의 노욕(老慾)이 문제, 대망론(大望論)은 대망론(大亡論)이 될 것」이라는 기사를 인용하며 자신이 맡고 있는 자민련 총재직과 국무총리직을 사퇴할 뜻을 내비쳤다.

국회 표결에 앞서 발언에 나선 민주당의 정범구(鄭範九) 의원은 동서독 기본조약을 성사시킨 빌리 브란트(Willy Brandt) 수상의 오른팔에 에곤 바르(Egon K. H. Bahr)의 '접근을 통한 변화' 정책을 예거하며, "독일에 에곤 바르가 있다면 한국에 임동원이 있다"고 말했다. 이어 그는 "평화 만들기 정책을 일관되게 추진해온 임 장관을 속죄양으로 삼으려 하고 있다"고 야권 및 자민련을 비난하며 "정치는 유한하지만 민족은 영원하다"고 강조하고 "민족과 역사 앞에 책임지는 올바른 판단을 내려주기 바란다"고 국회에 호소했다.

그러나 국회는 '148표 대 119표'로 해임안을 가결했다(가결 정족수 136). 자민련 15명과 일부 무소속 의원이 한나라당에 가세한 결과였다.

이후 교섭단체 구성(원내 20명 기준) 지원을 위해 자민련에 입당했던 4명의 의원이 예상대로 민주당으로 복귀했고, 자민련은 교섭단체 지위를 상실하게 된다. 민주당-자민련 공동정부는 이로써 끝장을 보게 되었고, 이른바 'DJP 공조'는 붕괴되고 만다.

JP는 "내년 대통령선거에서 서쪽하늘을 벌겋게 물들이겠다"며 대권에 대한 야심을 키워왔고 자민련은 'JP 대망론'을 조직적으로 추진해왔다. 자민련은 'JP의 여권 단일후보론'을 주장하며 그동안 『JP가 대통령이 돼야 할 12가지 이유』『JP 대망론: 국민의 바람이며 역사의 승리입니다』등 선전 책자들을 내놓았다.

그러나 민주당 총무 등이 "자민련이 민주당과 합당할 경우 JP의 당권은 몰라도 대통령 후보는 불가하다"는 입장을 공개적으로 밝혔다. "국민의 지지를 5퍼센트도 받지 못하는 사람을 어떻게 여권 대통령 후보로 내세울 수 있느냐"는 말이었다. 이에 JP는 "한나라당과도 선택적으로 협력하겠다"며 집권당을 향한 협박조의 발언을 서슴지 않았다. 바로 이 무렵 '통일부장관 사퇴론'이 불거졌던 것이다. JP는 "단순히 8·15평양축전의 돌출행동을 문제 삼는 것이 아니라 대한민국의 정제성에 혼란이 있기 때문에 이번에 바로잡겠다는 것"이라고 주장했다.

언론보도에 따르면, "JP의 초조감과 노욕이 DJP 공조까지 흔들어댄 것"이며 "보수언론들의 '마녀사냥식' 보도에 고무된 JP가 대망론 확산을 위해 임동원 장관 사태를 과도하게 활용하려다가 무리수를 두게 되었다"는 것이다. "끝까지 밀어붙이면 종전처럼 DJ가 양보하리라던 그의 예상이 빗나간 것"이라는 분석도 나왔다.

결국 JP의 '대망'은 깨지고 자민련은 몰락의 길로 접어들게 된다. 1996년 4월 총선에서 49석을 차지했던 자민련은 DJP 공조에 힘입어 1997년 대선에서 공동승리, 공동정부를 구성했다. 그러나 2000년 초 공조를 깬 자민련은 새삼 '극우보수야당'이라는 정체성을 부각시키며 4·13총선에 임했으나 참패하여 교섭단체의 지위까지 잃었다. 그리고 다시 2004년 4월 총선에서는 전국구 1번 후보였던 JP마저 낙선되는 수모를 겪어야 했다.

해임안이 통과된 9월 3일부터 5일까지 민주당 소장파 의원 9명이 "임동원 통일부장관의 해임안 통과는 반역사적·반민족적 폭거"라고 규탄하며 국회의원회관에서 단식농성을 벌였다. 또한 여러 시민단체들도 잇따라 규탄 성명을 발표했다. 국무회의에서 전국무위원이 사직원을 제출했고, 3일 뒤인 9월 7일에 개각 발표가 있었다. 이때 자민련 출신 등 5개 부처 장관이 교체되었다. 이한동 총리는 "자민련으로 돌아오라"는 압력을 물리치고 탈당, 대통령의 뜻을 받들어 유임하게 되었다.

나의 후임으로 나는 전 외교부장관인 홍순영 주중대사를 대통령에게 천거한다. 그리고 주중대사에는 중국 문제에 평생을 바쳐온 중국 전문가 김하중 외교안보수석비서관이 임명된다. 금요일(9.7) 오후 통일부를 떠날 때 기자들은 "지난 2주 동안 의연한 모습을 보여주어 감명을 받았다"고 말하며 '햇볕정책 전도사의 순교'라는 표현을 사용했다.

북의 세가지 실수

월요일(9.10)에 김대중 대통령의 전화를 받았다. 제5차 남북장관급회담의 전망과 준비상황을 물은 후에 그는 이렇게 말했다.

"한배를 타고 끝까지 함께 가야 합니다. 곧 대통령의 통일외교안보특별보좌역으로 임명할 터이니 즉각 일에 복귀하도록 하세요. 그동안 중단되었던 남북장관급회담을 성사시키느라고 수고가 많았는데, 책임지고 우리의 목표를 달성할 수 있도록 특히 잘 관리해주셔야 합니다."

나는 대통령의 뜻에 이의를 제기할 수 없었다. 아내에게는 미안하지만, 모처럼 '자유의 몸'이 되어 아내와 함께 해외여행을 떠나려던 계획을 접는 수밖에 없게 되었다.

김 대통령이 나를 특보로 임명하는 이유는 대략 세가지인 것으로 짐작되었다. 첫째, 햇볕정책의 지속적인 추진을 위해 외교·안보·통일 분야에서 대통령을 계속 '직접' 보좌해주기를 바라고 있는 것이다. 둘째, 그동안 구축된 나의 '대북 라인'을 그대로 유지하면서 남북대화를 계속 총괄 지휘해주기를 바라는 것이다. 셋째, 외교·안보·대북 문제를 조율하여 정책 대안을 마련하고, 그 이행을 감독하는 NSC 상임위원회 기능의 계속성과 일관성, 효율성을 위해 내가 계속 NSC를 이끌어주기를 바라는 것이다.

9월 12일 오전에 나는 대통령 특별보좌역 임명장을 수여받았다. 미국에서 경악스러운 9·11테러 사건이 발생한 지 12시간밖에 되지 않은 시점이어서 어수선한 분위기에서 임명장 수여식이 진행되었다.

어젯밤 9시 45분(현지시간 9월 11일 아침 8시 45분)에 미국자본주의의 상징적 건물인 뉴욕 세계무역센터가 중동 테러 분자들이 피랍한 미국 민간항공기에 의한 자살 공격으로 잿더미가 되고 수천명의 인명 피해를 낸 대참사가 발생했다. 거의 같은 시각에 세계 지배의 본산인 워싱턴의 펜타곤(국방부) 건물 일부도 공격받았다. '안전한 요새'라는 미국 본토가 외부세력에 의해 공격을 받은 것은 57년 전 하와이 진주만이 일본군의 기습공격을 받은 이래 처음 있는 일이었다.

9·11테러 사태라는 어수선한 분위기에서도 예정대로 9월 15일 북측 대표단이 서울에 와서 제5차 남북장관급회담이 개최되었다. 끊어진 철도와 도로를 연결하여 경협을 활성화하고 비무장지대의 평화적 이용을 통해 한반도의 긴장을 완화, 군사적 신뢰구축 조치를 취해

나감으로써 경제와 군사 문제를 병행 추진하려는 것이 우리 정부의 대북전략이었다. 이 회담에서는 경의선 철도 및 도로공사를 빠른 시일 안에 착수하기로 하고, 금강산 육로관광 실현과 개성공단 건설을 위한 실무급회담을 개최하며, 추석을 계기로 제4차 이산가족방문단을 교환하기로 하는 등 13개항에 합의하는 성과를 거두었다.

대통령의 관심사였던 '남북 반테러 공동선언' 채택에는 실패했다. 대통령은 북한이 우리와 함께 '반테러 입장'을 공개 선언함으로써 부시 대통령의 '환심'을 살 수 있게 되기를 바랐던 것이다. 하지만 북측은 "이미 지난해 10월에 클린턴 행정부와 '북미 반테러 공동성명'을 발표한 바 있고 9·11사태 직후 외교부 대변인 명의로 반테러 성명을 발표했다"며 우리의 제의를 받아들이지 않았다.

그런데 부시 행정부는 클린턴 행정부와 북한이 채택한 공동성명을 인정하지 않는 소위 'ABC 마인드'로 일관했다. 당시 북한이 우리의 제의를 받아들여 전향적인 조치를 취했다면 나중에 '악의 축' 명단에 포함되지 않았을지도 모른다.

미국의 한반도 전문가들은 "북한이 세 차례나 호기를 놓쳤다"고 지적한다. 우선 클린턴 행정부 때 조명록 특사를 수개월 앞당겨 보냈어야 했는데 그 시기가 너무 늦어 대미관계 개선의 호기를 놓쳐버렸다는 것이다. 또한 김대중 대통령처럼 '비전'을 가지고 남북관계 개선을 추진할 수 있는 지도자를 다시 만나기 어려울 것인데 북한이 너무 많은 시간을 허비하여 더이상 미국의 축복 속에 남북관계를 개선하기가 어려워졌다는 것이다. 그리고 9·11사태를 계기로 미국의 반테러 노력에 적극 협조했다면 미국과의 관계개선의 전기를 마련할 수도 있었을 텐데 이 기회 또한 놓쳐버리고 말았다는 것이다. 나 역시 이러한 견해에 전적으로 동의한다.

9·11사태로 자존심에 큰 상처를 입고 격분과 증오에 사로잡힌 부시 대통령은 '테러와의 전면전쟁'을 선포하고 전세계에서 테러리스트를 발본색원하기 위한 군사행동을 개시한다. 그는 전군에 비상사태를 선포하고 예비군 동원령을 내렸다. 가장 먼저 오사마 빈라덴(Osama bin Laden)의 알카에다와 이를 비호하는 아프가니스탄의 탈레반 정권이 목표가 되었다. 부시 대통령은 선과 악, 적과 우방이라는 이분법적 시각으로 세계 각국을 향해 "미국 편에 서서 테러와의 전쟁을 수행할 것인가 아니면 테러리스트들 편에 설 것인가"라는 양자택일을 요구했다. 드디어 10월 7일 미국은 탈레반 치하의 아프가니스탄에 대한 공중공격을 개시했다. 그리고 "테러활동을 지원하는 그 어느 지역에 대한 공격도 불사한다"고 말했다.

우리 정부는 만약에 있을지도 모를 테러활동으로부터 주한미군을 비롯한 주요 전략시설을 보호하기 위하여 비상경계조치를 취했다. 그러자 북한이 즉각 반발했다. "남측이 비상경계조치를 취하고, 합참이 '북한의 동향'을 주시하겠다고 공언한 것은 대화 상대방에 대한 적대행위이며, 이는 6·15공동선언을 위반하는 것"이라며 강력히 항의한 것이다. 북한은 "남한에 미국 공군력을 추가로 투입하겠다"는 미국 국방부의 발표 등에 자극받아 우리의 비상경계조치에 대해 '있을지도 모를 미국의 대북공격을 위한 군사적 예비조치'로 간주하고 심각하게 경계하는 눈치였다.

결국 북측은 "남의 나라 문제를 끌어들여 민족 내부에 긴장감과 대결의식을 고취하니 남북대화와 왕래가 순조로울 수 없게 되었다"고 전제하면서 "남측의 살벌한 경계태세하에서는 이산가족상봉단을 서울에 파견할 수 없다"고 통보했다. 그리고 서울과 평양을 오가며 개최하기로 했던 각종 당국 간 회담에 대해서도 "아무런 문제가 없는 금강산에서 개최하자"고 수정 제의했다.

이에 우리 측은 즉각 반박·항의하고 "합의사항을 차질 없이 이행해야 한다"며 제6차 남북장관급회담을 합의한 대로 평양에서 개최하자고 주장했다. 회담 장소를 둘러싸고 서울과 평양 사이에서 3주 동안 제의와 역제의를 무려 14번이나 반복했다. 그러나 우리 측은 조속한 대화의 지속이 더 중요하다고 판단하였고, 결국 북측의 제의를 수용해 11월 8일 금강산에서 회담을 개최하게 된다.

이 회담에서 이산가족상봉과 금강산 관광 문제를 다룰 실무회의 및 경제협력추진위원회의 회의 일정을 정하고 다음 남북장관급회담을 서울에서 개최하자는 데 합의했다. 남북관계를 다시 진전시킬 수 있는 계기가 마련된 것이다. 하지만 합의서를 채택해야 할 마무리 공개회담에서 우리 측 수석대표가 다음 남북장관급회담 날짜를 둘러싸고 북측과 격돌하면서 자리를 박차고 회의장을 나와버림으로써 모든 것이 수포로 돌아가버리고 말았다. 사실 제7차 남북장관급회담은 '날짜'가 아니라 '장소'가 중요한 문제였다. 비상경계조치를 트집 잡아 "살벌한 서울에서는 회담을 할 수 없다"는 북한의 주장을 철회시키고 회담을 정상 궤도에 올려놓는 것이 관건이었던 것이다.

김대중 대통령의 실망과 노여움은 대단히 컸다. 부시 대통령의 대북적대정책과 9·11사태 이후 조성되고 있는 한반도의 불안한 안보정세로 볼 때, 우리 정부는 반드시 남북관계를 진전시켜야만 미국에 대해 할 말을 할 수 있게 되는 상황이었다. 그런데 어렵게 성사시킨 남북장관급회담을 우리가 파탄시켰으니 대통령의 상심과 분노가 클

수밖에 없었다. 그로부터 얼마 후 통일부장관이 정세현 장관으로 전격 교체된다.

이번 사건은 우리에게 여러가지 교훈을 남겼다. 당연한 말이겠지만, 통일·안보 문제는 대통령이 직접 관장해야 할 국가적 중대사이며 다른 누군가가 마음대로 결정할 수 있는 분야가 아니었다. 우리는 이 사건을 통해 통일문제를 담당하는 장관이 수석대표로 협상하는 경우에도 반드시 협상자로서 상부의 훈령에 따라야 한다는 원칙을 새삼 되새기게 되었다. 또한 협상에서는 명분보다는 실리, 형식보다는 실질을 중시해야 하며, 최선책이 안 되면 차선책으로라도 타결하는 것이 바람직하다는 것을 분명히 인식했다.

나는 이러한 상황에서 남북관계가 더이상 악화되는 것을 방지하기 위해 가능한 모든 조치를 취하는 데 전력을 다했다. 북측 최고당국자에게 우리의 뜻을 정확히 전달하고 또한 그들이 어떤 생각을 하고 있는지 알아내는 것이 급선무였다. 나는 11월 말에 대통령의 뜻을 받들어 대통령 특보인 나의 명의로 김정일 국방위원장에게 서신을 보냈다.

9·11사태와 아프가니스탄 침공 등 최근 조성되고 있는 국제정세로 말미암아 남북관계가 영향받게 된 것을 매우 안타깝게 생각하며, 이런 때일수록 민족의 자존을 지키고 서로 힘을 합쳐 이런 상황을 기회로 활용하도록 지혜를 모아야 할 것입니다.

특히 현 상황에서는 6·15공동선언을 이행하고 남북관계를 활성화시키는 것이 대단히 중요하며, 결코 남북관계가 경색되어서는 안 될 것입니다. 현 상황에 대처할 김대중 대통령의 뜻을 전해드리고 김정일 위원장의 고견을 듣기 위해 직접 평양을 방문하여 만나 뵙기를 희망합니다.

4개월 후 내가 김정일 위원장을 다시 만났을 때, 그는 나의 이 서신을 받아보고 특사 접수를 긍정적으로 검토하게 되었다고 말해주었다.

부시 독트린

아프가니스탄을 침공한 미국은 오사마 빈라덴을 찾아내지는 못했지만 결국 탈레반 정권을 붕괴시키고 11월 말에는 아프가니스탄 국토의 90퍼센트를 점령한다. 그러자 미국의 다음 공격 목표에 관심이 쏠리기 시작했다. 내친김에 이라크도 침공하여 싸담 후세인(Saddam Hussein) 정권을 제거해야 한다는 미국내 강경파들의 주장이 보도되고 있었다.

이 무렵 존 볼턴(John R. Bolton) 미국 국무부 핵비확산담당 차관보가 북한을 '생물학무기 개발국가'로 거명·비난하고 이라크에 이어 '국가안보위협국'으로 지목했다. 『뉴욕타임스』는 "북한이 미국의 다음단계 대테러전쟁의 목표가 될 가능성이 있다"고 보도했다. 마침내 부시 대통령이 기자회견에서 "대량살상무기 개발국가는 응분의 책임을 져야 하며 북한도 그 대상"이라고 언급하자 미국 언론들이 일제히 '북한 때리기' 보도를 내보내 긴장감이 고조되면서 북한에 대한 공격이 임박한 듯이 보였다.

2002년 1월 말 부시 대통령은 의회에서의 연두교서를 통해 이라크·이란·북한 세 나라를 '악의 축'으로 지정하는 한편 "선제공격으로 정권을 교체시켜야 할 대상"이라고 선언했다. 그는 "북한이 자기 백성을 굶주리게 하면서도 미사일과 대량살상무기로 무장한 정권"이라고 규탄한 후에 "대테러전쟁은 이제 막 시작되었을 뿐이며 전세계에 산재한 테러리스트를 모조리 소탕하겠다"며 '전쟁의 해'를 선포했다.

지금까지 미국이 사용해오던 '불량 국가'(rogue state)라는 용어가 '악의 축'(axis of evil)이라는 용어로 대체되면서 북한이 미국의 3대 '주적' 중 하나로 지목된 것이다. 그리고 이런 정권들과는 외교로 문제를 해결하는 것이 아니라 군사적 '선제공격'(preemption)으로 정권을 붕괴시키고 '정권교체'(regime change)를 통해 목적을 달성하겠다는 뜻이었다.

이에 북한은 외무성 규탄 성명을 통해 "부시가 이번에 우리를 군사적으로 덮쳐보려는 무모한 기도를 드러냈다"며 "근래의 조·미관계 역사에 미국 대통령이 직접 정책연설을 통하여 자주적인 주권국가인 우리나라에 이처럼 노골적인 침략위협을 가한 적은 없었다. 이것은 사실상 우리에 대한 선전포고나 다름이 없다"고 강도 높게 비판했다. 또한 "우리 인민은 미국의 무모한 군사적 압살기도를 절대로 용납하지 않을 것이며 침략자들을 무자비하게 쓸어버릴 것"이라는 격렬한 반응을 보였다.

미국 언론들과 전문가들도 많은 논란을 벌였다. 『뉴욕타임스』(1992.2.6)는 다음과 같은 요지의 칼럼을 실었다.

서로 다른 세 나라를 모두 테러집단으로 묶는 것은 잘못이다. 북한은 이라크가 아니다. 클린턴 행정부와 협력하여 핵시설을 폐쇄하고 제네바합의를 준수하며 미사일도 발사 유예 조치를 취하는 등 북한과는 화해 프로세스가 진전되어왔다.

테러활동의 증거도 없다. 부시의 협박언사는 정책일 수 없고 전쟁 기회만 증폭시킨다. 경제지원을 통해 경제개혁을 유도하고 군비통제를 추진해야 한다. 김정일은 싸담 후세인이 아니다. 달랠 수는 있어도 강압으로는 통할 수 없다.

『워싱턴포스트』(1992.2.11)는 「제임스 레이니(James T. Laney) 전 주한미국대사와 모턴 에이브러모위츠(Morton I. Abramowitz) 전 국무부차관의 위험한 언사(risky rhetoric)」라는 기고문을 실었는데 요지는 다음과 같다.

부시가 '악의 축' 연설을 통해 북한을 붕괴시키겠다고 위협하여 논란이 일고 있으며, 한미동맹을 금가게 했다. 그동안 공화당 강경파들은 대북협상 반대, 핵과 미사일 제거를 위한 군사력 사용, 제네바합의(1994) 반대, 북한정권 붕괴 등을 주장해왔다. 한국정부는 전쟁촉발 우려 때문에 대북군사조치에 반대하며, 대혼란을 야기하고 경제적 타격을 초래할 북한 붕괴에도 반대한다.

한국정부는 그동안 햇볕정책으로 긴장이 완화되고 정상회담이 열려 합의를 도출했다. 클린턴 행정부도 같은 접근방법으로 미사일 발사 유예를 성사시키고 협상을 급진전시켰다.

그러나 미사일협상 재개 거부, 대북관계 정상화 거부, 대북적대감 표출, 햇볕정책에 대한 무관심 등 부시 정책과 김 대통령과의 간극이 생기면서 더이상 한미 공조를 기대하기 어려워지고 있다. 부시는 오히려 김 대통령에게 칼을 들이대는 격이며, 이는 위험을 확산시키는 결과를 초래하고 있다.

부시가 만일 북한의 대량살상무기 문제를 군사적으로 다루려 한다면, 먼저 이로 인해 한미 양국에 닥칠 엄청난 대재난을 계량해 야 할 것이다. 만일 북한을 고립·붕괴시키려 한다면 중국의 지원 을 막아야 하나 오히려 긴장만 고조시키게 될 것이다. 모두가 원하 는 대로 외교적 해결을 하려 한다면 북한과 진지하게 대화에 나서 야 한다.

북한을 '악의 축'으로 지목하고 '선제공격'으로 붕괴시키겠다고 한 부시 대통령의 선언은 우리 국민들에게 커다란 충격을 안겨주었 다. 불안과 위기의식과 함께 반미 감정이 확산되어갔다. 정확하게는 '반미 감정'이라기보다는 '반부시 감정'이라는 것이 옳을 것이다.

미국이 군사조치를 취한다면 북한은 즉각 미사일 공격을 감행, 서 울이 불바다가 되고 전면전쟁으로의 확전이 불가피하게 되리라는 것이 우리 국민의 공통된 인식이었다. 우리 국민의 전쟁반대 의지는 결연했다. 진보와 보수를 막론하고, 부시 대통령이 북한에 대해 '선 제공격' 운운하는 것은 반미 감정을 격화시키고 한미동맹을 해칠 위 험이 많다는 우려의 목소리가 높아갔다. 친미보수 성향의 지식인 300 명도 이러한 요지의 성명을 발표했다. 심지어는 부시의 대북 강경태 도를 줄곧 지지해온 보수언론과 야당조차 우려의 목소리를 내기 시 작했다.

제12장

남북관계의 '원상회복'

김대중의 부시 설득

부시 대통령이 연두교서를 발표하기 2주 전에 그의 한국방문 계획이 발표되었다. 2월 하순에 부시가 동북아 3국을 처음으로 공식 방문하기로 한 것이다. 이에 나는 임성준(任晟準) 외교안보수석비서관과 함께 주한미국대사관과 워싱턴 주재 한국대사관을 통해 '부시 독트린'에 대한 우리 국민의 우려와 우리 정부의 단호한 입장을 백악관에 전달하고, 부시 대통령 방한 때 "우리 국민을 자극하는 발언은 삼가 줄 것"을 요청했다. 백악관도 우리 국민의 반미 감정에 몹시 신경을 쓰고 있는 것으로 확인되었다.

김대중 대통령은 이 기회를 활용하여 부시를 적극 설득하기로 하고 준비에 많은 신경을 썼다. 설연휴기간(2.10~13)을 이용하여 워커힐의 한 빌라에서 한미정상회담을 준비하던 김 대통령의 부름을 받고 나는 대통령과 함께 회담 전략에 대해 의논했다. 김 대통령의 생각은 분명했다. "우리는 전쟁을 절대 반대하므로 미국은 선제공격 독트린을 북한에 적용할 것이 아니라 대화를 통한 외교적 해결에 나서야 한다"는 것이었다. 김 대통령은 다만 그 설득 논리에 신경을 쓰고 있었다.

한편 나는 부시 대통령 방한 일정에 평화 지향적인 이벤트를 포함시키려고 노력했다. 통상 미국 대통령이 방한하면 미군부대나 판문점, 최전방 관측소 등을 방문하여 분단과 대결의 현장을 살펴보게 하고 '미국의 한국 방위 의지'를 과시하는 이벤트를 하는 것이 관행이었다. 그리고 미국 측은 이번에도 판문점 근처의 한국군 관측소(OP) 방문을 계획하고 있었다.

나는 부시의 방한 일정과 관련하여 새 아이디어를 제시하여 대통령의 적극적인 찬동을 얻었다. 적 지역을 살펴보는 육군관측소로 갈 것이 아니라 두 대통령이 함께 도라산역을 방문하자는 것이었다. 거기서 끊어진 철도와 도로가 연결되는 현장, 남북평화공존의 현장, 화해협력정책의 현장을 부시에게 보여주고 양 정상이 철도침목에 기념 서명한 후 철책선과 서울–평양 이정표를 배경으로 평화의 메시지를 전하는 연설을 하도록 하자는 구상이었다. 부시 대통령의 대북 강경태도를 완화하고 평화의 메시지를 전하여 우리 국민은 물론 북한도 안심하게 하려는 의도였다. 에번스 리비어 미국대사 대리도 이 구상에 찬동하고 워싱턴에 건의했다. 미국 선발대 역시 현장을 확인하고 이 구상을 긍정적으로 받아들였다.

나는 현장을 방문하여 필요한 조치를 취했다. 도라산역 건물은 거의 완공단계에 있었다. 이미 그곳까지 철로가 부설되었고 4차선 도로도 완공되었다. 나는 관계기관에 마무리 작업에 박차를 가하도록 조치했다. 부시 대통령 방한 며칠을 앞두고 다시 도라산역을 방문하여 최종 검토와 예행연습을 주관하기도 했다.

2월 20일 아침 청와대 접견실에서 김 대통령은 부시 대통령과 단독 정상회담을 했다. 회담은 예정시간보다 무려 1시간을 넘기고 40분을 더 진행하는 바람에 확대 정상회담은 생략되었다.

이 자리에는 최성홍(崔成泓) 외교부장관, 통일외교안보특보인 나 임동원과 임성준 외교안보수석비서관이, 미국 측에서는 콜린 파월 국무장관, 콘돌리자 라이스 국가안보보좌관과 앤드루 카드(Andrew Card) 비서실장이 배석했다.

부시 대통령은 이 자리에서 "최근 나의 강경 발언으로 한국 국민이 당황하고 있는 것을 잘 알고 있다. 김 대통령께 트러블을 만들 생각은 없으며, 햇볕정책을 지지한다"며 말문을 열었다. 그리고 자신은 "결코 호전적이지 않다"고 변명을 늘어놓았다. 그러면서도 "믿을 수 없는 북한에 대해서는 나쁜 행동을 좌시하지 않겠다는 확고한 메시지가 필요하다"는 주장을 잊지는 않았다.

호기를 포착한 김 대통령은 북한의 대량살상무기와 미사일 문제에 대해 논리적으로 선수를 치며 대화를 주도해나가기 시작했다.

"미국은 북한의 장거리 탄도미사일 위협을 걱정하지만 그것은 10~15년 뒤의 미래 위협입니다. 그러나 우리는 이미 1980년대 중반부터 현존하는 미사일 위협하에 있습니다. 우리는 북한의 핵개발을 결코 용납할 수 없고 한반도는 반드시 비핵화되어야 합니다. 남북정상회담 때 김정일 위원장에게 이런 문제들의 조속한 해결을 위해 미국과의 대화를 적극 추진하라고 권고했고, 그래야 북한의 생존은 물론 한반도의 평화와 안정이 가능해진다고 강조했습니다(김 대통령은 당시 북측에 전달한 서류 사본을 내보였다)."

부시 대통령은 "북한의 대남도발은 미국에 대한 도발과 마찬가지이므로 미국은 방위공약을 충실히 이행할 것"이라며 한미동맹의 유지·강화를 강조했다. 그리고 "북한이 가장 위험한 무기상"이라며 "북한의 미사일 수출이 우방국에 위협이 되고 있으므로 결코 이를 좌시하지 않겠다"고 말했다. 여기서 '우방국'이란 이스라엘을 지칭하는 것으로 읽혔다.

이에 김 대통령은 "우리에게 가장 중요한 것은 한미동맹"이라며 테러 반대, 북한의 대량살상무기와 미사일 문제의 조속한 해결, 대화를 통한 평화적 해결 등 우리 정부의 입장을 설명했다. 이어 김 대통령은 폐쇄사회인 북한의 개방과 변화를 유도하기 위한 햇볕정책에 대해 자세히 설명하고, "북한도 생존과 경제 회생을 위해 미국과의 관계 정상화를 최우선 순위에 두고 있음을 확인했다"며 미북 대화의 필요성을 강조했다. 또한 부시의 "가장 위험한 무기상"이라는 발언과 관련하여 "북한이 1980년대까지만 해도 미사일 수출로 연간 약 8,000만 달러를 벌어들였으나 그후에는 2,000만 달러도 되지 못한다"고 지적했다.

하지만 부시 대통령은 "김정일은 자기 백성을 굶주리게 하고 인권을 유린하는 악랄한 독재자"라고 신랄하게 비난하며 그에 대한 증오심을 감추려 하지 않았다. 그리고 "북한에 '자유의 바람'을 불어넣어 북한체제를 붕괴시켜야 한다"고 열을 올렸다. 그러면서 "김정일이 왜 서울방문 약속을 지키지 않는가" "왜 남북대화를 중단했는가" 물었다.

이에 김대중 대통령은 로널드 레이건(Ronald Reagan) 대통령이 소련을 '악마의 제국'(evil empire)이라고 하면서도 대화를 통해 데땅뜨를 추진하여 공산체제의 변화와 냉전종식을 이룩한 것과 닉슨 대통령이 '전범자'라고 규탄하면서도 중국을 방문하여 관계개선과 개방·개혁의 변화를 유도해낸 예를 상기시키며 "친구와의 대화는 쉽고 싫은 사람과의 대화는 어려우나 국가 이익을 위해, 그리고 필요에 의해 대화해야 할 때는 해야 한다"는 요지로 부시를 설득했다. 미국이 '유일 초강대국의 아량'을 갖고 '전제조건 없이' 북한과 대화할 것을 다시 권고한 것이다.

이에 부시 대통령은 "좋은 유추"라고 칭찬한 후에 감동한 듯한 표정을 지으며 "나는 레이건 대통령을 가장 존경한다"고 말했다. 이윽고 파월 장관과 라이스 보좌관을 쳐다보며 "북한과의 대화 문제는 이들과 의논해보겠다. 먼저 남북대화부터 해야 할 것 아니냐"고 말했다.

김 대통령은 "햇볕정책은 한미안보동맹을 바탕으로 추진하는 것"이라고 다시 한번 강조하고, 그 성과로 긴장완화, 비방 및 침투 도발 중지, 이산가족상봉, 남북 인적 왕래의 증가 등의 실적을 예로 들며 "우리 국민의 70~80퍼센트가 햇볕정책을 지지한다"고 말했다. 또한 휴전 이후 처음으로 북한의 군사도발을 응징한 연평해전을 예로 들며, "햇볕정책은 유화정책이 아니라 강력한 힘을 바탕으로 데땅뜨를 추진하는 것으로 강자만이 추진할 수 있는 공세적 정책"이라고 힘주어 말했다. 이에 부시 대통령은 "잘 이해했다"며 좋은 정책이라 평가하고 "지지한다"는 말을 반복했다.

"우리 국민은 한반도 문제는 평화적으로 해결해야 한다는 생각과 함께 할 수 있다는 자신감을 가지고 있습니다. 또한 전쟁에는 단호히 반대하고 있습니다. 그러나 북한에 대한 미국의 군사적 조치는 곧 전면전쟁으로 확전될 것이 분명합니다. 펜타곤은 전쟁 발발 3개월 내에 한국군 50만명, 미군 5만명, 민간인 100만명 이상의 사상자가 발생하고 산업시설의 대부분이 파괴될 것으로 예측한 바 있습니다. 전쟁은 우리가 승리하겠지만 이러한 참화는 막아야 하지 않겠습니까."

김 대통령은 북한의 막강한 군사력, 특히 미사일과 장거리 포병 능력과 그 배치 상황, 그리고 '죽기 아니면 살기' 식의 태도 등을 설명하며 '한반도의 특수성'을 강조했다. 이에 대해 부시 대통령은 "나는 북한을 공격하거나 침공할 의사가 없다"고 밝혔다. 김 대통령이 발언하는 동안 부시는 "잘 이해했다" "좋은 정책이다"라는 말을 반복했다. 그리고 이산가족의 수는 얼마나 되는지 등 이산가족 문제와 북한의 식량사정에 많은 관심을 표명했다. 자리를 뜨면서 부시는 "솔직하고 대단히 유익한 대토론을 했다"며 만족감을 표시했다.

정상회담을 마친 후 공동기자회견에서 부시는 "햇볕정책을 적극 지지한다" "북한을 침공하거나 공격할 의사가 없다" "대화를 통한 평화적 해결 방안을 모색하겠다" "북한주민에 대한 식량지원을 계속하겠다" 등의 입장을 밝혔다. 김 대통령의 간곡하면서도 논리적인 설득이 주효했던 것이다.

오후에 두 정상은 도라산역에서 다시 만났다. 부시 대통령은 임진강 너머에 있는 미군부대에서 장병들과 오찬을 마치고 난 후 밴을 타고 도라산 철책선 근처에 도착, 열차편으로 미리 도착한 김 대통령과

한미정상회담을 마치고 도라산역을 방문한 부시 대통령이 김대중 대통령이 지켜보는 가운데 철도
침목에 기념 서명을 하고 있다. (2002.2.20)

함께 철도연결공사 현황 브리핑을 받았다. 이어서 열차가 서 있는 도
라산역사 앞으로 가서 '평양 205km–도라산역–서울 56km'라는 이정
표를 배경으로 철도침목에 기념 서명을 했다.

이어서 부시 대통령은 역사 안에 모인 한미 각계 대표 300여명 앞
에서 연설을 했다. 그는 "한반도의 밤을 위성사진으로 보니 남쪽은
불빛으로 훤하게 빛나고 있으나 북쪽은 암흑의 나라였다. 김대중 대
통령이 제시한, 한반도 전체를 환하게 밝힐 수 있는 비전이 실현될
수 있기를 바란다"고 말했다. 또한 "세계에서 가장 위험한 정권인 북
한이 가장 위험한 무기로 우리를 위협하는 것을 용인할 수 없다"며
북한에 대해 새삼 경고한 후에 "한미동맹이 한반도 안정의 기반이
되고 있다"고 강조했다.

저녁에는 청와대 세종실에서 여야 지도자들을 비롯한 각계 인사
들이 참석한 리셉션이 열렸고 이어서 충무실에서 부시 대통령 내외

를 위한 김 대통령 내외 주최 만찬이 열렸다. 이 만찬은 미국 측 요청을 받아들여, 격식을 갖추지 않고 부드러운 대화를 나누는 소규모의 '비공식 만찬'(private dinner)으로 마련되었다.

미국 측에서는 파월 국무장관, 라이스 안보보좌관, 허버드 대사 내외와 제임스 모리아티(James Moriarty) NSC 보좌관이 그리고 우리 측에서는 최성홍 외교부장관과 대통령 특보인 나 임동원, 양성철 주미대사 내외, 임성준 수석비서관 등 각각 7명씩 참석했다.

만찬을 시작하며 김 대통령이 흰 포도주 잔을 들고 건배를 제의하자 부시 대통령이 "나는 독실한 크리스천이며 술을 전혀 마시지 않는다"고 말했다. 그리고 미국 측 경호원에게 눈짓을 하자 경호원이 맥주캔을 내밀었다. 부시는 "이건 알코올 성분이 없는 맥주"라고 말하며 그것으로 건배했다. 이에 김 대통령이 어느 교파 소속인지를 묻자 그는 감리교라 하고 "젊었을 때 술 많이 마시고 방탕하던 나를 아내가 독실한 크리스천으로 거듭나게 해주었다"며 과거사를 털어놓았다. 김 대통령이 "나는 천주교 신자이지만 아내는 감리교 장로"라고 말하자 부시는 "종교분쟁이 일어나지 않느냐"고 말해 좌중에 웃음이 터지기도 했다.

김 대통령이 감리교가 산업혁명시대의 영국사회에 미친 영향에 대해 자세히 설명하자 부시 내외는 진지하게 경청하면서 김 대통령의 박식함과 논리 정연한 화술에 놀라움을 감추려 하지 않았다.

만찬은 세계적으로 명성을 날리고 있는 한국 야구선수며 여성 골퍼 이야기 등 부담 없는 다양한 화제로 화기애애한 분위기에서 진행되었다. 두 대통령은 정상회담이 대성공이었다는 데 의견을 같이했다. 한국을 처음 방문한 부시는 특히 전방의 미군부대와 도라산역 방문이 대단히 인상적이었다고 말했다.

여야를 비롯하여 국내외 언론들이 모두 한미정상회담의 성과에 만족스러워하는 반응을 보였다. 『뉴욕타임스』(2001.2.21)는 부시 대통령이 "북한에 대한 침공 의사가 없음을 확인"하고 "햇볕정책 지지"를 선언하는 한편 "북한과의 대화 재개 용의를 표명"했다면서 "연두교서 이후 한국 국민들의 우려를 완화하려 했다"고 분석 보도했다.

부시 행정부에서도 성공적인 회담으로 평가하며 만족감을 표명했다. 수행했던 미 국무부 간부들은, "리셉션에 여야의 대통령 후보들을 모두 초청하여 부시 대통령과 인사를 나눌 기회를 갖게 한 것은 김대중 대통령의 폭넓은 리더십을 보여준 것"이라며 높이 평가했다. 그들은 "햇볕정책에 대한 폭넓은 공감대가 형성되어 있고 국민의 지지도가 70~80퍼센트나 된다는 사실을 이번 방한을 통해 확인하게 된 것도 큰 성과"라고 덧붙였다. 그동안 한국의 일부 언론보도와 야당의 주장을 토대로 상황을 오판하는 경향이 있었다고 자인하는 것이 인상적이었다.

그런가 하면 미국 국방부의 한 간부는 "원칙을 타협하지는 않았지만 부시 대통령이 원래 입장보다 너무 멀리 나가버렸다"며 불만스러운 반응을 보였다고 한다. 아닌 게 아니라 의회에서 밝힌 연두교서에서는 북한을 "정권교체와 선제공격의 대상"이라고 선언했다가 그로부터 채 한달도 못 돼 서울에서는 "북한을 공격하거나 침공하지 않겠다"고 공언했으니 혼란스러울 수밖에 없었을 것이다.

특사가 되어 다시 평양으로

2002년 4월 3일 정오 나는 대통령 특사로서 김정일 국방위원장을 만나기 위하여 대통령 전용기인 공군 3호기(HS-748) 편으로 평양 순안공항에 도착하여 김완수(金完洙) 아태부위원장을 비롯하여 최승철 통일전선부국장(후에 제1부부장 역임) 등의 영접을 받았다. 임동옥 통일전선부 제1부부장이 백화원 영빈관에서 나와 일행을 반갑게 맞아주었다.

나는 풍부한 경험으로 탁월한 능력을 발휘해온 정예의 전문가들을 수행원으로 선발했다. 남북관계 문제에서 항상 나를 보좌해온 국정원 김보현 3차장, 대북 물밑협상을 탁월하게 수행해온 서훈 회담조정관, 그리고 통일부에서 남북교류협력 실무를 관장해온 조명균 국장, 전략적 사고와 문장력이 뛰어난 김천식 과장 등 4명을 보좌 요원으로 선발했다. 한편 첫 방북 때부터 계속 나를 수행하며 통신, 사진, 녹음 등을 담당해온 다재다능한 이종화 비서관을 대동했다.

미국의 강경파들은 이번의 특사 파견을 환영하기보다는 냉소적인 반응을 보였다. 흥미로운 한 외신보도는 "미국의 강경파들은 '만일 특사 방북이 결실을 거둔다면 이는 부시 행정부의 대북강경책이 주효한 것이고, 가시적 성과가 없다면 부시 행정부의 대북 시각이 옳았다는 것을 입증하는 것'이라며 아전인수격으로 해석할 것"이라고 전망하기도 했다.

북측은 2주 전인 3월 20일 아침 핫라인을 통해 "대통령 특사의 방북에 동의한다"는 통지문을 보내왔다. "부시 행정부가 군사적 공격기도를 드러내고 있는 것과 때를 같이하여 남측이 미군과 합동군사훈련을 벌이는 것을 선전포고로 간주한다"면서 "민족 앞에 닥쳐온 엄중한 사태는 북남 당국이 책임 있는 결단을 내릴 것을 요구하고 있다고 본다"라는 표현으로 시작되는 메시지였다. 북측은 "남측의 책임 있는 대답을 듣고자 하며, 지금이 귀측에서 누차 제의한 바 있는 임동원 특사의 평양방문에 적절한 시기로 판단된다"는 말로 공개 방문에 동의한다는 뜻을 밝혔다.

나는 평양으로 출발하기 전날까지 국회 통일외교통상위원회와 여야 3당의 정책위원장, 그리고 언론사의 편집보도국장 등을 만나 설명하고 자문을 구하는 한편 미국과 일본 대사와 협의하는 등 바쁜 일정을 보냈다.

평양에서 첫날은 김용순 비서와 2시간 반에 걸친 회담을 하고 공식 만찬에 참석했다. 회담장에서는 양측 각각 5명이 마주 앉았다. 김용순 비서는 준비한 기본 발언문을 통해 "부시 행정부의 전쟁정책으로 남북관계가 크게 후퇴하게 되었다"는 말로 미국을 거칠게 성토하며 "미국의 전쟁정책에 추종해온 남측에도 응분의 책임이 있다"고 비난 공세를 폈다. 그는 또한 "남북관계 논의에 앞서 두가지 사항에 대해 명백히 답변하라"며 남측을 몰아세웠다. 하나는 "6·15공동선언의 기본정신을 존중하고 우리 민족끼리 공조해나가겠는가, 아니면 민족을 등지고 외세와 공조하겠는가"라며 양자택일을 요구한 것이었다. 다른 하나는 "남측의 '주적론'이나 부시의 '악의 축'이나 일맥상통하는 것"이라는 논지로 합동군사훈련과 주적론을 비난하면서역시 "민족이 힘을 합쳐 평화를 지키겠는가, 아니면 외세와 결탁하여전쟁의 길로 나아가겠는가"를 밝히라는 것이었다.

나는 간단한 기본 발언문을 통해 한반도의 안보위기 상황과 정체된 남북관계 타개책을 제시하는 등 특사 방문 목적을 밝히고 난 후 북측 주장을 신랄하게 반박했다. 사전에 준비한 것은 아니었지만 이 자리에서 나는 "민족 공조와 국제 공조는 양자택일할 성질의 것이 아니며, 서로 대립·모순되는 개념이 아니라 상호 보완 개념"이라고 주장했다. 그 근거에 대해서는 "한반도 문제가 민족 내부 문제인 동시에 국제 문제라는 이중적 성격을 띠고 있는 것이 엄연한 현실이기 때문"이라고 밝혔다. "민족 공조를 위해서라도 국제 공조가 필수적"이라는 주장을 편 것이다.

"우리는 정상회담을 통해 통일문제를 '우리 민족끼리 서로 힘을 합쳐 자주적으로' 해결해나가자고 합의한 바 있습니다. 또한 통일은 무력으로써가 아니라 평화적으로 실현해나가자는 데에도 합의했습니다. 오늘날 우리 민족이 당면한 과제는 통일에 앞서 먼저 긴장을 완화하고 평화를 정착시키는 일일 것입니다. 평화를 만들어나가기 위해서는 미국을 비롯한 주변국의 협력이 긴요하다는 데 인식을 같이해야 합니다. 특히 미국과 일본이 북한과의 적대관계를 해소하고 관계 정상화를 실현하는 문제가 시급합니다. 미국과 북한이 적대관계를 지속하는 한 한반도의 평화는 기대할 수 없다는 것이 엄연한 현실임을 직시해야 합니다. 통일문제는 우리 민족끼리 공조하여 주도적으로 해결해나가야 하겠지만, 평화문제는 남북 공조는 물론 국제 공조를 통해 해결하지 않으면 안 됩니다. 우리 정부가 추진하고 있는 국제 공조는 '반북적대 공조'가 아니라 각국의 대북관계 개선을 도와 평화를 실현하기 위한 국제 공조인 것입니다."

이어 나는 "논쟁하러 온 것이 아니라 대통령의 친서를 전달하고 두 정상 간의 의견 교환을 위해온 것이니 더이상의 논쟁은 삼가자"

며 방향을 틀었다. 근 30년간 남북대화에 직접 관여해온 김보현 차장은 "이날 회의에서 임 특사의 발언은 원고나 사전준비 없이 쟁론하고 북한을 설득하는 데 성공한 최초의 사례"라고 평가했다.

이날 저녁 만찬석상에서 임동옥 부부장이 탈북자 문제를 제기하여 다시 뜨거운 논쟁이 벌어졌다. 그는 "국정원이 중국에서 북한 주민을 유인하여 서울로 납치해가서는 마치 자진 탈북자인 양 조작하는, 용서할 수 없는 악랄한 범죄행위를 자행하고 있다"며 공세를 폈다. 약 3주 전인 3월 14일 북한에서 중국으로 탈출한 탈북자 25명이 베이징의 스페인 대사관으로 진입한 사건이 발생한 바 있다. 이들은 중국에서 활약하는 국제 NGO의 도움을 받은 것으로 알려졌다. 이것이 중국에서 탈북자들이 외국공관에 돌입하여 한국으로 오게 되는 '탈북 프로세스'의 효시가 되었다.

중국정부는 이들에게 '난민 지위' 부여는 거부했으나 해외추방에 동의하여 이들을 필리핀으로 추방했다. 이에 우리는 필리핀에서 며칠 머문 탈북자들을 모두 안전하게 서울로 데려올 수 있었다. 이 과정에서 중국정부의 고위인사들과 친밀한 유대를 유지해온 김하중 주중대사의 맹활약이 주효했다.

북측의 공격에 나는 국정원이 유인·납치했다는 것은 전혀 사실이 아님을 강조하고 "북은 남을 비난하기에 앞서 탈북자가 발생하지 않도록, 자기 주민들에 대해 할 바를 다해야 할 것"이라며 반격했다.

"서울에 오는 북한 이탈 주민이 1998년 70여명에서 150명, 300명, 600명으로 매년 2배씩 증가하는 추세입니다. 우리로서도 수용에 어려움이 많아요. 하지만 우리 정부는 서울에 오기를 원하는 동포들을 인도적 차원에서 수용하지 않을 수 없으며 앞으로도 이런 정책은 계속될 것입니다.”

김 대통령의 권고에 귀 기울인 김정일 위원장

4월 4일 저녁에는 백화원 영빈관 제1호각에서 김정일 위원장을 만났다. 김정일 위원장은 저녁 6시 접견실 입구에서부터 나를 반갑게 맞아주었다. 나는 "초청해주신 데 대해 감사드리며 김 위원장의 회갑을 축하드린다"며 인사했다. 그는 가장 먼저 김대중 대통령의 건강과 근황부터 물었다. 그리고 평양에 다녀간 언론사 사장들의 안부도 물었다.

"서울 날씨는 요즘 어떻습니까? 북조선 지역에는 겨울에 눈이 오지 않아 저수지에 물이 차지 않았어요. 전력 문제도 긴장되어 있는데……"

그는 나의 발언을 청했다. 그가 이미 내가 전달한 김 대통령 친서를 두번이나 읽어봤다고 하므로 나는 대통령 친서에 담긴 세가지 문제를 하나씩 중점적으로 설명했다.

첫번째로 부시 독트린과 국제 안보환경의 변화, 그리고 북미관계에 대한 김 대통령의 생각을 설명했다.

"부시 행정부는 9·11사태 이후 대량살상무기 확산과 테러에 반대하는 전쟁을 선포하고, 외교적 협상보다는 군사적 조치를 선호하고 있습니다. 아프가니스탄 침공에 이어 이라크가 선제공격의 목표로 지목되었는데, 위원장께서 듣기에 거북하시겠지만 이란과 북한을 그다음 목표로 삼고 정권교체와 선제공격을 공언하고 있는 실정입니다.

부시 행정부의 대외정책과 세계전략은 클린턴 행정부와 전혀 다르다는 것을 북에서도 올바르게 인식해야 합니다. 부시 행정부는 강력한 힘을 배경으로 국제협력보다는 일방적으로, 예방 외교보다는 군사적 선제공격을 통해 목적을 달성하려고 합니다. 따라서 이전과는 다른, 더욱 슬기로운 대처가 필요합니다. 부시 대통령은 클린턴 대통령의 대북 접근방식을 반대하고, 미북 간에 합의된 사항을 부정하고 있습니다. 북한을 불신하고 대화에 부정적입니다. 어떠한 대가나 보상도 없다는 것이 부시 행정부의 입장입니다.

그러나 김 대통령께서는 이번 한미정상회담을 통해 '북한을 공격하거나 침공하지 않겠다'는 부시 대통령의 다짐을 받아냈습니다. 이것은 북한문제에 관한 한 3주 전 연두교서에서 부시 대통령이 공표한 내용을 뒤집는 것으로 매우 의미심장한 결과라 볼 수 있습니다. 부시 대통령은 '모든 문제를 대화를 통해 해결하겠으며, 북한에 대한 식량지원도 계속하겠다'고 밝혔습니다. 김 대통령의 화해협력정책도 적극 지지한다고 했습니다.

이런 내용을 부시 대통령이 공동기자회견에서 공개적으로 선언하게 된 데 대해 우리 정부는 매우 만족스러운 성과라고 자평하고 있습니다. 하지만 부시 대통령은 지난해 미국의 대화제의에 북한이 거부반응을 보인 것을 불쾌하게 생각하고 있습니다. '그간의 남북대화도 진전이 없었다'면서 북한에 대한 강한 불신을 표시했습니다. 이러한 상황에서는 실리나 명분 차원에서도 대화 기피는 결코 북측에 득이 될 것이 없습니다. 차라리 당당한 대화를 통해 국제적 관심을 이끌어내고 미국 내 강경 여론을 약화시킬 필요가 있다는 것이 바로 김 대통령의 권고 요지입니다."

나는 이 자리에서 "미국이 프리처드 대사를 평양에 보내 대북정책의 이정표를 설명할 용의가 있다"는 내용을 포함한 미국 국무부의 대북 메시지도 김 위원장에게 전달했다. 프리처드 대사를 김 위원장에게 자세히 소개하면서 "직급이 낮다고 거부하는 것은 현명한 처사가 아니다"라고 첨언했다.

또한 최근 일본의 코이즈미 준이찌로오(小泉純一郎) 총리가 서울을 방문했을 때(3.22) 김 대통령이 일북관계 개선을 권고했고 코이즈미 총리는 다방면의 협력 의사를 표명하며 "다만 납치자 문제에 진전이 있으면 국민을 설득하여 관계개선을 추진할 의사가 있다"고 밝혔다고 설명했다. 아울러 김 대통령이 코이즈미 총리에게 "북한에 식량을 지원할 것"을 권고했으며, "북측에서 납치자 문제에 성의를 보이면 그 일이 성사되는 데 많은 도움이 될 것"이라는 김 대통령의 메시지를 김 위원장에게 전달했다.

아울러 일본정부의 대북 메시지도 전달했다. "일북관계 개선을 희망하며 끈기 있게 대화를 해나갈 방침이다. 그동안의 식량지원에 상응하는 인도적 문제에 대한 북측의 성의를 기대한다. 국내 여론상 납치자 문제의 해결 없이는 일북관계 개선이 곤란하다"는 요지였다.

"김 대통령께서는 과거가 미래의 족쇄가 되는 상황을 배제해야 한다고 말씀하셨습니다. 사실 요도호 납치자(1970년 일본 민항기 '요도호'를 공중납치해 북한으로 망명한 적군파 출신 납치범)들은 북한이 오라고 해서 간 것이 아님을 우리도 잘 알고 있습니다. 30여년 보호했으니 이제 자발적으로 출국하는 형식으로 내보내면 되지 않겠습니까? 그리고 일본인 납치자 문제는 '지난날 극렬 맹동분자들이 저지른 소행'이라는 정도로 인정하고 유감을 표명하면서 조속히 귀환 조치를 취하는 게 좋겠다는 것이 김 대통령의 생각입니다.

사실 관계 정상화를 통해 배상금을 받아 경제개발에 활용하는 것이 현명한 태도 아니겠습니까. 김 대통령께서는 북측이 일본의 배상금을 받게 된다면 국제적 금융지원과 경제원조도 가능해질 것이라고 생각하고 계십니다. 과거청산 문제는 체면에 구애받기보다는 실리를 중시해야 한다고 생각하며 남한의 예를 참고해보시는 것도 좋을 듯합니다."

조용히 경청하고 있던 김정일 위원장은 '납치자'라는 용어에 잠깐 거부감을 표했으나 "'행방불명자' 문제를 다루기 위해 일본과 적십자회담을 곧 재개하려고 한다"는 등 김 대통령의 조언에 깊은 관심을 나타내고 다분히 전향적인 자세를 보여주었다.

"부시 대통령이 도라산역에 다녀간 것을 알고 있어요. 그런데 거기서도, 여기 와보니 '악의 축'임을 확인할 수 있었다는 등 북의 체제가 변해야 한다는 등 험담만 늘어놓지 않았습니까. 얼마전 뉴욕 실무자급 접촉에서 미국이 '부시 대통령의 험담은 그분의 성격 때문에 그런 것이지 행정부의 공식 입장은 아니니 이해해달라'고 했다더군요."

그는 미국 실무자들의 이러한 말에 은근히 위안을 느끼고 있는 것처럼 보였다. 어쩌면 이 말 한마디가 체면을 그토록 중시하는 그의 태도를 바꾸는 명분을 제공하는 데 기여한 것이 아닐까 하는 생각이 들었다.

그동안 부시 대통령은 김정일 위원장에 대해 '실패한 독재자' '악의 축' '제거해야 할 폭군' '정권교체의 대상', 심지어는 '버릇없는 못된 아이' '난쟁이'(pygmy) 등의 가시 돋친 말로 수시로 불신과 적대감을 공개적으로 내비쳐왔다. 이에 대해 양식 있는 일부 미국 언론은 "클린턴 대통령은 재임기간 중 김정일 위원장을 포함하여 외국 국가원수 어느 누구든 한번도 공개적으로 비난하지 않았다"고 지적하며 부시의 정제되지 않은 비외교적 언사를 우려했다.

하지만 북한도 이에 맞서 부시 대통령을 '전쟁괴수' '호전광' '악의 화신' '외교 낙제생' '히틀러를 몇십배 능가하는 폭군 중의 폭군' '대통령은 고사하고 정상적인 인간의 체모도 갖추지 못한 불망나니' '상대할 대상이 못 되는 도덕적 미숙아' 등으로 비난하며 오히려 한 술 더 뜬 것이 사실이다.

김 위원장은 "미국과 사업을 잘 하려고 늘 애써왔다"고 전제하며, "올브라이트 국무장관이 평양에 다녀갔고 클린턴 대통령도 오려고 했다. 클린턴 행정부와는 말이 잘 통했다"는 말로 아쉬움을 토로했다.

"그러나 미국 대통령선거 결과를 놓고 한달 이상 끌면서 사태가 영 달라졌어요. 부시 대통령은 잘해보자고 하면서도 우리를 무시하는 험담을 일삼아왔지 않아요? 하지만 더이상 험담을 하지 않겠다면 나도 김 대통령의 권고를 받아들여 미국과 대화할 용의가 있어요. 미국 국무부 대사가 오겠다면 와도 좋겠지요."

나는 이 말을 재확인하고 "미국 측에 전달하겠다"고 했다. 김 위원장은 "클린턴 때도 초기에는 강경하게 나왔으나 대화를 하면서 타협이 되고, 미사일 문제도 우리가 대폭 양보하여 합의에 이르게 되었던 것"이라며 부시 대통령에 대한 솔직한 기대감을 드러냈다.

김 위원장은 이윽고 솔직한 속내를 드러냈다.

"미국한테 하고 싶은 말은, 우리를 아프가니스탄의 탈레반 정권처럼 생각한다면 큰 오산이라는 겁니다. 미국이 꼭두각시 같은 탈레반 정권과 싸워 이겨서 기고만장해졌는데, 우리는 어떠한 희생을 무릅쓰고라도 끝까지 싸워 침략자를 몰아낼 태세가 되어 있어요.

우리가 전국토를 요새화·지하화해놓으니까 미국이 우리를 겨냥하여 지하폭파용 핵폭탄을 개발한다고 하는데, 전쟁을 하자면 어디 한번 해보라지요. 물론 우리도 부시가 우리에 대한 적대시정책을 버리고 평화공존하기를 진정으로 바라고 있어요."

이번 평양방문에서 내가 확인한 김정일 위원장의 미국에 대한 태도는 대략 세가지로 요약할 수 있다. 그는 미국을 불신한다. 그리고 미국을 두려워한다. 그러나 미국과의 관계 정상화를 간절히 원하고 있다. 그는 2000년 남북정상회담에서도 "우리 민족의 역사적 경험과 조선반도의 지정학적 위치로 말미암아 미국과의 관계 유지가 우리 민족에게 이익이 된다는 전략적 판단에 기초하여 미국과의 관계 정상화를 원한다"는 입장을 밝힌 바 있다. 북한이 대량살상무기와 강력한 군사력을 유지하려는 것은 미국에 대한 공포와 불신에 기인하며 이것을 미국과의 관계 정상화에 지렛대로 활용하려는 것이 분명해 보였다.

나는 김정일 위원장과의 만남을 통해, 북미 간의 상호 신뢰가 없는 상황에서 북한이 미국과 관계 정상화를 달성할 때까지는 핵무기 개발이나 대량살상무기를 결코 포기하려 하지 않을 것이라는 강력한 인상을 받았다.

5대 남북협력사업

나는 두번째 문제인 남북관계 타개책에 대한 우리의 입장을 설명하기 시작했다. 우선 "남북관계가 외부에서 불어닥친 역풍으로 말미암아 추동력이 약화된 것은 안타까운 일"이라고 전제하고, "그럼에도 불구하고 6·15공동선언의 취지를 받들어 남북관계를 계속 활성화해나가야 한다"고 강조한 김 대통령의 뜻을 전했다.

"지난 1년간 귀중한 시간을 허송세월한 것을 개인적으로도 심히 안타깝게 생각합니다. 하지만 우리 정부에 남은 앞으로의 11개월도 결코 짧은 기간은 아닙니다. 그러니 남북대화에도 '속도전'을 전개하여 잃어버린 1년을 만회해야 합니다. 지금은 북측도 선미후남(先美後南)에서 선남후미(先南後美)로 전환해야 할 때입니다. 클린턴 행정부 때와는 달리 이제 선미후남으로는 남북관계의 파탄을 피하기 어렵게 생겼습니다. 선남후미로 나갈 때 오히려 북미관계에도 긍정적인 영향을 줄 수 있을 것입니다. 임기가 11개월밖에 남지 않은 상황에서 김 대통령께서는 다음 정부에서도 6·15공동선언의 뜻을 이어받도록 하는 것을 가장 중요한 책무로 생각하고 계십니다. 그러기 위해서는 당연히 북측의 적극적인 호응도 필요하겠지요. 위원장께서도 결코 실기(失機)하지 마시고 좋은 기회를 포착하셔야 합니다."

나의 말을 진지하게 경청하고 나서 김정일 위원장은 그동안 남북관계를 경색시킬 수밖에 없었던 이유에 대해 설명하며 남측의 태도 변화를 추궁했다.

"이번에 특사가 온다고 했을 때 밑의 동무들은 정세가 허락되지 않는다, 미국과 먼저 해결해야 한다, 시기상조다 하고 반대합디다. 그런데 김 대통령께서 강력히 요청하시기에 특사를 수용하기로 결정한 거예요. 그동안 남측 태도에 불쾌한 일이 있었습니다. 북남은 6·15공동선언을 통해 조선 문제는 우리 민족끼리 해결하자고 약속했지 않았나요? 그런데 작년 3월에 미국을 방문한 김 대통령은 '미국의 승인 없는 남북관계 추진을 허용할 수 없다' '상호주의를 철저히 지키라'는 등 부시 대통령의 압력에 굴복하고 말았습니다. 또 뿌찐 러시아 대통령과 요격미사일(ABM)제한조약을 지지한다고 합의해놓고는 미국의 압력에 굴복하여 이를 뒤집었지요. 이래서야 과연 남측이 자주성이 있고 독자성이 있다고 할 수 있겠습니까? 이런 판국이니 6·15공동선언도 미국이 반대하면 제대로 추진될 수 있겠는가 하는 의문이 생기는 게 당연하지요. 부시 행정부와의 '한미 공조'라는 게 북에 대한 적대시정책에 동조하겠다는 반민족적인 것이 아니고 무언가요?"

나는 김 대통령이 부시 대통령의 압력에 굴복했다는 것은 사실과 다르다고 해명하고, 지난 1년 동안 우리 정부가 6·15공동선언을 이행하고 미국을 설득하기 위해 노력한 것을 북측도 잘 알고 있지 않느냐고 반박했다.

"클린턴 행정부도 처음에는 대북강경책을 썼으나 김 대통령의 끈질긴 노력으로 화해협력정책의 공조를 이끌어내는 데 성공한 케이스입니다. 당시에 저는 대통령의 뜻을 받들어 워싱턴에 가서 '북한의 위협만을 강조할 것이 아니라 북한이 받는 미국의 위협도 생각하여 상호 위협 감소를 문제 해결의 출발점으로 삼고 정치·외교·안보·경제를 망라하는 포괄적 접근을 통해 줄 것은 주고 받을 것은 받으며 단계적으로 해결해야 한다'고 설득했습니다. 이러한 우리의 주장을 미국이 받아들여 마련된 것이 바로 '페리 보고서'입니다. 또한 그 덕분에 북미관계가 그만큼 진전될 수 있었던 것입니다. 이는 '반북 공조'가 아니라 한반도 평화를 위한 공조였습니다. 어디까지나 '민족 공조'를 위한 '국제 공조'였습니다.

우리 정부는 부시 행정부에 대해서도 이러한 노력을 계속해나갈 것입니다. 김 대통령께서는 이번에 서울을 방문한 부시 대통령도 설득하여, 북한을 선제공격 독트린의 적용대상으로 삼지 않겠다는 공개적인 약속을 받아냈습니다. 어제 김용순 비서와의 회의에서도 강조했듯이 민족 공조와 국제 공조는 대립 모순되는 것이 아니라 상호 보완적 성격을 띠는 것입니다."

나는 남북관계 현안으로 화제를 되돌렸다.

"먼저 남북관계를 활성화함으로써 미국의 강경책을 완화해나가야 합니다. 우선 제2차 남북국방장관회담부터 서둘러 개최하여 분위기를 쇄신해야 할 필요가 있습니다. 남과 북의 국방장관이 마주 앉아 긴장완화와 평화문제를 논의하면 미국도 이를 존중하지 않을 수 없게 됩니다. 또한 미국이 주장하는 '북한의 재래식 군사위협론'을 완화하는 데도 우리의 국방장관회담이 적잖은 도움이 될 것입니다. 이는 남북 간에 군사적 신뢰구축 조치를 마련하는 단초가 될 수 있습니다. 이러한 상징성에 더하여 경의선 철도 및 도로 연결과 동해안 도로 개통 등 비무장지대의 평화적 이용을 위한 '군사적 보장'도 절실한 형편입니다."

나의 말에 김 위원장은 "칼자루는 미국이 쥐고 있는데 남북국방장관회담을 한다고 소용이 있겠느냐"고 반문했다.

"김 대통령께서는 '국방장관회담을 통해 세계 여론과 미국 여론에 호소하고, 비무장지대 지뢰를 제거하고 끊어진 철도와 도로를 연결하여 분위기를 바꿔놓는 것이 제일 좋은 길이라고 말씀드리라'고 제게 당부하셨습니다. 부시 대통령도 가장 먼저 남북관계에 진전이 있어야 한다'고 강조하지 않았습니까."

이어서 나는 현안문제와 관련하여 '5대 중점사업'을 언급하고 즉각 활성화 조치를 취하자고 주장했다. 경의선 철도 및 도로 연결사업, 개성공단조성사업, 육로관광을 포함한 금강산 관광 활성화 조치, 군사적 신뢰구축 조치, 그리고 다방면의 인적 교류와 이산가족상봉사업 등이 그것이다. 특히 우리 측은 이미 비무장지대 남방한계선까지 경의선 철도 및 도로 건설을 완료하고, 비무장지대 안의 지뢰제거 작업과 노반공사 개시를 기다리고 있는 상황임을 강조했다.

"이제는 남북군사실무회담을 열어 '군사보장합의서'의 채택을 서둘러야 할 때입니다."

여기서 김 위원장은 동해선철도 연결의 필요성을 제기했다. 그는 지난해 여름 근 한달간의 열차여행을 통해 시베리아의 여러 곳을 방문하고 모스끄바에서 뿌찐 대통령과 정상회담을 했다. 그곳에서 시베리아횡단철도(TSR)와 한반도종단철도(TKR)의 연결, 북한철도 현대화 문제 등을 뿌찐과 협의한 것으로 알려졌다. 러시아는 한국과 함께 북한 철도의 현대화에 많은 관심이 있었고 일단 실태조사까지 한 것으로 알려져 있었다.

그는 "금강산 관광 활성화를 위해 육로관광을 활성화하는 것은 타당성이 있다고 본다"고 전제한 뒤에 도로 외에 "동해선 철길도 연결하자"는 뜻밖의 제의를 했다.

"부산항이 세계 5대 항구라고 알고 있어요. 부산에서 동해선으로 시베리아횡단철도와 연결하면 좋지 않겠습니까? 그리고 환적(換積)의 불편을 제거하려면, 이 철로를 러시아형 광궤(廣軌)와 우리의 정상궤를 함께 까는 '혼합궤'로 건설하는 게 좋을 겁니다."

이에 나는 "좋은 구상이지만 남쪽에는 아직 '동해선'이 없으며, 강릉에서 비무장지대까지 약 130킬로미터 구간에는 철도가 없다"고 설명했다. 그러자 김 위원장은 "왜 철도가 없느냐"며 뜻밖이라는 반응을 보였다. "철원에서 원산으로 이어지는 경원선을 연결하여 활용하는 방법도 있을 것"이라는 나의 견해에는 이유도 말하지 않은 채 무조건 "경원선은 안 된다"고 거부하고 "동해선 철도를 연결한다는 조건으로 금강산 육로를 연결할 수 있다"는 주장을 했다.

그래서 나는 "우리 정부가 동해선 건설을 반대하지는 않겠지만 강릉과 온정리를 연결하려면 상당히 오랜 기간이 소요될 것이니 장기계획으로 추진하는 수밖에 없을 것"이라고 말했다.

이때 사복을 입은 인민군작전국장 이명수(李明洙) 대장이 지도를 들고 회의실로 들어왔다. 그는 인민군창건기념일 행사에서 김정일 위원장이 "인민군에게 영광이 있으라!"고 선언할 때 바로 옆에 서 있던 장성이다. 김 위원장의 소개로 그와 처음으로 인사를 나누었다. 다시 철도·도로 연결 문제로 화제가 옮겨갔다.

이 작전국장은 지도를 펼쳐놓은 채 동해선 철도 연결계획에 대해 설명하고, 이어서 육로관광 문제를 보고했다. 그리고 "경의선 철도와 도로 건설공사 준비도 완료되었고 명령만 떨어지면 곧바로 착수할 것"이라며 "지뢰제거에는 다소 시간이 걸리겠지만 공사기간은 오래 걸리지 않을 것"이라고 말했다. 이어 그는 "경의선 철도와 도로는 병행해가도록 설계했고 개성특구 개발을 예견하면서 설계했다"는 요지의 설명을 했다.

보고가 끝나자 김 위원장이 내게 물었다.

"남측에서는 개성공단을 적극 추진할 의향이 있는가요?"

나는 개성공단 건설의 중요성과 사업계획 개요를 설명하고 전기가스·통신망 연결 문제 등 실무계획에 대해서도 설명했다.

"개성공단 건설을 위해서도 조속히 경의선 철도 및 도로 연결공사를 추진해야 합니다. 내일부터라도 당장 공사에 착수할 수 있도록 명령을 내려주시지요."

나의 요청에 김 위원장은 즉석에서 이 작전국장에게 "인민무력부장에게 빨리 진척시키라고 전달하시오"라고 지시했다.

이번 회담에서 김 위원장은 "남측에서는 금강산 육로관광만 생각하는데 우리는 동해선 철도를 연결한다는 전제하에 금강산 육로관광을 하자는 것"이라는 주장을 반복했다. 김 위원장은 "러시아 사람들은 컨테이너 수송에만 관심이 많은데 우리는 관광사업도 고려해야 한다. 동해안에는 금강산뿐 아니라 원산해변, 칠보산 등 좋은 관광지가 많다. 전쟁 전에 화진포에 가본 적이 있는데, 그런 곳이 여러 군데 있다"라고 강조했다.

원래 김일성 주석은 사망 직전까지 "남북정상회담에서는 남북경협사업으로 '경의선 철도 현대화 사업'을 제의할 것"이라고 했다는데 김정일 위원장은 왜 경의선이 아니라 동해선에 우선순위를 두는 것일까? 혹시 러시아의 적극적인 지원 약속이 있었던 것일까? 과연 러시아가 그럴 수 있는 경제력이 있다고 믿는 것일까? 김 위원장의 이야기를 듣는 동안 내 머릿속에는 여러가지 의문이 꼬리에 꼬리를 물었다.

나는 "우리 정부도 동해선 건설계획은 갖고 있으나 경제성에 문제가 있어 사업을 추진하지 못하고 있는 것으로 안다"고 전제한 후에 "동해선 연결은 언젠가는 이루어져야 할 사업이니 정부에 건의하겠다"고만 말하고 "그러나 혼합궤 문제는 간단한 문제가 아닌 것 같으니 검토해봐야 할 것 같다"고 덧붙였다.

"금강산 육로관광은 1.8킬로미터 구간만 정비하면 임시도로를 사용할 수 있는 것이니 우선 이것부터 먼저 개통하는 것이 좋겠습니다. 또한 동해안 주도로 연결공사도 즉각 착수하는 것이 양측 모두를 위해 이익이 될 것입니다. 그리고 동해선 연결보다는 훨씬 쉽고 즉각 연결할 수 있는 경의선 연결공사도 곧 착수하는 게 좋겠습니다. 개성 북방에서 원산으로 연결된 철도(이천청년선)를 활용하면 경의선-이천청년선-함경선과 시베리아횡단철도와의 연결이 용이하지 않겠습니까?"

나는 김 대통령이 "한반도가 물류중심지가 되어야 한다"고 주장하고 있음을 상기시키고, "우리의 철도를 시베리아횡단철도와 연결하면 운송기간이 대폭 감축되고 물류비도 3분의 1이 절감된다는 조사결과가 나왔다"고 설명했다. 그리고 "한반도의 평화와 번영·발전을 위해 반드시 이룩해야 할 대역사이니, 우선 비무장지대에서의 공사부터 서둘러 시작하자"고 반복해서 주장했다. 또한 "비무장지대에서 지뢰제거 작업은 물론 철도·도로건설공사를 통해 남과 북의 군대가 서로 긴밀히 협조하면서 군사적 신뢰를 조성해나가는 것이 매우 중요하다"는 점을 거듭 강조했다.

김 위원장은 "중국 일변도의 경의선만 중시할 것이 아니라 러시아와의 관계도 고려하여 동해선 연결을 추진해야 한다"고 강조하며, "중국과 러시아를 같이 끼고 나가야 한다"고 주장했다. 경의선과 동해선 연결을 병행 추진해야 한다는 것이었다. 그는 이 사업의 역사적 상징성에 대해서도 꽤 인상적인 말을 남겼다.

"서쪽의 경의선을 중국횡단철도와, 그리고 동쪽의 동해선을 시베리아횡단철도와 연결하면 조선반도가 '평화지대'가 될 수 있어요. 부산에서 시베리아횡단철도와 중국횡단철도를 통해 유럽으로 물동량이 오가는데 어떻게 여기서 전쟁이 벌어질 수 있겠습니까."

'원상회복'을 위하여

세번째로 나는 김 위원장의 서울 답방과 제2차 남북정상회담 개최 문제를 제기했다. 나는 김 위원장의 서울 답방이 지닌 의의를 설명하고 6·15와 8·15 사이의 적절한 시기에 방문해주기를 바란다는 김 대통령의 간절한 뜻을 전했다.

"사실 작년 봄에 서울을 방문하려고 했어요. 나도 김 대통령을 하루빨리 다시 만나고 싶습니다. 그런데 미국 대통령선거 결과 북한을 적대시하는 부시의 당선으로 상황이 달라졌습니다. 클린턴이나 앨고어 행정부라면 벌써 방문했을 겁니다."

그는 여전히 '서울은 부시의 대북적대시정책을 수행하는, 미군이 있는 위험한 곳'이라는 생각을 하고 있었다.

"남쪽의 한나라당과 우익세력이 6·25전쟁에 대해 사죄하라, KAL기 폭파사건을 사죄하라 하면서 방문 반대와 반북 분위기를 조성하며 위해를 가하겠다고 협박하고 있는 판에 내가 서울에 가는 것은 오히려 상황을 악화시키게 된다고 주변에서들 만류합니다. 현재로서는 솔직히 서울에 가는 것이 내키지 않습니다."

"일부 반대세력이 요란한 소리를 내고 있는 것이 사실이지만, 그것은 다원화사회에서 얼마든지 있을 수 있는 일이니 너무 걱정할 필요가 없습니다. 여론조사에 의하면 우리 국민의 절대다수가 김 위원장의 서울방문을 환영하고 있습니다. 또 부시 행정부의 대북 시각을 바꾸기 위해서라도 지난 정상회담에서 합의한 서울 답방이 조속히 실현되어야 한다는 것이 김 대통령의 생각입니다. 정치적인 측면보다는 역사적·민족적 차원에서 결단을 내려주셔야 하지 않겠습니까?"

내가 "서울과 제주도를 연계 방문하는 방안도 고려할 수 있을 것"이라고 제안하자, 김 위원장은 뜻밖에도 "제3국에서 만나는 방안을 생각해보자"고 말했다. 중국이나 연해주는 적절치 않지만 시베리아의 이르꾸쯔끄라면 좋을 것이라는 제의를 했다.

"이르꾸쯔끄에는 큰 호텔도 10여개나 있어요. 필요하다면 러시아 대통령과의 3국 정상회담을 통해 시베리아횡단철도 연결 문제도 협의할 수 있을 겁니다."

마치 러시아 측과는 사전에 협의가 되어 있다는 것 같은 뉘앙스였다. 하지만 내가 "남북정상회담을 제3국에서 개최하는 것은 적절치 않다"는 부정적인 반응을 보이자 그는 이렇게 말했다.

"여기서 가타부타 하지 말고 이 제의를 대통령께 보고드리세요. 성사될 때까지는 비밀을 지킵시다."

이제 내가 제기한 5대 중점사업 중 한가지 문제만이 남아 있었다. 나는 "이산가족상봉사업을 이달 중으로 재개하자"고 제의하여 어렵지 않게 김 위원장의 동의를 얻었다. 그는 "경수로 시찰단이 한국방문에서 많은 것을 배워왔다"며 남측이 베풀어준 호의에 감사를 표하는 한편 "경제시찰단도 이번 특사 방문을 계기로 파견하도록 하라"고 김용순 비서에게 지시했다. 그리고 나에게는 "삼성전자는 꼭 보여주되 대기업의 첨단산업시설보다는 북의 실정에 맞는 중소기업 위주로 보여주면 좋겠다"고 특별히 주문했다.

실제로 이 해 2002년 10월 26일부터 8박 9일 동안 북한 박남기(朴南基) 국가계획위원장을 단장으로 하고 장성택 당중앙위원회 제1부부장 등 고위급 인사들로 구성된 경제시찰단 18명이 남측을 방문하여 전국 18개 지역 38개 산업시설과 유통시설 등을 둘러보게 된다.

이어서 나는 9월에 부산에서 개최되는 아시안게임에 북측 대표단의 파견을 요청했다. 선수단과 함께 "개폐회식에 문화예술단을 보내줄 것"과 "백두산에서 성화를 채화하여 북에서 남으로 성화봉송 릴레이 행사를 하자"는 행사조직위원회의 제의도 설명했다.

정순택(鄭淳咜) 행사조직위원회 위원장은 "북측에 초청장을 보낸지 오래되었으나 아무런 회신이 없다"며 나에게 "북측을 설득하여꼭 참석케 해달라"고 간청하다시피 했다. 개인적으로 친구 사이이기도 한 김종하(金宗河) 전 대한체육회장도 간곡히 부탁했다. 이는 김대통령이 많은 관심을 갖고 있는 문제이기도 했다.

나의 이러한 제안에 김정일 위원장은 처음 듣는다는 듯 연신 질문을 하고 나더니, "성화 봉송 릴레이는 좀 곤란하겠지만, 선수단과 문화예술단 파견은 긍정적으로 검토하라"며 그 자리에 배석한 김용순비서에게 지시했다. 이렇게 하여 북측 대표단 637명이 부산아시안게임에 참가하게 된다. 한국에서 개최하는 국제경기대회에 분단 후 처음으로 북한대표단이 참가하는 선례를 남긴 것이다. 이들은 타고 온선박인 만경봉호에 약 3주간 머물면서 아시아 각국 선수들과 스포츠기량을 견주었다. 특히 이번에 동행한 북한의 '미녀 응원단' 300여명이 펼친 이색적이고 매력적인 응원은 현장의 관중들과 TV 시청자들을 대번에 매혹시켰다. 그들은 또한 '혈육의 정'을 전세계에 과시하며 이번 대회를 빛내는 데 크게 기여하여 남측 언론과 여론의 찬사를 한몸에 받으며 돌아갔다.

나는 또한 김 위원장에게 미국 측이 제기한 사항을 전달했다.

"콜린 파월 미국 국무장관이 이번에 브루나이 아세안지역안보포럼(ARF)에서 북측 외상을 만나고 싶으니 꼭 참석하면 좋겠다고 합니다. 위원장께서 긍정적으로 검토해주셨으면 합니다."

이에 김 위원장은 즉각 김용순 비서에게 "외무성에 전하여 긍정적으로 검토하라"고 지시했다. 이렇게 하여 미국과 북한 외상의 만남이 성사된다.

끝으로 김 위원장이 결속 발언을 했다.

"김 대통령께 미국과는 조건 없이 대화하겠고, 일본과는 적십자회담을 개시하겠다고 전해주세요. 서울 답방 문제는, 대통령을 조속히 만나 뵙고 싶으나 서울방문은 아무래도 내키지 않으니 다른 데서 만나자 한다고 전해주세요. 어쨌든 이 문제는 성사될 때까지는 비밀에 부치는 것으로 합시다.

사실 그동안 미국과의 관계가 좋지 않아 남북관계를 동결시켰지만 이제 원상회복이 되었습니다. 특사 방문을 계기로 모두 다 풀렸어요. 이제 이산가족상봉 날짜도 다시 잡고, 동쪽과 서쪽의 철도와 도로 연결공사도 조속히 개시하도록 합시다. 개성공단 건설사업도 적극 추진하고, 이러한 사업 추진을 위해 필요한 남북회담을 열어 대책을 논의하도록 합시다. 기타 구체적인 것은 김용순 비서와 임동원 특사가 잘 협의해서 합의문을 발표하는 것으로 합시다."

나는 김 위원장의 '중대한 결단'에 사의를 표하고, "합의서에는 구체적인 이행 날짜를 명기하자"고 제의하여 동의를 얻었다.

우리는 2시간이 넘도록, 북측 표현을 빌린다면 "조선반도 정세와 민족 앞에 닥쳐온 엄중한 사태, 그리고 북남관계에서 제기되는 제반 문제"에 대한 폭넓고 허심탄회한 의견을 교환했다. 결과적으로 상호 이해를 증진하고 신뢰를 조성하여 남북관계의 '원상회복'에 대한 합의를 도출한 성공적인 회담이 된 것이다.

　　그러나 실무자들이 합의서 초안을 작성하는 단계에서 새로운 난관이 기다리고 있었다. 북측이 "식량 50만 톤과 비료 30만 톤 제공, 그리고 현대의 금강산 관광사업비 미지불액(2,400만 달러)에 대한 정부의 지급보증을 이면합의하자"고 주장한 것이다.

　　그러나 나는 이 제의를 단호히 거절했다. 우리 정부에서는 '남북관계가 잘 풀릴 경우' 식량 30만 톤, 비료 20만 톤을 인도적 차원에서 지원하겠다는 복안을 마련해두고 있었고, 나는 "필요시 이 범위 안에서의 언질을 주어도 좋다"는 위임은 받았으나 그 이상은 나의 권한 밖의 일이었다. 더구나 현대의 미지불금은 결코 정부가 지급보증할 문제가 아니었다.

　　하루 종일 아무런 진척도 없이 서로 버티기작전이 계속되었다. 별수 없이 이날 서울로 돌아가려던 계획도 취소했다. 김용순 비서가 남북대화 관련자 30여명을 초대하여 만수대예술극장에서 개최하려던 '오찬'은 결국 '만찬'이 되어버렸다. 모든 일행이 점심을 굶은 것이다. 만찬을 마치고 돌아와서는 잠깐 잠이 들었는데, 새벽 2시경 임동옥 부부장이 찾아와서 "회의를 하자"며 나를 깨웠다. 이 자리에서 북측은 우리 측이 제시한 수정안을 수용했고, 나는 새벽 3시에 김용순 비서와 마주 앉아 합의문을 채택했다.

　　그리고 새벽 6시에 백화원을 떠나 8시 반경에 판문점을 넘어 서울로 돌아왔다. 오랫동안 기다리던 단비가 내리고 있었다. 정세현 통일부장관이 판문점에 나와 남북관계의 '원상회복'을 성공시킨 우리 일행을 반갑게 영접해주었다.

김정일과의 5시간

2시간 넘게 걸린 회담을 마치면서 김정일 위원장은 우리 일행을 만찬에 초대했다. 만찬장으로 자리를 옮기자 김 위원장은 "용순 비서가 이번에는 저녁을 내지 않아도 된다고 해서 통일전선부 이름으로 안 한다면 국방위원회 이름으로 하기로 하고 오늘 이 자리를 마련했습니다"라고 말해서 좌중을 웃기기도 했다. 그는 기분이 매우 좋아보였다.

우리는 마치 회담이라도 하듯이 만찬 탁자에 남북으로 나뉘어 마주보고 앉았다. 한편에는 김정일 위원장과 김용순 비서가 중앙에 앉고 그 양쪽에 이명수 대장과 임동옥 통전부 제1부부장이, 반대편에는 특사인 나와 김보현 차장이 중앙에 앉고 그 양쪽에 조명균 교류협력국장과 서훈 대화조정관이 자리 잡았다.

이날도 김 위원장은 만찬석상에서 다양하고 솔직한 대화를 주도했다. 특히 남한의 대중문화에 대한 지대한 관심과 정확한 정보가 인상적이었다. 그는 한국의 주식시장 상황과 인터넷 보급률, 이동통신 현황 등에도 많은 관심을 보였다.

제주도가 첫번째로 화제가 되었다. 김 위원장은 "김용순 비서와 김일철 인민무력부장이 제주도에 다녀와서 그렇게 아름답고 좋은 곳이라고 자랑하더라"며 제주도에 관해 여러가지를 질문했다. 이에 제주도 출신인 우리 측 김보현 차장이 답변하자 김용순 비서가 다시 "제주도 다금바리가 맛있었다"는 등 제주도에 대한 인상을 회고했다. 이때 김 위원장은 뜻밖에도 남한의 대중가요에 대한 이야기를 꺼냈다.

"그나저나 제주도 노래인 「감수광」을 부른 가수 혜은이가 요새도 노래 많이 부릅니까? 지난해에는 일본에서 활약하는 가수 김연자가 와서 공연한 적이 있어요. 김연자는 악보를 전혀 볼 줄 모르고 음만 듣고 배워서 노래를 한다는데 정말 뛰어난 가수입디다. 이번에도 다시 공연하러 오는데, 내가 특별히 조용필의 「그 겨울의 찻집」과 나훈아의 「갈무리」 등 남쪽 노래 6곡을 신청해놓았어요."

그는 내가 선물로 가져간 국산 붉은 포도주 '마고'의 맛이 아주 좋다고 평가하고, 최근 러시아에서 보내온 고급 보드까가 있다면서 "보드까는 영하 20도로 얼려서 알코올을 연해지게 해서 마시면 좋고, 들어가면 쫙 퍼진다"고 설명한 후에 "말이 나온 김에 보드까를 한잔씩만 맛보자"고 좌중에 권하기도 했다. 그가 "남쪽에서는 '폭탄주'를 마신다는데 왜 그런 식으로 마십니까?" 하고 묻자 이번에는 서훈 조정관이 "마실 때 부드럽고 빨리 취하기 때문인 것 같다"고 대답했다.

나는 "2년 만에 백화원 영빈관에 다시 와보니 위성방송으로 CNN, BBC 등을 볼 수 있게 되어 좋고, 이번 특사 방문을 중요 뉴스로 보도하면서 세계가 특사 방문의 성과를 주목하고 있다"고 말했다. 그러자 김 위원장은 "두 방송 중 어느 것이 시청률이 더 높은가"라고 묻기도 했다.

김 위원장은 내게 합의사항을 언제 발표할 것인지를 물었다. 나는

"서울에 돌아가면 먼저 대통령께 보고드리고 곧이어 기자회견을 통해 발표할 생각"이라고 답한 후에 "평양에서도 같은 시간에 발표하기를 바란다"고 말했다.

김 위원장은 "서울로 돌아가실 때는 비행기로 가지 말고 판문점으로 가도록 하시라"고 선심을 쓰면서 "김용순 비서도 비행기로 서울에 갔다가 판문점을 통해 육로로 돌아왔으니 공평하게 상호주의로 합시다" 하고 말하며 다시 좌중의 웃음을 유도했다.

"나는 인터넷 '야후'를 통해 청와대, 국정원, 통일부 등 여러 사이트에 자주 들어가봅니다. 청와대 사이트에는 박정희 대통령을 포함한 역대 대통령에 관한 자료가 잘 정리돼 있습디다. 통일부의 '북한 올바로 알기' 사이트도 아주 좋은 착상이에요. 여기서 중요한 것은 정말로 상대방을 '올바로' 아는 겁니다. 남쪽에서 우리 뉴스를 볼 수 있게 한 것도 썩 잘한 일이에요. 서로가 서로를 잘 알아야 합니다. 부대방문을 할 때 지방에 묵으면서도 밤에는 인터넷을 통해 남쪽 TV 뉴스를 동영상으로 볼 수 있어서 참으로 편리하고 좋아요."

"비무장지대의 평화적 이용을 위해 남과 북의 군대 사이에 솔직한 의견도 나누고, 서로가 서로를 잘 알고 올바로 이해하기 위해 서로 군부대도 방문해보는 게 어떻겠습니까? 이명수 대장을 서울에 보내주시면 좋겠습니다."

"모든 작전 계획을 다 갖고 있는 사람인데…… 그것은 곤란합니다."

다시 한번 좌중에 웃음이 터졌다.

그는 남한의 '우익 테러'에 대해 필요 이상의 걱정을 하고 있는 듯했다.

"나나 이 대장이 서울 가서 만약 우익 테러를 당하면 어떻게 합니까? 남쪽의 깡패는 일본의 야꾸자 같은 건가요? 러시아에 가니까 경찰보다 마피아가 더 무섭다고 합디다. 소련시절에는 공산당이 무서웠는데 지금은 마피아가 더 무섭다는 거예요."

나는 "이희호 여사가 이번에도 미국 등으로부터 200만 달러를 모금해서 어린이들을 위한 의약품과 의료기구 등을 보내려고 하는데, 어떤 것이 필요한지 알려주기를 원한다"며 다시 현실적인 문제를 제기했다. 이희호 여사는 지난 정상회담 때 평양에 다녀온 직후에도 북한 어린이들을 위해 물품을 북송해준 적이 있다.

"그동안 이희호 여사께서 북조선 어린이들을 위해 여러가지 물품을 보내주신 것을 잘 알고 있어요. 임 특사께서 감사하다는 내 인사를 꼭 전해주세요. 그리고 요청하신 문제에 대해서는 우리 김 비서가 자세히 알려줄 겁니다.

우리는 요즘 전기가 긴장한 상태예요. 4월 축전 때문에 전력이 평양에 집중되다보니 농촌에서는 양수기를 돌릴 전기도 없어 걱정이 많습니다. 우리더러 경제구조가 나쁘다는 사람이 많은데, 경제구조가 아니라 실은 에너지가 문제인 겁니다. 에너지 문제가 해결되고 나서도 만약 경제가 안 되면 그때는 정말 '구조'에 문제가 있다고 할 수 있겠지만 말이오."

이때 김용순 비서가 "만약 원자력발전소 건설계획을 그대로 추진했다면 지금처럼 전력이 긴장되지 않았을 것이다. 미국이 중유를 제공하고 경수로를 건설해준다고 해서 발전소 건설을 중단했는데 경수로 공사가 지연되는 바람에 에너지 문제가 점점 더 악화되고 있다"며 거들고 나섰다. 김 위원장도 "남쪽에 한동안 송전방식에 의한 전력지원 문제를 제기했는데 미국이 전략적으로 반대하니까 남쪽이

꼼짝 못하더라"며 일침을 놓았다.

나는 즉시 저간의 사정에 대해 해명했다.

"북측이 200만 킬로와트 송전을 요청하면서 우선 50만 킬로와트를 긴급히 제공해줄 것을 요청했지만, 양측 전력에 질적인 차이가 있어 그대로 송전선을 연결할 경우 둘 다 못 쓰게 된다는 결론이 났습니다. 전력의 역류현상을 방지하려면 중간에 직류변환기 설치가 필요한데, 사실 여기에는 상당한 비용이 소요되기 때문에 적절한 방법이 아니라는 주장이 제기되었습니다. 송전하려면 차라리 송·배전 시설을 모두 새로 건설해야 한다는 겁니다. 그래서 그동안 우리 정부는 북측의 전력난을 돕기 위해 노후한 화력발전소의 개보수 지원, 무연탄 제공, 바지선 발전기 건설 등 여러가지 대안을 검토해왔습니다."

이에 김 위원장은 흥미로운 이야기를 해주었다.

"내가 '화력발전소 개보수는 이를 건설한 러시아가 맡아서 해야 한다'고 러시아 측에 요구했어요. 그렇게 안 하면 우리도 빚을 갚지 않겠다고 했습니다."

소련은 1970~80년대에 북창(160만 킬로와트)을 비롯하여 평양, 청진, 동평양 등 총 230만 킬로와트급 규모의 화력발전소 건설을 지원했다. 그러나 지난 10년간 설비공급 등 개보수가 이루어지지 않아 가동률이 3분의 1 수준으로 저하된 것으로 알려져 있다.

그는 이번에도 "한국 김치가 세계적으로 널리 보급되고 있는 것은 우리 민족의 자랑스러운 일"이라고 거듭 평가했다.

"중국에 갔을 때 남한식 김치를 맛보았는데 너무 맵고 짭다. 김치는 역시 개성 보쌈김치가 최고지요. 그래도 궁중음식은 남쪽 것이 낫다고 생각해요. 그리고 냉면은 역시 옥류관 평양냉면이구요. 정주영 회장은 평양에 오면 하루 세끼 냉면만 드십디다. 박정희 대통령도 박성철(朴成哲) 특사에게 '빨리 일이 잘되어 평양에 가서 냉면을 한 번 먹어보고 싶다'고 말했다지요? 그리고 박근혜 의원이 한나라당에서 탈당하여 신당을 만들어 대통령선거에 나선다는데, 대통령선거 전망은 어떻게 보십니까? 그나저나 박근혜 의원을 한번 만나봤으면 좋겠는데……"

"대선 윤곽은 11월경이나 되어야 예측할 수 있을 겁니다. 투표함은 뚜껑을 열어봐야 알 수 있겠지요."

나의 설명에 그는 "남측에서 대통령 임기를 단임제로 하는 게 도무지 이해가 안 된다"고 하면서 다른 나라들처럼 연임제로 할 가능성은 없는지 묻기도 했다.

김 위원장은 듣던 대로 특히 남쪽의 영화와 TV 사극에 많은 관심을 보였다.

"얼마 전에 「공동경비구역 JSA」라는 남쪽 영화를 봤는데, 대단히 잘 만든 영화예요. 인물 설정도 참 잘되었고. 젊은 군인들이 서로 적군이지만 같은 민족으로서, 또한 인간으로서 이념을 초월하여 서로 통할 수 있다는 걸 잘 묘사했습디다. 인간적인 반목이 아니라 체제 차이에서 오는 갈등을 하도 잘 다루었기에 군장성과 당간부들에게 모두 보여주었습니다. 그런 영화는 우리 인민들이 봐도 괜찮겠다는 생각을 했어요. 그런데 「춘향뎐」이란 영화는 우리 민족의 고유한 미풍양속을 파괴해놓은 셈입니다. 아마 서양 사람들의 취향에 맞추려 한 것 같은데 아주 잘못된 거예요."

공교롭게도 나는 이 두 영화를 모두 보지 못해 그와 대화를 나눌 수 없다는 사실이 부끄러울 뿐이었다. 서울에 돌아오자마자 제일 먼저「공동경비구역 JSA」의 비디오 테이프를 빌려다 보지 않을 수 없었다.

김 위원장이 갑자기 생각났다는 듯이 작전국장과 김용순 비서에게 "남쪽의 텔레비 사극「여인천하」를 몇 편까지 봤느냐"고 묻자 각각 30편과 29편까지 봤다고 대답했다.

"나는「여인천하」를 80편까지 봤는데, 아주 잘된 작품이에요. 모두다 보라고 권했습니다. 나는 특히「여인천하」에서 매번 마지막 장면에 여자 주인공의 표정을 부각시키는 게 인상적입니다. 물론 40퍼센트 정도만 사실이고 나머지는 모두 꾸민 이야기겠지만, 한쪽 분량이나 될까 말까 한 역사기록을 가지고 그런 대작을 만들어내는 남쪽 작가들이 정말 훌륭하다는 생각이 들어요.「태조 왕건」과「명성황후」도 좋았는데, 사극은 역시 남쪽에서 대단히 잘 만드는 것 같습니다. 당선전부장한테 남쪽 것에서 배우라고 지시한 바도 있고……"

반가운 마음에 내가 "요즘 남한에서는『동의보감』의 저자인 '허준'을 다룬 드라마가 인기인데 혹시 보셨느냐"고 물었더니 그는 "아직 보지 못했는데 한번 보고 싶다"며 궁금해 했다.

"우리 북쪽에서 학자들을 동원해서『동의보감』과『조선왕조실록』을 모두 번역했는데, 우리가 번역한『조선왕조실록』은 남쪽이 중국을 통해서 이미 가져갔다면서요?"

나는 서울에 돌아와 드라마「허준」의 비디오 테이프를 북측에 보내주었다.

"조명록 차수 일행이 미국에 다녀와서 하는 말이, 이번에 만난 미국 국무부 관리들이 모두 남조선에서 근무해서 그런지 조선말을 유창하게 하는 데 놀랐다고 합디다. 러시아에는 조선말을 유창하게 말하는 사람은 통역 몇명밖에 없는데…… 아무튼 좋은 대조가 되는 것 같아요."

"미국에는 한반도 문제에 관심과 애정을 가진 전문가들이 아주 많습니다. 위원장께서도 이들을 자주 평양에 초청하여 의견을 나누면 정말 많은 도움이 될 겁니다. 미국은 여론이 좌우하는 나라입니다. 그러니 북에서도 민간차원의 접근방법(track-2)을 활용할 필요가 있습니다. 최근에도 스칼라피노 교수와 전직 주한대사들이 방북을 신청했는데 북에서 받아주지 않은 것으로 알고 있습니다. 오히려 그런 분들을 적극 초청하는 것이 좋습니다."

"그렇다면 임 특사는 미국의 어떤 사람들을 추천하겠습니까?"

이에 나는 이미 자주 방북한 쎌리그 해리슨 이외에도 전직 주한대사 도널드 그레그, 제임스 레이니, 스티븐 보즈워스 등을 비롯하여 돈 오버도퍼, 리언 시걸, 그리고 미국의회 의원 및 기자 등 10여명을 소개해주었다.

"누군가 대사(그레그 대사를 말함―저자) 한 사람이 곧 오게 될 모양이던데…… 어쨌든 용순 비서가 잘 받아적어두었다가 외무성에 알려주고 잘 검토해보라고 하시오. 아무튼 부시 대통령이 집권한 지도 벌써 1년 3개월이 다 되어가는데, 아무래도 이제부터는 좀 달라지지 않겠소? 그런 문제에 대해서는 나도 낙관적인 생각을 갖고 있어요. 따지고 보면 요즘 미국도 세계적으로 신뢰를 잃고 고립되고 있는 형편 아니요. 어떻게든 태도를 바꾸기는 해야 할 거요."

나를 비롯한 우리 정부 역시 부시 행정부의 대외정책과 대결적 자세가 변화되기를 간절히 기대하고 있는 바였다. 그러나 반년도 채 되지 않아 남과 북의 이러한 희망적인 관측이 틀린 것이었음이 드러나게 된다.

김정일 위원장은 이명수 국장에게 "제2차 남북국방장관회담을 추운 겨울에 백두산에서 하려다가 함흥에서 하기로 계획을 바꾼 게 맞지요?" 하며 확인했다. 그는 "제주도 한라산 기슭에서 한번 했으니 추운 겨울에 백두산에서 하는 것도 좋긴 했을 것"이라고 말했다. 그러나 내가 제의한 제2차 국방장관회담의 개최 시기에 대해서는 끝내 언급하지 않았다.

만찬이 끝나갈 무렵 그는 나에게 이렇게 말했다.

"이번에 모든 문제를 김 대통령의 뜻에 따라 사업했다는 것을 대통령께 잘 보고해주세요. 서방세계에 북조선을 올바로 알리기 위해 노력해주시는 대통령께 감사드린다는 말도 꼭 전해주십시오."

우리는 작별의 악수를 나누었다. 어느새 밤 11시였다. 남북정상회담을 준비하며 처음 만났을 때처럼 이번에도 5시간 동안 연속 대화를 나눈 것이다.

꽃샘추위

평양에서 돌아온 2002년 4월 6일 오전 나는 TV로 생중계된 내외신 기자회견을 통해 남북합의사항을 발표했다. 공동보도문에는 "6·15 남북공동선언의 합의사항에 따라 그동안 일시 동결되었던 남북관계를 '원상회복'하기로 한다"는 조항을 비롯하여 "새로 동해선 철도·도로와 경의선 철도·도로를 빨리 연결한다" "제4차 이산가족방문단 교환사업을 4월 28일부터 금강산에서 진행한다" "제2차 남북경협추진위원회 회의를 5월 7일부터 서울에서 개최하며, 합의사항의 진척에 따라 제7차 남북장관급회담을 개최한다" "남북군사당국자회담을 재개한다" "동포애와 인도주의 원칙에 의해 남북이 서로 협력한다" 등의 내용이 포함돼 있었다.

남북이 합의한 대로 4월 말 금강산에서 제4차로 이산가족 849명의 상봉이 실현되었다. 그리고 9월 중순에는 제5차로 다시 875명이 만났다. 한편 우리 측은 인도적 차원에서 비료 20만 톤을 5월 말까지 제공했다. 그러나 합의사항이 모두 순조롭게 이행된 것만은 아니었다. 우리는 한반도에 불어온 '꽃샘추위'를 극복해야 했다. 이른바 '큰 몽둥이 발언'과 제3국에서의 남북정상회담 개최 문제, 그리고 미국 강경파들의 방해책동과 지연전술 등이 잠시나마 남북관계의 걸림돌로 작용한 것이다. 그러나 다행히 북한이 경제개혁을 시작(2002.7.1)하면서 남북관계는 다시 활기를 띠게 된다.

북한은 조평통 성명을 통해 "북한은 역시 큰 몽둥이로 다루어야 한다" "미국이 아프가니스탄에서 보여준 공격력에 북한이 겁먹었다"는 등 최성홍 외교통상부장관이 말한 것으로 알려진 『워싱턴포스트』의 보도 내용에 대해 "온 겨레의 염원에 찬물을 끼얹는 반민족적 행위"라고 규탄했다. 북측은 "남북관계가 회복되어가고 있는 것이 마치 미국의 대조선 강경압살정책의 결과인 듯이 악담질을 한 것은 용납할 수 없는 모독이고 도전이며 참을 수 없는 사대굴종행위"라고 맹비난하며 "망언에 대해 사죄하고 납득할 수 있는 조치를 취해야 한다"고 주장했다.

사실 최 장관은 대통령 특사로서의 나의 방북 결과를 미국정부 고위층에 설명하고 협의하기 위해 워싱턴을 방문하여 맡은 바 임무를 훌륭히 수행했다. 우리 측은 "『워싱턴포스트』의 보도는 상당부분 왜곡된 것"이며 "우리는 이미 해당 언론사에 즉각 항의했고 시정 조치를 취했다"고 해명했다. 또한 "이것이 남북관계에 영향을 미쳐서는 안 된다"는 요지의 통지문을 평양에 보내고, '사죄' '납득할 수 있는 조치' 운운에 대해서는 일단 묵살했다.

한편 이 무렵 우리 언론들은 미국 측으로부터 입수한 인공위성 사진을 공개하면서 "북한 금강산댐(안변청년발전소) 세곳에 균열이 생겨 붕괴될 가능성이 높다"는 주장을 대대적으로 보도했다. "서울이 물바다가 될 것"이라는 불안감이 확산되고 보수진영에서는 북한을 규탄하고 나섰다. 북측은 이에 대해 "남북대화를 파괴하려는 미국의 모략에 남측 언론이 놀아나고 있다"며 반발했다. 보수언론의 이러한 보도 내용이 사실이 아니라는 것이 밝혀지는 데는 상당한 시간이 걸렸다.

이러한 사태 전개에 반발한 북측은 5월 초로 예정된 경제협력추진위원회 회의에 불참한다고 통보했고 남북 당국 간의 대화는 다시 약 2개월간 중단되고 만다. 그러나 민간차원에서의 교류는 꾸준히 진행되었다. 금강산 관광사업, 제주도 도민 250여명의 방북(5.10~15), 박근혜 의원 방북(5.11~14), 한민족복지재단 대표단 방북(6.14~18), 6·15공동선언 2주년 기념 남북공동행사(금강산) 등과 북측에서도 경수로 안전통제 요원 25명의 방한 교육(7.2~28) 등은 다행히 예정대로 진행되고 있었다. 대북 비료지원(20만 톤)도 예정대로 집행되었다.

한편 "제2차 남북정상회담을 이르꾸쯔끄에서 하자"는 김 위원장의 제의를 받은 김대중 대통령은 신중한 검토 끝에 "수용할 수 없다"는 결론을 내렸다. 미국을 비롯한 우방국의 오해를 살 수 있고, 또한 반드시 김정일 위원장이 남쪽 땅에 와야 답방 합의가 의미있게 된다는 이유였다. 이에 우리 정부는 "서울이 어려우면 판문점에서 만나자"는 대안을 제시하기로 했다.

4월 22일 나는 북측 김용순 비서에게 메시지를 보냈다. "조기에 제2차 정상회담을 열자는 데 동의하며 개최시기는 6월 하순에서 7월 중순 사이가 좋겠고, 장소는 판문점 우리 측 '평화의 집'으로 하자"는 제안이 담긴 메시지였다. 덧붙여 "이르꾸쯔끄는 '서울을 방문한다'는 애초의 합의와는 거리가 멀어 국민과 주변국에 오해를 불러일으킬 우려가 있다"고 지적했다.

김용순 비서는 즉각 부정적인 내용의 회신을 보내왔다.

"판문점은 '악의 축'이라며 우리를 위협하고 있는 미군이 관할하는 지역이므로 거기서 회담을 하자는 것은 말도 안 된다. 다른 남측 지역도 그 어느 때보다 우리를 군사적으로 위협하는 미군이 있고 인민들의 반미·반정부 시위로 혼란하고 불안전한 곳인데 우리 장군님께서 귀측 지역에 간다는 것은 말이 안 된다.

부시 행정부의 적대적 태도로 말미암아 상황이 많이 변했고, 역사적으로도 국제 회담이 제3국에서 개최된 예는 많다. 더구나 시베리아는 '철의 비단길' 연결과도 관련되어 명분이 뚜렷하다. 남측지역 방문은 절대 불가하다."

러시아정부는 이고르 이바노프 외무장관의 7월 말 남북한 방문을 앞두고 주러시아 한국대사를 통해 "뿌찐 대통령이 극동지방에서 남북정상회담을 주선할 용의가 있고 이때 3국 정상회담도 가능하다"며 우리 측 의사를 비공식적으로 타진해왔다. 하지만 우리는 신중한 검토를 거쳐 이 제의를 받아들이지 않기로 했다.

우리 측의 '서울 답방' 고수와 북측의 '이르꾸쯔끄 개최' 주장이 맞서 한동안 논쟁이 계속되었으나 마침내 북측은 "이 문제를 더이상 논의할 필요가 없으며 제의를 철회한다"고 통보했다. 뿌찐 러시아 대통령과 사전에 협의한 것으로 보이는 이 제의가 거부되자 김 위원장의 체면이 크게 손상되었을 것으로 짐작되었다. 이렇게 하여 북이 요구했던 제3국에서의 정상회담 개최는 무산되었고, 김 위원장의 서울 답방도 끝내 실현되지 않은 채 김대중 대통령의 임기가 끝나게 된다.

2002년 6월 한달은 한일 공동주최 월드컵에 국민들의 모든 관심이 집중되어 있는 시기였다. 잘 싸운 한국팀은 4강까지 진출하며 국민들을 흥분의 도가니로 몰아넣었다. 북한 주민들도 밤마다 녹화 방영하는 TV로 월드컵 축구경기를 시청했다고 한다.

그런데 월드컵 폐막식을 하루 앞둔 6월 29일 오전, 서해 연평도 근처에서 북한 해군경비정의 기습적인 함포사격으로 우리 해군 고속정이 침몰하는 사건이 발생했다. 이 사건에서 우리 해군은 전사 6명, 부상 18명의 심각한 피해를 입었다.

기습공격으로 조타실이 명중당한 우리 고속정 참수리 357호(156톤급) 승무원들은 최선을 다해 싸웠으나 순식간에 벌어진 '계획된 기습도발'에 우리 해군 제2함대는 속수무책이었다. 고속정의 순찰작전을 엄호할 초계함이 사정거리 내에 없었으니 응징은커녕 제대로 대응할 수도 없이 일방적으로 당하고 만 것이다.

어째서 이 시점에 북한해군이 이러한 무모한 무력도발을 감행했는지에 세간의 관심이 쏠렸다. 3년 전 연평해전에서의 참패에 대한 복수를 노려온 해당 현지 부대(제8전대)에서 계획적으로 도발했을 가능성이 높다는 분석이 보고되었다. 대통령은 즉각 NSC를 소집하고

'강경한 대북 비난성명'과 '확전방지' 및 '냉정한 대응'을 지시했다. 우리는 이 사건을 다룰 판문점 장성급회담 소집을 북측에 요구하는 한편 유엔사에 진상조사를 요청했다.

이튿날 아침 일찍 북측은 핫라인을 통해 "이 사건은 계획적이거나 고의성을 띤 것이 아니라 순전히 현지 아랫사람들끼리 우발적으로 발생시킨 사고였음이 확인되었다"며 "이에 대하여 매우 유감스럽게 생각한다"는 내용의 긴급 통지문을 보내왔다. 그리고 "다시는 이러한 사고가 재발되지 않도록 노력하자"고 덧붙였다. 이번 사건은 상부에서 시킨 일이 아니라 현지 부대에서 우발적으로 일으킨 사고라며 사과의 뜻을 표명하고 더이상의 사태 악화를 원하지 않는다는 뜻을 전해온 것이다.

당시에 나는 NSC에서 결정한 대로 북측에 "공개적으로 사과하고 책임자 처벌, 재발방지를 보장하라"는 회신을 보냈다. 대통령의 '냉정한 대응' 결정은 현명한 것이었다. 며칠 후 한미연합사령관은 "제8전대 이상의 상급부대에서 도발을 지시했다는 징후는 전혀 발견할 수 없었다"는 정보 판단을 공식 통보했다. 남북정상회담의 소중한 성과 중 하나인 핫라인이 다시 한번 중요한 역할을 하게 된 것이다. 그러나 이 내용을 당시에 공개할 수는 없었다. 그리고 김대중 대통령은 일본 요꼬하마에서 열리는 한일 월드컵 폐회식에 예정대로 참석하기로 한다.

이 사건을 호기로 포착한 보수언론과 대통령선거를 앞둔 한나라당은 "패전의 원인이 다름 아닌 햇볕정책에 있다"면서 정략적인 대정부 공세를 다시 전개했다. 그러나 정작 국민들은 크게 동요하지 않고 차분한 반응을 보였다. 금강산 관광객들은 평소와 다름없이 관광

길에 올랐으며, 한양대학교 교수진 5명은 김책공업종합대학에 개설하기로 했던 IT 강좌를 위해 예정대로 방북길에 올랐다. 북측의 경수로 안전통제요원 25명도 1개월간의 연수를 위해 예정대로 대덕단지에 도착했다.

계속되는 보수언론과 야당의 공세에 직면한 김동신 국방부장관은 '작전 실패'에 대한 책임을 지고 스스로 장관직에서 물러나는 길을 택했다.

7월 초에 북한이 경제관리 개선조치를 취하기 시작하고, 북한의 적극적인 자세 전환으로 남북관계는 다시 활성화되기 시작한다.

활기 되찾은 남북관계

북한은 2002년 7월 1일을 기해 '경제관리 개선조치'라는 이름으로 경제개혁에 착수한다. 물가를 농민시장가격에 근접하도록 30배 이상 인상하여 현실화하는 가격개혁, 이에 따라 임금을 20~30배 인상하는 임금개혁, 환율의 현실화를 지향하는 환율개혁, 사회주의체제를 지탱하고 있던 식량과 생필품 등 배급제의 단계적 폐지, 기업의 자율경영제 도입, 분배의 평등을 쇄신하고 능력에 따르는 차등임금제 도입 등이 주요 골자인 것으로 알려졌다. 중국의 개혁·개방 초기 단계와 매우 유사한 형태이자 명령형 경제에서 점진적으로 시장경제로 전환하려는 노력으로 판단되었다.

북한은 1990년 냉전이 종식되고 구공산권 국가들이 일제히 시장경제로 전환함에 따라 국제적으로 고립되고 경제난에 허덕여왔다.

미국과의 관계개선을 통해 봉쇄망을 뚫으려는 노력도 아무런 진전을 보지 못했다. 공장가동률은 30퍼센트 선으로 떨어지고 만성적인 에너지난과 열악한 수송망 그리고 연속된 자연재해로 가중된 식량난에서 헤어나지 못한 채 국제사회의 원조에 전적으로 의존하는 신세가 되고 말았다. 아사자가 속출하고 사회·경제구조는 붕괴되어 주민통제가 어려워진 상황에서 더이상 미국과의 관계개선도 기다릴 수 없게 되자, 북한은 우선 경제관리 개선조치로 돌파구를 찾지 않을 수 없게 된 것이다.

북한은 이미 수년 전부터 경제개혁을 준비해왔다. 1998년 9월에는 원가·가격·이윤의 개념을 도입하고 개인 소유를 인정하는 헌법 개정을 단행하는 한편 경제 관련 14개 법률을 제정 또는 개정한 것으로 알려졌다. 이미 나진·선봉지역에 경제특구를 설치, 이곳에서 개방경제의 부분적 실험을 하는 한편 경제분야 일꾼들의 해외연수를 확대하여 시장경제와 자본주의 경제를 연구하기 위해 노력해왔다. 또한 외부환경 조성을 위해 중국 및 러시아와의 불편했던 관계를 개선하고, 김정일 위원장이 직접 이들 나라의 개혁·개방 현장을 시찰, '신사고'를 강조하기 시작했다. 지난해 10월에는 '경제관리개선지침'을 하달하는 등 경제개혁을 서서히 준비해온 것으로 알려졌다.

그런데 경제개혁 추진을 위해서는 평화와 안정이 필수적이었고, 자본 및 기술의 도입과 공급 확충을 위한 경제협력이 반드시 필요했다. 따라서 북한은 남북정상회담을 통해 남북관계 개선을 추진하는 한편 미국 및 일본과의 관계개선을 지속적으로 추구해온 것이다. 그러나 부시 행정부의 적대정책에 직면하게 되고, 그렇다고 해서 더이상 와해된 경제를 방치하기도 어렵게 되자 결국 제한적이나마 경제개혁을 단행한 것으로 분석되었다. 중국이나 베트남의 개혁·개방 초기 단계와는 달리, 자본과 기술을 도입할 수 있는 외부적 환경이 조성되지 않은 어려운 여건에서 개혁을 시작한 것이다.

7월 중순에 북측 제의로 남북 비공개 실무접촉이 금강산에서 열렸다. 북측은 "4월 5일 임동원 특사와의 합의사항 이행을 위한 대화를 서둘러 개최하자"고 제의했다. 그러나 우리 측은 먼저 서해도발사건에 대한 공개적인 사과, 재발방지 약속, 책임자 처벌, 희생자에 대한 애도 표시 등을 요구하며 "이 문제가 해결되어야 대화 재개가 가능하다"는 강경한 입장을 통보했다. 나 역시 "서해도발사건에 대해 사과도 하고, 분위기 전환을 위해 부산아시안게임 참가도 서둘러 발표하라"고 북에 촉구했다.

이로부터 5일 후인 7월 25일 북측은 통일부장관 앞으로 보낸 전통문을 통해 서해교전 사건에 대해 "유감스럽게 생각한다"면서 사과의 뜻을 공개 표명하고, "현안 문제 해결을 위해 8월 초에 금강산에서 실무대표 접촉을 하자"고 제의했다. 북측이 우리 정부 당국에 공개적으로 유감의 뜻을 표명한 것은 분단 이후 이번이 처음이었다. '8·18도끼만행사건'(1976)이나 '강릉잠수함침투사건'(1996) 때도 미국의 압력에 의해 유감을 표명하긴 했지만, 그것은 우리 정부에 대해서가 아니라 어디까지나 미국정부에 대한 것이었다. 우리 정부는 북측의 유감 표명이 국민정서에는 미흡하다고 판단했지만 결국 남북대화 제의를 수용하기로 결정한다.

이렇게 하여 8월 초 금강산에서 남북실무대표 접촉이 개최되고, 내가 4월 초 평양에서 대통령 특사로서 합의한 사항을 이행하기 위한 일정 조정에 남북이 합의하게 된다. 8월에는 서울에서 정세현 통일부장관과 북측 김영성 단장이 제7차 남북장관급회담을 열게 되었다. 이어서 남북체육회담과 제2차 남북경제협력추진위원회 회의가 열렸다.

또한 서울에서 민간차원의 8·15민족통일대회가 개최되었다. 이 행사에 참석하기 위해 북한에서 110여명이 서울을 방문했는데, 이는 또한 분단 이후 처음 있는 뜻깊은 일이었다. 지난해 평양에서 개최된 8·15민족통일대회에는 남측에서 민간인 300여명이 역시 사상 처음으로 방북하는 기록을 남긴 바 있다.

8월 마지막 주간에는 한반도에 새로운 기운이 싹트는 일들이 속속 일어나 한반도 평화와 통일을 염원하는 국민들을 흥분의 도가니로 몰아넣었다. 서울에서 8월 27일에 열린 제2차 남북경제협력추진위원회 회의에서는 동서의 철도·도로 연결공사 착공식을 9월 18일에 남북이 각각 동시에 거행하기로 확인한다. 비무장지대의 지뢰를 제거하고 반세기 동안 끊어졌던 민족의 대동맥을 연결하기로 한 것이다. 이는 곧 '통일의 길'이 열리고 있음을 의미하는 상징적인 사건이었다. 또한 부산아시안게임에 북측 선수단과 응원단이 참가하기로 합의하자 남과 북의 7천만 겨레는 온통 기대와 흥분에 휩싸이게 된다.

남과 북의 화해·협력을 추진하고 있는 이들에게 9월은 그야말로 순풍에 돛을 달고 전진하는 기쁨과 희망이 넘치는 한달이 된다. 9월 18일에는 지난 반세기 동안 끊어진 철도와 도로의 연결공사 착공식이 남과 북에서 동시에 거행되었다. 민족의 대동맥을 연결하는 '평화회랑' 건설을 위해 비무장지대의 지뢰제거 작업이 본격적으로 시작된 것이다. 9월 19일에는 북한이 신의주를 입법·사법·행정 등 자치권을 보유하는 '특별행정구역'으로 지정한다고 발표한다. 9월 20일부터는 KBS교향악단이 평양에서 공연하기로 되어 있었다. 또한 북측 선수단과 약 300명에 이르는 '미모의 여성 응원단' 등 총 630여명의 북녘 사람들이 부산아시안게임에 참가하여 2주 동안 민족화합의 열기를 한껏 고조시켰다.

제5차 이산가족상봉(8.13~18)이 실현되고, 서울에서의 통일축구(9.7), 평양 MBC대중가요제(9.28), 100여명이 방북하여 참석한 평양 개천절 남북공동행사(10.1~5), 100여명의 천주교 사제단 방북(10.2~9) 등의 이벤트에 이어, 평양에서 제8차 남북장관급회담이 개최되고 북한 경제시찰단의 방한(10.26~11.3)이 이루어지면서 남북관계는 그 어느 때보다 활기를 띠게 된다.

다시 움직이는 네오콘

2002년 8월 30일 일본정부는 코이즈미 준이찌로오 총리가 일북 정상회담을 위해 9월 17일 평양을 방문한다고 발표했다. 이 발표는 미국을 비롯한 국제사회를 깜짝 놀라게 했다. 며칠 전 평양을 방문한 일본 외무성 타나까 히또시(田中均) 아시아대양주국장이 북한 측과 국교정상화 교섭 재개를 위한 회담을 통해 이와 같이 합의한 것이다. 타나까는 1년 전에 국장에 취임한 이래 20여 차례의 비공개 대북접촉을 지휘하면서 양국의 관계개선을 위해 적극적으로 노력해온 것으로 알려졌다.

북한과 일본은 4월 말 베이징에서 2년 만에 처음으로 적십자회담을 재개했다. 그리고 공동보도문을 통해 일본인 행방불명자(납치 의혹 11명, 연락 두절 49명)에 대한 조사 실시 및 결과 통보와 '북송 일본인 처'의 제4차 고향 방문을 여름에 실시하기로 합의했다고 발표했다. 북송 일본인 처는 총 1,831명으로, 그동안 43명이 고향 방문을 했다고 알려져 있었다.

한편 7월 말 브루나이에서 일본과 북한의 외상이 만나, 다음 북일 적십자회담 개최 문제와 국교정상화를 위한 북일국장급회담 개최에 합의한다. 또한 8월 중순 평양에서 열린 적십자회담에서는 북측이 행방불명자에 대한 소식을 통보하고 북송 일본인 처 17명의 고향 방문에도 합의하게 된다.

그러나 코이즈미 총리의 방북 합의와 남북한 철도·도로 연결 착공 일정 합의 등 남북관계의 급진전은 미국 네오콘 강경파들에게는 충격으로 받아들여져 큰 반발을 불러일으킨다. 미국 내 대북강경책을 주도하고 있는 것으로 이름난 존 볼턴 국제안보담당 차관(후에 유엔대사 역임)이 북한에 대한 적개심을 고취하는 발언을 일삼은 것이 한 예이다.

어느날 갑자기 그는 강연을 구실로 서울에 와서 8월 29일 국방장관과 외교통상부차관보를 만나 "북한이 1997년부터 추진해온 고농축우라늄(HEU) 개발이 우려할 만한 수준에 이르렀다"면서, "이는 북한과의 관계개선에 장애요인이 될 것"이라고 주장했다. 말하자면 이러한 상황에서 북한과 협상하고 관계를 개선한다는 것은 있을 수 없는 일이라는 뜻일 것이다. 이날 총리 방북을 추진하고 있던 일본정부에도 동일한 내용이 통보되었다고 한다.

그러나 아무런 확증 정보도 제시하지 않은 채, 더구나 양국 정보기관 사이에 그러한 정보 평가도 없는 상황에서 대북적대발언을 일

삼아온 존 볼턴의 정치적 판단에 신빙성을 부여할 수는 없는 일이었다. 한미 양국 정보기관의 확실한 증거에 기초한 신뢰성 있는 공동판단이 나올 때까지는 그의 발언에 개의치 않고 일단 남북관계를 계속 추진하기로 했다. 우리는 사실이 아닌 것으로 판명된 4년 전 미국의 '금창리 지하핵시설' 정보를 상기하며, 잘못된 정보 판단이나 정보 왜곡에 휘둘리지 말아야 한다는 확실한 입장을 견지하기로 한 것이다.

9월 17일, 일본의 코이즈미 총리는 평양을 방문하여 정상회담을 통해 '평양선언'을 채택한다. 이 선언을 통해 일북 국교정상화 교섭을 10월 중에 재개하기로 양국이 합의하고, 일본은 과거 식민지지배에 대한 사과, 과거 보상의 의미로 무상자금 협력, 저금리 장기차관 공여 등 경제협력 원칙 등에 합의한다. 납치자 문제 해결의 실마리도 이때 마련된다.

남북관계 개선과 한반도 평화 만들기가 순조롭게만 진행되고 있는 것은 아니었다. 유엔군사령부의 비무장지대에 대한 관할권을 줄곧 행사해온 미국 국방성은 남북이 합의하여 비무장지대에 '평화회랑'을 설치하는 과정에서 여러번 제동을 걸어왔다. 우리는 이 과정에서 특히 세 차례의 어려운 고비를 넘겨야 했다.

럼스펠드 국방장관과 강경파들은 남북 철도·도로 연결사업을 노골적으로 저지하려 했다. 남과 북은 철도·도로 연결공사 착공식을 9월 18일에 실시하기로 합의한 바 있었다. 이 사업은 미국 측이 이미 오래전부터 잘 알고 있는 것이었다. 동해선 공사 착공을 위해서는 유엔군과 북한군 사이에 비무장지대 관할권 이양에 관한 합의절차가 꼭 필요했다. 그러나 럼스펠드 국방장관은 이를 승인하려 하지 않았다. 2년 전 클린턴 행정부가 경의선 평화회랑 설치를 적극 지지하고 축복하며 쾌히 승인했던 것과는 아주 대조적인 태도였다.

나는 전혀 진전을 보지 못하고 있는 양국 국방당국 간의 협의로는 이 문제의 해결을 더이상 기대할 수 없다고 판단하고, 청와대가 직접 백악관에 문제를 제기하는 하향식 문제 해결의 길을 택했다. 임성준 외교안보수석비서관이 라이스 안보보좌관 앞으로 김대중 대통령의 단호한 의지를 전하는 한편 "백악관이 이 문제를 해결해주기 바란다"는 내용의 팩스 메시지를 보내고 전화로도 협의했다. 이러한 노력 덕분에 결국 이 문제는 해결되기에 이른다.

리언 러포트(Leon J. LaPorte) 주한미군사령관은 국방성 훈령에 따라, "북한이 고농축우라늄계획(HEUP)을 추진하는 등 우려할 만한 상황인데도 불구하고 남북 철도·도로 연결사업을 꼭 추진해야 하겠느냐"며 우리 측 국방장관에게 물었다. 주한미국대사를 통해서 청와대에도 똑같은 질문을 했다. 불확실한 고농축우라늄계획 의혹을 이유로 남북관계 진전을 저지하려는 것이었다. 이에 우리는 "고농축우라늄계획 의혹은 확증정보 확보 후에 대응책을 강구하자"는 입장을 견지했다. 그리고 "남북관계 발전이 핵문제 해결에 기여할 수 있다"고 주장하며 "철도·도로 연결사업은 남북이 합의한 대로 반드시 추진하겠다"는 우리 정부의 결연한 의지를 천명했다. 아울러 "미국 측은 지체 없이 판문점 장성급회담을 개최하여 필요한 조치를 취하고, 합의된 날짜에 착공식을 거행할 수 있도록 보장하라"고 강력히 촉구했다. 우리 측의 단호한 입장을 확인한 미국 측은 일단 우리의 입장을 수용하겠다고 알려왔다.

곧이어 판문점에서 열린 제14차 남북장성급회담에서는 "비무장지대 일부구역(동해안)을 남북의 관리구역으로 한다"는 내용의 '비무장지대 일부지역 개방에 관한 국제연합군과 조선인민군 간의 합의서'를 채택·발효시켰다. 이어진 남북군사실무회담에서는 '동해지구와 서해지구 남북관리구역 설정과 남과 북을 연결하는 철도·도로 작업의 군사적 보장을 위한 합의서'가 채택되어 이슬아슬하게도 착공식 바로 전날 발효되었다.

2~3주간에 걸친 한미 간의 힘겨운 기싸움에서 불확실한 고농축우라늄계획 의혹을 내세우는 럼스펠드 미국 국방장관과 네오콘의 압력에 굴하지 않고 일단 우리의 의지를 관철하는 데 성공한 것이다. 만일 여기서 우리가 굴복했다면 남북관계는 다시 한번 파탄나고 6·15공동선언은 백지화되었을지도 모른다. 매우 어려운 일이었으나 결국은 해낸 것이다. 물론 여기서 모든 난관이 사라진 것은 아니었다.

이번에는 경의선 통로의 지뢰제거 작업이 완료될 무렵인 11월에 미국 측이 북측의 지뢰제거 작업에 의심을 제기하고 상호 검증을 실시할 것을 요구했다. "남측은 많은 지뢰를 제거했으나 북측의 지뢰제거는 미미한 수준"이라는 것이었다. 방어태세의 남측이 많은 지뢰를 매설하고, 공격태세의 북측에는 지뢰가 적다는 것이 군사적 상식이었다. 미국 측에서 이런 의문을 제기하는 것은 우리로서도 잘 이해가 되지 않았다.

그러나 북측은 상호 검증에 호응하고 검증요원 명단을 남측에 통보했다. 그런데 미국 측에서 이번에는 "북측이 직접 유엔사에 제출하여 허가를 받아야 한다"고 주장하며 승인을 거부했다. 북측은 마침내 "남북관리구역에서는 유엔사의 허가를 받을 필요가 없다"며 미국의 개입에 반발했다. 그리고 "남측은 부여된 권한마저도 제대로 행사하지 못한다"고 비난하기 시작했다. 미국 측은 "유엔사의 권위를 훼손시키는 일은 용납할 수 없다"고 고집했고, 이로 인해 3주 동안 지뢰 제거 작업은 중단되기에 이르렀다. 미국 측의 지연전술에 더이상 말려들 수는 없다고 판단한 나는 관계기관 협의를 거쳐 미국 측과 북측에 "검증 절차를 생략하고 공사를 서두르자"고 제의하여 이를 관철시킴으로써 또 한 차례 고비를 넘길 수 있었다.

그러나 미국의 견제는 집요했다. 11월 말 유엔사 부참모장 제임스 쏠리건(James N. Soligan) 소장이 기자회견을 통해 "금강산 육로관광을 위해 군사분계선을 월경할 때는 유엔사의 승인을 받아야 하고 한국군도 정전협정을 준수해야 한다"며 또다시 제동을 걸었다. 미국 측은 동서 평화회랑을 통한 인적·물적 통과절차를 규정한 남북 간의 부속합의서 문안을 두고 "유엔사의 권위에 대한 도전이며 한미 이간책을 용납할 수 없다"면서 제동을 건 것이다. 이 때문에 레일·침목 등을 북한에 보내주지 못해 철도연결공사는 지연되고 12월 중순으로 예정돼 있던 금강산 육로관광도 시작할 수 없게 된다. 금강산 육로관광은 12월 5일에 시험운행, 12월 11일부터 정상운행 예정으로 추진 중이었다.

당시 한국의 언론들은 「남북교류 간섭, 주권침해」「경직된 유엔사 딴죽 걸기」「수십년 단순화 관례 이제 와서 엄격 적용」「남북교류협력에 제동」 등의 머리기사를 내며 이에 반발했다. "대통령선거를 며칠 앞두고 미국이 한국의 특정 후보를 유리하게 하려는 것은 아닌가" 하는 의혹도 제기되었다. 실제로 부시 행정부의 네오콘들은 야당 후보의 당선을 바란다는 입장을 은근히 드러내기도 했다.

이에 우리 측은 북측을 설득하여 남북부속합의서에 "남북관리구역은 비무장지대의 일부이며 통행 승인과 안전 문제는 정전협정에 따라야 한다"는 너무도 당연한 내용을 명시하여 미국 측의 체면을 세워주기로 했다. 그리고 1월 말 북한이 이 문안을 수용함으로써 미국 측은 시비를 걸 수 있는 명분을 잃게 되었다. 대통령선거도 이미 끝난 뒤였다. 이 문제로 인해 금강산 육로관광은 예정보다 두달 늦게 2월 14일에야 개시될 수 있었다.

제13장

제2차 북핵위기

굴복을 강요하는 '대담한 접근'

남북관계와 일북관계의 진전에도 불구하고 북한에 대한 부시 대통령의 태도는 부정적이었다. 협상파와 강경파의 대립이 계속되는 가운데 부시는 강경파의 손을 들어주었다. 부시 대통령은 2002년 2월 서울에서 "북한과 대화를 통해 모든 문제를 평화적으로 해결하겠다"고 공언했으나, 그것은 네오콘 강경파들에 의해 묵살되어 한낱 외교적 수사에 불과한 것이 되어버렸다.

미국은 이후 '대북특사파견' 문제에 대해 지연전술로 일관했다. 특사 임무를 마치고 돌아온 직후 나는 미국에서 달려온 잭 프리처드 대사를 만났다. 나는 "프리처드 대사를 평양에 보내 대북정책의 이

정표를 설명할 용의가 있다"는 미국 행정부의 대북 메시지를 김정일 위원장에게 직접 전달하고 이에 대해 "특사 방문을 환영한다"는 김정일 위원장의 결단을 얻어냈다. 나는 프리처드 대사에게 김 위원장이 미국과의 대화와 협상을 간절히 원하고 있으며 "미국과의 관계를 정상화할 수만 있다면 미국의 안보 관심사를 모두 수용할 수 있다"고 한 말을 전했다. 그리고 "미국 최고위층이 북한지도자에 대한 험담과 북한을 자극하는 언행을 삼갈 것"과 "모멘텀을 살려 가급적 빨리 프리처드 대사가 방북하여 서로의 입장을 확인할 필요가 있다"고 조언했다. 또한 "조속한 타결을 원한다면 북한의 특성상 최고지도자와 직접 상대해야 하며 파월 국무장관이 나서는 것이 바람직할 것"이라고 조언하기도 했다.

북한과의 협상을 주장해온 미국 국무부는 뉴욕채널을 통해 북한측과 행정적 실무 접촉을 유지해왔고, 부시 대통령이 서울에서 '대북 불침공 선언'을 한 후인 3월에는 프리처드 대사가 처음으로 백악관 관리를 대동하고 북측과 접촉하기도 했다. 그는 나에게 "미국 국무부가 임 특사의 방북 결과를 잘된 것으로 반기고 있다"고 말했다. 그러나 "북한을 불신하고 '정권교체'를 주장하는 사람들이 못마땅하게 여기고 있어 공개적인 환영 논평은 유보한 상태"라고 귀띔해주었다.

며칠 후 미국 NSC 차관급회의에서는 "임동원 특사의 전달 내용을 북한의 정식 대화재개 의사로 간주할 수 없다"는 미국 내 강경파의 주장이 받아들여졌다는 소식이 날아왔다. 이에 나는 즉각 핫라인을 통해 북측에 "미국 대사의 방북수용 의사를 뉴욕채널을 통해 미국 측에 직접 밝히는 것이 좋겠다"는 내용의 권고 메시지를 보냈다.

일주일 후인 4월 30일 백악관 대변인은 "북한이 프리처드 대사를 초청했으며 미국은 이를 수용한다"고 발표했다. 미국 국무부가 드디어 미북회담을 재개할 수 있게 된 것으로 보였다. 그러나 이로부터 한달이 넘도록 미국은 특사 방북과 관련된 아무런 조치를 취하지 않았다. 오히려 5월 초에는 네오콘의 대변자인 존 볼턴 차관보가 연설을 통해 "악의 축 세 나라 중 첫번째 군사공격 목표는 이라크요, 그다음은 북한, 세번째가 이란"이라는 충격적인 발언을 했다.

6월 초 『워싱턴포스트』는 "부시 행정부 안에서 협상파와 강경파의 의견 대립으로 대북 입장 결정이 난항을 겪고 있다"고 보도했다. 강경파는 "악의 축인 북한의 입장이 진지한 것이 아니며 신뢰할 수 없다" 하고 "대화가 필요한 것이 아니라 압박을 가해 굴복시키거나 붕괴시켜야 한다"면서 '협상파'의 대화를 통한 외교적 해결 노력에 제동을 걸고 있다는 것이었다.

당시의 백악관 국가안보보좌관인 콘돌리자 라이스는 그의 회고록 『최고의 영예』(No Higher Honor, 2011)에서 다음과 같은 요지로 당시의 상황을 밝히고 있다.

국무성을 한편으로 하고 국방성과 부통령실을 다른 한편으로 하여 격심한 분열이 생겼다. 국무성 내에서도 내부 불일치로 어려움을 겪었다. 새로 임명된 네오콘 강경파인 존 볼턴 군비통제 및 국제안보 담당 차관보가 콜린 파월 국무장관에 맞서 계속 트러블을 일으켰다. 파월 장관과 국무부는 당연히 북한과 외교적 협상을 통해 문제를 해결한다는 입장이었다. 하지만 매파인 체니 부통령과 럼스펠드 국방장관은 "이미 붕괴시켜야 할 대상으로 공개적으로 선포한 마당에 북한정권과의 협상은 가치 없는 짓"이라며 오로

지 제재를 강화하고 고립시켜 정권교체의 토대를 마련하는 것이 가장 합리적이라고 주장했다. 부시 대통령은 매파의 손을 들어주었다. 이렇게 하여 '제네바 미북 기본합의'는 파기 수순을 밟게 된 것이다.

김 대통령은 6월 초에 임성준 외교안보수석비서관을 워싱턴에 보내 백악관을 설득하려 했으나 미국 측은 6월 중순에 예정된 '3국대북정책조정감독기구'(TCOG) 회의에서 자국의 확정된 입장을 밝힐 것이라며 "그때까지 기다려달라"고 요청했다.

클린턴 행정부는 "한반도 문제는 한국정부가 주도해야 한다"는 김 대통령과의 약속을 지켰다. 그들은 대북정책에 관해서는 모든 것을 우리 정부와 사전에 긴밀한 협의를 거쳐 결정했다. 그러나 부시 행정부는 달랐다. 사실 국무부와는 외교채널을 통한 한미 협조가 비교적 잘 이루어졌으나 그들의 입장은 네오콘 강경파들에 의해 번번이 밀려나기 일쑤였다. 대부분은 네오콘 강경파들이 단독으로 결정한 뒤 우리 측에 통보해주는 전형적인 일방주의적 행태를 보였던 것이다.

쌘프란시스코에서 열린 TCOG 회의(2002.6.17~18)에서 미국 측은 "부시 대통령이 북한의 군사적 위협과 인권 상황을 크게 우려하고 있다"면서 "북한이 안보와 인권 문제 등에 전향적 조치를 취하는 등 근본적인 변화를 보인다면"이라는 전제조건하에 미국은 이에 상응하는 '대담한 접근'(bold approach)을 취할 것이라는 입장을 밝혔다. 또한 미국은 북한과 비생산적이고 시간만 끄는 대화를 원하지 않으며, 현안이 일괄적으로 대담하게 단번에 해결되기를 원한다는 것이었다.

대화와 협상을 통해 난제를 하나씩 해결하면서 북한의 변화를 이끌어내려는 것이 아니라, 북한이 먼저 행동을 통해 근본적인 변화를 입증할 때라야 모든 문제를 일괄 협상하겠다는 뜻이었다. 즉 '선 북한의 변화, 후 협상'이었다. 미국 국무부가 마련하여 북측에 설명하겠다던 '이정표(road map)에 의한 단계적 접근' 구상은 사라져버리고 '대담한 접근'으로 대치된 것이다. 그러나 이 '대담한 접근'은 북한과 대화를 하겠다는 것이 아니라 굴복을 강요하는 비현실적인 것으로, 내가 생각하기로는 결코 해결 방책이 될 수 있는 것이 아니었다. 나중에 알려진 바에 의하면, 바로 이 무렵 존 볼턴 등 네오콘 강경파들은 북한의 '고농축우라늄계획 의혹'을 제기할 준비를 하고 있었다.

6월 하순에 임성준 수석이 워싱턴을 방문하여 라이스 안보보좌관과 아미티지 국무부 부장관 등을 만나고 돌아왔다. 부시 대통령이 협상파의 '이정표에 의한 단계적 접근'보다는 강경파의 '대담한 접근' 편에 손을 들어주어 강경파의 입지가 강화된 것이 확실하다는 것이 그의 보고 요지였다. "그러나 현재로서는 부시 행정부가 현실성이 없는 북한에 대한 군사적 선제공격은 고려하고 있지 않으며 비군사적인 방법으로 북한의 체제와 정책의 과감한 변화를 유도하려 한다"는 것이 미국 측의 설명이라고 했다. 미국 국무부는 프리처드 대사의 방북을 계속 추진할 것으로 보이나 네오콘의 반대를 극복할 수 있을지는 의문이라는 것이 임 수석의 분석이었다. 결국 6월 말 '서해교전 사건'을 구실로 미국은 대북정책을 설명하기 위해 프리처드 대사를 평양에 보내겠다던 기존의 제의를 거둬들이고 방북을 취소하고 만다.

이 무렵 『워싱턴포스트』는 「위험한 정책을 수정해야 할 기회」라는 칼럼에서 다음과 같이 주장했다.

　　부시 행정부는 무리한 강공책으로 대북정책의 실패를 거듭하고 있다. 전(前) 행정부의 업적을 훼손하고 한미동맹을 손상시키고 있는 것이다. 부시 행정부가 제시하는 전제조건은 외교 기초에도 어긋나는 것이다. 이런 접근방법은 한반도의 긴장을 고조시킬 뿐만 아니라 국제사회의 지지도 받지 못하고 있다. 부시 행정부는 진지한 협상에 나서야 한다.

이런 강경기류 속에서도 파월 장관과 국무부 협상파의 고군분투는 계속된다. 7월 말 브루나이에서 열린 아세안지역안보포럼(ARF)에서 파월 장관은 북한의 백남순 외상과 만나 15분간 짤막한 대화를 나누었다.

나는 김정일 위원장에게 "백남순 외상을 만나고 싶으니 브루나이에 파견해줄 것을 요청한다"는 파월 장관의 메시지를 구두로 전달한 바 있다. 브루나이에서 파월 장관은 '미국은 북한에 대해 적대의도를 가지고 있지 않으며 특사를 평양에 보낼 것"이라고 언급했고, 백남순 외상은 "이를 환영한다"고 말한 것으로 알려졌다.

또한 콜린 파월 장관은 강경파의 반대를 무릅쓰고, 북한의 금호지구 경수로 기지 콘크리트 타설을 기념하는 행사(8.7)에 프리처드 대사를 보내 미국이 제네바합의 이행의 의지를 저버리지 않고 있음을 보여주려고 애썼다.

제임스 켈리의 방북

순풍에 돛을 달고 활기찬 항해를 하던 남북관계에 사나운 역풍이 불어닥친다. 이른바 '제2차 핵위기'가 다가오고 있었다. 2002년 10월 초 부시 대통령은 국무부 제임스 켈리 동아태담당 차관보 일행을 평양에 보내어 "북한의 고농축우라늄계획(HEUP)에 대한 확실한 증거가 있다"면서 이를 폐기하라고 요구한다. 이후 미국은 '제네바 미북기본합의'를 파기하는 수순을 밟게 되며, 이는 북한으로 하여금 8년간 중단했던 플루토늄 핵개발을 재개하도록 만드는 결과를 초래하게 된다.

이 무렵 미국 국방성의 '핵태세보고서'(NPR) 내용이 알려져 국제적인 물의를 일으켰다. 이 보고서에는 북한 등 7개국에 대한 핵무기 사용 가능성과 '지하벙커 공격용 핵폭탄' 개발 추진 등 예민한 문제들이 포함되어 있었다. 핵무기를 보유하지 않은 국가를 핵공격의 잠재적 대상으로 명시한 이 보고서를 두고 "미국이 핵비보유국에 대해 핵무기를 사용하지 않기로 공약한 핵확산금지조약(NPT) 체제를 무너뜨리는 것"이라는 비난이 쏟아져나왔다.

1980년대 중반 소련의 지도자로 등장한 고르바초프는 "20세기 말까지 핵무기 없는 세계를 실현하자"고 주장하며 미국과의 핵무기 폐기협상을 추진했다. 그리하여 미소는 양국의 중거리 핵미사일을 모두 폐기하고, 장거리 전략핵무기의 3분의 1을 폐기하는 데 성공했다.

또한 양국은 제2차 전략핵무기감축협정(START-II)과 모든 핵실험을 금지하는 포괄적핵실험금지협약(CTBT)에도 합의했다. 그러나 부시 대통령은 이 협정들의 비준을 거부했고, 또한 요격미사일

(ABM)제한조약도 일방적으로 파기하는 등 핵무기 폐기를 지향하는 세계적 차원의 움직임에 역행해 국제사회의 비난을 받고 있었다.

9월 25일 밤 부시 대통령은 김 대통령에게 전화를 걸어왔다. 김 대통령은 코펜하겐에서 열린 아시아유럽정상회의(ASEM)를 마치고 이날 아침에 귀국한 터였다. 나는 임성준 외교안보수석비서관과 함께 전화받는 자리에 배석했다.

부시 대통령은 "10월 초에 켈리 차관보를 평양에 특사로 보내기로 결심했다"고 밝히고, "김 대통령이 이룩한 진전을 계속해야 한다고 믿고 북한과 협의하기로 했다"고 말했다. 그러면서 "김정일이 평화적 관계를 원한다면 핵문제를 해결해야 하고, 또한 재래식 군사력도 후방으로 이동시켜야 한다"는 종래의 주장을 되풀이했다. 그리고 "북한을 둘러싼 환경은 이라크와는 다르며, 평화를 이룩하는 방법도 다를 수밖에 없다"고 덧붙였다. 이튿날 워싱턴은 켈리 특사의 평양방문 계획을 공식 발표한다.

이 전화를 받은 우리는 어리둥절했다. 부시 대통령이 갑자기 입장을 바꾼다는 것이 믿어지지 않았기 때문이다. 그러나 우리는 이라크 침공에 전력을 다해야 할 부시 대통령이 최근 남북관계의 눈부신 진전, 북한의 개방과 경제개혁 추진, 일본 코이즈미 총리의 평양방문과 일북 수교회담 재개, 그리고 북한과의 대화를 권고한 ASEM의 '한반도평화선언' 등에 영향을 받아 드디어 북한과 대화를 시작하려는 것이 아닌가 하는 낙관적인 해석과 함께 기대감에 부풀게 되었다. 그러나 그것은 오판이었다.

켈리 특사 일행은 평양방문을 위해 토오꾜오를 경유하여 10월 2일 서울에 왔다. 미국 측의 요청을 받고 나는 청와대 외교안보수석비서관의 좁은 응접실에서 켈리 특사 일행과 토머스 허버드 주한미국대사를 맞아 방북 취지에 대한 설명을 들었다. 특사 일행에는 국무부의 프리처드 대사, 데이비드 스트라우브(David Straub) 한국과장, NSC의 마이클 그린(Michael J. Green) 한반도 담당관, 합참의 마이클 던(Michael M. Dunn) 공군소장과 국방성의 메리 타이(Mary Tighe) 한국과장, 그리고 2명의 통역이 포함되어 있었다. 우리 측에서는 임성준 수석비서관, 김원수(金垣洙) 외교비서관 등이 참석했다.

여느 때와 달리 켈리 차관보의 표정이 굳어 있었다. 그는 "북한의 고농축우라늄계획에 대한 확실한 증거가 있으며, 이를 폐기하라고 통보하기 위해 평양에 간다. 이 계획의 폐기가 대화의 전제조건임을 분명히 하게 될 것"이라고 밝혔다. 그는 '협상'하기 위해 가는 것이 아니라 '통보'하러 가는 것이라고 강조했다. "북한의 답변을 기대하는 것은 아니지만, 북한이 자기 입장을 제시한다면 듣기는 할 것이나 논의하지는 않을 방침"이라는 입장도 밝혔다. 그는 발언 요지문을 꺼내 읽으며 "미국이 지금까지 문제 삼았던 플루토늄핵개발, 장거리 미사일, 재래식 군사력 문제 등과 함께 인권문제 등도 포괄적으로 언급할 것이지만, 그런 문제보다는 고농축우라늄계획에 더 큰 관심을 갖고 있다"고 잘라 말했다.

이 자리에 참석했던 우리 모두는 부시 대통령의 통화 내용과는 달리 "협의하러 가는 것이 아니라 통보하러 간다"는 말에 놀라움과 충격을 금할 수 없었다. 즉 켈리 일행의 평양방문은 "고농축우라늄계획을 폐기하라"고 일방적으로 통보하고, "이를 시인하고 폐기하기 전에는 상대할 수 없다"는 고압적 자세로 북한을 굴복시키려는 네오콘 강경파의 주장에 따른 것이었다.

그들은 대북 중유 공급이나 경수로 제공을 '굴욕외교의 상징'이라고 규탄해왔고, "제네바 미북 기본합의는 잘못된 것"이라고 주장해왔다. 드디어 판을 깨려고 하는구나 하는 불길한 예감이 엄습했다. '대담한 접근'이라는 것이 바로 이런 것이었구나 하는 생각도 들었다. 우리는 할 말을 잃었다.

"네오콘들은 남북정상회담, 남북 철도·도로 연결 등 남북관계의 개선과 경제개혁 실시 등 북한의 변화, 그리고 중국 및 러시아와 북한의 관계개선, 일본과 북한의 정상회담 등 한반도에서 전개되는 탈냉전의 움직임에 부정적인 시각을 갖고 있다"는 전문가들의 분석이 나오고 있던 터였다.

콘돌리자 라이스가 회고록 『최고의 영예』에 밝힌 바에 따르면, 그동안 북한이 파키스탄의 핵전문가 압둘 카디르 칸(Abdul Qadeer Khan)과 연계되어 있으며 우라늄농축 설비를 획득하고자 한다는 정보기관의 불완전하고도 애매한 첩보 보고가 있었다고 한다. 그런데 9·11사태 1주년을 앞둔 무렵 미국 중앙정보국(CIA)이 "북한이 이미 우라늄농축을 위한 생산시설을 건설했다"는 엄청난 폭발력을 지닌 정보 판단을 보고해온 것이다. 정부 내에서는 이 정보의 정확성에 대해 합의 불가능한 논쟁이 계속되었다고 한다.

그리고 파월 장관은 북한을 자극하여 한반도에 새로운 위기를 조성하는 것을 원치 않았으나 부시 대통령은 제임스 켈리 동아태 차관보를 북한에 보내 미국의 강경 입장을 통보하자는 건의를 수용했다고 한다. NSC가 대화요지(talking points)를 마련했으나 존 볼튼과 국방성 그리고 체니 부통령이 좀더 강경한 입장을 통보해야 한다고 주장했다는 것이다. 결국 대화요지가 아니라 그대로 읽을 원고로 작성하게 된 것이다. 그리고 통보만 하되 어떠한 대화도 일체 금지하고 외교만찬 참석도 금지하는 훈령을 하달했다고 한다.

일부 네오콘들은 "한반도에서의 긴장 장기화가 미국의 동북아전략에 유리하다"는 주장을 노골적으로 드러냈다. 미국의 대북강경책을 주도하고 있는 이들은 체니 부통령, 럼스펠드 국방장관, 폴 울포위츠(Paul D. Wolfowitz) 국방부부장관, 존 볼턴 국무부차관보 등으로, 부시 행정부 출범 이후 끈질기게 이라크와 북한정권의 붕괴를 주장해왔다. '네오콘'으로 불리는 미국의 신보수주의자들은 1997년 21세기 미국의 세계패권수호를 위해 '새로운 미국의 세기를 위한 프로젝트'(PNAC)를 선언한 바 있다. 즉 국방 예산을 증액하여 군사력을 현대화하고, 미국의 가치와 이익에 적대적인 정권과 대결하여 미국의 안보와 번영, 미국적 가치의 세계화에 유리한 국제질서를 조성해 나가야 한다는 주장이었다. 이들은 전세계 국가, 특히 중동 국가들이 모두 민주화되지 않는 한 평화란 있을 수 없다는 주장을 신봉하는 사람들이었다. 여기서 '악의 축'을 이루고 있는 사악한 정권들을 제거하고 민주주의를 확산하겠다는 부시의 '선제공격 독트린'의 뿌리를 찾을 수 있다.

2002년 10월 5일 아침 켈리 차관보 일행은 2박 3일의 평양방문을 마치고 서해 직항로를 이용하여 서울로 돌아왔다. 방북 결과를 워싱턴에 보고하고 지시를 받은 이들은 오후 2시 30분부터 약 1시간 동안 우리 측에 방북 결과를 설명했다.

외교부장관 공관에서 열린 이 설명회에는 미국 측 대표단 전원과 허버드 주한미국대사 등이 참석했다. 우리 측에서는 대통령 통일외교안보특보인 나와 최성홍 외무부장관, 이태식(李泰植) 차관보와 임성준 외교안보수석비서관 등이 참석했다.

켈리 일행은 경색되어 있는 듯했고, 켈리 차관보는 준비한 설명문을 그대로 읽어내려갔다. 매우 신중을 기하는 기색이 역력했다. 설명문의 요지는 이러했다.

10월 3일 오전 평양에 도착, 고려호텔에 투숙, 오후에 외무성 김계관 부상을 만나 미국 측 입장을 전달했는데 그는 "고농축우라늄 계획이 없다"고 주장했다. 4일 오전에 다시 김계관 부상을 만났고, 오후에 김영남 최고인민회의 상임위원장을 예방하여 미국의 입장을 설명했다. 이날 오후 4시에 강석주 외무성 제1부상을 만났는데, 그는 "어젯밤 군부 등 고위관계자들이 모여 미국 측 주장을 검토한 결과를 통보한다"면서 북측 입장을 밝혔다.

강석주 제1부상은 "미국 측이 제시한 고농축우라늄계획이 실재한다"고 반항적인 어투로 시인한 후에 "미국이 엄청나게 보유하고 있는 핵무기로 우리를 '악의 축'이라며 '선제공격'하겠다고 위협하는 마당에 우리도 국가안보를 위한 억제력으로써 핵무기는 물론 그보다 더 강력한 것도 가질 수밖에 없지 않느냐"고 항변했다. 그리고 "전쟁을 하자면 할 용의가 있다"고 서슴없이 폭언을 했다는 것이다.

그러나 미국과 협상을 통해 해결할 용의가 있다면서 "미국이 적대시정책을 버리면 미국의 안보관심사의 해결이 가능하다"며 이를 위한 세가지 조건으로 '체제 인정 및 존중, 불가침조약 체결, 경제제재 해제' 등을 제시하고 새로운 합의와 체결을 원한다는 것이었다. 그리고 "최고위층과의 회담을 통해 일괄 타결할 것을 희망한다"고 밝혔다.

켈리는 "북한의 발언과 태도에 경악했다"고 표현하면서 "귀국하여 대책을 강구하게 될 것이며 더이상은 언급할 수 없다" 하고 우리 정부의 양해를 구했다.

나는 북한이 고농축우라늄계획(HEUP)의 실재를 인정했다는 말에 놀라움을 금할 수 없었다. 그러나 "북한사람들의 과장되고 격앙된 발언을 그대로 받아들이는 데는 신중을 기할 필요가 있을 것"이라고 전제한 후에 "왜 우린들 핵무기를 가질 수 없느냐" 하는 식의 표현이 고농축우라늄계획을 시인하는 것인지, 핵무기를 가질 권리기 있다는 것인지 모호한 것이라고 지적했다. 이에 국방부의 던 소장 등은 "미국 측 대표단원 중에는 한국어에 능통한 사람이 세 사람(두 통역과 스트라우브 과장—저자) 있는데 모두 동일하게 인식했으며, 북측에 반복 확인하여 틀림없다"고 주장했다.

이에 나는 다시 "북한은 더이상 협상을 지연시키지 않고 최고당국자와의 회담을 통해 조속히 일괄 타결할 것을 바랄 가능성이 높다"고 주장했다. 북한이 자극적이고 모호한 표현을 사용하여 미국의 관심을 끌어내고 일괄 타결의 길을 마련하고자 했을 수 있다고 본 것이다.

실제로 당시 나는 북한이 이라크 침공에 전념해야 할 상황에 처한 미국을 압박하여 문제를 조속히 해결하거나, 아니면 이 기회를 활용하여 본격적으로 핵개발을 추진할 가능성이 있다고 보았다. 그러나 북측과의 대화록 사본을 공유할 것을 요구한 우리 측 제의는 묵살되었다.

고농축우라늄계획의 진실은?

존 볼턴 차관보가 우리 정부에 '북한 고농축우라늄계획의 심각성'을 통보한 지 40일이 지난 10월 7일에야 미국의 정보요원 3명이 내한하여 북한의 고농축우라늄개발 동향을 우리 측에 설명했다. 켈리 차관보가 평양을 다녀온 후였다. 나는 임성준 수석비서관과 함께 이 브리핑을 들었다.

북한이 고농축우라늄시설을 지하에 건설 중인 것이 확실하다고 판단한다. 그러나 그 위치는 아직 확인되지 않았다. 북한은 파키스탄형의 원심분리기를 만들기 위한 알루미늄관 등 자재를 이미 확보했다. 순조롭게 진행될 경우 2004년 후반기부터는 연간 2~3개의 핵폭탄을 만들 수 있는 분량의 '고농축우라늄'(HEU) 생산이 가능할 것으로 판단한다.

나중에 공개된 바에 의하면 부시 행정부가 제네바 미북 기본합의를 파기하기 직전인 2002년 11월 중순에 미국 CIA가 미국 의회에 정보판단 보고서를 제출했다고 한다.

그런데 그 내용은 이날 내가 들은 바와 다르지 않았다. 이 보고서에 의하면, "북한이 고농축우라늄 생산을 위한 원심분리기 시설을 건설하기 시작했다는 확실한 증거가 있으며, 이르면 2005년을 전후하여 해마다 2개 이상의 핵폭탄을 만들 수 있는 고농축우라늄을 생산하게 될 것"이라는 내용이었다.

국가정보원장을 지낸 나는 많은 질문을 던졌으나 이들의 답변이 나를 확신시키기에는 너무도 미흡했다. 나는 그들에게 "확실하고 새로운 증거도 제시하지 못한 채 '최악의 씨나리오'인 '첩보'를 '정보'로 주장하는 것은 위험천만한 일"이라고 지적했다. 그리고 현지 방문 조사 결과 사실이 아닌 것으로 판명된 '금창리의 과오'를 그들에게 상기시켰다. 미국 정보 판단의 신뢰성에 의문을 제기한 것이다.

나는 네오콘 강경파들이 불순한 정치적 의도를 가지고 이 첩보를 과장·왜곡하는 것이 아닌가 하는 의구심을 갖고 있었다. 나는 그들에게 "한미 양국의 정보기관이 좀더 확실한 정보를 수집하고 올바른 판단을 하기 위해 긴밀히 협조해나가야 할 것"이라고 당부했다.

북핵문제는 한미 정보기관의 최우선 관심사로 정기적으로 기술적인 정보 교류와 공동분석 평가작업을 통해 꾸준히 검토해왔다. 특히 북한의 고농축우라늄계획 의혹은 5년 전인 1997년에 『제인스저널』과 『워싱턴타임스』에서 대서특필한 적이 있고 그동안 한미 양국 정보기관의 최대 관심사로 계속 긴밀하게 정보교류를 협력해왔는데 아직은 특이한 증거를 확보하지 못한 상태였다. 따라서 신빙성 있는 확실한 증거를 확보할 때까지는 신중을 기해야 할 것이라고 보았다.

우리 정보기관도 이때 비로소 같은 내용의 설명을 미국 측으로부터 들었다고 한다. 우리 정보기관의 보고에 의하면, "북한이 도입한 알루미늄관 같은 자재는 미사일 등 다른 목적에도 사용 가능한 다목적용으로 용도에 대한 확인이 필요하며, 북한이 고농축우라늄계획에 필수적인 장비와 부품들을 확보했다는 증거는 아직 없다"는 것이었다. 더구나 고농축우라늄시설 건설의 징후는 전혀 포착된 게 없다는 것이었다. 따라서 미국 측의 이번 브리핑으로는 확증 정보가 빈약하고, 북한의 기술 수준 평가도 과장된 것으로 생각할 수밖에 없었다.

국가 간의 정보교환은 정보기관을 통해서 이루어지는 것이 관례인데, 우리 정보기관과 아무런 사전협의도 없이 부시 행정부의 고위관리가 우리 정부 고위관리에게 느닷없이 '정치적 해석'을 가미한 '첩보'를 통보하는 것은 결코 정상적인 '정보공유'라고 할 수 없었다. 더구나 그해 여름부터 대북관계 개선이 활성화되고 있던 상황에서, 한국과 일본 두 정부에 대해 노골적으로 제동을 걸기 위한 정보조작이 아닌가 하는 의혹을 떨쳐버릴 수 없었다. '금창리 정보'의 경우처럼, '최악의 경우를 전제로 하는 첩보'를 정치적 의도로 과장·왜곡할 가능성도 배제할 수 없는 것이다.

이듬해의 이라크 침공이 좋은 예가 될 수 있다. 부시 대통령이 선언한 이라크 침공 명분에 대한 의혹이 증폭되자 미국 의회는 조사에 착수했다. 상원 정보위원회의 '조사 결과 보고'(2004.7.9)는 "이라크의 핵무기 개발 의혹이나 생화학 물질 비축 등은 조작되거나 왜곡·과장된 것으로 증거가 없으며 테러활동지원 증거도 발견하지 못했다"고 결론지었다. 그리고 "부시 대통령이 부추긴 잘못된 정보로 잘못된 전쟁을 일으켜 수많은 미국인의 귀중한 생명과 자원을 잃게 되고 국제적 신망을 실추시키는 결과를 초래했다"고 발표했다. 이 무렵부터 부시 대통령에 대한 미국인들의 신뢰도는 급격히 하락하기 시작한다.

당시 이 문제와 관련하여 가용한 모든 정보를 토대로 한 나의 판단은 이러했다. 북한이 플루토늄계획을 추진해온 것은 이미 알려진 사실이다. 만약 제네바합의가 파기되는 경우가 발생한다면, 북한으로서는 플루토늄계획을 재개하는 것이 우라늄계획을 새롭게 시작하는 것보다 용이할 것이라고 판단한 것이다.

전문가들에 의하면, 고농축우라늄계획을 추진하기 위해서는 세가지 요소가 구비되어야 한다. 천연 우라늄과 농축 관련 기술, 그리고 장비와 설비가 필요하다는 것이다. 북한은 천연 우라늄 매장량이 상당하고 정련시설도 갖추고 있으나, 원심분리기 제작을 위한 고도의 산업기술은 아직 보유하지 못한 것으로 분석되었다.

또한 대량의 원심분리기를 외국에서 도입했다는 징후도 포착되지 않았다. 그러나 북한이 자국산 천연 우라늄으로 3~4퍼센트 수준의 저농축우라늄(LEU)을 만드는 기술을 확보하기 위한 장비나 부품을 도입할 가능성은 있다고 보았다. 이는 앞으로 필요하게 될 경수로용 연료를 자체 생산하기 위한 것일 가능성이 컸다. 이는 90퍼센트 수준의 무기급 고농축우라늄계획을 추진하는 것과는 차원이 다른 것으로 투명성만 보장된다면 국제적 비확산규범을 위반하는 것이 아니다.

히로시마에 투하되었던 것과 같은 원자폭탄 한개를 만들려면 고농축우라늄 25킬로그램이 필요한데, 이를 위해서는 원심분리기 약 1,000여개를 1년간 풀가동시켜야 한다. 더구나 고농축우라늄을 만들기 위한 원심분리기는 미그 전투기 엔진속도보다 2배 이상 빠른 '분당 5만~7만 회'의 고속회전을 해야 한다. 이를 위해서는 고성능 모터와 전자제어장치가 있어야 하지만 북한의 현재 기술수준으로 이러한 장비의 제작은 불가능하고, 수출통제 품목인 관련 자재나 장비의 수입도 거의 불가능한 것으로 판단되었다. 실험용으로 약간의 원심분리기를 확보하는 것도 쉽지 않을 터인데 외부의 감시와 통제를 피하여 1년에 2~3개의 핵폭탄을 만들 생산시설을 건설한다는 것은 불가능에 가까운 일일 터였다.

그런데 몇년 후에 "북한의 고농축우라늄계획은 파키스탄의 지원을 받았다"는 주장이 새롭게 제기되었다. 파키스탄의 페르베즈 무샤라프(Pervez Musharraf) 대통령은 자서전(2005.9)을 통해 "1999년경부터 압둘 카디르 칸 박사가 북한 측에 우라늄농축용 원심분리기 기술을 지원하는 한편 약 20개의 원심분리기를 넘겨주었다"고 주장했다.

만약 이것이 사실이라 해도 연간 2개 이상의 핵폭탄을 만들 수 있는 수천개의 원심분리기를 갖춘 생산시설을 이미 가동 중이라는 미국의 정보 판단과는 너무도 거리가 먼 것이다.

'2004년 후반기부터 해마다 2~3개의 우라늄 핵폭탄을 만들 수 있는 분량의 고농축우라늄을 생산할 수 있을 것'이라는 미국의 정보 판단은 왜곡·과장된 것이었다. 네오콘 강경파들에 의해 조작된 것이라는 의혹마저 제기되었다. 콘돌리자 라이스가 그의 회고록에서 밝혔듯이, 당시 미국정부 내에서도 이 정보의 정확성에 대해 '합의될 수 없는 논쟁'이 계속되었다고 한다. 제네바 북미 기본합의를 파기한 후 시간이 흐르면서 고농축우라늄계획 의혹은 점차 수그러든다. '무기급 고농축우라늄'이라는 말은 슬그머니 사라지고 주로 저농축우라늄을 의미하는 '우라늄농축계획'(UEP)이라는 표현으로 바뀌기 시작했다.

8년 후인 2010년 11월 북한은 미국 씨그프리드 헤커(Siegfried S. Hecker) 박사팀을 초청하여 영변의 새 핵시설을 공개한다. 헤커 박사가 보고서에서 밝힌 내용을 요약하면 이러하다.

지금까지 문제시되어온 플루토늄 생산용 5메가와트 원자로는 이미 불능화되어 더이상 플루토늄을 생산하지 않음을 보여주었다. 그리고 전력 생산용 25메가와트급 경수로를 자체기술로 건설 중이며 또한 거기에 사용할 원료인 저농축우라늄 생산용 농축시설이 이미 가동 중임을 보여주었다. 그것은 핵에너지의 평화적 이용을 위한 것으로서 국제법상 문제가 되지 않는다. 지난날 미국이 북한에 제공하려던 것이 바로 경수로형 발전소였는데 그것이 중단되었으니 자체기술로 만들고 있고, 거기 사용할 저농축우라늄을 생산하겠다는 것이다. 이를 그대로 방치한다면 저농축우라늄뿐만 아니라 핵무기의 재료로 쓰일 고농축우라늄도 생산할 가능성을 배제할 수 없어 서둘러 통제대책을 강구해야 할 것이다.

2011년 말 북한은 "저농축우라늄 생산이 빠른 속도로 추진되고 있다"고 발표했다. 하지만 북한이 무기급 고농축우라늄을 생산한다는 확증 정보는 아직 알려진 바 없다.

한·미·일 3국 정상회담

켈리 특사의 방북을 계기로 그동안 "제네바 미북 기본합의는 잘못된 것이며 이를 파기해야 한다"고 주장해온 워싱턴의 네오콘들은 쾌재를 불렀다. 북한이 고농축우라늄계획을 '시인'했으며, 이는 명백히 제네바합의를 위반한 것으로 그동안 미국을 속여왔다는 것을 인정한 셈이라는 것이다. 합의 이행이 불가능해졌으므로 이제는 미국도 제네바합의를 파기할 수 있게 되었다는 것이다. 물론 이렇게 되면 북한은 중단했던 플루토늄핵활동을 재개할 것이고 '제2차 핵위기'가 도래할 것은 자명했다.

우리 정부로서는 우선 제네바합의 파기사태를 막는 데 최선의 노력을 기울여야 했다. 10월 10일 열린 제206차 NSC 상임위원회 회의에서는 켈리 특사의 방북 결과를 분석·평가하고 우리의 입장을 정립했다.

- 북한의 고농축우라늄계획에 대한 확실한 증거 확보를 위해 우방국들과의 정보협력을 강화한다.
- 제네바합의 파기는 위험하며, 이를 방지하기 위한 다각적인 외교 노력을 경주한다.
- 한미정상회담(2002.2.20)에서 합의한 대로 북한의 대량살상무기 문제는 대화를 통해 평화적으로 해결해야 하며 군사적 조치는 배제해야 한다.
- 켈리 특사의 방북에 대한 답방으로 북한 강석주 제1부상의 방미를 추진하여 협상의 계기를 마련하도록 노력한다.
- 멕시코 로스까보스에서 개최될 한·미·일 3국 정상회담에서 공동대책을 강구한다.

이라크 침공을 준비 중이던 부시 행정부는 '대(對)이라크 군사력 사용권한부여 결의안'이 의회에서 통과되기 이전에 북한의 고농축 우라늄 문제가 노출되는 것을 원하지 않았다. 이 법안은 10월 11일 의회에서 통과됐다. 이라크 침공 권한을 확보한 지 일주일 후에야 강경파는 지난 12일 동안 유지해온 비밀을 언론에 흘렸다. 부시 대통령 주재로 열린 NSC 회의에서 대북 강경입장을 확정한 다음 날이었다. 또한 중간선거를 약 2주 앞둔 시점이기도 했다.

북한의 고농축우라늄계획 의혹이 대대적으로 보도되면서 국제적으로 '북한 때리기' 여론이 조성되기 시작했다. 특히 한국의 언론들은 연일 대서특필로 이를 보도했고, 보수언론들은 예의 과장 왜곡보도를 시작했다. 한 보수일간지는 「북, 올 7~8월 핵농축 실험. 핵탄 2개 이미 보유」라는 자극적인 머리기사로 왜곡 날조된 무책임한 정보와 함께 "분노를 표시 못하는 햇볕정책"이라는 표현으로 정부의 대북정책을 비난하기도 했다.

김대중 대통령은 우선 북한 설득에 나섰다. 그는 제8차 남북장관급회담(10.19~23)에 참석하기 위해 평양으로 가는 정세현 통일부장관을 통해 김정일 위원장에게 메시지를 전달하도록 조치했다. "대량살상무기의 개발과 보유는 용납할 수 없다" "대미 대화를 제의하고 강석주 부상을 미국에 특사로 파견하여 문제 해결에 적극 나서라" "어떠한 경우에도 제네바합의가 파기되는 잘못을 저질러서는 안된다" "로스까보스에서 3국 정상회담(10.26)이 열리기 이전에 북한의 확실한 입장을 밝히라" 등의 내용이 포함된 메시지였다.

로스까보스에서의 3국 정상회담을 하루 앞둔 10월 25일, 마침내 평양에서 공식입장이 발표되었다. 외교부 대변인 담화 형식으로 된 장문의 성명이었는데 요지는 이러했다.

남북 철도 연결과 일본과의 과거 청산을 비롯하여 지난 세기의 낡은 유물을 없애기 위한 대담한 조치들을 취하고, 북은 경제관리 개선과 경제특구 조성 등 경제활성화 조치를 취하는 등 아시아 평화에 기여해왔다.

미국과도 현안 문제들을 해결하고 적대관계를 해소하려고 미국 대통령 특사를 기대를 갖고 맞이했으나 그는 우리가 고농축우라늄계획을 추진하여 제네바합의를 위반했다며 이를 중지하지 않으면 조·미 대화도 없고, 조일관계와 북남관계도 파국상태가 될 것이라며 일방적이고 오만 무례하게 적반하장격의 강도적 논리를 폈다.

핵문제는 미국이 세계제패전략에 따라 적대시정책을 추구하며 핵무기로 우리를 위협해옴으로써 생겨난 문제다.

제네바합의를 먼저 위반한 것은 미국이다. 제네바합의 제1조에 따르면 경수로를 2003년까지 제공키로 돼 있으나 8년이 지난 지금 기초 구덩이나 파놓은 데 불과하다. 이로 인해 우리는 전력 손실을 보게 되었다. 제2조에서 정치·경제관계를 완전 정상화하자고 해놓고 적대시정책과 경제제재를 계속해왔으며, '악의 축'이라며 우리를 압살하려 한다. 제3조에 따르면, 핵무기를 사용하지도 위협하지도 않는다고 약속하고 우리를 핵선제공격 대상으로 지정했다. 우리를 '악의 축'으로 규정하고 핵선제공격 대상에 포함시킨 것은 우리에 대한 선전포고로 제네바합의를 무효화시키고 핵확산방지조약을 유린한 것이다.

이런 상황에서 "가중되는 핵 압살위협에 대처하여 우리가 자주권과 생존권을 지키기 위해 핵무기는 물론 그보다 더한 것도 가지게 되어 있다"는 것을 명백히 말해주었다. 그리고 자주권을 인정하고, 불가침을 확약하며, 경제발전 장애를 조성하지 않는다는 조건에서 협상을 통해 해결할 용의가 있다는 것을 명백히 밝혔다.

미국이 불가침조약을 통해 우리에 대한 핵 불사용을 포함한 불가침을 법적으로 확약한다면 우리도 미국의 안보상 우려를 해소할 용의가 있다. 우리의 입장은 불가침조약과 안보 현안을 일괄타 결하자는 것이다.

북한은 이런 요지의 성명을 통해 "미국 특사가 아무런 증거도 없이 북한이 고농축우라늄계획을 추진한다며 제네바합의 위반이라고 주장하나 이는 사실이 아니다"라고 전면부인하고 "미국의 압살위협에 대처하기 위해서는 핵무기보다 더한 것도 가질 권리가 있다"고 주장한 것이다.

김 대통령은 직접 부시 대통령의 설득에 나섰다. 아시아태평양경제협력체(APEC) 정상회의를 계기로 한·미·일 3국 정상회담이 10월 26일 멕시코의 유명한 휴양지인 로스까보스에서 개최되었다. 미국 측에서는 파월 국무장관, 라이스 안보보좌관, 카드 비서실장이, 우리 측에서는 최성홍 외교부장관과 통일외교안보특보인 나 임동원, 그리고 임성준 외교안보수석비서관이, 일본 측에서는 아베 신조오(安倍晋三) 관방성 부장관과 타까노 토시유끼(高野紀元) 심의관 등이 배석했다.

김 대통령은 먼저 다음과 같은 요지의 발언을 했다.

북한의 핵개발은 용납할 수 없다. 그러나 한반도의 특수성을 감안하여 반드시 평화적으로 해결해야 하며 국제협력을 통해 외교적 노력을 다하자. 며칠 전에 회담차 평양을 방문한 통일부장관을 통해 북한 최고지도자에게 우리의 입장을 밝히는 한편 북한 측의 해결방책을 제시하라는 메시지를 전했는데, 어제 북한이 외교부대변인 성명을 발표했다.

북한은 미국과의 불가침조약 체결과 핵폐기를 일괄타결하자는 입장을 밝혔다. 따라서 외교적 협상을 통해 이 문제를 해결해나갈 수 있을 것이다. 제네바합의 이행중단 조치는 그 결과가 가져올 위험성을 감안하여 신중에 신중을 기해야 한다. 북한으로 하여금 동결된 핵시설을 재가동케 하는 빌미를 주어 핵무기를 개발케 하는 결과를 초래해서는 결코 안 될 것이다.

이에 부시 대통령은 지난 2월 서울에서 밝힌 대로 "북한에 대한 군사적 공격이나 침공 의도가 없으며 평화적 해결 의지에 변함이 없다"고 확인했다. 또한 자신은 "쌍권총을 아무 데나 쏘아대는 텍사스 카우보이 같은 사람이 아니다"라고 주장했다.

부시는 "북핵문제를 통해 김정일은 스스로 위험인물임을 보여주었으나, 진실을 고백(고농축우라늄계획 시인을 말하는 듯함―저자)했기 때문에 정직하다"고 평가했고, "이렇게 북한이 진실을 고백한 이유는 미국의 의도가 진지했고, 미국의 도움이 필요했기 때문"이라고 해석했다. 그는 또 "북핵문제를 평화적으로 해결할 수 있을 것으로 낙관한다"고 전제한 후에 "북핵문제가 해결되면 다른 모든 문제도 해결될 수 있다"며 "우리는 국제협력을 통해 계속 압력을 행사해야 한다"고 주장했다.

이날 채택된 공동발표문에서는 한반도 비핵화를 재확인하고 고농축우라늄계획은 제네바합의 위반이며 신속히 검증 가능한 방법으로 폐기할 것을 촉구했다. 그리고 이 문제의 평화적 해결 원칙을 강조하고, 남북 및 일북 대화를 북핵 해결을 촉구하는 통로로 활용할 것과 3국 공조로 다음 단계를 협의해나가기로 합의한다고 밝혔다.

제네바합의는 깨지고

로스까보스 3국 정상회담을 마치자마자 고농축우라늄계획 의혹을 제기한 워싱턴의 강경파들은 북한에 대한 중유 공급을 종결시키는 조치를 서둘렀다. 이들은 "북한이 제네바합의를 먼저 위반했기 때문에 중유 공급을 할 수 없게 되었다"는 논리를 폈다. 중유 공급 중단은 제네바합의의 파기를 의미하며, 이는 북한의 핵활동 재개를 촉발하고 더 나아가 핵무기 보유를 초래할 것이 분명함에도 네오콘은 이를 강행하려는 것이었다.

이 무렵 미국의 중간선거(11.5)를 통해 공화당이 상하 양원을 모두 장악하는 데 성공했다. 대통령 소속 정당이 상하 양원을 모두 장악한 것은 미국 역사상 드문 일이었다. 이 선거 결과는 이라크 침공을 강행하겠다는 부시 대통령에 대한 미국인들의 지지를 확인해주는 것으로 평가되었다. 부시 대통령은 국제사회의 반대를 무릅쓰고 미국 단독으로라도 '악의 축'인 싸담 후세인 정권을 제거하겠다는 의지를 여러차례 천명해왔다. 그는 '전시(戰時) 대통령'을 자처하며 '악'을 응징하기 위한 선제공격과 반테러전쟁을 선언한 데 이어 이로써 강력한 지도력을 과시할 수 있게 되었다.

북핵문제와 관련한 정책공조를 위해 3국대북정책조정감독기구(TCOG)가 11월 8~9일 토오꾜오에서 열렸다. 미국 측은 "북한의 긍정적 행동은 기대할 수 없으니 즉각 제재 조치를 취해야 한다"며 11월분 중유 공급부터 중단할 것을 주장했다.

11월분 중유는 싱가포르에서 선적하여 이미 이틀 전에 출항한 상태였지만, 미국 측은 5일 후에 열리는 한반도에너지개발기구(KEDO) 집행이사회에서 이미 출항한 유조선을 회항시키도록 지시하자고 주장했다. 미국은 "내년에도 중유 공급을 위한 예산을 확보하지 않을 것이며, 경수로 건설공사도 조만간 중단해야 한다"는 입장을 내비쳤다. 말인즉슨 '제네바합의를 백지화하겠다'는 뜻이었다. 또한 "먼저 고농축우라늄계획을 폐기하지 않는 한 북한과의 대화란 있을 수 없고, 경제·외교적 제재가 불가피하다"고 주장하며 "이런 상황에서 미국은 한국의 새로운 대북사업 추진에 반대하며, 기존사업도 신중을 기해야 할 것"이라고 주장했다.

그러나 우리 정부는 수석대표인 이태식 차관보(후에 주미한국대사 역임)를 통해 신중론을 폈다.

"중유 공급 중단은 북한의 핵활동 재개를 촉발할 위험이 있으니 신중을 기해야 합니다. 일단 11월분은 그대로 공급하고, 사태 악화를 방지하기 위하여 북한을 설득하는 외교적 노력부터 전개해야 합니다. 우선 한반도에너지개발기구 집행이사회의 장선섭(張瑄燮) 의장(전 주프랑스한국대사)과 찰스 카트먼 사무총장을 평양에 급파하여 북한의 해명과 전향적 조치를 촉구하는 한편, 북한의 반응이 부정적일 때는 중유 공급이 중단될 수도 있음을 경고하는 노력부터 선행합시다."

이에 일본 측이 우리의 입장을 지지했다.

한반도에너지개발기구 집행이사회를 앞두고 우리는 일본과 공조하여 우선 유조선의 회항사태를 방지하는 데 외교적 노력을 다했다. 우리는 백악관에 김대중 대통령의 뜻을 전하고 "부시 대통령의 현명한 판단과 결정을 기대한다"는 내용의 팩스 서신을 보냈다.

마침내 미국은 "한국과 일본의 의견을 존중하여 11월분 중유 공급에는 동의하지만 카트먼 한반도에너지개발기구 사무총장의 방북은 미국이 북한과 협상하려 한다는 잘못된 신호를 줄 수 있으므로 이를 불허한다"고 알려왔다. 11월 14일 한반도에너지개발기구 집행이사회는 "11월분 중유는 예정대로 공급하나, 북한의 긍정적 조치가 없으면 12월분부터는 중단하게 될 것이며 한반도에너지개발기구 활동도 재검토하게 될 것"이라고 발표한다.

이튿날 부시 대통령이 성명을 발표했다. 일단 "한반도에너지개발기구 결정을 환영한다"고 밝히고 북한의 불가침조약체결 주장을 의식한 듯 "북한을 침공할 의사가 없다"는 뜻을 재확인했다. 그러나 "미국은 북한이 먼저 조치를 취한다면 '대담한 접근'을 취할 용의가 있다고 했지만, 북한의 핵무기 계획이 드러난 지금은 이러한 접근도 추구할 수 없게 되었다"고 못 박았다. 먼저 북한이 핵을 폐기하지 않는 한 대화를 하지 않겠다는 뜻을 분명히 한 셈이다. 부시 행정부는 중유 공급을 중단하고 제네바 미북 기본합의를 파기하기로 결정한 다음 그 후속조치로서 압박을 통해 북한정권의 변화를 강요하기 위한 이른바 '맞춤형 봉쇄정책'(tailored containment approach)을 채택한다. 이것이 2006년 10월 북한이 핵실험을 강행할 때까지 4년간 부시 행정부의 일관된 입장이었다.

이에 북한은 제네바 북미 기본합의 이행을 강조하면서 극단적인 표현은 삼간 채 "중유 공급을 중단함으로써 제네바합의가 완전히 깨지게 되는 책임을 미국이 져야 할 것"이라는 반응을 보였다. 또한 "유럽연합에 북미 쌍방의 우려가 동시에 해소될 수 있도록 건설적 역할과 적절한 영향력을 행사해주길 바란다"며 외교적 중재를 요청했다.

일단 심각한 위기를 한달 동안 연기하여 시간을 버는 데는 성공했으나 이제부터가 진짜 문제였다. 김대중 대통령은 평양에 특사를 보내고 싶어했다. 그러나 "대통령선거전이 한창인 지금 특사파견은 불필요한 정치적 오해를 불러일으킬 수 있다"는 신중론이 내부에서 제기되었다. 이 무렵 한국에서는 대통령선거일을 25일 앞두고 여권후보 단일화가 이루어지면서 노무현과 이회창의 양자 대결 구도로 막바지 선거전이 치열하게 전개되고 있었다. 그래서 김 대통령은 11월 20일 판문점을 통해 김정일 위원장에게 다시 한번 친서를 보내 중유 공급 중단위기를 방지하기 위한 우리의 노력을 설명하고 북측이 과감한 결단을 내릴 것을 권고했다.

부시 대통령은 이라크 침공 준비에 박차를 가하고 있었다. 이 무렵 유럽의 미국 동맹국들을 포함한 세계 각국에서는 부시 대통령에 대한 반감과 불만──'리더십'이 아니라 '힘'으로 세계 패권을 노리는 오만한 자세, 국제주의가 아닌 일방주의, 국제사회의 반대에도 불구하고 이라크를 침공하려는 호전성과 독단 등──이 반미감정으로 확산되고 있었다. '선제공격'과 '정권교체', 그리고 '편 가르기'를 특징으로 하는 '부시 독트린'에 대한 비판이 전세계적으로 확산되기 시작한 것이다.

한편 한국에서는 '반미 촛불시위'가 전국적으로 확산되고 있었다. 2명의 여중생을 장갑차로 치사케 한 미군병사들을 미군사법정에서 무죄로 평결하고 귀국시킨 데 대한 국민들의 분노가 전국적인 촛불시위로 표출되고 있었다. 부시 대통령의 직접 사과와 한미주둔군지위협정(SOFA) 개정을 요구하는 대규모 촛불시위는 '반미 시위'라기보다는 '반부시 시위'의 성격을 띤 것이라 할 수 있었다.

이 무렵『뉴욕타임스』(2002.12.20)는 '괴로워도 참으며 북한과 협상하라'는 내용의 칼럼을 게재했다.

부시 행정부는 핵무기 생산에 수년이 걸릴 시급하지도 않은 고농축우라늄계획 의혹을 문제 삼아 수개월간 북한과의 대화를 기피함으로써 당장에 여러 개의 플루토늄핵폭탄을 만들 수 있는 원자로 재가동이라는 중대한 위기를 초래하고 있다. 전쟁의 참사를 막기 위해 조속히 한국과 협의하여 외교적 해결방안을 찾아내야 한다.

이에 세가지 선택이 있다. 첫째는 북한과의 협상이다. 둘째는 현재 부시가 취하고 있는 '북한을 무시하는 방안'이다. 이것은 긴장을 장기화시켜 사태를 더 악화시키게 될 것이다. 셋째는 북핵시설에 대한 군사적 공격이다. 이것은 북한으로 하여금 서울을 '불바다'로 만들고 일본에 미사일 공격을 가하게 하는 등 전면전쟁으로 확전될 소지가 높다.

따라서 유일한 선택은 협상뿐이다. '힘으로 뒷받침되는 외교'는 어려움이 없으나 '외교 없는 힘의 사용'은 결코 성공할 수 없다. 괴로워도 인내하며 북한과 협상을 해야 한다.

'북핵'은 다시 움직이고

12월분부터 중유 공급을 중단하게 될 것이라는 발표(11.14)에 따라 실제로 공급이 중단되었다. 약 한달 동안 침묵 속에 사태 추이를 주시해오던 북한은 마침내 12월 12일 외교부 담화를 통해 "미국이 중유 제공을 실제적으로 중단함에 따라, 중유 제공을 전제로 했던 핵동결을 해제하고 전력 생산에 필요한 핵시설의 가동과 건설을 즉시 재개하기로 했다"고 발표했다. 전력 생산을 위해 5메가와트급 실험용 원자로에 연료봉을 장전하여 가동시키는 한편 중단되었던 50메가와트급 및 200메가와트급 원자력발전소의 건설공사를 재개하겠다는 것이었다.

북한은 일주일 뒤 곧바로 행동을 개시했다. 국제원자력기구(IAEA) 사찰관 입회하에 핵시설 봉인장치를 모두 제거하고 핵연료봉을 장전할 준비를 추진하는 등 핵시설동결 해제조치를 취하기 시작한 것이다. 그리고 12월 31일에는 사찰관을 추방했다. 모두가 우려했던 그대로였다. 북한은 부시 행정부의 적대정책에도 불구하고 지난 2년 동안 부시 행정부와의 관계개선을 계속 추구해왔으나 이제 드디어 그 기대를 접고 핵개발을 통해 예의 '벼랑 끝 전술'을 구사하려는 것이었다.

사실 이라크 침공 준비에 전력을 다하고 있던 미국은 북한의 태도에 '선제공격'으로 강경 대응할 형편이 아니었다. 그럼에도 불구하고 네오콘 강경파들은 협상하려 하기보다는 압박과 봉쇄정책의 기조를 유지하면서 북한의 반응을 악의적으로 무시해버리는 태도를 견지했다. 한편 미국은 안보위기가 조성되는 이러한 상황이 한국의 대통령 선거전 막바지에 보수세력에게 유리하게 작용할 것이라는 기대도 숨기려 하지 않았다.

미국은 "북한의 공갈에 굴복하여 흥정하거나 협상하지는 않을 것"이라고 전제한 후에 "먼저 핵을 폐기하라"는 기존의 입장을 되풀이할 뿐이었다. 럼스펠드 국방장관은 "미국은 2개의 전쟁을 동시에 수행할 수 있다"고 주장하며 "북한이 이라크사태에 편승하여 대담해질 경우 곧 실수라는 것을 알게 될 것"이라고 경고했다.

여기서 한가지 분명한 사실은 과거 클린턴 행정부가 실체적 위협인 북한의 플루토늄계획에 대한 동결상태를 유지하면서 미북관계 개선을 통해 우라늄계획 의혹에 대한 투명성도 확보하는 방향으로 나아간 반면, 부시 행정부는 그 실체도 불분명한 고농축우라늄계획 의혹을 빌미로 대북 중유 공급을 중단함으로써 제네바합의를 파기하고 한반도 위기를 극단으로 몰고 가는 파행을 조장한 것이다.

북한의 핵시설동결 해제조치는 NPT 탈퇴선언(2003.1.10)으로 이어지면서 사태는 더욱 악화되어갔다. 미국과 북한의 태도는 서로 마주보고 달리는 열차와도 같았다.

『워싱턴포스트』(2003.1.7)는 「대북 협상인가, 대결인가」라는 칼럼에서 "부시의 대북정책은 현실에 당면하여 말(수사)과 행동이 일치하지 않는 좋은 사례가 되고 있다"고 냉소하며 "미국이 협상에 나서야 한다"고 촉구했다.

부시가 이제 와서 북핵사태를 위기로 보지 않으려는 것은 모순이다. 한반도 문제는 외교정책을 선과 악으로 양분하는 도덕적 기준이 얼마나 위험한가를 잘 보여주고 있다. 부시는 북한을 이라크와 함께 제거해야 할 '사악한 정권' '악의 축'이라고 선언해놓아서 마주 앉아 협상하기가 어렵게 되었다.

그러나 한반도의 정치·군사적인 냉엄한 현실은 부시로 하여금 북한과 협상할 것을 요구하고 있다. 북한의 고농축우라늄계획 의혹을 계기로, 매파들의 논리에 따르면 북한에 대한 '선제공격'을 할 수밖에 없게 되었으나 냉엄한 현실 정치는 그렇지 못하다. 불행하게도 미국은 적절한 군사적 대안이 없다. 이라크와 북한은 근본적으로 다르다. 이제 외교냐 대결이냐 중에서 양자택일할 때가 되었다.

2002년 12월 19일에 실시된 대한민국 대통령선거에서는 민주당의 노무현 후보가 승리했다. 한국의 대통령선거 결과는 고농축우라늄계획 의혹으로 조성된 안보위기에도 불구하고, 한나라당 이회창 후보의 승리를 기대했던 네오콘들의 기대와는 다른 결과를 나타냈다.

임기 말이었지만 국민의 정부는 북핵위기를 해소하기 위해 최선의 노력을 다했다. 우리는 세가지 접근방법을 채택했다. 첫째는 미국을 설득하는 것이다. 둘째는 일본, 중국을 비롯한 국제사회에 대한 외교적 노력을 다하는 것이다. 셋째는 북한을 계속 설득하는 것이다. 우리는 새해 정초부터 러시아와 중국, 일본 등에 외교부 차관과 차관보를 보내는 등 총력외교를 벌였다. 이러한 노력이 주효했던지 이들 국가들은 입을 모아 "미국이 대화에 나서야 한다"고 주장했다.

미국에는 '김대중 대통령의 제안'을 가지고 임성준 외교안보수석비서관이 파견되었다. 임 수석은 한국 대통령선거 결과 민주당이 재집권하게 된 정세를 배경으로 워싱턴에 파견된 것이다. 미국이 "외교적으로 해결한다"는 수사를 늘어놓으면서도 사실상으로는 북한과의 대화를 거부하고 사태를 악화시키고 있는 데 대해 '한반도의 주인인 우리가 당연히 할 말을 해야 한다'는 것이 당시 김대중 대통령의 생각이었다. 미국 강경파들은 장기적인 국제 압력을 선호하고 있지만 그 실효성이 의심스러우며 오히려 북한으로 하여금 핵개발을 허용하는 시간을 제공하고 결국은 핵무기를 확보하게 만들 것이라는 게 우리의 판단이었다.

미국이 아량을 갖고 서둘러 대화에 나서서 사태 악화를 방지해야 한다는 우리 정부의 판단이 옳았다는 것을 입증하는 데는 그리 오랜 시간이 걸리지 않았다.

임성준 수석은 국무부의 파월 장관과 아미티지 부장관, 국방부의 럼스펠드 장관과 울포위츠 부장관 그리고 마이어 합참의장과 백악관의 라이스 국가안보보좌관 등 미국내 최고위층 인사들을 만나 '김 대통령의 제안'에 대해 설명했다. "북한이 우라늄 문제를 해명하고 해결 의사를 밝히면 미국은 불가침을 서면으로 보장하고 이어서 중유 공급 재개와 함께 북한은 핵시설을 재동결하고, 미북 직접 대화를 통해 핵폐기와 관계개선 문제 등을 동시에 해결해나간다"는 것이 그 요지였다.

미국의 국무장관과 안보보좌관은 우리의 주장에 동의하고 "한국의 역할을 기대한다"며 대북 설득에 나서주기를 희망했다. 그러나 국방장관은 "김 대통령의 제안을 이해한다"고만 할 뿐 이에 동의를 표하지 않았다. 미국을 다녀온 임성준 수석의 판단은, "한국의 대통령 선거에서 보여준 한국 국민의 선택, 북한의 강경한 반응, 중·러의 대화 권고, 이라크 문제에 집중할 필요성 등으로 미국 매파들이 일단 한걸음 물러서서 비둘기파의 사태수습 노력을 관망하는 것 같아 보인다"는 것이었다.

2003년 1월 9일 아침 임성준 수석의 방미 결과를 보고받은 김 대통령은 평양에 특사를 파견하기로 결심하고 다시 나에게 특사 임무를 부여했다. 대통령 임기를 한달 반 정도 남기고 있던 그는 마지막까지 최선의 노력을 다하고자 한 것이다.

평양의 겨울

2003년 1월 27일 나는 북핵문제 해결을 위해 대통령 특사로 다시 평양을 방문했다. 2주 전 나는 북측 김용순 비서에게 "초미의 관심사인 핵문제에 대해 미국 측과 깊이 협의한 결과를 김 위원장에게 전달하고 대책을 협의하기 위해 김대중 대통령이 임동원 특사를 급파하고자 한다"는 요지의 메시지를 띄웠다. 이에 북측은 "1월 22일에 특사 파견을 환영한다"는 통보를 보내왔다.

나는 수행원으로 임성준 청와대 외교안보수석비서관, 국정원 서훈 단장, 통일부 김천식 부장 등을 선정했다. 김 대통령의 지시에 따라 대통령 당선자 측에서도 1명을 대동하게 되었는데 이종석 인수위원이 지명되었다. 이종석 박사는 나중에 노무현정부의 국가안전보장회의(NSC) 사무차장으로서 외교·안보·통일 분야의 핵심적 역할을 수행하고 이후 통일부장관을 역임하게 된다.

눈 내리는 1월 27일 아침, 우리 일행을 태운 대한민국 공군 3호기가 서해안 직항로로 평양을 향해 날아가고 있었다. 나의 머릿속에는 1991년 말 남북 핵문제 협상 수석대표로 '한반도 비핵화에 관한 공동선언'을 타결하고, 남북핵통제공동위원회를 발족시키기까지의 어려웠던 협상과정이 떠올랐다. 이제 12년 만에 다시 핵문제 해결을 위해 북측과 협의해야 할 입장에 처하게 되자, 군비통제이론을 되새기며 북핵문제의 본질에 대해 다시 한번 생각해보게 되었다.

핵문제는 상호 신뢰가 조성되지 않는 한 장기화될 수밖에 없으며, 핵무기를 필요로 하지 않는 안보환경이 조성될 때라야 비로소 해결될 수 있는 것이다. 특히 북핵문제는 근본적으로 미북 적대관계의 산물이다. 미국과 북한이 상호 위협을 해소하고, 적대관계를 청산하여 관계를 정상화해야만 비로소 해결할 수 있는 문제라는 것이 나의 일관된 판단이다.

12년 전처럼 해결의 실마리만이라도 마련할 수 있으면 좋으련만, 부시 행정부가 북한과의 관계개선 의지를 전혀 보여주지 않는 현실에서는 그 전망이 어두웠다. 그렇다고 자신들을 압살하려 한다고 미국을 불신하는 북한이 먼저 핵카드를 버릴 것으로 보이지도 않았다. 해결의 실마리를 마련하기 위해 북측 지도자를 설득하는 데 최선의 노력을 다하는 수밖에 없었다.

매섭게 찬바람이 불고 있는 평양 순안공항에는 임동옥 통전부 제1부부장을 비롯하여 최승철 등 대남사업 주역들이 영접을 나왔다. 특히 나의 시선을 끈 것은 중국과 러시아 기자를 포함한 20여명의 기자들이 사진을 찍는 등 '취재'의 모양새를 갖추었다는 사실이다. 중국 신화사(新華社) 기자가 나에게 접근하여 작은 목소리로 "미국이 협상할 생각이 있다고 보느냐"고 질문한 것도 인상적이었다.

백화원 영빈관에 도착하자 김용순 비서가 반갑게 맞아주었다. 2박 3일간의 평양방문 기간 중 김용순 비서와의 세 차례 회의와 대화, 임성준과 임동옥과의 면담, 이종석과 김용순과의 면담, 그리고 김영남 최고인민회의 상임위원장 예방이 있었다. 유감스럽게도 김정일 국방위원장 면담은 성사되지 않았다.

첫날 김용순 비서 주최 오찬에 이어 첫 회의가 열렸다. 나는 기조

발언을 통해 특사 방문 목적과 북핵문제에 대해 설명하고, 관례대로 대통령 친서 요지를 설명한 뒤에 친서 사본을 전달했다. 아울러 미국과 일본의 메시지도 전달했다. 또한 "김정일 위원장과의 면담을 기대한다"고 말하고 "워싱턴에 다녀온 임성준 수석이 핵문제를 주관하는 외교부 강석주 제1부상과 의견을 나눌 수 있는 기회를 주선해줄 것"을 요청했다.

대통령 친서에는 북한 핵문제, 남북관계, 신정부와의 관계에 대한 당부 등 세가지 내용이 포함되어 있었다. 김 대통령은 "핵문제로 조성된 현 사태를 지난 10월 이전으로 조속히 되돌려야 하며, 그러기 위해서는 고농축우라늄계획 의혹을 해명하고 검증 수용 의사를 밝히는 결단을 내려야 한다"고 강조했다. "그렇게 되면 미국이 안보 우려를 해소하는 조치를 취하고 미북 대화를 개시할 수 있게 될 것"이라는 논리였다. 또한 "남북 간에 합의한 핵심과제의 계속적인 추진, 특히 경의선 철도 연결의 중요성을 강조하는 한편 화해협력정책을 더욱 발전시켜나가겠다고 공약한 차기 정부와의 협력이 계속 이어지기를 기대한다"고 첨언했다.

나는 그동안 핵문제의 평화적 해결을 위한 우리 정부의 외교적 노력과 국제사회의 우려에 대해 설명한 후에 우리의 권고안을 제시했다. 사태를 지난해 10월 이전으로 되돌려야 한다는 전제 아래, 이를 위해서는 핵 의혹을 조기에 해소해야 하는바 우리가 미국 측과 협의하여 마련한 현실적인 접근방안을 다음과 같이 제시했다.

첫째, 의혹을 받고 있는 고농축우라늄계획에 대해 해명하는 한편 핵무기 개발의사가 없음을 밝히면서, 북측 외상 명의로 대화를 제의하는 서신을 미국 국무장관에게 보낸다. 미국은 국무장관의 답신을 통해 적대의도 불보유, 불침공 등을 보장하면서 대화를 개시하도록 한다. 북측은 호기를 포착하여 지체 없이 서신을 보내 쌍무대화를 시작해야 한다. 더이상 늦어지면 강경파가 주도하여 핵문제를 국제화하고, 다자틀을 통한 대화로 몰고 가게 될 것이며 장기화될 공산이 크다.

둘째, NPT 탈퇴를 철회하는 의사를 조속히 밝힌다. 그래야 핵문제의 유엔안보리 회부를 막을 수 있다.

셋째, 북측이 주장하는 '불가침조약체결'은 실현가능성이 희박하니 '3단계 접근'을 시도하는 것이 바람직하다. 우선 제1단계로 부시 행정부의 불침공 서면 보장을 확보하고, 제2단계로 러시아가 제안한 대로 유엔안보리 상임이사국인 미·중·러 3개국의 '다자안전보장'을 확보하며, 제3단계로 핵문제 해결 진전으로 신뢰가 조성되는 데 따라 미국과 법률적 효력을 지닌 불가침 합의를 추진하는 것이다.

여기서 유념할 것은 양자 간의 불가침조약이 일방적으로 폐기된 역사적 사례에 주목해야 하며, 오히려 '다자안전보장'이 유리할 수 있다는 점이다. 특히 부시 행정부가 이라크 침공 준비에 전념하고 있는 상황에서, 콜린 파월 장관을 비롯한 국무부의 '협상파'가 북핵문제 해결을 위해 전면에 나서게 된 현재의 호기를 잘 활용해야 할 것이다.

이어 나는 미국의 메시지를 전달했다. "공개적으로 밝힌 적대의도 불보유, 불침공 등의 언명에 유념해주기를 바라며, 북한이 먼저 고농축우라늄계획 포기 용의를 밝히면 미국은 대화에 임할 것"이라는 요지였다.

그리고 나의 방북 직전에 갑자기 전달된 미국 측 요청에 따라 메시지에 "미국으로서는 미북 대화가 다자틀 속에서 이루어지기를 선호한다"는 내용을 덧붙였다.

일본의 메시지도 전달했는데 "'평양선언'에 기초하여 수교협상을 계속하려는 의사에는 변함이 없으며, 이를 위해서는 납치문제와 안보문제에 진전이 있기를 희망한다"는 것으로 이미 공개된 내용이었다.

이에 대해 북측은 "이미 정부 성명 등을 통해 핵문제에 대한 입장을 모두 밝혔다"고 전제한 뒤에 "남측이 미국을 설득하여 쌍무대화에 나서도록 노력해줄 것"을 요청했다. 북측이 밝힌 기본 입장은 "우리는 핵무기를 개발하지 않았고, 현단계에서는 개발할 의사도 없다. 검증을 통해 증명해 보일 용의도 있다. 핵문제는 북미 간에 직접 대화를 통해 해결할 수 있는 문제이니 대등한 입장에서 공정한 쌍무대화를 통해 해결해나가자"는 것이었다.

임성준 수석비서관과 강석주 외교부 제1부상과의 회동은 성사되지 않았다. 북측 요청으로 강석주 부상 대신에 임동옥 제1부부장을 별도로 만나 북핵문제에 관해 미국 측과 협의한 내용을 상세히 알려주고 해결을 위한 권고안을 설명해주었다.

이어서 김영남 최고인민회의 상임위원장이 우리 일행을 접견했다. 김정일 국방위원장 면담을 대신하는 성격이었다. 그는 6·15공동선언 이행 등 남북관계 발전을 평가하고 북핵문제에 관한 입장을 논리정연하게 설명했다. "북핵문제는 미국의 대북적대시정책의 산물이며, 부시 대통령이 북을 '악의 축'이요 '선제 핵공격의 대상'이라고 위협하는가 하면 핵의혹을 조작하고 소동을 피우며 제네바합의를 일방적으로 파기했다"는 익숙한 주장이었다. 그는 이에 덧붙여 "미국은 국제기구를 동원하여 북측을 압박하고 쌍무회담을 기피하면서 핵문제의 국제화를 추진하고 있다"고 비난했다. 그는 "우리는 선의에는 선의로, 강경에는 강경으로 맞설 것"이라며 NPT 탈퇴 완결과 유엔헌장에 따르는 자위권 행사 등에 대해 결연한 어조로 언급했다.

"미국은 인위적 핵소동을 중단하고 쌍무대화에 나와 주권 존중과 불가침 보장으로 신뢰를 조성하고 문제를 해결해야 할 것입니다. 그리고 우리의 이런 뜻을 임 특사께서 미국에 반드시 전해줄 것을 정중히 요청합니다."

그는 "미국이 북한의 주권을 존중하고 쌍무대화에 나와야 문제 해결의 길이 열릴 수 있다"고 거듭 강조했다.

미북 양자 회담은 무산되고

김용순 비서는 "김정일 위원장님께서 지방에서 중요한 현지 지도를 하고 있는 사정 때문에 특사를 만날 수 없게 되었다"고 양해를 구하면서 전화통신문으로 보내온 김 위원장의 메시지를 읽어주었다.

"김 대통령의 친서를 전달받았으며 특사를 보내어 따뜻한 조언이 담긴 친서를 보내주신 데 대해 사의를 표합니다. 김 대통령의 조언에 대해서는 구체적으로 검토하여 추후에 연락하겠습니다."

김정일 위원장이 남측 특사를 만나지 않기로 갑자기 태도를 바꾼 진정한 속내는 알 수 없었다. 그러나 여기서 유의해야 할 것은, 임성

북한 최고인민회의 상임위원회 김영남 위원장이 임동원 특사일행을 면담하기 앞서 기념촬영을 했다. (2003.1.28)

준 수석이 워싱턴을 방문하여 "미북 쌍무회담을 추진하겠다"는 파월 국무장관의 확고한 입장과 추진 방법을 확인하고 한국이 북측을 설득하기로 합의했으나 며칠 사이에 부시 행정부의 입장이 변했다는 사실이다.

특사 방북을 앞둔 시점에서 부시 대통령이 "북핵문제의 국제화를 통해 북한을 압박해야 한다"는 체니 부통령과 네오콘 강경파들의 주장에 다시 손을 들어준 것이다. 쌍무회담을 추진하고자 한 파월 국무장관은 또다시 고배를 마시게 된 것으로 보인다.

워싱턴의 네오콘들은 "북핵문제를 쌍무회담이 아니라 다자틀 속에서 다루어야 한다"고 흘리기 시작했고 내가 평양으로 출발하기 직전에 미국 측은 대북 메시지에 "다자틀 대화를 선호한다"는 내용을 포함시켜줄 것을 갑자기 요청했다. 북측은 당연히 이를 북미 쌍무회담의 거부로 받아들였을 것이고, "미국과의 대화를 서둘러야 한다"는 우리의 권고안이 비현실적이라고 판단했을 것이다.

북한은 한달 전 제네바합의가 파기되면서 부시 행정부에 대한 기대를 버리게 되었지만, 그래도 북미 쌍무회담 가능성에 대한 희망을 갖고 김 대통령의 특사를 맞이했을 것이다. 그러나 미국의 갑작스러운 입장 변화로 특사에 대한 기대마저 버리게 된 것으로 보였다. 구태여 김정일 위원장이 특사를 접견해야 할 이유가 없어진 것으로 판단했음이 분명하다.

북한은 외교부 대변인 성명을 통해 "미국이 북핵문제를 유엔안보리 5개 상임이사국을 포함한 다자회담에서 논의하겠다고 흘리고 있는데, 여기에는 자기의 책임을 회피하고 북에 대한 압박을 국제화하려는 불순한 의도가 깔려 있다"고 비난하고 다음과 같이 분명한 입장을 밝혔다.

"북핵문제는 미국 때문에 발생했고 미국 때문에 악화되어 극한점에 이르렀다. 우리의 자주권과 생존권을 위협하는 장본인은 미국뿐이며, 미국만이 그것을 제거할 책임과 능력이 있다. 우리는 핵문제를 국제화하려는 시도에 반대하며 그 어떤 형태의 다자회담에도 참가하지 않을 것이다. 북미가 평등한 자세에서 직접 회담을 하는 것 외에 다른 길이란 있을 수 없다."

이제 북한은 지난 2년 동안 기대해왔던 부시 행정부와의 직접 대화를 포기하고 핵개발에 치중하기로 방향을 선회한 것으로 보였다.

평양방문 첫날 저녁에는 지난해 10월 말(2002.10.26~11.3)에 남한을 시찰 방문한 북측 경제시찰단 주최로 특사 일행을 위한 성대한 연회가 대동강 영빈관에서 열렸다. 장성택 당중앙위원회 비서국 제1부부장과 박봉주(朴鳳柱) 화학공업상(후에 정무원 총리)을 비롯한 시찰단원 대부분과 김용순 비서가 참석했다. 보안성악단에 이어 왕재산악단이 남과 북의 노래를 연주하고 가수들이 노래를 곁들인 이날의 성대한 연회는 둥근 테이블에 남과 북의 사람들이 섞여 앉아 포도주를 들면서 밤 8시부터 근 6시간이나 계속되었다. "경제시찰단원에게 베풀어 준 남측의 따뜻한 환대에 보답하는 의미에서 특별히 성대한 연회를 베풀라"는 김정일 위원장의 특별 지시가 있었다고 한다. 아마도 대통령 특사를 접견하지 못한 데 대한 미안한 마음을 담아 연회를 베풀게 한 것으로 느껴졌다.

18명의 북측 시찰단원들은 삼성전자, 포항제철, 현대중공업, 현대자동차, 제주도 등 남한 내 전국 38개 산업시설, 연구소, 유통시설, 사회간접자본 시설 및 체육·위락단지 등을 시찰하고 돌아가면서 "많은 것을 보고 배웠으며 정성 어린 환대와 따뜻한 동포애에 진심으로 감사한다"고 답례했었다. 그들은 모두가 이구동성으로 남북경제협력의 필요성을 강조했다. 당시 나는 남북 간에 이런 고위 전문가들의 교류가 얼마나 중요한지를 새삼 느낄 수 있었다. 이런 교류가 활성화될수록 북한의 변화는 촉진될 터였다.

2003년 1월 29일 오전 우리 일행은 다시 공군 3호기 편으로 영하 20도의 매서운 찬바람이 불고 있는 평양 순안공항을 이륙하여 서울로 향했다. 남포 앞바다가 먼 거리까지 결빙돼 있는 것이 시야에 들어왔다. 김정일 위원장을 직접 만나 설득하지 못한 내 마음도 그만큼 얼어 있었다.

방북 결과를 보고하자 김 대통령은 김정일 위원장이 특사를 만나

주지 않은 데 대해 불쾌한 심사를 감추지 않았다. 300여 명의 국내외 기자들이 몰려든 기자회견장의 분위기도 특사가 김정일 위원장을 만나지 못한 데 대해 실망하는 기색이 역력했다. 나는 이 자리에서 "김정일 위원장을 직접 면담하지 못한 아쉬움은 있지만, 김영남 최고인민회의 상임위원장 및 고위급인사들과의 회담을 통해 북핵문제에 대한 국제사회의 우려와 우리의 권고안을 전달하고 북측의 진지한 검토를 촉구했다"고 밝혔다.

외신들은 "김정일 위원장을 직접 만나 핵포기를 설득하려던 당초 목표가 좌절되었지만 특사 방북이 실패를 의미하는 것이 아니다" "북한은 다자협상이 아니라 미국과 직접 협상하겠다는 강경자세를 과시한 것이다" "특사 파견을 성사시킨 한국의 노력과 북한의 배려는 평가받아 마땅하다" 등으로 논평했다.

우리는 부시 행정부의 네오콘 강경파들이 구축한 '신냉전의 장벽'을 극복하기에는 힘에 부쳤고 핵개발로 강경 대응하려는 북한을 설득하기도 어려웠다. 국내의 고질적인 냉전적 사고와 보수우경화 추세, 그리고 '무조건 미국을 추종해야 한다'는 사대주의적 조류 또한 극복하지 못했다. 그러나 이는 반드시 극복해야 할 과제인 것도 분명했다.

가다 서다 6자회담 프로세스

부시 행정부는 '불확실한 고농축우라늄계획'을 들먹이며 제네바합의로 동결시켰던 '확실한 플루토늄계획'을 재가동시키는 큰 잘못을 저질렀다. 미국은 네오콘 강경파들이 원하던 대로 북한에 대한 중유 공급을 중단하고 경수로 건설공사도 중단시켰다. 또한 북한과의 쌍무회담을 거부하고 북한의 움직임을 악의적으로 무시했다. 이에 맞서 북한은 2003년 1월 NPT를 탈퇴하고 플루토늄계획을 재개함으로써 8년간 유지되어온 제네바 미북 기본합의는 완전히 폐기되고 만다.

제네바합의가 무용지물이 된 후, 이라크를 침공한(2003.3.20) 미국은 '북핵문제의 국제화'를 추진했다. 미국은 "북핵문제는 미국만이 책임질 문제가 아니다"라며 중국의 협조하에 2003년 8월 베이징에서 미국·중국·러시아·일본과 남한·북한이 참가하는 '6자회담'을 시작한다.

콘돌리자 라이스의 회고록(『최고의 영예』)에 따르면, 부시 대통령은 북한에 대한 영향력을 갖고 있는 나라는 중국뿐이라며 중국을 움직여 6자회담을 추진하는 방안을 선택하게 된 것이라고 한다. 6자회담을 통해 공동으로 대처하고 책임도 분담해야 한다는 것이다. 부시 대통령의 구상을 2003년 3월 파월 국무장관이 중국에 공식 제의했으나 중국은 받아들이지 않았다고 한다. 이에 부시 대통령이 라이스의 건의를 받아들여 장 쩌민 국가주석에게 직접 전화를 걸어 자기가 "강경파들로부터 북한에 대한 군사력 사용 압력을 많이 받고 있다. 또한 북한을 지금 견제하지 않으면 일본의 핵무장화도 배제할 수 없다고 강조하며 설득했다"고 한다. 마침내 중국이 동의하게 되어 2003년 8월 하순에 베이징에서 첫 6자회담을 개최하게 된 것이다.

그러나 '완전하고 검증가능하며 불가역적인 폐기'(CVID)라는 전제조건을 내세워 네오콘이 주도한 초기의 '5 대 1 전략'은 참가국들의 지지를 얻지 못했고 오히려 역효과를 불러왔다. 6자회담은 교착상태에 빠져버렸고, 북한은 이 기회를 이용하여 핵개발에 가일층 박차를 가하게 된다.

제네바합의가 폐기되고 2년 후인 2005년 2월 10일 북한은 마침내 "자위를 위해 핵무기를 만들었다"고 핵무기 보유를 선언했다. 이어서 "미사일 발사 유예 조치도 철회한다"고 밝혔다. 부시 대통령이 재선되어 제2기 행정부가 출범한 직후였다.

북한이 핵무기 보유를 선언하고 일주일 후 세종재단 이사장인 나는 크리스토퍼 힐(Christopher R. Hill) 주한미국대사의 초청으로 그의 관저에서 오찬대화를 나누었다. 백종천(白鍾天) 세종연구소장(후에 청와대 안보정책실장 역임)이 자리를 함께했다. 힐 대사는 서울에 부임한 지 얼마 되지 않았지만, 제임스 켈리의 뒤를 이어 국무부 아태차관보로 임명되었고 6자회담 대표를 겸하게 될 예정이었다. 그는 북한 사정과 북핵문제에 관해 내게 많은 질문을 했다. 나는 "압박과 제재로는 북한을 붕괴시킬 수 없을 것"이라고 재차 강조하며 이렇게 말했다.

"시간이 걸리겠지만 변화를 유도해야 합니다. 미북 적대관계의 산물인 북핵문제는 미북관계 정상화와 분리될 수 없는 성질의 것입니다. 북한은 미국과 관계 정상화가 이루어지기 전에는 결코 핵개발을 포기하려 하지 않을 것입니다. 이미 15년이나 끌어온 북핵문제는 결코 압박과 제재로 해결될 수 있는 문제가 아닙니다. 미국은 힘으로만 밀어붙이려 할 것이 아니라 한반도 냉전을 종식시키기 위한 평화 프로세스를 추진해야 합니다. 만약 그렇게 할 '정치적 의지'가 있다면 어떤 형태로든 북한과 직접 대화를 하고 협상을 해야 합니다. 그래야만 상호 위협이 감소되어 단계적으로 줄 것은 주고 받을 것은 받으며 신뢰를 조성하면서 비로소 문제를 풀어나갈 수 있게 됩니다. 미국은 북핵문제에 대해 반드시 단계적·포괄적 접근을 추진해야 합니다."

크리스토퍼 힐은 "북한의 '핵무기 보유 선언'이라는 엄중한 도발에 직면하여 무엇을 어떻게 해야 할 것인가" 다시 물었고 나는 이렇게 대답했다.

"나는 미국이 뉴욕채널을 통해 북한 측과 직접 접촉하여 직접 대화의지를 표명하는 데에서부터 시작해야 한다고 생각합니다. 그리고 우선 6자회담의 틀 안에서 양자회담을 추진하는 것이 바람직할 것이라 판단됩니다."

이에 힐 대사는 "상부에 보고는 하겠으나 워싱턴은 결코 양자회담을 수용하지 않을 것"이라는 부정적인 반응을 보였다.

5월 11일 북한은 다시 "핵연료봉을 추출 완료했다"고 발표한다. 이것은 1980년대 말에 추출했을 것이라는 1차분과 2003년 초까지 국제원자력기구 감시하에 보관해왔던 2차분에 이어 세번째 추출분으로 추정되었다. '이것들을 재처리할 경우 6~8개의 핵폭탄을 제조할 수 있는 40~50킬로그램의 플루토늄을 확보하게 될 것'이라는 것이 미국의 정보 판단이었다.

사태가 악화되자 미국 국무부는 서둘러 뉴욕에서 북한과의 접촉에 나섰다. 그리고 6자회담(2005.7~9)을 재개하고 북핵문제 해결원칙에 합의하는 '제4차 6자회담 공동성명'(9·19공동성명)을 채택하게 된다. 북한은 모든 핵무기와 핵계획을 포기하고 NPT에 복귀하며, 미국은 안보위협을 가하지 않으며 관계 정상화 조치를 취해나가기로 합의한 것이다. 5개국은 에너지 지원을 제공하며, 적절한 시점에 경수로 제공 문제도 논의하기로 한다. 그리고 행동 대 행동 원칙에 따라 단계적으로 동시병행 추진하기로 한다. 이런 합의내용은 11년 전인 2004년 제네바 미북 기본합의와 그 기본틀이 다르지 않다.

이에 추가하여 9·19공동성명은 한반도 정전체제를 평화체제로 전환하기 위한 관련 당사국 평화회담을 개최하기로 하는 한편 동북아 안보협력 문제도 협의해나가기로 합의한다. 북핵문제 해결을 한반도와 동북아 냉전구조 해체와 함께 포괄적으로 추진해야 한다는 올바른 방향을 제시한 것이다. 이러한 북미 사이의 합의를 이끌어낸 우리 정부의 끈질긴 노력은 높이 평가받아야 할 것이다.

그러나 9·19합의는 미국의 네오콘 강경파들의 방해책동에 직면하게 된다. 부시 행정부는 북한의 인권문제를 부각시키는 한편 마카오의 한 은행(BDA, 방코델타아시아)의 북한 계좌를 동결시키는 등 금융제재 조치를 취했다. 북한은 이를 "미국의 대북적대시정책의 집중적 표현"이라고 크게 반발하면서 6자회담 합의는 다시 난관에 봉착하게 된다.

이라크전쟁이 장기화되면서 현실적으로 북한정권을 제거하기 위한 '군사적 선제공격 전략'의 실현가능성이 희박해지자 네오콘 강경파들은 '비군사적 방법에 의한 북한정권 교체 전략'을 추진하기 시작한 것이다. 경제제재와 봉쇄를 계속하는 한편 대량살상무기 확산방지를 위한 검색, 불법 금융거래 등 불법행위 제재조치, 인권개선 압력조치 등으로 압박과 봉쇄를 강화해갔다.

북한은 미국의 계속되는 적대정책에 반발하여 마침내 2006년 10월 9일 도발적인 핵실험(제1차)을 강행하기에 이른다. 소규모 실험이었지만, 북한의 핵실험은 부시 행정부에 결정적인 타격을 주는 것이었다. 이로써 부시 대통령은 시급하게 대북정책을 재검토하지 않을 수 없게 되었다. 지난 6년간 네오콘이 주도해온 부시의 대북적대정책은 북한의 핵개발을 저지하지도 못했고 그렇다고 북한정권을 붕괴시키거나 굴복시키지도 못한 채 사태만 악화시킨 것이었다. 미국은 그동안 실패만 거듭했고, 이제는 더이상 '악의적인 방관'을 계속할 수도 없는 처지에 빠지게 된 것이다.

그 와중에 이라크 사태는 계속 악화되고만 있었다. 부시는 "이라크가 대량살상무기를 개발하고 있으며 싸담 후세인 대통령이 알카에다를 지원하고 있다"는 명분으로 이라크를 침공했다. 그러나 앞서 말했 듯이 미국 상원 정보위원회의 조사 결과, 이는 전혀 사실 무근이며 이라크전쟁은 '부시가 부추긴 잘못된 정보로 일으킨 잘못된 전쟁'임이 밝혀졌다. 부시는 이라크 침공 40일 만에 '작전임무 완수와 전쟁 승리'를 선포했으나, 정작 그때부터 이라크는 심각한 내전상태에 빠져들고 말았다.

부시에 대한 미국인들의 심판은 2006년 11월 미국 중간선거를 통해 나타났다. 부시의 공화당이 참패하고 전통적 국제주의 외교와 북한과의 직접 대화 및 협상을 주장하는 민주당이 의회를 장악하게 된 것이다. 이로써 부시 행정부 내에서 '힘에 의한 일방주의 외교'를 주도해온 럼스펠드 국방장관과 볼턴 유엔대사 등 네오콘들이 줄줄이 물러나고, 부시의 대북정책 노선도 대수술을 받아야 할 운명에 처하게 된다.

부시는 결국 대북적대정책에서 포용정책으로 입장을 180도로 급선회하면서 북한과의 대화와 타협을 통한 문제 해결에 나선다. "사악한 정권과의 대화란 있을 수 없으며 악한 행위에 보상이란 있을 수 없다"던 고집을 버리고 2006년 11월에 베이징에서, 그리고 2007년 1월에는 베를린에서 부시 행정부는 북한 측과 직접 협상을 시도하게 된다.

미국은 BDA은행의 북한 자금 동결을 해제하고 북한은 핵시설 가동 중단과 폐쇄에 합의하는 2·13합의(2007)가 채택됨에 따라 북핵문제 해결의 돌파구가 마련되었다. 이에 북한은 핵시설 불능화 조치를 취하는 한편 모든 핵 프로그램을 신고하고, 동시에 미국은 북한을 테러지원국 명단에서 삭제하고 '적성국교역법' 적용대상에서 제외하는 조치를 취하기로 합의했다.

마침내 북한은 2008년 6월 냉각탑을 공개적으로 파괴하는 등 핵시설 불능화 조치를 취한다. 플루토늄을 생산하는 중요 시설을 못 쓰게한 것이다. 그리고 핵시설과 핵물질 현황에 대한 신고서를 제출한다. 이에 상응하여 미국도 북한을 적성국교역법 적용대상에서 해제한다고 발표한다.

그러나 미국 강경파들이 북한을 신뢰할 수 없다면서 북한에 대한 완전하고도 엄격한 검증을 주장하며 다시 갈등을 겪게 된다. 사찰 측이 일방적으로 임의로 사찰할 수 있는 '강제사찰'(challenge inspection)을 주장한 것이다. 강제사찰은 국제원자력기구의 규정에도 없는 것으로서 패전국이 아니면 세계 어느 나라도 수용할 수 없는 것이다. 미국의 협상파들도 이런 주장에 반대한 것으로 알려졌다. 결국 10월 초 미북 평양협상을 통해 강제사찰이 아니라 상호 합의하에 실시하는 '특별사찰'(special inspection)에 합의하게 된다. 이런 과정을 거쳐 마침내 미국은 북한을 테러지원국 명단에서 해제하고 북한은 핵시설 불능화 조치를 계속한다.

한편 합의한 원유 제공이 제대로 이행되지 않으면서 다시 교착상태에 빠진다. 미·중·러 3국은 합의에 따른 원유(각 20만 톤씩) 제공을 이행했으나 일본은 납치자 문제와 연계시켜 원유 제공을 거부했고, 한국의 이명박(李明博)정부도 합의 이행을 중단했다. 또한 검증의정서 합의에도 실패하여 6자회담 프로세스는 여기서 더이상 진척을 보지 못하고 중단되고 만다.

2009년 초 미국 민주당 버락 오바마(Barack H. Obama) 대통령의 취임은 한반도 평화 프로세스에 추동력을 제공할 것으로 기대되었다. 그는 부시와는 달리, 힘에 의한 일방주의 외교가 아니라 다자협력에 의한 국제주의 외교, 압박과 굴복의 강요가 아니라 대화와 협상을 통한 문제의 해결을 주장했다. 그는 "북한을 포함한 불량 국가 지도자들과 아무런 조건 없이 직접 만날 수 있다"며, "충분한 준비협상을 거쳐 집권 1년 내에 직접 대화할 용의"가 있다고 천명했다. 지속적이고 직접적이며 적극적인 외교노력을 기울일 것임을 분명히 했다.

북한은 오바마 행정부가 대북정책을 구상하고 있던 집권 초기에 제2차 핵실험(2009.5.25)을 강행함으로써 사태를 악화시키는 실책을 범한다. 그러나 오바마 행정부는 압박과 제재를 가하는 한편 대화의 문은 열어놓는다는 입장을 고수했다. 2년 후 여름에 미북협상이 재개되어 북한은 핵실험과 장거리 미사일 발사 유예, 국제원자력기구 사찰단 복귀 등을, 미국은 북한을 적대시하지 않을 것이며 영양식품(24만 톤) 지원과 제재 해제 검토 등을 약속하는 데 합의한다 (2012.2.29). 그러나 '장거리 미사일 발사 유예'에 우주공간의 평화적 이용을 위한 인공위성 목적의 로켓 발사도 포함되느냐는 문제에 관한 양측 이견은 해소되지 않았다. 북한이 지구관측위성 광명성 3호를 탑재한 은하로켓을 발사하자(4.13), 미국은 2·29합의(2012)를 북한이 먼저 어겼다고 주장하면서 이 합의를 파기한다. 이 로켓은 공개리에 발사를 강행했으나 실패했다. 북한은 12월에 다시 광명성 3-2호 위성을 발사하여 궤도 진입에 성공한다. 이어서 제3차 핵실험(2013.2.12)을 강행하고 핵능력을 향상시키는 활동을 계속하고 있다.

북핵문제는 우리의 안보와 관련된 중요한 문제이다. 북한의 핵 보유는 결코 용납될 수 없다. 한반도는 반드시 비핵화되어야 한다. 그러나 미북 적대관계의 산물인 북핵문제는 지난 20여년간의 과정을 통해서 경험했듯이, 안보위협이 해소되고 미북관계가 정상화되어야 해결될 수 있는 문제이다.

6자회담은 북핵문제를 한·미·일 3국의 대북관계 정상화, 한반도 평화체제 구축, 동북아 안보협력 문제와 함께 해결해나가야 한다는 올바른 방향을 제시한 훌륭한 9·19공동성명을 산출했다. 그러나 한쪽은 관계 정상화에 대한 정치적 의지가 결여되어 있고, 다른 한쪽은 핵 억제력 확보 의지를 굽히지 않은 채 상호 불신이 증폭되면서 교착상태에 빠지게 된 것이다.

미국의 부시 행정부는 '선(先) 핵폐기'만을 주장하며 역효과를 초래한 압박과 제재로 일관했고, 오바마 행정부는 '전략적 인내'로 북한의 변화를 기다린다는 소극적 자세로 현상유지와 상황관리에 치중하고 있는 것이 2015년 현재의 상황이다.

제14장
평화와 통일의 길

민족의 희망을 세운 10년(1998~2007)

동서냉전 종식 후 20년간(1988~2007) 남과 북은 한반도에서도 냉전을 끝내고 평화와 화해협력의 새 시대를 열어가기 위한 힘겨운 노력을 경주했다. 서로 상대방을 인정하지 않고 적대관계를 유지해온 남과 북은 이 시기에 평화와 화해협력을 위한 3대 합의서를 채택했다. 분단사상 처음으로 대한민국과 조선민주주의인민공화국의 국호를 정식으로 사용하고 최고 당국자들이 서명한 '남북 사이의 화해와 불가침 및 교류·협력에 관한 합의서'(남북기본합의서, 1992)와 '6·15남북공동선언'(2000) 그리고 '남북관계 발전과 평화번영을 위한 선언'(10·4남북정상선언, 2007)이 그것이다.

남북이 화해하고 교류협력을 통해 상호 신뢰를 다지며 평화통일을 지향하자는 것이 공통의 정신이며, 일련의 연속선상의 합의들이다. 평화통일의 과정을 화해협력의 제1단계, 남북연합의 제2단계 그리고 완전통일의 제3단계로 단계화한다면, 이 세 합의들은 모두 제1단계 화해협력의 남북관계를 반영하는 합의서들이다. 제2단계는 남북연합헌장(가칭)을 채택하여 추진할 수 있을 것이다.

나는 남북기본합의서와 6·15남북공동선언을 채택하기 위한 협상에 참여하여 남북관계 개선과 평화 만들기 노력의 한 가운데서 맡겨진 소명을 다하기 위해 노력했다. 1990년대 초에는 남북고위급회담 대표로 남북기본합의서의 산파역을 담당했고, 김대중정부 5년 동안에는 불신과 대결의 남북관계를 화해협력의 새로운 관계로 개선하는 데 앞장섰다. 미국과의 포용정책 공조를 통해 한반도 평화 프로세스를 추진하며 역사적인 남북정상회담을 실현하여 6·15남북공동선언을 채택하고, 5대 교류협력사업을 합의하고 실천하는 데 헌신한 것을 보람있게 생각한다.

김대중정부와 노무현정부 10년(1998~2007)은 남북교류협력을 통해 상호 신뢰를 다지면서 평화를 만들어 점진적으로 통일을 이룩하자는 6·15남북공동선언이 가장 이상적이고 현실적인 민족의 나아갈 길이라는 것이 입증된 시기였다. 남과 북이 서로 오가는 인적 왕래와 교류, 서로 돕고 나누는 경제협력과 인도적 지원사업 등을 통해 상대방에 대한 적대의식이 수그러들게 되고 상호 신뢰가 싹트기 시작했으며 긴장이 완화되는 등 많은 변화가 진행되었다. 남북 왕래와 교류협력이 일상화되고 온 겨레가 실질적인 통일운동에 나서게 되면서 통일은 더 이상 미래의 일이 아니라 현재진행형이 된 것이다.

2003년에 출범한 노무현정부는 미국 부시 행정부의 대북적대시정책과 핵위기에도 불구하고 평화번영정책이라는 이름으로 '국민의 정부'의 화해협력정책을 계승했다. 북핵문제와 남북관계가 연계와 병행을 오락가락하면서 혼선을 빚기도 하고, 남북관계가 가다 서다 하는 진통과 좌절을 겪기도 했다. 그러나 갖가지 어려움을 극복하면서 6·15남북공동선언을 준수하고, 김대중정부에서 실천하기 시작한 5대 교류협력사업들을 꾸준히 추진하여 남북관계를 진전시켰다. 미국 네오콘의 대북적대시정책을 추종하지 않고 인내심을 갖고 화해와 협력을 지향하는 포용정책을 추진했다. 그 결과 부시 대통령이 6년간 고집해온 대북적대시정책을 2007년 초 180도 급선회하여 포용정책으로 전환했을 때 혼란을 피하고 민족자존을 과시할 수 있었던 것이다.

김대중·노무현 정부 10년간 남과 북은 6·15공동선언에 기초하여 5대 교류협력사업을 추진했다. 첫번째로, 반세기 동안 끊어졌던 길을 연결했다. 바닷길과 하늘길이 열린 데 이어 민족의 대동맥인 철도와 도로가 연결되고 개통되었다. 비무장지대의 지뢰를 제거하고 휴전선을 관통하는 두개의 '평화회랑'이 마련되어 사람과 물자가 오가게 되었다. 우선은 금강산과 개성을 오가는 통로로 활용되었으나, 남북관계 발전에 따라 향후 부산에서 신의주로, 목포에서 청진-나선으로 철도가 운행되고, 한반도철도가 중국횡단철도와 시베리아횡단철도로 연결되어 유라시아로 진출하는 등 한반도가 물류의 중심지가 되는 기회를 제공할 것이다.

두번째는 금강산 관광사업이다. 금강산 관광이 시작된 지 9년 동안(1998~2008) 193만명이 금강산을 다녀왔다. 금강산 관광사업의 시작은 한반도 긴장완화의 청신호가 되었다. 한정된 지역이긴 하지만 북한이 개방을 시작하고, 더구나 최전방 군사지역과 중요한 해군기지인 장전항을 개방함으로써 긴장완화의 물꼬가 트이게 되었다. 금강산지역 개방이 두개의 평화회랑 건설과 북한의 전략적 요충지인 개성지역 개방을 촉발하게 된 것이다.

금강산을 다녀온 사람들은 금강산 여행이 아름다운 명산을 관광하는 기쁨뿐만 아니라 분단현실을 체험하고 민족문제에 대한 새로운 인식과 남북관계 개선이 정말 중요하다는 것을 깨닫는 값진 계기가 되었다고 말한다.

금강산 관광사업은 남북관계 개선을 촉진하는 역할을 수행했다. 금강산은 남북 당국 간 회담의 장소, 이산가족 만남의 장소, 각계각층 남북 동포들의 접촉과 교류의 장소가 되었다. 서로 만나 분단의 한을 풀고 사랑을 나누고 신뢰를 다져나가면서 화해협력과 평화와 통일의 길을 모색하는 희망의 터전이 된 것이다.

또한 1998년 11월 관광객을 가득 실은 호화유람선이 분단의 장벽을 뚫고 북한을 오가기 시작한 금강산 관광사업은 남과 북 모두에게 경제회생의 전기를 마련하는 데 기여했다. 북한의 지하핵시설 의혹과 대포동 1호 미사일 발사 등이 미국의 강경대응과 맞물려 전쟁이 일어날지도 모른다는 안보위기가 고조되었던 것이 당시의 상황이었다. 금강산 관광사업은 한반도의 긴장을 완화하는 가시적 효과를 가져왔다. 남측은 IMF 금융위기 극복을 위한 투자유치의 장애가 줄어들고 국가신인도가 상승됨으로써 값으로 따질 수 없는 큰 이득을 얻게 된다. 경제파탄에 직면한 북측도 외화 획득으로 경제위기를 극복하는 데 큰 도움을 얻게 된다. 상호 이익이 된 것이다.

세번째는 남북 경제협력과 교역의 확대이다. 남측의 자본과 기술이 북측의 노동력과 토지와 결합하여 공동의 이익을 창출하는 개성 공단 건설사업은 마침내 2004년 말 첫 제품이 생산되면서 활기를 띠기 시작했다. 2014년 말 현재 120여개의 남측 기업에서 5만여명의 북측 노동자들이 일하며 제품을 생산하고 있다. 1단계 단지에 약 400개의 기업이 입주하게 되면 10만명이 넘는 북측 노동자들이 일하게 될 것으로 전망된다. 개성공단은 남북경제공동체 건설의 발판이 될 것이다. 이러한 산업공단을 북한의 여러 곳에 건설하여 남북의 일꾼들이 함께 일하고 서로 돕고 나누며 상호 의존도를 높여나가는 것이 바로 평화와 통일을 만들어가는 첩경이라 할 것이다. 한편 남북교역도 해를 거듭하면서 활성화되고, 서로 상대방의 영공과 영해를 이용할 수 있게 되어 적잖은 경제적 이득도 얻게 되었다.

네번째는 사회문화적 교류이다. 국민의 정부는 이산가족상봉사업을 우선적으로 추진했다. 이를 위해 인도적 지원을 병행 추진했다. 6·15공동선언 이후 16차례의 이산가족방문단 교환과 화상상봉 등으로 약 4천 가족, 2만명이 상봉했다. 그리고 금강산지역에는 상시 면회를 추진하게 될 이산가족 면회소도 설치했다.

지난 10년간 가장 큰 성과 중의 하나는 남북 간 인적 왕래가 활성화되었다는 사실일 것이다. 국민의 정부 출범 이전까지 반세기 동안 남북을 왕래한 인원은 고작 3천명에 불과했다. 그러나 지난 10년간 총 44만명이 남북을 왕래했다. 남북 간에 민간차원에서 경제, 사회, 종교, 문화, 체육 등 각종 공동행사와 교류가 활성화되면서 민족공동체의식이 자라나게 되었다. 이렇듯 좀더 많은 접촉과 교류를 통해 서로 이해하고 신뢰를 조성하고 민족공동체의식을 함양하는 것이 평화와 통일의 지름길이 될 것이다.

6·15공동선언 이후 7년간 남과 북은 240여 차례의 각종 당국 간 회담을 통해 정치·군사적 신뢰구축과 경제협력을 추진해왔다. 휴전선에서의 비방방송과 전단살포는 중단되고, 남북의 군대가 협조하여 지뢰를 제거하고 평화회랑을 건설했다. 그리고 남북 군부대 간 통신망을 운용하며 평화회랑을 통해 왕래하는 인원과 물자를 관리했다. 서해에서의 군사적 신뢰구축 조치가 마련되고 우발적 충돌을 예방해왔다.

다섯번째는 인도적 대북지원이다. 김대중·노무현 정부 10년간 정부차원에서 18억 달러, 민간차원에서 6억 2천만 달러, 총 24억 2천만 달러 상당의 식량, 비료, 의약품 등을 북한에 지원했다. 연평균 2억 4천만 달러 규모로서 서독의 경우(연평균 32억 달러)에 비하면 13분의 1에 해당한다. 이는 국민 1인당 연간 5달러 정도이다. 물자는 북으로 갔지만 돈은 이를 생산한 우리 농민과 기업과 근로자들에게 돌아갔다. 이를 두고 일부 냉전 보수세력은 '퍼주기'라고 선동하고 정부를 공격했다.

일부 냉전 수구세력의 반대를 극복하는 것은 쉬운 일이 아니었다. 햇볕정책을 두고 붕괴에 직면한 북한의 생명을 연장시킬 뿐만 아니라 북한의 핵개발을 초래했다고 비난했다. 미북 적대관계의 산물인 북한 핵개발을 포용정책 탓으로 돌리는 것은 사실 왜곡이요 어불성설이다. 또한 포용정책이 안보 경시라는 주장도 있었으나 이는 분단체제에 안주하며 불신과 대결을 지속하려는 일부 기득권세력의 전략적 사실 왜곡이라고 할 것이다.

나는 2005년 평양에서 열린 6·15공동선언 5주년기념 민족통일대축전에 정부대표단 고문 자격으로 참여하여 기조연설을 하고, 3년

6·15공동선언 5주년기념 행사에 참석하기 위해 평양을 방문한 저자와 정동영 통일부장관이 대동강 영빈관 오찬에서 김정일 국방위원장과 대화를 나누고 있다. (2005.6.17)

만에 다시 김정일 국방위원장을 만날 기회를 가졌다. 평양에 도착하자 나는 곧 정동영(鄭東泳) 통일부장관의 김정일 위원장 면담을 주선하기 위해 힘썼다. 마침내 성사되어 약 3시간에 걸친 단독회담이 열렸다. 정 장관은 전력 200만 킬로와트 송전 의사를 전달하고, 북측이 곧 6자회담에 복귀하겠으며 남북정상회담도 할 용의가 있다는 확답을 받아내는 성과를 거두었다.

이어서 김정일 위원장이 주최한 대동강 영빈관 오찬에 참석했다. 김 위원장의 옆자리에 앉게 된 나는 두가지 문제를 제기했다. 하나는 남북국방장관회담을 조속히 개최하여 군사적 신뢰구축과 군비통제 문제를 협의하고 군사회담을 개시해야 한다는 것이다. 이 군사회담이 성과를 거두려면 수년이 걸리겠지만, 이를 추진하는 것이 한반도 평화를 만들어나가는 첩경이 될 것이라고 역설했다.

다른 하나는 북측이 미국의 안전보장만 고집할 것이 아니라 러시아가 제안한 유엔안전보장이사회의 상임이사국들인 미국, 러시아, 중국 등이 포함된 다자 안전보장을 받는 것이 더 유리할 수 있다는 것이다. 단독 안전보장은 일방적으로 폐기하면 무용지물이 되는 것이지만 다자 안전보장은 쉽게 폐기하기 어렵다는 장점이 있다고 설명했다. 김 위원장은 "옳습니다. 앞으로 그렇게 해야 되겠지요"라고 화답했다.

2007년 10월 4일 노무현 대통령은 평양을 방문하여 김정일 국방위원장과의 정상회담을 가졌다. 두 정상은 6·15공동선언을 재확인하고 이를 적극 구현하여 남북관계를 확대발전시키기 위한 '남북관계 발전과 평화번영을 위한 선언'(10·4남북정상선언)을 채택했다. 남북협력을 확대 발전시키기 위한 40여개 사업을 제시하고, 이를 실현하기 위해서 군사분야에서의 협력과 군사적 신뢰구축 조치도 병행 추진하기로 합의했다. 긴장의 바다 서해를 평화의 바다로 만들기 위한 '서해평화협력특별지대'를 설치하기로 하는 내용도 포함되었다. 특히 "남과 북은 현 정전체제를 종식시키고 항구적인 평화체제를 구축해나가야 한다"는 데 인식을 같이하고 상호 협력해나가기로 합의한 것은 중요한 의의를 지닌다고 하겠다. 10·4남북정상선언을 실천하기 위해 구체적 방안을 협의하기 위한 남북총리회담이 개최되어 후속 조치를 마련하였다. 그러나 노무현정권 말기에 합의한 내용을 새 정권은 수용하지 않았다.

역주행한 남북관계(2008년 이후)

2008년 이후부터 현재에 이르는 7년은 지난 20년의 한반도 평화와 남북 화해협력 노력을 부정한 안티테제의 시기이다. 2008년 초 집권한 이명박정부는 지난 정부들의 대북포용정책을 부정하고 차별화를 추진한다. 지난 정부들과는 달리, 북한을 붕괴임박론의 시각에서 보고 급변사태와 흡수통일을 기대한 것이다. 따라서 북한의 굴복과 붕괴를 도모하는 압박과 제재의 적대적 대결정책을 선호하게 된다. 북한을 굴복시키고 붕괴시켜야 할 대상이라고 보았기에 북한과 화해하고 교류협력할 필요를 느끼지 못했다. 또한 미북 적대관계의 산물인 북핵문제를 '선 북핵 해결, 후 남북관계'라는 비현실적인 연계전략을 고집하여 핵문제 해결에는 기여하지도 못하면서 남북관계를 악화시키게 된다.

이러다보니 남북은 사사건건 갈등·반목·대결하게 되었고 긴장이 고조되면서 군사적 충돌로 이어졌다. 평화를 만들기는커녕 평화를 지키기도 어려워진 것이다. 물론 북한의 핵개발과 군사적 대응 등 무모한 강경책에도 문제가 있는 것이 사실이다. 그러나 문제 해결을 포기하고 엉뚱한 붕괴론에 집착하면 작용·반작용의 악순환이 계속될 수밖에 없다.

이명박 대통령은 집권 초 통일부 무용론을 주장하며 통일부 해체를 추진했으나 국민여론과 국회의 반대에 부닥쳐 뜻을 이루지는 못했다. 그는 "대북정책의 최우선 순위는 북한의 비핵화"라고 주장했다. "북한이 핵을 완전 폐기하고 개방을 한다면" 경제협력을 할 수 있다는 비현실적인 '비핵 개방 3000'을 내세워 남북관계를 북핵문제에 종속시키는 잘못된 길을 가게 된다. 표면적으로는 상생과 공영의 대북정책을 내걸었지만 남북 간 화해와 교류협력을 하려 하지 않았다. "대북지원은 오히려 북한의 핵개발과 미사일 발사에 악용됐다"며 대북지원에도 부정적이었다. 남북 정상들이 직접 서명·채택한 화해와 교류협력의 합의서들에 대해서는 묵살하는 태도를 취했다.

평양은 6·15남북공동선언과 10·4남북정상선언을 존중하고 이행할 것을 요구했다. 또한 '비핵 개방 3000'을 적대적 대결정책이라며 철회할 것을 요구하고 나섰다. 2008년 3월에는 이명박정부 출범 직후 통일부장관이 "북핵문제가 타결되지 않으면 개성공단 확대가 어렵다"는 입장을 밝히자 북측은 개성공단에 있는 남북경제협력협의사무소 직원 철수를 요구하여 결국 폐쇄하게 된다. 또한 합참의장의 '북한 핵시설 선제타격" 발언에 대해 엄중한 도발행위라며 군사분계선 통과를 제한 차단하는 과격한 조치가 시작된다.

2008년 7월에는 금강산에서 여성 관광객 피격사건이 발생한다. 이 사건은 남북관계를 장기 경색국면으로 몰아넣는 계기가 된다. 북측은 심야에 "관광객이 관광구역을 벗어나 울타리를 넘어 북측 군사통제구역 안에 진입했고, 초병의 정지 요구에 불응하고 도주함에 따라 발포하게 되었다"며 유감을 표명하면서도 사고 발생 책임이 남측에 있다며 사과와 재발방지 대책을 요구했다. 우리 측의 진상규명을 위한 조사단 파견, 재발방지 대책, 신변안전보장 조치 등의 요구에 대해서는 사고 경위가 명백하고 현대아산 측이 현장을 확인했다며 수용을 거부했다. 이 사건을 계기로 우리 측은 금강산 관광사업을 중단하고 재개할 생각을 하지 않는다. 이명박 대통령은 "금강산 관광비용이 핵폭탄을 만드는 데 사용되고 있다"는 주장에 동조해온 터였다.

또한 그는 "과거 정부가 지난 10년간 막대한 돈을 지원했으나 그 돈이 핵무장에 이용되었다"는 근거 없는 주장을 해왔다. 정부는 돈을 지원한 사실이 없다.

2008년 여름 김정일 국방위원장의 건강이상설이 나오자 이명박정부는 '북한의 급변사태에 대비한 군사적 개입 계획'(작전계획 5029) 수립을 공론화했다. 이에 평양이 "서울이 반북대결을 추구한다면 남북관계의 전면차단을 불사할 것"이라고 협박하고 나서면서 남북관계는 경색되어갔다. 북측은 "남측의 대북정책 전환이 없다면 개성공단의 전면중단도 불사하겠다"며 강수를 두기 시작했다. 그러나 서울은 "평양의 협박에 굴복하지 않겠다. 북한의 버릇을 고쳐야 하겠다"며 이른바 '원칙 있는 대북정책'을 주장했다. 평양도 서울의 정책 변화를 기다리겠다며 강경자세를 바꾸려하지 않아 사태는 계속 악화되어갔다. 서로 이득이 되고 모두가 승리하는 상생의 게임이 아니라 서로가 상처 입고 손해 보는 게임을 시작한 것이다. 북한은 2009년 4월에 은하로켓(광명성 2호) 발사에 이어 5월에는 제2차 핵실험을 강행한다. 이에 우리 측이 대량살상무기 확산방지구상(PSI)에 전면적 참여를 발표하자 북측은 이를 선전포고로 간주한다고 위협하면서 사태는 더욱 악화되어갔다.

2009년 여름 북측은 그동안 경색되었던 남북관계를 풀어보겠다는 의지를 보이기 시작했다. 현대그룹 현정은(玄貞恩) 회장을 평양에 초청하여 김정일 국방위원장과의 면담 자리를 마련하고, 금강산 관광 재개 및 철저한 신변안전보장, 개성 관광 재개와 개성공단 활성화, 백두산 관광 시작, 그리고 추석을 계기로 한 이산가족상봉 등 5개항에 합의하는(8.16) 적극성을 보였다. 하지만 이명박정부는 당국 간 합의가 아니라며 묵살해버린다.

며칠 후 남북화해협력의 새 시대를 열었던 김대중 전 대통령이 서거한다(8.18). 김정일 국방위원장은 이 기회를 남북관계 개선의 계기로 활용하고자 '특사조의방문단'을 서울에 보낸다. 특사는 대통령을 면담하여 김정일 위원장의 메시지를 전달하고 남북정상회담을 추진키로 약속했으나 석연치 않은 이유로 무산되고 만다.

북측 특사조의방문단의 내한과 청와대 방문이 성사되기까지에는 많은 어려움이 있었다. 김대중 전 대통령이 서거한 8월 18일 저녁 김대중평화센터 이사인 정세현 전 통일부장관, 박지원 의원, 문정인 교수와 나 임동원 4명이 세브란스병원 빈소에서 북측 조문단 초청 문제를 의논했다. 남북관계가 경색되어 당국 간 대화와 통신이 모두 두절된 상태여서, 지난 5월 노무현 전 대통령 서거 때도 그러했지만, 이명박정부에 기대할 수는 없다는 데 인식을 같이했다. 우리는 북측의 조문단 파견을 예견하고 이를 계기로 꽉 막힌 남북관계 개선의 물꼬가 트이기를 기대하며 이날 밤 10시에 김대중평화센터 명의로 김대중 전 대통령 서거를 정식으로 알리는 부고를 북측에 팩스로 발송했다.

북측은 이튿날 아침 10시에 회신을 보내왔다. "김정일 위원장은 고위급 특사조의방문단 파견을 지시했다. 김 위원장 화환을 갖고 특별비행기편으로 가겠다. 방문 날짜는 귀측 의향에 따르겠다. 체류일정은 당일로 하되, 필요하면 1박 2일을 예견한다"는 내용이었다. 우리는 청와대와 통일부에 이를 즉각 통보하고 정부가 맡아서 처리할 것을 건의했다. 특히 청와대 방문 의사를 암시한 '특사'와 '1박 2일'이라는 표현에 유의할 것을 강조하고 남북관계 개선의 계기로 활용할 것을 정중히 권고했다. 하지만 청와대의 첫 반응은 실망스러운 것이었다. 청와대 핵심관계자가 '통민봉관(通民封官) 술책', 즉 정부를 배제하고 민간과 교류하는 것으로 보면서 '사설조문단이다' '북한의 저의가 의심스럽다'고 말했다고 언론들이 보도했다.

이날 저녁 우리가 북측에 '8월 21일 금요일 15시 김포공항 도착, 1박 2일 체류를 권고'하는 회신을 보내자 평양은 즉각 김기남(金基南) 당비서를 단장으로 하는 특사조의방문단 파견을 공식발표했다. 그리고 팩스로 6명의 조문단 명단을 알려오면서 우리 측이 권고한 일정대로 하겠다며 남측 당국자를 포함한 여러 인사들을 기탄없이 만날 용의가 있다고 첨언했다. 평양은 그동안 끊겼던 판문점 남북직통전화를 개통하고 통행제한 조치도 해제했다.

8월 20일 오후 정부는 통일부차관을 통해 정부 입장을 알려왔다. 장례식이 국장으로 결정된 상황에서 국가장의위원회 이름으로 북측 조문단의 수송·숙박·비용·신변안전조치를 제공하고, 조문 헌화와 이희호 여사 예방 등 두 일정 진행은 담당하겠지만 그외의 다른 일정은 전혀 고려하지 않는다는 것이다. 북한 특사가 원하는 대통령 면담에 대해서는 청와대가 부정적이며 전혀 고려하지 않는다는 것이 확인되었다. 통일부가 청와대를 설득하기 어렵다는 것으로 읽혀졌다.

이에 우리는 청와대와 통할 수 있는 인사들을 접촉하기로 했다. 문정인 교수는 「이 대통령, 직접 만나 매듭 풀어야」라는 특별기고문(『한겨레』2009.8.21)을 발표하여 여론을 환기하는 노력을 경주했다. 나는 이튿날 10시경 국회에 마련된 빈소에서 만난 맹형규(孟亨奎) 청와대 정무수석비서관과 김형오(金炯旿) 국회의장에게 북한의 요청사항을 설명하고 청와대 방문 수용을 건의해달라고 요청했다. 또한 국회의장에게는 북측 조문단을 접견해줄 것을 요청했다. 그는 즉석에서 적극 찬동하고, 실제로 이날 오후 국회의장실에서 이들을 접견했다. 한편 국민통합특별보좌역인 김덕룡(金德龍) 민화협 대표상임의장과 전화통화를 통해 북한 특사의 청와대 방문을 대통령에게 건의해줄 것을 요청했다. 그리고 이튿날 조찬에 참석하여 북측의 의사를 직접 확인할 것도 권고했다.

8월 21일 오후 예정대로 김포공항에 도착한 특사조의방문단은 오후 4시 국회 빈소에서 조문하고 김정일 위원장의 화환을 봉정했다. 이어서 김형오 국회의장을 면담하고 김대중도서관으로 이희호 여사를 예방하여 김정일 위원장의 조의 서한을 전달했다. 이들은 김정일 위원장의 메시지를 전달하기 위해 대통령 면담을 희망하며 남북관계 개선의 계기가 마련되기를 기대한다는 뜻을 밝혔다.

나는 김대중평화센터의 이름으로 이날 만찬과 이튿날 조찬을 주최했다. 북측에서는 김기남 당비서, 김양건(金養建) 통일전선부 부장과 원동연(元東延) 부부장 등 4명과 남측에서는 통일분야에서 헌신한 분들이 8명씩 참석하여 남북관계 개선을 위해서 남북정상회담의 필요성을 논의하는 등 솔직하고도 유익한 의견을 교환했다.

8월 22일 조찬에는 김덕룡 특보도 참석했다. 조찬 후 나는 현장에서 별도로 김덕룡과 김양건과의 비공개 대화의 장을 마련했다. 이 자리에서 김덕룡 특보는 김정일 위원장이 남북관계 개선을 바라고 있으나 서울에서 보내는 신호가 혼란스러워 이 대통령을 직접 만나 진의를 확인해 오라는 특명이 있었으며 김정일 위원장의 메시지도 갖고 왔다는 것을 확인했다. 그리고 남북관계의 새로운 진전을 이룩하는 계기가 마련되기를 기대한다며 6·15남북공동선언과 10·4남북정상선언을 준수한다면 정상회담도 어렵지 않을 것이라는 입장도 확인했다. 김덕룡 특보는 모임이 끝난 직후 이 대통령에게 북측의 뜻을 전달했다고 전화로 알려왔다. 북한 조문단 관련 기사가 크게 보도되면서 청와대 방문에 대한 관심도 높아갔다.

이날 오전에 현인택(玄仁澤) 통일부장관이 호텔로 찾아와 김양건 통전부장을 면담했다. 이명박정부 출범 후 첫 남북 고위당국자 간 접촉이었다. 이명박 대통령이 각국 조문단 접견 일정의 하나로 북측 조문단도 잠시 접견하는 것을 검토 중이라는 소식이 들려왔다. 김기남 특사 일행은 청와대 방문을 기대하며 서울 체류 일정을 하루 더 연기했다.

이러한 어려운 과정을 거쳐서 결국 8월 23일 일요일 아침 9시부터 북한 특사조문단(3명)의 이명박 대통령 면담이 성사되었다. 김정일 위원장의 구두메시지가 전달되고 남북관계 개선 문제가 논의된 것으로 알려졌다. 당시에는 공개되지 않았지만 남북정상회담 개최 문제도 논의된 것으로 밝혀졌다. 면담은 30분간 이루어졌다고 보도되었다. 북측 인사들은 면담 결과를 만족스럽게 생각하는 것으로 보였다.

이후 개성공단 통행제한 조치가 해제되고 폐쇄되었던 남북경제협력협의 사무소도 재개된다. 9월 말에는 금강산에서 이산가족상봉이 이루어진다. 또한 나중에 알려진 바에 의하면, 10월 중순 임태희(任太熙) 노동부장관과 김양건 통일전선부장이 싱가포르에서 남북정상회담 개최 문제를 협의하는 비밀접촉이 있었고 뒤이어 11월에는 개성 실무접촉으로 이어졌으나 결렬된 것으로 알려졌다.

2009년 여름부터 북측이 대화재개와 남북관계 개선에 적극적이고 능동적인 자세를 보였으나 남측은 북핵문제 해결과 북측의 진정성에 의심을 제기하면서 소극적이고 부정적인 입장으로 일관했다. 기회를 포착하여 위기를 극복하고 새로운 역사를 창조해나가기는커녕 오히려 기회를 위기로 만들어 시대적 요청에 역행한 것이다.

군사적 충돌과 남북관계 경색

남북정상회담 개최와 관련한 일련의 남북 비밀접촉이 결렬된 직후 2009년 11월 10일 서해에서 대청해전이라 불린 군사적 충돌사건이 발생했다. 북방한계선(NLL)을 침범한 북한 경비정을 발견한 우리 해군 함정이 약 5천발의 함포사격을 가하여 북한 경비정 1척이 큰 피해를 입고 반파된 상태에서 도주했다는 것이다. 북한은 무장도발사건이라고 주장하고 '대가를 치르게 될 것'이라며 보복할 것이라고 선언했다. 두달 후인 2010년 1월 중순에는 북한 국방위원회가 남측의 "북한 급변사태 대비 비상통치계획"을 비난하며 "청와대를 포함한 남조선 당국자들 본거지를 송두리째 날려보내기 위한 거족적인 보복성전을 개시할 것"이라는 협박 성명을 발표했다.

연례 한미 키리졸브-독수리훈련 기간 중인 2010년 3월 26일에는 우리 해군 장병 46명이 사망한 천안함 침몰사건이 발생했다. 합동조사단은 두달 후인 5월 20일, 천안함이 북한 잠수함의 어뢰공격으로 침몰한 것이라고 발표했다. 그러나 북한은 자신들과 관련이 전혀 없다고 주장하며 검열단(조사단) 파견을 남측에 제의했으나 받아들여지지 않았다. 군사적 긴장이 고조되면서 11월 23일에는 북한군이 연평도를 포격하여 해병 2명과 민간인 2명이 사망하는 사건이 발생했다.

이명박정부는 천안함 침몰사태를 계기로 남북관계 파탄을 선언하고 2010년 5·24조치를 발표한다. 남북교역 전면 중단, 방북 불허, 대북 신규투자 불허, 대북지원사업 보류, 북한 선박의 우리 해역 운항 전면 불허, 대북심리전 재개, 대량살상무기 확산방지구상(PSI) 차단 훈련 실시, 그리고 유엔 안보리 규탄결의안 추진으로 국제적 제재조치를 강화한다는 등의 내용이 망라되었다. 5·24조치 발동 이후 개성공단을 제외한 남북교류협력은 전면 중단되고 만다. 그동안 어렵게 쌓아올린 공든 탑이 모두 무너진다. 북측의 대화제의에 대해서는 '천안함 폭침과 연평도 포격도발에 대한 책임 있는 조치와 추가도발 방지 확약' 그리고 '비핵화에 대한 진정성을 보여야 한다'는 전제조건을 내세웠다. 남북관계는 불신과 대결의 시대로 역주행을 계속한다.

남북관계 경색은 북한으로 하여금 외교·안보뿐만 아니라 경제적으로도 중국·러시아와 밀착하게 하는 결과를 초래한다. 그동안 북한은 한국·일본·미국과의 관계개선으로 안정과 경제발전을 모색하는 남방정책을 추구해왔다. 그러나 지난 20년간의 노력은 기대하는 성과를 거두지 못했다. 이제 북한은 부상하는 중국과 러시아의 자본·기술에 의존하여 경제문제 해결을 모색하는 북방정책으로 기울어지게 된다. 동북3성 부흥계획을 추진하는 중국 또한 경제적 실리 면에서도 북한이 더욱 필요하게 된다. 중국은 북한 나진항과 청진항을 확보하여 바다로 진출(借港出海)하는 것이 긴요했고 또한 북한의 지하자원에도 관심을 갖게 된 것이다. 극동지역 개발정책을 추진하는 러시아도 북한의 채무를 탕감하고 하산-나선 철도를 연결한 데 이어 북한 철도의 60퍼센트를 개보수하는 프로젝트를 추진한다.

2009년 10월 초 중국 원 자바오(溫家寶) 총리는 평양을 방문하여 김정일 위원장과의 회담을 통해 '경제무역협력 의정서'를 체결한다. 양국 간 교역이 급격히 증가하고 나선경제특구 개발, 압록강 하구 황금평 개발과 단둥-신의주 간 신압록강대교 건설, 그리고 지하자원 개발 등 경제협력을 추진하며 북한경제가 점점 회생하기 시작한다.

2011년 12월 17일 김정일 국방위원장이 사망하고 그의 아들 김정은(金正恩)이 승계한다. 3대 세습이 이루어진 것이다. 이명박정부의 기대와는 달리 체제붕괴는 일어나지 않고 안정적 승계가 이루어진다. 새 지도자로 세워진 김정은은 "허리띠를 조이지 않게 (…) 인민생활 향상"을 당면과제로 제시하고 '경제건설과 핵무력건설 병진 노선'을 추진한다. 기존의 중앙경제개발특구(개성, 금강산, 나선, 황금평, 신의주)에 추가하여 13개의 지방특구를 신설한다. 시장이 확산되고 외화벌이를 위한 해외파견 노동자 수도 크게 증가 추세(7~10만명 추정)를 보이는 등 경제발전을 위한 노력이 경주된다.

박근혜정부 집권 2년이 지난 시점에서도 남북관계는 경색국면에서 헤어나지 못하고 불신과 갈등, 대결과 긴장이 계속되고 있다. 박근혜정부는 '한반도 신뢰 프로세스'를 대북정책으로 내세웠다. 하지만 북측이 먼저 신뢰를 보여주기를 기다리나 진전은 없다. 6·15공동선언(4항)에서 합의한 대로 남과 북이 다방면의 교류협력의 실천을 통해 상호 신뢰를 다져나가야 하지만 교류협력이 전면 중단된 상태에서의 신뢰 조성은 어려워 보인다. 유라시아이니셔티브며 드레스덴구상 등은 그럴듯한 제안이지만 실행에 옮기지는 못하고 있다. 남북관계가 개선되어야 실행할 수 있는 것이다. 중단된 금강산 관광을 비롯하여 교역, 왕래, 교류, 협력 등을 재개하여 신뢰 프로세스를 추진해야 할 것이다.

또한 북핵문제와 관련해서는 "북한이 비핵화를 위한 확실한 의지와 실질적 행동을 보여준다면 북한의 경제개발을 적극 지원할 것"이라며 이미 이명박정부에서 실패한 조건부 입장을 되풀이하고 있다. 북핵문제는 미북관계 정상화와 한반도 평화체제가 구축될 때까지 장기적인 과제로 다루어나갈 수밖에 없는 냉엄한 현실에 놓여 있음을 인정하고 남북관계 개선과 함께 병행 추진해야 할 것이다.

박근혜 대통령은 '통일대박론'을 주장하며 통일의 필요성과 유용성을 일깨워주는 데 기여했다. 그리고 '통일을 준비하자'는 캠페인을 벌이고 있다. 통일은 갑작스럽게 예상치 못한 방식으로 찾아온다며 그날에 대비하여 통일기반을 구축하자는 것이다. 통일에 대비하여 준비하는 것은 물론 필요하고, 만일의 급변사태에 대비하는 비상계획을 준비하는 것도 당연하다. 하지만 평화통일을 이룩하려면 그에 못지않게 지금부터 경제협력을 비롯한 다방면의 교류협력을 통해 한 걸음 한 걸음씩 현재진행형으로 통일을 만들어가야 한다. 남북관계를 개선하고 상호 협력하여 평화를 만들고 '사실상의 통일' 상황부터 실현하는 것이 완전통일에 이르는 길인 것이다.

한편 2014년 초 북측 국방위원회가 청와대 국가안보실에 남북회담을 제의하여 제1차 남북고위급회담(2.12~14)이 성사되었다. 이 회담을 통해 이산가족상봉이 실현되면서 남북관계 개선의 기대가 높아갔다. 상호 비방 중지에도 합의했다. 하지만 우리 민간단체들이 북한 지도자를 비방하는 대북전단을 공중 살포하면서 분위기가 달라진다. 북측은 전단 살포를 합의 위반이라고 반발했고 박근혜정부는 표현의 자유라며 이를 저지하려 하지 않았다. 남북대화보다 대북 심리전을 더 중시함으로써 경색된 남북관계를 개선할 기회를 놓치게 된 것이다.

이러한 상황을 배경으로 나는 2014년 8월 17일 오후 개성공단에서 대남사업 총책인 김양건 통일전선부장을 만나 1시간 동안 남북문제 현안에 대한 북측의 솔직한 입장을 청취하고 의견을 나눌 기회가 있었다. 이 대화는 남북관계가 경색된 상황에서 평양의 입장을 파악하는 데 도움이 되었다. 김대중 전 대통령 서거 5주년을 맞아 북한 지도자가 보내는 화환을 우리 측에 전달하러 개성공단에 온 김양건 부장과 대화를 나누게 된 것이다. 김대중 대통령 서거 때 특사조문단으로 서울에 와서 2박 3일간 많은 의견을 나눈 지 5년 만의 만남이었다.

나는 먼저 우리 정부가 제의한 남북고위급회담에 나와 문제를 해결해나가기 바란다며 말문을 열었다. 북측은 지난 7월 7일 이례적으로 정부 성명을 통해 '남북관계에 유리한 분위기를 조성해나가야 한다'며 '접촉과 왕래, 협력과 대화의 길을 활짝 열어놓아야 한다'고 주장했다. 나는 모든 공동의 관심사를 논의할 용의가 있다는 것이 우리 정부의 입장이니 금강산 관광이라든가 왕래와 교류, 경협 문제 등을 제기하여 협의하면 5·24조치를 해제하는 명분과 계기도 마련할 수 있을 것이라며 북측의 조속한 호응을 기대한다고 말했다.

이에 김양건 부장은 "우리는 대화와 교류협력을 하자는 것이다. 신년사에서도 분명히 밝혔지 않았나. 하지만 남측은 대화를 하자면서도 북측이 결코 수용할 수 없는 전제조건을 주장하는 것은 이해가 안 된다. 대화의 의지가 있는지 의구심을 갖게 한다. 전제조건 없는 대화를 해야 한다" "박 대통령은 이번 8·15경축사에서도 핵을 머리에 이고는 살 수 없다면서 핵문제를 전제조건으로 내세우며 대화하자니 어떻게 믿을 수 있겠는가"라고 말했다. 그는 "핵무력은 외세의 침략 야망을 억제하기 위한 것이지 북남관계 개선의 걸림돌이 아니다"
는 평양의 입장을 되풀이했다.

또한 "이번에도 미군을 끌어들여 우리를 적대하는 대규모 군사훈
련을 앞두고 남북고위급회담을 하자고 하니 그 저의가 의심스러우
며 믿을 수가 없지 않는가?"라고 했다. 이 말은 북측은 한미군사훈련
기간에는 남북대화를 거부하는 것이 관행임을 남측도 잘 알고 있지
않느냐는 뜻인 듯했다.

그리고 "남측 언론도 자꾸 시비하고 비방하고, 더구나 악의적인 내
용을 담은 전단을 살포하여 우리 인민들을 격노케 하고 있다"며 "제
발 정세를 악화시키는 놀음을 하지 않았으면 좋겠다"고 밝혔다.

그는 또 "6·15공동선언의 정신으로 하나하나 해결해나가야 남북
관계가 풀릴 수 있다. 지금 중요한 것은 6·15공동선언에 따라 실시해
오다가 남측이 일방적으로 중단한 교류협력사업들을 재개하는 것이
다" "남측이 새로 제기하는 사업들에 반대하는 것이 아니다. 그런 사
업들도 언젠가는 할 수 있을 것이다. 하지만 남북이 합의하여 지금까
지 해오다 중단한 사업들을 재개하는 것이 쉬운 일인데도 다른 이야
기만 해서야 되겠는가? 5·24조치를 해제하고 원상회복부터 해야 한
다"고 주장했다. 그리고 "지금은 원론적인 많은 말보다 최고지도자
의 실천을 위한 결단이 필요한 때"라며 박 대통령의 과감한 결단을
기대하고 있었다.

김양건 부장의 솔직하고 진지한 설명과 주장은 평양의 입장을 이
해하는 데 도움이 되었다. 상대방을 정확히 알고 자기를 알아야 올바
른 해결책을 마련할 수 있다는 것이 나의 일관된 생각이다. 짧은 시
간이었지만 유익한 의견 교환의 기회였다. 나는 이날의 대화 내용을

보고서로 작성하여 정부에 제출했다.

10월 4일에는 아시안게임 폐회식에 참석한다는 명분으로 3명의 북측 최고위 인사들(황병서 군 총정치국장, 최룡해 정치국 상무위원, 김양건 통일전선부장)이 인천에 찾아와 우리 측 정부 인사들을 만나는 파격적인 적극성을 보였다. 제2차 남북고위급회담 개최에도 합의한 것으로 알려졌다. 하지만 전단 살포로 다시 무산된다. 남북문제에 관한 북한 최고위층 인사요 실세인 3명의 방한을 남북관계 복원의 기회로 활용하지 못한 것이다.

핵무기 없는 세계의 실현

북한 핵문제는 2003년 이후 줄곧 남북관계 개선과 한반도 평화 프로세스에 걸림돌로 작용했다. 핵문제는 비단 한반도에만 국한된 문제가 아니다. 핵문제는 평화를 갈망하는 전세계 인류의 지대한 관심사이다. 우리는 한반도의 비핵화를 위해서도 전인류의 소망인 핵무기 없는, 안전하고 평화로운 세계의 실현에 관심을 갖지 않을 수 없다.

미소 냉전종식의 과정은 '핵무기 없는 세계' 실현을 위한 노력과 함께 진행되었다. 그것은 기존 핵무기의 폐기, 비핵보유국의 핵무기 보유 금지, 그리고 새로운 핵무기 개발을 위한 핵실험 금지라는 세가지 측면에서 전개되었다. 소련의 지도자로 등장한 개혁주의자 미하일 고르바초프는 1986년 초, "20세기 내에 핵무기를 모두 폐기하고 핵무기 없는 세계를 실현하자"고 제의했다. 수백개면 세계를 멸망시킬 수도 있는데 미국과 소련은 히로시마에 투하했던 것보다 평균 30

배의 파괴력을 지닌 핵폭탄을 무려 5만개 이상 보유하고 있었다.

고르바초프와 레이건은 아이슬란드의 레이캬비크 미소정상회담(1986.10)에서 중거리 핵무기를 모두 폐기하는 한편 장거리 전략핵무기의 2분의 1을 감축하기로 합의한다. 실제로 중거리핵무기는 1991년까지 전량 폐기된다. 장거리 전략핵무기도 제1차 전략무기감축협정(START-I, 1991)을 통해 이후 7년 동안 약 2만 4천개 중 약 1만개가 폐기된다. 단거리 전술핵무기도 모두 폐기된다.

미국은 1993년에 러시아와 제2차 전략무기감축협정(START-II)을 통해 10년 안에 전략핵무기를 대폭 감축하기로 합의했으나 클린턴 정부 기간 미국 의회의 비준을 얻지 못해 이행되지는 못했다. 핵무기의 폐기 노력과 함께 핵실험을 전면금지하는 포괄적핵실험금지조약(CTBT, 1996)이 채택된다. 그리고 비핵보유국의 핵무기 개발을 금지하는 핵확산금지조약(NPT)의 무기한 연장에도 합의하게 된다(1995). 이 조약은 유엔안보이사회의 상임이사국인 핵무기보유 5개국(미국, 러시아, 중국, 영국, 프랑스)이 핵무기를 단계적으로 감축, 완전폐기하고 비핵보유국에 대해 핵무기로 공격하거나 위협하지 않는다는 전제 위에 성립된 것이다. 이렇듯 인류는 20세기의 마지막 10여년에 걸쳐 안전하고 평화로운 '핵무기 없는 세계'를 만들기 위한 노력에 큰 진전을 이룩했다.

그러나 2001년 초 공화당의 부시 행정부가 집권하면서 상황이 달라지기 시작한다. 유일 초대강국으로서 힘에 의한 일방주의 외교를 추진한 부시 행정부는 제2차 전략핵무기감축협정 이행을 거부한다. 러시아와 1972년에 맺은 요격미사일(ABM)제한조약도 파기하고, 레이건 정부 때 추진하다 실패한 전략방위구상(SDI, 일명 '스타워즈') 계획을 수정한 미사일방어체계(MD) 구상을 본격적으로 추진한다. 또한 포괄적핵실험금지조약의 비준을 거부하고, 벙커버스터 소형핵폭탄 개발을 추진한다. 그리고 북한을 포함한 7개 비핵보유국을 잠재적 핵공격 대상으로 지정한 사실이 알려지면서 NPT 위반이라는 국제적 비난을 받기도 한다. 21세기에 들어서면서 '핵무기 없는 세계' 실현을 위한 인류의 노력은 좌절을 경험하게 된 것이다.

오바마 대통령 취임 후 핵무기 없는 세계 실현을 위한 노력이 재개된다. 미국은 러시아가 반대하는 동유럽 MD체계 구축계획을 수정하고 러시아와 새로운 전략핵무기감축협정을 체결한다(2010.3). 양국은 2021년까지 전략핵탄두 보유상한을 각각 1,550기로 줄이고, 각종 발사수단도 보유상한을 각각 800기로 감축하기로 합의한 것이다. 하지만 새로운 핵무기 개발을 하지 않기로 한 포괄적핵실험금지조약은 이미 160여개국이 비준했지만 미국 의회는 아직 비준하지 않고 있다. 또한 러시아는 미국 주도의 MD를 무력화하기 위해 핵무기 현대화에 나서고 있고, 미국도 핵무기 현대화에 착수하고 있다. 핵무기 없는 세계의 실현은 아직 갈 길이 멀어 보인다.

핵무기는 모두 폐기돼야 하며, 인류의 염원인 '핵무기 없는 세계'는 반드시 실현되어야 한다. 핵무기 개발은 저지되어야 하며, 핵 확산은 방지되어야 한다. 인류의 파멸을 초래할 핵무기는 사용되어선 안 되고, 공격용으로는 사용할 수도 없는 무기이다. 실제로 제2차 세계대전 말 히로시마와 나가사끼에 대한 원자폭탄 공격 이후 핵무기 보유국은 유엔안전보장이사회 5개국과 이스라엘·인도·파키스탄을 포함한 8개국으로 늘어났고, 그동안 많은 분쟁과 전쟁이 있었으나 핵무기가 사용된 적은 한번도 없다. 핵무기 사용은 공동 멸망을 초래할 위험이 있기 때문이다. 그래서 공격용이 아니라 억제용 또는 위협용으로 기능해온 것이다. 그러나 무책임한 과격집단이나 테러분자의 수중에 들어가는 것은 대단히 위험한 일이어서 반드시 막아야 한다.

한반도의 비핵화는 꼭 실현되어야 한다. 북한의 핵무기 보유는 한국과 일본의 핵무장을 유혹하게 되며, 이 지역의 안보위기를 조성하게 될 것임으로 반드시 저지되어야 한다. 문제는 미북 적대관계의 산물인 북핵문제를 어떻게 해결할 것인가이다.

1991년 초 북한의 핵개발 의혹이 제기된 이래 북핵문제를 포함한 한반도 문제 해결을 위한 미국의 정책과 접근방법은 두가지로 대별할 수 있을 것이다. 하나는 클린턴 행정부의 대북포용정책과 적대관계 해소를 위한 한반도 평화 프로세스요, 다른 하나는 부시 행정부의 대북적대시정책과 굴복을 강요하는 압박과 제재의 프로세스이다.

1993년 초 집권한 민주당 클린턴 행정부는 그동안 금기시해온 북한과의 양자협상을 통해 주고받기식의 '제네바 미북 기본합의서'를 채택한다(1994.10). 이에 따라 북한은 핵활동을 동결하고 핵개발계획을 포기하기로 하고 미국은 북한과의 적대관계를 해소하고 평화공존하며 양국 관계를 정상화하는 한편 경수로형 원자력발전소와 중유를 제공하기로 합의한다. 이 합의는 사실상 북한의 핵개발이 미북 적대관계의 산물임을 인정하고, 안보위협 해소와 양국 관계 정상화를 통해 해결하기로 한 합리적이고도 현실적인 해결방식이었다.

클린턴 행정부는 이 합의를 통해 핵물질 생산 이전단계에서 북한의 핵활동을 중단시키는 데 성공하고, 포용정책을 통해 관계개선을 추진한 것이다. 김대중정부와 함께 한반도 평화 프로세스를 추진하는 가운데 2000년 남북정상회담이 개최되고, 이어서 미국도 북한과의 양자관계를 근본적으로 개선키로 하는 '미북 공동 코뮈니케'를 채택한다(2000.10.12). 이 합의에 따라 미북정상회담을 준비하기 위해 올브라이트 국무장관이 평양을 방문하여 김정일 국방위원장과 회담을 갖고 관계개선을 위해 협의한다. 하지만 이 무렵 미국 대통령선거에서 북한과의 관계개선에 부정적인 공화당의 부시가 당선됨으로서 클린턴 대통령의 평양방문은 무산되고 한반도 평화 프로세스는 중단 위기에 봉착하게 된다.

2001년 초 부시 행정부의 출범과 경악스러운 9·11테러 이후 악명 높은 부시 독트린으로 한반도 평화 프로세스는 파탄되고 핵위기가 조성된다. 부시는 북한정권을 이라크·이란과 함께 외교적 협상의 상대가 아니라 군사적 선제공격으로 붕괴시켜야 할 '악의 축'으로 지정하고 압박과 제재의 적대시정책을 추진한다. 부시 행정부가 확증도 없는 고농축우라늄계획(HEUP) 의혹을 제기하여 제네바 미북 기본합의를 파기하자 2003년 초 북한은 지난 8년간 중단했던 핵개발을 재개하면서 북핵위기가 본격적으로 시작된 것이다.

"사악한 정권과의 대화란 있을 수 없다"며 양자대화를 거부한 부시 행정부는 6자회담을 통해 북한을 굴복시키려 했으나 '선 핵폐기'만을 고집한 초기 전략은 실패하고 만다. 2년이 경과한 2005년 마침내 6자회담에서는 북핵문제 해결의 기본원칙에 합의하는 9·19공동성명을 채택한다. 북한의 핵폐기와 미국의 대북관계 정상화를 맞바꾸되 단계적으로 동시병행 추진하기로 한 성공적인 합의이다. 하지만 미국 네오콘 강경파들의 북한에 대한 금융제재 조치로 이 합의는 이행되지 못한다.

북한이 제1차 핵실험(2006.10.9)을 강행하고, 미국 공화당이 중간선거에서 패배하자 부시가 "핵폐기 전에는 대화할 수 없다"며 굴복을 강요하던 완강한 입장을 뒤집고 양자협상을 하게 된다. 미북 양자협상과 6자회담을 통해 북한은 핵시설의 폐쇄에 이어 불능화 조치를 이행하는 한편 미국은 북한을 테러지원국 명단에서 삭제하는 등의 단계적 조치를 취한다. 하지만 2008년 하반기에 검증 문제 등을 둘러싸고 다시 교착상태에 빠진다. 이로 인해 북한의 핵물질 폐기와 미북 관계 정상화 등을 다룰 3단계 협상 기회는 유실되고 만다.

2009년 초 집권한 오바마 행정부는 중단된 6자회담을 재개하지 못한 채 북한의 제2차 핵실험(2009.5)에 당면하게 된다. 오바마 행정부는 '전략적 인내'로 북한의 변화를 기다린다는 입장을 견지한 가운데 북한은 제3차 핵실험(2013.2)을 강행하며 핵능력 향상을 도모하고 있다.

6자회담은 성공적인 9·19공동성명을 산출했으나 한쪽은 관계 정상화에 대한 정치적 의지가 결여되어 있고, 다른 한쪽은 핵 억제력 확보 의지를 굽히지 않은 채 상호 불신을 증폭시키면서 교착상태에 빠졌다. 북한은 미국이 적대시정책을 유지하며 군사적 위협을 계속하는 한 이를 억제하기 위한 핵개발을 결코 포기하지 않을 것이라는 강경한 입장을 고수하고 있다. 미국은 '선 핵폐기'를 주장하며 역효과를 초래한 압박과 제재로 굴복시키려는 전략으로 일관하고 있다.

북핵문제는 미북 적대관계의 산물이다. 미국은 적대관계를 해소하고 북한과의 관계를 정상화해나가야 한다. 평화를 보장하고 핵무기를 필요하지 않는 안보환경과 여건을 조성해야 한다. 북한은 핵개발을 중단하고 대미협상에 적극 나서야 한다. 핵개발은 미국과의 관계 정상화는 물론 체제나 국가안전도 보장할 수 없으며 오히려 위기만 초래할 뿐이다. 제네바 미북 기본합의와 6자회담 9·19합의가 모두 북한의 핵폐기와 미북관계 정상화를 맞바꾸기로 한 사실이 이를 입증한다. 클린턴 행정부가 포용정책을 통해 안전을 보장하고 관계 개선을 통해 한반도 평화 프로세스를 추진했을 때 북핵문제도 해결할 수 있었다. 그러나 부시 행정부가 적대시정책을 통해 압박과 제재로 북한정권을 굴복시키려 했을 때 오히려 핵개발을 재개하고 핵실험을 하는 역효과가 초래되었음을 기억해야 할 것이다.

북한에 대한 초대강국 미국의 정책 변화를 클린턴 행정부처럼 다시 기대할 수는 없을까? 2014년 12월 17일, 오바마 대통령은 "지난 53년간 쿠바 정권 붕괴를 목표로 한 미국의 압박과 제재의 봉쇄정책은 실패했다"고 인정하고 쿠바와의 관계 정상화를 발표했다. "어떤 나라를 실패한 국가로 몰아붙이는 정책보다는 개혁을 지지하고 독려하는 것이 더 낫다는 교훈을 어렵게 얻었다"며 "더 나은 미래를 위해 과거의 족쇄를 부숴버리기로 결단했다"고 선언했다. 미국의 북한과의 관계는 쿠바와의 관계와는 다르지만 미국의 결단이 문제 해결의 열쇠임은 분명하다. 북한에 대해서도 초대강국 미국이 결단한다면 적대관계를 해소하고 북핵문제는 물론 한반도 평화문제도 해결의 길이 열릴 수 있을 것이다. 미국은 그동안 '비핵화를 통한 관계 정상화'라는 접근을 시도했으나 실패했다. 이제는 '관계 정상화를 통한 비핵화'로 접근 방법을 바꾸어야 할 것이다.

한국은 남북관계 개선을 통해 평화를 만들어가면서 미북관계 개선에도 기여하고 북핵문제도 해결하는 병행전략을 추진해야 할 것이다. 문제의 본질은 핵무기보다 핵무기를 추구하게 된 적대관계에 있다. 적대관계를 해소하고 관계를 정상화해야만 핵문제도 해결될 수 있는 것이다. 따라서 적대관계의 뿌리인 군사정전체제를 평화체제로 전환하는 한반도 평화 프로세스를 통해 한반도 비핵화와 '통일 지향적인' 평화체제를 만들어가야 할 것이다.

서독의 동방정책에서 배우다

통일이 허용되지 않는 국제정세 속에서 분단국가가 선택할 수 있는 슬기로운 차선의 방책은 무엇일까? 서독의 동방정책과 독일 통일의 경험에서 교훈을 얻을 수 있을 것이다.

독일 통일은 유럽 심장부에 강대국의 재등장이라는 두려움 때문에 아무도 바라지도 않았고, 가능하다고 생각되지도 않았다. 더구나 독일 민족이 통일국가를 형성한 기간은 74년(1871~1945)에 불과했다. 독일은 이 기간에 두번의 세계대전을 일으킨 전쟁범죄국인 것이다. 제2차 세계대전 후 독일은 네 전승국에 의해 분할 점령되었다. 독일인들은 통일을 입 밖에 내기도 어려운 처지였다. 이런 독일이 어느 날 통일을 이룩한 것이다. 나는 독일 통일 직후부터 독일문제를 연구하며 통일독일 현장을 몇차례 방문하기도 했다. 2001년에는 동방정책의 설계자 에곤 바르 박사를 서울에서 만나 소중한 의견을 나누었다. 서독 브란트 수상을 도와 동방정책을 설계하고 또한 실제 협상을 통해 독일 통일의 기반을 다진 인물이다. 독일 통일 20주년인 2010년 겨울에는 베를린에서 그를 다시 만나 베를린자유대학교에서 공개토론회를 가졌다. '동방정책과 햇볕정책'이 토론의 주제였다.

1969년 빌리 브란트 수상이 집권하여 동방정책을 추진하기 시작한 이래 서독은 20여년간 정권교체에도 불구하고 꾸준히 일관성 있는 동방정책을 추진했다. 동방정책을 통해 통일에 유리한 국제정세를 조성하기 위한 노력을 경주한 것이다. 브란트 수상은 소련과 폴란드 등 동구권 국가들과의 관계를 정상화하여 동서진영을 가로막고 있는 철의 장막을 걷어내고 유럽의 평화질서를 구축하기 위해 힘썼다. 유럽 평화질서 안에서 언젠가는 통일을 이룩할 수 있으리라는 꿈을 이루기 위해서였다. 과거의 잘못을 참회하고 진정한 사죄와 성의 있는 배상을 통해 유럽의 품에 안기려고 노력했다.

서독의 동방정책은 동서진영 35개국이 참가한 유럽안보협력회의(CSCE)의 헬싱키협약 체결(1975)의 동인을 제공한다. 그리고 1975년부터 15년 동안 헬싱키협약에 의한 화해협력의 CSCE 프로세스가 진행된다. 1985년에는 소련에 젊은 개혁가 미하일 고르바초프가 등장하여 뻬레스뜨로이까와 글라스노스뜨로 불린 개혁개방정책, 그리고 '새로운 사고에 의한 외교안보정책'을 추진하면서 소련과 동구권에 체제변환이라는 지각변동이 일어나게 된다. 마침내 독일 통일의 여건이 조성되고 냉전종식으로 유럽의 평화질서가 수립되면서 유럽연합(EU)도 출범한다. "서독의 동방정책 없이는 고르바초프가 소련의 최고 지도자가 될 수 없었을 것이고, 또한 고르바초프 없이는 독일 통일도 불가능했을 것이다"라고 말하는 이유가 여기에 있다.

동방정책은 비록 한 민족이 분단되어 2개의 국가를 형성하고는 있지만 서로 외국이 아닌 특수관계로 규정하고 민족동질성 유지에 최우선 목표를 두고 추진되었다. 동독 고립화정책(할슈타인 원칙 등)을 버리고 평화공존하며 '접촉을 통한 변화'를 추구했다. 동서독 정상회담을 개최하고 기본관계조약을 체결했으며 유엔에도 공동가입하고 상

브란트 수상을 도와 동방정책을 추진한 에곤 바르와 의견을 나누는 저자 (2001.9.6)

주대표부도 설치했다. 그뿐 아니라 기자들이 서로 상주하고 언론매체도 개방했다.

　서독은 동독에 매년 평균 32억 달러 규모의 대대적인 경제지원을 제공하며 매년 수백만명의 왕래와 접촉, 교류와 협력을 실현하여 분단으로 인한 양측 시민들의 불편과 고통을 최소화하기 위해 노력했다. 또한 프라이카우프(freikauf)라 하여 1964년부터 25년간 몸값(총 35억 마르크)을 지불하고 33,755명의 반체제 인사를 석방케 하여 서독으로 오게 했다. 1인당 약 10만 마르크를 지불한 셈이며, 이는 당시 서독 1인당 국민소득의 5배를 상회하는 큰 금액이었다고 한다. 동독 시민들이 아침에는 공산당 신문을 읽고, 저녁에는 서독 TV를 볼 수 있는 상황으로까지 발전하게 된 것이다. 이렇게 하여 동서독이 서로 오가고 돕고 나누는, 통일된 것과 비슷한 '사실상의 통일'(de facto unification) 상황을 실현해나간 것이다. 이러한 과정을 통해 동독 시민들의 의식변화가 일어나고 민심도 얻게 되었다. 때가 왔을 때 동독 시민들은 서독과 '한 국민' 되기를 선택한 것이다.

독일 통일은 흡수통일이 아니다. 동독 시민의 뜻과는 상관없이 일방적으로 서독에 흡수당한 것이 아니다. 동독 시민들은 동구권 변화의 물결을 호기로 포착하여 비폭력 시민혁명을 통해 공산정권을 무너뜨렸다. 통일방안에 대한 논쟁이 격화되는 가운데 서독의 헬무트 콜(Helmut Kohl) 수상은 4~5년간의 국가연합을 거치는 단계적 통일방안을 제시했다. 동독 시민들은 세가지의 통일방안, 즉 병합에 의한 조기통일, 통일헌법을 제정하여 대등한 입장에서의 통일, 선 국가연합 후 단계적 통일방안을 가지고 자유총선거(1990.3.18)를 실시했다. 동독 시민들은 서독과의 병합에 의한 조기 통일을 선택했다. 새로 수립된 동독 민주정부는 서독과, 그리고 동서독이 힘을 합쳐 전승 4개국과 '2+4 협상'을 통해 통일조약을 체결하고 '합의에 의한 통일'을 성취했다. 목사의 딸인 앙겔라 메르켈(Angela Merkel) 현 독일 수상은 당시 동독 민주정부의 대변인이었다. 주권자인 동독 시민의 선택에 의해 통일방식이 결정되고 '합의에 의한 통일'을 이룩한 것이다.

여기서 주목할 것은, 정부차원뿐만 아니라 민간차원에서 30여년간 서독 개신교회의 꾸준한 물질적·정신적 나눔운동이 통일에 크게 기여했다는 사실이다. 동독 당국이 원하는 물자를 보내주고 그 대가를 동독 교회에 현금으로 지불케 했다. 동독 교회는 비교적 자유로운 교회활동과 신앙생활을 유지할 수 있었으며 교회 안에서 성장한 노이에스포룸(Neues Forum) 등 비정치적 시민운동단체들(180여개)이 시민혁명의 주도세력으로 등장하게 된다. 현 독일 대통령인 요아힘 가우크(Joachim Gauck)는 노이에스포룸을 주도했던 목사였다. 월요 기도회로 유명한 라이프찌히 니콜라이교회 신도가 주도한 비폭력 평화적 촛불시위(1989.10.9)가 전국 각지 교회로 확산되고, 마침내 동베를린 1백만 시위로 베를린장벽과 함께 공산정권을 무너뜨리게 된 것이다.

동족상잔의 전쟁으로 서로 원수가 되고 불신과 대결의 냉전을 벌여온 우리의 사정은 독일과는 다르다. 그럼에도 불구하고 국제정세가 분단국가의 통일을 허용하지 않는 상황에서 우리가 선택할 길은 명백하다. 서독이 그러했듯이 남북이 평화공존하며 서로 오가고 돕고 나누는 '사실상의 통일' 상황부터 실현하여, 주권자인 북한동포의 마음을 얻어 평화통일을 이룩해야 하는 것이다. 또한 한반도 평화체제를 구축하여 동북아 평화질서 확립에 기여하고 동북아 평화질서 안에서 한반도 평화통일을 이룩하는 것이다.

에필로그
'사실상의 통일' 상황 실현

우리 민족의 지상과제는 분단을 극복하고 통일을 이룩하는 것이다. 천년이 넘는 오랜 세월 동안 하나의 언어, 하나의 역사와 문화를 공유하며 하나의 민족공동체, 하나의 국가로 살아온 우리 민족이 70년이 되도록 아직도 남북으로 분단된 채 불신과 대결을 지속하고 있다는 사실은 수치가 아닐 수 없다. 분단 상태에서는 정통성 독점경쟁이 불가피하고 승패의 게임 유혹에서 헤어나기 어렵다. 따라서 항상 갈등과 분쟁, 군비경쟁으로 민족의 에너지가 낭비되고 전쟁의 위험이 도사리게 된다.

통일을 이룩해야 한반도의 평화와 민족의 번영·발전을 누릴 수 있다. 통일로 얻는 편익은 막대하다. 통일비용과는 비교될 수도 없는 것이기 때문에 '통일을 대박'이라고도 말한다. 통일비용은 분단유지비용보다 적기 마련이다.

하지만 문제는 남북 모두에게 대박이 되고 축복이 될 통일을 어떻게 이룩할 것인가 하는 것이다. 한국전쟁 이후 우리의 통일론을 두가지로 단순화하면, 흡수통일과 평화통일로 구분할 수 있다. 흡수통일은 대박과는 거리가 멀다. 북한 붕괴와 흡수통일은 경제적으로나 사회적으로 엄청난 부담이자 재앙이 될 것이다. 더구나 그것은 실현 가능성도 희박한 허황된 희망사항이다. 가장 현실적이고 바람직한 방식은 교류협력을 통한 점진적 평화통일이다. 우선 남북관계를 개선하여 남과 북이 서로 오가고 돕고 나누는 '사실상의 통일' 상황부터 실현하고 완전통일을 지향해나가는 것이다.

지난 4반세기의 경험을 토대로 '사실상의 통일'을 실현하기 위한 당면과제를 세가지로 요약하고자 한다. 그것은 남북관계 개선, 남북 경제공동체 형성 발전, 그리고 통일을 지향하는 평화체제 구축이다.

첫째, 우선 남북관계부터 개선·발전시켜나가야 한다. 동족상잔의 전쟁으로 원수가 되어 불신과 대결의 70년을 지내온 우리에게 긴요한 것은, 화해하고 교류협력하며 상호 신뢰를 다지면서 남북관계부터 개선·발전시키는 것이다. 현안인 북핵문제 해결과 북미관계 개선을 위해서나 한반도 평화체제 구축을 위해서나 평화통일을 위해서도 남북관계 개선이 그 출발점인 것이다. 남북관계 개선과 발전 없이는 한반도 문제를 해결할 수 없다.

남북관계를 개선하기 위해서는 우선 올바른 대북 시각과 통일철학에 기초한 현실적이고도 미래지향적인 대북정책을 추진해야 한다는 것이 지난 4반세기 경험에서 얻은 소중한 교훈이다. 그동안 한국의 대북정책은 국제정세 추이와 북한의 장래를 내다보는 시각에 영향을 받았다. 북한의 장래를 보는 데는 서로 다른 두가지의 시각이 맞섰다. 붕괴임박론과 점진적 변화론이 그것이다.

붕괴임박론은 북한도 동구 공산권처럼 조만간 급변사태로 붕괴될 것이라는 시각이다. 그동안 붕괴임박론에 힘을 실어준 사태가 세번 발생했다. 첫번째는 동구 공산권 붕괴와 동서냉전의 종식이다. 1990년 미국 정보기관이 "북한도 1~2년 안에 루마니아처럼 갑자기 붕괴될 것이다"는 정보 판단을 발표할 정도로 북한 역시 동구 공산권 국가들처럼 곧 붕괴될 것처럼 보였다. 두번째는 김일성 주석이 사망하면 북한체제가 붕괴할 것이라는 예측인데, 1994년 7월 그가 갑자기 사망했다. 그에 뒤이은 2년간의 대홍수와 자연재해로 수십만의 아사자와 탈북자가 생기는 등 경제·사회 기능이 마비되어 붕괴가 임박한 것으로 보였다. 세번째는 2008년 가을 김정일 국방위원장의 건강이상설이 나돌면서 급변사태와 붕괴가 임박했다는 것이 당시 정부의 판단이었다. 그러나 기대와는 달리 세번 모두 북한은 붕괴되지 않았다. 희망사항에 불과한 오판이었다.

점진적 변화론은 북한도 중국이나 베트남처럼 일당독재체제 아래에서 개혁개방을 추진하는 아시아 모델을 따라 점진적으로 변화할 것이라는 시각이다. 북한은 동구권과는 사회경제적 발전단계가 다르고 시민사회 경험도 없다. 또한 중국이 건재하는 한 북한의 붕괴는 기대하기 어렵다고 본다. 북한에 대한 미국의 적대적 봉쇄정책이 해제되고 관계가 개선된다면 중국이나 베트남처럼 변화의 속도가 가속화될 수도 있으리라는 것이다.

대북 시각에 따라 두가지의 서로 다른 통일방안과 대북정책이 추진되었다. 점진적 변화론을 선호하는 정부는 점진적 평화통일과 이에 따른 화해협력의 포용정책을 추진했다. 노태우·김대중·노무현 정부의 경우가 그러했다. 이와는 반대로 붕괴임박론을 신봉하는 정부는 흡수통일을 기대하며 급변사태와 붕괴를 기다리는 방관정책, 혹은 붕괴를 촉진하기 위한 압박과 제재의 대결정책을 선호했다. 김영삼·이명박 정부가 그러했다.

또한 이 시기에 대두한 북한 핵개발 문제에 대처하는 전략이 대북정책에 큰 영향을 미쳤다. 역대 정부들은 모두 북한의 핵개발을 결코 용납할 수 없으며 한반도는 반드시 비핵화되어야 한다는 입장을 고수했다. 하지만 미북 적대관계의 산물인 북핵문제 해결을 위한 접근 방법과 전략은 두가지로 갈렸다. 하나는 김영삼·이명박·박근혜 정부가 견지한 '선 핵문제 해결, 후 남북관계 개선'이라는 접근방법으로 양자를 선후관계로 연계하는 전략이다. 이와는 달리 노태우·김대중·노무현 정부는 남북관계 개선과 북핵문제 해결을 병행하는 전략을 선택했다. 남북관계 개선을 통해 안전과 평화의 여건을 조성하여 북한의 변화를 유도하는 한편 미북관계 개선으로 북핵문제를 해결하려는 접근방법인 것이다.

평화통일을 위해서는 노태우·김대중·노무현 정부처럼 북한을 점진적 변화론의 시각에서 보고, 점진적·단계적 통일을 추진해야 한다. 북한을 적이요 악마로 몰아 제재하고 굴복시키려 할 것이 아니라 평화와 통일의 동반자로 인정하고 화해협력의 포용정책을 추진해야 한다. 이렇게 할 때 남북관계를 개선·발전시킬 수 있고 북미관계 개선과 북핵문제 해결의 길도 열어나갈 수 있는 것이다. 급변사태가 발생할 경우에 대비한 비상계획이 준비돼 있어야 하는 것은 당연하지만, 일어날지 안 일어날지 모르는 북한 붕괴에 초점을 맞춰 대북정책을 추진하는 것은 위험하다. 강자요 가진 자인 한국이 올바른 평화통일 철학에 기초하여 자신감과 인내심, 그리고 일관성과 신축성을 갖고 북한을 포용하고 잘 관리해야 하는 것이다.

또한 남북관계의 개선과 발전을 위해서는 지난 25년간 남과 북이 지혜를 모아 합의한 '남북기본합의서'와 '6·15남북공동선언', 그리고 '10·4남북정상선언'을 준수·이행하고 이를 계승 발전시켜나가야 한다. 연속선상의 이 3대 합의서 안에 남북관계의 개선과 발전의 길이 제시되어 있는 것이다.

남북기본합의서를 통해 남과 북은 서로 상대방의 체제를 인정·존중하고(제1조), 내부문제에 간섭하지 않으며(제2조), 비방과 중상을 하지 않고(제3조), 파괴와 전복 행위를 하지 않는(제4조) 등 화해협력해나가기로 합의한 것이다. 그리고 6·15남북공동선언 실천을 통해 경제, 사회, 문화, 종교, 체육, 관광 등 여러 분야에서의 만남과 왕래, 교류와 협력이 빈번해지면서 적대의식이 수그러들고 긴장이 완화되고 민족공동체의식이 함양되어 상호 신뢰의 싹이 트기 시작했다. 남북관계가 개선되면서 '화해협력의 새 시대'를 열어나갈 수 있었던 것이다.

독일은 통일 25년이 된 지금도 내적 통합의 어려움을 겪고 있다. 우리는 통일 후 순조로운 내적 통합을 위해서 통일 이전 단계에서 남북이 대화하고 교류협력을 확대해나감으로써 점진적으로 민족동질성을 회복해나가는 것이 정치적 통일 후의 사회적·문화적·심리적 통합의 짐을 더는 길이 될 것이다.

6·15공동선언을 비롯한 남북합의들의 준수 이행을 확약하고 정상

적인 대화채널을 복원하여 유지해야 한다. 대화 없이는 남북 간 교류협력과 평화정착은 이루어질 수 없다. 남북대화를 통해 그동안 중단했던 금강산 관광사업, 남북 왕래와 접촉, 교역과 경협, 상대방 영공과 영해의 이용 등 다방면의 교류협력을 재개하여 긴장완화와 남북관계 개선을 서둘러야 한다.

둘째, 경제적 접근을 통해 남북관계를 개선·발전시켜야 한다. 교역과 경제협력을 활성화하고 남북경제공동체를 형성해나가야 한다. 남북이 3대 합의서를 통해 합의한 대로, 민족경제의 균형적 발전과 민족 전체의 복리향상을 위하여 경제공동체를 형성하여 상호 의존도를 높여나가는 것이 남북관계 정상화와 평화통일에 이르는 지름길이 될 것이다.

중국과 대만의 최근 사례에서 소중한 교훈을 얻을 수 있을 것이다. 중국과 대만은 서로의 차이점은 제쳐두고 공동이익을 추구하는 구동존이(求同存異)의 정신에 기초하여 경제우선 실용주의로 2008년 이래 양안관계가 눈부시게 발전하고 있다. 교역과 투자 등 경제협력 활성화로 양안 간 주당 30편으로 시작한 정기항공노선이 2014년에는 840편으로 급증하여 중국 54개 도시와 대만 10개 도시를 연결 운항하고 있으며, 왕래 인원이 900만명(중국인 400만명)을 넘고 있다. 또한 증가하는 물동량의 해상운송을 위해 중국 72개와 대만 13개 항구가 연결 운영되고 있다. 우편, 전화, 송금 등이 자유로우며, 8만개의 대만 기업이 중국에 진출해 있고, 중국에 상주하는 대만인이 200만명을 넘는다고 한다. 양안 간 결혼도 37만건이 넘고 있다. 중국과 대만이 정경분리 원칙으로 경제공동체를 형성하여 차이완(Chiwan)이라 불리는 관계로까지 발전하여 통일된 것과 비슷한 '사실상의 통일' 상황을 실현하고 있는 것이다.

우리도 경제적 접근을 서둘러야 한다. 통일에 대비하여 그 기반을 구축하는 것은 물론 필요하다. 하지만 통일 이후의 준비 못지않게 중요한 것이 경제협력을 비롯한 다방면의 교류협력을 통해 평화와 통일을 현재진행형으로 만들어가는 것이다. 통일 이전 단계에서 경제협력을 통해 북한 인프라 개선과 산업구조 조정, 풍부한 지하자원의 공동개발 등 경제개발에 참여하는 것이 북한의 변화를 유도하고 통일을 준비하는 바른 길인 것이다. 이는 남북의 공동이익이 될 뿐만 아니라 통일비용을 절감하는 길이요 '사실상의 통일' 상황을 실현하는 길이다.

경제학자들에 의하면, 통일 이전에 연간 GDP의 1퍼센트 규모(약 100억 달러)를 대북 사회기반시설(SOC) 건설에 투입할 경우, 모든 물자·장비·설비 등 실물자본을 남한에서 생산 공급하면 투자액의 대략 80퍼센트는 남한의 소득이 되어 남한경제 활성화에도 크게 기여할 것이라고 한다. 어차피 통일 후에 해야 할 사업들을 미리 저렴한 노동력을 이용하여 실시하면 통일비용을 대폭 절감하는 장점이 있다. 또한 이와 함께 북한 주민들에게도 이득이 되어 민심을 얻고 의식변화를 이끌어 통일을 앞당기는 효과를 기대할 수 있으리라 본 것이다.

셋째, 군사정전체제를 평화체제로 전환하는 일을 서둘러야 한다. 전쟁의 포성이 멎은 지 60년이 넘었으나 군사정전협정하에서 적대관계를 지속하고 있는 것이 한반도의 냉엄한 현실이다. 군사정전협

594

정은 전쟁이 끝나지 않은 상태를 의미하며 따라서 적대관계를 계속하게 되는 것이다.

그동안 우리는 군사정전협정하에서 적대적인 군비경쟁을 통해 군사력을 증강하며 전쟁을 억제하는 소극적 평화를 유지해왔다. 이제 정치적·군사적 신뢰구축과 군비감축 등을 통해 적극적 평화를 만들어 정전협정을 평화협정으로 전환해야 한다. 비정상을 정상화해야 한다. 평화를 지킬(peace keeping)뿐만 아니라 평화를 만들어가야(peace making) 한다. 그리고 '통일 지향적 평화체제'를 구축하여 분단의 구조적 원인을 제거하고 통일을 이룩해야 한다.

정전체제를 평화체제로 전환하는 노력 없이는 군사적 대결과 군비경쟁, 북핵문제의 근본적 해결이나 남북관계와 미북관계의 정상화를 기대할 수 없다. 한반도 문제가 미·중 갈등이나 분쟁의 빌미가 되지 않게 하기 위해서도 평화체제 구축을 서둘러야 한다.

제4차 6자회담에서는 9·19공동성명을 통해 북핵문제의 근본적 해결을 위해 한반도 군사정전체제를 평화체제로 전환해야 하며 이를 위해 관련 당사국 평화회담 개최에 합의한 바 있다. 관련 당사국인 미·중·남북한 4자 평화회담을 조속히 개최해야 한다. 현 상황에서 4자 평화회담은 남과 북이 힘을 합쳐 주도하지 않으면 성사되기 어렵다. 남과 북이 힘을 합쳐 4자 평화회담을 개최하고 회담을 주도해 평화체제 구축을 서둘러야 한다.

4자 평화회담에서는 군사정전협정을 평화협정(가칭)으로 대체하기 위한 협상을 하게 될 것이다. 먼저 전쟁종식에 합의하고 평화체제 구축 방안과 로드맵을 제시하는 선언적 조치부터 합의하는 것이 바람직하다. 이에 따라 관련 당사국들이 평화를 담보할 실질적 조치들, 이를테면 적대관계 해소, 비핵화, 군비통제 등을 어느정도 진척시키면 정전협정을 대체할 법적 조치인 평화협정이 뒤따를 수 있을 것이다.

평화협정은 한반도의 분단을 고착시키고 군비경쟁을 지속하는 소극적 평화가 아니라, 안보위협을 근원적으로 해소하고 통일을 지향하는 적극적 평화를 보장해야 한다. 이를 위해서는 독일 통일과정에서 먼저 동서독이 합의하고 전승 4개국과 2+4협상을 통해 통일을 달성했듯이, 먼저 남북이 합의하여 민족의 이익을 보장하도록 4자회담을 주도해나가는 지혜를 발휘해야 한다. 평화협정은 남과 북이 주체가 되고 정전협정 체결 당사자인 미국과 중국이 보증하고, 유엔안전보장이사회가 추인하는 2+2+유엔 방식으로 추진함이 바람직할 것이다.

한반도 평화를 담보할 수 있는 평화협정 체결까지는 장기간이 소요되겠지만 결과 못지않게 중요한 것이 과정이다. 우리는 유럽안보협력회의(CSCE)의 경험에서 교훈을 얻을 수 있을 것이다. 3년간의 협상을 통해 헬싱키협약을 체결하고, 15년간의 화해협력과 군비통제를 추진한 데탕뜨 프로세스를 거쳐 마침내 냉전을 끝내고 유럽에 새 평화질서를 확립했음을 주목해야 한다.

한반도의 경우도 평화를 담보하기 위한 평화체제 구축 방안과 포괄적 로드맵에 합의하는 최초 단계로부터 시작하여 실질적 조치 단계를 거쳐 법적 조치 단계에 이르는 3단계 과정을 예상할 수 있을 것이다. 실질적 조치 단계에서 미북관계 정상화와 북핵 폐기, 정치군사적 신뢰구축 조치와 군비감축, 남북연합 형성 발전 등 평화 보장에 필요한 환경과 여건을 조성해나가는 한반도 평화 프로세스를 추진해야 한다. 특히 중요한 것은 북미 간 국교정상화와 북핵문제 해결이다. 이는 다른 문제들을 해결하는 추동력을 제공하게 될 것이다.

한반도 평화의 당사자는 남과 북이다. 평화협정 체결 후 '통일을 지향하는 평화체제'를 확립하고 유지·관리해야 할 주체도 남과 북이다. 남과 북은 이미 6·15남북공동선언을 통해 협력기구인 '남북연합'을 형성·운영하기로 합의한 바 있다. 남북연합이 이러한 과업을 수행하는 역할을 담당해야 할 것이다.

통일은 목표인 동시에 과정이다. 남북관계를 개선하여 신뢰를 조성하고 남북경제공동체를 형성·발전시키는 동시에 평화체제 구축을 병행해나갈 때 시너지 효과를 발휘하게 될 것이다. 남북연합이 '통일지향적 평화체제'를 관리하며 '사실상의 통일' 상황부터 실현하고 완전통일을 지향해야 할 것이다.

분단 70년을 맞으며 우리 모두 통일문제에 대한 역사적 책임감을 가져야 한다. 무엇보다 통일문제에 대한 주인의식이 필요하다. 평화통일은 누가 가져다주거나 스스로 다가오는 것이 아니다. 남과 북이 힘을 합쳐 만들어가야 하는 것이다. 물론 배타적인 자세로 우리 민족끼리의 노력만으로 이룩할 수 있는 일도 아니다. 그렇다고 국제관계에 종속시켜 외세에 의존하려는 것은 더더욱 위험하다. 한반도 통일이 주변국들의 국익에 배치되지 않는 여건을 조성하면서 우리가 주도하여 그들의 지지와 협력을 확보해나가야 한다. 통일이 허용되지 않는 국내외 정세에서 분단국가가 선택할 수 있는 차선의 방책은 독일의 예에서 볼 수 있듯이 우선 남북관계를 개선하여 남과 북이 서로 오가고 돕고 나누는 '사실상의 통일' 상황부터 실현하고 완전통일을 지향해나가는 것이다.

한반도를 둘러싼 동북아는 전환기에 접어들고 있다. 근시안적으로 눈앞에 보이는 현안만 가지고 일희일비하며 소탐대실하는 잘못을 계속해서는 안 될 것이다. 장기적이고 폭넓은 시야로 미래를 내다보며 현안을 다루어나가는 지혜가 필요하다. 미·중 양강시대에 대비하기 위해서도 그 어느 때보다도 남과 북이 힘을 합쳐야 할 시기이다. 남북관계를 개선하고 점진적인 평화통일의 길을 향해 나아갈 때, 한반도의 운명을 우리 스스로 결정하는 힘이 생긴다는 것을 명심해야 할 것이다.

부록

남북 사이의 화해와 불가침 및
교류·협력에 관한 합의서

1992년 2월 19일 발효

　남과 북은 분단된 조국의 평화적 통일을 염원하는 온 겨레의 뜻에 따라, 7·4남북공동성명에서 천명된 조국통일 3대원칙을 재확인하고, 정치 군사적 대결상태를 해소하여 민족적 화해를 이룩하고, 무력에 의한 침략과 충돌을 막고 긴장완화와 평화를 보장하며, 다각적인 교류·협력을 실현하여 민족공동의 이익과 번영을 도모하며, 쌍방 사이의 관계가 나라와 나라 사이의 관계가 아닌 통일을 지향하는 과정에서 잠정적으로 형성되는 특수관계라는 것을 인정하고, 평화통일을 성취하기 위한 공동의 노력을 경주할 것을 다짐하면서, 다음과 같이 합의하였다.

제1장 남북화해

제1조 남과 북은 서로 상대방의 체제를 인정하고 존중한다.
제2조 남과 북은 상대방의 내부문제에 간섭하지 아니한다.
제3조 남과 북은 상대방에 대한 비방·중상을 하지 아니한다.
제4조 남과 북은 상대방을 파괴·전복하려는 일체 행위를 하지 아니

한다.

제5조 남과 북은 현 정전상태를 남북 사이의 공고한 평화상태로 전환시키기 위하여 공동으로 노력하며 이러한 평화상태가 이룩될 때까지 현 군사정전협정을 준수한다.

제6조 남과 북은 국제무대에서 대결과 경쟁을 중지하고 서로 협력하며 민족의 존엄과 이익을 위하여 공동으로 노력한다.

제7조 남과 북은 서로의 긴밀한 연락과 협의를 위하여 이 합의서 발효 후 3개월 안에 판문점에 남북연락사무소를 설치·운영한다.

제8조 남과 북은 이 합의서 발효 후 1개월 안에 본 회담 테두리 안에서 남북정치분과위원회를 구성하여 남북화해에 관한 합의의 이행과 준수를 위한 구체적 대책을 협의한다.

제2장 남북불가침

제9조 남과 북은 상대방에 대하여 무력을 사용하지 않으며 상대방을 무력으로 침략하지 아니한다.

제10조 남과 북은 의견대립과 분쟁문제들을 대화와 협상을 통하여 평화적으로 해결한다.

제11조 남과 북의 불가침 경계선과 구역은 1953년 7월 27일자 군사정전에 관한 협정에 규정된 군사분계선과 지금까지 쌍방이 관할하여온 구역으로 한다.

제12조 남과 북은 불가침의 이행과 보장을 위하여 이 합의서 발효 후 3개월 안에 남북군사공동위원회를 구성·운영한다. 남북군사공동위원회에서는 대규모 부대이동과 군사연습의 통보 및 통제 문제,

비무장지대의 평화적 이용 문제, 군인사 교류 및 정보교환 문제, 대량살상무기와 공격능력의 제거를 비롯한 단계적 군축 실현 문제, 검증 문제 등 군사적 신뢰조성과 군축을 실현하기 위한 문제를 협의·추진한다.

제13조 남과 북은 우발적인 무력충돌과 그 확대를 방지하기 위하여 쌍방 군사당국자 사이에 직통 전화를 설치·운영한다.

제14조 남과 북은 이 합의서 발효 후 1개월 안에 본 회담 테두리 안에서 남북군사분과위원회를 구성하여 불가침에 관한 합의의 이행과 준수 및 군사적 대결상태를 해소하기 위한 구체적 대책을 협의한다.

제3장 남북교류·협력

제15조 남과 북은 민족경제의 통일적이며 균형적인 발전과 민족 전체의 복리향상을 도모하기 위하여 자원의 공동개발, 민족 내부 교류로서의 물자교류, 합작투자 등 경제교류와 협력을 실시한다.

제16조 남과 북은 과학·기술, 교육, 문화·예술, 보건, 체육, 환경과 신문, 라디오, 텔레비전 및 출판물을 비롯한 출판·보도 등 여러 분야에서 교류와 협력을 실시한다.

제17조 남과 북은 민족구성원들의 자유로운 왕래와 접촉을 실현한다.

제18조 남과 북은 흩어진 가족·친척들의 자유로운 서신거래와 왕래와 상봉 및 방문을 실시하고 자유의사에 의한 재결합을 실현하며, 기타 인도적으로 해결할 문제에 대한 대책을 강구한다.

제19조 남과 북은 끊어진 철도와 도로를 연결하고 해로·항로를 개설한다.

제20조 남과 북은 우편과 전기통신 교류에 필요한 시설을 설치·연결하며, 우편·전기통신 교류의 비밀을 보장한다.

제21조 남과 북은 국제무대에서 경제와 문화 등 여러 분야에서 서로 협력하며 대외에 공동으로 진출한다.

제22조 남과 북은 경제와 문화 등 각 분야의 교류와 협력을 실현하기 위한 합의의 이행을 위하여 이 합의서 발효 후 3개월 안에 남북경제교류·협력공동위원회를 비롯한 부문별 공동위원회들을 구성·운영한다.

제23조 남과 북은 이 합의서 발효 후 1개월 안에 본 회담 테두리 안에서 남북교류협력분과위원회를 구성하여 남북교류·협력에 관한 합의의 이행과 준수를 위한 구체적 대책을 협의한다.

제4장 수정 및 발효

제24조 이 합의서는 쌍방의 합의에 의하여 수정·보충할 수 있다.

제25조 이 합의서는 남과 북이 각기 발효에 필요한 절차를 거쳐 그 문본을 서로 교환한 날부터 효력을 발생한다.

1991년 12월 13일

남 북 고 위 급 회 담	북 남 고 위 급 회 담
남측 대표단 수석대표	북 측 대 표 단 단 장
대 한 민 국	조선민주주의인민공화국
국 무 총 리 정 원 식	정 무 원 총 리 연 형 묵

한반도의 비핵화에 관한 공동선언

1992년 2월 19일 발효

남과 북은 한반도를 비핵화함으로써 핵전쟁 위험을 제거하고 우리 나라의 평화와 평화통일에 유리한 조건과 환경을 조성하며 아시아와 세계의 평화와 안전에 이바지하기 위하여 다음과 같이 선언한다.

1. 남과 북은 핵무기의 시험, 제조, 생산, 접수, 보유, 저장, 배비, 사용을 하지 아니한다.
2. 남과 북은 핵에너지를 오직 평화적 목적에만 이용한다.
3. 남과 북은 핵재처리시설과 우라늄농축시설을 보유하지 아니한다.
4. 남과 북은 한반도의 비핵화를 검증하기 위하여 상대측이 선정하고 쌍방이 합의하는 대상들에 대하여 남북핵통제공동위원회가 규정하는 절차와 방법으로 사찰을 실시한다.
5. 남과 북은 이 공동선언의 이행을 위하여 공동선언이 발효된 후 1개월 안에 남북핵통제공동위원회를 구성·운영한다.
6. 이 공동선언은 남과 북이 각기 발효에 필요한 절차를 거쳐 그 문본을 교환한 날부터 효력을 발생한다.

1992년 1월 20일

남북고위급회담　　　　　북남고위급회담
남측 대표단 수석대표　　　북측 대표단 단장
대　한　민　국　　　　　조선민주주의인민공화국
국무총리 정원식　　　　　정무원 총리 연형묵

북미 기본합의서

1994.10.21. 제네바

조선민주주의인민공화국(이하 북한으로 호칭)과 미합중국(이하 미국으로 호칭) 대표단은 1994년 9월 23일부터 10월 21일까지 제네바에서 한반도 핵문제의 전반적 해결을 위한 협상을 가졌다. 양측은 비핵화된 한반도의 평화와 안전을 확보하기 위해서는 1994년 8월 12일 북한과 미국 간의 합의발표문에 포함된 목표의 달성과 1993년 6월 11일 미국과 북한 간 공동발표문상의 원칙의 준수가 중요함을 재확인하였다. 양측은 핵문제 해결을 위해 다음과 같은 조치들을 취하기로 결정하였다.

I. 양측은 북한의 흑연감속원자로 및 관련시설을 경수로 원자력발전소로 대체하기 위해 협력한다.

(1) 미국 대통령의 1994년 10월 20일자 보장서한에 의거하여, 미국은 2003년을 목표시한으로 총 발전용량 약 2,000MWe의 경수로를 북한에 제공하기 위한 조치를 주선할 책임을 진다.
ㅡ 미국은 북한에 제공할 경수로의 재정조달 및 공급을 담당할 국제

컨소시엄을 미국의 주도하에 구성한다. 미국은 동 국제컨소시엄을 대표하여 경수로 사업을 위한 북한과의 주접촉선 역할을 수행한다.

—미국은 국제컨소시엄을 대표하여 본 합의서 서명 후 6개월 내에 북한과 경수로 제공을 위한 공급 계약을 체결할 수 있도록 최선의 노력을 경주한다. 계약 관련 합의는 본 합의서 서명 후 가능한 조속한 시일 내 개시한다.

—필요한 경우 미국과 북한은 핵에너지의 평화적 이용분야에 있어서의 협력을 위한 양자협정을 체결한다.

(2) 1994년 10월 20일자 대체에너지 제공 관련 미국의 보장서한에 의거, 미국은 국제컨소시엄을 대표하여 북한의 흑연감속원자로 동결에 따라 상실될 에너지를 첫번째 경수로 완공시까지 보전하기 위한 조치를 주선한다.

—대체에너지는 난방과 전력생산을 위해 중유로 공급된다.

—중유의 공급은 본 합의서 서명 후 3개월 내 개시되고 양측 간 합의된 공급일정에 따라 연간 50만 톤 규모까지 공급된다.

(3) 경수로 및 대체에너지 제공에 대한 보장서한 접수 즉시 북한은 흑연감속원자로 및 관련시설을 동결하고, 궁극적으로 이를 해체한다.

—북한이 흑연감속원자로 및 관련시설의 동결은 본 합의문 서명 후 1개월 내 완전 이행된다. 동 1개월 동안 및 전체 동결기간 중 IAEA가 이러한 동결상태를 감시하는 것이 허용되며, 이를 위해 북한은 IAEA에 대해 전적인 협력을 제공한다.

—북한의 흑연감속원자로 및 관련시설의 해체는 경수로 사업이 완료

될 때 완료된다.

- 북한과 미국은 5MWe 실험용 원자로에서 추출된 사용 후 연료봉을 경수로 건설기간 동안 안전하게 보관하고, 북한 내에서 재처리하지 않는 안전한 방법으로 동 연료가 처리될 수 있는 방안을 강구하기 위해 상호 협력한다.

(4) 본 합의 후 가능한 조속한 시일 내에 미국과 북한의 전문가들은 두 종류의 전문가 협의를 가진다.

- 한쪽의 협의에서 전문가들은 대체에너지와 흑연감속원자로의 경수로로의 대체와 관련된 문제를 협의한다.
- 다른 한쪽의 협의에서 전문가들은 사용 후 연료 보관 및 궁극적 처리를 위한 구체적 조치를 협의한다.

II. 양측은 정치적·경제적 관계의 완전 정상화를 추구한다.

(1) 합의 후 3개월 내 양측은 통신 및 금융거래에 대한 제한을 포함한 무역 및 투자제한을 완화시켜나간다.

(2) 양측은 전문가급 협의를 통해 영사 및 여타 기술적 문제가 해결된 후에 쌍방의 수도에 연락사무소를 개설한다.

(3) 미국과 북한은 상호 관심사항에 대한 진전이 이루어짐에 따라 양국관계를 대사급으로까지 격상시켜나간다.

III. 양측은 핵이 없는 한반도의 평화와 안전을 위해 함께 노력한다.

(1) 미국은 북한에 대한 핵무기 불위협 또는 불사용에 관한 공식보장을 제공한다.

(2) 북한은 한반도비핵화공동선언을 이행하기 위한 조치를 일관성 있게 취한다.

(3) 본 합의문이 대화를 촉진하는 분위기를 조성해나가는 데 도움을 줄 것이기 때문에 북한은 남북대화에 착수한다.

IV. 양측은 국제적 핵비확산체제 강화를 위해 함께 노력한다.

(1) 북한은 핵비확산조약(NPT) 당사국으로 잔류하며 동 조약상의 안전조치협정 이행을 준수한다.

(2) 경수로 제공을 위한 계약체결 즉시 동결 대상이 아닌 시설에 대하여 북한과 IAEA 간 안전조치협정에 따라 임시 및 일반사찰이 재개된다. 경수로 공급 계약체결시까지, 안전조치의 연속성을 위해 IAEA가 요청하는 사찰은 동결 대상이 아닌 시설에서 계속된다.

(3) 경수로 사업의 상당부분이 완료될 때, 그러나 주요 핵심부품의 인도 이전에 북한은 북한 내 모든 핵물질에 관한 최초 보고서의 정확성과 완전성을 검증하는 것과 관련하여 IAEA와의 협의를 거쳐

IAEA가 필요하다고 판단하는 모든 조치를 취하는 것을 포함하여
IAEA 안전조치협정(INFCIRC/403)을 완전히 이행한다.

로버트 L. 걸루치   강석주

미합중국 수석대표   조선민주주의인민공화국 대표단장

미합중국 대사   조선민주주의인민공화국 외교부 제1부부장

6·15남북공동선언

조국의 평화적 통일을 염원하는 온 겨레의 숭고한 뜻에 따라 대한민국 김대중 대통령과 조선민주주의인민공화국 김정일 국방위원장은 2000년 6월 13일부터 6월 15일까지 평양에서 역사적인 상봉을 하였으며 정상회담을 가졌다.

남북정상들은 분단 역사상 처음으로 열린 이번 상봉과 회담이 서로 이해를 증진시키고 남북관계를 발전시키며 평화통일을 실현하는 데 중대한 의의를 가진다고 평가하고 다음과 같이 선언한다.

1. 남과 북은 나라의 통일문제를 그 주인인 우리 민족끼리 서로 힘을 합쳐 자주적으로 해결해나가기로 하였다.
2. 남과 북은 나라의 통일을 위한 남측의 연합제 안과 북측의 낮은 단계의 연방제 안이 서로 공통성이 있다고 인정하고 앞으로 이 방향에서 통일을 지향시켜나가기로 하였다.
3. 남과 북은 올해 8·15에 즈음하여 흩어진 가족·친척 방문단을 교환하며, 비전향 장기수 문제를 해결하는 등 인도적 문제를 조속히 풀어나가기로 하였다.
4. 남과 북은 경제협력을 통하여 민족경제를 균형적으로 발전시키고, 사회, 문화, 체육, 보건, 환경 등 제반 분야의 협력과 교류를 활성화

하여 서로의 신뢰를 다져나가기로 하였다.

5. 남과 북은 이상과 같은 합의사항을 조속히 실천에 옮기기 위하여
   빠른 시일 안에 당국 사이의 대화를 개최하기로 하였다.

　김대중 대통령은 김정일 국방위원장이 서울을 방문하도록 정중히
초청하였으며, 김정일 국방위원장은 앞으로 적절한 시기에 서울을
방문하기로 하였다.

2000년 6월 15일

대 한 민 국　　　　　조선민주주의인민공화국
대　통　령　　　　　국　방　위　원　장
김　대　중　　　　　김　　　정　　　일

북미 공동 코뮈니케

2000.10.12, 워싱턴

조선민주주의인민공화국 국방위원회 김정일 위원장의 특사인 국
방위원회 제1부위원장 조명록 차수가 2000년 10월 9일부터 12일까지
미합중국을 방문하였다.

방문기간 국방위원회 김정일 위원장께서 보내는 친서와 조·미관
계에 대한 그의 의사를 조명록 특사가 미합중국 빌 클린턴 대통령에
게 직접 전달하였다. 조명록 특사와 일행은 매들린 올브라이트 국무
장관과 윌리엄 코언 국방장관을 비롯한 미 행정부의 고위관리들을
만나 공동의 관심사로 되는 문제들에 대하여 폭넓은 의견교환을 진
행하였다.

쌍방은 조선민주주의인민공화국과 미합중국 사이의 관계를 전면
적으로 개선시킬 수 있는 새로운 기회들이 조성된 데 대하여 심도 있
게 검토하였다. 회담들은 진지하고 건설적이며 실무적인 분위기 속
에서 진행되었으며 이 과정을 통하여 서로의 관심사들에 대하여 더
잘 이해할 수 있게 되었다.

조선민주주의인민공화국과 미합중국은 역사적인 북남정상회담
에 의하여 한반도의 환경이 변화되었다는 것을 인정하면서 아시아·

태평양지역의 평화와 안정을 증진하는 데 이롭게 두 나라 사이의 쌍무관계를 근본적으로 개선하는 조치들을 취하기로 결정하였다. 이와 관련하여 쌍방은 한반도에서 긴장상태를 완화하고 1953년의 정전협정을 공고한 평화보장체제로 바꾸어 한국전쟁을 공식 종식시키는데 4자회담 등 여러가지 방도가 있다는 데 대하여 견해를 같이하였다.

조선민주주의인민공화국 측과 미합중국 측은 관계를 개선하는 것이 국가들 사이의 관계에서 자연스러운 목표로 되며 관계개선이 21세기에 두 나라 인민들에게 다같이 이익으로 되는 동시에 한반도와 아시아·태평양지역의 평화와 안전도 보장하게 될 것이라고 인정하면서 쌍무관계에서 새로운 방향을 취할 용의가 있다고 선언하였다. 첫 중대조치로서 쌍방은 그 어느 정부도 타방에 대하여 적대적 의사를 가지지 않을 것이라고 선언하고 앞으로 과거의 적대감에서 벗어난 새로운 관계를 수립하기 위하여 모든 노력을 다할 것이라는 공약을 확언하였다.

쌍방은 1993년 6월 11일부 조·미 공동성명에 지적되고 1994년 10월 21일부 기본합의문에서 재확인된 원칙들에 기초하여 불신을 해소하고 호상신뢰를 이룩하며 주관심사들을 건설적으로 다루어나갈 수 있는 분위기를 유지하기 위하여 노력하기로 합의하였다. 이와 관련하여 쌍방은 두 나라 사이의 관계가 자주권에 대한 상호존중과 내정불간섭의 원칙에 기초하여야 한다는 것을 재확인하면서 쌍무적 및 다무적 공간을 통한 외교적 접촉을 정상적으로 유지하는 것이 유익하다는 데 대하여 유의하였다.

쌍방은 호혜적인 경제협력과 교류를 발전시키기 위하여 협력하기로 합의하였다. 쌍방은 두 나라 인민들에게 유익하고 동북아시아 전반에서의 경제적 협조를 확대하는 데 유리한 환경을 마련하는 데 기여하게 될 무역 및 상업 가능성들을 담보하기 위하여 가까운 시일 안에 경제무역 전문가들의 상호방문을 실현하는 문제를 토의하였다.

쌍방은 미사일 문제의 해결이 조·미관계에 근본적인 개선과 아시아·태평양지역에서의 평화와 안정에 중요한 기여를 할 것이라는 데 대하여 견해를 같이하였다. 조선민주주의인민공화국 측은 새로운 관계 구축을 위한 또 하나의 노력으로 미사일 문제와 관련한 회담이 계속되는 동안에는 모든 장거리 미사일을 발사하지 않을 것이라는 데 대하여 미국 측에 통보하였다.

조선민주주의인민공화국과 미합중국은 기본합의문에 따르는 자기들의 의무를 완전히 이행하기 위한 공약과 노력을 배가할 것을 확약하면서 이렇게 하는 것이 한반도의 비핵평화와 안정을 이룩하는 데 중요하다는 것을 굳게 확언하였다. 이를 위하여 쌍방은 기본합의문에 따르는 의무이행을 보다 명백히 하는 데 관하여 견해를 같이하였다. 이와 관련하여 쌍방은 금창리 지하시설에 대한 접근이 미국의 우려를 해소하는 데 유익하였다는 데 대하여 유의하였다.

쌍방은 최근년간 공동의 관심사로 되는 인도주의 분야에서 협조사업이 시작되었다는 데 대하여 유의하였다. 조선민주주의인민공화국 측은 미합중국이 식량 및 의약품 지원 분야에서 조선민주주의인민공화국에 인도주의적 수요를 충족시키는 데 의의있는 기여를 한데 대하여 사의를 표하였다. 미합중국 측은 조선민주주의인민공화국이 한국전쟁시기 실종된 미군병사들의 유골을 발굴하는 데 협조하여 준 데 대하여 사의를 표하였으며 쌍방은 이 사업을 신속히 전진시키기 위하여 최대한으로 노력하기로 합의하였다. 쌍방은 이상 문제들과 기타 인도주의 문제들을 토의하기 위한 접촉을 계속하기로 합의하였다.

쌍방은 2000년 10월 6일 공동성명에 지적된 바와 같이 테러를 반대하는 국제적 노력을 고무하기로 합의하였다.

조명록 특사는 역사적인 북남정상회담 결과를 비롯하여 최근 수개월간의 북남대화 진전 상황에 대하여 미국 측에 설명하였다. 미합중국 측은 현행 북남 대화의 계속적인 전진과 성과 그리고 안보대화의 강화를 포함한 북남 사이의 화해와 협력을 강화하기 위한 방안들의 실현을 위하여 적절한 모든 방법으로 협조할 것이라는 확고한 공약을 표명하였다.

조명록 특사는 클린턴 대통령과 미국 인민이 방문기간 따뜻한 환대를 베풀어준 데 대하여 사의를 표하였다.

조선민주주의인민공화국 국방위원회 김정일 위원장께 윌리엄 클린턴 대통령의 의사를 직접 전달하며 미합중국 대통령의 방문을 준비하기 위하여 매들린 올브라이트 국무장관이 가까운 시일에 조선민주주의인민공화국을 방문하기로 합의하였다.

제4차 6자회담 공동성명

2005.9.19, 베이징

제4차 6자회담이 베이징에서 중화인민공화국, 조선민주주의인민공화국, 일본, 대한민국, 러시아연방, 미합중국이 참석한 가운데 2005년 7월 26일부터 8월 7일까지 그리고 9월 13일부터 19일까지 개최되었다.

우다웨이 중화인민공화국 외교부 부부장, 김계관 조선민주주의인민공화국 외무성 부상, 사사에 켄이치로 일본 외무성 아시아대양주국장, 송민순 대한민국 외교통상부 차관보, 알렉세예프 러시아 외무부 차관, 그리고 크리스토퍼 힐 미합중국 국무부 동아태 차관보가 각 대표단의 수석대표로 동 회담에 참석하였다.

우다웨이 부부장은 동 회담의 의장을 맡았다.

한반도와 동북아시아 전반의 평화와 안정이라는 대의를 위해, 6자는 상호 존중과 평등의 정신하에 지난 3회에 걸친 회담에서 이루어진 공동의 이해를 기반으로 한반도의 비핵화에 대해 진지하면서도 실질적인 회담을 가졌으며 이러한 맥락에서 다음과 같이 합의하였다.

1. 6자는 6자회담의 목표가 한반도의 검증 가능한 비핵화를 평화적 인 방법으로 달성하는 것임을 만장일치로 재확인하였다.

－조선민주주의인민공화국은 모든 핵무기와 현존하는 핵계획을 포 기할 것과, 조속한 시일 내에 핵확산금지조약(NPT)과 국제원자력 기구(IAEA)의 안전조치에 복귀할 것을 공약하였다.

－미합중국은 한반도에 핵무기를 갖고 있지 않으며, 핵무기 또는 재 래식 무기로 조선민주주의인민공화국을 공격 또는 침공할 의사가 없다는 것을 확인하였다.

－대한민국은 자국 영토 내에 핵무기가 존재하지 않는다는 것을 확 인하면서, 1992년도 '한반도의 비핵화에 관한 남북공동선언'에 따 라, 핵무기를 접수 또는 배비하지 않겠다는 공약을 재확인하였다.

－1992년도 '한반도의 비핵화에 관한 남북공동선언'은 준수·이행되 어야 한다.

－조선민주주의인민공화국은 핵에너지의 평화적 이용에 관한 권리 를 가지고 있다고 밝혔다. 여타 당사국들은 이에 대한 존중을 표명 하였고, 적절한 시기에 조선민주주의인민공화국에 대한 경수로 제 공 문제에 대해 논의하는 데 동의하였다.

2. 6자는 상호 관계에 있어 국제연합헌장의 목적과 원칙 및 국제관계 에서 인정된 규범을 준수할 것을 약속하였다.

－조선민주주의인민공화국과 미합중국은 상호 주권을 존중하고, 평 화적으로 공존하며, 각자의 정책에 따라 관계 정상화를 위한 조치 를 취할 것을 약속하였다.

－조선민주주의인민공화국과 일본은 평양선언에 따라, 불행했던 과

거와 현안사항의 해결을 기초로 하여 관계 정상화를 위한 조치를 취할 것을 약속하였다.

3. 6자는 에너지, 교역 및 투자 분야에서의 경제협력을 양자 및 다자 적으로 증진시킬 것을 약속하였다.
–중화인민공화국, 일본, 대한민국, 러시아연방 및 미합중국은 조선 민주주의인민공화국에 대해 에너지 지원을 제공할 용의를 표명하였다.
–대한민국은 조선민주주의인민공화국에 대한 200만 킬로와트의 전력공급에 관한 2005.7.12자 제안을 재확인하였다.

4. 6자는 동북아시아의 항구적인 평화와 안정을 위해 공동 노력할 것을 공약하였다.
–직접 관련 당사국들은 적절한 별도 포럼에서 한반도의 항구적 평화체제에 관한 협상을 가질 것이다.
–6자는 동북아시아에서의 안보협력 증진을 위한 방안과 수단을 모색하기로 합의하였다.

5. 6자는 '공약 대 공약' '행동 대 행동' 원칙에 입각하여 단계적 방식으로 상기 합의의 이행을 위해 상호 조율된 조치를 취할 것을 합의하였다.

6. 6자는 제5차 6자회담을 11월 초 북경에서 협의를 통해 결정되는 일자에 개최하기로 합의하였다.

남북관계 발전과 평화번영을 위한 선언

대한민국 노무현 대통령과 조선민주주의인민공화국 김정일 국방위원장 사이의 합의에 따라 노무현 대통령이 2007년 10월 2일부터 4일까지 평양을 방문하였다.

방문기간 중 역사적인 상봉과 회담들이 있었다.

상봉과 회담에서는 6·15공동선언의 정신을 재확인하고 남북관계 발전과 한반도 평화, 민족공동의 번영과 통일을 실현하는 데 따른 제반 문제들을 허심탄회하게 협의하였다.

쌍방은 우리 민족끼리 뜻과 힘을 합치면 민족번영의 시대, 자주통일의 새 시대를 열어나갈 수 있다는 확신을 표명하면서 6·15공동선언에 기초하여 남북관계를 확대·발전시켜나가기 위하여 다음과 같이 선언한다.

1. 남과 북은 6·15공동선언을 고수하고 적극 구현해나간다.

－남과 북은 우리 민족끼리 정신에 따라 통일문제를 자주적으로 해결해나가며 민족의 존엄과 이익을 중시하고 모든 것을 이에 지향시켜나가기로 하였다.

－남과 북은 6·15공동선언을 변함없이 이행해나가려는 의지를 반영하여 6월 15일을 기념하는 방안을 강구하기로 하였다.

2. 남과 북은 사상과 제도의 차이를 초월하여 남북관계를 상호 존중 과 신뢰 관계로 확고히 전환시켜나가기로 하였다.

−남과 북은 내부 문제에 간섭하지 않으며 남북관계 문제들을 화해 와 협력, 통일에 부합되게 해결해나가기로 하였다.

−남과 북은 남북관계를 통일 지향적으로 발전시켜나가기 위하여 각 기 법률적·제도적 장치들을 정비해나가기로 하였다.

−남과 북은 남북관계 확대와 발전을 위한 문제들을 민족의 염원에 맞게 해결하기 위해 양측 의회 등 각 분야의 대화와 접촉을 적극 추진해나가기로 하였다.

3. 남과 북은 군사적 적대관계를 종식시키고 한반도에서 긴장완화와 평화를 보장하기 위해 긴밀히 협력하기로 하였다.

−남과 북은 서로 적대시하지 않고 군사적 긴장을 완화하며 분쟁문 제들을 대화와 협상을 통하여 해결하기로 하였다.

−남과 북은 한반도에서 어떤 전쟁도 반대하며 불가침 의무를 확고 히 준수하기로 하였다.

−남과 북은 서해에서의 우발적 충돌방지를 위해 공동어로수역을 지 정하고 이 수역을 평화수역으로 만들기 위한 방안과 각종 협력사 업에 대한 군사적 보장조치 문제 등 군사적 신뢰구축 조치를 협의 하기 위하여 남측 국방부장관과 북측 인민무력부장 간 회담을 금 년 11월 중에 평양에서 개최하기로 하였다.

4. 남과 북은 현 정전체제를 종식시키고 항구적인 평화체제를 구축

해나가야 한다는 데 인식을 같이하고 직접 관련된 3자 또는 4자 정상들이 한반도지역에서 만나 종전을 선언하는 문제를 추진하기 위해 협력해나가기로 하였다.

－남과 북은 한반도 핵문제 해결을 위해 6자회담 '9·19공동성명'과 '2·13합의'가 순조롭게 이행되도록 공동으로 노력하기로 하였다.

5. 남과 북은 민족경제의 균형적 발전과 공동의 번영을 위해 경제협력사업을 공리공영과 유무상통의 원칙에서 적극 활성화하고 지속적으로 확대 발전시켜나가기로 하였다.

－남과 북은 경제협력을 위한 투자를 장려하고 기반시설 확충과 자원개발을 적극 추진하며 민족 내부 협력사업의 특수성에 맞게 각종 우대조건과 특혜를 우선적으로 부여하기로 하였다.

－남과 북은 해주지역과 주변 해역을 포괄하는 '서해평화협력특별지대'를 설치하고 공동어로구역과 평화수역 설정, 경제특구 건설과 해주항 활용, 민간선박의 해주직항로 통과, 한강하구 공동이용 등을 적극 추진해나가기로 하였다.

－남과 북은 개성공업지구 1단계 건설을 빠른 시일 안에 완공하고 2단계 개발에 착수하며 문산-봉동 간 철도화물수송을 시작하고, 통행·통신·통관 문제를 비롯한 제반 제도적 보장 조치들을 조속히 완비해나가기로 하였다.

－남과 북은 개성-신의주 철도와 개성-평양 고속도로를 공동으로 이용하기 위해 개보수 문제를 협의·추진해가기로 하였다.

－남과 북은 안변과 남포에 조선협력단지를 건설하며 농업, 보건의료, 환경보호 등 여러 분야에서의 협력사업을 진행해나가기로 하

였다.

－남과 북은 남북경제협력사업의 원활한 추진을 위해 현재의 '남북
경제협력추진위원회'를 부총리급 '남북경제협력공동위원회'로 격
상하기로 하였다.

6. 남과 북은 민족의 유구한 역사와 우수한 문화를 빛내기 위해 역사,
언어, 교육, 과학기술, 문화예술, 체육 등 사회문화 분야의 교류와
협력을 발전시켜나가기로 하였다.

－남과 북은 백두산 관광을 실시하며 이를 위해 백두산-서울 직항로
를 개설하기로 하였다.

－남과 북은 2008년 북경 올림픽경기대회에 남북응원단이 경의선 열
차를 처음으로 이용하여 참가하기로 하였다.

7. 남과 북은 인도주의 협력사업을 적극 추진해나가기로 하였다.

－남과 북은 흩어진 가족과 친척들의 상봉을 확대하며 영상편지 교
환사업을 추진하기로 하였다.

－이를 위해 금강산 면회소가 완공되는 데 따라 쌍방 대표를 상주시
키고 흩어진 가족과 친척의 상봉을 상시적으로 진행하기로 하였
다.

－남과 북은 자연재해를 비롯하여 재난이 발생하는 경우 동포애와
인도주의, 상부상조의 원칙에 따라 적극 협력해나가기로 하였다.

8. 남과 북은 국제무대에서 민족의 이익과 해외 동포들의 권리와 이
익을 위한 협력을 강화해나가기로 하였다.

남과 북은 이 선언의 이행을 위하여 남북총리회담을 개최하기로 하고, 제1차 회의를 금년 11월 중 서울에서 갖기로 하였다.

남과 북은 남북관계 발전을 위해 정상들이 수시로 만나 현안 문제들을 협의하기로 하였다.

2007년 10월 4일

평   양

대 한 민 국	조선민주주의인민공화국
대 통 령	국 방 위 원 장
노 무 현	김 정 일

찾아보기

ㄱ

『가디언』413

가우크, 요아힘(Joachim Gauck) 587

「갈무리」480

「감수광」480

강석주(姜錫柱) 62, 107, 333~35, 378,
380, 515, 523, 524, 539, 541

강성모(姜聖模) 32

강영훈(姜英勳) 132, 141, 153, 351

강인덕(康仁德) 269

강제사찰 182, 184, 552

걸루치, 로버트(Robert L. Gallucci) 54

걸프전쟁 157, 177, 401, 425

고농축우라늄계획(HEUP) 270, 500,
501, 508, 510, 512, 515~29, 534, 535,
539, 546, 580

고려민주연방제 통일방안 152, 155

고르바초프, 미하일(Mikhail S.
Gorbachev) 56, 123, 124, 135, 178, 179,
259, 391, 510, 576, 577, 584

고어, 앨(Al Gore) 290, 291, 474

고은(高銀) 102

「공동경비구역 JSA」485

공로명(孔魯明) 199

구영록(具永祿) 242

9·19공동성명 549, 550, 554, 580, 581,
595, 618~20 → 6자회담 공동성명

9·11테러 424, 439, 580

『국가전략』 128

국민방위군 115, 351

국제연합식량농업기구(FAO) 271

권병현(權丙鉉) 324

권종락(權鍾洛) 257, 289

권호웅(權浩雄) 39, 41, 365

「그 겨울의 찻집」 480

그레그, 도널드(Donald P. Gregg) 168,
  486

「그리운 금강산」 292

그린, 마이클(Michael J. Green) 512

금수산기념궁전 39, 40, 42, 43, 51, 54, 55,
  63, 65~69

김계관(金桂寬) 329, 378, 515

김광진(金光鎭) 138

김국태(金國泰) 62, 107

김기남(金基南) 567~69

김달현(金達鉉) 197, 208, 210, 211

김대중(金大中) 17~19, 21, 22, 24~30,
  32, 33, 36~45, 47~51, 53~59, 62~74,
  76~79, 81~100, 102~08, 110, 239, 240,
  242, 243, 245~47, 250~58, 265, 267,
  268, 273, 274, 277~79, 281, 288~99,
  307, 312~16, 319~21, 323, 326, 328,
  329, 333, 338, 343, 344, 346, 349, 351,
  363, 364, 370~74, 376, 378, 380~82,
  384, 385, 387, 388, 392, 401, 408~17,
  421, 430, 433~35, 438~40, 442, 443,
  446~56, 461~65, 467~69, 473~77, 487,
  489, 491, 492, 500, 507, 511, 524, 526,
  529, 531, 535~37, 539, 542, 544, 545,
  556, 557, 560, 566, 568, 574, 579, 591

『김대중의 3단계 통일론』 250, 257, 258

김대중평화센터 566, 568

김덕룡(金德龍) 568, 569

김동신(金東信) 417, 493

김병화 58

김보현(金保鉉) 22, 24, 25, 31, 34, 44, 66,
  97, 104, 343, 365, 457, 460, 479, 480

김선도(金宣燾) 241

김수환(金壽煥) 207

김양건(金養建) 568, 569, 574~76

김연자 480

김영남(金永南) 27, 40, 48, 55, 62, 69, 70,
  73, 81, 95, 99, 102, 304, 333~35, 366,
  371~73, 384, 515, 538, 541, 543, 546

김영대(金永大) 69

김영삼(金泳三) 53, 54, 78, 125, 204, 207,
  228, 229, 235, 236, 251, 252, 264, 269,
  275~77, 591

김영성(金靈成, 金靈星) 31, 221, 496

김영주(金英柱) 96

김영철(金英徹) 138, 164, 181, 199

김완수(金完洙) 457

김용갑(金容甲) 349, 427

김용순(金容淳) 39, 40, 43, 44, 50, 51, 57,
  62, 64, 67, 68, 71, 80, 87, 88, 92, 95~97,
  100, 103, 107, 185, 356, 359, 364~67,
  370, 371, 373, 375, 376, 458, 469,
  475~82, 485, 486, 490, 537, 538, 542,
  545

김우중(金宇中) 195, 197, 205

김원수(金垣洙) 512

김윤규(金潤圭) 34, 424, 425

김일성(金日成) 22, 39, 43, 54, 59, 64, 65,
74, 78, 126, 148, 153, 156, 158, 159, 170,
177, 189~92, 196, 197, 202, 217, 242,
243, 275, 276, 304, 305, 307, 343, 432,
472, 590

김일철(金鎰喆) 364, 367, 479

김정우(金正宇) 138, 199, 211, 214, 221

김정일(金正日) 23, 27, 29, 31, 32, 37~40,
42~53, 55~59, 61~69, 71, 72, 74, 75,
77~109, 285, 286, 298, 299, 304, 305,
334~37, 343, 354~60, 363, 364, 366,
369, 371, 372, 375, 376, 378, 380, 381,
383, 384, 387, 389, 393, 399~401, 404,
407, 414~16, 418, 421, 432, 443, 444,
446, 451, 457, 461, 463~67, 469~77,
479~85, 487, 489~91, 494, 505, 509,
511, 524, 527, 531, 537~39, 541, 542,
544~46, 561, 562, 565, 566, 568, 569,
572, 580, 590

김종필(金鍾泌) 254, 269, 428

김종하(金宗河) 476

김종휘(金宗輝) 124, 132, 134, 136, 168,
169, 172, 174, 208, 226, 227

김천식(金千植) 97, 457, 537

김하중(金夏中) 104, 105, 438, 460

김형기(金炯基) 104

김형오(金炯旿) 567, 568

까라신, 그리고리(Grigory B. Karasin)
325

ㄴ

나훈아 480

남북 불가침 부속합의서 346

「남북고위급회담과 북한의 협상전략」
128

남북기본합의서(남북 사이의 화해와 불
가침 및 교류·협력에 관한 합의서) 26,
39, 46, 48, 70, 75, 77, 80, 84, 85, 87, 93,
146, 159, 161, 166, 167, 170, 172~76,
184, 185, 189, 190, 197~05, 208, 209,
211, 213, 219, 234, 244, 245, 260, 274,
275, 338, 555, 556, 592, 601~04

남북연합 46, 75, 82~85, 88, 92, 125, 132,
133, 248~50, 310, 556, 596 597

남북해운합의서 421

「내 고향 정든 집」 58, 363

『넬슨 리포트』 408

노나까 히로무(野中廣務) 322

『노동신문』 24

노무현(盧武鉉) 36, 531, 535, 537, 556,
557, 560, 562, 566, 591

노벨평화상 29, 110, 374, 376

노보루 세이이찌로오(登誠一郞) 294

노이에스포룸 586, 587

노태우(盧泰愚) 53, 123, 132~36, 153,
157, 158, 169, 176, 180, 181, 185, 190,
201, 204, 206, 216, 220, 227, 229, 251,
252, 362, 591

『뉴욕타임스』 276, 292, 301, 382, 385,
409, 412, 444, 445, 531

닉슨, 리처드(Richard M. Nixon) 119,
 381, 452
닉슨 독트린 119
닝 푸쿠이(寧賦魁) 324

ㄷ

다이 빙궈(戴秉國) 323
「대동강 앞에서」 102
대북송금사건 36
대청해전 570
던, 마이클(Michael M. Dunn) 512
덩 샤오핑(鄧小平) 158
독립국가연합(CIS) 83
『동아일보』 55, 432, 433
『동의보감』 485
『두개의 한국』 414
DJP 연합 253, 428, 434~37
디트라니, 조지프(Joseph Detrani) 390

ㄹ

「라뜨라비아따」 363
라이스, 콘돌리자(Condoleezza Rice)
 388, 405~07, 450, 452, 455, 500, 506,
 508, 513, 521, 526, 536, 547,
러포트, 리언(Leon J. LaPorte) 500
럼스펠드, 도널드(Donald H. Rumsfeld)
 300~02, 305, 317, 404, 412, 499, 501,
 506, 514, 533, 536, 551
럼스펠드 보고서 300~02, 305, 317
레이건, 로널드(Ronald W. Reagan) 413,
 452, 577

레이니, 제임스(James T. Laney) 446, 486
레이크, 앤서니 (William Anthony K.
 Lake) 264
로스, 스탠리(Stanley O. Roth) 383
로씨니(Rossini) 363
류 화추(劉華秋) 232
리 펑(李鵬) 148
리비어, 에번스(Evans J. R. Revere) 332,
 449
리스커시, 로버트(Robert W. Riscassi)
 232
린턴, 스티븐(Stephen W. Linton) 342
릴리, 제임스(James R. Lilley) 126, 127

ㅁ

마오 쩌둥(毛澤東) 54, 200
마이어, 에드워드(Edward C. Meyer)
 127, 536
만델라, 넬슨(Nelson R. Mandela) 290
매카서, 더글러스(Douglas MacArthur)
 178, 179
맹형규(孟亨奎) 567
메르켈, 앙겔라(Angela Merkel) 586
「명성황후」 485
모리 요시로오(森喜朗) 76
모리아티, 제임스(James Moriarty) 455
몰타 정상회담 135
무라야마 토미이찌(村山富市) 294, 337
무샤라프, 페르베즈(Pervez Musharraf)
 521
『문예춘추』 22

문정인(文正仁) 32, 104, 566, 567

미사일 발사 유예(모라토리엄) 335, 337, 375, 377, 446, 548, 553

미사일기술통제체제(MTCR) 330, 385

미사일방어체계(MD) 302, 305, 317, 409~14, 422, 578

민족공동체통일방안 46, 125, 132~34, 141, 249

민족통일중앙협의회(민통) 126, 127

민족화해협력범국민협의회(민화협) 282, 312, 430, 568

ㅂ

바르, 에곤(Egon K. H. Bahr) 436, 583, 585

박건영(朴健榮) 250

박건우(朴健雨) 122

박권상(朴權相) 360, 363

박근혜(朴槿惠) 92, 484, 489, 572, 573, 591

박남기(朴南基) 476

박봉주(朴鳳柱) 545

박성철(朴成哲) 484

박영수(朴英洙) 353

박용옥(朴庸玉) 199

박재경(朴在慶) 102, 107, 364

박재규(朴在圭) 28, 359, 366, 371

박정수(朴定洙) 269, 290, 291

박정희(朴正熙) 55, 56, 92, 118, 119, 121, 267, 481, 484,

박지원(朴智元) 21~25, 27, 28, 30, 34, 35,

72, 104, 107, 360, 566

박태준(朴泰俊) 28

방코델타아시아(BDA) 550

백남순(白南淳, 백남준) 138, 164, 174, 199, 372, 378, 384, 509

백남준 174, 199 → 백남순

백종천(白鍾天) 548

백화원(百花苑) 39, 62~64, 71, 98, 103, 104, 151, 285, 457, 461, 478, 480, 538

버거, 쌔뮤얼(Samuel D. Berger) 290, 319

베르디(Verdi) 363

베를린선언 26, 47

보네비크, 셀 밍네(Kjell Magne Bondevik) 361

보즈워스, 스티븐(Stephen W. Bosworth) 28, 33, 264~66, 283, 313, 316, 319, 326, 329, 380, 381, 385, 486

볼턴, 존(John R. Bolton) 444, 498, 499, 506, 508, 514, 517, 551

부산아시안게임 495~97

부시, 조지 H. W.(George H. W. Bush) 135, 162, 168, 179, 188, 407

부시, 조지 W.(George W. Bush) 189, 233, 236, 270, 300, 320, 385, 386, 388~90, 394, 399, 400, 404, 406~16, 418~20, 422, 423, 440~42, 444~58, 461, 462, 464~66, 468, 469, 474, 475, 486, 490, 494, 502, 504~14, 517, 519, 523, 526~34, 538, 540, 541, 543, 544, 546~48, 550~54, 557, 577, 579~82, 593

부시 독트린 444~47, 461, 514, 531, 580

북미 공동 코뮈니케 376, 378, 379, 414, 423, 580, 614~17
북미 반테러 공동성명 440
북방한계선(NLL) 166, 344~46, 353, 356, 570
『북한의 협상전략과 남북한 관계』 128
불량 국가 300, 372, 384, 387, 405, 445, 553
브란트, 빌리(Willy Brandt) 436, 583~85
블레어, 데니스(Dennis C. Blair) 331
블레어, 토니(Tony Blair) 374
블릭스, 한스(Hans M. Blix) 188
비무장지대(DMZ) 46, 119, 261, 285, 357, 358, 366, 367, 403, 418, 419, 439, 469~71, 473, 481, 496, 499, 502, 557, 603
빈라덴, 오사마(Osama bin Laden) 441, 444
뻬레스뜨로이까 123, 124, 259, 584
뿌찐, 블라지미르(Vladimir V. Putin) 400, 408, 409, 468, 470, 490, 491
쁘리호드꼬, 쎄르게이(Sergei E. Prikhodko) 325

ㅅ

사실상의 통일 46, 86, 109, 125, 259, 263, 308, 395, 573, 586~89, 594, 597
4·19혁명 116, 117
4자회담 63, 264, 265, 270, 379, 596, 615
3국대북정책조정감독기구(TCOG) 331, 507, 528

3단계 통일론 125, 246~50
상호 위협 감소 309, 327, 329, 331, 332, 334, 336, 337, 394, 468
서동권(徐東權) 134, 155, 201
서산대사(西山大師) 195
서해교전 23, 347, 352~54, 495, 508
서훈(徐薰) 24, 25, 44, 104, 359, 365, 457, 479, 480, 537
선군정치(先軍政治) 59, 339
『성조지』 232
셔먼, 웬디(Wendy R. Sherman) 32, 33, 313, 318, 330, 332, 380, 381, 383, 385~87, 412
셰바르드나제, 예두아르트(Eduard A. Shevardnadze) 147
손원일(孫元一) 196
손원태(孫元泰) 196
손정도(孫貞道) 196
송민순(宋旼淳) 257, 289, 313, 316, 318, 324, 326, 330, 381, 385
송영식(宋永植) 264
송한호(宋漢虎) 164, 173, 174
송호경(宋虎景) 21, 24, 25, 62,
스칼라피노, 로버트(Robert A. Scalapino) 235, 486
스트라우브, 데이비드(David Straub) 512, 516
시드니올림픽 76, 373~75
시베리아횡단철도(TSR) 400, 470, 473~75, 557
신건(辛建) 417

10·4남북정상선언(남북관계 발전과 평화 번영을 위한 선언) 555, 562, 564, 593, 621~25

12·12쿠데타 121

「쎄비야의 이발사」 58, 363

쏠리건, 제임스(James N. Soligan) 502

ㅇ

아끼히또(明仁) 294, 295

「아리랑」 363

아미티지 보고서 320

아미티지, 리처드(Richard L. Armitage) 320, 388, 422, 508, 536

아베 신조오(安倍晋三) 526

아세안지역안보포럼(ARF) 375, 378, 477, 509

아시아유럽정상회의(ASEM) 374, 511

아시아태평양경제협력체(APEC) 380, 526

아인혼, 로버트(Robert Einhorn) 383

아태평화재단 239, 243~47, 252, 253, 255

안경호(安京浩, 안병수) 62, 69, 97, 138, 170, 174, 218

야나이 슌지(柳井俊二) 322

양성철(梁性喆) 400, 407, 455

양영식(梁榮植) 30, 31, 353

양창균(梁昌均) 118

양형섭(楊亨燮) 69

에이브러모위츠, 모턴(Morton I. Abramowitz) 446

ABC 마인드 404, 405, 407, 440

『여섯가지의 악몽』 264

여원구(呂鴛九) 69

「여인천하」 485

연평도 포격사건 570, 571

연평해전 342~47, 452, 491

연합제통일방안 240

연형묵(延亨默) 107, 137~39, 141, 151, 163, 175, 176, 200, 202, 205, 232

「오, 수잔나」 334

오기평(吳淇坪) 242

오꼬노기 마사오(小此木政夫) 322

오바마, 버락(Barack H. Obama) 313, 553, 554, 578, 581, 582

오버도퍼, 돈(Don Oberdorfer) 320, 414, 486

오부찌 케이조오(小淵惠三) 294, 295

5·16군사쿠데타 117

5·18광주민주항쟁 121

올브라이트, 매들린(Madeleine Albright) 33, 290, 376~81, 383, 384, 405, 414, 465, 580

완전하고 검증가능하며 불가역적인 폐기 (CVID) 547

왕 이(王毅) 324

요격미사일(ABM)제한조약 409, 410, 468, 511, 577

요도호 납치 463

요시다 타께시(吉田猛) 21~24

우쯔노미야 토꾸마(宇都宮德馬) 192

울포위츠, 폴(Paul D. Wolfowitz) 514, 536

『워싱턴타임스』 518

『워싱턴포스트』 446, 489, 506, 508, 534

원동연(元東延) 568

『월간조선』 31, 312, 354

위성락(魏聖洛) 316, 318, 324

유럽안보협력기구(OSCE) 395

유럽안보협력회의(CSCE) 584, 596

유명환(柳明桓) 318

6월민주항쟁 123, 133

유종하(柳宗夏) 264

6·25전쟁 106, 137, 321, 356, 361, 474 → 한국전쟁

6·15남북공동선언 103, 105, 106, 109, 110, 250, 355, 359, 362, 366, 372, 376, 373, 377, 415~20, 429, 430, 441, 443, 458, 467, 468, 487, 489, 501, 541, 555~60, 562, 564, 568, 572, 575, 592, 597, 612, 621~23

6자회담 546~50, 553, 554, 561, 580~82, 595, 618~20, 623

6자회담 공동성명(9·19공동성명) 549, 618~20

윤, 필립(Philip Yun) 318

윤기복(尹基福) 155, 156

율곡계획 119, 121, 331

이기호(李起浩) 30, 34~36, 71

이동복(李東馥) 164, 170, 181, 183, 199, 204, 217, 218, 222~27, 229~31

이명박(李明博) 553, 563~66, 569, 571~73, 591

이명수(李明洙) 471, 479, 481, 487

이바노프, 이고르(Igor S. Ivanov) 337, 490

이병용(李秉龍) 132

이병형(李秉衡) 119

이봉조(李鳳朝) 257

이상연(李相淵) 201, 224, 226, 228

이상옥(李相玉) 168

이상철(李相哲) 257

이선실(李善實) 231

이성대(李成大) 208

이수혁(李秀爀) 318

이영욱 363

이익치(李益治) 21~23, 34, 37, 424, 425

이인모(李仁模) 205~07, 216, 217, 219~23, 225, 362

이인제(李仁濟) 253, 254

이인호(李仁浩) 325

2·13합의 552, 623

이정빈(李廷彬) 28

이종석(李鍾奭) 32, 104, 537, 538

이종찬(李鍾贊) 269

이종화 457

이즈미 하지메(伊豆見元) 322

『이즈베스띠야』 409

이진설(李鎭卨) 132

이태식(李泰植) 514, 529

이한동(李漢東) 435, 438

이호철(李浩哲) 362

이홍구(李洪九) 134, 290, 291

이회창(李會昌) 253, 254, 360, 376, 421, 531, 535

이후락(李厚洛) 96

이희호(李姫鎬) 244, 482, 567, 568

인천아시안게임 576

임동옥(林東玉, 임춘길) 39, 40, 43, 44, 62, 66, 97, 138, 365, 457, 460, 478, 479, 538, 541

임성준(任晟準) 448, 450, 455, 500, 507, 508, 511, 512, 514, 515, 517, 526, 535~39, 541~43

임충빈(任忠彬) 257

임태희(任太熙) 569

ㅈ

장 제스(蔣介石) 54

장 쩌민(江澤民) 48, 59, 63, 297, 299, 547

장가용(張家鏞) 362

장기려(張起呂) 362

장선섭(張瑄燮) 529

장성택(張成澤) 107, 476, 545

장우주(張禹疇) 118

장재룡(張在龍) 326, 330

장치혁(張致赫) 32

전금철(全今哲) 278, 343

전두환(全斗煥) 53, 121, 122, 252

전략방위구상(SDI) 413, 577

전략핵무기감축협정(START) 409, 510, 577, 578

전세계 배치 전술핵무기 철수 및 폐기 선언 158

정동영(鄭東泳) 561

정동채(鄭東采) 239~42, 244

정몽헌(鄭夢憲) 23, 34, 37, 424, 425

정범구(鄭範九) 436

정세현(丁世鉉) 278, 443, 479, 495, 524, 566

정순택(鄭淳坧) 476

정원식(鄭元植) 167, 174, 175, 204, 206, 216, 218~26, 228

정주영(鄭周永) 23, 37, 195, 280, 284~87, 356, 424, 425, 483, 484

정해창(丁海昌) 224

정형근(鄭亨根) 20

정호근(鄭鎬根) 132

제네바 북미 기본합의 76, 81, 127, 189, 242, 260, 270, 276, 305, 317, 327, 328, 335, 377, 402, 410, 414, 423, 446, 507, 509, 510, 513, 517, 519, 521~30, 534, 542, 544, 546~48, 550, 579, 580, 582, 607~11

제네바 조·미 기본합의 423 → 제네바 북미 기본합의

『JP 대망론』 436

『JP가 대통령이 돼야 할 12가지 이유』 436

『제인스저널』 518

조갑제(趙甲濟) 32

조건식(趙建植) 257

조명균(趙明均) 426, 457, 479

조명록(趙明祿) 62, 102, 105, 107, 376~80, 383, 384, 387, 440, 485

조·미 공동 코뮈니케 423 → 북미 공동 코뮈니케

『조선왕조실록』 485

『조선일보』 31, 124, 312, 377, 432~434

조성태(趙成台) 80, 345, 346, 349, 364, 367

조수미 363

조용필 480

조홍규(趙洪奎) 426

주 룽지(朱鎔基) 299

『중앙일보』 432, 433

지명관(池明觀) 294

『진달래꽃 필 무렵』 32

ㅊ

차우셰스쿠, 니콜라에(Nicolae Ceausescu) 135

차이완 593

천안함 침몰사건 570, 571

「청산벌에 풍년이 왔네」 58, 363

체니, 딕(Dick Cheney) 168, 233, 270, 404, 411, 412, 418, 506, 513, 514, 543

촛불시위 531, 587

최각규(崔珏圭) 208, 210

『최고의 영예』 506, 513, 547

최광수(崔侊洙) 294

최상룡(崔相龍) 294

최성홍(崔成泓) 450, 455, 488, 514, 526

최승철(崔承哲) 39, 41, 457, 538

최영철(崔永喆) 207, 223~26

최우진(崔宇鎭) 138, 144, 145, 162~64, 169~74, 181, 182, 199

최태복(崔泰福) 62, 69

최학래(崔鶴來) 360

최호중(崔浩中) 207

「축배의 노래」 363

「축제」 57

「춘향뎐」 484

7·4남북공동성명 48, 70, 77, 80, 96, 430, 601

7·7대통령특별선언(민족자존과 통일번 영을 위한 대통령 특별선언) 133, 134, 185

ㅋ

카네마루 신(金九信) 22

카드, 앤드루(Andrew Card) 450, 526

카또오 료오조오(加藤良三) 330

카터, 애슈턴 (Ashton B. Carter) 313, 318, 326, 330, 332

카터, 지미(Jimmy Carter) 63, 179, 189, 243, 275, 276, 302, 307, 315

카트먼, 찰스(Charles Kartman) 264, 265, 329, 332, 378, 381, 383, 529, 530

칸, 압둘 카디르(Abdul Qadeer Khan) 513, 521

칼린, 로버트(Robert L. Carlin) 185~87, 414

캔터, 아널드(Arnold Kantor) 185

켈리, 제임스(James A. Kelly) 388, 510~17, 522, 523, 548

『코리아타임스』 321

코언, 윌리엄(William Cohen) 32

코오무라 마사히꼬(高村正彦) 322

코이즈미 준이찌로오(小泉純一郎) 463, 497~99, 511

쿠시먼, 존(John C. Cushman) 127

크리스턴슨, 리처드(Richard A. Christenson) 302

「클레멘타인」 334

클린턴, 빌(Bill Clinton) 33, 54, 58, 71, 126, 188, 189, 266, 275, 287, 289~92, 306, 307, 317, 319, 326, 333, 372, 376~81, 384, 386, 387, 389, 390, 401, 402, 404, 405, 409, 410, 412, 415, 440, 446, 462, 465, 467, 468, 474, 499, 507, 534, 577, 579, 580, 582

ㅌ

타까노 토시유끼(高野紀元) 526

타나까 히또시(田中均) 497

타오 빙웨이(陶炳蔚) 324

타이, 메리(Mary Tighe) 512

『타임』 301, 413

탕 자쉬안(唐家璇) 323, 324

「태조 왕건」 485

태프트-카쯔라 밀약 321

테닛, 조지(George Tenet) 388~90

통일연대(6·15공동선언 실현과 한반도 평화를 위한 통일연대) 430, 431, 435

「통일의 노래」 107, 363

트루먼, 해리(Harry Truman) 178

특별사찰 552

틸럴리, 존(John Tilelli) 283, 315

ㅍ

파월, 콜린(Colin L. Powell) 388, 399~404, 407, 410, 411, 413, 450, 452, 455, 477, 505, 506, 509, 513, 526, 536, 540, 543, 547

8·15민족통일대축전 430, 432, 433

8·18도끼만행사건 119, 495

페리, 윌리엄(William A. Perry) 33, 58, 303, 306, 307, 313~16, 318~20, 326, 328~337, 343, 377, 378, 380, 381, 468

페리 보고서 331, 337, 468

페리 프로세스 33, 58, 337 → 한반도 평화 프로세스

평양철수작전 115

평화회랑 358, 366, 367, 418, 499, 502, 557, 558, 560

포괄적핵실험금지조약(CTBT) 409, 510, 577

프리처드, 잭(Jack Pritchard) 264, 383, 463, 504, 505, 508, 509, 512

피커링, 토머스(Thomas R. Pickering) 319, 320

ㅎ

하벨, 바츨라프(Václav Havel) 290

하사바 키요시(波佐場清) 250, 251

『한겨레신문』 229, 312, 377, 567

「한국의 국가전략」 128

한국전쟁 122, 178, 322, 382, 589, 615, 616

한미주둔군지위협정(SOFA) 531

「한반도 통일과정으로서의 군비통제」 128

한반도 평화 프로세스(페리 프로세스) 33, 58, 128, 336, 401, 553, 579, 580, 582, 583, 596

한반도비핵화공동선언(한반도의 비핵화에 관한 공동선언) 39, 48, 124, 170, 177, 180~86, 213, 338, 605

한반도비핵화선언(한반도 비핵화와 평화구축을 위한 선언) 159, 169, 170, 180

한반도에너지개발기구(KEDO) 266, 270, 414, 529, 530

한반도종단철도(TKR) 400, 470

한배호(韓培浩) 127, 242

한복려(韓福麗) 57

한승수(韓昇洙) 417

한신(韓信) 120

한완상(韓完相) 369

한일 월드컵 76, 491, 492

핫라인 86, 91, 352, 356, 457, 492, 505

해리슨, 쎌리그(Selig S. Harrison) 126, 486

핵문제 불거론(NCND) 정책 158, 179

핵확산금지조약(NPT) 126, 127, 178, 188, 275, 510, 534, 540, 542, 547, 549, 577, 578, 610, 619

햇볕정책 244, 258, 279, 287, 289, 290, 298, 302, 313, 323~25, 332, 338, 341

허버드, 토머스(Thomas C. Hubbard) 400, 455, 512, 514

허이복 363

「허준」 485

헤이든, 마이클(Michael V. Hayden) 388

헤커, 씨그프리드(Siegfried S. Hecker) 521

헬싱키협약 259, 311, 584, 596

『혁명전략과 대공전략』 117, 118, 120

현승종(玄勝鍾) 228

현인택(玄仁澤) 569

현철해(玄哲海) 102, 107

혜은이 480

호찌민(胡志明) 40

홍성철(洪性澈) 132, 136

홍순영(洪淳瑛) 122, 438

홍혜경 292

황원탁(黃源卓) 28, 71, 378

황장엽(黃長燁) 354

후세인, 싸담(Saddam Hussein) 444, 446, 528, 551

훈령 조작 사건 217, 219~30

힐, 크리스토퍼(Christopher R. Hill) 548, 549

피스메이커
남북관계와 북핵문제 25년

초판 1쇄 발행／2015년 6월 1일
초판 5쇄 발행／2021년 9월 21일

지은이／임동원
펴낸이／강일우
책임편집／정편집실
펴낸곳／(주)창비
등록／1986년 8월 5일 제85호
주소／10881 경기도 파주시 회동길 184
전화／031-955-3333
팩시밀리／영업 031-955-3399 편집 031-955-3400
홈페이지／www.changbi.com
전자우편／human@changbi.com

ⓒ 임동원 2015
ISBN 978-89-364-8597-9 03300